AF612618

हिंदी व्याकरण

कामताप्रसाद गुरु
साहित्यवाचस्पति, व्याकरणाचार्य

इस पुस्तक का प्रकाशन एवं विक्रय इस शर्त पर किया जा रहा है कि प्रकाशक की लिखित पूर्वानुमति के बिना इस पुस्तक या इसके किसी भी अंश को न तो पुनः प्रकाशित किया जा सकता है और न ही किसी भी अन्य प्रकार से, किसी भी रूप में इसका व्यावसायिक उपयोग किया जा सकता है। यदि कोई व्यक्ति ऐसा करता है तो उसके विरुद्ध क़ानूनी कार्रवाई की जा सकती है।

ISBN: 978-93-56824-14-0
eISBN: 978-93-56824-15-7

© प्रकाशकाधीन

प्रकाशकः प्रभाकर प्रकाशन
प्लॉट नं.-55, मेन मदर डेयरी रोड
पांडव नगर, ईस्ट दिल्ली-110092
फोनः 011-40395855
व्हाट्स ऐपः +91 8368220032
ई-मेलः sales@pharosbooks.in
वेबसाइटः www.prabhakarprakashan.com

प्रथम संस्करणः 2023

मुद्रकः सुषमा बुक बाइंडिंग हाउस ओखला इंडस्ट्रियल
एरिया फेस-II, नई दिल्ली-110020

हिंदी व्याकरण
कामताप्रसाद गुरु

भूमिका

यह हिंदी व्याकरण काशी नागरीप्रचारिणी सभा के अनुरोध और उत्तेजन से लिखा गया है। सभा ने लगभग पाँच वर्ष पूर्व हिंदी का एक सर्वांगपूर्ण व्याकरण लिखने का विचार कर इस विषय के दो-तीन ग्रंथ लिखवाए थे, जिनमें बाबू गंगाप्रसाद एम.ए. और पं. रामकर्ण शर्मा के लिखे हुए व्याकरण अधिकांश में उपयोगी निकले। तब सभा ने इन ग्रंथों के आधार पर अथवा स्वतंत्र रीति से, विस्तृत हिंदी व्याकरण लिखने का गुरुभार मुझे सौंप दिया। इस विषय में पं. महावीरप्रसाद जी द्विवेदी और पं. माधवराव सप्रे ने भी सभा से अनुरोध किया था, जिसके लिए मैं आप दोनों महाशयों का कृतज्ञ हूँ। मैंने इस कार्य में किसी विद्वान् को आगे बढ़ते हुए न देखकर अपनी अल्पज्ञता का कुछ भी विचार न किया और सभा का दिया हुआ भार धन्यवादपूर्वक तथा कर्तव्यबुद्धि से ग्रहण कर लिया। उस भार को अब मैं पाँच वर्ष के पश्चात्, इस पुस्तक के रूप में यह कहकर सभा को लौटाता हूँ कि

'अर्पित है, गोविंद, तुम्हीं को वस्तु तुम्हारी।'

इस ग्रंथ की रचना में मैंने पूर्वोक्त दोनों व्याकरणों से यत्र-तत्र सहायता ली है और हिंदी व्याकरण के आज तक छपे हुए हिंदी और अँग्रेजी ग्रंथों का भी थोड़ा-बहुत उपयोग किया है। इन सब ग्रंथों की सूची पुस्तक के अंत में दी गई है। द्विवेदी जी लिखित 'हिंदी भाषा की उत्पत्ति' और 'ब्रिटिश विश्वकोष' के 'हिंदुस्तानी' नामक लेख के आधार पर, इस पुस्तक में, हिंदी की उत्पत्ति लिखी गई है। अरबी, फारसी शब्दों की व्युत्पत्ति के लिए मैं अधिकांश में राजा शिवप्रसाद कृत 'हिंदी व्याकरण' और प्लाट्स कृत 'हिंदुस्तानी ग्रामर' का ऋणी हूँ। काले कृत 'उच्च संस्कृत व्याकरण' से मैंने संस्कृत व्याकरण के अंश लिए हैं।

सबसे अधिक सहायता मुझे दामले कृत 'शास्त्रीय मराठी व्याकरण' से मिली है, जिसकी शैली पर मैंने अधिकांश में अपना व्याकरण लिखा है। पूर्वोक्त पुस्तक से मैंने हिंदी में घटित होने वाले व्याकरण विषयक कई एक वर्गीकरण, विवेचन, नियम और न्यायसम्मत लक्षण, आवश्यक परिवर्तन के साथ लिए हैं। संस्कृत व्याकरण के कुछ उदाहरण भी मैंने इस पुस्तक से संग्रह किए हैं।

पूर्वोक्त ग्रंथों के अतिरिक्त अँग्रेजी, बंगला और गुजराती व्याकरणों से भी कहीं-कहीं सहायता ली गई है।

इन पुस्तकों के लेखकों के प्रति मैं नम्रतापूर्वक अपनी हार्दिक कृतज्ञता प्रकट करता हूँ।

हिंदी तथा अन्यान्य भाषाओं के व्याकरणों से उचित सहायता लेने पर भी, इस पुस्तक में जो विचार प्रकट किए गए हैं, और जो सिद्धांत निश्चित किए गए हैं, वे साहित्यिक हिंदी से ही संबंध रखते हैं और उन सबके लिए मैं ही उत्तरदाता हूँ। यहाँ यह कह देना अनुचित न होगा कि हिंदी व्याकरण की छोटी-मोटी कई पुस्तकें उपलब्ध होते हुए भी हिंदी में, इस समय अपने विषय और ढंग की यही एक व्यापक और (संभवतः) मौलिक पुस्तक है। इसमें मेरा कई ग्रंथों का अध्ययन और कई वर्षों का परिश्रम तथा विषय का अनुराग और स्वार्थत्याग सम्मिलित है। इस व्याकरण में अन्यान्य विशेषताओं के साथ-साथ एक बड़ी विशेषता यह भी है कि नियमों के स्पष्टीकरण के लिए इनमें जो उदाहरण दिए गए हैं, वे अधिकतर हिंदी के भिन्न-भिन्न कालों के प्रतिष्ठित और प्रामाणिक लेखकों के ग्रंथों से लिए गए हैं। इस विशेषता के कारण पुस्तक में यथासंभव, अंधपरम्परा अथवा कृत्रिमता का दोष नहीं आने पाया है। पर इन सब बातों पर यथार्थ सम्मति देने के अधिकारी विशेषज्ञ हैं।

कुछ लोगों का मत है कि हिंदी के 'सर्वांगपूर्ण' व्याकरण में मूल विषय के साथ-साथ साहित्य का इतिहास, छंदोनिरूपण, रस, अलंकार, कहावतें, मुहावरे आदि विषय रहने चाहिए। यद्यपि ये सब विषय भाषाज्ञान की पूर्णता के लिए आवश्यक हैं, तो भी ये सब अपने आप में स्वतंत्र विषय हैं और व्याकरण से इनका कोई प्रत्यक्ष संबंध नहीं है। किसी भी भाषा का 'सर्वांगपूर्ण' व्याकरण वही है, जिससे उस भाषा के सब शिष्ट रूपों और प्रयोगों का पूर्ण विवेचन किया जाय और उनमें यथासंभव स्थिरता लाई जाय। हमारे पूर्वजों ने व्याकरण का यही उद्देश्य माना है[1] और मैंने इसी पिछली दृष्टि से इस पुस्तक को 'सर्वांगपूर्ण' बनाने का प्रयत्न किया है। यद्यपि यह ग्रंथ पूर्णतया सर्वांगपूर्ण नहीं कहा जा सकता, क्योंकि इतने व्यापक विषय में विवेचन की कठिनाई और भाषा की अस्थिरता तथा लेखक की भ्रांति और अल्पज्ञता के कारण कई बातों का छूट जाना संभव है, तथापि मुझे यह कहने में कुछ भी संकोच नहीं है कि इस पुस्तक से आधुनिक हिंदी के स्वरूप का प्रायः पूरा पता लग सकता है।

यह व्याकरण, अधिकांश में, अँग्रेजी व्याकरण के ढंग पर लिखा गया है। इस प्रणाली के अनुसरण का मुख्य कारण यह है कि हिंदी में आरंभ ही से इसी प्रणाली का उपयोग किया गया है और आज तक किसी लेखक ने संस्कृत प्रणाली का कोई पूर्ण आदर्श उपस्थित नहीं किया। वर्तमान प्रणाली के प्रचार का दूसरा कारण यह है कि इसमें स्पष्टता और सरलता विशेष रूप से पाई जाती है और सूत्र तथा भाष्य, दोनों ऐसे मिले रहते हैं कि एक ही लेखक पूरा व्याकरण, विशद रूप में लिख सकता है। हिंदी भाषा के लिए वह दिन सचमुच बड़े गौरव का होगा, जब इसका व्याकरण 'अष्टाध्यायी' और 'महाभाष्य' के मिश्रित रूप में लिखा जाएगा, पर वह दिन अभी बहुत दूर दिखाई देता है। यह कार्य

---

1. उन्होंने सावधानी से अपनी भाषा के विषय का अवलोकन किया और जो सिद्धांत उन्हें मिले उनकी स्थापना की। डॉ. भांडारकर।

मेरे लिए तो, अल्पज्ञता के कारण, दुस्तर है; पर इसका सम्पादन तभी संभव होगा, जब संस्कृत के अद्वितीय वैयाकरण हिंदी को एक स्वतंत्र और उन्नत भाषा समझकर इसके व्याकरण का अनुशीलन करेंगे। जब तक ऐसा नहीं हुआ है, तब तक इसी व्याकरण से इस विषय के अभाव की पूर्ति होने की आशा की जा सकती है। यहाँ यह कह देना भी आवश्यक जान पड़ता है कि इस पुस्तक में सभी जगह अँग्रेजी व्याकरण का अनुकरण नहीं किया गया है। इसमें यथासंभव संस्कृत प्रणाली का भी अनुसरण किया गया है और यथास्थान अँग्रेजी व्याकरण के कुछ दोष भी दिखाए गए हैं।

मेरा विचार था कि इस पुस्तक में मैं विशेषकर 'कारकों' और 'कालों' का विवेचन संस्कृत की शुद्ध प्रणाली के अनुसार करता; पर हिंदी में इन विषयों की रूढ़ि अँग्रेजी के समागम से, अभी तक इतनी प्रबल है कि मुझे सहसा इस प्रकार का परिवर्तन करना उचित न जान पड़ा। हिंदी में व्याकरण का पठन-पाठन अभी बाल्यावस्था ही में है; इसलिए इस नई प्रणाली के कारण इस रूखे विषय के और भी रूखे हो जाने की आशंका थी। इसी कारण मैंने 'विभक्तियों' और 'आख्यानों' के बदले 'कारकों' और 'कालों' का नामोल्लेख तथा विचार किया है। यदि आवश्यकता जान पड़ेगी तो ये विषय किसी अगले संस्करण में परिवर्तन कर दिए जावेंगे। तब तक संभवतः विभक्तियों को मूल शब्दों में मिलाकर लिखने के विषय में कुछ सर्वसम्मत निश्चय हो जायगा।

इस पुस्तक में, जैसा कि ग्रंथ में अन्यत्र (पृष्ठ 78 पर) कहा है, अधिकांश में वही पारिभाषिक शब्द रखे गए हैं, जो हिंदी में 'भाषा-भास्कर' के द्वारा प्रचलित हो गए हैं। यथार्थ में ये सब शब्द संस्कृत व्याकरण के हैं, जिससे मैंने और भी कुछ शब्द लिए हैं। थोड़े बहुत आवश्यक पारिभाषिक शब्द मराठी तथा बंगला भाषाओं के व्याकरणों से लिए गए हैं और उपर्युक्त शब्दों के अभाव में कुछ शब्दों की रचना मैंने स्वयं की है।

व्याकरण की उपयोगिता और आवश्यकता इस पुस्तक में यथास्थान बतलाई गई है, तथापि यहाँ इतना कहना उचित जान पड़ता है कि किसी भी भाषा के व्याकरण का निर्माण उसके साहित्य की पूर्ति का कारण होता है और उसकी प्रगति में सहायता देता है। भाषा की सत्ता स्वतंत्र होने पर भी व्याकरण उसका सहायक अनुयायी बनकर उसे समय-समय और स्थान-स्थान पर जो आवश्यक सूचनाएँ देता है, उससे भाषा का लाभ होता है। जिस प्रकार किसी संस्था के संतोषपूर्वक चलने के लिए सर्वसम्मत नियमों की आवश्यकता होती है, उसी प्रकार भाषा की चंचलता दूर करने और उसे व्यवस्थित रूप में रखने के लिए व्याकरण ही प्रधान और सर्वोत्तम साधन है। हिंदी भाषा के लिए वह नियंत्रण और भी आवश्यक है, क्योंकि इसका स्वरूप उपभाषाओं की खींचातानी में अनिश्चित सा हो रहा है।

हिंदी व्याकरण का प्रारंभिक इतिहास अंधकार में पड़ा हुआ है। हिंदी भाषा के पूर्वरूप 'अपभ्रंश' का व्याकरण हेमचंद्र ने बारहवीं शताब्दी में लिखा है, पर हिंदी व्याकरण के प्रथम आचार्य का पता नहीं लगता। इसमें सन्देह नहीं कि हिंदी के आरंभ काल में व्याकरण की आवश्यकता नहीं थी, क्योंकि एक तो स्वयं भाषा ही उस समय अपूर्णावस्था में थी और दूसरे, लेखकों को अपनी मातृभाषा के ज्ञान और प्रयोग के लिए

उस समय व्याकरण की विशेष आवश्यकता प्रतीत नहीं होती थी। उस समय लेखों में गद्य का अधिक प्रचार न होने के कारण भाषा के सिद्धांतों की ओर संभवतः लोगों का ध्यान भी नहीं जाता था। जो हो, हिंदी के आदि वैयाकरण का पता लगाना स्वतंत्र खोज का विषय है। मुझे जहाँ तक पुस्तकों से पता लग सका है, हिंदी व्याकरण के आदि निर्माता वे अँग्रेज थे, जिन्हें ईसवी सन् की उन्नीसवीं शताब्दी के आरंभ में इस भाषा के विधिवत् अध्ययन की आवश्यकता हुई थी। उस समय कलकत्ते के फोर्ट विलियम कॉलेज के अध्यक्ष डॉ. गिलक्राइस्ट ने अँग्रेजी में हिंदी का एक व्याकरण लिखा था। उन्हीं के समय में 'प्रेमसागर' के रचयिता लल्लू जी लाल ने 'कवायद' के नाम से हिंदी व्याकरण की एक छोटी पुस्तक रची थी। मुझे इन दोनों पुस्तकों को देखने का सौभाग्य प्राप्त नहीं हुआ; पर इनका उल्लेख अँग्रेजी के लिखे हिंदी व्याकरण में तथा हिंदी साहित्य के इतिहास में पाया जाता है।

लल्लू जी लाल के व्याकरण के लगभग 25 वर्ष पश्चात् कलकत्ते के पादरी आदम साहब ने हिंदी व्याकरण की एक छोटी सी पुस्तक लिखी जो कई वर्षों तक स्कूलों में प्रचलित रही। इस पुस्तक में अँग्रेजी व्याकरण के ढंग पर हिंदी व्याकरण के कुछ साधारण नियम दिए गए हैं। पुस्तक की भाषा पुरानी, पंडिताऊ और विदेशी लेखक की स्वाभाविक भूलों से भरी हुई है। इसके पारिभाषिक शब्द बंगला व्याकरण से लिए गए जान पड़ते हैं और हिंदी में उन्हें समझाते समय विषय की कई भूलें भी हो गई हैं।

सिपाही विद्रोह के पीछे शिक्षा विभाग की स्थापना होने पर पं. रामजसन की 'भाषा तत्त्वबोधिनी' प्रकाशित हुई, जो एक साधारण पुस्तक है और जिसमें कहीं हिंदी और संस्कृत की मिश्रित प्रणालियों का उपयोग किया गया है। इसके पीछे पं. श्री लाल का 'भाषाचंद्रोदय' प्रकाशित हुआ जिसमें हिंदी व्याकरण के कुछ अधिक नियम पाए जाते हैं। फिर सन् 1869 ईसवी में बाबू नवीनचंद्र राय कृत 'नवीन चंद्रोदय' निकला। राय महाशय पंजाब निवासी और वहाँ के शिक्षा विभाग के उच्च कर्मचारी थे। आपने अपनी पुस्तक में 'भाषाचंद्रोदय' का उल्लेख कर उसके विषय में जो कुछ लिखा है, उससे आपकी कृति का पता लगता है। आप लिखते हैं–'भाषाचंद्रोदय' की रीति स्वाभाविक है; पर इसमें सामान्य व अनावश्यक विषयों का विस्तार किया गया है, और जो अत्यंत आवश्यक था अर्थात् संस्कृत शब्द जो भाषा में व्यवहृत होते हैं, उनके नियम यहाँ नहीं दिए गए। 'नवीन चंद्रोदय' में भी संस्कृत प्रणाली का आंशिक अनुसरण पाया जाता है। इसके पश्चात् पं. हरिगोपाल पाध्ये ने अपनी 'भाषातत्त्वदीपिका' लिखी। पाध्ये महाशय महाराष्ट्रीय थे; अतएव उन्होंने मराठी व्याकरण के अनुसार कारक और विभक्ति का विवेचन, संस्कृत की रीति पर किया है और कई एक पारिभाषिक शब्द मराठी व्याकरण से लिए हैं। पुस्तक की भाषा में स्वभावतः मराठीपन पाया जाता है। यह पुस्तक बहुत कुछ अँग्रेजी ढंग पर लिखी गई है।

लगभग इसी समय (सन् 1875 ई. में) राजा शिवप्रसाद का 'हिंदी व्याकरण' निकला। इस पुस्तक में दो विशेषताएँ हैं। पहली विशेषता यह है कि पुस्तक अँग्रेजी ढंग की होने पर भी इसमें संस्कृत व्याकरण के सूत्रों का अनुकरण किया गया है; और दूसरी

यह कि हिंदी के व्याकरण के साथ-साथ नागरी अक्षरों में, उर्दू का भी व्याकरण दिया गया है। इस समय हिंदी और उर्दू के स्वरूप के विषय में वाद-विवाद उपस्थित हो गया था और राजा साहब दोनों बोलियों को एक बनाने के प्रयत्न में अगुआ थे, इसीलिए आपको ऐसा दोहरा व्याकरण बनाने की आवश्यकता हुई। इसी समय भारतेन्दु हरिश्चंद्र जी ने बच्चों के लिए एक छोटा सा हिंदी व्याकरण लिखकर इस विषय की उपयोगिता और आवश्यकता सिद्ध कर दी।

इसके पीछे पादरी एथरिंगटन साहब का प्रसिद्ध व्याकरण 'भाषाभास्कर' प्रकाशित हुआ, जिसकी सत्ता 40 वर्ष से आज तक एक सी अटल बनी हुई है। अधिकांश में दूषित होने पर भी इस पुस्तक के आधार और अनुकरण पर हिंदी के कई छोटे-मोटे व्याकरण बने और बनते जाते हैं।[1] यह पुस्तक अँग्रेजी ढंग पर लिखी गई है और जिन पुस्तकों में इसका आधार पाया जाता है, उनमें भी इसका ढंग लिया गया है। हिंदी में यह अँग्रेजी प्रणाली इतनी प्रिय हो गई कि इसे छोड़ने का पूरा प्रयत्न आज तक नहीं किया गया। मराठी, गुजराती, बंगला आदि भाषाओं के व्याकरणों में भी बहुधा इसी प्रणाली का अनुकरण पाया जाता है।

इधर गत 25 वर्षों के भीतर हिंदी के छोटे-मोटे कई एक व्याकरण प्रकाशित हुए हैं, जिनमें विशेष उल्लेख योग्य पं. केशवराम भट्ट कृत 'हिंदी व्याकरण', ठाकुर रामचरण सिंह कृत 'भाषाप्रभाकर' पं. रामावतार शर्मा का 'हिंदी व्याकरण' पं. विश्वेश्वरदत्त शर्मा का 'भाषातत्त्व प्रकाश' और पं. रामदहिन मिश्र का 'प्रवेशिका हिंदी व्याकरण' है। इन वैयाकरणों में किसी ने प्रायः देशी, किसी ने पूर्णतया विदेशी और किसी ने मिश्रित प्रणाली का अनुकरण किया है। पं. गोविंदनारायण मिश्र ने 'विभक्तिविचार' लिखकर हिंदी विभक्तियों की व्युत्पत्ति के विषय में गवेषणापूर्ण समालोचना की है और हिंदी व्याकरण के इतिहास में एक नवीनता का समावेश किया है।

मैंने अपने व्याकरण में पूर्वोक्त प्रायः सभी पुस्तकों के अधिकांश विवादमान विषयों की यथास्थान, कुछ चर्चा और परीक्षा की है। इस पुस्तक का प्रकाशन आरंभ होने के पश्चात् पं. अंबिकाप्रसाद वाजपेयी की 'हिंदी कौमुदी' प्रकाशित हुई; इसलिए अन्यान्य पुस्तकों के समान इस पुस्तक के किसी विवेचन का विचार मेरे ग्रंथ में न हो सका। 'हिंदी कौमुदी' अन्यान्य सभी व्याकरणों की अपेक्षा अधिक व्यापक, प्रामाणिक और शुद्ध है।

कैलॉग, ग्रीब्ज, पिंकाट आदि विदेशी लेखकों ने हिंदी व्याकरण की उत्तम पुस्तकें, अँग्रेजों के लाभार्थ, अँग्रेजी में लिखी हैं, पर, इनके ग्रंथों में किए गए विवेचनों की परीक्षा मैंने अपने ग्रंथ में नहीं की, क्योंकि, भाषा की अशुद्धता की दृष्टि से विदेशी लेखक पूर्णतया प्रामाणिक नहीं माने जा सकते।

ऊपर, हिंदी व्याकरण का, गत प्रायः सौ वर्षों का, संक्षिप्त इतिहास दिया गया है। इससे जाना जाता है कि हिंदी भाषा के जितने व्याकरण आज तक हिंदी में लिखे गए हैं, वे विशेषकर पाठशालाओं के छोटे-छोटे विद्यार्थियों के लिए निर्मित हुए हैं। उनमें बहुधा साधारण (स्कूल) नियम ही पाए जाते हैं, जिससे भाषा की व्यापकता पर पूरा प्रकाश

1. 'हिंदी व्याकरण' ओर उसके संक्षिप्त संस्करण प्रकाशित होने तथा इनकी नकल करके कई व्याकरण बनने के कारण 'भाषाभास्कर' का प्रचार बहुत घट गया है।

नहीं पड़ सकता। शिक्षित समाज ने उनमें से एक किसी भी व्याकरण को अभी विशेष रूप से प्रामाणिक नहीं माना है। हिंदी व्याकरण के इतिहास में एक विशेषता यह भी है कि अन्य भाषाभाषी भारतीयों ने भी इस भाषा का व्याकरण लिखने का उद्योग किया है, जिससे हमारी भाषा की व्यापकता, इसके प्रामाणिक व्याकरण की आवश्यकता और साथ ही हिंदी भाषा वैयाकरणों का अभाव अथवा उनकी उदासीनता ध्वनित होती है। हिंदीभाषा के लिए यह एक बड़ा शुभ चिह्न है कि कुछ दिनों से हिंदीभाषी लेखकों (विशेषकर शिक्षकों) का ध्यान इस विषय की ओर आकृष्ट हो रहा है।

हिंदी में अनेक उपभाषाओं के होने तथा उर्दू के साथ अनेक वर्षों से इसका संपर्क रहने के कारण हमारी भाषा की रचनाशैली अभी तक बहुधा इतनी अस्थिर है कि इस भाषा के वैयाकरण को व्यापक नियम बनाने में कठिनाइयों का सामना करना पड़ता है। ये कठिनाइयाँ भाषा के स्वाभाविक संगठन से भी उत्पन्न होती हैं; पर निरंकुश लेखक उन्हें और भी बढ़ा देते हैं। हिंदी के स्वराज्य में अहंमन्य लेखक बहुधा स्वतन्त्रता का दुरुपयोग किया करते हैं और व्याकरण के शासन का अभ्यास न होने के कारण इस विषय के उचित आदेशों को भी पराधीनता मान लेते हैं। प्रायः लोग इस बात को भूल जाते हैं कि साहित्यिक भाषा सभी देशों और कालों में लेखकों की मातृभाषा अथवा बोलचाल की भाषा से थोड़ा बहुत भिन्न रहती है और वह मातृभाषा के समान, अभ्यास ही से आती है। ऐसी अवस्था में केवल स्वतंत्रता के आदेश से वशीभूत होकर शिष्ट भाषा पर विदेशी भाषाओं अथवा प्रांतीय बोलियों का अधिकार चलाना एक प्रकार की राष्ट्रीय अराजकता है। यदि स्वयं लेखकगण, अपनी साहित्यिक भाषा को योग्य अध्ययन और अनुकरण से शिष्ट, स्पष्ट और प्रामाणिक बनाने की चेष्टा न करेंगे तो वैयाकरण 'प्रयोगशरण' का सिद्धांत कहाँ तक मान सकेगा? मैंने अपने व्याकरण में प्रसंगानुरोध से प्रांतीय बोलियों का थोड़ा-बहुत विचार करके, केवल साहित्यिक हिंदी का विवेचन किया है। पुस्तक में विषय विस्तार के द्वारा यह प्रयत्न भी किया गया है कि हिंदी पाठकों की रुचि व्याकरण की ओर प्रवृत्त हो। इन सब प्रयत्नों की सफलता का निर्णय विज्ञ पाठक ही कर सकते हैं।

इस पुस्तक में एक विशेष त्रुटि रह गई है, जो कालांतर ही में दूर हो सकती है, जब हिंदी भाषा की पूरी और वैज्ञानिक खोज की जाएगी। मेरी समझ में किसी भी भाषा के सर्वांगपूर्ण व्याकरण में उस भाषा के रूपांतरों और प्रयोगों का इतिहास लिखना आवश्यक है। यह विषय इस व्याकरण में न आ सका, क्योंकि हिंदी भाषा के आरंभकाल में, समय-समय पर (प्रायः एक-एक शताब्दी में) बदलनेवाले रूपों और प्रयोगों के प्रामाणिक उदाहरण, जहाँ तक मुझे पता लगा है, उपलब्ध नहीं हैं, फिर इस विषय के योग्य प्रतिपादन के लिए शब्दशास्त्र की विशेष योग्यता की भी आवश्यकता है। ऐसी अवस्था में मैंने 'हिंदी व्याकरण' में हिंदी भाषा के इतिहास के बदले हिंदी साहित्य का संक्षिप्त इतिहास देने का प्रयत्न किया है। यथार्थ में यह बात अनुचित और आवश्यक प्रतीत होती है कि भाषा के सम्पूर्ण रूपों और प्रयोगों की नामावली के स्थान में कवियों और लेखकों तथा उनके ग्रंथों की शुष्क नामावली दी जाए। मैंने यह विषय केवल इसलिए लिखा है कि पाठकों को, प्रस्तावना के रूप में, अपनी भाषा की महत्ता का थोड़ा बहुत अनुमान हो जाए।

हिंदी के व्याकरण का सर्वसम्मत होना परम आवश्यक है। इस विचार से काशी नागरीप्रचारिणी सभा ने इस पुस्तक को दोहराने के लिए एक संशोधन समिति निर्वाचित की थी। उसने गत दशहरे की छुट्टियों में अपनी बैठक की, और आवश्यक (किंतु साधारण) परिवर्तन के साथ इस व्याकरण को सर्वसम्मति से स्वीकृत कर लिया। यह बात लेखक, हिंदी भाषा और हिंदी भाषियों के लिए अत्यंत लाभदायक और महत्त्वपूर्ण है। इस समिति के निम्नलिखित सदस्यों ने बैठक में भाग लेकर पुस्तक संशोधनादि कार्यों में अमूल्य सहायता दी है।

आचार्य पं. महावीरप्रसाद द्विवेदी।
साहित्याचार्य पं. रामावतार शर्मा एम.ए.।
पंडित चंद्रधर शर्मा गुलेरी, बी.ए.।
रा.व. पंडित लज्जाशंकर झा, बी.ए.।
बाबू जगन्नाथदास (रत्नाकर) बी.ए.।
बाबू श्यामसुंदरदास, बी.ए.।
पंडित रामचन्द्र शुक्ल।

इन सब सज्जनों के प्रति मैं अपनी हार्दिक कृतज्ञता प्रकट करता हूँ। पं. महावीरप्रसाद द्विवेदी का मैं विशेषतया कृतज्ञ हूँ, क्योंकि आपने हस्तलिखित प्रति का अधिकांश भाग पढ़कर अनेक उपयोगी सूचनाएँ देने की कृपा और परिश्रम किया है। खेद है कि पं. गोविंदनारायण जी मिश्र तथा पं. अम्बिकाप्रसाद जी वाजपेयी समयाभाव के कारण समिति की बैठक में योग न दे सके, जिससे मुझे आप लोगों की विद्वत्ता और सम्मति का लाभ प्राप्त न हुआ। व्याकरण संशोधन समिति की सम्मति परिशिष्ट में दी गई है।

अंत में, मैं विज्ञ पाठकों से नम्र निवेदन करता हूँ कि आप लोग कृपाकर मुझे इस पुस्तक के दोषों की सूचना अवश्य दें। यदि ईश्वरेच्छा से पुस्तक को द्वितीयावृत्ति का सौभाग्य प्राप्त होगा तो उसमें उन दोषों को दूर करने का पूर्ण प्रयत्न किया जायगा। तब तक पाठकगण कृपाकर 'हिंदी व्याकरण' के सार को उसी प्रकार ग्रहण करें जिस प्रकार–

'संत हंस गुन गहहिं पय, परिहरि वारि विकार।'

गढ़ा फाटक,
जबलपुर;
बसंतपंचमी
संवत् 1977

निवेदक
कामताप्रसाद गुरु

अनुक्रम

भूमिका iii

1. **प्रस्तावना** 15
(1). भाषा 15
(2). भाषा और व्याकरण 17
(3). व्याकरण की सीमा 18
(4). व्याकरण से लाभ 18
(5). व्याकरण के विभाग 19

2. **हिंदी की उत्पत्ति** 20
(1). आदिम भाषा 20
(2). आर्य भाषाएँ 20
(3). संस्कृत और प्राकृत 21
(4). हिंदी 24
(5). हिंदी और उर्दू 28
(6). तत्सम और तद्‌भव शब्द 30
(7). देशज और अनुकरणवाचक शब्द 32
(8). विदेशी शब्द 32

पहला भाग
वर्णविचार

पहला अध्याय–वर्णमाला 33
दूसरा अध्याय–लिपि 34
तीसरा अध्याय–वर्णों का उच्चारण और वर्गीकरण 37
चौथा अध्याय–स्वराघात 42
पाँचवाँ अध्याय–संधि 44

दूसरा भाग
शब्दसाधन

पहला परिच्छेद–शब्दभेद

पहला अध्याय–शब्द विचार 50
दूसरा अध्याय–शब्दों का वर्गीकरण 52

पहला खंड–विकारी शब्द

पहला अध्याय–संज्ञा 57
दूसरा अध्याय–सर्वनाम 63
तीसरा अध्याय–विशेषण 81
चौथा अध्याय–क्रिया 97

दूसरा खंड–अव्यय

पहला अध्याय–क्रिया विशेषण 106
दूसरा अध्याय–संबंधसूचक 119
तीसरा अध्याय–समुच्चयबोधक 127
चौथा अध्याय–विस्मयादिबोधक 138

दूसरा भाग
शब्दसाधन
दूसरा परिच्छेद–रूपांतर

पहला अध्याय–लिंग 141
दूसरा अध्याय–वचन 153
तीसरा अध्याय–कारक 160
चौथा अध्याय–सर्वनाम 176
पाँचवाँ अध्याय–विशेषण 182
छठा अध्याय–क्रिया 188
सातवाँ अध्याय–संयुक्त क्रियाएँ 230
आठवाँ अध्याय–विकृत अव्यय 241

तीसरा परिच्छेद–व्युत्पत्ति

पहला अध्याय–विषयारंभ 243
दूसरा अध्याय–उपसर्ग 245
तीसरा अध्याय–संस्कृत प्रत्यय 250
चौथा अध्याय–हिंदी प्रत्यय 263
पाँचवाँ अध्याय–उर्दू प्रत्यय 277
छठा अध्याय–समास 286
सातवाँ अध्याय–पुनरुक्त शब्द 302

तीसरा भाग
वाक्यविन्यास
पहला परिच्छेद–वाक्यरचना

पहला अध्याय–प्रस्तावना 308
दूसरा अध्याय–कारकों के अर्थ और प्रयोग 310
तीसरा अध्याय–सामासिक अधिकरण शब्द 323

चौथा अध्याय–उद्देश्य, कर्म और क्रिया का अन्वय 324
पाँचवाँ अध्याय–सर्वनाम 329
छठा अध्याय–विशेषण और संबंध कारक 331
सातवाँ अध्याय–कालों के अर्थ और प्रयोग 333
आठवाँ अध्याय–क्रियार्थक संज्ञा 341
नवाँ अध्याय–कृदंत 343
दसवाँ अध्याय–संयुक्त क्रियाएँ 348
ग्यारहवाँ अध्याय–अव्यय 350
बारहवाँ अध्याय–अध्याहार 352
तेरहवाँ अध्याय–पदक्रम 355
चौदहवाँ अध्याय–पद-परिचय 357

दूसरा परिच्छेद–वाक्यपृथक्करण

पहला अध्याय–विषयारंभ 366
दूसरा अध्याय–वाक्य और वाक्यों में भेद 367
तीसरा अध्याय–साधारण वाक्य 368
चौथा अध्याय–मिश्र वाक्य 377
पाँचवाँ अध्याय–संयुक्त वाक्य 391
छठा अध्याय–संक्षिप्त वाक्य 395
सातवाँ अध्याय–विशेष प्रकार के वाक्य 395
आठवाँ अध्याय–विरामचिह्न 397

परिशिष्ट (क)–कविता की भाषा 406
परिशिष्ट (ख)–काव्यस्वतंत्रता 420
परिशिष्ट (ग)–उदाहृत ग्रंथों के नामों के संकेत 425
परिशिष्ट (घ)–व्याकरण संशोधन समिति की सम्मति 429

1. प्रस्तावना

(1) भाषा

भाषा वह साधन है, जिसके द्वारा मनुष्य अपने विचार दूसरों पर भली-भाँति प्रकट कर सकता है और दूसरों के विचार आप स्पष्टतया समझ सकता है। मनुष्य के कार्य उसके विचारों से उत्पन्न होते हैं और इन कार्यों में दूसरों की सहायता अथवा सम्मति प्राप्त करने के लिए उसे वे विचार दूसरों पर प्रकट करने पड़ते हैं। जगत् का अधिकांश व्यवहार, बोलचाल अथवा लिखा-पढ़ी से चलता है, इसलिए भाषा जगत् के व्यवहार का मूल है।

(बहरे और गूँगे मनुष्य अपने विचार संकेतों से प्रकट करते हैं। बच्चा केवल रोकर अपनी इच्छा जनाता है। कभी-कभी केवल मुख की चेष्टा से मनुष्य के विचार प्रकट हो जाते हैं। कोई-कोई बंगाली लोग बिना बोले ही संकेतों के द्वारा बातचीत करते हैं। इन सब संकेतों को लोग ठीक-ठीक नहीं समझ सकते और न इनसे सब विचार ठीक-ठीक प्रकट हो सकते हैं। इस प्रकार की सांकेतिक भाषाओं से शिष्ट समाज का काम नहीं चल सकता।)

पशु-पक्षी आदि जो बोली बोलते हैं, उससे दुःख, सुख आदि मनोविकारों के सिवा और कोई बात नहीं जानी जाती। मनुष्य की भाषा से उसके सब विचार भली-भाँति प्रकट होते हैं, इसलिए वह व्यक्त भाषा कहलाती है; दूसरी सब भाषाएँ या बोलियाँ अव्यक्त कहलाती हैं।

व्यक्त भाषा के द्वारा मनुष्य केवल एक-दूसरे के विचार ही नहीं जान लेते, वरन् उसकी सहायता से उनके नए विचार भी उत्पन्न होते हैं। किसी विषय को सोचते समय हम एक प्रकार का मानसिक सम्भाषण करते हैं, जिससे हमारे विचार आगे चलकर भाषा के रूप में प्रकट होते हैं। इसके सिवा भाषा से धारणाशक्ति की सहायता मिलती है। यदि हम अपने विचारों को एकत्र करके लिख लें तो आवश्यकता पड़ने पर हम लेख रूप में उन्हें देख सकते हैं और बहुत समय बीत जाने पर भी हमें उनका स्मरण हो सकता है। भाषा की उन्नत या अवनत अवस्था राष्ट्रीय उन्नति या अवनति का प्रतिबिंब है। प्रत्येक नया शब्द एक नये विचार का चित्र है और भाषा का इतिहास मानो उसके बोलने वालों का इतिहास है।

भाषा स्थिर नहीं रहती; उसमें सदा परिवर्तन हुआ करते हैं। विद्वानों का अनुमान है कि कोई भी प्रचलित भाषा एक हजार वर्ष से अधिक समय तक एक-सी नहीं रह

सकती। जो हिंदी हम लोग आजकल बोलते हैं, वह हमारे प्रपितामह आदि के समय में ठीक इसी रूप में न बोली जाती थी और न उन लोगों की हिंदी वैसी थी, जैसी महाराज पृथ्वीराज के समय में बोली जाती थी। अपने पूर्वजों की भाषा की खोज करते-करते हमें अंत में एक ऐसी हिंदी भाषा का पता लगेगा, जो हमारे लिए एक अपरिचित भाषा के समान कठिन होगी। भाषा में यह परिवर्तन धीरे-धीरे होता है। इतना धीरे-धीरे कि वह हमको मालूम नहीं होता; पर अंत में, परिवर्तनों के कारण नई-नई भाषाएँ उत्पन्न हो जाती हैं।

भाषा पर स्थान, जलवायु और सभ्यता का बड़ा प्रभाव पड़ता है। बहुत से शब्द जो एक देश के लोग बोल सकते हैं, दूसरे देश के लोग तद्वत् नहीं बोल सकते। जलवायु में हेर-फेर होने से लोगों के उच्चारण में अंतर पड़ जाता है। इसी प्रकार सभ्यता की उन्नति के कारण नए-नए विचारों के लिए नए-नए शब्द बनाने पड़ते हैं; जिससे भाषा का शब्दकोश बढ़ता जाता है। इसके साथ ही बहुत सी जातियाँ अवनत होती जाती हैं और उच्च भावों के अभाव में उनके वाचक शब्द लुप्त होते जाते हैं। विद्वान् और ग्रामीण मनुष्यों की भाषा में कुछ अंतर रहता है। किसी शब्द का जैसा शुद्ध उच्चारण विद्वान् पंडित करते हैं, वैसा सर्वसाधारण लोग नहीं कर सकते। इससे प्रधान भाषा बिगड़कर उसकी शाखारूप नई-नई बोलियाँ बन जाती हैं। भिन्न-भिन्न दो भाषाओं के पास-पास बोले जाने के कारण भी उन दोनों के मेल से एक नई बोली उत्पन्न हो जाती है।

भाषागत विचार प्रकट करने में एक विचार के प्राय: कई अंश प्रकट करने पड़ते हैं। उन सभी अंशों के प्रकट करने पर उस समस्त विचार का मतलब अच्छी तरह समझ में आता है। प्रत्येक पूरी बात को वाक्य कहते हैं। प्रत्येक वाक्य में प्राय: कई शब्द रहते हैं। प्रत्येक शब्द एक सार्थक ध्वनि है जो कई मूल ध्वनियों के योग से बनती है। जब हम बोलते हैं तब शब्दों का उपयोग करते हैं और भिन्न-भिन्न प्रकार के विचारों के लिए भिन्न-भिन्न प्रकार के शब्दों को काम में लाते हैं। यदि हम शब्द का ठीक-ठीक उपयोग न करें तो हमारी भाषा में बड़ी गड़बड़ी पड़ जाए और संभवत: कोई हमारी बात न समझ सके। हाँ, भाषा में जिन शब्दों का उपयोग किया जाता है; वे किसी न किसी कारण से कल्पित किए गए हैं, तो भी जो शब्द जिस वस्तु का सूचक है उसका इससे, प्रत्यक्ष में, कोई संबंध नहीं। हाँ, शब्दों ने अपने वाच्य पदार्थादि की भावना को अपने में बाँध-सा लिया है, जिससे शब्दों का उच्चारण करते ही, उन पदार्थों का बोध तत्काल हो जाता है। कोई-कोई शब्द केवल अनुकरणवाचक होते हैं; पर जिन सार्थक शब्दों से भाषा बनती है; उनके आगे ये शब्द बहुत थोड़े रहते हैं।

जब हम उपस्थित लोगों पर अपने विचार प्रकट करते हैं, तब बहुधा कथित भाषा काम में लाते हैं; पर जब हमें अपने विचार दूरवर्ती मनुष्य के पास पहुँचाने का काम पड़ता है; अथवा भावी संतति के लिए उनके संग्रह की आवश्यकता होती है; तब हम लिखित भाषा का उपयोग करते हैं। लिखी हुई भाषा में शब्द की एक-एक मूल ध्वनि को पहचानने के लिए एक-एक चिह्न नियत कर लिया जाता है, जिसे वर्ण कहते हैं।

ध्वनि कानों का विषय है; पर वर्ण आँखों का, और ध्वनि का प्रतिनिधि है। पहले पहल केवल बोली हुई भाषा का प्रचार था, पर पीछे से विचारों को स्थायी रूप देने के लिए कई प्रकार की लिपियाँ निकाली गई। वर्णलिपि निकालने के बहुत समय पहले तक लोगों में चित्रलिपि का प्रचार था जो आजकल भी पृथ्वी के कई भागों के जंगली लोगों में प्रचलित है। मिस्र के पुराने खंडहरों और गुफाओं आदि में पुरानी चित्रलिपि के अनेक नमूने पाए गए हैं, और इन्हीं से वहाँ की वर्णमाला निकली है। इस देश में भी कहीं-कहीं ऐसी पुरानी वस्तुएँ मिली हैं जिन पर चित्रलिपि के चिह्न मालूम पड़ते हैं। कोई-कोई विद्वान् यह अनुमान करते हैं कि प्राचीन समय के चित्रलेख के किसी-किसी अवयव के कुछ लक्षण वर्तमान वर्णों के आकार में मिलते हैं, जैसे 'ह' में हाथ और 'ग' में गाय के आकार का कुछ न कुछ अनुकरण पाया जाता है। जिस प्रकार भिन्न-भिन्न भाषाओं में एक ही विचार के लिए बहुधा भिन्न-भिन्न शब्द होते हैं; उसी प्रकार एक ही मूल ध्वनि के लिए उनमें भिन्न-भिन्न अक्षर भी होते हैं।

(2) भाषा और व्याकरण

किसी भाषा की रचना को ध्यानपूर्वक देखने से जान पड़ता है कि उसमें जितने शब्दों का उपयोग होता है; वे सभी बहुधा भिन्न-भिन्न प्रकार के विचार प्रकट करते हैं और अपने उपयोग के अनुसार कोई अधिक और कोई कम आवश्यक होते हैं। फिर, एक ही विचार को कई रूपों में प्रकट करने के लिए शब्दों के भी कई रूपांतर हो जाते हैं। भाषा में यह भी देखा जाता है कि कई शब्द दूसरे शब्दों से बनते हैं, और उनमें एक नया ही अर्थ पाया जाता है। वाक्य में शब्दों का उपयोग किसी विशेष क्रम से होता है और उनमें रूप अथवा अर्थ के अनुसार परस्पर संबंध रहता है। इस अवस्था में आवश्यक है कि पूर्णता और स्पष्टतापूर्वक विचार प्रकट करने के लिए शब्दों के रूपों तथा प्रयोगों में स्थिरता और समानता हो। जिस शास्त्र में शब्दों के शुद्ध रूप और प्रयोग के नियमों का निरूपण होता है उसे व्याकरण कहते हैं। व्याकरण के नियम बहुधा लिखी हुई भाषा के आधार पर निश्चित किए जाते हैं; क्योंकि उनमें शब्दों का प्रयोग बोली हुई भाषा की अपेक्षा अधिक सावधानी से किया जाता है। व्याकरण (वि+आ+करण) शब्द का अर्थ 'भली-भाँति समझाना' है। व्याकरण में वे नियम समझाए जाते हैं जो शिष्ट जनों के द्वारा स्वीकृत शब्दों के रूपों और प्रयोगों में दिखाई देते हैं।

व्याकरण भाषा के अधीन है और भाषा ही के अनुसार बदलता रहता है। वैयाकरण का काम यह नहीं कि वह अपनी ओर से नए नियम बनाकर भाषा को बदल दे। वह इतना ही कह सकता है कि अमुक प्रयोग अधिक शुद्ध है, अथवा अधिकता से किया जाता है; पर उसकी सम्मति मानना या न मानना सभ्य लोगों की इच्छा पर निर्भर है। व्याकरण के संबंध में यह बात स्मरण रखने योग्य है कि भाषा को नियमबद्ध करने के लिए व्याकरण नहीं बनाया जाता, वरन् भाषा पहले बोली जाती है, और उसके आधार पर व्याकरण की उत्पत्ति होती है। व्याकरण और छन्दशास्त्र निर्माण करने के बरसों पहले से भाषा बोली जाती है और कविता रची जाती है।

(3) व्याकरण की सीमा

लोग बहुधा यह समझते हैं कि व्याकरण पढ़कर वे शुद्ध-शुद्ध बोलने और लिखने की रीति सीख लेते हैं। ऐसा समझना पूर्ण रूप से ठीक नहीं। यह धारणा अधिकांश में मृत (अप्रचलित) भाषाओं के संबंध में ठीक कही जा सकती है जिनके अध्ययन में व्याकरण से बहुत कुछ सहायता मिलती है। यह सच है कि शब्दों की बनावट और उनके संबंध की खोज में भाषा के प्रयोग में शुद्धता आ जाती है; पर यह बात गौण है। व्याकरण न पढ़कर भी लोग शुद्ध-शुद्ध बोलना और लिखना सीख सकते हैं। कई अच्छे लेखक व्याकरण नहीं जानते अथवा व्याकरण जानकर भी लेख लिखने में उसका विशेष उपयोग नहीं करते। उन्होंने अपनी मातृभाषा का लिखना अभ्यास से सीखा है। शिक्षित लोगों के लड़के बिना व्याकरण जाने शुद्ध भाषा सुनकर ही शुद्ध बोलना सीख लेते हैं; पर अशिक्षित लोगों के लड़के व्याकरण पढ़ लेने पर भी प्राय: अशुद्ध ही बोलते हैं। यदि छोटा लड़का कोई वाक्य शुद्ध नहीं बोल सकता तो उसकी माँ उसे व्याकरण का नियम नहीं समझाती, वरन् शुद्ध वाक्य बता देती है और लड़का वैसा ही बोलने लगता है।

केवल व्याकरण पढ़ने से मनुष्य अच्छा लेखक या वक्ता नहीं हो सकता। विचारों की सत्यता अथवा असत्यता से भी व्याकरण का कोई संबंध नहीं। भाषा में व्याकरण की भूल न होने पर भी विचारों की भूल हो सकती है और रोचकता का अभाव रह सकता है। व्याकरण की सहायता से हम केवल शब्दों का शुद्ध प्रयोग जानकर अपने विचार स्पष्ट तथा प्रकट कर सकते हैं जिससे किसी भी विचारवान् मनुष्य को उनके समझने में कठिनाई अथवा सन्देह न हो।

(4) व्याकरण से लाभ

यहाँ अब यह प्रश्न हो सकता है कि यदि भाषा व्याकरण के आश्रित नहीं और यदि व्याकरण की सहायता पाकर हमारी भाषा शुद्ध, रोचक और प्रामाणिक नहीं हो सकती; तो उसका निर्माण करने और उसे पढ़ने से क्या लाभ? कुछ लोगों का यह भी आक्षेप है कि व्याकरण एक शुष्क और निरुपयोगी विषय है। इन प्रश्नों का उत्तर यह है कि भाषा से व्याकरण का प्राय: वही संबंध है, जो प्राकृतिक विकारों से विज्ञान का है। वैज्ञानिक लोग ध्यानपूर्वक सृष्टिक्रम का निरीक्षण करते हैं और जिन नियमों का प्रभाव वे प्राकृतिक विकारों में देखते हैं, उन्हीं को बहुधा सिद्धांतवत् ग्रहण कर लेते हैं। जिस प्रकार संसार में कोई भी प्राकृतिक घटना नियम-विरुद्ध नहीं होती; उसी प्रकार भाषा भी नियम-विरुद्ध नहीं बोली जाती। वैयाकरण इन्हीं नियमों का पता लगाकर सिद्धांत स्थिर करते हैं। व्याकरण में भाषा की रचना, शब्दों की व्युत्पत्ति, और स्पष्टतापूर्वक विचार प्रगट करने के लिए, उनका शुद्ध प्रयोग बताया जाता है, जिनको जानकर हम भाषा के नियम जान सकते हैं; और उन भूलों का कारण समझ सकते हैं, जो कभी-कभी नियमों का ज्ञान न होने के कारण अथवा असावधानी से, बोलने या लिखने में हो जाती है। किसी भाषा का पूर्ण ज्ञान होने के लिए उसका व्याकरण

जानना भी आवश्यक है। कभी-कभी तो कठिन अथवा संदिग्ध भाषा का अर्थ केवल व्याकरण की सहायता से ही जाना जा सकता है। इसके सिवा व्याकरण के ज्ञान से विदेशी भाषा सीखना भी बहुधा सहज हो जाता है।

कोई-कोई वैयाकरण व्याकरण को शास्त्र मानते हैं और कोई-कोई उसे केवल कला समझते हैं; पर यथार्थ में उसका समावेश दोनों भेदों में होता है। शास्त्र से हमें किसी विषय का ज्ञान विधिपूर्वक होता है और कला से हम उस विषय का उपयोग सीखते हैं। व्याकरण को शास्त्र इसलिए कहते हैं कि उसके द्वारा हम भाषा के उन नियमों को खोज सकते हैं जिन पर शब्दों का शुद्ध प्रयोग अवलम्बित है और वह कला इसलिए है कि हम शुद्ध भाषा बोलने के लिए उन नियमों का पालन करते हैं। विचारों की शुद्धता तर्कशास्त्र के ज्ञान से और भाषा की रोचकता साहित्य-शास्त्र के ज्ञान से आती है।

हिंदी व्याकरण में प्रचलित साहित्यिक हिंदी के रूपांतर और रचना के बहुजनमान्य नियमों का क्रमपूर्ण संग्रह रहता है। इसमें प्रसंगवश प्रांतीय और प्राचीन भाषाओं का भी यत्र-तत्र विचार किया जाता है, पर वह केवल गौण रूप में और तुलना की दृष्टि से।

(5) व्याकरण के विभाग

व्याकरण भाषासंबंधी शास्त्र है, और जैसा अन्यत्र कहा गया है, भाषा का मुख्य अंग वाक्य है। वाक्य शब्दों से बनता है, और शब्द प्रायः मूल ध्वनियों से। लिखी हुई भाषा में एक मूल ध्वनि के लिए प्रायः एक चिह्न रहता है जिसे वर्ण कहते हैं। वर्ण, शब्द और वाक्य के विचार से व्याकरण के मुख्य तीन विभाग होते हैं-(1) वर्णविचार, (2) शब्दसाधन और (3) वाक्यविन्यास।

(1) **वर्णविचार** व्याकरण का वह विभाग है जिसमें वर्णों के आकार, उच्चारण और उनके मेल से शब्द बनाने के नियम दिए जाते हैं।

(2) **शब्दसाधन** व्याकरण के उस विधान को कहते हैं जिसमें शब्दों के भेद, रूपान्तर और व्युत्पत्ति का वर्णन रहता है।

(3) **वाक्यविन्यास** व्याकरण के उस विभाग का नाम है जिसमें वाक्यों के अवयवों का परस्पर संबंध बताया जाता है और शब्दों से वाक्य बनाने के नियम दिए जाते हैं।

सू.-कोई-कोई लेखक गद्य के समान पद्य को भाषा का एक भेद मानकर व्याकरण में उसके अंगछंद, रस और अलंकार का विवेचन करते हैं। पर ये विषय यथार्थ में साहित्यशास्त्र के अंग हैं जो भाषा को रोचक और प्रभावशालिनी बनाने के काम आते हैं। व्याकरण से इनका कोई संबंध नहीं है, इसलिए इस पुस्तक में इनका विवेचन नहीं किया गया है। इसी प्रकार कहावतें और मुहावरे भी जो बहुधा व्याकरण की पुस्तकों में भाषाज्ञान के लिए दिए जाते हैं, व्याकरण के विषय नहीं हैं। केवल कविता की भाषा और काव्यस्वतंत्रता का परोक्ष संबंध व्याकरण से है, अतएव ये विषय प्रस्तुत पुस्तक के परिशिष्ट में दिए जायेंगे।

2. हिंदी की उत्पत्ति

(1) आदिम भाषा

भिन्न-भिन्न देशों में रहने वाली मनुष्य जातियों के आकार, स्वभाव आदि की परस्पर तुलना करने से ज्ञात होता है कि उनमें आश्चर्यजनक और अद्‌भुत समानता है। विदित होता है कि सृष्टि के आदि में सब मनुष्यों के पूर्वज एक ही थे। वे एक ही स्थान पर रहते थे और एक ही आचार-व्यवहार करते थे। इसी प्रकार, यदि भिन्न-भिन्न भाषाओं के मुख्य-मुख्य नियमों और शब्दों की परस्पर तुलना की जाए तो उनमें भी विचित्र सादृश्य दिखाई देता है। उससे यह प्रकट होता है कि हम सबके पूर्वज पहले एक ही भाषा बोलते थे। जिस प्रकार आदिम स्थान से पृथक् होकर लोग जहाँ-तहाँ चले गए और भिन्न-भिन्न जातियों में विभक्त हो गए; उसी प्रकार उस आदिम भाषा से भी कितनी ही भिन्न-भिन्न भाषाएँ उत्पन्न हो गईं।

कुछ विद्वानों का अनुमान है कि मनुष्य पहले-पहल एशिया खंड के मध्य भाग में रहता था। जैसे-जैसे उसकी संतति बढ़ती गई, क्रम-क्रम से लोग अपना मूल स्थान छोड़ अन्य देशों में जा बसे। इसी प्रकार यह भी एक अनुमान है कि नाना प्रकार की भाषा एक ही मूल भाषा से निकलती है। पाश्चात्य विद्वान् पहले यह समझते थे कि इब्रानी भाषा से, जिसमें यहूदी लोगों के धर्मग्रंथ हैं, सब भाषाएँ निकली हैं, परंतु उन्हें संस्कृत का ज्ञान होने और शब्दों के मूल रूपों का पता लगने से यह ज्ञात हुआ है कि एक ऐसी आदिम भाषा से, जिसका पता लगना कठिन है, संसार की सब भाषाएँ निकली हैं और वे तीन भागों में बाँटी जा सकती हैं–

(1) **आर्यभाषाएँ**–इस भाग में संस्कृत, प्राकृत (और उससे निकली हुई भारतवर्ष की प्रचलित आर्यभाषाएँ), अँग्रेजी, फारसी, यूनानी, लैटिन आदि भाषाएँ हैं।

(2) **शामी भाषाएँ**–इस भाग में इब्रानी, अरबी और हब्शी भाषाएँ हैं।

(3) **तूरानी भाषाएँ**–इस भाग में मुगली, चीनी, जापानी, द्राविड़ी (दक्षिणी हिंदुस्तान की) भाषाएँ और तुर्की आदि भाषाएँ हैं।

(2) आर्यभाषाएँ

इस बात का अभी तक ठीक-ठीक निर्णय नहीं हुआ कि संपूर्ण आर्यभाषाएँ फारसी, यूनानी, लैटिन, रूसी आदि वैदिक संस्कृत से निकली हैं अथवा और-और भाषाओं के

साथ-साथ यह पिछली भाषा भी आदिम आर्यभाषा से निकली है। जो भी हो यह बात अवश्य निश्चित हुई है कि आर्य लोग, जिनके नाम से उनकी भाषाएँ प्रख्यात हैं, आदिम स्थान से इधर-उधर गये और भिन्न-भिन्न देशों में उन्होंने अपनी भाषाओं की नींव डाली। जो लोग पश्चिम को गए उनसे ग्रीक, लैटिन, अँग्रेजी आदि आर्यभाषाएँ बोलने वाली जातियों की उत्पत्ति हुई। जो लोग पूर्व को आए उनके दो भाग हो गए। एक भाग फारस को गया और दूसरा हिन्दूकुश को पार कर काबुल की तराई में से होता हुआ हिंदुस्तान पहुँचा। पहले भाग के लोगों ने ईरान में मीडी (मादी) भाषा के द्वारा फारसी को जन्म दिया, और दूसरे भाग के लोगों ने संस्कृत का प्रचार किया, जिससे प्राकृत के द्वारा इस देश की प्रचलित आर्यभाषाएँ निकली हैं। प्राकृत के द्वारा संस्कृत से निकली हुई इन्हीं भाषाओं में से हिंदी भी है। भिन्न-भिन्न आर्यभाषाओं की समानता दिखाने के लिए कुछ शब्द नीचे दिए जाते हैं–

संस्कृत	मीडी	फारसी	यूनानी	लैटिन	अँग्रेजी	हिंदी
पितृ	पतर	पिदर	पाटेर	पेटर	फादर	पिता
मातृ	मतर	मादर	माटेर	मेटर	मदर	माता
भ्रातृ	व्रतर	ब्रादर	फ्राटेर	फ्राटर	ब्रदर	भाई
दुहितृ	दुग्धर	दुख्तर	थिगाटेर	0	डॉटर	धी
एक	यक	यक	हैन	अन	वन	एक
द्वि, दौ	द्व	दू	डुआ	डुओ	टू	दो
तृ	थृ	0	ट्ट	ट्ट	थ्री	तीन
नाम	नाम	नाम	ओनोमा	नामेन	नेम	नाम
अस्मि	अह्मि	अम	ऐमी	सम	ऐम	हूँ
ददामि	दधामि	दिहम	डिडोमी	डिडोमी	0	देऊँ

इस तालिका से जान पड़ता है कि निकटवर्ती देशों की भाषाओं में अधिक समानता है और दूरवर्ती देशों की भाषाओं में अधिक भिन्नता। यह भिन्नता इस बात की भी सूचक है कि यह भेद वास्तविक नहीं है, और न आदि में था, किंतु वह पीछे से हो गया है।

(3) संस्कृत और प्राकृत

जब आर्य लोग पहले-पहल भारतवर्ष में आए तब उनकी भाषा प्राचीन (वैदिक) संस्कृत थी। इसे देववाणी भी कहते हैं, क्योंकि वेदों की अधिकांश भाषा यही है। रामायण, महाभारत और कालिदास आदि के काव्य जिस परिमार्जित भाषा में हैं, वह बहुत पीछे की है। अष्टाध्यायी आदि व्याकरणों में 'वैदिक' और 'लौकिक' नामों से दो प्रकार की भाषाओं का उल्लेख पाया जाता है और दोनों के नियमों में बहुत कुछ अंतर है। इन दोनों प्रकार की भाषाओं में विशेषताएँ ये हैं कि एक तो संज्ञा के कारकों की विभक्तियाँ संयोगात्मक हैं; अर्थात् कारकों में भेद करने के लिए शब्दों के अंत में अन्य शब्द नहीं

आते; जैसे–मनुष्य शब्द का संबंधकारक संस्कृत में 'मनुष्यस्य' होता है, हिंदी की तरह 'मनुष्य का' नहीं होता। दूसरे, क्रिया के पुरुष और वचन में भेद करने के लिए पुरुषवाचक सर्वनाम का अर्थ क्रिया के ही रूप से प्रकट होता है, चाहे उसके साथ सर्वनाम लगा हो या न लगा हो; जैसे–'गच्छति' का अर्थ 'सः गच्छति' (वह जाता है) होता है। यह संयोगात्मक वर्तमान हिंदी के कुछ सर्वनामों में और संभाव्य भविष्यत्काल में पाई जाती है; जैसे–मुझे, किसे, रहूँ इत्यादि। इस विशेषता की कोई-कोई बात बंगाली (बंगला) भाषा में भी अब तक पाई जाती है जैसे–**'मनुष्येर'** (मनुष्य का) संबंधकारक में और **'कहिलाम'** (मैंने कहा) उत्तम पुरुष में। आगे चलकर संस्कृत की यह संयोगात्मकता बदलकर विच्छेदात्मकता हो गई।

अशोक के शिलालेखों और पतंजलि के ग्रंथों से जान पड़ता है कि ईसवी सन् के कोई तीन सौ बरस पहले उत्तरी भारत में एक ऐसी भाषा प्रचलित थी जिसमें भिन्न-भिन्न कई बोलियाँ शामिल थीं। स्त्रियों, बालकों और शूद्रों से आर्यभाषा का उच्चारण ठीक-ठीक न बनने के कारण इस नई भाषा का जन्म हुआ था और इसका नाम 'प्राकृत' पड़ा। 'प्राकृत' शब्द 'प्रकृति' (मूल) शब्द से बना है और उसका अर्थ 'स्वाभाविक' या 'गँवारी' है। वेदों में गाथा नाम से जो छन्द पाए जाते हैं, उनकी भाषा पुरानी संस्कृत से कुछ भिन्न है, जिससे जान पड़ता है कि वेदों के समय में भी प्राकृत भाषा थी। सुविधा के लिए वैदिक काल की इस प्राकृत को हम पहली प्राकृत कहेंगे और ऊपर जिस प्राकृत का उल्लेख हुआ है उसे दूसरी प्राकृत। पहली प्राकृत ही ने कई शताब्दियों के पीछे दूसरी प्राकृत का रूप धारण किया। प्राकृत का जो सबसे पुराना व्याकरण मिलता है; वह वररुचि का बनाया है। वररुचि ईसवी सन् के पूर्व पहली सदी में हो गए हैं। वैदिक काल के विद्वानों ने देववाणी को प्राकृत भाषा की भ्रष्टता से बचाने के लिए उसका संस्कार करके व्याकरण के नियमों से उसे नियन्त्रित कर दिया। इस परिमार्जित भाषा का नाम 'संस्कृत' हुआ, जिसका अर्थ 'सुधारा हुआ' अथवा 'बनावटी' है। यह संस्कृत भी पहली प्राकृत की किसी शाखा से शुद्ध होकर उत्पन्न हुई है। संस्कृत को नियमित करने के लिए कितने ही व्याकरण बने जिसमें पाणिनि का व्याकरण सबसे अधिक प्रसिद्ध और प्रचलित है। विद्वान् लोग पाणिनि का समय ई. सन् के पूर्व सातवीं सदी में स्थिर करते हैं और संस्कृत को उनसे सौ वर्ष पीछे तक प्रचलित मानते हैं।

पहली प्राकृत में संस्कृत की संयोगात्मकता तो वैसी ही थी, परंतु, व्यंजनों के अधिक प्रयोग के कारण उसकी कर्णकटुता बहुत बढ़ गई थी। पहली और दूसरी प्राकृत में अन्य भेदों के सिवा यह भी एक भेद हो गया था कि कर्णकटु व्यंजनों के स्थान पर स्वरों की मधुरता आ गई; जैसे–रघु का 'रहु' और 'जीवलोक' का 'जीअलोअ' हो गया।

बौद्ध धर्म के प्रचार से दूसरी प्राकृत की बड़ी उन्नति हुई। आजकल यह दूसरी प्राकृत पाली भाषा के नाम से प्रसिद्ध है। पाली में प्राकृत का जो रूप था उसका विकास धीरे-धीरे होता गया और कुछ समय बाद उसकी तीन शाखाएँ हो गईं; अर्थात् **शौरसेनी**, **मागधी** और **महाराष्ट्री**। शौरसेनी भाषा बहुधा उस प्रांत में बोली जाती थी, जिसे आजकल उत्तर प्रदेश कहते हैं। मागधी मगध देश और बिहार की भाषा थी तथा महाराष्ट्री का प्रचार दक्षिण के बंबई, बरार आदि प्रांतों में था। बिहार और उत्तर प्रदेश के मध्य भाग में एक और भाषा थी जिसको **अर्द्धमागधी** कहते थे। वह शौरसेनी और मागधी के मेल से बनी

थी। कहते हैं, जैन तीर्थंकर महावीर स्वामी इसी अर्द्धमागधी में जैन धर्म का उपदेश देते थे। पुराने जैन ग्रंथ भी इसी भाषा में हैं। बौद्ध और जैन धर्म के संस्थापकों ने अपने धर्मों के सिद्धांत सर्वप्रिय बनाने के लिए अपने ग्रंथ, बोलचाल की भाषा अर्थात् प्राकृत में रचे थे। फिर काव्यों और नाटकों में भी उसका प्रयोग हुआ।

थोड़े दिनों के पीछे दूसरी प्राकृत में भी परिवर्तन हो गया। लिखित प्राकृत का विकास रुक गया, परंतु कथित प्राकृत विकसित अर्थात् परिवर्तित होती गई। लिखित प्राकृत के आचार्यों ने इसी विकासपूर्ण भाषा का उल्लेख अपभ्रंश नाम से किया है। 'अपभ्रंश' शब्द का अर्थ बिगड़ी हुई भाषा है। ये अपभ्रंश भाषाएँ भिन्न-भिन्न प्रांतों में भिन्न-भिन्न प्रकार की थीं। इसके प्रचार के समय का ठीक-ठीक पता नहीं लगता; पर जो प्रमाण मिलते हैं, उनसे जाना जाता है कि ईसवी सन् के ग्यारहवें शतक तक अपभ्रंश भाषा में कविता होती थी। प्राकृत के अंतिम वैयाकरण हेमचंद्र ने, जो बारहवें शतक में हुए हैं, अपने व्याकरण में अपभ्रंश का उल्लेख किया है।

अपभ्रंशों में संस्कृत और दोनों प्राकृतों से भेद हो गया, उनकी संयोगात्मकता जाती रही और उनमें विच्छेदात्मकता आ गई; अर्थात् कारकों का अर्थ प्रकट करने के लिए शब्दों में विभक्तियों के बदले अन्य शब्द मिलने और क्रिया के रूप में सर्वनामों का बोध होना रुक गया।

प्रत्येक प्राकृत के अपभ्रंश पृथक्-पृथक् थे और वे भिन्न-भिन्न प्रांतों में प्रचलित थे। भारत की प्रचलित आर्यभाषाएँ न संस्कृत से निकली हैं और न प्राकृत से; किंतु अपभ्रंशों से। लिखित साहित्य में बहुधा एक ही अपभ्रंश भाषा का नमूना मिलता है जिसे **नागर अपभ्रंश** कहते हैं। इसका प्रचार बहुत करके पश्चिम भारत में था। इस अपभ्रंश में कई बोलियाँ शामिल थीं जो भारत के उत्तर की तरफ प्राय: समग्र पश्चिमी भाग में बोली जाती थीं। हमारी हिंदी भाषा दो अपभ्रंशों के मेल से बनी है—एक नागर अपभ्रंश, जिससे पश्चिमी हिंदी और पंजाबी निकली है; दूसरा अर्द्धमागधी का अपभ्रंश जिससे पूर्वी हिंदी निकली है और जो अवध, बघेलखंड और छत्तीसगढ़ में बोली जाती है।

नीचे लिखे वृक्ष से हिंदी भाषा की उत्पत्ति ठीक-ठीक प्रकट हो जाएगी।

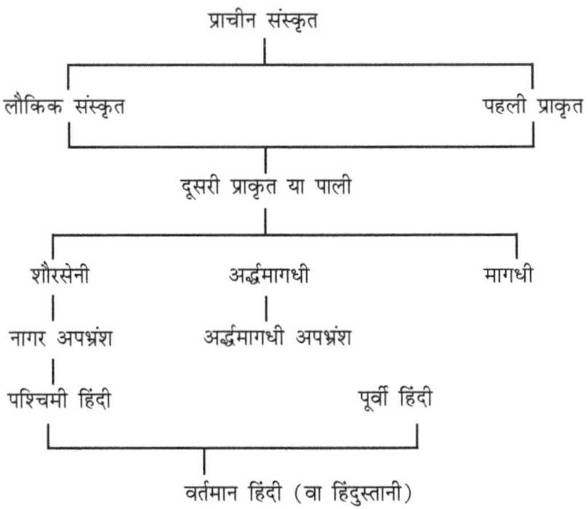

(4) हिंदी

प्राकृत भाषाएँ ईसवी सन् के कोई आठ-नौ सौ वर्ष तक और अपभ्रंश भाषाएँ ग्यारहवें शतक तक प्रचलित थीं। हेमचंद्र के प्राकृत व्याकरण में हिंदी की प्राचीन कविता के उदाहरण[1] पाए जाते हैं। जिस भाषा में मूल 'पृथ्वीराजरासो' लिखा गया है। 'षटभाषा'[2] का मेल है। इस 'काव्य' में हिंदी का पुराना रूप पाया जाता है।[3] इन उदाहरणों से जान पड़ता है कि हमारी वर्तमान हिंदी का विकास ईसवी सन् की बारहवीं सदी से हुआ है। 'शिवसिंह सरोज' में पुष्प नाम के एक कवि का उल्लेख है जो 'भाषा की जड़' कहा गया है, और जिसका समय सन् 713 ई. दिया गया है। पर न तो इस कवि की कोई रचना मिली है और न यह अनुमान हो सकता है कि उस समय हिंदी भाषा प्राकृत अथवा अपभ्रंश से पृथक् हो गई थी। बारहवें शतक में भी यह भाषा अधबनी अवस्था में थी, तथापि अरबी, फारसी और तुर्की शब्दों का प्रचार मुसलमानों के भारत प्रवेश के समय से होने लगा था। यह प्रचार यहाँ तक बढ़ा कि पीछे से भाषा के लक्षण में 'पारसी' भी रखी गई।[4]

विद्वान् लोग हिंदी भाषा और साहित्य के विकास को नीचे लिखे चार भागों में बाँटते हैं–

1. आदि हिंदी–यह उस हिंदी का नमूना है जो अपभ्रंश से पृथक् होकर साहित्यकार्य के लिए बन रही थी। यह भाषा दो कालों में बाँटी जा सकती है–(1) वीरकाल (1200–1400) और (2) धर्मकाल (1400–1600)।

वीरकाल में यह भाषा पूर्ण रूप से विकसित न हुई थी और इसकी कविता का प्रचार अधिकतर राजपूताने में था। इसके बाहर के साहित्य की कोई विशेष उन्नति नहीं हुई। उसी समय महोबे में जगनिक कवि हुआ जिसके किसी ग्रंथ के आधार पर 'आल्हा' की रचना हुई। आजकल इस काव्य की मूल भाषा का ठीक पता नहीं लग सकता, क्योंकि भिन्न-भिन्न प्रांतों के लेखकों और गवैयों ने इसे अपनी बोलियों का रूप दे दिया है। विद्वानों का अनुमान है कि इसकी मूल भाषा बुंदेलखंडी थी और यह बात कवि की जन्मभूमि बुंदेलखंड में होने से पुष्ट होती है।

---

1. भल्ला हुआ जु मारिया, बहिणि महारा कंतु।
   लल्जेजं तु वयंसिअहु जइ भग्गा घर एंतु।।
   (हे बहिन, भला हुआ जो मेरा पति मारा गया। यदि भागा हुआ घर आता तो मैं सखियों में लज्जित होती।)
2. संस्कृतं प्राकृतं चैव शौरसेनी तदुद्भवा।
   ततोऽपि मागधी तद्वत् पैशाची देशजेति यत्।।
3. उच्चिष्ट छंद चंदह बयन सुनत सुजंपिय नारि।
   तवु पवित्र पावन कविय उकति अनूठ उधारि।।
   अर्थ–'छंद (कविता) उच्छिष्ट है' चंद का यह वचन सुनकर स्त्री ने कहा–पावन कवियों की अनूठी उक्ति का उद्धार करने से शरीर पवित्र हो जाता है।
4. ब्रजभाषा भाखा रुचिर कहौं सुमति सब कोय।
   मिलै संस्कृत पारस्यौ पै अतिसुगम जु होय।। (काव्यनिर्णय)

प्राचीन हिंदी का समय बतानेवाली दूसरी रचना भक्तों के साहित्य में पाई जाती है, जिसका समय अनुमान से 1400–1600 है। इस काल के जिन-जिन कवियों के ग्रंथ आजकल लोगों में प्रचलित हैं उनमें बहुतेरे वैष्णव थे और उन्हीं के मार्ग-प्रदर्शन से पुरानी हिंदी के उस रूप में, जिसे ब्रजभाषा कहते हैं; कविता रची गई। वैष्णव सिद्धांत के प्रचार का आरंभ रामानुज से माना जाता है जो दक्षिण के रहने वाले थे और अनुमान से बारहवीं सदी में हुए हैं। उत्तर भारत में यह धर्म रामानंद स्वामी ने फैलाया, जो इस संप्रदाय के प्रचारक थे। इनका समय सन् 1400 ईसवी के लगभग माना जाता है। इनकी लिखी कुछ कविताएँ सिक्खों के आदिग्रंथ में मिलती हैं और इनके रचे हुए भजन पूर्व में मिथिला तक प्रचलित हैं। रामानंद के चेलों में कबीर थे जिनका समय 1512 ईसवी के लगभग है। उन्होंने कई ग्रंथ लिखे हैं जिनमें 'साखी', 'शब्द', रेख्ता' और 'बीजक' अधिक प्रसिद्ध हैं। उनकी भाषा[1] में ब्रजभाषा और हिंदी के उस रूपांतर का मेल है, जिसे लल्लू जी लाल ने (सन् 1803 में) 'खड़ीबोली' नाम दिया है। कबीर ने जो कुछ लिखा है; वह धर्म-सुधारक की दृष्टि से लिखा है, लेखक की दृष्टि से नहीं। इसलिए उनकी भाषा साधारण और सहज है। लगभग इसी समय मीराबाई हुईं, जिन्होंने कृष्ण की भक्ति में बहुत सी कविताएँ कीं। इनकी भाषा कहीं मेवाड़ी, और कहीं ब्रजभाषा है। इन्होंने 'राग गोविंद की टीका' आदि ग्रंथ लिखे। सन् 1469 ई. से 1538 तक बाबा नानक का समय है। ये नानकपंथी सम्प्रदाय के प्रचारक और 'आदिग्रंथ' लेखक हैं। इस ग्रंथ की भाषा पुरानी पंजाबी होने के बदले पुरानी हिंदी है। शेरशाह (1540) के आश्रय में मलिक मुहम्मद जायसी ने 'पद्मावत' लिखी जिसमें सुल्तान अलाउद्दीन के चित्तौर का किला लेने पर वहाँ के राजा रतनसेन की रानी पद्मावती के आत्मघात की ऐतिहासिक कथा है।[2] इस पुस्तक की भाषा अवधी है।

वैष्णव धर्म का एक और भेद है जिसमें लोग श्रीकृष्ण को अपना इष्टदेव मानते हैं। इस संप्रदाय के संस्थापक वल्लभ स्वामी थे, जिनके पूर्वज दक्षिण के रहनेवाले थे। वल्लभ स्वामी ने सोलहवीं सदी के आदि में उत्तर भारत में अपने मत का प्रचार किया। इनके आठ शिष्य थे जो 'अष्टछाप' के नाम से प्रसिद्ध हैं। ये आठों कवि ब्रज में रहते थे और ब्रजभाषा में कविता करते थे। इनमें सूरदास मुख्य हैं। जिनका समय सन् 1550 ई. के लगभग है। कहते हैं, इन्होंने सवा लाख पद[3] लिखे हैं जिनका संग्रह 'सूरसागर' नामक ग्रंथ में है। इस पंथ के चौरासी गुरुओं का वर्णन 'चौरासी वैष्णवन की वार्ता' नामक ग्रंथ में पाया जाता है। जो ब्रजभाषा के गद्य में लिखा गया है; पर इस ग्रंथ का समय निश्चित नहीं है।

---

1. मनका फेरत जुग गया गया न मन का फेर।
   कर का मन का छाँड़ि दे मन का मनका फेर।।
   नव द्वारे को पींजरा तामें पंछी पौन।
   रहिबे को आचर्ज है गये अचंभा कोन।।
2. यह एक अन्योक्ति भी है जिसमें सत्य ज्ञान के लिए आत्मा की खोज का और उस खोज में आनेवाले विघ्नों का वर्णन है।
3. संभवतः सूरदासजी के पदों की संख्या सवा लाख अनुष्टुप् श्लोकों के बराबर होगी। इससे भ्रमवश लोगों ने सवा लाख पदों की बात प्रचलित कर दी। ग्रंथ का विस्तार बनाने के लिए प्राचीन काल से अनुष्टुप् छंद एक प्रकार की नाप मान लिया गया है।

अकबर (1556-1605 ई.) के समय में ब्रजभाषा की कविता की अच्छी उन्नति हुई। अकबर स्वयं ब्रजभाषा में कविता करते थे और उनके दरबार में हिंदू कवियों के समान रहीम, फैजी फहीम आदि मुसलमान कवि भी इस भाषा में रचना करते थे। हिंदू कवियों में टोडरमल, बीरबल, नरहरि, हरिनाथ, करनेश और गंग आदि अधिक प्रसिद्ध थे।

2. मध्य हिंदी–यह हिंदी कविता के सत्ययुग का नमूना है जो अनुमान से सन् 1600 से लेकर 1800 ई. तक रहा। इस काल में केवल कविता और भाषा ही की उन्नति नहीं हुई वरन् साहित्य विषय के भी अनेक उत्तम और उपयोगी ग्रंथ लिखे गए। मध्य हिंदी के कवियों में सबसे प्रसिद्ध गुसाईं तुलसीदास जी हुए; जिनका समय सन् 1573 से 1624 ई. तक है। उन्होंने हिंदी में एक महाकाव्य लिखकर भाषा का गौरव बढ़ाया और सर्वसाधारण में वैष्णव धर्म का प्रचार किया। राम के अनन्य भक्त होने पर भी गोसाईं जी ने शिव और राम में भेद नहीं माना और मत मतान्तर का विवाद नहीं बढ़ाया। वैराग्य वृत्ति के कारण उन्होंने श्रीकृष्ण की भक्ति और लीलाओं के विषय में बहुत नहीं लिखा, तथापि 'कृष्ण गीतावली' में इन विषयों पर यथेष्ट और मनोहर रचना की है।

तुलसीदास ने ऐसे समय में रामायण की रचना की जब मुगल राज्य दृढ़ हो रहा था और हिंदू समाज के बंधन अनीति के कारण ढीले हो रहे थे। मनुष्य के मानसिक विकारों का जैसा अच्छा चित्र तुलसीदास ने खींचा है, वैसा और कोई नहीं खींच सका।

रामायण की भाषा अवधी है; पर वह बैसवाड़ी से विशेष मिलती-जुलती है। गोसाईं जी के और ग्रंथों में अधिकांश ब्रजभाषा है।

इस काल के दूसरे प्रसिद्ध कवि केशवदास, बिहारीलाल, भूषण, मतिराम और नाभादास हैं।

केशवदास प्रथम कवि हैं जिन्होंने साहित्य विषयक ग्रंथ रचे। इस विषय के इनके ग्रंथ 'कविप्रिया', 'रसिकप्रिया' और 'रामालंकृतमंजरी' हैं। 'रामचंद्रिका' और 'विज्ञानगीता' भी इनके प्रसिद्ध ग्रंथ हैं। इनकी भाषा में संस्कृत शब्दों की बहुतायत है। इनकी योग्यता की तुलना सूरदास और तुलसीदास से की जाती है। इनका मरणकाल अनुमान से सन् 1612 ईसवी है। बिहारीलाल ने 1650 ईसवी के लगभग 'सतसई' समाप्त की। इस ग्रंथरत्न में काव्य के प्रायः सब गुण विद्यमान हैं। इसकी भाषा शुद्ध ब्रजभाषा है। 'बिहारी सतसई' पर कई कवियों ने टीकाएँ लिखी हैं। भूषण ने 1671 ई. में 'शिवराजभूषण' बनाया और कई अन्य ग्रंथ लिखे। इनके ग्रंथों में देशभक्ति और धर्माभिमान खूब दिखाई देता है। इनकी कुछ कविताएँ खड़ी बोली में भी हैं और अधिकांश कविताएँ वीर रस से भरी हुई हैं। चिंतामणि और मतिराम, भूषण के भाई थे, जो भाषासाहित्य के आचार्य माने जाते हैं। नाभादास जाति के डोम थे और तुलसीदास के समकालीन थे। इन्होंने ब्रजभाषा में 'भक्तमाल' नामक पुस्तक लिखी जिसमें अनेक वैष्णव भक्तों का संक्षिप्त वर्णन है।

इस काल के उत्तरार्ध (1700-1800 ईसवी) में राज्यक्रांति के कारण कविता की विशेष उन्नति नहीं हुई। इस काल के प्रसिद्ध कवि प्रियादास, कृष्णकवि, भिखारीदास, ब्रजवासीदास, सूरति मिश्र आदि हैं। प्रियादास ने सन् 1712 ईसवी में 'भक्तमाल' पर एक (पद्य) टीका लिखी। कृष्णकवि ने 'बिहारी सतसई' पर सन् 1720 के लगभग एक टीका

रची। भिखारीदास सन् 1723 के लगभग हुए और साहित्य के अच्छे कवि समझे जाते हैं। इनके प्रसिद्ध ग्रंथ 'छंदोऽर्णव' और 'काव्यनिर्णय' हैं। ब्रजवासीदास ने सन् 1770 ई. में 'ब्रजविलास' लिखा, जो विशेष लोकप्रिय है। सूरति मिश्र ने इसी समय में ब्रजभाषा के गद्य में 'बैताल पचीसी' नामक एक ग्रंथ लिखा। यही कवि गद्य के प्रथम लेखक हैं।

3. आधुनिक हिंदी–यह काल सन् 1800 से 1900 ईसवी तक है। इसमें हिंदी गद्य की उत्पत्ति और उन्नति हुई। अँग्रेजी राज्य की स्थापना और छापे के प्रचार से इस शताब्दी में गद्य और पद्य की अनेक पुस्तकें बनीं और छपीं। साहित्य के सिवा इतिहास, भूगोल, व्याकरण, पदार्थविज्ञान और धर्म पर इस काल में कई पुस्तकें लिखी गईं। सन् 1857 ई. के विद्रोह के पीछे देश में शान्तिस्थापना होने पर समाचार पत्र, मासिक पत्र, नाटक, उपन्यास और समालोचना का आरंभ हुआ। हिंदी की उन्नति का एक विशेष चिह्न इस समय यह है कि इसमें खड़ी बोली (बोलचाल की भाषा) की कविता लिखी जाती है। इसके साथ ही हिंदी में संस्कृत शब्दों का निरंकुश प्रयोग भी बढ़ता जाता है। इस काल में शिक्षा के प्रचार से हिंदी की विशेष उन्नति हुई।

पादरी गिलक्राइस्ट की प्रेरणा से लल्लू जी लाल ने सन् 1804 ई. में 'प्रेम-सागर' लिखा जो आधुनिक हिंदी गद्य का प्रथम ग्रंथ है। इनके बनाए और प्रसिद्ध ग्रंथ 'राजनीति' (ब्रजभाषा के गद्य में), 'सभाविलास', 'लालचन्द्रिका' (बिहारी सतसई पर टीका), 'सिंहासन पचीसी' हैं। इस काल के प्रसिद्ध कवि पद्माकर (1815), ग्वाल (1815), पजनेश (1816), रघुराजसिंह (1834), दीनदयालगिरि (1855), और हरिश्चंद्र (1880) हैं।

गद्यलेखकों में लल्लू जी लाल के पश्चात् पादरी लोगों ने कई विषयों की पुस्तकें अँग्रेजी से अनुवाद कराकर छपवाईं। इसी समय से हिंदी में ईसाई धर्म की पुस्तकों का छपना आरंभ हुआ। शिक्षा विभाग के लेखकों में पं. श्रीलाल, पं. वंशीधर वाजपेयी और राजा शिवप्रसाद हैं। शिवप्रसाद ऐसी हिंदी के पक्षपाती थे जिसे हिंदू-मुसलमान दोनों समझ सकें। इनकी रचना प्राय: उर्दू ढंग की होती थी। आर्यसमाज की स्थापना से साधारण लोगों में वैदिक विषयों की चर्चा और धर्मसंबंधी हिंदी की अच्छी उन्नति हुई। काशी की नागरीप्रचारिणी सभा ने हिंदी की विशेष उन्नति की है। उसने गत अर्द्धशताब्दी में अनेक विषयों के न्यूनाधिक सौ उत्तम ग्रंथ प्रकाशित किए हैं जिनमें सर्वांगपूर्ण हिंदी कोश और हिंदी व्याकरण मुख्य है। उसने प्राचीन हस्तलिखित पुस्तकों की नियमबद्ध खोज कराकर अनेक दुर्लभ ग्रंथों का भी प्रकाशन किया है। प्रयाग की हिंदी साहित्य सम्मेलन नामक संस्था हिंदी की उच्च परीक्षाओं का प्रबंध और संपूर्ण देश में उसका प्रचार राष्ट्रभाषा के रूप में कर रही है। उसने कई एक उपयोगी पुस्तकें भी प्रकाशित की हैं।

इस काल के और प्रसिद्ध लेखक राजा लक्ष्मणसिंह, पं. अम्बिकादत्त व्यास, राजा शिवप्रसाद और भारतेंदु हरिश्चंद्र हैं। इन सब में भारतेंदु जी का आसन ऊँचा है। उन्होंने केवल 35 वर्ष की आयु में कई विषयों की अनेक पुस्तकें लिखकर हिंदी का उपकार किया और भावी लेखकों को अपनी मातृभाषा की उन्नति का मार्ग बताया। भारतेंदु के पश्चात् वर्तमान काल में सबसे प्रसिद्ध लेखक और कवि पं. महावीर प्रसाद द्विवेदी, पं. श्रीधर पाठक, पं. अयोध्यासिंह उपाध्याय और बाबू मैथिलीशरण हैं, जिन्होंने उच्च कोटि

के अनेक ग्रंथ लिखकर हिंदी भाषा और साहित्य का गौरव बढ़ाया है। आधुनिक काल के अन्य प्रसिद्ध लेखक प्रेमचंद, पं. सुमित्रानंदन पंत, बाबू जयशंकर प्रसाद, पं. सूर्यकांत त्रिपाठी, पं. माखनलाल चतुर्वेदी, उपेंद्रनाथ अश्क, यशपाल, नंददुलारे वाजपेयी, जैनेंद्रकुमार दिनकर, बच्चन, श्यामसुंदर दास, रामचंद्र शुक्ल और रामचंद्र वर्मा हैं। कवयित्रियों में श्रीमती महादेवी वर्मा और सुभद्राकुमारी चौहान प्रसिद्ध हैं।

(5) हिंदी और उर्दू

'हिंदी' नाम से जो भाषा हिंदुस्तान में प्रसिद्ध और प्रचलित है, उसके नाम, रूप और विस्तार के विषय में विद्वानों का मतभेद है। कई लोगों की राय में हिंदी और उर्दू एक ही भाषा है और कई लोगों की राय में दोनों अलग-अलग दो बोलियाँ हैं। राजा शिवप्रसाद सदृश महाशयों की युक्ति यह है कि शहरों और पाठशालाओं में हिंदू और मुसलमान कुछ सामाजिक तथा धर्मसंबंधी और वैज्ञानिक शब्दों को छोड़कर प्राय: एक ही भाषा में बातचीत करते हैं और एक-दूसरे के विचार पूर्णतया समझ लेते हैं। इसके विरुद्ध राजा लक्षण सिंह सदृश विद्वानों का पक्ष यह है कि जिन दो जातियों का धर्म, व्यवहार, विचार, सभ्यता और उद्देश्य एक नहीं है, उनकी भाषा पूर्णतया एक कैसे हो सकती है? जो हो, साधारण लोगों में आज कल हिंदुस्तानियों की भाषा हिंदी और मुसलमानों की भाषा उर्दू प्रसिद्ध है। भाषा का मुसलमानी रूपांतर केवल हिंदी में नहीं, वरन् बंगला, गुजराती, आदि भाषाओं में भी पाया जाता है। 'हिंदी भाषा की उत्पत्ति' नामक पुस्तक के अनुसार हिंदी और उर्दू हिंदुस्तानी की शाखाएँ हैं, जो पश्चिमी हिंदी का एक भेद है। इस भाषा का 'हिंदुस्तानी' नाम अँग्रेजों का रखा हुआ है और उससे बहुधा उर्दू का बोध होता है। हिंदू लोग इस शब्द को 'हिंदुस्तानी' कहते हैं और इसे बहुधा हिंदी बोलने वाली 'जाति' के अर्थ में प्रयुक्त करते हैं।

हिंदी कई नामों से प्रसिद्ध है; जैसे–भाषा, हिंदवी (हिंदुई), हिंदी, खड़ी बोली और नागरी। इसी प्रकार मुसलमानों की भाषा के भी कई नाम हैं। वह हिंदुस्तानी, उर्दू, रेख़्ता और दक्खिनी कहलाती है। इनमें से बहुत से नाम दोनों भाषाओं का यथार्थ रूप निश्चित न होने के कारण दिए गए हैं।

हमारी भाषा का सबसे पुराना नाम केवल 'भाषा' है। महामहोपाध्याय पं. सुधाकर द्विवेदी के अनुसार यह नाम भास्वती की टीका में आया है, जिसका समय संवत् 1485 है। तुलसीदास ने रामायण में 'भाषा' शब्द लिखा है, पर अपने फारसी पंचनामे में 'हिंदवी' शब्द का प्रयोग किया है। बहुधा पुस्तकों के नामों में और टीकाओं में यह शब्द आजकल प्रचलित है; जैसे–'भाषा भास्कर, भाषा टीका सहित', इत्यादि।

पादरी आदम साहब की लिखी और सन् 1837 में दूसरी बार छपी 'उपदेश कथा' में इस भाषा का नाम 'हिंदवी' लिखा है। इन उदाहरणों से जान पड़ता है कि हमारी भाषा का हिंदी नाम आधुनिक है।[1] इसके पहले हिंदू लोग इसे 'भाषा' और मुसलमान लोग 'हिंदुई' या 'हिंदवी' कहते थे। लल्लू जी लाल ने 'प्रेमसागर' में (सन् 1804 में) इस

1. सन् 1846 में दूसरी बार छपी 'पदार्थ विद्यासार' नामक पुस्तक में 'हिंदी भाषा' का नाम आया है।

भाषा का नाम 'खड़ी बोली'[1] लिखा है, जिसे आजकल कुछ लोग न जाने क्यों 'खरी बोली' कहने लगे हैं। आजकल 'खड़ी बोली' शब्द केवल कविता की भाषा के लिए आता है, यद्यपि गद्य की भाषा भी 'खड़ी बोली' है। लल्लू जी लाल ने एक जगह अपनी भाषा का नाम 'रेख़्ते की बोली' भी लिखा है। 'रेख़्ता' शब्द कबीर के एक ग्रंथ में भी आया है, पर वहाँ उसका अर्थ 'भाषा' नहीं है किंतु एक प्रकार का 'छंद' है। जान पड़ता है कि फारसी अरबी शब्द मिलाकर भाषा में जो फारसी शब्द रचे गए उनका नाम रेख़्ता (अर्थात् मिला हुआ) रखा गया और फिर पीछे से यह शब्द मुसलमानों की कविता की बोली के लिए प्रयुक्त होने लगा। यह भी एक अनुमान है कि मुसलमानों में रेख़्ता का प्रचार बढ़ने के कारण हिंदुओं की भाषा का नाम 'हिंदुई' (या हिंदवी) रखा गया। इसी 'हिंदवी' में, जिसे आजकल 'खड़ी बोली' कहते हैं, कबीर, भूषण, नागरीदास आदि कुछ कवियों ने थोड़ी-बहुत कविता की है; पर अधिकांश हिंदू कवियों ने श्रीकृष्ण की उपासना और भाषा की मधुरता के कारण ब्रजभाषा का ही उपयोग किया है।

आरंभ में हिंदुई और रेख़्ता में थोड़ा ही अंतर था। अमीर खुसरो, जिनकी मृत्यु सन् 1325 ई. में हुई, मुसलमानों में सर्वप्रथम और प्रधान कवि माने जाते हैं। उनकी भाषा[2] से जान पड़ता है कि उस समय तक हिंदी में मुसलमानी शब्द और फारसी ढंग की रचना की भरमार न हुई थी, और मुसलमान लोग शुद्ध हिंदी पढ़ते-लिखते थे। जब देहली के बाजार में तुर्क, अफगान और फारसवालों का संपर्क हिंदुओं से होने लगा, और वे लोग हिंदी शब्दों के बदले अरबी, फारसी के शब्दों को बहुतायत से मिलाने लगे, तब रेख़्ता ने दूसरा ही रूप धारण किया, और उसका नाम 'उर्दू' पड़ा। 'उर्दू' शब्द का अर्थ 'लश्कर' है। शाहजहाँ के समय में उर्दू की बहुत उन्नति हुई, जिससे 'खड़ी बोली' की उन्नति में बाधा पड़ गई।

हिंदी और उर्दू मूल में एक ही भाषा हैं। उर्दू हिंदी का केवल मुसलमानी रूप है। आज भी कई शतक बीत जाने पर, इन दोनों में विशेष अंतर नहीं; पर इनके अनुयायी लोग इस नाममात्र के अंतर को वृथा ही बढ़ा रहे हैं। यदि हम लोग हिंदी में संस्कृत के और मुसलमान उर्दू में अरबी-फारसी के शब्द कम लिखें तो दोनों भाषाओं में बहुत थोड़ा भेद रह जाए और संभव है, किसी दिन दोनों समुदायों की लिपि और भाषा एक हो जाए। धर्मभेद के कारण पिछली शताब्दी में हिंदी और उर्दू के प्रचारकों में परस्पर खींचातानी शुरू हो गई। मुसलमान हिंदी से घृणा करने लगे और हिंदुओं ने हिंदी के प्रचार पर जोर दिया। परिणाम यह हुआ कि हिंदी में संस्कृत शब्द और उर्दू में अरबी-फारसी के शब्द मिल गए और दोनों भाषाएँ क्लिष्ट हो गईं। इन दिनों कई राजनीतिक कारणों से हिंदी-उर्दू विवाद और भी बढ़ रहा है, और 'हिंदुस्तानी' के नाम से एक खिचड़ी भाषा की रचना की जा रही है, जो न शुद्ध हिंदी होगी और न शुद्ध उर्दू।

---

1. ब्रजभाषा के ओकारांत रूपों से मिलान करने पर हिंदी के अकारांत रूप 'खड़े' जान पड़ते हैं। बुंदेलखंड में इस भाषा को 'ठाढ़ी बोली' या 'तुर्की' कहते हैं।
2. तरुवर से एक तिरिया उतरी, उसने खूब रिझाया।
   बाप का उसके नाम जो पूछा, आधा नाम बताया।।
   आधा नाम पिता पर वाका, अपना नाम निबोरी।
   अमीर खुसरो यों कहें बूझ पहेली मोरी।।

आरंभ से ही उर्दू और हिंदी में कई बातों का अंतर भी रहा है। उर्दू फारसी लिपि में लिखी जाती है और उसमें अरबी-फारसी शब्दों की विशेष भरमार रहती है। इसकी वाक्य रचना में बहुधा विशेष्य विशेषण के पहले आता है, और (कविता में) फारसी के संबोधन कारक का रूप प्रयुक्त होता है। हिंदी के संबंधवाचक सर्वनाम के बदले उसमें कभी-कभी फारसी का संबंधवाचक सर्वनाम आता है। इनके सिवा रचना में और भी दो-एक बातों का अंतर है कोई-कोई उर्दू लेखक इन विदेशी शब्दों के लिखने में सीमा के बाहर चले जाते हैं। उर्दू और हिंदी की छंद रचना में भी भेद है। मुसलमान लोग फारसी-अरबी के छंदों का उपयोग करते हैं। फिर उनके साहित्य में मुसलमानी इतिहास और दंतकथाओं के उल्लेख बहुत रहते हैं। शेष बातों में दोनों भाषाएँ प्रायः एक हैं।

कुछ लोग समझते हैं कि वर्तमान हिंदी की उत्पत्ति लल्लू जी लाल ने उर्दू की सहायता से की है। यह भूल है। 'प्रेमसागर' की भाषा दोआब में पहले ही से बोली जाती थी। उन्होंने उसी भाषा का प्रयोग 'प्रेमसागर' में किया और आवश्यकतानुसार उसमें संस्कृत के शब्द भी मिलाए। मेरठ के आसपास और उसके कुछ उत्तर में यह भाषा अब भी अपने विशुद्ध रूप में बोली जाती है। वहाँ इसका वही रूप है, जिसके अनुसार हिंदी का व्याकरण बना है। यद्यपि इस भाषा का नाम 'उर्दू' या 'खड़ी बोली' नया है, तो भी उसका यह रूप नया नहीं, किंतु उतना ही पुराना है, जितने उसके दूसरे रूप ब्रजभाषा, अवधी, बुंदेलखंडी आदि हैं। देहली में मुसलमानों के संयोग से हिंदी भाषा का विकास जरूर हुआ, और इसके प्रचार में भी वृद्धि हुई। इस देश में जहाँ-जहाँ मुगल बादशाहों के अधिकारी गए वहाँ-वहाँ वे अपने साथ इस भाषा को भी लेते गए।

कोई-कोई लोग हिंदी भाषा को 'नागरी' कहते हैं। यह नाम अभी हाल का है, और देवनागरी लिपि के आधार पर रखा गया जान पड़ता है। इस भाषा के तीन नाम और प्रसिद्ध हैं–(1) ठेठ हिंदी, (2) शुद्ध हिंदी और (3) उच्च हिंदी। 'ठेठ हिंदी' हमारी भाषा के उस रूप को कहते हैं, जिसमें 'हिंदवी छुट् और किसी बोली की पुट् न मिले।' इसमें बहुधा 'तद्भव' शब्द आते हैं। 'शुद्ध हिंदी' में तद्भव शब्दों के साथ तत्सम शब्दों का भी प्रयोग होता है, पर उसमें विदेशी शब्द नहीं आते। 'उच्च हिंदी' शब्द कई अर्थों का बोधक है। कभी-कभी प्रांतिक भाषाओं से हिंदी का भेद बताने के लिए इस भाषा को 'उच्च हिंदी' कहते हैं। अँग्रेज लोग इस नाम का प्रयोग बहुधा इसी अर्थ में करते हैं। कभी-कभी 'उच्च हिंदी' से वह भाषा समझी जाती है, जिसमें अनावश्यक संस्कृत शब्दों की भरमार की जाती है और कभी-कभी यह नाम केवल 'शुद्ध हिंदी' के पर्याय में आता है।

(6) तत्सम और तद्भव शब्द

उन शब्दों को छोड़कर जो फारसी, अरबी, तुर्की, अँग्रेजी आदि विदेशी भाषाओं के हैं (और जिनकी संख्या बहुत थोड़ी केवल दशमांश है) अन्य शब्द हिंदी में मुख्य तीन प्रकार के हैं–

(1) तत्सम

(2) तद्भव

(3) अर्द्धतत्सम

तत्सम—वे संस्कृत शब्द हैं, जो अपने असली स्वरूप में हिंदी भाषा में प्रचलित हैं; जैसे—राजा, पिता, कवि, आज्ञा, अग्नि, वायु, वत्स, भ्राता इत्यादि।[1]

तद्भव—वे शब्द हैं जो या तो सीधे प्राकृत से हिंदी भाषा में आ गए हैं या प्राकृत के द्वारा संस्कृत से निकले हैं; जैसे—राय, खेत, दाहिना, किसान।

अर्द्धतत्सम—उन संस्कृत शब्दों को कहते हैं, जो प्राकृत भाषा बोलने वालों के उच्चारण से बिगड़ते-बिगड़ते कुछ और ही रूप के हो गए हैं, जैसे—बच्छ, अग्याँ, मुँह, बंस, इत्यादि।

बहुत से शब्द तीनों रूपों में मिलते हैं, परंतु कई शब्दों के सब रूप नहीं पाए जाते। हिंदी के क्रिया शब्द प्राय: सबके सब तद्भव हैं। यही अवस्था सर्वनामों की है। बहुत से संज्ञा शब्द तत्सम या तद्भव हैं और कुछ अर्द्धतत्सम हो गए हैं।

तत्सम और तद्भव शब्दों में रूप की भिन्नता के साथ बहुधा अर्थ की भिन्नता भी होती है। तत्सम प्राय: सामान्य अर्थ में आता है और तद्भव शब्द विशेष अर्थ में; जैसे—स्थान सामान्य नाम है, पर 'थाना' एक विशेष स्थान का नाम है। कभी-कभी तत्सम शब्द से गुरुता का अर्थ निकलता है और तद्भव से लघुता का, जैसे—देखना साधारण लोगों के लिए आता है, पर 'दर्शन' किसी बड़े आदमी या देवता के लिए। कभी-कभी तत्सम के दो अर्थों में से तद्भव से केवल एक ही अर्थ सूचित होता है; जैसे—'वंश' का अर्थ 'कुटुंब' भी है, और 'बाँस' भी है; पर तद्भव 'बाँस' से केवल एक ही अर्थ निकलता है।

यहाँ तत्सम, तद्भव और अर्द्धतत्सम शब्दों के कुछ उदाहरण दिए जाते हैं—

तत्सम	**अर्द्धतत्सम**	**तद्भव**
आज्ञा	अग्याँ	आन
राजा	0	राय
वत्स	बच्छ	बच्चा
अग्नि	अगिन	आग
स्वामी	0	साई
कर्ण	0	कान
कार्य	कारज	काज
पक्ष	0	पंख, पाँख
वायु	0	बयार
अक्षर	अच्छर	अक्ख, आखर
रात्रि	रात	0

1. इस प्रकार के कई शब्द कई सदियों से भाषा में प्रचलित हैं। कोई-कोई साहित्य के बहुत पुराने नमूनों में भी मिलते हैं, परंतु बहुत से वर्तमान शताब्दी में आए हैं। यह भरती अभी तक जारी है। जिस रूप में ये शब्द आते हैं, वह बहुधा संस्कृत की प्रथमा के एकवचन का है।

सर्व	0	सब
दैव	दई	0

(7) देशज और अनुकरणवाचक शब्द

हिंदी में और भी दो प्रकार के शब्द पाए जाते हैं–

(1) देशज (2) अनुकरणवाचक।

देशज वे शब्द हैं जो किसी संस्कृत (या प्राकृत) मूल से निकले हुए नहीं जान पड़ते और जिनकी व्युत्पत्ति का पता नहीं लगता; जैसे–तेंदुआ, खिड़की, धुआँ, ठेस इत्यादि।

ऐसे शब्दों की संख्या बहुत थोड़ी है और संभव है कि आधुनिक आर्यभाषाओं की बढ़ती के नियमों की अधिक खोज और पहचान होने से अंत में इनकी संख्या बहुत कम जो जाएगी।

पदार्थ की यथार्थ अथवा कल्पित ध्वनि को ध्यान में रखकर जो शब्द बनाए गए हैं वे अनुकरणवाचक शब्द कहलाते हैं; जैसे–खटखटाना, धड़ाम, चट आदि।

(8) विदेशी शब्द

फारसी, अरबी, तुर्की, अँग्रेजी आदि भाषाओं से जो शब्द हिंदी में आए हैं, उन्हें विदेशी कहाते हैं, अँग्रेजी से आजकल भी शब्दों की भरती जारी है। विदेशी शब्द हिंदी में ध्वनि के अनुसार अथवा बिगड़े हुए उच्चारण के अनुसार लिखे जाते हैं। इस विषय का पता लगाना कठिन है कि हिंदी में किस-किस समय पर कौन से विदेशी शब्द आए हैं; पर ये शब्द भाषा में मिल गए हैं और इनमें कोई-कोई शब्द ऐसे हैं जिनके समानार्थी हिंदी शब्द बहुत समय से अप्रचलित हो गए हैं। भारतवर्ष की ओर प्रचलित भाषाओं विशेषकर मराठी और बंगला से भी कुछ शब्द हिंदी में आए हैं। कुछ विदेशी शब्दों की सूची दी जाती है–

(1) **फारसी**–आदमी, उम्मेदवार, कमर, खर्च, गुलाब, चश्मा, चाकू चापलूस, दाग, दूकान, बाग, मोज़ा इत्यादि।

(2) **अरबी**–अदालत, इम्तिहान, एतराज, औरत, तनखाह, तारीख, मुकदमा, सिफारिश, हाल इत्यादि।

(3) **तुर्की**–कोतल, *चकमक, *तगमा, तोप, लाश इत्यादि।

(4) **पोर्चुगीज**–कमरा, *नीलाम, पादरी, *भारतौल, पेरू।

(5) **अँग्रेजी**–अपील, इंच, *कलक्टर, *कमेटी, कोट, *गिलास, *टिकट, *टीन, नोटिस, डॉक्टर, डिगरी, * पतलून, फंड, फीस, फुट, *मील, रेल, *लाट, लालटेन, समन, स्कूल इत्यादि।

(6) **मराठी**–प्रगति, लागू, चालू, वाड़ा, बाजू (ओर, तरफ) इत्यादि।

(7) **बंगला**–उपन्यास, प्राणपण, चुड़ांत, भद्रलोग (=भले आदमी), गल्प, नितांत इत्यादि।

---

* ये शब्द अपभ्रंश हैं।

पहला भाग

वर्ण विचार

पहला अध्याय

वर्णमाला

1. वर्णविचार व्याकरण के उस भाग को कहते हैं, जिसमें वर्णों के आकार, भेद, उच्चारण तथा उनके मेल से शब्द बनाने के नियमों का निरूपण होता है।

2. वर्ण उस मूल ध्वनि को कहते हैं जिसके खंड न हो सकें; जैसे–अ, इ, क्, ख्, इत्यादि।

'सबेरा हुआ' इस वाक्य में दो शब्द हैं, 'सबेरा' और 'हुआ'। 'सबेरा' शब्द में साधारण रूप से तीन ध्वनियाँ सुनाई पड़ती हैं–स, बे, रा। इन तीन ध्वनियों में से प्रत्येक ध्वनि के खंड हो सकते हैं, इसलिए वह मूल ध्वनि नहीं है। 'स' में दो ध्वनियाँ हैं, स् अ, और इनके कोई और खंड नहीं हो सकते इसलिए 'स्' और 'अ' मूल ध्वनि हैं। ये ही मूल ध्वनियाँ वर्ण कहलाती हैं। 'सबेरा' शब्द में स्, अ, ब्, ए, र्, आये छह मूल ध्वनियाँ हैं। इसी प्रकार 'हुआ' शब्द में ह्, उ, आ–ये तीन मूल ध्वनियाँ या वर्ण हैं।

3. वर्णों के समुदाय को वर्णमाला[1] कहते हैं। हिंदी वर्णमाला में 43 वर्ण हैं। इनके दो भेद हैं–(1) स्वर (2) व्यंजन।[2]

4. स्वर उन वर्णों को कहते हैं जिनका उच्चारण स्वतंत्रता से होता है और जो व्यंजनों के उच्चारण में सहायक होते हैं; जैसे–अ, इ, उ, ए इत्यादि। हिंदी में स्वर 11 हैं।[3]

अ, आ, इ, ई, उ, ऊ, ऋ, ए, ऐ, ओ, औ।

---

1. फारसी, अँग्रेजी, यूनानी आदि भाषाओं में वर्णों के नाम और उच्चारण एक से नहीं हैं इसलिए विद्यार्थियों को उन्हें पहचानने में कठिनाई होती है। इन भाषाओं में जिन (अलिफ, ए, डेल्टा आदि) को वर्ण कहते हैं, उनके खंड हो सकते हैं। वे यथार्थ में वर्ण नहीं किंतु शब्द हैं। यद्यपि व्यंजन के उच्चारण के लिए उनके साथ स्वर लगाने की आवश्यकता होती है, तो भी उसमें केवल छोटे से छोटा स्वर अर्थात् अकार मिलाना चाहिए, जैसा हिंदी में होता है।
2. संस्कृत व्याकरण में स्वरों को अच् ओर व्यंजनों को हल् कहते हैं।
3. संस्कृत में, ॠ, लृ, ये तीन स्वर और हैं; पर हिंदी में इनका प्रयोग नहीं होता। ऋ (ह्रस्व) भी हिंदी में आने वाले केवल तत्सम शब्दों ही में आता है; जैसे–ऋषि, ऋण, कृपा, नृत्य, मृत्यु इत्यादि।

5. व्यंजन वे वर्ण हैं जो स्वर की सहायता के बिना नहीं बोले जा सकते। व्यंजन 33 हैं।[1]

क, ख, ग, घ, ङ। च, छ, ज झ ञ।

ट, ठ, ड, ढ, ण। त, थ, द, ध, न।

प, फ, ब, भ, म। य, र, ल, व, श

ष, स, ह।

इन व्यंजनों में उच्चारण की सुगमता के लिए 'अ' मिला दिया गया है। जब व्यंजनों में कोई स्वर नहीं मिला रहता तब उसका स्पष्ट उच्चारण दिखाने के लिए उनके नीचे एक तिरछी रेखा कर देते हैं जिसे हिंदी में हल् कहते हैं; जैसे–क्, थ्, म् इत्यादि।

6. व्यंजनों में दो वर्ण और हैं जो **अनुस्वार** और **विसर्ग** कहलाते हैं।[2] अनुस्वार का चिह्न स्वर के ऊपर एक बिन्दी और विसर्ग का चिह्न स्वर के आगे दो बिन्दियाँ हैं; जैसे–अं, अः। व्यंजनों के समान इनके उच्चारण में भी स्वर की आवश्यकता होती है; पर इनमें और दूसरे व्यंजनों में यह अंतर है कि स्वर इनके पहले आता है और दूसरे व्यंजनों के पीछे; अ + ं, अं, अं, अ + :, अः, क् + अ = क, ख् + अ = ख।

7. हिंदी वर्णमाला के वर्णों के प्रयोग के संबंध में कुछ नियम ध्यान देने योग्य हैं–

(अ) कुछ वर्ण केवल संस्कृत (तत्सम) शब्दों में आते हैं; जैसे–ऋ, ण्, ष् । उदाहरण ऋतु, ऋषि, पुरुष, गण, रामायण।

(आ) ङ् और ञ् पृथक् रूप से केवल संस्कृत शब्दों में आते हैं; जैसे–पराङ्मुख, नञ् तत्पुरुष।

(इ) संयुक्त व्यंजनों में से क्ष और ज्ञ केवल संस्कृत शब्दों में आते हैं; जैसे–मोक्ष, संज्ञा।

(ई) ङ्, ञ्, ण् हिंदी में शब्दों के आदि में नहीं आते। अनुस्वार और विसर्ग भी शब्दों के आदि में प्रयुक्त नहीं होते।

(उ) विसर्ग केवल थोड़े से हिंदी शब्दों में आता है; जैसे–छः छिः इत्यादि।

दूसरा अध्याय

लिपि

8. लिखित भाषा में मूल ध्वनियों के लिए जो चिह्न मान लिए गए हैं, वे भी वर्ण कहलाते हैं; पर जिस रूप में ये लिखे जाते हैं, उसे लिपि कहते हैं। हिंदी भाषा देवनागरी लिपि[3] में लिखी जाती है।

---

1. इनके सिवा वर्णमाला में व्यंजन और मिला दिए जाते हैं–क्ष, त्र, ज्ञ। ये संयुक्त व्यंजन हैं और इस प्रकार मिलकर बने हैं–क् + ष = क्ष, त् + र = त्र, ज + ञ = ज्ञ। (21वाँ अंक देखो।)
2. अनुस्वार और विसर्ग के नाम और उच्चारण एक नहीं हैं। इनके रूप और उच्चारण की विशेषता के कारण कई वैयाकरण इन्हें अं, अः के रूप में स्वरों के साथ लिखते हैं।
3. 'देवनागरी' नाम की उत्पत्ति के विषय में मतभेद है। श्याम शास्त्री के मतानुसार देवताओं की प्रतिमाओं के बनने के पूर्व उनकी उपासना सांकेतिक चिह्नों द्वारा होती थी, जो कई प्रकार के त्रिकोणादि यंत्रों के मध्य में लिखे जाते थे। वे यंत्र 'देवनागर' कहलाते थे, ओर उनके मध्य लिखे जानेवाले अनेक प्रकार के सांकेतिक चिह्न वर्ण माने जाने लगे। इसी से उनका नाम 'देवनागरी' हुआ।

(सू–देवनागरी के सिवा कैथी, महाजनी आदि लिपियों में भी हिंदी भाषा लिखी जाती है; पर उनका प्रचार सर्वत्र नहीं है। ग्रंथलेखन और छापने के काम में बहुधा देवनागरी लिपि का ही उपयोग होता है।)

9. व्यंजनों के अनेक उच्चारण दिखाने के लिए उनके साथ स्वर जोड़े जाते हैं। व्यंजनों में मिलने से बदलकर स्वर का जो रूप हो जाता है उसे मात्रा कहते हैं। प्रत्येक स्वर की मात्रा नीचे लिखी जाती है–

अ, आ, इ, ई, उ, ऊ, ऋ, ए, ऐ, ओ, औ

ा ि ी ु ू ृ े ै ो ौ

10. अ की कोई मात्रा नहीं है। जब यह व्यंजन में मिलता है, तब व्यंजन में नीचे का चिह्न (्) नहीं लिखा जाता; जैसे–क्+अ= क, ख्+अ= ख।

11. आ, ई, ओ और औ की मात्राएँ व्यंजन के आगे लगाई जाती हैं; जैसे–का, की, को, कौ। इ की मात्रा व्यंजन के पहले, ए और ऐ की मात्राएँ ऊपर; और उ, ऊ, ऋ की मात्राएँ नीचे लगाई जाती हैं; जैसे–कि, के, कै, कु, कू, कृ।

12. अनुस्वार स्वर के ऊपर और विसर्ग स्वर के पीछे आता है; जैसे–कं, किं, कः, काः।

13. उ और ऊ की मात्राएँ जब र् में मिलती हैं, तब उनका आकार कुछ निराला हो जाता है, जैसे–रु, रू। र् के साथ ऋ की मात्रा का संयोग व्यंजनों के समान होता है; जैसे–र् + ऋ = र्ऋ। (25वाँ अंक देखो)।

14. ऋ की मात्रा को छोड़कर और अं, अः को लेकर व्यंजनों के साथ सब स्वरों में मिलाप को बारहखड़ी[1] कहते हैं। स्वर अथवा स्वरांत व्यंजन अक्षर कहलाते हैं : क् की बारहखड़ी नीचे दी जाती है–

क, का, कि, की, कु, कू, के, कै, को, कौ, कं, कः।

15. व्यंजन दो प्रकार से लिखे जाते हैं–(1) खड़ी पाई समेत और (2) बिना खड़ी पाई के। ङ, छ, ट, ठ, ड, ढ, द, र, को छोड़कर शेष व्यंजन पहले प्रकार के हैं। सब वर्णों के सिरे पर एक-एक आड़ी रेखा रहती है, जो ध, झ और भ में कुछ तोड़ दी जाती है।

16. नीचे लिखे वर्णों के दो-दो रूप पाए जाते हैं–

अ और अ; भ्क और झ, रा और ण; क्ष और क्ष; ज्ञ और ज्ञ।

17. देवनागरी लिपि में वर्णों का उच्चारण और नाम तुल्य होने के कारण, जब कभी उसका नाम लेने का काम पड़ता है, तब अक्षर के आगे 'कार' जोड़कर उसका नाम सूचित करते हैं; जैसे–अकार, ककार, मकार, सकार से अ, क, म, स का बोध होता है। 'रकार' को कोई कोई–'रेफ' भी कहते हैं।

18. जब दो या अधिक व्यंजनों के बीच में स्वर नहीं रहता, तब उनको संयोगी व संयुक्त व्यंजन कहते हैं; जैसे–क्य, स्म, त्र। संयुक्त व्यंजन बहुधा मिला कर लिखे

---

1. यह शब्द द्वादशाक्षरी का अपभ्रंश है।

जाते हैं। हिंदी में प्राय: तीन से अधिक व्यंजनों का संयोग होता है; जैसे–स्तंभ, मत्स्य, माहात्म्य।

19. जब किसी व्यंजन का संयोग उसी व्यंजन के साथ होता है, तब वह संयोग द्वित्य कहलाता है, जैसे–कक्का, सच्चा, अन्न।

20. संयोग में जिस क्रम से व्यंजनों का उच्चारण होता है, उसी क्रम से वे लिखे जाते हैं; जैसे–अन्त, यत्न, अशक्त, सत्कार।

21. क्ष, त्र, ज्ञ, जिन व्यंजनों के मेल से बने हैं उनका कुछ भी रूप संयोग में नहीं दिखाई देता; इसलिए कोई-कोई उन्हें व्यंजनों के साथ वर्णमाला के अंत में लिख देते हैं। क् और ष के मेल क्ष, त् और र के मेल से त्र और ज् और ञ के मेल से ज्ञ बनता है।

22. पाई (।) वाले आद्य वर्णों की पाई संयोग में गिर जाती है; जैसे–प् + य =प्य, त्+थ=त्थ, त्+म्+य=त्म्य।

23. ङ, छ, ट, ठ, ड, ढ, ह, से सात व्यंजन संयोग के आदि में भी पूरे लिखे जाते हैं, और इनके अंत का (संयुक्त) व्यंजन पूर्व वर्ण के नीचे बिना सिरे के लिखा जाता है; जैसे–अङ्क, उच्छ्वास, टट्टी, मट्ठा, हड्डी, प्रह्लाद, सह्याद्रि।

24. कई संयुक्त अक्षर दो प्रकार से लिखे जाते हैं, जैसे–क् + क = क्क, क्क; क् + व = क्व, क्व; ल् + ल = ल्ल, ल्ल; क् + ल् = क्ल, क्ल, श् + व = श्व,श्व।

25. यदि रकार के पीछे कोई व्यंजन हो तो रकार उस व्यंजन के ऊपर, वह रूप (–र्) धारण करता है, जिसे रेफ कहते हैं, जैसे–धर्म, सर्व, अर्थ। यदि रकार किसी व्यंजन के पीछे आता है, तो उसका रूप दो प्रकार का होता है–

(अ) खड़ी पाई वाले व्यंजनों के नीचे रकार इस रूप (ॎ) से लिखा जाता है; जैसे–चक्र, भद्र, ह्रस्व, आदि।

(आ) दूसरे व्यंजनों के नीचे उसका यह रूप (‸) होता है; जैसे–राष्ट्र, त्रिपुंड, वृच्छ्र।

(सू.–ब्रजभाषा में बहुधा र + य का रूप र्य् होता है, जैसे–मार्‍यो, हार्‍यो।)

26. क् और त मिलकर क्त और त् तथा त मिलकर त्त होता है।

27. ङ्, ञ्, ण्, म् अपने ही वर्ग के व्यंजनों से मिल सकते हैं; पर उनके बदले में विकल्प से अनुस्वार[1] आ सकता है; जैसे–गङ्गा = गंगा, चञ्चल = चंचल, पण्डित = पंड़ित, दन्त=दंत, कम्प=कंप।

कई शब्दों में इस नियम का भंग होता है; जैसे–वाङ्मय, मृण्मय, धन्वन्तरि, सम्राट, उन्हें, तुम्हें।

28. हकार से मिलने वाले व्यंजन कभी-कभी भूल से उसके पूर्व लिख दिए जाते हैं; जैसे–चिन्ह (चिह्न), ब्रम्ह (ब्रह्म), आव्हान (आह्वान), आल्हाद (आह्लाद) इत्यादि।

29. साधारण व्यंजनों के समान संयुक्त व्यंजनों में भी स्वर जोड़कर बारहखड़ी बनाते हैं; जैसे–क्र, क्रा, क्रि, क्री, क्रु, क्रू, क्रे, क्रै, क्रो, क्रौ, क्रं, क्रः।

(देखो 14वाँ अंक)

---

1. हिंदी में बहुधा अनुनासिक (ँ) के बदले में भी अनुस्वार आता है, जैसे–हँसना=हंसना, पाँच=पांच। (देखो 50वाँ अंक)

तीसरा अध्याय

वर्णों का उच्चारण और वर्गीकरण

30. मुख के जिस भाग से जिस अक्षर का उच्चारण होता है, उसे उस अक्षर का स्थान कहते हैं।

31. स्थान भेद से वर्णों के नीचे लिखे अनुसार वर्ग होते हैं–

कंठ्य–जिनका उच्चारण कंठ से होता है; अर्थात्, अ, आ, क, ख, ग, घ, ङ, ह और विसर्ग।

तालव्य–जिनका उच्चारण तालु से होता है; अर्थात्, इ, ई, च, छ, ज, झ, ञ, और श।

मूर्धन्य–जिनका उच्चारण मूर्धा से होता है; अर्थात्, ट, ठ, ड, ढ, ण, र और ष।

दंत्य–जिनका उच्चारण ऊपर के दाँतों पर जीभ लगाने से होता है; अर्थात्, त, थ, द, ध, न, ल और स।

ओष्ठ्य–जिनका उच्चारण ओठों से होता है, अर्थात्, उ, ऊ, प, फ, ब, भ, म।

अनुनासिक–जिनका उच्चारण मुख और नासिका से होता है, अर्थात्, ङ, ञ, ण, न, म, और अनुस्वार। (देखो 39वाँ और 46वाँ अंक)।

(सू.–स्वर भी अनुनासिक होते हैं। (देखो 29वाँ अंक)।

कंठतालव्य–जिनका उच्चारण कंठ और तालु से होता है; अर्थात्, ए, ऐ।

कंठोष्ठ्य–जिनका उच्चारण कंठ और ओठों से होता है; अर्थात्, ओ, औ।

दंत्योष्ठ्य–जिनका उच्चारण दाँत और ओठों से होता है; अर्थात्, व।

32. वर्णों के उच्चारण की रीति को **प्रयत्न** कहते हैं। ध्वनि उत्पन्न होने के पहले वागिंद्रिय की क्रिया को **आभ्यंतर प्रयत्न** और ध्वनि के अंत की क्रिया को **बाह्य प्रयत्न** कहते हैं।

33. **आभ्यंतर प्रयत्न** के अनुसार वर्णों के मुख्य चार भेद हैं–

(1) विवृत–इनके उच्चारण में वागिंद्रिय खुली रहती है। स्वरों का प्रयत्न **विवृत** कहलाता है।

(2) स्पृष्ट–इनके उच्चारण में वागिंद्रिय का द्वार बन्द रहता है। 'क' से लेकर 'म' तक 25 व्यंजनों को **स्पर्श वर्ण** कहते हैं।

(3) ईषत् विवृत–इनके उच्चारण में वागिंद्रिय कुछ खुली रहती है। इसी भेद में य, र, ल, व हैं। इनको **अंतस्थ** वर्ण भी कहते हैं; क्योंकि इनका उच्चारण स्वर और व्यंजनों का मध्यवर्ती है।

(4) ईषत् स्पृष्ट–इनका उच्चारण वागिंद्रिय के कुछ बन्द रहने से होता है–श, ष, स, ह। इन वर्णों के उच्चारण में एक प्रकार का घर्षण होता है; इसलिए इन्हें ऊष्म वर्ण भी कहते हैं।

34. **बाह्य प्रयत्न** के अनुसार वर्णों के मुख्य दो भेद हैं–(1) अघोष, (2) घोष।

(1) अघोष वर्णों के उच्चारण में केवल श्वास का उपयोग होता है, उनके उच्चारण में घोष अर्थात् नाद नहीं होता।

(2) घोष वर्णों के उच्चारण में केवल नाद का उपयोग होता है।

अघोष वर्ण–क, ख, च, छ, ट, ठ, त, थ, प, फ, और श, ष, स।

घोष वर्ण–शेष व्यंजन और सब स्वर।

(सू.–बाह्य प्रयत्न के अनुसार केवल व्यंजनों के जो भेद हैं, वे आगे दिए जायेंगे। (देखो 44वाँ अंक)।

स्वर

35. उत्पत्ति के अनुसार स्वरों के दो भेद हैं–(1) मूल स्वर, (2) संधि स्वर।

(1) जिन स्वरों की उत्पत्ति किन्हीं दूसरे स्वरों से नहीं है, उन्हें **मूल स्वर** (व ह्रस्व) कहते हैं। वे चार हैं–अ, इ, उ और ऋ।

(2) मूल स्वरों के मेल से बने हुए स्वर **संधि स्वर** कहलाते हैं; जैसे–आ, ई, ए, ऐ, ओ, औ।

36. संधि स्वरों के दो भेद हैं–(1) दीर्घ और (2) संयुक्त।

(1) किसी एक मूल स्वर में उसी मूल स्वर के मिलाने से जो स्वर उत्पन्न होता है, उसे दीर्घ कहते हैं; जैसे–अ+अ=आ, इ+इ=ई, उ+उ=ऊ, अर्थात् आ, ई, ऊ दीर्घ स्वर हैं।

(सू.–ऋ+ऋ= ॠ; यह दीर्घ स्वर हिंदी में नहीं है।)

(2) भिन्न-भिन्न स्वरों के मेल से जो स्वर उत्पन्न होता है, उसे संयुक्त स्वर कहते हैं, जैसे–अ + इ = ए, अ + उ = ओ, आ + ए = ऐ, आ + ओ = औ।

37. उच्चारण के **कालमान** के अनुसार स्वरों के दो भेद किए जाते हैं–लघु और गुरु। उच्चारण के कालमान को मात्रा[1] कहते हैं। जिस स्वर के उच्चारण में एक मात्रा लगती है उसे लघु स्वर कहते हैं; जैसे–अ, इ, उ, ऋ। जिस स्वर के उच्चारण में दो मात्राएँ लगती हैं उसे गुरु स्वर कहते हैं; जैसे–आ, ई, ए, ऐ, ओ, औ।

(सू.1.–सब मूल स्वर लघु और सब सन्धि स्वर गुरु हैं।)

(सू.2.–संस्कृत में प्लुत नाम से स्वरों का एक तीसरा भेद माना जाता है; पर हिंदी में उसका उपयोग नहीं होता। 'प्लुत' शब्द का अर्थ है 'उछलता हुआ'। प्लुत में तीन मात्राएँ होती हैं। वह बहुधा दूर से पुकारने, रोने, गाने और चिल्लाने में आता है। उसकी पहचान दीर्घ स्वर के आगे तीन का अंक लिख देने से होती है जैसे–ए! 3 लड़के !3, हूँ! 3।)

38. जाति के अनुसार भी स्वरों के दो भेद हैं–**असवर्ण** और **सवर्ण** अर्थात् सजातीय और विजातीय। समान स्थान और प्रयत्न से उत्पन्न होने वाले स्वरों को सवर्ण कहते हैं। जिन स्वरों के स्थान और प्रयत्न एक-से नहीं होते, वे असवर्ण कहलाते हैं। अ, आ; परस्पर सवर्ण हैं। इसी प्रकार इ, ई तथा उ, ऊ सवर्ण हैं।

अ, इ, वा अ, ऊ अथवा इ, ऊ असवर्ण स्वर हैं।

(सू.–ए, ऐ, ओ, औ इन संयुक्त स्वरों में परस्पर सवर्णता नहीं है; क्योंकि ये असवर्ण स्वरों से उत्पन्न हैं।)

39. उच्चारण के अनुसार स्वरों के दो भेद और हैं

---

1. हिंदी में 'मात्रा' शब्द के दो अर्थ हैं–एक स्वरों का रूप (देखो 9वाँ अंक) दूसरा कालमान।

(1) सानुनासिक और (2) निरनुनासिक।

यदि मुँह से पूरा श्वास निकाला जाए तो शुद्ध-निरनुनासिक-ध्वनि निकलती है, पर यदि श्वास का कुछ भी अंश नाक से निकाला जाए तो अनुनासिक ध्वनि निकलती है। अनुनासिक स्वर का चिह्न (ँ) चंद्रबिंदु कहलाता है; जैसे–गाँव, ऊँचा। अनुस्वार और अनुनासिक व्यंजनों के समान चंद्रबिंदु कोई स्वतंत्र वर्ण नहीं है; वह केवल अनुनासिक स्वर का चिह्न है। अनुनासिक व्यंजनों को कोई-कोई नासिक्य और अनुनासिक स्वरों को केवल 'अनुनासिक' कहते हैं। कभी-कभी यह शब्द चंद्रबिंदु का पर्यायवाचक भी होता है। (देखो 46वाँ अंक)

40. (क) हिंदी में अंत्य का उच्चारण प्राय: हल के समान होता है; जैसे–गुण, रात, धन इत्यादि। इस नियम के कई अपवाद हैं–

(1) यदि अकारांत शब्द का अंत्याक्षर संयुक्त हो, तो अंत्य का उच्चारण पूरा होता है; जैसे–सत्य, इंद्र, गुरुत्व, सन्न, धर्म, अशक्त इत्यादि।

(2) इ, ई वा ऊ के आगे य हो, तो अंत्य आ का उच्चारण पूर्ण होता है; जैसे–प्रिय, सीय, राजसूर्य, इत्यादि।

(3) एकाक्षरी अकारांत शब्दों के अंत्य अ का उच्चारण पूरा-पूरा होता है; जैसे–न, व, र, इत्यादि।

(4) (क) कविता में अंत्य अ का पूर्ण उच्चारण होता है; जैसे–'समाचार जब लक्ष्मण पाए' परंतु जब इस वर्ण पर यति[1] होती है; तब इसका उच्चारण बहुधा अपूर्ण होता है; जैसे–'कुंद, इंदु सम देह उमारमन करुणा अयन'।

(ख) दीर्घ स्वरांत त्र्यक्षरी शब्दों में यदि दूसरा अक्षर अकारांत हो तो उसका उच्चारण अपूर्ण होता है; जैसे–बकरा, कपड़े, करना, बोलना, तानना इत्यादि।

(ग) चार अक्षरों के ह्रस्व स्वरांत शब्दों में यदि दूसरा अक्षर अकारांत हो तो उसके अ का उच्चारण अपूर्ण होता है; जैसे–गड़बड़, देवधन, मानसिक, सुरलोक, कामरूप, बलहीन।

अपवाद–यदि दूसरा अक्षर संयुक्त हो अथवा पहला अक्षर कोई उपसर्ग हो तो दूसरे अक्षर के अ का उच्चारण पूर्ण होता है; जैसे–पुत्रलाभ, धर्महीन, आचरण, प्रचलित।

(घ) दीर्घ स्वरांत चार अक्षरी शब्दों में तीसरे अक्षर के अ का उच्चारण अपूर्ण होता है; जैसे–समझना, निकलना, सुनहरी, कचहरी, प्रबलता।

(ङ) यौगिक शब्दों में मूल अवयव के अंत्य अ का उच्चारण आधा (अपूर्ण) होता है; जैसे–देवधन, सुरलोक, अन्नदाता, सुखदायक, शीतलता, मनमोहन, लड़कपन इत्यादि।

41. हिंदी में ऐ और औ का उच्चारण संस्कृत से भिन्न होता है। तत्सम शब्दों में इनका उच्चारण संस्कृत के ही अनुसार होता है; पर हिंदी में ऐ बहुधा अय् और औ बहुधा अव् के समान बोला जाता है; जैसे–

संस्कृत–ऐश्वर्य, सदैव, पौत्र, कौतुक इत्यादि।

हिंदी–है, मैल, और चौथा इत्यादि।

---

1. विश्राम

(क) ए और ओ का उच्चारण कभी-कभी क्रमशः इ और ए तथा उ और ओ का मध्यवर्ती होता है; जैसे–इकट्ठा, (एकट्ठा), मिहतर (मेहतर), उसीसा (ओसीसा), गुबरैला (गोबरैला)।

42. उर्दू और अँग्रेजी के कुछ अक्षरों का उच्चारण दिखाने के लिए, अ, आ, इ, उ आदि स्वरों के साथ बिंदी और अर्धचंद्र लगाते हैं; जैसे–इल्म, उम्र, लॉर्ड। इन चिह्नों का प्रचार सार्वदेशिक नहीं है और किसी भी भाषा में विदेशी उच्चारण पूर्ण रूप से प्रकट करना कठिन भी होता है।

व्यंजन

43. स्पर्श व्यंजनों के पाँच वर्ग हैं और प्रत्येक वर्ग में पाँच-पाँच व्यंजन हैं। प्रत्येक वर्ग का नाम पहले वर्ण के अनुसार रखा गया है; जैसे–

क–वर्ग क, ख, ग, घ, ङ।

च–वर्ग च, छ, ज, झ, ञ।

ट–वर्ग ट, ठ, ड, ढ, ण।

त–वर्ग त, थ, द, ध, न।

प–वर्ग प, फ, ब, भ, म।

44. बाह्य प्रयत्न के अनुसार व्यंजनों के दो भेद हैं–

(1) अल्पप्राण और (2) महाप्राण।

जिन व्यंजनों में हकार की ध्वनि विशेष रूप से सुनाई देती है उनको महाप्राण और शेष व्यंजनों को अल्पप्राण कहते हैं; स्पर्श व्यंजनों में प्रत्येक वर्ग का दूसरा और चौथा अक्षर तथा ऊष्म महाप्राण है; जैसे–ख, घ, छ, झ, ठ, ढ, थ, ध, फ, भ और श, ष, स, ह।

शेष व्यंजन अल्पप्राण हैं।

सब स्वर अल्पप्राण हैं।

(सू.–अल्पप्राण अक्षरों की अपेक्षा महाप्राणों में प्राणवायु का उपयोग अधिक श्रमपूर्वक करना पड़ता है। ख, घ, छ आदि व्यंजनों के उच्चारण में उनके पूर्ववर्ती व्यंजनों के साथ हकार की ध्वनि मिली हुई सुनाई पड़ती है, अर्थात् ख= क् + ह, छ= च् + ह। उर्दू, अँग्रेजी आदि भाषाओं में महाप्राण अक्षर ह मिलाकर बनाए गए हैं।)

45. हिंदी में ड और ढ के दो-दो उच्चारण होते हैं–(1) मूर्धन्य (2) द्विस्पृष्ट।

(1) मूर्धन्य उच्चारण आगे लिखे स्थानों में होता है–

(क) शब्द के आदि में; जैसे–डाक, डमरू, डग, ढम, ढिग, ढंग, ढोल, इत्यादि।

(ख) द्वित्व में, जैसे–अड्डा, लड्डू, खड्डा।

(ग) ह्रस्व स्वर के पश्चात् अनुनासिक व्यंजन के संयोग में; जैसे–डंडा, पिंडी, चंडू, मंडप इत्यादि।

(2) द्विस्पृष्ट उच्चारण जिह्वा का अग्रभाग उलटाकर मूर्धा में लगाने से होता है। इस उच्चारण के लिए इन अक्षरों के नीचे एक बिंदी लगाई जाती है। द्विस्पृष्ट उच्चारण बहुधा नीचे लिखे स्थानों में होता है–

(क) शब्द के मध्य अथवा अंत में; जैसे–सड़क, पकड़ना, आड़, गढ़-चढ़ाना इत्यादि।

(ख) दीर्घ स्वर के पश्चात् अनुनासिक व्यंजन के संयोग में दोनों उच्चारण बहुधा विकल्प से होते हैं; जैसे–मूँडना, मूँड़ना, खाँड, खाँड़, मेढा, मेढ़ा इत्यादि।

46. ङ, ञ, ण, न, म का उच्चारण अपने-अपने स्थान और नासिका से किया जाता है। विशिष्ट स्थान से श्वास उत्पन्न कर उसे नाक के द्वारा निकालने से इन अक्षरों का उच्चारण होता है। केवल स्पर्श व्यंजनों के एक-एक वर्ग के लिए एक-एक अनुनासिक व्यंजन है, अंतस्थ और ऊष्म के साथ अनुनासिक व्यंजन का कार्य अनुस्वार से निकलता है। अनुनासिक व्यंजनों के बदले में विकल्प से अनुस्वार आता है; जैसे–अङ्ग= अंग, कण्ठ= कंठ, चञ्चल= चंचल इत्यादि।

47. अनुस्वार के आगे कोई अंतस्थ व्यंजन अथवा ह हो तो उसका उच्चारण दंततालव्य अर्थात् व के समान होता है; परंतु श, ष, स के साथ उसका उच्चारण बहुधा न् के समान होता है; जैसे–संवाद, संरक्षा, सिंह, अंश, हंस इत्यादि।

48. अनुस्वार (ं) और अनुनासिक (ँ) के उच्चारण में अंतर है, यद्यपि लिपि में अनुनासिक के बदले बहुधा अनुस्वार ही का उपयोग किया जाता है (देखो 39वाँ अंक। अनुस्वार दूसरे स्वरों अथवा व्यंजनों के समान एक अलग ध्वनि है; परंतु अनुनासिक स्वर की ध्वनि केवल नासिक्य है। अनुस्वार के उच्चारण में (देखो 46वाँ अंक) श्वास केवल नाक से निकलता है; पर अनुनासिक के उच्चारण में वह मुख और नासिका से एक ही साथ निकाला जाता है। अनुस्वार, तीव्र और अनुनासिक धीमी ध्वनि है, परंतु, दोनों के उच्चारण के लिए पूर्ववर्ती स्वर की आवश्यकता होती है; जैसे–रंग, रँग, कंबल, कुँवर, वेदांत, दाँत, हंस, हँसना इत्यादि।

49. संस्कृत शब्दों में अंत्य अनुस्वार का उच्चारण म् के समान होता है; जैसे–वरं, स्वयं, एवं।

50. हिंदी में अनुनासिक के बदले बहुधा अनुस्वार लिखा जाता है; इसलिए अनुस्वार का अनुनासिक उच्चारण जानने के लिए कुछ नियम आगे दिए जाते हैं–

(1) ठेठ हिंदी शब्दों के अंत में जो अनुस्वार आता है, उसका उच्चारण अनुनासिक होता है; जैसे–मैं, में, गेहूँ, जूँ, क्यों।

(2) पुरुष अथवा वचन के विकार के कारण आनेवाले अनुस्वार का उच्चारण अनुनासिक होता है; जैसे–करूँ, लड़कों, लड़कियों, हूँ, हैं इत्यादि।

(3) दीर्घ स्वर के पश्चात् आनेवाला अनुस्वार अनुनासिक के समान बोला जाता है; जैसे–आँख, पाँच, ऊँट, साँभर, सौंपना इत्यादि।

50. (क) लिखने में बहुधा अनुनासिक अ, आ, उ और ऊ में ही चंद्रबिंदु का प्रयोग किया जाता है, क्योंकि इनके कारण अक्षर के ऊपरी भाग में कोई मात्रा नहीं लगती; जैसे–अँधेरा, हँसना, आँख, दाँत, ऊँचाई, कुँवर, ऊँट, करूँ इत्यादि। जब इ और ए अकेले आते हैं; तब उनमें चंद्रबिंदु और जब व्यंजन में मिलते हैं, तब चंद्रबिंदु के बदले में अनुस्वार ही लगाया जाता है; जैसे–इँदारा, सिंचाई, संज्ञाएँ, ढँकी इत्यादि।

(सू.–जहाँ उच्चारण में भ्रम होने की सम्भावना हो वहाँ अनुस्वार और चंद्रबिंदु पृथक् लिखे जाएँ; जैसे–अंधेर (अन्धेर), अँधेरा, हंस (हन्स), हँस इत्यादि।)

51. **विसर्ग** (:) कंठ्य वर्ण है। इसके उच्चारण में ह के उच्चारण को एक झटका सा देकर श्वास को मुँह से एकदम छोड़ते हैं। अनुस्वार वा अनुनासिक के समान विसर्ग का उच्चारण भी किसी स्वर के पश्चात् होता है। यह हकार की अपेक्षा कुछ धीमा बोला जाता है; जैसे–दु:ख, अंत:करण, छि:, ह: इत्यादि।

(सू.–किसी-किसी वैयाकरण के मतानुसार विसर्ग का उच्चारण केवल हृदय में होता है, और मुख के अवयवों से उसका कोई संबंध नहीं रहता।)

52. संयुक्त व्यंजन के पूर्व ह्रस्व स्वर का उच्चारण कुछ झटके के साथ होता है, जिससे दोनों व्यंजनों का उच्चारण स्पष्ट हो जाता है, जैसे–सत्य, अड्डा, पत्थर इत्यादि। हिंदी में म्ह, न्ह, आदि का उच्चारण इसके विरुद्ध होता है, जैसे–तुम्हारा, उन्हें, कुल्हाड़ी, सह्यो।

53. दो महाप्राण व्यंजनों का उच्चारण एक साथ नहीं हो सकता; इसलिए उनके संयोग में पूर्व वर्ण अल्पप्राण ही रहता है; जैसे–रक्खा, अच्छा, पत्थर इत्यादि।

54. उर्दू के प्रभाव से ज और फ का एक-एक और उच्चारण होता है। ज का दूसरा उच्चारण दंततालव्य और फ का दंतोष्ठ्य है। इन उच्चारणों के लिए अक्षरों के नीचे एक-एक बिंदी लगाते हैं, जैसे–ज़रूरत, फ़ुरसत इत्यादि। ज और फ से अँग्रेजी

के भी कुछ अक्षरों का उच्चारण प्रकट होता है, जैसे–ज़ेयट, फ़ीस इत्यादि।

55. हिंदी में ज्ञ का उच्चारण बहुधा 'ग्यँ' के सदृश होता है। महाराष्ट्री लोग इसका उच्चारण दन्त्यँ के समान करते हैं। पर इसका शुद्ध उच्चारण प्राय: 'ज्यँ' के समान है।

चौथा अध्याय

स्वराघात

56. शब्दों के उच्चारण में अक्षरों पर जो जो (धक्का) लगता है, उसे स्वराघात कहते हैं। हिंदी में अपूर्णोच्चरित अ (दे. 40वाँ अंक) जिस अक्षर में आता है, उसके पूर्ववर्ती अक्षर के स्वर का उच्चारण कुछ लंबा होता है; जैसे–'घर' शब्द में अंत्य 'अ' का उच्चारण अपूर्ण होता है, इसलिए उसके पूर्ववर्ती 'घ' के स्वर का उच्चारण कुछ झटके के साथ करना पड़ता है। इसी तरह संयुक्त व्यंजन के पहले के अक्षर पर (दे. 52 अंक) जोर पड़ता है; जैसे–'पत्थर' शब्द में 'त्' और 'थ' के संयोग के कारण 'प' का उच्चारण आघात के साथ होता है। स्वराघात संबंधी कुछ नियम नीचे दिए जाते हैं–

(क) यदि शब्द के अंत में अपूर्णोच्चरित अ आवे तो उपांत्य अक्षर पर जोर पड़ता है, जैसे–घर, झाड़, सड़क इत्यादि।

(ख) यदि शब्द के मध्य भाग में अपूर्णोच्चरित अ आवे तो उसके पूर्ववर्ती अक्षर पर आघात होता है; जैसे–अनबन, बोलकर, दिन भर।

(ग) संयुक्त व्यंजन के पूर्ववर्ती अक्षर पर जोर पड़ता है; जैसे—हल्ला, आज्ञा, चिंता इत्यादि।

(घ) विसर्गयुक्त अक्षर का उच्चारण झटके के साथ होता है; जैसे—दु:ख, अंत:करण।

(च) यौगिक शब्दों में मूल अवयवों के अक्षरों का जोर जैसा का तैसा रहता है; जैसे—गुणवान, जलमय, प्रेमसागर इत्यादि।

(छ) शब्द के आरंभ का अ कभी अपूर्णोच्चरित नहीं होता, जैसे—घर, सड़क, कपड़ा, तलवार इत्यादि।

57. संस्कृत (वा हिंदी) शब्दों में इ, उ, वा, ऋ पूववर्ती स्वर का उच्चारण कुछ लम्बा होता है, जैसे—हरि, साधु, समुदाय, धातु, पितृ, मातृ इत्यादि।

58. यदि शब्द के एक ही रूप से कई अर्थ निकलते हैं तो इन अर्थों का अंतर केवल स्वराघात से जाना जाता है, जैसे—'बढ़ा' शब्द विधिकाल और सामान्य भूतकाल, दोनों में आता है, इसलिए विधिकाल के अर्थ में 'बढ़ा' के अंत्य 'आ' पर जोर दिया जाता है। इसी प्रकार 'की' संबंधकारक की स्त्रीलिंग विभक्ति और सामान्य भूतकाल का स्त्रीलिंग एकवचन रूप है; इसलिए क्रिया के अर्थ में 'की' का उच्चारण आघात के साथ होता है।

(सू.—हिंदी में संस्कृत के समान स्वराघात सूचित करने के लिए चिह्नों का उपयोग नहीं होता।)

देवनागरी वर्णमाला का कोष्ठक

	अघोष			घोष							
स्थान	स्पर्श		उष्म	उष्म	स्पर्श					स्वर	
	अल्पप्राण	महाप्राण	महाप्राण	महाप्राण	अल्पप्राण	महाप्राण	+अल्पप्राण (अनुनासिक)	अंतस्थ	ह्रस्व	दीर्घ	संयुक्त
कंठ	क	ख			ग	घ	ङ.		अ	आ	ए ऐ
तालु	च	छ	श		ज	झ	ञ	य	इ	ई	
मूर्धा	ट	ठ	ष		ड	ढ	ण	र	ऋ	ॠ	
दंत	त	थ	स		द	ध	न	ल			
ओष्ठ	प	फ			ब	भ	म	व	उ	ऊ	ओ औ
ड़, ढ़=द्विस्पृष्ट; ज=दंततालव्य फ=दंतोष्ठय।						स्थान +नासिका		1 दंत+ओष्ठ			2 कंठ+तालु 2 कंठ+ओष्ठ

पाँचवाँ अध्याय

संधि

59. दो निर्दिष्ट अक्षरों के पास-पास आने के कारण उनके मेल से जो विकार होता है, उसे संधि कहते हैं। संधि और संयोग में (दे. 18वाँ अंक) यह अंतर है कि संयोग में अक्षर जैसे के तैसे रहते हैं, परंतु संधि में उच्चारण के नियमानुसार दो अक्षरों के मेल में उनकी जगह कोई भिन्न अक्षर हो जाता है।

(सू.–संधि का विषय संस्कृत व्याकरण से संबंध रखता है। संस्कृत भाषा में पदसिद्धि, समास और वाक्यों में संधि का प्रयोजन पड़ता है, परंतु हिंदी में संधि के नियमों से मिले हुए संस्कृत के जो सामासिक शब्द आते हैं, केवल उन्हीं के संबंध से इस विषय के निरूपण की आवश्यकता होती है।)

60. संधि तीन प्रकार की है–(1) स्वर संधि, (2) व्यंजन संधि और (3) विसर्ग संधि।

(1) दो स्वरों के पास आने से जो संधि होती है उसे स्वर संधि कहते हैं, जैसे–राम + अवतार = राम्+अ+अवतार= रामावतार।

(2) जिन दो वर्णों में संधि होती है उनमें से पहला वर्ण व्यंजन हो और दूसरा वर्ण चाहे स्वर हो चाहे व्यंजन, तो उनकी संधि को व्यंजन संधि कहते हैं; जैसे–जगत्+ईश= जगदीश, जगत्+नाथ= जगन्नाथ।

(3) विसर्ग के साथ स्वर या व्यंजन की संधि को विसर्ग संधि कहते हैं; जैसे–तपः+वन= तपोवन, निः+अंतर= निरंतर।

स्वर संधि

61. यदि दो सवर्ण (सजातीय) स्वर पास-पास आवे तो दोनों के बदले सवर्ण दीर्घ स्वर होता है जैसे–

(क) अ और आ की संधि

अ + अ = आ–कल्प + अंत = कल्पांत। परम + अर्थ = परमार्थ।

अ + आ = आ–रत्न + आकर = रत्नाकर। कुश + आसन = कुशासन।

आ + अ = आ–रेखा + अंश = रेखांश। विद्या + अभ्यास = विद्याभ्यास।

आ + आ = आ–महा + आशय = महाशय। वार्ता + आलाप = वार्तालाप।

(ख) इ और ई की संधि

इ + इ = ई–गिरि + इंद्र = गिरींद्र। अभि + इष्ट = अभीष्ट।

इ + ई = ई–कवि + ईश्वर = कवीश्वर। कपि + ईश = कपीश।

ई + ई = ई–सती + ईश = सतीश। जानकी + ईश = जानकीश।

ई + इ = ई–मही + इंद्र = महींद्र। देवी + इच्छा = देवीच्छा।

(ग) उ, ऊ की संधि

उ + उ = ऊ–भानु + उदय = भानूदय। विधु + उदय = विफय।

उ + ऊ = ऊ–सिंधु + ऊर्मि = सिंधूर्मि। लघु + ऊर्मि = लघूर्मि।

ऊ + ऊ = ऊ–भू + ऊर्द्ध = भूर्द्ध। भू + ऊर्जित = भूर्जित।

ऊ + उ = ऊ–वधू + उत्सव = वधूत्सव। भू + उद्धार = भूद्धार।

(घ) ऋ, ॠ की संधि

ॠ के संबंध में संस्कृत व्याकरण में बहुधा मातृ+ऋण= मातॄण, यह उदाहरण दिया जाता है; पर इस उदाहरण में भी विकल्प से 'मातृण' रूप होता है। इससे प्रकट है कि दीर्घ ॠ की आवश्यकता नहीं है।

62. यदि अ व आ के आगे इ व ई रहे तो दोनों मिलकर ए; उ व ऊ रहे तो दोनों मिलकर ओ और ऋ रहे तो अर् हो जाता है। इस विकार को गुण कहते हैं।

उदाहरण

अ + इ = ए–देव + इंद्र = देवेंद्र।

अ + ई = ए–सुर + ईश = सुरेश।

आ + इ = ए–महा + इंद्र = महेंद्र।

आ + ई = ए–रमा + ईश = रमेश।

अ + उ = ओ–चंद्र + उदय = चंद्रोदय।

अ + ऊ = ओ–समुद्र + ऊर्मि = समुद्रोर्मि।

आ + उ = ओ–महा + उत्सव = महोत्सव।

आ + ऊ = ओ–महा + ऊरु = महोरु।

अ + ऋ = अर्–सप्त + ऋषि = सप्तर्षि।

आ + ॠ = अर्–महा + ऋषि = महर्षि।

अपवाद–स्व+ईर= स्वर; अक्ष+ऊहिनी= अक्षौहिणी, प्र+ऊढ= प्रौढ; सुख+ऋत= सुखार्त; दश+ऋण= दशार्ण इत्यादि।

63. अकार व आकार के आगे ए' व ऐ हो तो दोनों मिलकर ऐ और ओ व औ रहे तो दोनों मिलकर औ होता है। इस विकार को वृद्धि कहते हैं। यथा–

अ + ए = ऐ–एक + एक = एकैक।

अ + ऐ = ऐ–मत + ऐक्य = मतैक्य।

आ + ए = ऐ–सदा + एव = सदैव।

आ + ऐ = ऐ–महा + ऐश्वर्य = महैश्वर्य।

अ + ओ = औ–जल + औघ = जलौघ।

आ + ओ = औ–महा + ओज = महौज।

अ + औ = औ–परम + औषध = परमौषध।

आ + औ = औ–महा + औदार्य = महौदार्य।

अपवाद–अ अथवा आ के आगे ओष्ठ शब्द आवे तो विकल्प से ओ अथवा औ होता है; जैसे–बिंब+ओष्ठ= बिंबोष्ठ; वा बिंबौष्ठ; अधर+ओष्ठ= अधरोष्ठ व अधरौष्ठ।

64. ह्रस्व वा दीर्घ इकार, उकार व ऋकार के आगे कोई असवर्ण (विजातीय) स्वर आवे तो इ ई के बदले य्, उ ऊ के बदले व् और ऋ के बदले र् होता है। इस विकार को यण् कहते हैं। जैसे–

(क) इ + अ = य–यदि + अपि = यद्यपि।
इ + आ = या–इति + आदि = इत्यादि।
इ + उ = यु–प्रति + उपकार = प्रत्युपकार।
इ + ऊ = यू–नि + ऊन = न्यून।
इ + ए = ये–प्रति + एक = प्रत्येक।
ई + अ = य–नदी + अर्पण = नद्यर्पण।
ई + आ = या–देवी + आगम = देव्यागम।
ई + उ = यु–सखी + उचित = सख्युचित।
ई + ऊ = यू–नदी + ऊर्मि = नद्यूर्मि
ई + ऐ = यै–देवी + ऐश्वर्य = देव्यैश्वर्य।

(ख) उ + अ = व–मन् + अंतर = मन्वंतर।
उ + आ = वा–सु + आगत = स्वागत।
ऊ + इ = वि–अन् + इत = अन्वित।
ऊ + ए = वे–अनू + एषणा = अन्वेषणा।

(ग) ऋ+अ= र–पितृ+अनुमति= पित्रनुमति।
ऋ+आ= रा–मातृ+आनंद= मात्रानंद।

65. ए, ऐ, ओ व औ के आगे कोई भिन्न स्वर हो तो इनके स्थान में क्रमशः अय्, आय्, अव् वा आव होता है; जैसे–

ने + अन = न् + ए + अ + न = न् + अय् + अन = नयन।
गै + अन = ग् + ऐ + अ + न = ग् + आय् + अ + = न् गायन।
गो + ईश = ग् + ओ + ईश = ग् + अव् + इ् + श = गवीश।
नौ + इक = न् + औ + इ + क = न् + आव् + इ + क = नाविक।

66. ए व ओ के आगे अ आवे तो अ का लोप हो जाता है और उसके स्थान में लुप्त आकार (ऽ) का चिह्न कर देते हैं; जैसे–

ते + अपि = तेऽपि (राम.);
सो + अनुमान = सोऽनुमान (हिं. ग्रंथ),
यो + असि = योऽसि (राम.)।
(सू.–हिंदी में इस संधि का प्रचार नहीं है।)

व्यंजन संधि

67. क्, च्, ट्, प् के आगे अनुनासिक को छोड़कर कोई घोष वर्ण हो तो उसके स्थान में क्रम से वर्ग का तीसरा अक्षर हो जाता है; जैसे–

दिक् + गज = दिग्गज; वाक् + ईश = वागीश।
षट् + रिपु = षड्रिपु; षट् + आनन = षडानन।
अप् + ज = अब्ज; अच् + अंत = अजंत।

68. किसी वर्ण के प्रथम अक्षर से परे कोई अनुनासिक वर्ण हो तो प्रथम वर्ण के बदले उसी वर्ग का अनुनासिक वर्ण हो जाता है; जैसे–

वाक् + मय = वाङ्मय; षट् + मास = षण्मास।

अप् + मय = अम्मय; जगत् + नाथ = जगन्नाथ।

69. त् के आगे कोई स्वर ग, घ, द, ध, ब, भ अथवा य, र, व रहे तो त् के स्थान में द् होगा; जैसे–

सत् + आनंद = सदानंद; जगत् + ईश = जगदीश।

उत् + गम = उद्गम; सत् + धर्म = सद्धर्म।

भगवत् + भक्ति = भगवद्भक्ति, तत् + रूप = तद्रूप।

70. त् व द् के आगे च व छ हो तो त् व द् के स्थान में च होता है; ज, झ हो तो ज्; ट व ठ हो तो ट्; ड वा ढ हो तो ड्; और ल हो तो त् हो जाता है।

उत् + चारण = उच्चारण; शरत् + चन्द्र = शरच्चंद्र।

महत् + छत्र = महच्छत्र; सत् + जन = सज्जन।

विपद् + जाल = विपज्जाल; तत् + लीन = तल्लीन।

71. त् व द् के आगे श हो तो त् व द् के बदले च् और श के बदले छ होता है और त् व द् के आगे ह हो तो त् व द् के स्थान में द् और ह के स्थान में ध होता है; जैसे–

सत् + शास्त्र = सच्छास्त्र; उत् + हार = उद्धार।

72. छ के पूर्व स्वर हो तो छ के बदले च्छ होता है; जैसे–

आ + छादन = आच्छादन; परि + छेद = परिच्छेद।

73. म् के आगे स्पर्श वर्ण हो तो म् के बदले विकल्प से अनुस्वार अथवा उसी वर्ग का अनुनासिक वर्ण आता है; जैसे–

सम् + कल्प = संकल्प वा सङ्कल्प।

किय + चित् = किंचित् वा किञ्चित्।

सम् + तोष = संतोष व सन्तोष।

सम् + पूर्ण = संपूर्ण व सम्पूर्ण।

74. म् के आगे अंतस्थ वा ऊष्म वर्ण हो तो म् अनुस्वार में बदल जाता है; जैसे–

किम् + वा = किंवा; सम् + हार = संहार।

सम् + योग = संयोग; सम् + वाद = संवाद।

अपवाद–सम् + राज् = सम्राज (ट्)।

75. ऋ, र व ष के आगे न हो और इनके बीच में चाहे स्वर, कवर्ग, पवर्ग, अनुस्वार, य, व, ह आवे तो न का ण हो जाता है; जैसे–

भर् + अन = भरण; भूष् + अन = भूषण।

प्र + मान = प्रमाण; राम + अयन = रामायण।

तृष् + ना = तृष्णा; ऋ + न = ऋण।

76. यदि किसी शब्द के आद्य स के पूर्व अ, आ को छोड़ कोई स्वर आवे तो स के स्थान पर ष होता है; जैसे–

अभि + सेक = अभिषेक; नि + सिद्ध = निषिद्ध।

वि + सम = विषम; सु + सुप्ति = सुषुप्ति।

(अ) जिस संस्कृत धातु में पहले स हो और उसके पश्चात् ऋ व र् उससे बने हुए शब्द का स पूर्वोक्त वर्णों के पीछे आने पर ष नहीं होता; जैसे–

वि + स्मरण (स्मृ–धातु) = विस्मरण।

अनु + सरण (सृ–धातु) = अनुसरण।

वि + सर्ज (सृज–धातु) = विसर्ग।

77. यौगिक शब्दों में यदि प्रथम शब्द के अंत में न् हो तो उसका लोप होता है जैसे–

राजन् + आज्ञा = राजाज्ञा, हस्तिन् + दंत = हस्तिदंत।

प्राणिन् + मात्र = प्राणिमात्र, धनिन् + त्व = धनित्व।

(अ) अहन् शब्द के आगे कोई भी वर्ण आवे तो अंत्य न् के बदले र् होता है; पर रात्रि, रूप शब्द के आने से न का उ होता है; और संधि के नियमानुसार अ + उ मिलकर ओ हो जाता है; जैसे–

अहन् + गण = अहर्गण, अहन् + मुख = अहर्मुख।

अहन् + रात्र = अहोरात्र, अहन् + रूप = अहोरूप।

विसर्ग संधि

78. यदि विसर्ग के आगे च व छ हो तो विसर्ग का श् हो जाता है, ट व ठ हो तो ष्; और त व थ हो तो स् होता है जैसे–

निः + चल = निश्चल, धनुः + टंकार = धनुष्टंकार।

निः + छिद्र = निश्छिद्र, मनः + ताप = मनस्ताप।

79. विसर्ग के पश्चात् श, ष, व स आवे तो विसर्ग जैसा का तैसा रहता है, अथवा उसके स्थान में आगे का वर्ण हो जाता है; जैसे–

दुः + शासन = दुःशासन वा दुश्शासन।

निः + संदेह = निःसंदेह वा निस्संदेह।

80. विसर्ग के आगे क, ख, व प, फ आवे तो विसर्ग का कोई विकार नहीं होता, जैसे–

रजः + कण = रजःकण, पय + पान = पयःपान (हि.–पयपान)।

(अ) यदि विसर्ग के पूर्व इ व उ हो तो क, ख व प, फ के पहले विसर्ग के बदले ष् होता है, जैसे–

निः + कपट = निष्कपट, दुः + कर्म = दुष्कर्म।

निः + फल = निष्फल, दुः + प्रकृति = दुष्प्रकृति।

अपवाद–दुः + ख = दुःख, निः + पक्ष = निःपक्ष व निष्पक्ष।

(आ) कुछ शब्दों में विसर्ग के बदले स आता है, जैसे–

नमः + कार = नमस्कार, पुरः + कार = पुरस्कार।

भाः + कर = भास्कर, भाः + पति = भास्पति।

81. यदि विसर्ग के पूर्व अ हो और आगे घोष व्यंजन हो तो अ और विसर्ग (अः) के बदले ओ हो जाता है, जैसे–

अधः + गति = अधोगति, मनः + योग = मनोयोग।

तेजः + राशि = तेजोराशि, वयः + वृद्ध = वयोवृद्ध।

(सू.–वनोवास और मनोकामना शब्द अशुद्ध हैं।)

(ख) यदि विसर्ग के पूर्व अ हो और आगे भी अ हो तो ओ के पश्चात् दूसरे अ का लोप हो जाता है, और उसके बदले लुप्त अकार का चिह्न ऽ कर देते हैं (दे. 66वाँ अंक); जैसे–

प्रथम + अध्याय = प्रथमोऽध्याय।

मनः + अनुसार = मनोऽनुसार।

82. यदि विसर्ग के पहले अ, आ को छोड़कर और कोई स्वर हो और आगे कोई घोष वर्ण हो, तो विसर्ग के स्थान में र् होता है; जैसे–

निः + आशा = निराशा; दुः + उपयोग = दुरुपयोग।

निः + गुण = निर्गुण; बहि + मुख = बहिर्मुख।

(च) यदि र् के आगे र हो तो र् का लोप हो जाता है और उसके पूर्व का ह्रस्व स्वर दीर्घ कर दिया जाता है; जैसे–

पुनर् + रचना = पुनारचना (हि.–पुनर्रचना)।

83. यदि अकार के आगे विसर्ग हो और उसके आगे अ को छोड़कर कोई और स्वर हो, तो विसर्ग का लोप हो जाता है और पास आए हुए स्वरों की फिर संधि नहीं होती; जैसे–

अतः + एव = अतएव।

84. अंत्य स् के बदले विसर्ग हो जाता है; इसलिए विसर्ग संबंधी पूर्वोक्त नियम स् के विषय में भी लगता है। ऊपर दिए हुए विसर्ग के उदाहरणों में ही कहीं-कहीं मूल स् हैं; जैसे–

अधस् + गति = अधः + गति = अधोगति।

निस् + गुण = निः + गुण = निर्गुण।

तेजस् + पुंज = तेजः + पुंज = तेजोपुंज।

यशस् + दा = यशः + दा = यशोदा।

85. अंत्य र् के बदले भी विसर्ग होता है। यदि र् के आगे अघोष वर्ण आवे तो विसर्ग का कोई विकार नहीं होता (दे. 79वाँ अंक); और उनके आगे घोष वर्ण आवे तो र् ज्यों का त्यों रहता है (दे. 82वाँ अंक); जैसे–

प्रातर + काल = प्रातःकाल।

अंतर + करण = अंतःकरण।

अंतर + पुर = अंतःपुर।

पुनर + उक्ति = पुनरुक्ति।

दूसरा भाग

शब्दसाधन

पहला परिच्छेद

शब्द भेद

पहला अध्याय

शब्दविचार

86. शब्दसाधन व्याकरण के उस विभाग को कहते हैं, जिसमें शब्दों के भेद (तथा उनके प्रयोग), रूपांतर और व्युत्पत्ति का निरूपण किया जाता है।

87. एक या अधिक अक्षरों से बनी हुई स्वतंत्र सार्थक ध्वनि को शब्द कहते हैं जैसे—लड़का, जा, छोटा, में, धीरे, परंतु इत्यादि।

(अ) शब्द अक्षरों से बनते हैं। 'न' और 'थ' के मेल के 'नथ' और 'थन' शब्द बनते हैं और यदि इनमें 'आ' का योग कर दिया जाय तो 'नाथ' 'थान', 'नथा', 'थाना' आदि शब्द बन जायेंगे।

(आ) सृष्टि के सम्पूर्ण प्राणियों, पदार्थों, धर्मों और उनके सब प्रकार के संबंधों को व्यक्त करने के लिए शब्दों का उपयोग होता है। एक शब्द से (एक समय में) प्राय: एक ही भावना प्रकट होती है; इसलिए कोई भी पूर्ण विचार प्रकट करने के लिए एक से अधिक शब्दों का काम पड़ता है। 'आज तुझे क्या सूझी है?' यह एक पूर्ण विचार अर्थात् वाक्य है और इसमें पाँच शब्द हैं : आज, तुझे, क्या, सूझी, है। इनमें से प्रत्येक शब्द एक स्वतंत्र सार्थक ध्वनि है और उससे कोई एक भावना प्रकट होती है।

(इ) ल, ड़, का अलग-अलग शब्द नहीं हैं, क्योंकि इनसे किसी प्राणी, पदार्थ, धर्म व उनके परस्पर संबंध का कोई बोध नहीं होता।

'ल, ड़, का' अक्षर कहलाते हैं—इस वाक्य में ल, ड़, का, अक्षरों का प्रयोग शब्दों के समान हुआ है; परंतु इनसे इन अक्षरों के सिवा और कोई भावना प्रकट नहीं होती। इन्हें केवल एक विशेष (पर तुच्छ) अर्थ में शब्द कह सकते हैं। पर साधारण अर्थ में इनकी गणना शब्दों में नहीं हो सकती। ऐसे ही विशेष अर्थ में निरर्थक ध्वनि भी शब्द कही जाती है; जैसे—लड़का 'बा' कहता है। पागल 'अल्लबल्ल' बकता था।

(ई) शब्द के लक्षण में 'स्वतंत्र' शब्द रखने का कारण यह है कि भाषा में कुछ ध्वनियाँ ऐसी होती हैं जो स्वयं सार्थक नहीं होतीं, पर जब वे शब्दों के साथ जोड़ी जाती

हैं तब सार्थक होती हैं। ऐसी परतंत्र ध्वनियों को शब्दांश कहते हैं; जैसे–ता, तन, वाला, ने, का इत्यादि। जो शब्दांश किसी शब्द के पहले जोड़ा जाता है उसे उपसर्ग कहते हैं और जो शब्दांश शब्द के पीछे जोड़ा जाता है; वह प्रत्यय कहलाता है; जैसे–'अशुद्धता' शब्द में 'अ' उपसर्ग और 'ता' प्रत्यय है। मुख्य शब्द 'शुद्ध' है।

सू.–(अ) हिंदी में 'शब्द' का अर्थ बहुत ही संदिग्ध है। 'अब तो तुम्हारी चाही बात हुई'–इस वाक्य में 'तुम्हारी' भी शब्द कहलाता है, और जिस 'तुम' से यह शब्द बना है, वह 'तुम' भी शब्द कहलाता है। इसी प्रकार 'मन' और 'चाही' दो अलग-अलग शब्द हैं और दोनों मिलकर 'मनचाही' एक शब्द बना है। इन उदाहरणों में 'शब्द' का प्रयोग अलग-अलग अर्थों में हुआ है, इसलिए शब्द का ठीक अर्थ जानना आवश्यक है। जिन प्रत्ययों के पश्चात् दूसरे प्रत्यय नहीं लगते, उन्हें चरम प्रत्यय कहते हैं, और चरम प्रत्यय लगने के पहले शब्द का जो मूल रूप होता है यथार्थ में वही शब्द है। उदाहरण के लिए 'दीनता से' शब्द को लो। इसमें मूल शब्द अर्थात् प्रकृति 'दीन' है और प्रकृति में 'तत्' और 'से' दो प्रत्यय लगे हैं। 'ता' प्रत्यय के पश्चात् 'से' प्रत्यय आता है; परंतु 'से' के पश्चात् कोई दूसरा प्रत्यय नहीं लग सकता, इसलिए 'से' के पहले, 'दीनता' मूल रूप है और इसको शब्द कहेंगे। चरम प्रत्यय लगने से शब्द का जो रूपांतर होता है, वही इसकी यथार्थ विकृति है, और इसे पद कहते हैं। व्याकरण में शब्द और पद का अंतर बड़े महत्त्व का है और शब्दसाधन में इन्हीं शब्दों और पदों का विचार किया जाता है।

(अ) व्याकरण में शब्द और वस्तु[1] के अंतर पर ध्यान रखना आवश्यक है। यद्यपि व्याकरण का प्रधान विषय शब्द है, तथापि कभी-कभी यह भेद बताना कठिन हो जाता है कि हम केवल शब्दों का विचार कर रहे हैं अथवा शब्दों के द्वारा किसी वस्तु के विषय में कह रहे हैं। मान लो कि हम सृष्टि में एक घटना देखते हैं और तत्संबंधी अपना विचार वाक्यों में इस प्रकार व्यक्त करते हैं : 'माली फल तोड़ता है।' इस घटना में तोड़ने की क्रिया करनेवाला (कर्ता) माली है; परंतु वाक्य में 'माली' (शब्द) को कर्ता कहते हैं यद्यपि 'माली' (शब्द) कोई क्रिया नहीं कर सकता। इसी प्रकार तोड़ना क्रिया का फल-फूल (वस्तु) पर पड़ता है; परंतु व्याकरण के अनुसार वह फल 'फूल' (शब्द) पर अवलंबित माना जाता है। व्याकरण में वस्तु और उसके वाचक शब्द के संबंध का विचार शब्दों के रूप, अर्थ, प्रयोग और उनके परस्पर संबंध से किया जाता है।

88. परस्पर संबंध रखनेवाले दो या अधिक शब्दों को, जिनसे पूरी बात नहीं जानी जाती, वाक्यांश कहते हैं; जैसे–'घर का घर', 'सच बोलना', 'दूर से आया हुआ' इत्यादि।

89. एक पूर्ण विचार व्यक्त करनेवाला शब्दसमूह वाक्य कहलाता है, जैसे–'लड़के फूल बीन रहे हैं', 'विद्या से नम्रता प्राप्त होती है' इत्यादि।

---

1. वस्तु शब्द से यहाँ प्राणी, पदार्थ, धर्म और उनके परस्पर संबंध का (व्यापक) अर्थ लेना चाहिए।

दूसरा अध्याय

शब्दों का वर्गीकरण

90. किसी वस्तु के विषय में मनुष्य की भावनाएँ जितने प्रकार की होती हैं, उन्हें सूचित करने के लिए शब्दों के उतने ही भेद होते हैं और उनके उतने ही रूपांतर भी होते हैं।

मान लो कि हम पानी के विषय में विचार करते हैं, तो हम 'पानी' या उसके और किसी समानार्थक शब्द का प्रयोग करेंगे। फिर यदि हम पानी के संबंध में कुछ कहना चाहें तो हमें 'गिरा' या कोई दूसरा शब्द कहना पड़ेगा। 'पानी' और 'गिरा' दो अलग-अलग प्रकार के शब्द हैं, क्योंकि उनका प्रयोग अलग-अलग है। 'पानी' शब्द एक पदार्थ का नाम सूचित करता है और 'गिरा' शब्द से हम उस पदार्थ के विषय में कुछ **विधान** करते हैं। व्याकरण में पदार्थ का नाम सूचित करनेवाले शब्द को संज्ञा कहते हैं। और उस पदार्थ के विषय में विधान करनेवाले शब्द को **क्रिया** कहते हैं। 'पानी' शब्द **संज्ञा** और 'गिरा' शब्द **क्रिया** है।

'पानी' शब्द के साथ हम दूसरे शब्द लगाकर एक दूसरा ही विचार प्रकट कर सकते हैं; जैसे–'मैला पानी बहा'। इस वाक्य में 'पानी' शब्द तो पदार्थ का नाम है और 'बहा' शब्द पानी के विषय में विधान करता है, परंतु 'मैला' शब्द न तो किसी पदार्थ का नाम सूचित करता है और न किसी पदार्थ के विषय में विधान ही करता है। 'मैला' शब्द पानी की विशेषता बताता है, इसलिए वह एक अलग ही जाति का शब्द है। पदार्थ की विशेषता बतलानेवाले शब्द को व्याकरण में **विशेषण** कहते हैं। 'मैला' शब्द विशेषण है। 'मैला पानी अभी बहा' इस वाक्य में 'अभी' शब्द न संज्ञा है, न क्रिया और न विशेषण, वह 'बहा' क्रिया की विशेषता बतलाता है, इसलिए वह एक दूसरी ही जाति का शब्द है और उसे **क्रिया-विशेषण** कहते हैं। इसी तरह वाक्य के प्रयोग के अनुसार शब्दों के और भी भेद होते हैं।

91. प्रयोग के अनुसार शब्दों की भिन्न-भिन्न जातियों को शब्दभेद कहते हैं। शब्दों की भिन्न-भिन्न जातियाँ बताना उनका **वर्गीकरण** कहलाता है।

अपने विचार प्रकट करने के लिए हमें भिन्न-भिन्न भावनाओं के अनुसार एक शब्द को बहुधा कई रूपों में कहना पड़ता है।

मान लो कि हमें 'घोड़ा' शब्द का प्रयोग करके उसके वाच्य प्राणी की **संख्या** का बोध कराना है तो हम यह घुमाव की बात न कहेंगे कि **घोड़ा** नाम के दो या अधिक जानवर, किंतु 'घोड़ा' शब्द के अंत्य 'आ' के बदले 'ए' करके 'घोड़े' शब्द का प्रयोग करेंगे। 'पानी गिरा' इस वाक्य में यदि हम 'गिरा' शब्द से किसी और **काल** (समय) का बोध कराना चाहें तो हमें गिरा के बदले 'गिरेगा' या 'गिरता है' कहना पड़ेगा। इसी प्रकार और शब्दों के भी **रूपांतर** होते हैं।

शब्द के अर्थ में हेर-फेर करने के लिए उस (शब्द) के रूप में जो हेर-फेर होता है, उसे **रूपांतर** कहते हैं।

92. एक पदार्थ के नाम के संबंध से बहुधा दूसरे पदार्थों के नाम रखे जाते हैं, इसलिए एक शब्द से कई नए शब्द बनते हैं; जैसे–'दूध से दूधवाला', 'दुधार', 'दूधिया' इत्यादि। कभी-कभी दो या अधिक शब्दों के मेल से एक नया शब्द बनता है; जैसे–गंगाजल, चौकोन, रामपुर, त्रिकालदर्शी इत्यादि।

एक शब्द से दूसरा नया शब्द बनाने की प्रक्रिया को व्युत्पत्ति कहते हैं।

93. वाक्य के प्रयोग के अनुसार शब्दों के आठ भेद होते हैं–

(1) वस्तुओं के नाम बतानेवाले शब्द...संज्ञा।

(2) वस्तुओं के विषय में विधान करनेवाले शब्द...क्रिया।

(3) वस्तुओं की विशेषता बतानेवाले शब्द...विशेषण।

(4) विधान करनेवाले शब्दों की विशेषता बताने वाले शब्द...क्रिया-विशेषण।

(5) संज्ञा के बदले आनेवाले शब्द...सर्वनाम।

(6) क्रिया से नामार्थक शब्दों का संबंध सूचित करनेवाले शब्द...संबंधसूचक।

(7) दो शब्दों वा वाक्यों को मिलानेवाले। शब्द...समुच्चयबोधक।

(8) केवल मनोविकार सूचित करनेवाले शब्द...विस्मयादिबोधक।

(क) नीचे लिखे वाक्यों में आठों शब्दभेदों के उदाहरण दिए जाते हैं–

'अरे! सूरज डूब गया और तुम अभी इसी गाँव के पास फिर रहे हो!'

'अरे' विस्मयादिबोधक है। यह शब्द केवल मनोविकार सूचित करता है। (यदि हम इस शब्द को वाक्य से निकाल दें तो वाक्य के अर्थ में कुछ भी अंतर न पड़ेगा।)

सूरज–संज्ञा है; क्योंकि यह शब्द एक वस्तु का नाम सूचित करता है।

डूब गया–क्रिया है; क्योंकि इस शब्द से हम सूरज के विषय में विधान करते हैं।

और–समुच्चयबोधक है। यह शब्द दो वाक्यों को जोड़ता है।

(1) सूरज डूब गया।

(2) तुम अभी इसी गाँव के पास फिर रहे हो।

तुम–सर्वनाम है; क्योंकि वह नाम के बदले आया है।

अभी–क्रिया-विशेषण है और 'फिर रहे हो' क्रिया की विशेषता बतलाता है।

इसी–विशेषण है; क्योंकि वह गाँव की विशेषता है।

गाँव–संज्ञा है।

'के'–शब्दांश (प्रत्यय) है, क्योंकि वह 'गाँव' शब्द के साथ आकर सार्थक होता है।

पास–संबंध सूचक है। यह शब्द 'गाँव' का संबंध 'फिर रहे हो' क्रिया से मिलाता है।

'फिर रहे हो'–क्रिया है।

94. रूपांतर के अनुसार शब्दों के दो भेद होते हैं–(1) विकारी, (2) अविकारी।

(1) जिस शब्द के रूप में कोई विकार होता है, उसे **विकारी** शब्द कहते हैं। जैसे–लड़का–लड़के, लड़कों, लड़की इत्यादि।

देख–देखना, देखा, देखें, देखकर इत्यादि।

(2) जिस शब्द के रूप में कोई विकार नहीं होता, उसे **अविकारी** शब्द या **अव्यय** कहते हैं; जैसे–परंतु, अचानक, बिना, बहुधा, साथ इत्यादि।

95. संज्ञा, सर्वनाम, विशेषण और क्रिया विकारी शब्द हैं, और क्रिया-विशेषण, संबंध सूचक, समुच्चयबोधक और विस्मयादिबोधक अविकारी शब्द वा अव्यय हैं।

(टि.–हिंदी के अनेक व्याकरणों में संस्कृत की चाल पर शब्दों के तीन भेद माने गए हैं–(1) संज्ञा, (2) क्रिया, (3) अव्यय। संस्कृत में प्रातिपदिक[1] धातु और अव्यय के नाम से शब्दों के तीन भेद माने गए हैं, और ये भेद शब्दों के रूपांतर के आधार पर किए गए हैं। व्याकरण में मुख्यतः रूपांतर ही का विचार किया जाता है; परंतु जहाँ शब्दों के केवल रूपों से उनका परस्पर संबंध प्रकट नहीं होता वहाँ उनके प्रयोग वा अर्थ का भी विचार किया जाता है; संस्कृत रूपांतरशील भाषा है; इसलिए उसमें शब्दों का प्रयोग व अर्थ बहुधा उनके रूपों ही से जाना जाता है। यही कारण है कि संस्कृत के शब्दों के उतने भेद नहीं माने गए, जितने अँग्रेजी में और उसके अनुसार हिंदी, मराठी, गुजराती आदि भाषाओं में माने जाते हैं। हिंदी के शब्द के रूप से उसका अर्थ व प्रयोग सदा प्रकट नहीं होता; क्योंकि वह संस्कृत के समान पूर्णतया रूपांतरशील भाषा नहीं है। हिंदी के कभी-कभी बिना रूपांतर के, एक ही शब्द का प्रयोग भिन्न-भिन्न शब्द भेदों में होता है; जैसे–वे लड़के साथ खेलते हैं (क्रिया-विशेषण)। लड़का बाप के साथ गया (संबंधसूचक)। विपत्ति में कोई साथ नहीं देता (संज्ञा)। इन उदाहरणों से जान पड़ता है कि हिंदी में संस्कृत के समान केवल रूप के आधार पर शब्दभेद मानने से उनका ठीक-ठीक निर्णय नहीं हो सकता। हिंदी में कोई-कोई वैयाकरण शब्दों के केवल पाँच भेद मानते हैं–संज्ञा, सर्वनाम, विशेषण, क्रिया और अव्यय। वे लोग अव्ययों के भेद नहीं मानते और उनमें भी विस्मयादिबोधक को शामिल नहीं करते। जो लोग शब्दों के केवल तीन भेद (संज्ञा, क्रिया और अव्यय) मानते हैं, उनमें से कोई-कोई भेदों के उपभेद मानकर शब्द भेदों की संख्या तीन से अधिक कर देते हैं। किसी-किसी के मत में उपसर्ग और प्रत्यय भी शब्द हैं और वे इनकी गणना अव्ययों में करते हैं। इस प्रकार शब्द भेदों की संख्या में बहुत मतभेद हैं।)

अँग्रेजी में भी (जिसके अनुसार हिंदी में आठ शब्दभेद मानने की चाल पड़ी है) इसके विषय में वैयाकरण एकमत नहीं। उन लोगों में किसी ने दो, किसी ने आठ और किसी ने नौ तक भेद माने हैं। इस मतभेद का कारण यह है कि ये वर्गीकरण पूर्णतया वैज्ञानिक आधार पर नहीं किए गए। कुछ विद्वानों ने इन शब्द भेदों को तर्कसम्मत आधार देने की चेष्टा की है, जिसका एक उदाहरण नीचे दिया जाता है–

(1) भावनात्मक शब्द

(1) वाक्य का उद्देश्य होने वाले शब्द...संज्ञा।

(2) विधेय होने वाले शब्द...क्रिया।

(3) संज्ञा का धर्म बताने वाले शब्द...विशेषण।

(4) क्रिया का धर्म बताने वाले शब्द...क्रिया-विशेषण।

---

1 विभक्ति (प्रत्यय) लगने के पूर्व संज्ञा, सर्वनाम वा विशेषण का मूल रूप।

(2) संबंधात्मक शब्द

(5) संज्ञा का संबंध वाक्य से
बताने वाले शब्द...संबंधसूचक।

(6) वाक्य का संबंध वाक्य से
बताने वाले शब्द...समुच्चयबोधक।

(7) अप्रधान (परंतु उपयोगी)
शब्दभेद...सर्वनाम।

(8) अव्याकरणीय उद्‌गार...विस्मयादिबोधक।

(शब्दों के जो आठ भेद अँग्रेजी भाषा के वैयाकरणों ने किए हैं, वे निरे अनुमानमूलक नहीं हैं। भाषा में उन अर्थों के शब्दों की आवश्यकता होती है और प्राय: प्रत्येक उन्नत भाषा में आप ही आप उनकी उत्पत्ति होती है। भाषाशास्त्रियों में यह सिद्धांत सर्वसम्मत है कि किसी भी भाषा में शब्दों के आठ भेद होते हैं। यद्यपि इन भेदों में तर्कसम्मत वर्गीकरण के नियमों का पूरा पालन नहीं हो सकता और इनके लक्षण पूर्णतया निर्दोष नहीं हो सकते, तथापि व्याकरण के ज्ञान के लिए इन्हें जानने की आवश्यकता होती है। व्याकरण के द्वारा विदेशी भाषा सीखने में इन भेदों के ज्ञान से बड़ी सहायता मिलती है। वर्गीकरण का उद्देश्य यही है कि किसी भी विषय की बात जानने में स्मरणशक्ति को सहायता मिले। इसीलिए विशेष धर्मों के आधार पर पदार्थों के वर्ग किए जाते हैं।

किसी-किसी का मत है कि हिंदी में अँग्रेजी व्याकरण की 'छूत' न घुसनी चाहिए। ऐसे लोगों को सोचना चाहिए कि जिस प्रकार हिंदी से संस्कृत का संबंध नहीं टूट सकता, उसी प्रकार अँग्रेजी से उसका वर्तमान संबंध टूटना, इष्ट होने पर भी, शक्य नहीं। अँग्रेज लोगों ने अपने सूक्ष्म विचार और दीर्घ उद्योग से ज्ञान की प्रत्येक शाखा में जो समुन्नति की है, उसे हम लोग सहज ही में नहीं भुला सकते। यदि संस्कृत में शब्दों के आठ भेद नहीं माने गए हैं, तो हिंदी में उन्हें उपयोगिता की दृष्टि से मानने में कोई हानि नहीं, किंतु लाभ ही है।

यहाँ अब यह प्रश्न हो सकता है कि जब हम संस्कृत के अनुसार शब्दभेद नहीं मानते तब फिर संस्कृत के पारिभाषिक शब्दों का उपयोग क्यों करते हैं? इसका उत्तर यह है कि ये शब्द हिंदी में प्रचलित हैं और हम लोगों को इनका हिंदी अर्थ समझने में कोई कठिनाई नहीं होती। इसलिए बिना किसी विशेष कारण के प्रचलित शब्दों का त्याग उचित नहीं। किसी-किसी पुस्तक में 'संज्ञा' के लिए 'नाम' और 'सर्वनाम' के लिए 'संज्ञाप्रतिनिधि' शब्द आए हैं और कोई-कोई लोग 'अव्यय' के लिए 'निपात' शब्द का प्रयोग करते हैं। परंतु प्रचलित शब्दों को इस प्रकार बदलने से गड़बड़ के सिवा कोई लाभ नहीं। इस पुस्तक में अधिकांश पारिभाषिक शब्द 'भाषाभास्कर' से लिए गए हैं, क्योंकि निर्दोष न होने पर भी वह पुस्तक बहुत दिनों से प्रचलित है और उसके पारिभाषिक शब्द हम लोगों के लिए नए नहीं हैं।)

96. व्युत्पत्ति के अनुसार शब्द दो प्रकार के होते हैं-(1) रूढ़, (2) यौगिक।

(1) रूढ़ उन शब्दों को कहते हैं, जो दूसरे शब्दों के योग से नहीं बने; जैसे-नाक, कान, पीला, झट, पर इत्यादि।

(2) जो शब्द दूसरे शब्दों के योग से बनते हैं उन्हें यौगिक शब्द कहते हैं; जैसे–कतरनी, पीलापन, दूधवाला, झटपट, घुड़साल इत्यादि।

(सू.–यौगिक शब्दों में ही सामासिक शब्दों का समावेश होता है।)

अर्थ के अनुसार यौगिक शब्दों का एक भेद योगरूढ़ कहलाता है, जिससे कोई विशेष अर्थ पाया जाता है; जैसे–लम्बोदर, गिरिधारी, जलद, पंकज इत्यादि। 'पंकज' शब्द के खंडों (पंक+ज) का अर्थ 'कीचड़ से उत्पन्न' है, पर उससे केवल कमल का विशेष अर्थ लिया जाता है।

(सू.–हिंदी व्याकरण की कई पुस्तकों में ये सब भेद केवल संज्ञाओं के माने गए हैं और उनमें उपर्युक्त संज्ञाओं के उदाहरण नहीं दिए गए हैं। हिंदी में यौगिक शब्द उपसर्ग और प्रत्यय दोनों के योग से बनते हैं और उनमें संज्ञाओं के सिवा दूसरे शब्दभेद भी आते हैं। दे. 198वाँ अंक)।

इस विषय का सविस्तृत विवेचन दूसरे भाग के आरंभ में शब्दसाधन के व्युत्पत्ति प्रकरण में किया जाएगा।

पहला खंड

विकारी शब्द

पहला अध्याय

संज्ञा

97. संज्ञा उस विकारी शब्द को कहते हैं जिससे प्रकृति किंवा कल्पित सृष्टि की किसी वस्तु का नाम सूचित हो, जैसे–घर, आकाश, गंगा, देवता, अक्षर, बल, जादू इत्यादि।

(क) इस लक्षण में 'वस्तु' शब्द का उपयोग अत्यंत व्यापक अर्थ में किया गया है। वह केवल प्राणी और पदार्थ ही का वाचक नहीं है, किंतु उनके धर्मों का भी वाचक है। साधारण भाषा में 'वस्तु' शब्द का उपयोग इस अर्थ में नहीं होता, परंतु शास्त्रीय ग्रंथों में व्यवहृत शब्दों का अर्थ कुछ घटा-बढ़ाकर निश्चित कर लेना चाहिए जिससे उसमें कोई संदेह न रहे।

(टि.–व्याकरण में दिए हुए सब लक्षण तर्कसम्मत रीति से किए हुए नहीं जान पड़ते, इसलिए यहाँ तर्कसम्मत लक्षणों के विषय में संक्षेपतः कुछ कहने की आवश्यकता है। किसी भी पद का लक्षण कहने में दो बातें बतानी पड़ती हैं–(1) जिस जाति में उस पद का समावेश होता है, वह जाति; और (2) लक्ष्य पद का असाधारण धर्म, अर्थात् लक्ष्य पद के अर्थ को उस जाति की अन्य उपजातियों के अर्थ से अलग करने वाला धर्म। किसी शब्द का अर्थ समझाने के कई उपाय हो सकते हैं, पर उन सबको लक्षण नहीं कह सकते। जिस लक्षण में लक्ष्य पद स्पष्ट अथवा गुप्त रीति से आता है वह शुद्ध लक्षण नहीं है। इसी प्रकार एक शब्द का अर्थ दूसरे शब्द के द्वारा बताना (अर्थात् उसका पर्यायवाची शब्द कहना) भी उस शब्द का लक्षण नहीं। यदि हम संज्ञा का न्यायोक्त लक्षण कहना चाहें तो हमें उसकी जाति और असाधारण धर्म बताना चाहिए। जिस अधिक व्यापक वर्ग में संज्ञा का समावेश होता है, वही उसकी जाति है, और उस जाति की दूसरी उपजातियों से संज्ञा के अर्थ में जो भिन्नता है, वही उसका असाधारण धर्म है। संज्ञा का समावेश विकारी शब्दों में है; इसीलिए 'विकारी शब्द' संज्ञा की जाति है और 'प्रकृत किंवा कल्पित सृष्टि की किसी वस्तु का नाम सूचित करना' उसका असाधारण धर्म है। जो विकारी शब्द की उपजातियों, अर्थात् सर्वनाम, विशेषण आदि में नहीं पाया जाता। इसलिए ऊपर कही हुई संज्ञा की परिभाषा, न्यायदृष्टि से स्वीकरणीय है। लक्षण में अव्याप्ति और अतिव्याप्ति दोष न होने चाहिए। जब लक्ष्य पद के असाधारण धर्म के

बदले किसी ऐसे धर्म का उल्लेख किया जाता है जो उसकी जाति के सब व्यक्तियों में नहीं पाया जाता, तब लक्षण में अव्याप्ति दोष होता है, जैसे–यदि मनुष्य के लक्षण में यह कहा जाए कि 'मनुष्य वह विवेकी प्राणी है, जो व्यक्त भाषा बोलता है' तो इस लक्षण में अव्याप्ति दोष है, क्योंकि व्यक्त भाषा बोलने का धर्म गूँगे मनुष्यों में नहीं पाया जाता। इसके विरुद्ध, जब लक्ष्य पद का धर्म उसकी जाति से भिन्न जातियों के व्यक्तियों में भी घटित होता है, तब लक्षण में अतिव्याप्ति दोष होता है; जैसे–वन का लक्षण करने में यह कहना अतिव्याप्ति दोष है कि 'वन स्थल का वह भाग है, जो सघन वृक्षों से ढका रहता है' क्योंकि सघन वृक्षों से ढके रहने का धर्म पर्वत और बगीचे में भी पाया जाता है।

हिंदी व्याकरणों में दिए गए, संज्ञा के लक्षणों के कुछ उदाहरण नीचे दिए जाते हैं–

(1) संज्ञा पदार्थ के नाम को कहते हैं। (भा.त.बो.)

(2) संज्ञा वस्तु के नाम को कहते हैं। (भा.भा.)

(3) पदार्थ मात्र को संज्ञा कहते हैं। (भा.त.दी.)

(4) वस्तु के नाम मात्र को संज्ञा कहते हैं। (हिं.भा.व्या)।

ये लक्षण देखने में सहज जान पड़ते हैं और छोटे-छोटे विद्यार्थियों के बोध के लिए तर्कसम्मत लक्षणों की अपेक्षा अधिक उपयोगी हैं, परंतु ये ठीक शुद्ध या निर्दोष लक्षण नहीं हैं। इनसे केवल यही जाना जाता है कि 'संज्ञा' का पर्यायवाची शब्द 'नाम' है अथवा नाम का पर्यायवाची शब्द 'संज्ञा' है। इसके सिवा इन लक्षणों में कल्पित सृष्टि का कोई उल्लेख नहीं है। बैताल पच्चीसी, शुकबहत्तरी, हितोपदेश आदि कल्पित विषयों की पुस्तकों में तथा कल्पित नाटकों और उपन्यासों में जिस सृष्टि का वर्णन रहता है उस सृष्टि के प्राणियों, पदार्थों और धर्मों के नाम भी व्याकरण के संज्ञा वर्ग में आ सकते हैं। इस दृष्टि से ऊपर लिखे लक्षणों में अव्याप्ति दोष भी है।)

(ख) 'संज्ञा' शब्द का उपयोग वस्तु के लिए नहीं होता, किंतु वस्तु के नाम के लिए होता है। जिस कागज पर यह पुस्तक छपी है, वह कागज संज्ञा नहीं है: किंतु पदार्थ है, पर 'कागज' शब्द जिसके द्वारा हम उस पदार्थ का नाम सूचित करते हैं, संज्ञा है।

98. संज्ञा दो प्रकार की होती है–(1) पदार्थ वाचक, (2) भाववाचक।

99. जिस संज्ञा से किसी पदार्थ व पदार्थों के समूह का बोध होता है उसे पदार्थवाचक संज्ञा कहते हैं; जैसे–राम, राजा, घोड़ा, कागज, काशी, सभा, भीड़ इत्यादि।

(सू.–इन लक्षणों में 'पदार्थ' शब्द का प्रयोग जड़ और चेतन दोनों प्रकार के पदार्थों के लिए किया गया है।)

100. पदार्थवाचक **संज्ञा** के दो भेद हैं–(1) व्यक्तिवाचक और (2) जातिवाचक।

101. जिस संज्ञा से किसी एक ही पदार्थ व पदार्थों के एक ही समूह का बोध होता है उसे **व्यक्तिवाचक** संज्ञा कहते हैं; जैसे–राम, काशी, गंगा, महामंडल, हितकारिणी इत्यादि।

'राम' कहने से केवल एक ही व्यक्ति (अकेले मनुष्य) का बोध होता है; प्रत्येक मनुष्य को 'राम' नहीं कह सकते। यदि हम 'राम' को देवता मानें तो भी 'राम' एक ही देवता का नाम है। उसी प्रकार 'काशी' कहने से इस नाम के एक ही नगर का बोध

होता है। यदि 'काशी' किसी स्त्री का नाम हो तो भी इसी नाम से उस एक ही स्त्री का बोध होगा। व्यक्तिवाचक संज्ञा चाहे जिस प्राणी व पदार्थ का नाम हो, वह उस एक ही प्राणी व पदार्थ को छोड़कर दूसरे व्यक्ति का नाम नहीं हो सकता। नदियों में 'गंगा' एक ही व्यक्ति (अकेली नदी) का नाम है; यह नाम किसी दूसरी नदी का नहीं हो सकता। संसार में एक ही राम, एक ही काशी और एक ही गंगा है। 'महामंडल' लोगों के एक ही समूह (सभा) का नाम है, इस नाम से कोई दूसरा समूह सूचित नहीं होता। इसी प्रकार 'हितकारिणी' कहने से एक अकेले समूह (व्यक्ति) का बोध होता है। इसलिए राम, काशी, गंगा, महामंडल, हितकारिणी व्यक्तिवाचक संज्ञाएँ हैं।

व्यक्तिवाचक संज्ञाएँ बहुधा अर्थहीन होती हैं। इनके प्रयोग से जिस व्यक्ति का बोध होता है, उसका प्राय: कोई भी धर्म इनसे सूचित नहीं होता। नर्मदा नाम से एक ही नदी का अथवा एक ही स्त्री का या और किसी एक ही व्यक्ति का बोध हो सकता है, पर इस नाम के व्यक्ति का प्राय: कोई भी धर्म इस शब्द से सूचित नहीं होता। 'नर्मदा' शब्द आदि में अर्थवान् 'मोक्ष देनेवाली' रहा हो, तथापि व्यक्तिवाचक संज्ञा में उसका वह अर्थ अप्रचलित हो गया और अब वह नाम पहचानने के लिए किसी भी व्यक्ति को दिया जा सकता है। व्यक्तिवाचक संज्ञा किसी व्यक्ति की पहचान या सूचना के लिए केवल एक संकेत है और यह संकेत इच्छानुसार बदला जा सकता है। यदि किसी घर में मालिक और नौकर का नाम एक ही हो तो बहुत करके नौकर अपना नाम बदलने को राजी को जाएगा। एक ही नाम के कई मनुष्यों की एक-दूसरे से भिन्नता सूचित करने के लिए प्रत्येक नाम के साथ बहुधा कोई संज्ञा या विशेषण लगा देते हैं; जैसे बाबू देवदत्त इत्यादि। यदि एक ही मनुष्य के दो नाम हों तो व्यवहारी व सरकारी कागज-पत्रों में उसे दोनों लिखने पड़ते हैं, जिसमें उसे अपने किसी एक नाम की आड़ में धोखा देने का अवसर न मिले; जैसे—मोहन उर्फ बिहारी; बलदेव उर्फ रामचंद्र इत्यादि।

कुछ संज्ञाएँ व्यक्तिवाचक होने पर भी अर्थवान् हैं; जैसे—ईश्वर, परमात्मा, ब्रह्मांड, परब्रह्म, प्रकृति इत्यादि।

102. जिस संज्ञा से किसी जाति के सम्पूर्ण पदार्थों व उनके समूहों का बोध होता है, उसे **जातिवाचक** संज्ञा कहते हैं; जैसे—मनुष्य, घर, पहाड़, नदी, सभा इत्यादि।

हिमालय, विंध्याचल, नीलगिरि और आबू एक-दूसरे से भिन्न हैं, क्योंकि वे अलग-अलग व्यक्ति हैं; परंतु वे एक मुख्य धर्म में समान हैं, अर्थात् वे धरती के बहुत ऊँचे भाग हैं। इस साधर्म्य के कारण उनकी गिनती एक ही जाति में होती है और इस जाति का नाम 'पहाड़' है। हिमालय, विंध्याचल, नीलगिरि, आबू और इस जाति के दूसरे सब व्यक्तियों के लिए 'पहाड़' नाम आता है। 'हिमालय' कहने से (इस नाम के) केवल एक ही पहाड़ का बोध होता है, पर 'पहाड़' कहने से हिमालय, नीलगिरि, विंध्याचल, आबू और इस जाति के दूसरे सब पदार्थ सूचित होते हैं। इसलिए पहाड़ जातिवाचक संज्ञा है। इसी प्रकार गंगा, यमुना, सिंधु, ब्रह्मपुत्र और इस जाति के दूसरे सब व्यक्तियों के लिए 'नदी' नाम का प्रयोग किया जाता है; इसलिए नदी शब्द जातिवाचक संज्ञा है : लोगों के समूह का नाम 'सभा' है। ऐसे समूह कई हैं; जैसे—'नागरीप्रचारिणी', 'कान्यकुब्ज',

‘महाजन’, ‘हितकारिणी’ इत्यादि। इन सब समूहों को सूचित करने के लिए ‘सभा’ शब्द का प्रयोग है, इसलिए ‘सभा’ जातिवाचक संज्ञा है।

जातिवाचक संज्ञाएँ अर्थवान् होती हैं। यदि हम किसी स्थान का नाम ‘प्रयाग’ के बदले ‘इलाहाबाद’ रख दें तो लोग उसे इसी नाम से पुकारने लगेंगे, परंतु यदि हम शहर को ‘नदी’ कहें तो कोई हमारी बात न समझेगा। ‘प्रयाग’ और ‘इलाहाबाद’ में केवल नाम का अंतर है, परंतु शहर और ‘नदी’ शब्दों में अर्थ का अंतर है। प्रयाग शब्द से उसके वाच्य पदार्थ का कोई भी धर्म सूचित नहीं होता; परंतु शहर शब्द से हमारे मन में बड़े-बड़े घरों के समूह की भावना उत्पन्न होती है। इसी प्रकार ‘सभा’ शब्द सुनने से हमें उसका अर्थज्ञान (मनुष्यों के समूह का बोध) सहज ही हो जाता है; परंतु ‘हितकारिणी’ कहने से वैसा कोई धर्म प्रकट नहीं होता।

(सू.–यद्यपि पहचान के लिए मनुष्यों और स्थानों को विशेष नाम देना आवश्यक है, तथापि इस बात की आवश्यकता नहीं है कि प्रत्येक प्राणी या पदार्थ को कोई विशेष नाम दिया जाए। स्याही से लिखने के काम में आनेवाले प्रत्येक पदार्थ को हम ‘कलम’ शब्द से सूचित कर सकते हैं; इसलिए ‘कलम’ नाम से प्रत्येक अकेले पदार्थ को अलग-अलग नाम देने की आवश्यकता नहीं है। यदि प्रत्येक अकेले पदार्थ (जैसे–प्रत्येक सूई) का एक अलग विशेष नाम रखा जाए तो भाषा बहुत ही जटिल हो जाएगी। इसलिए अधिकांश पदार्थों का बोध जातिवाचक संज्ञाओं से हो जाता है और व्यक्तिवाचक संज्ञाओं का प्रयोग केवल भूल या गड़बड़ मिटाने के विचार से किया जाता है।)

103. जिस संज्ञा से पदार्थ में पाए जानेवाले किसी धर्म का बोध होता है उसे **भाववाचक** संज्ञा कहते हैं; जैसे–लम्बाई, चतुराई, बुढ़ापा, नम्रता, मिठास, समझ, चाल, इत्यादि।

प्रत्येक पदार्थ में कोई न कोई धर्म होता है। पानी में शीतलता, आग में उष्णता, सोने में भारीपन, मनुष्य में विवेक और पशु में अविवेक रहता है। जब हम कहते हैं कि अमुक पदार्थ पानी है, तब हमारे मन में उसके एक व अधिक धर्मों की भावना रहती है और इन्हीं धर्मों की भावना से हम उस पदार्थ को पानी के बदले कोई दूसरा पदार्थ नहीं समझते। पदार्थ माने कुछ विशेष धर्मों के मेल से बनी हुई एक मूर्ति है। प्रत्येक मनुष्य को प्रत्येक पदार्थ के सभी धर्मों का ज्ञान होना कठिन है परंतु जिस पदार्थ को वह जानता है, उसके एक न एक धर्म का परिचय उसे अवश्य रहता है। कोई-कोई धर्म एक से अधिक पदार्थों में भी पाए जाते हैं; जैसे–लंबाई, चौड़ाई, मुटाई, वजन, आकार इत्यादि।

पदार्थ का धर्म पदार्थ से अलग नहीं रह सकता अर्थात् हम यह नहीं कह सकते कि यह घोड़ा है और वह उसका बल या रूप है। तो भी हम अपनी कल्पना शक्ति के द्वारा परस्पर संबंध रखनेवाली भावनाओं को अलग कर सकते हैं। हम घोड़े के और-और धर्मों की भावना न करके केवल उसके बल की भावना मन में ला सकते हैं और आवश्यकता होने पर भावना को किसी दूसरे प्राणी (जैसे हाथी) के बल की भावना के साथ मिला सकते हैं।

जिस प्रकार जातिवाचक संज्ञाएँ अर्थवान् होती हैं, उसी प्रकार भाववाचक संज्ञाएँ भी अर्थवान् होती हैं, क्योंकि उनके समान इनसे भी धर्म का बोध होता है। व्यक्तिवाचक संज्ञा के समान भाववाचक संज्ञा से भी किसी एक ही भाव का बोध होता है।

'धर्म', 'गुण' और 'भाव' प्रायः पर्यायवाचक शब्द हैं। 'भाव' शब्द का उपयोग (व्याकरण के) नीचे लिखे अर्थों में होता है–

(क) धर्म-गुण के अर्थ में; जैसे–ठंडाई, शीतलता, धीरज, मिठास, बल, बुद्धि, क्रोध आदि।

(ख) अवस्था, नींद, रोग, उजाला, अँधेरा, पीड़ा, दरिद्रता, सफाई इत्यादि।

(ग) व्यापार, चढ़ाई, बहाव, दान, भजन, बोलचाल, दौड़, पढ़ना इत्यादि।

104. भाववाचक संज्ञाएँ बहुधा तीन प्रकार के शब्दों से बनाई जाती हैं–

(क) जातिवाचक संज्ञा से जैसे–बुढ़ापा, लड़कपन, मित्रता, दासत्व, पंडिताई, राज्य, मौन इत्यादि।

(ख) विशेषण से; जैसे–गरमी, सरदी, कठोरता, मिठास, बड़प्पन, चतुराई, धैर्य इत्यादि।

(ग) क्रिया से; जैसे–घबराहट, सजावट, चढ़ाई, बहाव, मार, दौड़, चलन इत्यादि।

105. जब व्यक्तिवाचक संज्ञा का प्रयोग एक ही नाम के अनेक व्यक्तियों का बोध कराने के लिए अथवा किसी व्यक्ति का असाधारण धर्म सूचित करने के लिए किया जाता है, तब व्यक्तिवाचक संज्ञा जातिवाचक हो जाती है; जैसे–कहु रावण, रावण जग केते। (रामा.) 'राम तीन हैं।' 'यशोदा हमारे घर की लक्ष्मी है।' 'कलियुग के भीम।'

पहले उदाहरण में पहला 'रावण' शब्द व्यक्तिवाचक संज्ञा है और दूसरा 'रावण' शब्द जातिवाचक संज्ञा है। तीसरे उदाहरण में 'लक्ष्मी' संज्ञा जातिवाचक है; क्योंकि उससे विष्णु की स्त्री का बोध नहीं होता, किंतु लक्ष्मी के समान एक गुणवती स्त्री का बोध होता है। इसी प्रकार 'राम' और 'भीम' भी जातिवाचक संज्ञाएँ हैं। 'गुप्तों की शक्ति क्षीण होने पर यह स्वतंत्र हो गया था।' (रस.)। इस वाक्य में 'गुप्तों' शब्द से अनेक व्यक्तियों का बोध होने पर भी वह नाम व्यक्तिवाचक संज्ञा है, क्योंकि इससे किसी व्यक्ति के विशेष धर्म का बोध नहीं होता, किंतु कुछ व्यक्तियों के एक विशेष समूह का बोध होता है।

106. कुछ जातिवाचक संज्ञाओं का प्रयोग व्यक्तिवाचक संज्ञाओं के समान होता है; जैसे–पुरी = जगन्नाथ, देवी = दुर्गा, दाऊ = बलदेव, संवत् = विक्रमी संवत् इत्यादि। इसी वर्ग में वे शब्द शामिल हैं, जो मुख्य नामों के बदले उपनाम के रूप में आते हैं; जैसे–सितारे हिंद = राजा शिवप्रसाद, भारतेंदु = बाबू हरिश्चंद्र, गुसाईं जी = गोस्वामी तुलसीदास, दक्षिण = दक्षिणी हिंदुस्तान इत्यादि।

बहुत-सी योगरूढ़ संज्ञाएँ, जैसे–गणेश, हनुमान, हिमालय, गोपाल इत्यादि मूल में जातिवाचक संज्ञाएँ हैं; परंतु अब इनका प्रयोग जातिवाचक अर्थ में नहीं किंतु व्यक्तिवाचक अर्थ में होता है।

107. कभी-कभी भाववाचक संज्ञा का प्रयोग जातिवाचक संज्ञा के समान होता है; जैसे–'उसके आगे सब रूपवती स्त्रियाँ निरादृत हैं' (शकु.)। इस वाक्य में 'निरादृत' शब्द से 'निरादरयोग्य स्त्री' का बोध होता है। 'ये सब कैसे अच्छे पहिरावे हैं' (सर.)। यहाँ 'पहिरावे' का अर्थ 'पहिनने के वस्त्र' हैं।

संज्ञा के स्थान में आनेवाले शब्द

108. सर्वनाम का उपयोग संज्ञा के स्थान में होता है, जैसे–'**मैं** (सारथी) रास खींचता हूँ।' (शकु.)। '**यह** (शकुंतला) वन में पड़ी मिली थी।' (शकु.)।

109. विशेषण कभी-कभी संज्ञा के स्थान में आता है; जैसे–'इसके बड़ों का यह संकल्प है' (शकु.)। 'छोटे बड़े न ह्वै सकें' (सत.)।

110. कोई-कोई क्रिया-विशेषण संज्ञाओं के समान उपयोग में आते हैं; जैसे–'जिसका **भीतर बाहर** एक सा हो' (सत्य.)। '**हाँ में हाँ** मिलाना'। '**यहाँ** की भूमि अच्छी है' (भाषा.)।

111. कभी-कभी विस्मयादिबोधक शब्द संज्ञा के समान प्रयुक्त होता है; जैसे–'वहाँ **हाय हाय** मची है।' 'उनकी बड़ी **वाह वाह** हुई।'

112. कोई भी शब्द व अक्षर केवल उसी शब्द व अक्षर के अर्थ में संज्ञा के समान उपयोग में आ सकता है; जैसे–'मैं' सर्वनाम है। तुम्हारे लेख में कई बार **'फिर'** आया है। **'का'** में **'आ'** की मात्रा मिली है। **'क्ष'** संयुक्त अक्षर है (दे. अंक 87)।

(टि.–संज्ञा के भेदों के विषय में हिंदी वैयाकरणों का एकमत नहीं है। अधिकांश हिंदी व्याकरणों में संज्ञा के पाँच भेद माने गए हैं–जातिवाचक, व्यक्तिवाचक, गुणवाचक, भाववाचक और सर्वनाम। ये भेद कुछ तो संस्कृत व्याकरण के अनुसार और कुछ अँग्रेजी व्याकरण के अनुसार हैं तथा कुछ रूप के अनुसार और कुछ प्रयोग के अनुसार हैं। संस्कृत के 'प्रातिपदिक' नामक शब्दभेद में संज्ञा, गुणवाचक (विशेषण) और सर्वनाम का समावेश होता है; क्योंकि उस भाषा में इन तीनों शब्दभेदों का रूपांतर प्रायः एक ही से प्रत्ययों के प्रयोग द्वारा होता है। कदाचित् इसी आधार पर हिंदी वैयाकरण तीनों शब्दभेदों को संज्ञा मानते हैं। दूसरा कारण यह जान पड़ता है कि संज्ञा, सर्वनाम और विशेषण, इन तीनों ही से वस्तुओं का प्रत्यक्ष वा परोक्ष बोध होता है। सर्वनाम और विशेषण को संज्ञा के अंतर्गत मानना चाहिए अथवा उससे भिन्न अलग-अलग वर्गों में रखना चाहिए, इस विषय का विवेचन आगे चलकर सर्वनाम और विशेषण संबंधी अध्यायों में किया जाएगा। यहाँ केवल संज्ञा के उपभेदों पर विचार किया जाता है।

संज्ञा के जातिवाचक, व्यक्तिवाचक और भाववाचक उपभेद संस्कृत व्याकरण में नहीं हैं। ये उपभेद अँग्रेजी व्याकरण में, दो अलग-अलग आधारों पर अर्थ के अनुसार किए गए हैं। पहले आधार में इस बात का विचार किया गया है कि संपूर्ण संज्ञाओं से या तो वस्तुओं का बोध होता है या धर्मों का, इस दृष्टि से संज्ञाओं के दो भेद माने गए हैं–(1) पदार्थवाचक, (2) भाववाचक। दूसरे आधार में केवल पदार्थवाचक संज्ञाओं के अर्थ का विचार किया गया है कि उनसे या तो व्यक्ति (अकेले पदार्थ) का बोध होता है या जाति (अनेक पदार्थों) का और इस दृष्टि से पदार्थवाचक संज्ञाओं के दो भेद किए गए हैं–(1) व्यक्तिवाचक, (2) जातिवाचक। दोनों आधारों को मिलाकर संज्ञा के तीन भेद होते हैं–(1) व्यक्तिवाचक, (2) जातिवाचक और (3) भाववाचक। (सर्वनाम और विशेषण को छोड़कर) संज्ञाओं के ये तीन भेद हिंदी के कई व्याकरणों में पाए जाते हैं, परंतु उनमें इस वर्गीकरण के किसी भी आधार का उल्लेख नहीं मिलता। हिंदी के सबसे

पुराने (आदम साहब के लिखे हुए एक छोटे से) व्याकरण में संज्ञा का एक और भेद '**क्रियावाचक**' के नाम से दिया गया है। हमने क्रियावाचक संज्ञा को भाववाचक संज्ञा के अंतर्गत माना है, क्योंकि भाववाचक संज्ञा के लक्षण में क्रियावाचक संज्ञा भी आ जाती है। भाषा भास्कर में यह संज्ञा क्रिया का साधारण रूप व 'क्रियार्थक संज्ञा' कही गई है। उसमें यह भी लिखा है कि यह धातु से बनती है (दे. अंक 188)। यह भेद व्युत्पत्ति के अनुसार है और यदि इस प्रकार एक ही समय एक से अधिक आधारों पर वर्गीकरण किया जाए तो कई संकीर्ण विभाग हो जायेंगे।

यहाँ अब मुख्य विचार यह है कि जब संज्ञा के ऊपर कहे हुए तीन भेद संस्कृत में नहीं हैं, तब उन्हें हिंदी में मानने की क्या आवश्यकता है? यथार्थ में अर्थ के अनुसार शब्दों के भेद करना तर्कशास्त्र का विषय है, इसलिए व्याकरण में इन भेदों को केवल उनकी आवश्यकता होने पर मानना चाहिए। हिंदी में इन भेदों का काम रूपांतर और व्युत्पत्ति में पड़ता है, इसलिए ये भेद संस्कृत में न होने पर भी हिंदी में आवश्यक हैं। संस्कृत में भी परोक्ष रूप से भाववाचक संज्ञा मानी गई है। केशवराम भट्ट कृत 'हिंदी व्याकरण' में संज्ञा के भेदों में (संस्कृत की चाल पर) भाववाचक संज्ञा का नाम नहीं है, पर लिंगनिर्णय में यह नाम आया है। जब व्याकरण में संज्ञा के इस भेद का काम पड़ता है, तब इसको स्वीकार करने में क्या हानि है?

किसी-किसी हिंदी व्याकरण में संज्ञा के समुदायवाचक और द्रव्यवाचक[1] नाम के और दो भेद माने गए हैं पर अँग्रेजी के समान हिंदी में इनकी विशेष आवश्यकता नहीं पड़ती। इनके सिवा समुदायवाचक का समावेश व्यक्तिवाचक तथा जातिवाचक में और द्रव्यवाचक का समावेश जातिवाचक में हो जाता है।

दूसरा अध्याय

सर्वनाम

113. सर्वनाम उस विकारी शब्द को कहते हैं जो पूर्वा पर संबंध से किसी भी संज्ञा के बदले में आता है, जैसे—मैं (बोलनेवाला), तू (सुननेवाला), यह (निकटवर्ती वस्तु), वह (दूरवर्ती वस्तु) इत्यादि।

(टि.—हिंदी के प्रायः सभी वैयाकरण सर्वनाम को संज्ञा का एक भेद मानते हैं। संस्कृत में 'सर्व' (प्रातिपदिक) के समान जिन नामों (संज्ञाओं) का रूपांतर होता है उनका एक अलग वर्ग मानकर उसका नाम 'सर्वनाम' रखा गया है। 'सर्वनाम' शब्द एक और अर्थ में भी आ सकता है। वह यह है कि सर्व (सब) नामों (संज्ञाओं) के बदले में जो शब्द आता है, उसे सर्वनाम कहते हैं। हिंदी में सर्वनाम शब्द से यही (पिछला) अर्थ लिया जाता है और इसी के अनुसार वैयाकरण सर्वनाम को संज्ञा का भेद मानते हैं। यथार्थ में सर्वनाम एक प्रकार का नाम अर्थात् संज्ञा ही है। जिस प्रकार संज्ञाओं के उपभेद व्यक्तिवाचक, जातिवाचक और भाववाचक हैं, उसी प्रकार सर्वनाम भी एक उपभेद

---

1. जो पदार्थ केवल ढेर के रूप में नापा-तौला जाता है, उसे द्रव्य कहते हैं; जैसे—अनाज, दूध, घी, शक्कर, सोना इत्यादि।

हो सकता है, पर सर्वनाम में एक विशेष विलक्षणता है, जो संज्ञा में नहीं पाई जाती। संज्ञा से सदा उसी वस्तु का बोध होता है, जिसका वह संज्ञा नाम है; परंतु सर्वनाम से, पूर्वा पर संबंध के अनुसार, किसी भी वस्तु का बोध हो सकता है। 'लड़का' शब्द से लड़के ही का बोध होता है, घर, सड़क आदि का बोध नहीं हो सकता; परंतु 'वह' कहने से पूर्वापर संबंध के अनुसार, लड़का घर, सड़क, हाथी, घोड़ा आदि किसी भी वस्तु का बोध हो सकता है। 'मैं' बोलनेवाले के नाम के बदले आता है, इसलिए जब बोलनेवाला मोहन है, तब 'मैं' का अर्थ मोहन है, परंतु जब बोलनेवाला खरहा है (जैसा बहुधा कथा कहानियों में होता है) तब 'मैं' का अर्थ खरहा होता है। सर्वनाम की इसी विलक्षणता के कारण उसे हिंदी में एक अलग शब्दभेद मानते हैं। 'भाषातत्त्वदीपिका' में भी सर्वनाम संज्ञा से भिन्न माना गया है; परंतु उसमें सर्वनाम का जो लक्षण दिया गया है, वह निर्दोष नहीं है। 'नाम को एक बार कहकर फिर उसकी जगह जो शब्द आता है, उसे सर्वनाम कहते हैं।' यह लक्षण 'मैं', 'तू', 'कौन' आदि सर्वनामों में घटित नहीं होता; इसलिए इसमें अव्याप्ति दोष है; और कहीं-कहीं यह संज्ञाओं में भी घटित हो सकता है, इसलिए इसमें अतिव्याप्ति दोष भी है। एक ही संज्ञा का उपयोग बार-बार करने से भाषा की हीनता सूचित होती है, इसलिए एक संज्ञा के बदले उसी अर्थ की दूसरी संज्ञा का उपयोग करने की चाल है। यह बात छंद के विचार से कविता में बहुधा होती है; जैसे–मनुष्य के बदले 'मानव', 'नर' आदि शब्द लिखे जाते हैं। सर्वनाम के पूर्वोक्त लक्षण के अनुसार इन सब पर्यायवाची शब्दों को भी सर्वनाम कहना पड़ेगा। यद्यपि सर्वनाम के कारण संज्ञा को बार-बार नहीं दुहराना पड़ता है, तथापि सर्वनाम का यह उपयोग उसका असाधारण धर्म नहीं है।

भाषाचंद्रोदय में 'सर्वनाम' के लिए 'संज्ञाप्रतिनिधि' शब्द का उपयोग किया गया है और संज्ञाप्रतिनिधि के कई भेदों में एक का नाम 'सर्वनाम' रखा गया है। सर्वनाम के भेदों की मीमांसा इस अध्याय के अंत में की जाएगी; परंतु 'संज्ञाप्रतिनिधि' शब्द के विषय में केवल यही कहा जा सकता है कि हिंदी में 'सर्वनाम' शब्द इतना रूढ़ हो गया है कि उसे बदलने से कोई लाभ नहीं है।

114. हिंदी में सब मिलाकर 11 सर्वनाम हैं–मैं, तू, आप, यह, वह, सो, जो, कोई, कुछ, कौन, क्या।

115. प्रयोग के अनुसार सर्वनामों के छह भेद हैं–

(1) पुरुषवाचक–मैं, तू, आप (आदरसूचक)।

(2) निजवाचक–आप।

(3) निश्चयवाचक–यह, वह, सो।

(4) संबंधवाचक–जो।

(5) प्रश्नवाचक–कौन, क्या।

(6) अनिश्चयवाचक–कोई, कुछ।

116. वक्ता अथवा लेखक की दृष्टि से संपूर्ण सृष्टि के तीन भाग किए जाते हैं–पहला, स्वयं वक्ता व लेखक; दूसरा श्रोता, किंवा पाठक और तीसरा, कथा विषय

अर्थात् वक्ता और श्रोता को छोड़कर और सब। सृष्टि के इन सब रूपों को व्याकरण में पुरुष कहते हैं और ये क्रमशः उत्तम पुरुष, मध्यम पुरुष और अन्य पुरुष कहलाते हैं। इन तीनों पुरुषों में उत्तम और मध्यम पुरुष ही प्रधान हैं। क्योंकि इनका अर्थ निश्चित रहता है। अन्य पुरुष का अर्थ अनिश्चित होने के कारण उसमें बाकी की सृष्टि के अर्थ का समावेश होता है। उत्तम पुरुष 'मैं' और मध्यम पुरुष 'तू' को छोड़कर शेष सर्वनाम और सब संज्ञाएँ अन्य पुरुष में आती हैं। इस अनिश्चित वस्तु समूह को संक्षेप में व्यक्त करने के लिए 'वह' सर्वनाम को अन्य पुरुष के उदाहरण के लिए ले लेते हैं।

सर्वनामों के तीनों पुरुषों के उदाहरण ये हैं–उत्तम पुरुष–मैं; मध्यम पुरुष–तू, आप (आदरसूचक); अन्य पुरुष–यह, वह, आप (आदरसूचक) सो, जो, कौन, क्या, कोई, कुछ। (सब संज्ञाएँ अन्य पुरुष हैं।) सब पुरुष-वाचक-आप (निजवाचक)।

(सू.–(1) भाषा भास्कर और दूसरे हिंदी व्याकरणों में 'आप' शब्द 'आदरसूचक' नाम से एक अलग वर्ग में गिना गया है, परंतु व्युत्पत्ति के अनुसार, (स.–आत्मन्, प्रा. –अप्प) 'आप' यथार्थ में, निजवाचक है और आदरसूचकता उसका एक विशेष प्रयोग है। आदरसूचक 'आप' मध्यम और अन्य पुरुष सर्वनामों के लिए आता है, इसलिए उनकी गिनती पुरुषवाचक सर्वनामों में ही होनी चाहिए। निजवाचक 'आप' अलग-अलग स्थानों में अलग-अलग पुरुषों के बदले आ सकता है; इसलिए ऊपर सर्वनामों के वर्गीकरण में यही निजवाचक 'आप' 'सर्व-पुरुष-वाचक' कहा गया है। निजवाचक 'आप' के समानार्थक 'स्वयं और स्वतः' हैं; इनका प्रयोग बहुधा क्रिया-विशेषण के समान होता है (दे. अंक 125 ऋ)।

(2) 'मैं', 'तू' और आप (म. पु.) को छोड़कर सर्वनामों के जो और भेद हैं, वे सब अन्य पुरुष सर्वनामों के ही भेद हैं। मैं, तू और आप (म. पु.) सर्वनामों के दूसरे भेदों में नहीं आते, इसलिए ये ही तीन सर्वनाम विशेषण पुरुषवाचक हैं। वैसे तो प्रायः सभी सर्वनाम पुरुषवाचक कहे जा सकते हैं, क्योंकि उनसे व्याकरण के पुरुषों का बोध होता है, परंतु दूसरे सर्वनामों में उत्तम और मध्यम नहीं होते, इसलिए उत्तम और मध्यम पुरुष ही प्रधान पुरुषवाचक हैं और बाकी सर्वनाम अप्रधान पुरुषवाचक हैं। सर्वनामों के अर्थ और प्रयोग का विचार करने में सुभीते के लिए कहीं-कहीं उनके रूपांतरों (लिंग, वचन, कारक) का (जो दूसरे प्रकरण का विषय है) उल्लेख करना आवश्यक है।

117. मैं–उ. पु. (एकवचन)।

(अ) जब वक्ता या लेखक केवल अपने ही संबंध में कुछ विधान करता है तब वह इस सर्वनाम का प्रयोग करता है। जैसे–भाषाबद्ध करब मैं सोई। (राम.)। जो मैं ही कृतार्थ नहीं तो फिर और कौन हो सकता है? (गुटका)। 'यह थैली मुझे मिली।'

(आ) अपने से बड़े लोगों के साथ बोलने में अथवा देवता से प्रार्थना करने में, जैसे–'सारथी–अब मैंने भी तपोवन के चिन्ह (चिह्न) देखे' (शकु.)। 'हरि.–पितः, मैं सावधान हूँ' (सत्य.)।

(इ) स्त्री अपने लिए बहुधा 'मैं' का ही प्रयोग करती है; जैसे–'शकुंतला–मैं सच्ची क्या कहूँ' (शकु.)। 'रा.–अरी! आज मैंने ऐसे बुरे-बुरे सपने देखे कि जब से सो के उठी हूँ, कलेजा काँप रहा है' (सत्य.)। दे. अंक11 ऊ)।

118. हम–उ. पु. (बहुवचन)।

इस बहुवचन का अर्थ संज्ञा के बहुवचन से भिन्न है। 'लड़के' शब्द एक से अधिक लड़कों का सूचक है; परंतु 'हम' शब्द एक से अधिक 'मैं' (बोलनेवालों) का सूचक नहीं है, क्योंकि एक साथ गाने या प्रार्थना करने के सिवा (अथवा सबकी ओर से लिखे हुए लेख में हस्ताक्षर करने के सिवा) एक से अधिक लोग मिलकर प्रायः कभी नहीं बोल सकते। ऐसी अवस्था में 'हम' का ठीक अर्थ यही है कि वक्ता अपने साथियों की ओर से प्रतिनिधि होकर अपने तथा अपने साथियों के विचार एक साथ प्रकट करता है।

(अ) संपादक और ग्रंथकार लोग अपने लिए बहुधा उत्तम पुरुष बहुवचन का प्रयोग करते हैं; जैसे–'हमने एक ही बात को दो-दो, तीन-तीन तरह से लिखा है।' (स्वा.)। 'हम पहले भाग के आरंभ में लिख आए हैं' (इति.)।

(आ) बड़े-बड़े अधिकारी और राजा महाराजा; जैसे–'इसलिए अब हम इश्तहार देते हैं' (इति.)। 'नाम–यही तो हम भी कहते हैं' (सत्य.)। 'दुष्यंत तुम्हारे देखने ही से हमारा सत्कार हो गया।' (शकु.)।

(इ) अपने कुटुम्ब, देश अथवा मनुष्य जाति के संबंध में; जैसे–'हम योग पाकर भी उसे उपयोग में लाते नहीं' (भारत.)। 'हम वनवासियों ने ऐसे भूषण आगे कभी न देखे थे' (शकु.)। 'हवा के बिना हम पल भर भी नहीं जी सकते।'

(ई) कभी-कभी अभिमान अथवा क्रोध में, जैसे–'वि.–हम आधी दक्षिणा लेके क्या करें' (सत्य.)। 'मांडव्य–इस मृगयाशील राजा की मित्रता से हम तो बड़े दुखी हैं' (शकु.)।

(सू.–हिंदी में 'मैं' और 'हम' के प्रयोग का बहुत सा अंतर आधुनिक है। देहाती लोग बहुधा 'हम' ही बोलते हैं, 'मैं' नहीं बोलते। प्रेमसागर और रामचरित मानस में 'हम' के सब प्रयोग नहीं मिलते। अँग्रेजी में 'मैं' के बदले 'हम' का उपयोग करना भूल समझा जाता है, परंतु हिंदी में बहुधा 'मैं' के बदले 'हम' आता है। 'मैं' और 'हम' के प्रयोग में इतनी अस्थिरता है कि एक बार जिसके लिए 'मैं' आता है, उसी के लिए उसी अर्थ में फिर 'हम' का उपयोग होता है; जैसे–'ना–राम राम! भला, आपके आने से हम क्यों जायेंगे। मैं तो जाने ही को था कि इतने में आप आ गए' (सत्य.)। दुष्यंत–अच्छा, हमारा संदेशा यथार्थ भुगता दीजो। मैं तपस्वियों की रक्षा को जाता हूँ (शकु.)। यह न होना चाहिए।

(उ) कभी-कभी एक ही वाक्य में 'मैं' और 'हम' एक ही पुरुष के लिए क्रमशः व्यक्ति और प्रतिनिधि के अर्थ में आते हैं; जैसे–'कुंभलीक–मुझे क्या दोष है, यह तो हमारा कुलधर्म है' (शकु.)। मैं चाहता हूँ कि आगे को ऐसी सूरत न हो और हम सब एकचित्त होकर रहें (परी.)।

(ऊ) स्त्री अपने ही लिए 'हम' का उपयोग बहुधा कम करती है (दे. अंक 117 इ.) पर स्त्रीलिंग 'हम' के साथ कभी-कभी पुल्लिंग क्रिया आती है; जैसे–'गौतमी–लो, अब निधड़क बातचीत करो; **हम जाते** हैं।' (शकु.)। रानी–महाराज, अब **हम** महल में **जाते** हैं' (कर्पूर)।

(ओ) साधु-संत अपने लिए 'मैं' व 'हम' का प्रयोग न करके अपने लिए बहुधा 'अपने राम' बोलते हैं; जैसे–अब **अपने राम** जानेवाले हैं।

(औ) 'हम' से बहुत्व का बोध कराने के लिए उसके साथ बहुधा 'लोग' शब्द लगा देते हैं; जैसे–'ह.–आर्य, **हमलोग** तो क्षत्रिय हैं, हम दो बात कहाँ से जाने?' (सत्य.)।

119. तू–मध्यम पुरुष (एकवचन) (ग्राम्य–तैं)।

'तू शब्द से निरादर व हलकापन प्रकट होता है; इसलिए हिंदी में बहुधा एक व्यक्ति के लिए भी 'तुम' का प्रयोग करते हैं। 'तू का प्रयोग बहुधा नीचे लिखे अर्थों में होता है–

(अ) देवता के लिए जैसे–'देव, तू दयालु, दीन हौं; तू दानी, हौं भिखारी' (विनय.)।

'दीनबंधु' तू मुझ डूबते हुए को बचा' (गुटका.)

(आ)छोटे लड़के अथवा चेले के लिए (प्यार में); 'एक तपस्विनी, अरे हठीले बालक, तू इस वन के पशुओं को क्यों सताता है?' (शकु.)।, 'उ.–तो तू चल, आगे-आगे भीड़ हटाता चल' (सत्य.)।

(इ) परम मित्र के लिए; जैसे–'अनसूया–सखी तू क्या कहती है' (शकु.)।

'दुष्यंत–सखा, तुझसे भी तो माता कहकर बोली हैं।'

(सू. छोटी अवस्था के भाई बहन आपस में 'तू' का प्रयोग करते हैं। कहीं छोटे लड़के प्यार में माँ से 'तू' कहते हैं)

(ई) अवस्था और अधिकार में अपने से छोटे के लिए (परिचय में) जैसे–'रानी-मालती, यह रक्षाबंधन तू सँभाल के अपने पास रख' (सत्य.)। दुष्यंत (द्वारपाल से) पर्वतायन, तू अपने काम में असावधानी मत करियो' (शकु.)।

(उ) तिरस्कार अथवा क्रोध में किसी से, जैसे–'जरासंध श्रीकृष्णचंद्र से अति अभिमान कर कहने लगा, अरे तू मेरे सोंही से भाग जा, मैं तुझे क्या मारूँ!' (प्रेम.)।

'वि.–बोल, अभी तैने मुझे पहचाना कि नहीं?' (सत्य.)।

120. तुम–मध्यम पुरुष (बहुवचन)।

यद्यपि 'हम' के समान 'तुम' **बहुवचन** है, तथापि शिष्टाचार के अनुरोध से इसका प्रयोग एक ही मनुष्य से बोलने में होता है। बहुत्व के लिए '**तुम**' के साथ बहुधा 'लोग' शब्द लगा देते हैं जैसे–'मित्र, **तुम** बड़े निठुर हो' (परी.)। '**तुम लोग अभी** तक कहाँ थे?'

(अ) तिरस्कार और क्रोध को छोड़कर शेष अर्थों में 'तू' के बदले बहुधा 'तुम' का उपयोग होता है; जैसे–'दुष्यंत–हे रैवतक, तुम सेनापति को बुलाओ' (शकु.)। 'आशुतोष तुम अवढर दानी।' (राम.)। 'उ.–पुत्री, कहो तुम कौन-कौन सेवा करोगी' (सत्य.)।

(आ) 'हम' के साथ 'तुम' के बदले 'तू' आता है; जैसे–'दोनों प्यादे–तो तू हमारा मित्र है। **हम तुम** साथ ही साथ हाट को चलें' (शकु.)।

(इ) आदर के लिए 'तुम' के बदले 'आप' आता है (दे. अंक 123)।

121. **वह** अन्य पुरुष (एकवचन)।

(यह, जो, कोई, कौन इत्यादि सब सर्वनाम (और सब संज्ञाएँ) अन्य पुरुष हैं। यहाँ अन्य पुरुष के उदाहरण के लिए केवल 'वह' लिया गया है)।

हिंदी में आदर के लिए बहुधा बहुवचन सर्वनामों का प्रयोग किया जाता है। आदर का विचार छोड़कर 'वह' का प्रयोग नीचे लिखे अर्थों में होता है।

(अ) किसी एक प्राणी, पदार्थ व धर्म के विषय में बोलने के लिए, जैसे–'ना. निस्संदेह हरिश्चंद्र महाशय हैं। उसके आशय बहुत उदार हैं' (सत्य.)। 'जैसी दुर्दशा उसकी हुई, वह सबको विदित है।' (गुटका.)।

(आ) बड़े दरजे के आदमी के विषय में तिरस्कार दिखाने के लिए, जैसे–'**वह** (श्रीकृष्ण) तो **गँवार** ग्वाल है' (प्रेम)। 'इ.–राजा हरिश्चंद्र का प्रसंग निकला था तो उन्होंने उसकी बड़ी स्तुति की' (सत्य.)।

(इ) आदर और बहुत्व के लिए (दे. अंक 122)।

122. वे–अन्य पुरुष (बहुवचन)।

कोई-कोई इसे 'वह' लिखते हैं। कवायद उर्दू में इसका रूप 'वे' लिखा है जिससे यह अनुमान नहीं होता कि इसका प्रयोग उर्दू की नकल है। पुस्तकों में भी बहुधा 'वे' पाया जाता है। इसलिए बहुवचन का शुद्ध रूप 'वे' है, 'वह' नहीं।

(अ) एक से अधिक प्राणियों, पदार्थों वा धर्मों के विषय में बोलने के लिए 'वे' (व 'वह') आता है, जैसे–'लड़की तो रघुवंशियों के भी होती हैं; पर वे जिलाते कदापि नहीं' (गुटका.)। 'ऐसी **वे** हैं' स्वा.। '**वह** सौदागर की सब दूकान को अपने घर ले जाया चाहते हैं' (परी.)।

(आ) एक ही व्यक्ति के विषय में आदर प्रकट करने के लिए, जैसे–'वे (कालिदास) असामान्य थे' रघु.। 'क्या अच्छा होता जो वह इस काम को कर जाते' (रत्ना.)। 'जो बातें मुनि के पीछे हुई सो उनसे कह दी'? (शकु.)।

(सू.–ऐतिहासिक पुरुषों के प्रति आदर प्रकट करने के संबंध में हिंदी में बड़ा गड़बड़ है। श्रीधर भाषाकोष में कई कवियों के संक्षिप्त चरित दिए गए हैं, उनमें कबीर के लिए एकवचन का और शेष के लिए बहुवचन का प्रयोग किया गया है। राजा शिवप्रसाद ने इतिहासतिमिर नाशक में राम शंकराचार्य और टॉड साहब के लिए बहुवचन प्रयोग किया है और बुद्ध, अकबर, धृतराष्ट्र और युधिष्ठिर के लिए एकवचन लिखा है। इन उदाहरणों से कोई निश्चित नियम नहीं बनाया जा सकता। तथापि यह बात जान पड़ती है कि आदर के लिए पात्र की जाति, गुण, पद और शील का विचार अवश्य किया जाता है। ऐतिहासिक पुरुषों के प्रति आजकल पहले की अपेक्षा अधिक आदर दिखाया जाता है; और यह आदर बुद्धि विदेशी ऐतिहासिक पुरुषों के लिए भी कई अंशों में पायी जाती है। आदर का प्रश्न छोड़कर, ऐतिहासिक पुरुषों के लिए एकवचन ही का प्रयोग करना चाहिए।

123. **आप**–('तुम' व 'वे' के बदले) मध्यम व अन्य पुरुष (बहुवचन)।

यह पुरुषवाचक 'आप' प्रयोग में निजवाचक 'आप' (दे. अंक 125) से भिन्न है। इसका प्रयोग मध्यम और अन्य पुरुष बहुवचन में आदर के लिए होता है।[1] प्राचीन कविता में आदरसूचक 'आप' का प्रयोग बहुत कम पाया जाता है।

---

1. संस्कृत में आदरसूचक 'आप' के अर्थ में 'भवान्' शब्द आता है; और उसका प्रयोग केवल अन्य पुरुष एकवचन में होता है; जैसे–'भवान् अपि अवैति' (आप भी जानते हैं)।

(अ) अपने से बड़े दरजेवाले मनुष्य के लिए 'तुम' के बदले 'आप' का प्रयोग शिष्ट और आवश्यक समझा जाता है; जैसे–'स.–भला, **आपने** इसकी शांति का भी कुछ उपाय किया है?' (सत्य.)। 'तपस्वी–हे पुरुकुलदीपक **आपको** यही उचित है।' (शकु.)। 'आए **आपु** भली करी' (संत.)।

(आ) बराबरवाले अपने से कुछ छोटे दरजे के मनुष्य के लिए 'तुम' के बदले बहुधा 'आप' कहने की प्रथा है; जैसे–'इ.–भला, आप उदार या महाशय किसे कहते हैं?' (सत्य.)। 'जब आप पूरी बात ही न सुनें तो मैं क्या जवाब दूँ' (परी.)।

(इ) आदर के साथ बहुत्व के बोध के लिए 'आप' के साथ बहुधा 'लोग' लगा देते हैं जैसे–'ह.–आप लोग मेरे सिर आँखों पर है' (सत्य.)। 'इस विषय में आप लोगों की क्या राय है'?

(ई) 'आप' शब्द की अपेक्षा अधिक आदर सूचित करने के लिए बड़े पदाधिकारियों के प्रति श्रीमान्, महाराज, सरकार, हुजूर आदि शब्दों का प्रयोग होता है; जैसे–'सार.–मैं रास खींचता हूँ; महाराज उतर लें' (शकु.) 'मुझे **श्रीमान्** के दर्शनों की लालसा थी सो आज पूरी हुई।' 'जो हुजूर की राय सो मेरी राय।' स्त्रियों के प्रति अतिशय आदर प्रदर्शित करने के लिए **श्रीमती**, 'देवी' आदि शब्दों का प्रयोग किया जाता है; जैसे–'तब से **श्रीमती** के शिक्षा-क्रम में विघ्न पड़ने लगा' (हि. को.)।

(सू.–जहाँ 'आप' का प्रयोग होना चाहिए वहाँ 'तुम' या 'हुजूर' कहना और जहाँ 'तुम' कहना चाहिए, वहाँ '**आप**' या 'तू' कहना अनुचित है; क्योंकि इससे श्रोता का अपमान होता है। एक ही प्रसंग में 'आप' और 'तुम', 'महाराज' और 'आप' कहना असंगत है; जैसे–'जिस बात की चिंता **महाराज** को है सो कभी न हुई होगी; क्योंकि तपोवन के विश्व तो केवल **आपके** धनुष की टंकार ही से मिट जाते हैं।' (शकु.)। '**आपने** बड़े प्यार से कहा कि आ बच्चे, पहले तू ही पानी पी ले। उसने तुम्हें विदेशी जान तुम्हारे हाथ से जल न पीया।' तथा.)

(उ) आदर की पराकाष्ठा सूचित करने के लिए वक्ता या लेखक अपने लिए दास, सेवक, फिदवी (कचहरी की भाषा में), 'कमतरीन' (उर्दू) आदि शब्दों में से किसी एक का प्रयोग करता है; जैसे–'सि.–कहिए यह **दास** आपके कौन काम आ सकता है?' (मुद्रा.)। 'हुजूर से, **फिदवी** की यह अर्ज है।'

(ऊ) मध्यम पुरुष 'आप' के साथ अन्य पुरुष बहुवचन क्रिया आती है, परंतु कहीं-कहीं परिचय, बराबरी अथवा लघुता के विचार से मध्यम पुरुष बहुवचन क्रिया का भी प्रयोग होता है; जैसे–'ह.–**आप** मोल **लोगे**?' (सत्य.)। ऐसे समय में **आप** साथ न **दोगे** तो और कौन देगा?' (परी.)। 'दो ब्राह्मण–आप अगलों की रीति पर **चलते हो**।' (शकु.)। यह प्रयोग शिष्ट नहीं है।

(ऋ) अन्य पुरुष में आदर के लिए 'वे' के बदले कभी-कभी 'आप' आता है। अन्य पुरुष 'आप' के साथ क्रिया सदा अन्य पुरुष बहुवचन में रहती है। उदाहरण–'श्रीमती का गत मास इंदौर में देहांत हो गया। **आप** कई वर्षों से बीमार थीं।' (वी)

124. अप्रधान पुरुषवाचक सर्वनामों के नीचे लिखे पाँच भेद हैं–

(1) निजवाचक–आप।

(2) निश्चयवाचक–यह, वह, सो।

(3) अनिश्चयवाचक–कोई, कुछ।

(4) संबंधवाचक–जो।

(5) प्रश्नवाचक–कौन, क्या।

125. **आप**–(निजवाचक)।

प्रयोग में निजवाचक 'आप' पुरुषवाचक (आदरसूचक) 'आप' से भिन्न है। पुरुषवाचक 'आप' एक का वाचक होकर भी नित्य बहुवचन में आता है; पर निजवाचक 'आप' एक ही रूप से दोनों वचनों में आता है। पुरुषवाचक 'आप' केवल मध्यम और अन्य पुरुष में आता है; परंतु निजवाचक 'आप' का प्रयोग तीनों पुरुष में होता है। आदरसूचक 'आप' वाक्य में अकेला आता है, किंतु निजवाचक 'आप' दूसरे सर्वनामों के संबंध से आता है। 'आप' के दोनों प्रयोगों में रूपांतर का भी भेद है। (दे. अंक 324-325)।

निजवाचक 'आप' का प्रयोग नीचे लिखे अर्थों में होता है।

(अ) किसी संज्ञा या सर्वनाम के अवधारण के लिए; जैसे–'मैं **आप** वहीं से आया हूँ' (परी.)। 'बनते कभी हम **आप** योगी' (भारत.)।

(आ) दूसरे व्यक्ति के निराकरण के लिए, जैसे–'श्रीकृष्ण जी ने ब्राह्मण को विदा किया और **आप** चलने का विचार करने लगे' (प्रेम.)। 'वह **अपने** को सुधार रहा है।'

(इ) अवधारण के अर्थ में 'आप' के साथ कभी-कभी ही जोड़ देते हैं, जैसे–'नटी–मैं तो **आप ही** आती थी' (सत्य.)। 'देत चाप **आपहि** चीड़ गयऊ' (राम.)। 'वह अपने पात्र के संपूर्ण गुण अपने ही में भरे हुए अनुमान करने लगता है।' (सर.)।

(ई) कभी-कभी 'आप' के साथ उसका रूप अपना जोड़ देते हैं जैसे–'किसी दिन मैं न **आप** अपने को भूल जाऊँ (शकु.)।' 'क्या वह **अपने आप** झुका है?' (तथा) 'राजपूत वीर **अपने आपको** भूल गए।'

(उ) 'आप' शब्द कभी-कभी वाक्य में अकेला आता है और अन्य पुरुष का बोधक होता है'; जैसे–'आपने कुछ उपार्जन किया ही नहीं, जो था वह नाश हो गया' (सत्य.)। 'होम करन लागे मुनि झारी। **आप** रहे मख की रखवारी।'

(ऊ) सर्वसाधारण के अर्थ में भी '**आप**' आता है जैसे–'**आप** भला तो जग भला' (कहा.)। '**अपने** से बड़े का आदर करना उचित है!'

(ऋ) 'आप' के बदले या उसके साथ बहुधा 'खुद' (उर्दू) 'स्वयं' व 'स्वतः' (संस्कृत) का प्रयोग होता है। स्वयं, स्वतः और खुद हिंदी में अव्यय हैं और इनका प्रयोग बहुधा क्रिया-विशेषण के समान होता है। आदरसूचक 'आप' के साथ द्विरुक्ति के निवारण के लिए इनमें से किसी एक का प्रयोग करना आवश्यक है; जैसे–'आप खुद यह बात समझ सकते हैं।' 'हम आज अपने आपको भी हैं स्वयं भूले हुए' (भारत.)। 'सुल्तान स्वतः वहाँ गए थे' (हित.)। 'हर आदमी खुद अपने ही को प्रचलित रीति-रस्मों का कारण बतलावे' (स्वा.)।

(ए) कभी-कभी 'आप' के साथ निज (विशेषण) संज्ञा के समान आता है, पर इसका प्रयोग केवल संबंधकारक में होता है। जैसे–'हम तुम्हें एक अपने निज के काम में भेजना चाहते हैं' (मुद्रा.)।

ऐ) 'आप शब्द से बना **आपस**' 'परस्पर' के अर्थ में आता है। इसका प्रयोग केवल संबंध और अधिकारण कारक में होता है, जैसे–'एक-दूसरे की राय **आपस** में नहीं मिलती' (स्वा.)। '**आपस** की फूट बुरी होती है।'

(ओ) 'आप ही', 'अपने आप', 'आपसे आप' और 'आप ही आप' का अर्थ 'मन से व स्वभाव से' होता है और इनका प्रयोग क्रिया-विशेषण वाक्यांशों के समान होता है; जैसे–'ये मानवी यंत्र **आप ही आप** घर बनाने लगे।' (स्वा.)। 'इं–(**आप ही आप**) नारद जी सारी पृथ्वी पर इधर-उधर फिरा करते हैं' (सत्य.)। 'मेरा दिल **आप से आप** उमड़ा आता है' (परी.)।

126. जिस सर्वनाम से वक्ता के पास अथवा दूर की किसी वस्तु का बोध होता है, उसे निश्चयवाचक सर्वनाम कहते हैं। निश्चयवाचक सर्वनाम तीन हैं–यह, वह, सो।

127. **यह**–एकवचन।

इसका प्रयोग नीचे लिखे स्थानों में होता है।

अ) पास की किसी वस्तु के विषय में बोलने के लिए; जैसे–'**यह** किसका पराक्रमी बालक है?' (शकु.)। '**यह** कोई नया नियम नहीं है' (स्वा.)।

(आ) पहले कही हुई संज्ञा या संज्ञा वाक्यांशों के बदले; जैसे–'माधवीलता तो मेरी बहिन है, **इसे** क्यों न सींचती' (शकु.)। 'भला सत्य धर्म पालना क्या हँसी-खेल है? यह आप ऐसे महात्माओं ही का काम है' (सत्य.)।

(इ) पहले कहे हुए वाक्य के स्थान में, जैसे–'सिंह को मार मणि ले कोई जंतु एक अति डरावनी आड़ी गुफा में गया; **यह** सब हम अपनी आँखों देख आए' (प्रेम)। 'मुझको आपके कहने का कभी कुछ रंज नहीं होता। इसके सिवाय मुझे इस अवसर पर आपकी कुछ सेवा करनी चाहिए थी' (परी.)।

(ई) पीछे आनेवाले वाक्य के स्थान में; जैसे–'उन्होंने अब यह चाहा कि अधिकारियों को प्रजा ही नियत किया करे' (स्वा.)। 'मुझे **इससे** बड़ा आनंद है कि भारतेंदु जी की सबसे पहले छेड़ी हुई यह पुस्तक आज पूरी हो गई' (रत्ना.)।

(सू.–ऊपर के दूसरे वाक्य में जो 'यह' शब्द आया है, वह यहाँ सर्वनाम नहीं, किंतु विशेषण है; क्योंकि वह 'पुस्तक' संज्ञा की विशेषता बताता है। सर्वनामों के विशेषणीभूत प्रयोगों का विचार आगे (**तीसरे अध्याय में**) किया जाएगा)।

(उ) कभी-कभी संज्ञा या सज्ञावाक्यांश कहकर तुरंत ही उसके बदले निश्चय के अर्थ में 'यह' का प्रयोग होता है; जैसे–'राम यह व्यक्तिवाचक **संज्ञा** है।' 'अधिकार पाकर कष्ट देना, यह बड़ों को शोभा नहीं देता' (सत्य)। 'शास्त्रों की बात में कविता का दखल समझना, यह भी धर्म के विरुद्ध है' (इति.)।

(सू.–इस प्रकार की (मराठी प्रभावित) रचना का प्रचार घट रहा है।)

(ऊ) कभी-कभी यह क्रिया-विशेषण के समान आता है और उसका अर्थ अभी व अब होता है, जैसे–'लीजिए महाराज यह मैं चला' (मुद्रा.)। 'यह तो आप मुझको लज्जित करते हैं' (परी.)।

(ओ) आदर और बहुत्व के लिए (दे. अंक 128)।

128. ये–बहुवचन।

'ये' 'यह' का बहुवचन है। कोई-कोई लेखक बहुवचन में भी 'यह' लिखते हैं (दे. अंक 122)। 'ये' (और कभी-कभी 'यह') का प्रयोग आदर के लिए भी होता है, जैसे–'ये भी तो उसी का गुण गाते हैं' (सत्य.)। 'ये तेरे तप के फल कदापि नहीं; इनको तो इस पेड़ पर तेरे अहंकार ने लगाया है' (गुटका.)। 'ये वे ही हैं जिनसे इंद्र और बावन अवतार उत्पन्न हुए' (शकु.)।

(अ) 'ये' के बदले आदर के लिए 'आप' का प्रयोग केवल बोलने में होता है और इसके लिए आदरपात्र की ओर हाथ बढ़ाकर संकेत करते हैं।

129. वह (एकवचन), वे (बहुवचन)।

हिंदी में कोई विशेष अन्य पुरुष सर्वनाम नहीं है। उसके बदले दूरवर्ती निश्चयवाचक 'वह' आता है। इस सर्वनाम के प्रयोग अन्य पुरुष के विवेचन में बता दिए गए हैं। (दे. अंक 121-122)। इससे दूर की वस्तु का बोध होता है।

(अ) 'यह' और 'ये' तथा 'वह' और 'वे' के प्रयोग में बहुधा स्थिरता नहीं पाई जाती। एक बार आदर व बहुत्व के लिए किसी एक शब्द का प्रयोग करके लेखक लोग फिर उसी अर्थ में उस शब्द का दूसरा रूप लाते हैं; जैसे–'यह टिड्डी दल की तरह इतने दाग कहीं से आए? ये दाग वे दुर्वचन हैं जो तेरे मुख से निकला किए हैं। वह सब लाल-लाल फल मेरे दान से लगे हैं' (गुटका.)। 'ये सब बातें **हरिश्चंद्र** में सहज हैं।'

'अरे यह कौन देवता बड़े प्रसन्न होकर श्मशान पर एकत्र हो रहे हैं' (सत्य.)।

(सू.–हमारी समझ में पहला रूप केवल आदर के लिए और दूसरा रूप बहुत्व के लिए लाना ठीक है।)

(आ) पहले कही हुई वस्तुओं में से पहली के लिए 'वह' और पिछली के लिए 'यह' आता है; जैसे–'महात्मा और दुरात्मा में इतना ही भेद है कि **उनके मन, वचन** और कर्म एक रहते हैं, **इनके** भिन्न-भिन्न' (सत्य.)।

कनक कनक ते सौ गुनी मादकता अधिकाय।
वह खाये बौरात हैं यह पाये बौराय॥ (सत्य.)

(इ.) जिस वस्तु के संबंध में एक बार 'यह' आता है उसी के लिए कभी-कभी लेखक लोग असावधानी से तुरंत ही 'वह' लाते हैं; जैसे–'भला महाराज, जब यह ऐसे दानी हैं तो **उनकी** लक्ष्मी कैसे स्थिर है?' (सत्य.)। 'जब मैं इन पेड़ों के पास से आया था तब तो उनमें फल-फूल भी नहीं था।' (गुटका.)

(सू.–सर्वनाम के प्रयोग में ऐसी अस्थिरता से आशय समझने में कठिनाई होती है और यह प्रयोग दूषित भी है।)

(ई) 'यह' के समान (दे. अंक 127 ऊ) 'वह' भी कभी-कभी क्रिया-विशेषण की नाईं प्रयुक्त होता है और उस समय उसका अर्थ 'वहाँ' व 'इतना' होता है, जैसे-'नौकर, वह जा रहा है।' 'लोगों ने चोर को वह मारा कि बेचारा अधमरा हो गया।'

130. **सो**-(दोनों वचन)।

यह **सर्वनाम बहुधा संबंधवाचक सर्वनाम 'जो'** के साथ आता है (दे. अंक 134)। और इसका अर्थ **संज्ञा** के वचन के अनुसार 'वह' व 'वे' होता है जैसे '**जिस** बात की चिंता महाराज को है सो (वह) कभी न हुई होगी।'

'जिन पौधों को तू सींच चुकी है **सो** (वे) तो इसी ग्रीष्म ऋतु से फूलेंगे' (शकु.)। 'आप जो न करो **सो** थोड़ा है' (मुद्रा.)।

(अ) 'वह' व 'वे' के समान 'सो' अलग वाक्य में नहीं आता और न उसका प्रयोग 'जो' के पहले होता है; परंतु कविता में बहुधा इन नियमों का उल्लंघन हो जाता है; जैसे-

'सो ताको सागर जहाँ जाकी प्यास बुझाय'। (सत.)

'सो सुनि भयउ भूप उर सोनू।' (राम.)

(आ) 'सो' कभी-कभी समुच्चयबोधक के समान उपयोग में आता है और उसका अर्थ 'इसलिए' या 'तब' होता है। जैसे-'तैने भी उसका नाम कभी नहीं लिया सो क्या तू भी उसे मेरी भाँति भूल गया?' (शकु.)। 'मलयकेतु हम लोगों से लड़ने के लिए उद्यत हो रहा है; **सो** यह लड़ाई के उद्योग का समय है' (मुद्रा.)।

131. जिस सर्वनाम से किसी विशेष वस्तु का बोध नहीं होता, उसे **अनिश्चयवाचक** सर्वनाम कहते हैं। अनिश्चयवाचक सर्वनाम दो हैं-कोई और कुछ। 'कोई' और 'कुछ' में साधारण अंतर यह है कि 'कोई' पुरुष के लिए और 'कुछ' पदार्थ व धर्म के लिए आता है।

132. **कोई**-(दोनों वचन)।

इसका प्रयोग एकवचन में बहुधा नीचे लिखे अर्थों में होता है-

(अ) किसी अज्ञात पुरुष या बड़े जंतु के लिए; जैसे-'ऐसा न हो कि **कोई** आ जाए' (सत्य.)। 'दरवाजे पर **कोई** खड़ा है।' 'नाली में **कोई** बोलता है।'

(आ) बहुत से ज्ञात पुरुषों में किसी अनिश्चित पुरुष के लिए; जैसे-'है रे! कोई यहाँ' (शकु.)।

रघुवंशिन महँ जहँ कोउ होई।
तेहि समाज अस कहहि न कोई॥ (राम.)

(इ) निषेधवाचक वाक्य में '**कोई**' का अर्थ 'सब' होता है, जैसे-'बड़ा पद मिलने से **कोई** बड़ा नहीं होता' (सत्य.)। 'तू किसी को मत सता।'

(ई) '**कोई**' के साथ 'सब' और 'हर' (विशेषण) आते हैं। '**सब कोउ**' का अर्थ 'सब लोग' और '**हर कोई**' का अर्थ हर आदमी होता है। उदाहरण : '**सब कोउ** कहत राम सुठि साधू (राम.)। 'यह काम **हर कोई** नहीं कर सकता।'

(उ) अधिक अनिश्चय में 'कोई' के साथ 'एक' जोड़ देते हैं; जैसे-'**कोई एक**' यह बात कहता था।

(ऊ) किसी ज्ञात पुरुष को छोड़ दूसरे अज्ञात पुरुष का बोध कराने के लिए 'कोई' के साथ 'और' या 'दूसरा' लगा देते हैं, जैसे–'यह भेद **कोई और** न जाने।' '**कोई दूसरा** होता तो मैं उसे न छोड़ता।'

(ओ) आदर और बहुत्व के लिए भी '**कोई**' आता है। पिछले अर्थ में बहुधा 'कोई' की द्विरुक्ति होती है; जैसे–'मेरे घर कोई आए हैं।' **कोई-कोई** पोप के अनुयायियों ही को नहीं देख सकते।' (स्वा.)। '**किसी-किसी** की राय में विदेशी शब्दों का उपयोग मूर्खता है' (सर.)।

(ए) अवधारण के लिए 'कोई–कोई' के बीच में 'न' लगा दिया जाता है; जैसे–'यह काम **कोई न कोई** अवश्य करेगा।'

(ऐ) '**कोई-कोई**' इन दुहरे शब्दों में विचित्रता सूचित होती है; जैसे–'**कोई** कहती थी यह उचक्का है, **कोई** कहती थी एक पक्का है' (गुटका.)। '**कोई** कुछ कहता है, **कोई** कुछ।' इसी अर्थ में '**इक इक**' आता है जैसे–

'इक प्रविशहिं इक निर्गमहिं भरि भूप दरबार।' (राम)

(ओ) संख्यावाचक विशेषण के पहले 'कोई' परिमाणवाचक क्रिया-विशेषण के समान आता है और उसका अर्थ 'लगभग' होता है; जैसे–'इसमें कोई 400 पृष्ठ हैं' (सर.)।

133. **कुछ**–(एकवचन)।

दूसरे सर्वनामों के समान 'कुछ' का रूपांतर नहीं होता। इसका प्रयोग बहुधा विशेषण के समान होता है। जब इसका प्रयोग संज्ञा के बदले में होता है, तब यह नीचे लिखे अर्थों में आता है।

(अ) किसी अज्ञात पदार्थ व धर्म के लिए; जैसे–'मेरे मन में आती है कि इससे **कुछ** पूछूँ' (शकु.)। 'घी में **कुछ** मिला है।'

(आ) छोटे जंतु या पदार्थ के लिए; जैसे–'पानी में **कुछ** है।'

(इ) कभी-कभी '**कुछ**' परिमाणवाचक क्रिया-विशेषण के समान आता है। इस अर्थ में कभी-कभी उसकी द्विरुक्ति भी होती है। उदाहरण : 'तेरे शरीर का ताप कुछ घटा कि नहीं?' (शकु.)। 'उसने उसके **कुछ** खिलाफ कार्रवाई की है' (स्वा.)। 'लड़की **कुछ** छोटी है।' दोनों की आकृति **कुछ-कुछ** मिलती है।

(ई) आश्चर्य, आनंद व तिरस्कार के अर्थ में भी '**कुछ**' क्रिया-विशेषण होता है; जैसे–'हिंदी कुछ संस्कृत तो है नहीं' (सर.)। 'हम लोग **कुछ** लड़ते नहीं हैं।' 'मेरा हाल **कुछ** न पूछो।'

(उ) अवधारण के लिए '**कुछ न कुछ**' आता है; जैसे–'**आर्य** जाति ने दिशाओं के नाम कुछ न कुछ रख लिया होगा' (सर.)।

(ऊ) किसी ज्ञात पदार्थ व धर्म को छोड़कर दूसरे अज्ञात पदार्थ व धर्म का बोध कराने के लिए '**कुछ**' के साथ '**और**' आता है; जैसे–'तेरे मन '**कुछ**' और ही है' (शकु.)।

(ऋ) भिन्नता या विपरीतता सूचित करने के लिए '**कुछ का कुछ**' आता है, जैसे–'आपने **कुछ का कुछ** समझ लिया।' 'जिनसे ये **कुछ के कुछ** हो गए' (इति.)।

(ऋ) 'कुछ' के साथ 'सब' और 'बहुत' आते हैं। 'सब कुछ' का अर्थ 'सब पदार्थ व धर्म' है, और 'बहुत कुछ' का अर्थ 'बहुत से पदार्थ व धर्म' अथवा 'अधिकता' से है। उदाहरण 'हम समझते **सब कुछ** हैं' (सत्य.)। 'लड़का **बहुत कुछ** दौड़ता है'। 'यों भी **बहुत कुछ** ही रहेगा' (सत्य.)।

(ए) 'कुछ कुछ' ये दुहरे शब्द विचित्रता सूचित करते हैं; जैसे–'**एक कुछ** कहता और दूसरा **कुछ**' (इति.)। '**कुछ** तेरा गुरु जानता है, **कुछ** मेरे से लोग जानते हैं।' (मुद्रा)।

(ऐ) 'कुछ-कुछ' कभी-कभी समुच्चयबोधक के समान आकर दो वाक्यों को जोड़ते है जैसे–'छापे की भूलें **कुछ** प्रेस की असावधानी से और कुछ लेखकों के आलस से होती हैं' (सर.)। '**कुछ** तुम समझे, **कुछ** हम समझे' (कहा.)। '**कुछ** हम खुले, **कुछ** वह **खुले**।'

(ओ) 'कुछ-कुछ' से कभी-कभी 'अयोग्यता' का **अर्थ** पाया जाता है; जैसे–'**कुछ** तुमने कमाया, **कुछ** तुम्हारा भाई कमावेगा।'

134. **जो**–(दोनों वचन)।

हिंदी में संबंधवाचक सर्वनाम एक ही है; इसलिए न्यायशास्त्र के अनुसार इसका लक्षण नहीं बताया जा सकता। भाषाभास्कर को छोड़कर प्रायः सभी व्याकरणों में संबंध वाचक सर्वनाम का लक्षण नहीं दिया गया। भाषाभास्कर में जो लक्षण[1] है वह भी स्पष्ट नहीं है। लक्षण के अभाव के यहाँ इस सर्वनाम के केवल प्रयोग लिखे जाते हैं।

(अ) '**जो**' के साथ '**सो**' व '**वह**' का नित्य संबंध रहता है। 'सो' व 'वह' निश्चयवाचक सर्वनाम है; परंतु संबंधवाचक सर्वनाम के साथ आने पर इसे **नित्यसंबंधी** सर्वनाम कहते हैं। जिस वाक्य में संबंधवाचक सर्वनाम आता है, उसका संबंध एक-दूसरे वाक्य से रहता है जिसमें **नित्यसंबंधी** सर्वनाम आता है; जैसे–'जो बोले सो घी को जाय' (कहा.)। '**जो** हरिश्चंद्र ने किया वह तो अब कोई भी भारतवासी न करेगा' (सत्य.)।

(आ) संबंधवाचक और **नित्यसंबंधी** सर्वनाम एक ही संज्ञा के बदले आते हैं। जब इस संज्ञा का प्रयोग होता है, तब यह बहुधा पहले वाक्य में आता है और संबंधवाचक सर्वनाम दूसरे वाक्य में आता है; जैसे–'यह शिक्षा उन अध्यापकों के द्वारा प्राप्त नहीं हो सकती, जो अपने ज्ञान की बिक्री करते हैं' (हि. ग्रा.)। 'यह नारी कौन है **जिसका** रूप वस्त्रों में झलक रहा है' (शकु.)।

(इ) जिस संज्ञा के बदले संबंधवाचक और नित्यसंबंधी सर्वनाम आते हैं, उसके अर्थ की स्पष्टता के लिए बहुधा दोनों सर्वनामों में से किसी एक का प्रयोग विशेषणों के समान करके उसके पश्चात् पूर्वोक्त संज्ञा को लाते हैं; जैसे–'क्या आप फिर उस परदे को डालना चाहते हैं, जो सत्य ने मेरे सामने से हटाया?' (गुटका.)। 'श्रीकृष्ण ने उन लकीरों को गिना **जो** उसने खैंची थीं' (प्रेम.)। '**जिस** हरिश्चंद्र ने उदय से अस्त तक की पृथ्वी के लिए धर्म न छोड़ा **उसका धर्म** आध गज कपड़े के वास्ते मत छुड़ाओ' (सत्य.)।

(ई) नित्यसंबंधी 'सो' की अपेक्षा 'वह' का प्रचार अधिक है। कभी-कभी उसके बदले 'यह', 'ऐसा', 'सब' और 'कौन' आते हैं; जैसे–'**जिस** शकुंतला ने तुम्हारे बिना सींचे कभी जल भी नहीं पिया, **उसको** तुम पति के घर जाने की आज्ञा दो' (शकु.)

1. 'संबंधवाचक' सर्वनाम उसे कहते हैं, जो कही हुई संज्ञा से कुछ वर्णन मिलाता है।

'संसार में ऐसी कोई चीज न थी, **जो** उस राजा के लिए अलभ्य होती' (रघु.)। 'वह **कौन सा** उपाय है, **जिससे** यह पापी मनुष्य ईश्वर के कोप से छुटकारा पावे?' (गुटका.)। '**सब** लोग **जो** यह तमाशा देख रहे थे, अचरज करने लगे।'

(उ) कभी-कभी संबंधवाचक सर्वनाम अकेला पहले वाक्य में आता है और उसकी संज्ञा दूसरे वाक्य में बहुधा 'ऐसा' व 'वह' के साथ आती है, जैसे–'**जिसने** कभी कोई पापकर्म नहीं किया था **ऐसे** राजा रघु ने यह उत्तर दिया' (रघु.)।

'प्रभु **जो** दीन्ह **सो** वर मैं पावा।' (राम.)

(ऊ) 'जो' कभी-कभी एक वाक्य के बदले (बहुधा उसके पीछे) समुच्चयबोधक के समान आता है; जैसे–'**आ वेग वेग** चली आ, **जिससे** सब एक संग सेम-कुशल से **कुटी** में पहुँचे' (शकु.)। 'लोहे के बदले उसमें सोना काम में आवे, **जिससे** भगवान् भी उसे देखकर **प्रसन्न** हो जावे' (गुटका.)।

(ऋ) आदर और बहुत्व के लिए भी 'जो' आता है; जैसे–'यह चारों कवित्त श्री बाबू गोपालचंद्र के बनाए हैं, जो कविता में अपना नाम गिरधरदास रखते थे। '(सत्य.) 'यहाँ तो वे ही बड़े हैं जो दूसरे को दोष लगाना पढ़ें हैं' (शकु.)।

(ए) '**जो**' के साथ कभी-कभी आगे या पीछे, फारसी का संबंधवाचक सर्वनाम 'कि' आता है (पर अब उसका प्रचार घट रहा है); जैसे–'किसी समय राजा हरिश्चंद्र बड़ा दानी हो गया है कि **जिसकी** कीर्ति संसार में अब तक छाय रही है' (प्रेम.)। 'कौन-कौन से समय के फेरफार इन्हें झेलने पड़े कि **जिनसे** वे कुछ के कुछ हो गए' (इति.)। 'अशोक ने उन दुखियों और घायलों को पूर्ण सहायता पहुँचाई, **जो** कि युद्ध में घायल हुए थे।' 'कलिंग उसी प्रकार नष्ट हो गया, **जिस प्रकार** कि एक पतिंगा जल जाता है' (निबंध)।

(ऐ) समूह के अर्थ में संबंधवाचक और नित्यसंबंधी सर्वनाम से बहुधा दोनों की अथवा एक की द्विरुक्ति होती है; जैसे–'त्यों हरिचंद जू जो जो कह्यो **सो** कियो चुप है करि कोटि उपाई' (सुंदरी.)। 'कन्या के विवाह में हमें **जो जो** वस्तु चाहिए **सो सो** सब इकट्ठी करो।'

(ओ) कभी-कभी संबंधवाचक वा नित्यसंबंधी सर्वनाम का लोप होता है; जैसे–'हुआ सो हुआ' (शकु.)। 'जो पानी पीता है आपको असीस देता है' (गुटका.)। कभी-कभी दूसरे वाक्य ही का लोप होता है; जैसे–'**जो आज्ञा**।' '**जो हो**।'

(सू.–यह प्रयोग कभी-कभी संयोजक क्रिया-विशेषणों के साथ भी होता है। दे. अंक 213 ।)

(औ) 'जो' कभी-कभी समुच्चयबोधक के समान आता है और उसका अर्थ 'यदि' व 'कि' होता है; जैसे–'क्या हुआ **जो** अब की लड़ाई में हारे' (प्रेम.)। 'हर किसी की सामर्थ नहीं **जो** उसका सामना करे।' (तथा) '**जो** सच पूछो तो इतनी भी बहुत हुई' (गुटका.)।

(क) 'जो' के साथ अनिश्यचवाचक सर्वनाम भी जोड़े जाते हैं। 'कोई' और 'कुछ' के अर्थों में जो अंतर है, वही 'जो कोई' और 'जो कुछ' के अर्थों में भी है; जैसे–'**जो कोई** नील को घर में घुसने देगा, जान से हाथ धोएगा' (गुटका.)। 'महाराज, **जो** कुछ कहो बहुत समझ-बूझकर कहियो।' (शकु.)।

135. प्रश्न करने के लिए जिन सर्वनामों का उपयोग होता है; उन्हें **प्रश्नवाचक सर्वनाम** कहते हैं। ये दो हैं–कौन और क्या।

136. 'कौन' और 'क्या' के प्रयोगों में साधारण अंतर वही है, जो 'कोई' और 'कुछ' के प्रयोगों में है (दे. अंक 132-133)। 'कौन' प्राणियों के लिए और विशेषकर मनुष्यों के लिए और 'क्या' क्षुद्र प्राणी, पदार्थ व धर्म के लिए आता है; जैसे–'हे महाराज, आप कौन हैं?' (गुटका.) 'यह आशीर्वाद किसने दिया था?' (शकु.)। 'तुम **क्या** कर सकते हो?' '**क्या** समझते हो?' (सत्य.)। '**क्या** है?' '**क्या** हुआ?'

137. 'कौन' का प्रयोग नीचे लिखे अर्थों में होता है।

(अ) निर्धारण के अर्थ में 'कौन' प्राणी, पदार्थ और धर्म तीनों के लिए आता है; जैसे–

'ह.–तो हम एक नियम पर बिकेंगे।'

'ध.–वह **कौन**?' (सत्य.)।

'इसमें पाप **कौन** है पुण्य **कौन है**' (गुटका.)। '**यह कौन है**, जो मेरे अंचल को नहीं छोड़ता?' (शकु.)।

इसी अर्थ में कौन के साथ बहुधा 'सा' प्रत्यय लगाया जाता है। जैसे–'मेरे ध्यान में नहीं आता कि महारानी शकुंतला **कौन सी** है' (शकु.)। 'तुम्हारा घर **कौन सा** है?'

(आ) तिरस्कार के लिए, जैसे–'रोकनेवाली तुम कौन हो' (शकु.)। '**कौन** जाने!' 'स्वर्ग! **कौन** कहे आपने अपने सत्यबल से ब्रह्म पद पाया।'

(इ) आश्चर्य अथवा दुख में; जैसे–'इनमें क्रोध की बात कौन सी है।' 'अरे! हमारी बात का यह उत्तर **कौन** देता है?' (सत्य.)। 'अरे! आज मुझे किसने लूट लिया!' (तथा)

(ई) 'कौन' कभी-कभी 'कब' के अर्थ में क्रिया-विशेषण होता है, जैसे–'आपको सत्संग कौन दुर्लभ है' (सत्य.)।

(उ) वस्तुओं की भिन्नता, असंख्यता और तत्संबंधी आश्चर्य दिखाने के लिए 'कौन' की द्विरुक्ति होती है; जैसे–'सभा में **कौन-कौन** आए थे?' 'मैं किस किसको बुलाऊँ!' 'तूने पुण्यकर्म **कौन-कौन** से किए हैं?' (गुटका.)।

138. '**क्या**' नीचे लिखे अर्थों में आता है–

(अ) किसी वस्तु का लक्षण जानने के लिए; जैसे–'मनुष्य क्या है?' 'आत्मा क्या है?' 'धर्म **क्या** है'।

(सू.–इसी अर्थ में कौन का रूप '**किसे**' या '**किसको**' 'कहना' क्रिया के साथ आता है; जैसे–'नदी किसे कहते हैं?')

(आ) किसी वस्तु के लिए तिरस्कार व अनादर सूचित करने में, जैसे–'क्या हुआ जो अबकी लड़ाई में हारे?' (प्रेम.)। 'भला हम दास लेके **क्या** करेंगे?' (सत्य.)। 'धन तो **क्या** इस काम में, तन भी लगाना चाहिए!' 'क्या जाने।'

(इ) आश्चर्य में; जैसे–'ऊषा **क्या** देखती है कि चहुँ ओर बिजली चमकने लगी!' (प्रेम.)। '**क्या** हुआ'। 'वाह! **क्या** कहना है!'

(सू.–इसी अर्थ में '**क्या**' बहुधा क्रिया-विशेषण के समान आता है; जैसे–'घुड़दौड़ क्या है, उड़ आए हैं' (शकु.)। '**क्या** अच्छी बात है!' 'वह आदमी **क्या** राक्षस' है?)

(ई) धमकी में; जैसे–'तुम यह **क्या** करते हो!' 'तुम यहाँ **क्या** बैठे हो?'

(उ) किसी वस्तु की दशा बताने में; जैसे–'हम कौन थे **क्या** हो गए हैं और **क्या** होंगे अभी' (भारत.)।

(ऊ) कभी-कभी 'क्या' का प्रयोग विस्मयादिबोधक के समान होता है।

(1) प्रश्न करने के लिए, जैसे–'क्या गाड़ी चली गई?'

(2) आश्चर्य सूचित करने के लिए, जैसे–'क्या तुमको चिह्न दिखाई नहीं देते!' (शकु.)।

(ऋ) आवश्यकता के अर्थ में भी '**क्या**' क्रिया-विशेषण होता है, जैसे–'हिंसक जीव मुझे **क्या** मारेंगे?' (रघु.)। 'उसके मारने से परलोक **क्या** बिगड़ेगा?' (गुटका.)।

(ॠ) निश्चय कराने में भी '**क्या**' क्रिया-विशेषण के समान आता है, जैसे–'सरोजिनी माँ! मैं यह **क्या** बैठी हूँ?' (सरो.)। 'सिपाही वहाँ **क्या जा** रहा है?' इन वाक्यों में क्या का अर्थ 'अवश्य' व 'निस्सन्देह है।

(ए) बहुत्व व आश्चर्य में '**क्या**' की द्विरुक्ति होती है, जैसे–'विष देनेवाले लोगों ने क्या-क्या किया?' (मुद्रा.)। 'मैं **क्या-क्या** कहूँ?'

(ऐ) **क्या-क्या**, इन दुहरे शब्दों का प्रयोग समुच्चयबोधक के समान होता है, जैसे–'**क्या** मनुष्य और क्या जीव-जंतु, मैंने अपना सारा जन्म इन्हीं का भला करने में गँवाया' (गुटका.)। (दे. अंक 244)

139. दशांतर सूचित करने के लिए, 'क्या से क्या' वाक्यांश आता है; जैसे–'हम आज क्या से क्या हुए!' (भारत.)

140. पुरुषवाचक, निजवाचक और निश्चयवाचक सर्वनामों में अवधारण के लिए, 'ही' व 'ई' प्रत्यय जोड़ते हैं; जैसे–मैं = मैं ही, तू = तू ही, हम = हमीं, तुम = तुम्हीं, आप = आप ही, वह = वही, सो = सोई, यह = यही, वे = वे ही, ये = ये ही।

(क) अनिश्चयवाचक सर्वनामों में 'भी' अव्यय जोड़ा जाता है; जैसे–'कोई भी' 'कुछ भी।'

(टि.–हिंदी के भिन्न-भिन्न व्याकरणों में सर्वनामों की संख्या और वर्गीकरण के संबंध में बहुत कुछ मतभेद है। हिंदी के जो व्याकरण (एथरिंगटन, कैलाग, ग्रीब्ज आदि) अँग्रेज विद्वानों ने लिखे हैं और जिनकी सहायता प्राय: सभी हिंदी व्याकरणों में पाई जाती है, उनका उल्लेख करने की यहाँ आवश्यकता नहीं है क्योंकि किसी भी भाषा के संबंध में केवल वही लोग प्रमाण माने जा सकते हैं जिनकी वह भाषा है, चाहे उन्होंने अपनी भाषा का व्याकरण विदेशियों की सहायता से सीखा हो। इसके सिवा यह व्याकरण हिंदी में लिखा गया है; इसलिए हमें केवल हिंदी में लिखे हुए व्याकरणों पर विचार करना चाहिए, यद्यपि इनमें भी कुछ लोग ऐसे हैं, जिनके लेखकों की मातृभाषा हिंदी नहीं है। पहले हम इन व्याकरणों में दी हुई सर्वनामों की संख्या का विचार करेंगे।)

सर्वनामों की संख्या 'भाषाभास्कर' में आठ, 'हिंदी व्याकरण' में सात और 'हिंदी बालबोध व्याकरण' में कोई सत्रह है। ये तीनों व्याकरण औरों से पीछे के हैं, इसलिए हमें समालोचना के निमित्त इन्हीं की बातों पर विचार करना है। अधिक पुस्तकों के गुण-दोष दिखाने के लिए इस पुस्तक में स्थान की संकीर्णता है।

(1) भाषाप्रभाकर–मैं, तू, यह, वह, जो, सो, कोई, कौन।

(2) हिंदी व्याकरण–मैं, तू, आप, यह, वह, जो, कौन।

(3) हिंदी बालबोध व्याकरण–मैं, तू, वह, जो, सो, कौन, क्या, यह, कोई, सब, कुछ, एक, दूसरा, दोनों, एक दूसरा, कई एक आप।

'भाषाभास्कर' में 'क्या', 'कुछ' और 'आप' अलग-अलग सर्वनाम नहीं माने गए हैं, यद्यपि सर्वनामों के वर्णन में इनका अर्थ दिया गया है। इनमें भी आपका केवल 'आदरसूचक' प्रयोग बताया गया है। फिर आगे अव्ययों में 'क्या' और 'कुछ' का उल्लेख किया गया है, परंतु वहाँ भी इनके संबंध में कोई बात स्पष्टता से नहीं लिखी गई। ऐसी अवस्था में समालोचना करना वृथा है।

'हिंदी व्याकरण' में 'सो', 'कोई', 'क्या' और 'कुछ' सर्वनाम नहीं माने गए हैं। पर लेखक ने पुस्तक में सर्वनाम का जो लक्षण[1] दिया है उसमें इन शब्दों का अंतर्भाव होता है, और उन्होंने स्वयं एक स्थान में (पृ. 81) 'कोई' को सर्वनाम के समान लिखा है; फिर न जाने क्यों यह शब्द भी सर्वनामों की सूची में नहीं रखा गया? 'क्या' और 'कुछ' के विषय में अव्यय होने की संभावना है, पर 'सो' और 'कोई' के विषय में किसी को भी संदेह नहीं हो सकता, क्योंकि इनके रूप और प्रयोग 'वह', 'जो', 'कौन' के नमूने पर होते हैं। जान पड़ता है कि मराठी में 'कोण' शब्द प्रश्नवाचक और अनिश्चयवाचक दोनों होने के कारण लेखक ने 'कोई' को 'कौन' के अंतर्गत माना है, परंतु हिंदी में 'कौन' और 'कोई' के रूप और प्रयोग अलग-अलग हैं। लेखक ने कोई 150 अव्ययों की सूची में 'कुछ' 'क्या' और 'सो' लिखे हैं, पर इन बहुत से शब्दों में केवल दो या तीन के प्रयोग बताए गए हैं, और उनमें भी 'कुछ', 'क्या' और 'सो' का नाम तक नहीं है। बिना किसी वर्गीकरण के (चाहे वह पूर्णतया न्यायसंगत न हो) केवल वर्णमाला के क्रम से 150 अव्ययों की सूची दे देने से उनका स्मरण कैसे रह सकता है और उनके प्रयोग का क्या ज्ञान हो सकता है? यदि किसी शब्द को केवल 'अव्यय' कहने से काम चल सकता है, तो फिर विकारी शब्दों के जो भेद संज्ञा, सर्वनाम, विशेषण और क्रिया जो लेखक ने माने हैं, उनकी भी क्या आवश्यकता है?

'हिंदी बालबोध व्याकरण' में सर्वनामों की संख्या सबसे अधिक है। लेखक ने 'कोई' और 'कुछ' के साथ 'सब' को अनिश्चयवाचक सर्वनाम माना है और 'एक', 'दूसरा', 'दोनों', 'एक दूसरा', 'कई एक' आदि को विषयवाचक सर्वनामों में लिखा है। ये सब शब्द यथार्थ में विशेषण हैं, क्योंकि इनके रूप और प्रयोग विशेषणों के समान होते हैं। 'एक लड़का', 'दस लड़के' और 'सब लड़के' इन वाक्यांशों में संज्ञा के अर्थ के संबंध में 'एक', 'दस' और 'सब' का प्रयोग व्याकरण में एक ही सा है अर्थात् तीनों शब्द 'लड़का' संज्ञा की व्याप्ति मर्यादित करते हैं। इसलिए यदि 'दस' विशेषण है, तो 'सब' भी विशेषण है। हाँ, कभी-कभी विशेष्य के लोप होने पर ऊपर लिखे शब्दों का प्रयोग संज्ञाओं के समान होता है; पर प्रयोग की भिन्नता और भी कई शब्द भेदों में पाई जाती है। हमने इन सब शब्दों

1. 'सर्वनाम उसे कहते हैं जो नाम के बदले में आया हो।'

को विशेषण मानकर एक अलग ही वर्ग में रखा है। जिन शब्दों को बालबोध व्याकरण के कर्ता ने निश्चयवाचक सर्वनाम माना है, वे सर्वनाम माने जाने पर भी निश्चयात्मक नहीं हैं। उदाहरण के लिए 'एक' और 'दूसरा' शब्द लीजिए। इनका प्रयोग 'कोई' के समान होता है, जो अनिश्चयवाचक है, तब वह अवश्य निश्चयवाचक विशेषण (जो सर्वनाम) होता है, परंतु समालोचित पुस्तक में इन सर्वनामों के प्रयोगों के उदाहरण नहीं हैं इसलिए यह नहीं कहा जा सकता कि लेखक ने किस अर्थ में इन्हें निश्चयवाचक माना है।

इन उदाहरणों से स्पष्ट है कि ऊपर कही हुई तीनों पुस्तकों में जो कई शब्द सर्वनामों की सूची में दिए गए हैं, अथवा छोड़ दिए गए हैं, उनके लिए कोई प्रबल कारण नहीं है। अब सर्वनामों के वर्गीकरण का कुछ विचार करना चाहिए।

'भाषाभास्कर' और 'हिंदी बालबोध व्याकरण' में सर्वनामों के पाँच भेद माने गए हैं, पर दोनों में निजवाचक सर्वनाम न अलग माना गया है और न किसी भेद के अंतर्गत लिखा गया है। यद्यपि सर्वनामों के विवेचन में इसका कुछ उल्लेख हुआ है, तथापि वहाँ भी 'आदरसूचक' के अन्य पुरुष का प्रयोग नहीं बताया गया। हम इस अध्याय में बता चुके हैं कि हिंदी में 'आप' एक अलग सर्वनाम है, जो मूल में निजवाचक है और उसका एक प्रयोग आदर के लिए होता है। दोनों पुस्तकों में 'सो' संबंधवाचक लिखा गया है; पर यह सर्वनाम 'वह' का पर्यायवाची होने के कारण यथार्थ में निश्चयवाचक है और कभी-कभी यह संबंधवाचक 'जो' के बिना भी आता है।

'हिंदी व्याकरण' में संस्कृत की देखा-देखी सर्वनामों के भेद ही नहीं किए गए हैं। पर एक-दो स्थानों में (दे. पृ. 90-91) 'निजवाचक आप' शब्द का उपयोग हुआ है, जिससे सर्वनामों के किसी न किसी वर्गीकरण की आवश्यकता जान पड़ती है। न जाने लेखक ने इनका वर्गीकरण क्यों नहीं आवश्यक समझा?

141. 'यह', 'वह', 'सो', 'जो', और 'कौन' के रूप 'इस', 'उस', 'तिस', 'जिस', और 'किस' के अंत्य 'स' के स्थान में 'तना' आदेश करने से परिणामवाचक विशेषण और 'इ' को 'ऐ' तथा 'उ' को 'वै' करके 'सा' आदेश करने से गुणवाचक विशेषण बनते हैं। दूसरे सार्वनामिक विशेषणों के समान ये शब्द प्रयोग में कभी सर्वनाम और कभी विशेषण होते हैं। कभी-कभी वे क्रिया-विशेषण भी होते हैं। इसके प्रयोग आगे विशेषण के अध्याय में लिखे जायेंगे।

नीचे के कोठे में इनकी व्युत्पत्ति समझाई जाती है:

सर्वनाम	रूप	परिणामवाचक विशेषण	गुणवाचक विशेषण
यह	इस	इतना	ऐसा
वह	उस	उतना	वैसा
सो	तिस	तितना	तैसा
जो	जिस	जितना	जैसा
कौन	किस	कितना	कैसा

सर्वनामों की व्युत्पत्ति

142. हिंदी के सब सर्वनाम प्राकृत के द्वारा संस्कृत से निकले हैं; जैसे–

संस्कृत	प्राकृत	हिंदी
अहम्	अम्ह	मैं, हम
त्वम्	तुम्ह	तू, तुम
एषः	एअ	यह, ये
सः	सो	सो, वह, वे
यः	जो	जो
कः	को	कौन
किम्	किम्	क्या
कोऽपि	कोवि	कोई
आत्मन्	अप्प	आप
किंचित्	किंचि	कुछ

तीसरा अध्याय

विशेषण

143. जिस विकारी शब्द से संज्ञा की व्याप्ति मर्यादित होती है, उसे विशेषण कहते हैं, जैसे–बड़ा, काला; दयालु, भारी, एक, दो, सब विशेषण के द्वारा जिस संज्ञा की व्याप्ति मर्यादित होती है, उसे **विशेष्य** कहते हैं जैसे–'काला घोड़ा' वाक्यांश में 'घोड़ा' संज्ञा 'काला' विशेष्य है। 'बड़ा घर' में 'घर' विशेष्य है।

(टि.–'हिंदी व्याकरण' में संज्ञा के तीन भेद किए गए हैं: नाम, सर्वनाम और विशेषण। दूसरे व्याकरणों में भी विशेषण संज्ञा का एक उपभेद माना गया है। इसलिए यहाँ यह प्रश्न है कि विशेषण एक प्रकार की संज्ञा है अथवा एक अलग शब्दभेद है। इस शंका का समाधान यह है कि सर्वनाम के समान विशेषण भी एक प्रकार की संज्ञा ही है; क्योंकि विशेषण भी वस्तु का अप्रत्यक्ष नाम है। पर इसको अलग शब्दभेद मानने का यह कारण है कि इसका उपयोग संज्ञा के बिना नहीं हो सकता और इससे संज्ञा का केवल धर्म सूचित होता है; 'काला' कहने से घोड़ा, कपड़ा, दाग, आदि किसी भी वस्तु के धर्म की भावना मन में उत्पन्न हो सकती है; परंतु उस धर्म का नाम 'काला' नहीं है; किंतु 'कालापन' है। जब विशेषण अकेला आता है, तब उससे पदार्थ का बोध होता है और उसे संज्ञा कहते हैं। उस समय उसमें संज्ञा के समान विकार भी होते हैं; जैसे–'इसके बड़ों का यह संकल्प है' (शकु.)। 'भले भलाई पै लहहिं' (राम.)!

सब विशेषण विकारी शब्द नहीं हैं; परंतु विशेषणों का प्रयोग संज्ञाओं के समान हो सकता है, और उस समय इनमें रूपांतर होता है। इसलिए विशेषण को **'विकारी** शब्द'

कहना उचित है। इसके सिवा कोई-कोई लेखक संस्कृत की चाल पर विशेष्य के अनुसार विशेषण का भी रूपांतर करते हैं जैसे–'**मूर्तिमती** यह सुंदरता है।' (क.क.)। 'पुरवासिनी स्त्रियाँ' (रघु.)।

विशेषण संज्ञा की व्याप्ति मर्यादित करता है इस उक्ति का अर्थ यह है कि विशेषण रहित संज्ञा से जितनी वस्तुओं का बोध होता है, उनकी संख्या विशेषण के योग से कम हो जाती है। 'घोड़ा' शब्द से जितने प्राणियों का बोध होता है, उतने प्राणियों का बोध 'काला घोड़ा' शब्द से नहीं होता। 'घोड़ा' शब्द जितना व्यापक है, उतना 'काला घोड़ा' शब्द नहीं है। 'घोड़ा' शब्द की व्याप्ति (विस्तार) 'काला' शब्द से मर्यादित (संकुचित) होती है, अर्थात् 'घोड़ा' शब्द अधिक प्राणियों का बोधक है और 'काला घोड़ा' शब्द उससे कम प्राणियों का बोधक है।

'हिंदी बालबोध व्याकरण' में विशेषण का यह लक्षण दिया हुआ है: 'संज्ञावाचक शब्द के गुणों को जतानेवाले शब्दों को **गुणवाचक** शब्द कहते हैं।' इस परिभाषा में अव्याप्ति दोष है; क्योंकि कोई-कोई विशेषण केवल संख्या और कोई-कोई केवल दशा प्रकट करते हैं, फिर 'गुण' शब्द से इस लक्षण में अतिव्याप्ति दोष भी आ सकता है; क्योंकि भाववाचक संज्ञा भी 'गुण' जतानेवाली है। इसके सिवा इस लक्षण में 'संज्ञा' के लिए व्यर्थ ही 'संज्ञावाचक शब्द' और 'विशेषण' के लिए 'गुणवाचक' तथा 'गुणवाचक शब्द' लाया गया है। जान पड़ता है कि लेखक ने 'संज्ञा' शब्द का प्रयोग मराठी के अनुकरण पर, नाम के अर्थ में किया है।)

144. व्यक्तिवाचक संज्ञा के साथ जो विशेषण आता है वह उस संज्ञा की व्याप्ति मर्यादित नहीं करता, केवल उसका अर्थ स्पष्ट करता है; जैसे पतिव्रता सीता, प्रतापी भोज, दयालु ईश्वर इत्यादि। इन उदाहरणों में विशेषण संज्ञा के अर्थ स्पष्ट करते हैं। 'पतिव्रता सीता' वही व्यक्ति है, जो 'सीता' है। इसी प्रकार 'भोज' और 'प्रतापी भोज' एक ही व्यक्ति के नाम हैं। किसी शब्द का अर्थ स्पष्ट करने के लिए जो शब्द आते हैं वे **समानाधिकरण** कहलाते हैं (दे. अंक 560)। ऊपर के वाक्यों में 'पतिव्रता', 'प्रतापी' और 'दयालु' समानाधिकरण विशेषण हैं।

145. जातिवाचक संज्ञा के साथ उसका साधारण धर्म सूचित करनेवाला विशेषण **समानाधिकरण** होता है; जैसे–मूक पशु, अबोध बच्चा, काला कौआ, ठंढी बर्फ इत्यादि। इन उदाहरणों में विशेषणों के कारण संज्ञा की व्यापकता कम नहीं होती।

146. विशेष्य के साथ विशेषण का प्रयोग दो प्रकार से होता है। (1) संज्ञा के साथ, (2) क्रिया के साथ। पहले प्रयोग को **विशेष्य विशेषण** और दूसरे को **विधेय विशेषण** कहते हैं। विशेष्य विशेषण, विशेष्य के पूर्व और विधेय विशेषण, क्रिया के पहले आता है; जैसे–'**ऐसी सुडौल** चीज कहीं नहीं बन सकती।' (परी.)। 'हमें तो संसार **सूना** देख पड़ता है' (सत्य.)। 'यह बात सच है।'

(क) विधेयविशेषण समानाधिकरण होता है; जैसे–'यह ब्राह्मण **चपल** है।' इस वाक्य में 'यह' शब्द के कारण 'ब्राह्मण' संज्ञा की व्यापकता घटती है; परंतु 'चपल' शब्द उस व्यापकता को और कम नहीं करता। उसमें ब्राह्मण के विषय में केवल एक बात चपलता जानी जाती है।

147. विशेषण के मुख्य तीन भेद किए जाते हैं। (1) सार्वनामिक विशेषण, (2) गुणवाचक विशेषण और (3) संख्यावाचक विशेषण।

(सू.—यह वर्गीकरण न्यायदृष्टि से नहीं; किंतु उपयोगिता की दृष्टि से किया गया है। सार्वनामिक विशेषण सर्वनामों से बनते हैं; इसलिए दूसरे विशेषणों से उनका एक अलग वर्ग मानना उचित है। फिर व्यवहार में गुण और संख्या भिन्न-भिन्न धर्म हैं, इसलिए इन दोनों के विचार से विशेषण के और दो भेद गुणवाचक और संख्यावाचक किए गए हैं।)

(1) सार्वनामिक विशेषण

148. पुरुषवाचक और निजवाचक सर्वनामों को छोड़कर शेष सर्वनामों का प्रयोग विशेषण के समान होता है। जब ये शब्द अकेले आते हैं; तब सर्वनाम होते हैं और जब इनके साथ संज्ञा आती हैं तब ये विशेषण होते है जैसे—'नौकर आया; वह बाहर खड़ा है। इस वाक्य में 'वह' सर्वनाम है, क्योंकि वह नौकर संज्ञा के बदले आया है, 'वह नौकर नहीं आया' यहाँ 'वह' विशेषण है क्योंकि 'वह', 'नौकर' संज्ञा की व्याप्ति मर्यादित करता है; अर्थात् उसका निश्चय बताता है। इसी तरह 'किसी को बुलाओ' और 'किसी ब्राह्मण को बुलाओ' वाक्यों में किसी क्रमशः सर्वनाम और विशेषण हैं।

149. पुरुषवाचक और निजवाचक सर्वनाम (से, तू, आप) संज्ञा के साथ आकर उसकी व्याप्ति मर्यादित नहीं करते; जैसे—'मैं मोहनलाल इकरार करता हूँ।' इस वाक्य में 'मैं' शब्द विशेषण के समान मोहनलाल संज्ञा की व्याप्ति मर्यादित नहीं करता, किंतु यहाँ 'मोहनलाल' शब्द 'मैं' के अर्थ को स्पष्ट करने के लिए आया है। कोई-कोई यहाँ मैं को विशेषण कहेंगे, परंतु यहाँ मुख्य विधान 'मैं' के विषय में है क्रिया भी उसी के अनुसार है। जो विशेषण विशेष्य के साथ आता है, उस विशेषण के विषय में विधान नहीं किया जा सकता। इसलिए यहाँ 'मैं' और 'मोहनलाल' समानाधिकरण शब्द हैं; विशेषण और विशेष्य नहीं हैं। इसी तरह 'लड़का आप आया था' इस वाक्य में 'आप' शब्द विशेषण नहीं है; किंतु 'लड़का' संज्ञा का समानाधिकरण शब्द है।

150. सार्वनामिक विशेषण कुमति के अनुसार दो प्रकार के होते हैं—

(1) **मूल सर्वनाम**, जो बिना किसी रूपांतर के **संज्ञा** के साथ आते हैं; जैसे—**वह, घर, वह** लड़का, **कोई** नौकर, कुछ काम इत्यादि (दे. अंक 114)।

(2) **यौगिक सर्वनाम** (दे. अंक 141), जो मूल सर्वनामों में प्रत्यय लगाने से बनते हैं और संज्ञा के साथ आते हैं; जैसे—**ऐसा** आदमी, **कैसा** घर, **उतना** काम, **जैसा** देश **वैसा** भेष इत्यादि।

151. मूल सार्वनामिक विशेषणों का अर्थ बहुधा सर्वनामों ही के समान होता है; परंतु कहीं-कहीं उनमें कुछ विशेषता पाई जाती है।

(अ) **'वह' 'एक'** के साथ आकर अनिश्चयवाचक होता है; जैसे—'**वह एक** मनिहारिन आ गई थी।' (सत्य.)।

(सू.—गद्य में 'सा' का प्रयोग बहुधा विशेषण के समान नहीं होता।)

(आ) 'कौन' और 'कोई' प्राणी, पदार्थ व धर्म के नाम के साथ आते हैं; जैसे—**कौन** मनुष्य? **कौन** जानवर? **कौन** कपड़ा? **कौन** बात? **कोई** मनुष्य। **कोई** जानवर। **कोई** कपड़ा। **कोई** बात। इत्यादि।

(इ) आश्चर्य में 'क्या' प्राणी, पदार्थ व धर्म तीनों के नाम के साथ आता है; जैसे–'तुम भी क्या आदमी हो!' 'यह **क्या** लड़की है?' '**क्या** बात है!' इत्यादि।

(ई) प्रश्न में 'क्या' बहुधा भाववाचक संज्ञाओं के साथ आता है; जैसे–**क्या** काम? **क्या** नाम? **क्या** दशा? **क्या** सहायता? इत्यादि।

(उ) 'कुछ' संख्या, परिमाण और अनिश्चय की बोधक है। संख्या और परिमाण के प्रयोग आगे लिखे जायेंगे। (दे. अंक 184-185)। अनिश्चय के अर्थ में 'कुछ', 'क्या' के समान बहुधा भाववाचक संज्ञाओं के साथ आता है; जैसे–कुछ बात, कुछ डर, कुछ विचार, कुछ उपाय इत्यादि।

152. यौगिक सार्वनामिक विशेषणों के साथ जब विशेष्य नहीं रहता तब उनका प्रयोग प्रायः संज्ञाओं के समान होता है; जैसे–'**जैसा** करोगे **वैसा** पाओगे।' '**जैसे** को **तैसा** मिले।' '**इतने** से काम न होगा।'

(अ) 'ऐसा' और 'इतना' का प्रयोग कभी-कभी '**यह**' के समान वाक्य के बदले में होता है; जैसे–'**ऐसा कब** हो सकता है कि मुझे भी दोष लगे' (गुटका.)। '**तुम ऐसा** क्यों कहते हो कि मैं वहाँ नहीं जा सकता?' 'वह **इतना** कर सकता है कि तुम्हें छुट्टी मिल जाय'।

(आ) 'ऐसा-वैसा' तिरस्कार के अर्थ में आता है; जैसे–'मैं **ऐसे-वैसे** को कुछ नहीं समझता।' 'राजा दिलीप कुछ **ऐसा-वैसा** न था' (रघु.)। '**ऐसी-वैसी** कोई चीज नहीं खानी चाहिए।'

153.(1) यौगिक संबंधवाचक सार्वनामिक विशेषणों के साथ उनके नित्य संबंधी विशेषण आते हैं; जैसे–'**जैसा देश वैसा भेष।**' '**जितना चादर देखो उतना पैर फैलाओ।**'

(अ) कभी-कभी किसी एक विशेषण के विशेष्य का लोप होता है; जैसे–'**जितना** मैंने दान दिया, **उतना** तो कभी किसी के ध्यान में न आया होगा' (गुटका.)। '**जैसी** बात आप कहते हैं; **वैसी** कोई न कहेगा।' 'हमारे ऐसे पदाधिकारियों को शत्रु **उतना** संताप नहीं देते, **जितना** दूसरों की संपत्ति और कीर्ति।'

(आ) दोनों विशेषणों की द्विरुक्ति से उत्तरोत्तर घटती-बढ़ती का बोध होता है; जैसे–'**जितना जितना** नाम बढ़ता है, **उतना उतना** मान बढ़ता है।' **जैसा जैसा** काम करोगे **वैसा वैसा** दाम मिलेगा।'

(इ) कभी-कभी 'जैसा' और 'ऐसा' का उपयोग 'समान' (संबंधसूचक) के सदृश होता है; जैसे–'प्रवाह उन्हें तालाब का **जैसा** रूप दे देता हैं (सर.)। यह आप ऐसे महात्माओं का काम है।'

(ई) 'जैसे का तैसा' यह विशेषण वाक्यांश 'पूर्ववत्' के अर्थ में आता है, जैसे–'वे **जैसे** के **तैसे** बने रहे।'

(2) यौगिक प्रश्नवाचक (सार्वनामिक) विशेषण (कैसा और कितना) नीचे लिखे अर्थों में आते हैं।

(अ) आश्चर्य में; जैसे–'मनुष्य **कितना** धन देगा और याचक **कितना** लेंगे' (सत्य.)। 'विद्या पाने पर **कैसा** आनंद होता है।'

(आ) 'ही' (भी) के साथ अनिश्चय के अर्थ में; जैसे–'स्त्री **कैसी** ही सुशीलता से रहे, फिर **भी** लोग चबाव करते हैं' (शकु.)।

(वह) '**कितना भी** दे, पर संतोष नहीं होता' (सत्य.)।

154. परिमाणवाचक सार्वनामिक विशेषण बहुवचन में संख्यावाचक होते हैं; जैसे–'**इतने** गुणज और रसिक लोग एकत्र हैं' (सत्य.)। 'मेरे **जितने** प्रजाजन हैं उनमें से किसी को अकाल मृत्यु नहीं आती' (रघु.)।

(अ) 'कितने ही' का प्रयोग 'कई' के अर्थ में होता है; जैसे–'पृथ्वी के **कितने** ही अंश धीरे-धीरे उठते जाते हैं' (सर.)। 'कितने' के साथ कभी-कभी 'एक' जोड़ा जाता है जैसे–'**कितने एक** दिन पीछे फिर जरासंध उतनी ही सेना ले चढ़ आया' (प्रेम.)।

155. यौगिक सार्वनामिक विशेषण कभी-कभी क्रिया-विशेषण होते हैं, जैसे–'तू मरने से **इतना** क्यों डरता है?' 'वैदिक लोग **कितना** भी अच्छा लिखें, तो भी उनके अक्षर अच्छे नहीं होते' (मुद्रा.)। 'मुनि ऐसे क्रोधी हैं कि बिना दक्षिणा मिले शाप देने को तैयार होंगे' (सत्य.)। 'मृगछौने कैसे निधड़क चर रहे हैं!' (शकु.)।

(अ) 'इतने में' क्रिया-विशेषण वाक्यांश है, और उसका अर्थ 'इस समय में' होता है; जैसे–'**इतने में** ऐसा हुआ।'

156. 'निज' और 'पराया' भी सार्वनामिक विशेषण हैं; क्योंकि इनका प्रयोग बहुधा विशेषण के समान होता है; ये दोनों अर्थ में एक-दूसरे के उलटे हैं। 'निज' का अर्थ 'अपना' और 'पराया' का अर्थ 'दूसरे का' है; जैसे–**निज** देश, **निज** भाषा, **पराया** घर, **पराया** माल इत्यादि।

(2) गुणवाचक विशेषण

157. गुणवाचक विशेषणों की संख्या और सब विशेषणों की अपेक्षा अधिक रहती है। इनके कुछ मुख्य अर्थ नीचे दिए जाते हैं–

काल : नया, पुराना, ताजा, भूत, वर्तमान, भविष्य, प्राचीन, अगला, पिछला, मौसमी, आगामी, टिकाऊ इत्यादि।

स्थान : लंबा, चौड़ा, ऊँचा, नीचा, गहरा, सीधा, सँकरा, तिरछा, भीतरी, बाहरी, ऊजड़, स्थानीय इत्यादि।

आकार : गोल, चौकोर, सुडौल, समान, पीला, सुंदर, नुकीला इत्यादि।

रंग : लाल, पीला, नीला, हरा, सफेद, काला, बैगनी, सुनहरी, चमकीला, धुँधला, फीका इत्यादि।

दशा : दुबला, पतला, मोटा, भारी, पिघला, गाढ़ा, गीला, सूखा, घना, गरीब, उद्यमी, पालतू, रोगी इत्यादि।

गुण : भला, बुरा, उचित, अनुचित, सच, झूठ, पापी, दानी, न्यायी, दुष्ट, सीधा, शांत इत्यादि।

158. गुणवाचक विशेषणों के साथ हीनता के अर्थ में 'सा' प्रत्यय जोड़ा जाता है; जैसे–'**बड़ा सा पेड़**', '**ऊँची सी** दीवार', 'यह चाँदी **खोटी सी** दिखती है', 'उसका सिर कुछ **भारी सा** हो गया।'

(सू.–सा = प्राकृत सरिसो, संस्कृत सदृशः।)

159. 'नाम' (व 'नामक'), 'संबंधी' और 'रूपी' संज्ञाओं के साथ मिलकर विशेषण होते हैं; जैसे–'**बाहुक नाम** सारथी', '**परंतप नामक राजा**', '**घर संबंधी काम**', '**तृष्णारूपी नदी**' इत्यादि।

160. 'सरीखा' **संज्ञा** और सर्वनाम के साथ संबंधसूचक होकर आता है; जैसे–'हरिश्चंद्र सरीखा दानी', 'मुझ सरीखे लोग।' इसका प्रयोग कुछ कम हो चला है।

161. 'समान' (सदृश) और 'तुल्य' (बराबर) का प्रयोग कभी-कभी संबंधसूचक के समान होता है; जैसे–'उसका थन घड़े के **समान** बड़ा था' (रघु.)। 'लड़का आदमी के **बराबर** दौड़ा।'

(अ) 'योग्य' (लायक) संबंधसूचक के समान आकर भी बहुधा विशेषण ही रहता है; जैसे–'मेरे **योग्य** कामकाज लिखिएगा।'

162. गुणवाचक विशेषण के बदले बहुधा संज्ञा का संबंधकारक आता है; जैसे–'घरू झगड़ा' = घर का **झगड़ा**। '**जंगली** जानवर' = जंगल का जानवर। 'बनारसी साड़ी' = बनारस की साड़ी।

163. जब गुणवाचक विशेषणों का विशेष्य लुप्त रहता है तब उनका प्रयोग संज्ञाओं के समान होता है। (दे. अंक 151) जैसे–'**बड़ों' ने सच कहा है**' (सत्य.)। **'दीनों को मत सताओ'** '**सहज** में', 'ठंडे में।'

(अ) कभी-कभी विशेषण अकेला आता है और उसका लुप्त विशेष्य अनुमान से समझ लिया जाता है; जैसे–**'महाराज जी ने खटिया पर लंबी तानी।' 'बापुरे बटोही पर कड़ी बीती' (ठेठ)। 'जिसके समक्ष न एक भी विजयी सिकंदर की चली' (भारत.)।**

(3) संख्यावाचक विशेषण

164. संख्यावाचक विशेषण के मुख्य तीन भेद हैं। (1) निश्चित संख्यावाचक, (2) अनिश्चित संख्यावाचक और (3) परिमाणबोधक।

(1) निश्चित संख्यावाचक विशेषण

165. निश्चित संख्यावाचक विशेषणों से वस्तुओं की निश्चित संख्या का बोध होता है; जैसे–लड़का, **पच्चीस** रुपये, **दसवाँ** भाग, **दूना** मोल, **पाँचों** इंद्रियाँ, **हर** आदमी इत्यादि।

166. निश्चित संख्यावाचक विशेषणों के पाँच भेद हैं। (1) गुणवाचक, (2) क्रमवाचक, (3) आवृत्तिवाचक, (4) समुदायवाचक और (5) प्रत्येकबोधक।

167. **गुणवाचक** विशेषणों के दो भेद हैं:

(अ) पूर्णांकबोधक; जैसे–एक, दो, चार, सौ, हजार।

(आ) अपूर्णांकबोधक; जैसे–पाव, आध, पौन, सवा।

(अ) पूर्णांकबोधक विशेषण

168. पूर्णांकबोधक विशेषण दो प्रकार से लिखे जाते हैं। (1) शब्दों में, (2) अंकों में। बड़ी-बड़ी संख्याएँ अंकों में लिखी जाती हैं; परंतु छोटी-छोटी संख्याएँ और अनिश्चित

बड़ी संख्याएँ बहुधा शब्दों में लिखी जाती हैं; तिथि और संवत् को अंकों में ही लिखते हैं। उदाहरण : 'सन् 1600 में एक तोले भर सोने की दस तोले चाँदी मिलती थी। सन् 1700 में अर्थात् सौ बरस बाद तोले भर सोने की **चौदह** तोले मिलने लगा' (इति.)। **सात वर्ष के अंदर 12 करोड़ रुपये सात** जंगी जहाजों और छह जंगी क्रूजर्स के बनाने में और खर्च किए जायेंगे' (सर.)।

169. पूर्णांकबोधक विशेषणों के नाम और अंक नीचे दिए जाते हैं :

एक	1	इक्कीस	21	इकतालीस	41	इकसठ	61	इक्यासी	81
दो	2	बाईस	22	बयालीस	42	बासठ	62	बयासी	82
तीन	3	तेईस	23	तैंतालीस	43	तिरसठ	63	तिरासी	83
चार	4	चौबीस	24	चौवालीस	44	चौंसठ	64	चौरासी	84
पाँच	5	पच्चीस	25	पैंतालीस	45	पैंसठ	65	पचासी	85
छः	6	छब्बीस	26	छियालीस	46	छाछठ	66	छियासी	86
सात	7	सत्ताईस	27	सैंतालीस	47	सड़सठ	67	सत्तासी	87
आठ	8	अट्ठाईस	28	अड़तालीस	48	अड़सठ	68	अट्ठासी	88
नौ	9	उनतीस	29	उनचास	49	उनहत्तर	69	नवासी	89
दस	10	तीस	30	पचास	50	सत्तर	70	नब्बे	90
ग्यारह	11	इकतीस	31	इक्यावन	51	इकहत्तर	71	इक्यानबे	91
बारह	12	बत्तीस	32	बावन	52	बहत्तर	72	बानबे	92
तेरह	13	तैंतीस	33	तिरपन	53	तिहत्तर	73	तिरानबे	93
चौदह	14	चौंतीस	34	चौवन	54	चौहत्तर	74	चौरानबे	94
पंद्रह	15	पैंतीस	35	पचपन	55	पचहत्तर	75	पंचानबे।	95
सोलह	16	छत्तीस	36	छप्पन	56	छिहत्तर	76	छियानबे	96
सत्रह	17	सैंतीस	37	सत्तावन	57	सतहत्तर	77	सत्तानबे	97
अठारह	18	अड़तीस	38	अट्ठावन	58	अठहत्तर	78	अट्ठानबे	98
उन्नीस	19	उन्तालीस	39	उनसठ	59	उन्यासी	79	निन्नानबे	99
बीस	20	चालीस	40	साठ	60	अस्सी	80	सौ	100

170. दहाई की संख्याओं में एक से लेकर आठ तक अंकों का उच्चारण दहाइयों के पहले होता है; जैसे–'**चौ-दह**' '**चौ-बीस**', '**पैं-तीस**', '**पैं-तालीस**' इत्यादि।

(क) दहाई की संख्या सूचित करने में इकाई और दहाई के अंकों का उच्चारण कुछ बदल जाता है, जैसे–

एक = इक।	दस = रह।
दो = बा, ब।	बीस = ईस।
तीन = ते, तिर, ति।	तीस = तीस।
चार = चौ, चौं।	चालीस = तालीस।
पाँच = पंद, पच पैं, पंच।	पचास = वन, पन।
	साठ = सठ।
छः = सो, छ।	सत्तर = हत्तर।
सात = सत, सैं, सड़।	अस्सी = आसी।
आठ = अठ, अड़।	नब्बे = नवे।

171. बीस से लेकर अस्सी तक प्रत्येक दहाई के नाम के पहले की संख्या सूचित करने के लिए उस दहाई के नाम से पहले 'उन' शब्द का उपयोग होता है; जैसे–'उन्नीस', 'उन्तीस', 'उनसठ' इत्यादि। यह शब्द संस्कृत के 'ऊन' शब्द का अपभ्रंश है। 'नवासी' और 'निन्नानबे' में क्रमशः 'नव' और 'निन्ना' जोड़े जाते हैं। संस्कृत में इन संख्याओं के रूप 'नवाशीति' और 'नवनवति' हैं।

172. सौ के ऊपर की संख्या जताने के लिए एक से अधिक शब्दों का उपयोग किया जाता है; जैसे–125 = 'एक सौ पच्चीस', 275 = 'दो सौ पचहत्तर' इत्यादि।

(अ) सौ और दो सौ के बीच की संख्याएँ प्रकट करने के लिए कभी छोटी संख्या को पहले कह कर फिर बड़ी संख्या बोलते हैं। इकाई के साथ 'ओतर' (सं. उत्तर = अधिक) और दहाई के साथ 'आ' जोड़ा जाता है; जैसे–'अठोतर सौ' = 178, 'चालीस सौ' = 140 इत्यादि। इनका प्रयोग बहुधा गणित और पहाड़ों में होता है।

173. नीचे लिखी संख्याओं के लिए अलग-अलग नाम हैं:

1000 = हजार (सं. सहस्र)।

100 हजार = लाख।

100 लाख = करोड़।

100 करोड़ = अरब।

100 अरब = खरब।

(अ) खरब से उत्तरोत्तर सौ-सौ गुनी संख्याओं के लिए क्रमशः नील, पद्म, शंख आदि शब्दों का प्रयोग किया जाता है। इन संख्याओं में बहुधा असंख्यता का बोध होता है।

(आ) अपूर्णांकबोधक विशेषण

174. अपूर्णांकबोधक विशेषण से पूर्णसंख्या के किसी भाग का बोध होता है; जैसे–पाव = चौथाई भाग, पौन = तीन भाग, सवा = एक पूर्णांक चौथाई भाग, अढ़ाई = दो पूर्णांक और आधा इत्यादि।

(अ) दूसरे पूर्णांकबोधक शब्द अंश (सं.), भाग व हिस्सा (फा.) शब्द के उपयोग से सूचित होते हैं; जैसे–तृतीयांश व तीसरा हिस्सा व तीसरा भाग, दो पंचमांश (पाँच भागों में से दो भाग) इत्यादि। तीसरे हिस्से को 'तिहाई' और चौथे हिस्से को 'चौथाई' भी कहते हैं।

175. अपूर्णांकबोधक विशेषणों के नाम और अंक नीचे लिखे जाते हैं:

पाव = 1, ¼ सवा = 1।, 1 ¼

आधा = ।।, ½ डेढ़ = 1।।, 1 ½

पौन = ।।।, ¾ पौने दो = 1।।।, 1 ¾

अढ़ाई या ढाई = 2।।, 2½ साढ़े तीन = 3।।, 3½

(अ) एक से अधिक संख्याओं के साथ पाव और पौन सूचित करने के लिए पूर्णांकबोधक शब्द के पहले क्रमशः 'सवा' (सं. सपाद) और 'पौने' (सं. पादोन) शब्दों का उपयोग किया जाता है; जैसे–'सवा दो' = 2¼, 'पौने तीन' = 2¾।

(आ) तीन और उसके ऊपर की संख्याओं में आधे की अधिकता सूचित करने के लिए 'साढ़े' (सं.सार्ध) का उपयोग होता है; जैसे–'साढ़े चार' = 4½, 'साढ़े दस' = 10½ इत्यादि।

(सू.–'पौने' और 'साढ़े' शब्द कभी अकेले नहीं आते। 'सवा' अकेला 1¼ के लिए आता है।)

176. सौ, हजार, लाख इत्यादि संख्याओं में भी अपूर्णांकबोधक शब्द जोड़े जाते हैं; जैसे–'सवा सौ'=125, 'ढाई सौ'=250, 'साढ़े तीन हजार'=3500, 'पौने पाँच लाख'= 475000 इत्यादि।

177. अपूर्णांकबोधक शब्द मापतौल वाचक संज्ञाओं के साथ भी आते हैं, जैसे–'सवासेर', 'डेढ़ गज', 'पौने तीन कोस' इत्यादि।

178. कभी-कभी अपूर्णांकबोधक संज्ञा आनों के हिसाब से भी सूचित की जाती है; जैसे–'इस साल चौदह आने फसल हुई है।' 'इस व्यापार में मेरा चार आने हिस्सा है।' इत्यादि।

179. गणनावाचक विशेषणों के प्रयोग में नीचे लिखी विशेषताएँ हैं:

(अ) पूर्णांकबोधक विशेषण के साथ 'एक' लगाने से 'लगभग' का अर्थ पाया जाता है जैसे–'**दस एक** आदमी', '**चालीस एक** गायें' इत्यादि।

'सौ एक' का अर्थ 'सौ के लगभग' है, परंतु 'एक सौ एक' का अर्थ 'सौ और एक' है।

अनिश्चय अथवा अनादर के अर्थ में 'ठो' जोड़ा जाता है, जैसे–दो ठो रोटियाँ, पचास ठो आदमी।

(सू.–कविता में 'एक' के बदले बहुधा 'क' जोड़ा जाता है जैसे–चली छ सातक हाथ, दिन द्वैक तें (सत.)

(आ) एक के अनिश्चय के लिए उसके साथ आद या आध लगाते हैं; जैसे–एक **आद** टोपी, एक **आध** कवित्त।

एक और आद (आध) में बहुधा संधि भी हो जाती है, जैसे–**एकाद**, एकाध।

(इ) अनिश्चय के लिए कोई भी दो पूर्णांकबोधक विशेषण साथ-साथ आते हैं; जैसे–'**दो चार** दिन में', '**दस बीस** रुपये', '**सौ दो सौ** आदमी' इत्यादि।

'डेढ़ दो', 'अढ़ाई तीन' आदि भी बोलते हैं । 'उन्नीस बीस' कहने से कुछ कमी समझी जाती है; जैसे–'बीमारी अब **उन्नीस बीस** है', 'तीन पाँच' का अर्थ 'लड़ाई' है और 'तीन तेरह' का अर्थ 'तितर बितर' है।

(ई) 'बीस', 'पचास', 'सैकड़ा', 'हजार', 'लाख' और 'करोड़' में ओ जोड़ने से अनिश्चय का बोध होता है; जैसे–'बीसों आदमी', 'पचासों घर', 'सैकड़ों रुपये', 'हजारों बरस', 'करोड़ों पंडित' इत्यादि।

(सू.–एक लेखक हिंदी 'करोड़' शब्द के साथ 'ओं' के बदले फारसी का 'हा' प्रत्यय जोड़कर 'करोड़हा' लिखते हैं, जो अशुद्ध है।)

180. क्रमवाचक विशेषण से किसी वस्तु की क्रमानुसार गणना का बोध होता है; जैसे–पहला, दूसरा, पाँचवीं इत्यादि।

(अ) क्रमवाचक विशेषण पूर्णांकबोधक विशेषणों से बनते हैं। पहले चार क्रमवाचक विशेषण नियमरहित हैं; जैसे–

एक = पहला	तीन = तीसरा
दो = दूसरा	चार = चौथा

(आ) पाँच से लेकर आगे के शब्दों में 'वाँ' जोड़ने से क्रमवाचक विशेषण बनते हैं, जैसे–

पाँच = पाँचवाँ	दस = दसवाँ
छ = (छठवाँ) छठा	पंद्रह = पंद्रहवाँ
आठ = आठवाँ	पचास = पचासवाँ

(इ) सौ से ऊपर की संख्याओं में पिछले शब्द के अंत में 'वाँ' लगाते हैं; जैसे–एक सौ तीनवाँ इत्यादि।

(ई) कभी-कभी संस्कृत क्रमवाचक विशेषणों का भी उपयोग होता है; जैसे–प्रथम (पहला), द्वितीय (दूसरा), तृतीय (तीसरा), चतुर्थ (चौथा), पंचम (पाँचवाँ), षष्ठ (छठा), दशम (दसवाँ), 'षष्ठम' अशुद्ध है।

(उ) तिथियों के नामों में हिंदी शब्दों के सिवा कभी-कभी संस्कृत शब्दों का भी उपयोग होता है; जैसे–हिंदी दूज (दोज), तीज, चौथ, पाँचें, छठ, इत्यादि।

संस्कृत–द्वितीया, चतुर्थी, पंचमी, षष्ठी इत्यादि।

181. आवृत्तिवाचक विशेषण से जाना जाता है कि उसके विशेष्य का वाच्य पदार्थ कै गुना है; जैसे–दुगुना, चौगुना, दस गुना, सौगुना इत्यादि।

(अ) पूर्णांकबोधक विशेषण के आगे 'गुना' शब्द लगाने से आवृत्तिवाचक के विशेषण बनते हैं। 'गुना' शब्द लगाने के पहले दो से लेकर आठ तक संख्याओं के शब्दों में आद्य स्वर का कुछ विकार होता है; जैसे–

दो = दुगुना व दूना	छह = छगुना
तीन = तिगुना	सात = सतगुना
चार = चौगुना	आठ = अठगुना
पाँच = पचगुना	नौ = नौगुना

(आ) परत व प्रकार के अर्थ में 'हरा' जोड़ा जाता है; जैसे–इकहरा, दुहरा, तिहरा, चौहरा इत्यादि।

(इ) कभी-कभी संस्कृत के आवृत्तिवाचक विशेषण का भी उपयोग होता है; जैसे–द्विगुण, त्रिगुण, चतुर्गुण इत्यादि।

(ई) पहाड़ों में आवृत्तिवाचक और अपूर्ण संख्याबोधक विशेषणों के रूपों में कुछ अंतर हो जाता है; जैसे–

दून–दूने, दूनी।	अठगुना–अट्ठे।
तिगुना–तिया, तिरिक।	नौगुना–नवाँ, नवें।
चौगुना–चौक।	दसगुना–दहाम।
पंचगुना–पंचे।	सवा–सवाम।
छगुना–छक।	डेढ़–डेबढ़े।
सतगुना–सत्ते।	अढ़ाई–अड़ाम।

(सू.–इन शब्दों का उच्चारण भिन्न-भिन्न प्रदेशों में भिन्न-भिन्न प्रकार का होता।)

182. समुदायवाचक विशेषणों से किसी पूर्णांकबोधक संख्या के समुदाय का बोध होता है; जैसे–दोनों हाथ, चारों पाँव, आठों लड़के, चालीसों चोर इत्यादि।

(अ) पूर्णांकबोधक विशेषणों के आगे, 'ओं' जोड़ने से समुदायवाचक विशेषण बनते हैं; जैसे–चार–चारों, दस–दसों, सोलह–सोलहों इत्यादि। छह का रूप 'छओं' होता है।

(आ) 'दो' से 'दोनों' बनता है। 'एक' का समुदायवाचक रूप 'अकेला' है। 'दोनों' का प्रयोग बहुधा सर्वनाम के समान होता है; जैसे–'दुविधा में **दोनों** गए, **माया** मिली न राम।', '**अकेला**' कभी-कभी क्रिया-विशेषण के समान आता है; जैसे–'विपिन **अकेलि** फिरहु केहि हेतू' (राम.)।

(सूचना–'ओं' प्रत्यय अनिश्चय में भी आता है। दे. अंक 179 ई)

(इ) कभी-कभी अवधारण के लिए समुदायवाचक विशेषण की द्विरुक्ति भी होती है जैसे**–'पाँचों के पाँचों'** आदमी चले गए। **'दोनों के दोनों'** लड़के मूर्ख निकले।

(ई) समुदाय के अर्थ में कुछ संज्ञाएँ भी आती हैं; जैसे–

जोड़ा, जोड़ी = दो,	गंडा = चार या पाँच
दहाई = दस	गाही = पाँच।
कौड़ी, बीसा, बीसी = बीस।	चालीसा = चालीस।
बत्तीसी = बत्तीस।	सैकड़ा = सौ।
छक्का = छह।	दर्जन (अं.) = बारह।

(अ) युग्म (दो), पंचक (पाँच), अष्टक (आठ) आदि। संस्कृत समुदायवाचक संज्ञाएँ भी प्रचार में हैं।

183. प्रत्येकबोधक विशेषण में कई वस्तुओं में से प्रत्येक का बोध होता है; जैसे–'हर घड़ी', 'हर एक आदमी', 'प्रत्येक जन्म', '**प्रत्येक** बालक', '**हर आठवें** दिन' इत्यादि।

'हर' उर्दू शब्द है। 'हर' के बदले कभी-कभी उर्दू 'फी' आता है, जैसे–कीमत फी जिल्द।

(अ) गणनावाचक विशेषणों की द्विरुक्ति से भी यही अर्थ निकलता है; जैसे–'**एक एक** लड़के को **आधा आधा** फल मिला।' 'दवा **दो दो** घंटे के बाद **दी जावे**।'

(आ) अपूर्णांकबोधक विशेषणों में मुख्य शब्द की द्विरुक्ति होती है; जैसे–'**सवा गज**', '**ढाई ढाई** सौ रुपये', 'पौने **दो दो** मन', 'साढ़े **पाँच पाँच** हजार' इत्यादि।

(2) अनिश्चित संख्यावाचक विशेषण

184. जिस संख्यावाचक विशेषण से किसी निश्चित संख्या का बोध नहीं होता, उसे अनिश्चित संख्यावाचक विशेषण कहते हैं; जैसे–एक दूसरा, (अन्य, और) सब (सर्व, सकल, समस्त, कुछ), बहुत (अनेक, कई, नाना), अधिक (ज्यादा); कम, कुछ आदि (इत्यादि, वगैरह), अमुक (फलाना)।

अनिश्चित संख्या के अर्थ में इनका प्रयोग बहुवचन में होता है। और-और विशेषणों के समान ये विशेषण भी (बिना विशेष्य के) संज्ञा के समान उपयोग में आते हैं; इनमें से कोई-कोई परिमाणबोधक विशेषण भी होते हैं।

(1) 'एक' पूर्णांकबोधक विशेषण है; परंतु इसका प्रयोग बहुधा अनिश्चित के लिए होता है।

(अ) 'एक' से कभी-कभी 'कोई' का अर्थ पाया जाता है; जैसे–'**एक दिन ऐसा हुआ**।', 'हमने एक बात सुनी है।'

(आ) जब 'एक' संज्ञा के समान आता है, तब उसका प्रयोग कभी-कभी बहुवचन के अर्थ में होता है और दूसरे वाक्य में उसकी द्विरुक्ति भी होती है; जैसे–'एक रोता है' और 'एक हँसता है।' '**इक** प्रविशहि **इक** निर्गमहि' (राम.)।

(इ) 'एक' कभी-कभी 'केवल' के अर्थ में क्रिया-विशेषण होता है; जैसे–'एक आधा सेर आटा चाहिए।', '**एक** तुम्हारे ही दुःख से हम दुखी हैं।'

(ई) 'एक' के साथ सा प्रत्यय लगाने से 'समान' का अर्थ पाया जाता है; जैसे–दोनों का रूप **एक सा** है।

(उ) अनिश्चय के अर्थ में 'एक' कुछ सर्वनामों और विशेषणों में जोड़ा जाता है; जैसे–कोई एक, कुछ एक, दस एक, कितने एक इत्यादि।

(ऊ) '**एक एक**' कभी-कभी 'यह वह' के अर्थ में निश्चयवाचक के समान आता है; जैसे–

'पुनि बंदौ शारद सुर सरिता।
युगल पुनीत मनोहर चरिता।।
मज्जन पान पाप हर एका।
कहत सुनत इक हर अविवेका।।'

(राम.)

(2) 'दूसरा', 'दो' का क्रमवाचक विशेषण। यह 'प्रकृत प्राणी' या पदार्थ से 'भिन्न' के अर्थ में आता है; जैसे–'यह **दूसरी** बात है।' 'द्वार **दूसरे** दीनता उचित न तुलसी तोर।' (तु. स.)। 'दूसरा' के पर्यायवाची 'अन्य' और 'और' है; जैसे–**अन्य पदार्थ**, और जाति।

(अ) कभी-कभी 'दूसरा', 'एक' के साथ विभिन्नता (तुलना) के अर्थ में (संज्ञा के समान) आता है जैसे–'**एक** जलता मांस मारे तृष्णा के मुँह में रख लेता है...और दूसरा उसी को फिर झट से खा जाता है।' (सत्य.)।

(आ) 'एक-एक' के समान 'एक दूसरा' अथवा 'पहला दूसरा' पहले कही हुई दो वस्तुओं का क्रमानुसार निश्चय सूचित करता है, जैसे–प्रतिष्ठा के लिए दो विद्याएँ हैं, एक शस्त्र विद्या और **दूसरी** शास्त्र विद्या। **पहली** बुढ़ापे में हँसी कराती है, परंतु **दूसरी** का सदा आदर होता है।

(इ) 'एक-दूसरा' यौगिक शब्द है और इसका प्रयोग 'आपस' के अर्थ में होता है, यह **बहुधा** सर्वनाम के समान (संज्ञा के बदले में) आता है, जैसे–'लड़के एक-दूसरे से लड़ते हैं।'

(ई) 'और' कभी-कभी 'अधिक संख्या' के अर्थ में भी आता है, जैसे–**'मैं और आम** लूँगा।'

(उ) 'और का और' विशेषण वाक्यांश है और उसका अर्थ 'भिन्न' होता है, जैसे–'उसने **और का और** काम कर दिया।'

(ऊ) 'और' समुच्चयबोधक भी होता है, जैसे–'हवा चली और पानी गिरा।' (दे. अंक 243)

(ओ) 'कोई', 'कुछ', 'कौन' और 'क्या' के साथ भी 'और' आता है, जैसे–'असल चोर कोई और है।', 'मैं और कुछ कहूँगा।', 'तुम्हारे साथ और कौन है?', 'मारने के सिवा और क्या होगा।'

(3) 'सब' पूरी संख्या सूचित करता है, परंतु अनिश्चित रूप से। 'सब' में पाँच भी शामिल है और पचास भी। इसका प्रयोग बहुधा बहुवचन संज्ञा के साथ होता है; जैसे–'सब लड़के।', **'सब कपड़े।', 'सब भीड़।', 'सब प्रकार।'**

(अ) संज्ञारूप में इसका प्रयोग '**संपूर्ण** व प्राणी पदार्थ' के अर्थ में आता है; जैसे–'सब यही बात कहते हैं।' '**सब** के दाता राम।' 'आत्मा सब में व्याप्त है।' 'मैं **सब** जानता हूँ।'

(आ) 'सब' के साथ 'कोई' और 'कुछ' आते हैं। '**सब** कोई' और '**सब** कुछ' के अर्थ का अंतर 'कोई' और 'कुछ' (सर्वनामों) के ही समान है, जैसे–'**सब कोई** अपनी बड़ाई चाहते हैं' (शकु.)। 'हम समझते **सब कुछ** हैं' (सत्य.)।

(इ) 'सब का सब विशेषण वाक्यांश है, और इसका प्रयोग 'समस्तता' के अर्थ में होता है, **सब के सब लड़के लौट आए।**

(ई) 'सब' के पर्यायवाची 'सर्व', 'सकल', 'समस्त' और उर्दू 'कुल' हैं। इन शब्दों का उपयोग बहुधा विशेषण ही के समान होता है।

(4) 'बहुत' थोड़ा का उलटा है। जैसे–'मुसलमान थे **बहुत** और हिन्दू थे थोड़े' (सर.)।

(अ) '**बहुत**' के साथ 'से' और '**सारे**' जोड़ने से कुछ अधिक संख्या का बोध होता है जैसे–'बहुत से लोग ऐसा समझते हैं।', '**बहुत सारे** लड़के'। यह पिछला प्रयोग प्रांतीय है।

(आ) 'बहुत' के साथ 'कुछ' भी आता है। 'बहुत कुछ' का अर्थ प्राय: 'बहुत से' के समान होता है, जैसे–'बहुत कुछ आदमी आए थे।'

(इ) 'अनेक' (अन् + एक) 'एक' का उलटा है। इसका प्रयोग अनिश्चित संख्या के लिए होता है। 'अनेक', 'कई' प्राय: समानार्थी हैं। उदाहरण : '**अनेक** जन्म', 'कई रंग' इत्यादि। 'अनेक' में विविधता के अर्थ में बहुधा 'ओ' जोड़ देते हैं, जैसे–'**अनेकों रोग**', '**अनेकों मनुष्य**' इत्यादि।

(ई) 'कई' के साथ बहुधा 'एक' आता है। 'कई एक' का अर्थ प्राय: 'कई प्रकार का' है और उसका पर्यायवाची 'नाना' है; जैसे–'कई एक ब्राह्मण', '**नाना वृक्ष**' इत्यादि।

(5) 'अधिक' और 'ज्यादा', 'तुलना' में आते है जैसे–'अधिक रुपया', 'ज्यादा दिन' इत्यादि।

(6) 'कम', 'ज्यादा' का उलटा है और इसी के समान तुलना में आता है; जैसे–'यह कपड़ा कम-दामों में बेचते हैं।'

(7) 'कुछ' अनिश्चयवाचक सर्वनाम होने के सिवा (दे. अंक 133,151 उ) संख्या का भी द्योतक है। यह 'बहुत' का उलटा है; जैसे–'**कुछ** लोग', '**कुछ** फल', '**कुछ** तारे' इत्यादि।

(8) 'आदि' का अर्थ 'और ऐसे ही दूसरे' हैं। इसका प्रयोग संज्ञा और विशेषण दोनों के समान होता है; जैसे–'आप मेरी दैवी, मानुषी आदि सभी आपत्तियों के नाश करने वाले हैं' (रघु.)। 'विद्यानुरागिता, उपकारप्रियता आदि गुण जिसमें सहज हों' (सत्य.) 'इस युक्ति से उसको टोपी, रूमाल, घड़ी, आदि का बहुधा फायदा हो जाता था' (परी.)। 'आदि' के पर्यायवाचक 'इत्यादि' और 'वगैरह' हैं। 'वगैरह' उर्दू (अरबी) शब्द है, हिंदी में इसका प्रयोग कम होता है। 'इत्यादि' का प्रयोग बहुधा किसी विषय के कुछ उदाहरणों के पश्चात् होता है; जैसे–'क्या हुआ, क्या देखा इत्यादि।' (भाषासार.) 'पठन, मनन, घोषणा इत्यादि सब शब्द यही गवाही देते हैं।' (इति.)।

(सू.–'आदि', 'इत्यादि' और 'वगैरह' शब्दों का उपयोग बार-बार करने से लेखक की असावधानी और अर्थ का अनिश्चय सूचित होता है। एक उदाहरण के पश्चात् आदि और एक से अधिक के बाद इत्यादि लाना चाहिए; जैसे–घर आदि की व्यवस्था, कपड़े, भोजन इत्यादि का प्रबंध।)

(9) 'अमुक' का प्रयोग कोई 'एक' (दे. अंक 132 उ) के अर्थ में होता है; जैसे–'आदमी यह नहीं कहते कि अमुक बात अमुक राय या अमुक सम्मति निर्दोष है' (स्वा.)। 'अमुक' का पर्यायवाची 'फलाना' (उर्दू–फलाँ) है।

(10) 'कै' का अर्थ प्रश्नवाचक विशेषण 'कितने' के समान है। इसका प्रयोग संज्ञा की नाईं क्वचित् होता है; जैसे–'कै लड़के', 'कै आम' इत्यादि।

(3) परिमाणबोधक विशेषण

185. परिमाणबोधक विशेषणों से किसी वस्तु की नाप या तौल का बोध होता है; जैसे–और, सब, सारा, समूचा अधिक (ज्यादा), बहुत, बहुतेरा, कुछ (अल्प, किंचित्, जरा), कम, थोड़ा, पूरा, अधूरा, यथेष्ट इत्यादि।

(अ) इन शब्दों से केवल अनिश्चित परिणाम का बोध होता है, जैसे–'और घी लाओ', 'सब धान', 'सारा कुटुंब' 'बहुतेरा काम', 'थोड़ी बात' इत्यादि।

(आ) ये विशेषण एकवचन संज्ञा के साथ परिमाणबोधक और बहुवचन संज्ञा के साथ अनिश्चित संख्यावाचक होते हैं, जैसे–परिमाणबोधक अनिश्चित संख्यावाचक होते हैं, जैसे

परिणामबोधक	**अनिश्चित संख्यावाचक**
बहुत दूध	बहुत आदमी
सब जंगल	सब पेड़
सारा देश	सारे देश
बहुतेरा काम	बहुतेरे उपाय
पूरा आनंद	पूरे टुकड़े

'अल्प' 'किंचित्' और 'जरा' केवल परिमाणवाचक है।

(इ) निश्चित परिमाण बताने के लिए संख्यावाचक विशेषण के साथ परिमाणबोधक संख्याओं का प्रयोग किया जाता है, जैसे–'दो सेर घी', 'चार गज मलमल', 'दस हाथ जगह' इत्यादि।

(ई) परिमाणबोधक संज्ञाओं में 'ओं' जोड़ने से उनका प्रयोग अनिश्चित परिमाणबोधक विशेषणों के समान होता है, जैसे–ढेरों इलायची, मनों घी, गाड़ियों फल इत्यादि।

(उ) एक परिमाण सूचित करने के लिए परिमाणबोधक संज्ञा के साथ 'भर' प्रत्यय जोड़ देते हैं, जैसे–

एक गज कपड़ा = गज भर कपड़ा।

एक तोला सोना = तोले भर सोना।

एक हाथ जगह = हाथ भर जगह।

(ऊ) कोई-कोई परिमाणबोधक विशेषण एक-दूसरे से मिलकर आते हैं, जैसे–'बहुत सारा काम' 'बहुत कुछ आशा'।

'थोड़ा बहुत लाभ', 'कम ज्यादा आमदनी'।

(ऋ) 'बहुत', 'थोड़ा', 'जरा', 'अधिक' (ज्यादा) के साथ निश्चय के अर्थ में 'सा' प्रत्यय जोड़ा जाता है, जैसे–'बहुत सा लाभ', 'थोड़ी-सी विद्या', 'जरा-सी बात', 'अधिक-सा बल'।

(ए) कोई-कोई परिमाणवाचक विशेषण क्रिया-विशेषण भी होते हैं, जैसे–'नल ने दमयंती को बहुत समझाया' (गुटका.)। 'यह बात तो कुछ ऐसी बड़ी न थी' (शकु.)। 'जिनको और सारे पदार्थों की अपेक्षा यश ही अधिक प्यारा है' (रघु.)। 'लकीर और सीधी करो।' 'यह सोना थोड़ा खोटा है।' 'थोड़े' का अर्थ प्राय: नहीं के बराबर होता है जैसे–हम लड़ते 'थोड़े' हैं।'

संख्यावाचक विशेषणों की व्युत्पत्ति

186. हिंदी के सब संख्यावाचक विशेषण प्राकृत के द्वारा संस्कृत से निकले हैं जैसे–

सं.	प्रा.	हिं.	सं.	प्रा.	हिं.
एक	एक्क	एक	विंशति	बीसई	बीस
द्वि	दुवे	दो	त्रिंशत्	तीसआ	तीस
त्रि	तिण्णि	तीन	चत्वारिंशत्	चत्तालीसा	चालीस
चतुर्थ	चत्तारि	चार	पञ्चाशत्	पण्णासा	पचास
पञ्चम्	पञ्च	पाँच	षष्टि	सट्ठि	साठ
षट्	छ	छः	सप्तति	सत्तरी	सत्तर
सप्तम्	सत्त	सात	अशीति	असीई	अस्सी
अष्टम्	अट्ठ	आठ	नवति	नउए	नब्बे
नवम्	नव	नौ	शत	सअ	सौ
दशम्	दस	दस	सहस्र	सह	सहस्र
प्रथम	पठमो	पहला	चतुर्थ	चउत्थे	चौथा
द्वितीय	दुइअ	दूसरा	पञ्चम	पंचमौ	पाँचवाँ
तृतीय	तइअ	तीसरा	षष्ठ	छट्ठौ	छठाँ

(टि.–हिंदी के अधिकांश व्याकरणों में विशेषणों के भेद और उपभेद नहीं किए गए। इसका कारण कदाचित् वर्गीकरण के न्यायसंगत आधार का अभाव हो। विशेषणों के वर्गीकरण का कारण हम इस अध्याय के आरंभ में (दे. अंक 147 सू.) लिख आए हैं। इनका वर्गीकरण केवल 'भाषातत्त्व-दीपिका' में पाया जाता है, इसलिए हम अपने किए हुए भेदों का मिलान इसी पुस्तक में दिए गए भेदों से करते हैं। इस पुस्तक में 'संख्याविशेषण' के पाँच भेद किए गए हैं: (1) संख्यावाचक, (2) समूहवाचक, (3) क्रमवाचक (4) आवृत्तिवाचक और (5) संख्यांशवाचक। इनमें 'संख्या विशेषण' और 'संख्यावाचक' एक ही अर्थ के दो नाम हैं, जो क्रमशः जाति और उसकी उपजाति को दिए गए हैं। इसमें नामों की गड़बड़ के सिवा कोई लाभ नहीं है। फिर 'संख्यावाचक' नाम का जो एक भेद है उसका समावेश 'संख्यावाचक' में हो जाता है, क्योंकि दोनों भेदों के प्रयोग समान हैं। जिस प्रकार एक, दो, तीन आदि शब्द वस्तुओं की संख्या सूचित करते हैं, उसी प्रकार, आधा, पौन, सवा आदि भी संख्या सूचित करने वाले हैं। इसके सिवा अनिश्चित संख्यावाचक विशेषण 'भाषा-तत्त्व-दीपिका' में स्वीकार ही नहीं किया गया है। उसके कुछ उदाहरण इस पुस्तक में 'सामान्य सर्वनाम' के नाम से आए हैं, परंतु उनके विशेषणीभूत प्रयोग का कहीं उल्लेख ही नहीं है। प्रत्येकबोधक विशेषण के विषय में भी 'भाषा-तत्त्व-दीपिका' में कुछ नहीं कहा गया है। हमने संख्यावाचक विशेषण के सब मिलाकर सात भेद नीचे लिखे अनुसार किए हैं :

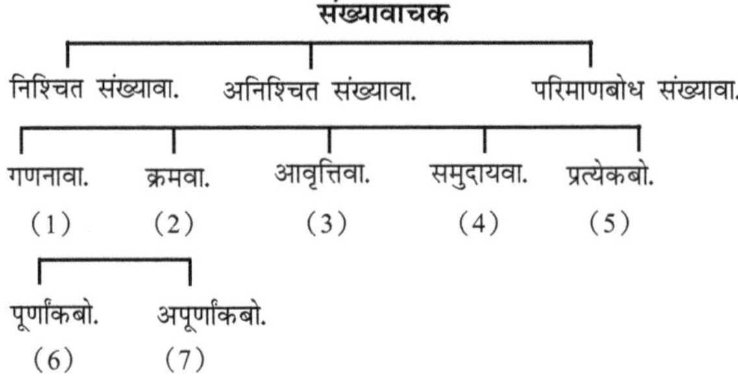

(यह वर्गीकरण भी बिलकुल निर्दोष नहीं है, परंतु इसमें प्रायः सभी संख्यावाचक विशेषण आ गए हैं; और रूप तथा अर्थ में एक वर्ग दूसरे से बहुत मिलता है।)

चौथा अध्याय

क्रिया

187. जिस विकारी शब्द के प्रयोग से हम किसी वस्तु के विषय में कुछ विधान करते हैं उसे क्रिया कहते हैं; जैसे–'हरिण भागा', 'राजा नगर में आए', 'मैं जाऊँगा', 'घास हरी होती है'। पहले वाक्य में हरिण के विषय में 'भागा' शब्द के द्वारा विधान किया गया है इसलिए 'भागा' शब्द क्रिया है। इसी प्रकार दूसरे वाक्य में 'आए' तीसरे वाक्य में 'जाऊँगा' और चौथे वाक्य में 'होती है' शब्द से विधान किया गया है; इसलिए 'आए', 'जाऊँगा' और 'होती है' शब्द क्रिया है।

188. जिस मूल शब्द में विकार होने से क्रिया बनती है, उसे धातु कहते हैं; जैसे–'भागा' क्रिया में 'आ' प्रत्यय है, जो 'भाग' मूल शब्द में लगा है; इसलिए 'भागा' क्रिया का धातु 'भाग' है। इसी तरह 'आए' क्रिया का धातु 'आ', 'जाऊँगा' क्रिया का धातु 'जा' और 'होती है' क्रिया का धातु 'हो' है।

(अ) धातु के अंत में 'ना' जोड़ने से जो शब्द बनता है उसे क्रिया का साधारण रूप कहते हैं जैसे–'भाग-ना, आ-ना, जा-ना, हो-ना' इत्यादि। कोई-कोई भूल से इसी साधारण रूप को धातु कहते हैं। कोश में भाग, आ, जा, हो इत्यादि धातुओं के बदले क्रिया के साधारण रूप, भागना, आना, जाना, होना इत्यादि लिखने की चाल है।

(आ) क्रिया का साधारण रूप क्रिया नहीं है; क्योंकि उसके उपयोग से हम किसी वस्तु के विषय में विधान नहीं कर सकते हैं। विधिकाल के रूप को छोड़कर क्रिया के साधारण रूप का प्रयोग संज्ञा के समान होता। कोई–कोई इसे क्रियार्थक संज्ञा कहते हैं; यह क्रियार्थक संज्ञा भाववाचक संज्ञा के अंतर्गत है। उदाहरण : 'पढ़ना एक गुण है।', 'मैं पढ़ना सीखता हूँ।', 'छुट्टी में अपना पाठ पढ़ना।' अंतिम वाक्य में 'पढ़ना' क्रिया (विधिकाल में) है।

(इ) कई एक धातुओं का प्रयोग भी भाववाचक संज्ञा के समान होता है; जैसे–'हम नाच नहीं देखते।', 'आज घोड़ों की दौड़ हुई।', 'तुम्हारी जाँच ठीक नहीं निकली।'

(ई) किसी वस्तु के विषय में विधान करनेवाले शब्दों को क्रिया इसलिए कहते हैं कि अधिकांश धातु जिनसे ये शब्द बनते हैं, क्रियावाचक हैं; जैसे–पढ़, लिख, उठ, बैठ, चल, फेंक, काट इत्यादि; कोई-कोई धातु स्थितिदर्शक हैं; जैसे–सो, गिर, मर, हो इत्यादि और कोई-कोई विकारदर्शक हैं; जैसे–बन, दिख, निकल इत्यादि।

(टि.–क्रिया के जो लक्षण हिंदी व्याकरणों में दिए गए हैं, उनमें से प्रायः सभी लक्षणों में क्रिया के अर्थ का विचार किया गया है; जैसे–'क्रिया काम को कहते हैं। अर्थात् जिस शब्द से करने अथवा होने का अर्थ किसी काल, पुरुष और वचन के साथ पाया जाए।' (भाषाप्रभाकर)। व्याकरण में शब्दों के लक्षण और वर्गीकरण के लिए उनके रूप और प्रयोग के साथ कभी-कभी अर्थ का भी विचार किया जाता है; परंतु केवल अर्थ के अनुसार लक्षण करने से विवेचन में गड़बड़ी होती है। यदि क्रिया के लक्षण में केवल 'करना' या 'होना' का विचार किया जाए तो 'जाना', 'जाता हुआ', 'जानेवाला' आदि शब्दों को भी 'क्रिया' कहना पड़ेगा। भाषाप्रभाकर में दिए हुए लक्षण में जो काल, पुरुष और वचन की विशेषता बताई गई है, वह क्रिया का असाधारण धर्म नहीं है और वह लक्षण एक प्रकार का वर्णन है।

क्रिया का जो लक्षण यहाँ लिखा गया है उस पर भी यह आक्षेप हो सकता है कि कोई-कोई क्रियाएँ अकेली विधान नहीं कर सकती जैसे–'राजा दयालु है।'

'पक्षी घोंसले बनाते हैं।' इन उदाहरणों में 'है' और 'बनाते हैं' क्रियाएँ अकेली विधान नहीं कर सकतीं। इनके साथ क्रमशः 'दयालु' और 'घोंसले' शब्द रखने की आवश्यकता हुई है। इस आक्षेप का उत्तर यह है कि इन वाक्यों में 'है' और 'बनाते हैं' विधान करने वाले मुख्य शब्द हैं और उनके बिना काम नहीं चल सकता चाहे उनके साथ कोई शब्द रहे या न रहे। क्रिया के साथ किसी दूसरे शब्द का रहना या न रहना उसके अर्थ की विशेषता है।)

189. धातु मुख्यतः दो प्रकार के होते हैं : (1) सकर्मक और (2) अकर्मक।

190. जिस धातु से सूचित होनेवाले व्यापार का फल कर्ता से निकलकर किसी दूसरी वस्तु पर पड़ता है, उसे सकर्मक धातु कहते हैं; जैसे–'सिपाही चोर को पकड़ता है।', 'नौकर चिट्ठी लाया।' पहले वाक्य में 'पकड़ता है' क्रिया के व्यापार का फल 'सिपाही' कर्ता से निकलकर 'चोर' पर पड़ता है; इसलिए 'पकड़ता है' क्रिया (अथवा 'पकड़' धातु) सकर्मक है; दूसरे वाक्य में 'लाया' क्रिया (अथवा 'ला' धातु) सकर्मक है, क्योंकि उसका फल 'नौकर' कर्ता से निकलकर 'चिट्ठी' कर्म पर पड़ता है।

(अ) कर्ता का अर्थ 'करनेवाला' है। क्रिया के व्यापार को करनेवाला (प्राणी व पदार्थ) 'कर्ता' कहलाता है। जिस शब्द से करनेवाले का बोध होता है, उसे भी (व्याकरण में) 'कर्ता' कहते हैं, पर यथार्थ में शब्द कर्ता नहीं हो सकता। शब्द को कर्ताकारक अथवा कर्तृपद कहना चाहिए। जिन क्रियाओं से स्थिति व विषय का बोध होता है उनका कर्ता वह पदार्थ है जिसकी स्थिति व विकार के विषय में विधान किया जाता है, जैसे–'स्त्री चतुर है।', 'मंत्री राजा हो गया।'

(आ) धातु से सूचित होनेवाले व्यापार का फल कर्ता से निकलकर जिस वस्तु पर पड़ता है उसे कर्म कहते हैं; जैसे–'सिपाही चोर को पकड़ता है।', 'नौकर चिट्ठी

लाया।' पहले वाक्य में 'पकड़ता है' क्रिया का फल कर्ता से निकलकर चोर पर पड़ता है, इसलिए 'चोर' कर्म है। दूसरे वाक्य में 'लाया' क्रिया का फल चिट्ठी पर पड़ता है; इसलिए 'चिट्ठी' कर्म है। 'सकर्मक' का अर्थ है 'कर्म के सहित' और कर्म के साथ आने ही से क्रिया 'सकर्मक' कहलाती है।

191. जिस धातु से सूचित होनेवाला व्यापार और उसका फल कर्ता ही पर पड़े उसे अकर्मक धातु कहते हैं; जैसे–'गाड़ी चली।', 'लड़का सोता है।' पहले वाक्य में 'चली' क्रिया का व्यापार और उसका फल 'गाड़ी' कर्ता ही पर पड़ता है; इसलिए 'चली' क्रिया अकर्मक है। दूसरे वाक्य में 'सोता है' क्रिया भी अकर्मक है, क्योंकि उसका व्यापार और फल 'लड़का' कर्ता ही पर पड़ता है। 'अकर्मक' शब्द का अर्थ 'कर्मरहित' और कर्म के न होने से क्रिया 'अकर्मक' कहलाता है।

(अ) लड़का अपने को सुधार रहा है, इस वाक्य में यद्यपि क्रिया के व्यापार का फल कर्ता ही पर पड़ता है, तथापि 'सुधार रहा है' क्रिया सकर्मक है; क्योंकि इस क्रिया के कर्ता और कर्म एक ही व्यक्ति के वाचक होने पर भी अलग-अलग शब्द हैं। इस वाक्य में लड़का' कर्ता और 'अपने को' कर्म है, यद्यपि ये दोनों शब्द एक ही व्यक्ति के वाचक हैं।

192. कोई-कोई धातु प्रयोग के अनुसार सकर्मक और अकर्मक दोनों होते हैं; जैसे–खुजलाना, भरना, लजाना, भूलना, बदलना, ऐंठना, ललचाना, घबराना इत्यादि। उदाहरण : 'मेरे हाथ खुजलाते हैं।' (अ.) (शकु.)। 'उसका बदन खुजलाकर उसकी सेवा करने में उसने कोई कसर नहीं की।' (स.)। (रघु.)। 'खेल तमाशे की चीजें देखकर भोले भाले आदमियों का जी ललचाता है' (अ)। (परी.)। 'ब्राइट अपने असबाब की खरीदारी के लिए मदनमोहन को ललचाता है' (स.)। तथा 'बूँद-बूँद करके तालाब भरता है' (अ.)। (कहा.)। 'प्यारी ने आँखें भर के कहा' (स.)। (शकु.) इनको उभयविध धातु कहते हैं।

193. जब सकर्मक क्रिया के व्यापार का फल किसी विशेष पदार्थ पर न पड़कर सभी पदार्थों पर पड़ता है, तब उसका कर्म प्रकट करने की आवश्यकता नहीं होती; जैसे–'ईश्वर की कृपा से बहरा सुनता है और गूँगा बोलता है।' 'इस पाठशाला में कितने लड़के पढ़ते हैं?'

194. कुछ अकर्मक धातु ऐसे हैं, जिनका आशय कभी-कभी अकेले कर्ता से पूर्णतया प्रकट नहीं होता। कर्ता के विषय में पूर्ण विधान होने के लिए इन धातुओं के साथ कोई संज्ञा या विशेषण आता है। इन क्रियाओं को अपूर्ण अकर्मक क्रिया कहते हैं और जो शब्द इनका आशय पूरा करने के लिए आते हैं उन्हें पूर्ति कहते हैं। 'होता', 'रहना', 'बनना', 'दिखाना', 'निकलना', 'ठहरना' इत्यादि अपूर्ण क्रियाएँ हैं। उदाहरण : 'लड़का चतुर है।', 'साधु चोर निकला।', 'नौकर बीमार रहा।', 'आप मेरे मित्र ठहरे।', 'यह मनुष्य विदेशी दिखता है।' इन वाक्यों में 'चतुर', 'चोर', 'बीमार' आदि शब्द पूर्ति हैं।

(अ) पदार्थों के स्वाभाविक धर्म और प्रकृति के नियमों को प्रकट करने के लिए बहुधा 'है' या 'होता है' क्रिया के साथ संज्ञा या विशेषण का उपयोग किया जाता है; जैसे–'सोना भारी धातु है।', 'घोड़ा चौपाया है।', 'चाँदी सफेद होती है।', 'हाथी के कान बड़े होते हैं।'

(आ) अपूर्ण क्रियाओं से साधारण अर्थ में पूरा आशय भी पाया जाता है; जैसे–'ईश्वर हैं', 'सबेरा हुआ', 'सूरज निकला', 'गाड़ी दिखाई देती है' इत्यादि।

(इ) सकर्मक क्रियाएँ भी एक प्रकार की अपूर्ण क्रियाएँ हैं; क्योंकि उनसे कर्म के बिना पूरा आशय नहीं पाया जाता। तथापि अपूर्ण अकर्मक और सकर्मक क्रियाओं में यह अंतर है कि अपूर्ण क्रिया की पूर्ति से उसके कर्ता ही की स्थिति व विकार सूचित होता है और सकर्मक क्रिया की पूर्ति (कर्म) कर्ता से भिन्न होती है; जैसे–'मन्त्री राजा बन गया', 'मन्त्री ने राजा को बुलाया।' सकर्मक क्रिया की पूर्ति (कर्म) को बहुधा पूरक कहते हैं।

195. देना, बतलाना, कहना, सुनाना और इन्हीं अर्थों के दूसरे कई सकर्मक धातुओं के साथ दो-दो कर्म रहते हैं। एक कर्म से बहुधा पदार्थ का बोध होता है और उसे मुख्य कर्म कहते हैं, और दूसरा कर्म जो बहुधा प्राणिवाचक होता है, गौण कर्म कहलाता है; जैसे–'गुरु ने शिष्य को (गौण कर्म) पोथी (मुख्य कर्म) दी।', 'मैं तुम्हें उपाय बतलाता हूँ' इत्यादि।

(अ) गौण कर्म कभी लुप्त रहता है; जैसे–'राजा ने दान दिया।', 'पंडित कथा सुनाते हैं।'

196. कभी-कभी करना, बनाना, समझना, पाना, मानना आदि सकर्मक धातुओं का आशय कर्म के रहते भी पूरा नहीं होता, इसलिए उनके साथ कोई संज्ञा या विशेषण पूर्ति के रूप में आता है; जैसे–'अहल्याबाई ने गंगाधर को अपना दीवान बनाया है।', 'मैंने चोर को साधु समझा।' इन क्रियाओं को अपूर्ण सकर्मक क्रियाएँ कहते हैं और इनकी पूर्ति कर्मपूर्ति कहलाती है। इससे भिन्न अकर्मक अपूर्ण क्रिया की पूर्ति को उद्देश्यपूर्ति कहते हैं।

(अ) साधारण अर्थ में सकर्मक अपूर्ण क्रियाओं को भी पूर्ति की आवश्यकता नहीं होती; जैसे–'कुम्हार घड़ा बनाता है।' 'लड़के पाठ समझते हैं।'

197. किसी-किसी अकर्मक और किसी-किसी सकर्मक धातु के साथ उसी धातु से बनी हुई भाववाचक संज्ञा कर्म के समान प्रयुक्त होती है; जैसे–'लड़का अच्छी चाल चलता है।', 'सिपाही कई लड़ाइयाँ लड़ा।', 'लड़कियाँ खेल खेल रही हैं।', 'पक्षी अनोखी बोली बोलते हैं।', 'किसान ने चोर को बड़ी मार मारी' इस कर्म को सजातीय कर्म और क्रिया को सजातीय क्रिया कहते हैं।

यौगिक धातु

198. व्युत्पत्ति के अनुसार धातुओं के दो भेद होते हैं–(1) मूल धातु और (2) यौगिक धातु।

199. मूल धातु वे हैं जो किसी दूसरे शब्द से न बने हों; जैसे–करना, बैठना, चलना, लेना।

200. जो धातु किसी दूसरे शब्द से बनाए जाते हैं, वे यौगिक धातु कहलाते हैं जैसे–'चलना' से 'चलाना', 'रंग' से 'रँगना' 'चिकना' के 'चिकनाना' इत्यादि।

(अ) संयुक्त धातु यौगिक धातुओं का एक भेद है।

(सू.–जो धातु हिंदी में मूल धातु माने जाते हैं उनमें बहुत से प्राकृत के द्वारा संस्कृत धातुओं से बने हैं जैसे–सं.कृ., प्रा.कर, हि.कर। सं.,भू, प्रा.,हो. हि. हो। संस्कृत 'अथवा' प्राकृत के धातु चाहे यौगिक हों चाहे मूल, परंतु उनसे निकले हुए हिंदी धातु मूल ही माने

जाते हैं, क्योंकि व्याकरण में दूसरी भाषा में आए हुए शब्दों की मूल व्युत्पत्ति का विचार नहीं किया जाता। यह विषय कोष का है। हिंदी ही के शब्दों से अथवा हिंदी प्रत्ययों के योग से जो धातु बनते हैं उन्हीं को, हिंदी में, यौगिक मानते हैं।)

201. यौगिक धातु तीन प्रकार से बनते हैं : (1) धातु में प्रत्यय जोड़ने से सकर्मक तथा प्रेरणार्थक धातु बनते हैं, (2) दूसरे शब्दभेदों में प्रत्यय जोड़ने से नाम धातु बनते हैं और (3) एक धातु में एक या दो धातु जोड़ने से संयुक्त धातु बनते हैं।

(सू.–यद्यपि यौगिक धातुओं का विवेचन व्युत्पत्ति का विषय है तथापि सुभीते के लिए हम प्रेरणार्थक धातुओं का और नामधातुओं का विचार इसी अध्याय में और संयुक्त धातुओं का विचार क्रिया के रूपांतर प्रकरण में करेंगे।)

प्रेरणार्थक धातु

202. मूल धातु के जिस विकृत रूप से क्रिया के व्यापार में कर्ता पर किसी की प्रेरणा समझी जाती है, उसे प्रेरणार्थक धातु कहते हैं; जैसे–'बाप लड़के से चिट्ठी लिखवाता है।' इस वाक्य में मूल धातु 'लिख' का विकृत रूप 'लिखवा' है, जिससे जाना जाता है कि लड़का लिखने का व्यापार बाप की प्रेरणा से करता है; इसलिए 'लिखवा' प्रेरणार्थक धातु है और 'बाप' प्रेरक कर्ता तथा 'लड़का' प्रेरित कर्ता है। 'मालिक नौकर से गाड़ी चलवाता है।' इस वाक्य में 'चलवाता है' प्रेरणार्थक क्रिया, 'मालिक' प्रेरक कर्ता और 'नौकर' प्रेरित कर्ता है।

203. आना, जाना, सकना, होना, रुचना, पाना आदि धातुओं से अन्य प्रकार के धातु नहीं बनते। शेष सब धातुओं से दो-दो प्रकार के प्रेरणार्थक धातु बनते हैं जिनके पहले रूप बहुधा सकर्मक क्रिया ही के अर्थ में आते हैं और दूसरे रूप में यथार्थ प्रेरणा समझी जाती है, जैसे–'गिरता है', 'कारीगर घर गिराता है।', 'कारीगर नौकर से घर गिरवाता है।', 'लोग कथा सुनते हैं।', 'पंडित लोगों को कथा सुनाते हैं।', 'पंडित शिष्य से श्रोताओं को कथा सुनवाते हैं।'

(अ) सब प्रेरणार्थक क्रियाएँ सकर्मक होती हैं, जैसे–'दबी बिल्ली चूहों से कान कटाती है।' 'लड़के ने कपड़ा सिलवाया।' पीना, खाना, देखना, समझना, देना, सुनना आदि क्रियाओं के दोनों प्रेरणार्थक रूप द्विकर्मक होते हैं, जैसे–'प्यासे को पानी पिलाओ।' 'बाप ने लड़के को कहानी सुनाई।', 'बच्चे को रोटी खिलवाओ।'

204. प्रेरणार्थक क्रियाओं के बनाने के नियम नीचे दिए जाते हैं :

1. मूल धातु के अंत में 'आ' जोड़ने से पहला प्रेरणार्थक और 'वा' जोड़ने से दूसरा प्रेरणार्थक बनता है, जैसे–

मू. धा.	प. प्रे.	दू. प्रे.
उठना	उठाना	उठवाना
औटना	औटाना	औटवाना
गिरना	गिराना	गिरवाना

चलना	चलाना	चलवाना
पढ़ना	पढ़ाना	पढ़वाना
फैलना	फैलाना	फैलवाना
सुनना	सुनाना	सुनवाना

(अ) दो अक्षरों के धातु में 'ऐ' व 'औ' को छोड़कर आदि का अन्य दीर्घ स्वर ह्रस्व हो जाता है, जैसे–

मू. धा.	**प. प्रे.**	**दू. प्रे.**
ओढ़ना	उढ़ाना	उढ़वाना
जागना	जगाना	जगवाना
जीतना	जिताना	जितवाना
डूबना	डुबाना	डुबवाना
बोलना	बुलाना	बुलवाना
भींगना	भिंगाना	भिंगवाना
लेटना	लिटाना	लिटवाना

(1) 'डूबना' का रूप 'डुबोना' और 'भींगना' का रूप 'भिगोना' भी होता है।

(2) प्रेरणार्थक रूपों में बोलना का अर्थ बदल जाता है।

(अ) तीन अक्षर के धातु में पहले प्रेरणार्थक के दूसरे अक्षर का 'अ' अनुच्चारित रहता है; जैसे–

मू. धा.	**प. प्रे.**	**दू. प्रे.**
चमकना	चमकाना	चमकवाना
पिघलना	पिघलाना	पिघलवाना
बदलना	बदलाना	बदलवाना
समझना	समझाना	समझवाना

2. एकाक्षरी धातु के अंत में 'ला' और 'लवा' लगाते हैं और दीर्घ स्वर ह्रस्व कर देते हैं; जैसे–

खाना	खिलाना	खिलवाना
छूना	छुलाना	सुलवाना
देना	दिलाना	दिलवाना
धोना	धुलाना	धुलवाना
पीना	पिलाना	पिलवाना

सीना	सिलाना	सिलवाना
सोना	सुलाना	सुलवाना
जीना	जिलाना	जिलवाना

(अ) 'खाना' में आद्य स्वर 'इ' हो जाता है। इसका एक प्रेरणार्थक 'खवाना' भी है। 'खिलाना' अपने अर्थ के अनुसार 'खिलना' (फूलना) का भी सकर्मक रूप हो सकता है।

(आ) कुछ सकर्मक धातुओं से केवल दूसरे प्रेरणार्थक रूप (1–अ नियम के अनुसार) बनते; जैसे–गाना-गवाना, खेना-खिवाना, खोना-खोवाना, बोना-बोआना, लेना-लिवाना इत्यादि।

3. कुछ धातुओं के प्रेरणार्थक रूप 'ला' अथवा 'आ' लगाने से बनते हैं परंतु दूसरे प्रेरणार्थक में 'वा' लगाया जाता है; जैसे–

कहना	कहाना व कहलाना	कहवाना
दिखना	दिखाना व दिखलाना	दिखवाना
सीखना	सिखाना व सिखलाना	सिखवाना
सूखना	सुखाना व सुखलाना	सुखवाना
बैठना	बिठाना व बिठलाना	बिठवाना

(अ) 'कहना' के पहले प्रेरणार्थक रूप अपूर्ण अकर्मक भी होते हैं; जैसे–'ऐसे ही सज्जन ग्रंथकार कहलाते हैं।' 'विभक्ति सहित शब्द पद कहाता है।'

(आ) 'कहलाना' के अनुकरण पर दिखाना या दिखलाना को कुछ लेखक अकर्मक क्रिया के समान उपयोग में लाते हैं; जैसे–'बिना तुम्हारे यहाँ न कोई रक्षक अपना दिखलाता' (क. क.)। यह प्रयोग अशुद्ध है।

(इ) 'कहवाना' का रूप कहलवाना भी होता है।

(ई) 'बैठना' के कई प्रेरणार्थक रूप होते हैं जैसे–बैठाना, बैठालना, बिठालना, बैठवाना।

205. कुछ धातुओं से बने हुए दोनों प्रेरणार्थक रूप एकार्थी होते हैं; जैसे–

कटना–कटाना व कटवाना
खुलना–खुलाना व खुलवाना
गड़ना–गड़ाना व गड़वाना
देना–दिलाना व दिलवाना
बँधना–बँधाना व बँधवाना
रखना–रखाना व रखवाना
सिलना–सिलाना व सिलवाना

206. कोई-कोई धातु स्वरूप में प्रेरणार्थक हैं, पर यथार्थ में वे मूल अकर्मक (व सकर्मक) हैं; जैसे–कुम्हलाना, घबराना, मचलाना, इठलाना इत्यादि।

(क) कुछ प्रेरणार्थक धातुओं के मूल रूप प्रचार में नहीं हैं; जैसे–'जताना (व जतलाना) फुसलाना, गँवाना इत्यादि।

207. अकर्मक धातुओं से नीचे लिखे नियमों के अनुसार सकर्मक धातु बनते हैं:

1. धातु में आद्य स्वर को दीर्घ करने से; जैसे–

कटना–काटना	पिसना–पीसना
दबना–दाबना	जुटना–लुटना
बँधना–बाँधना	मरना–मारना
पिटना–पीटना	पटना–पाटना

(अ) 'सिलना' का सकर्मक रूप 'सीना' होता है।

2. तीन अक्षरों में धातु में दूसरे अक्षर का स्वर दीर्घ होता है; जैसे–

निकलना–निकालना	उखड़ना–उखाड़ना
सम्हलना–सम्हालना	बिगड़ना–बिगाड़ना

3. किसी-किसी धातु के आद्य इ व उ को गुण करने से; जैसे–

फिरना–फेरना	खुलना–खोलना
दिखना–देखना	घुलना–घोलना
छिदना–छेदना	मुड़ना–मोड़ना

4. कई धातुओं के अंत्य ट के स्थान में ड़ हो जाता है; जैसे–

जुटना–जोड़ना	टूटना–तोड़ना
छूटना–छोड़ना	फटना–फाड़ना
फूटना–फोड़ना	

(आ) 'बिकना' का सकर्मक 'बेचना' और 'रहना' का 'रखना' है।

208. कुछ धातुओं का सकर्मक और पहला प्रेरणार्थक रूप अलग-अलग होता है, और दोनों में अर्थ का अंतर रहता है; जैसे–'गड़ना' का सकर्मक रूप गाड़ना, और पहला प्रेरणार्थक 'गड़ाना' है। गड़ाना का अर्थ 'धरती के भीतर रखना' है। 'गाड़ना' का अर्थ 'चुभाना' भी है। ऐसे ही 'दाबना' और 'दबाना' में अंतर है।

नामधातु

209. धातु को छोड़ दूसरे शब्दों में प्रत्यय जोड़ने से जो धातु बनाए जाते हैं, उन्हें नामधातु कहते हैं। ये संज्ञा व विशेषण के अंत में 'ना' जोड़ने से बनते हैं।

(अ) संस्कृत शब्दों से; जैसे–

उद्धार–उद्धारना, स्वीकार–स्वीकारना (व्यापार में 'सकारना'), धिक्कार–धिकारना, अनुराग–अनुरागना इत्यादि। इस प्रकार के शब्द कभी-कभी कविता में आते हैं और ये शिष्टसम्मति से ही बनाए जाते हैं।

(आ) अरबी, फारसी शब्दों से; जैसे–

गुजर–गुजरना	खरीद–खरीदना
बदल–बदलना	दाग–दागना
खर्च–खर्चना	आजमा–आजमाना
फर्मा–फर्माना	

इस प्रकार के शब्द अनुकरण से नए नहीं बनाए जा सकते।

(इ) हिंदी शब्दों से (शब्द के अंत में 'आ' करके और आद्य 'आ' को ह्रस्व करके); जैसे–

दुख–दुखाना	बात–बतियाना, बताना
चिकना–चिकनाना	हाथ–हथियाना
अपना–अपनाना	पानी–पनियाना
लाठी–लठियाना	रिस–रिसाना
बिलग–बिलगाना	

इस प्रकार के शब्दों का प्रचार अधिक नहीं है। इसके बदले बहुधा संयुक्त क्रियाओं का उपयोग होता है; जैसे–दुखाना–दुख देना, बतियाना–बात करना, अलगाना–अलग करना इत्यादि।

210. किसी पदार्थ की ध्वनि के अनुकरण पर जो धातु बनाए जाते हैं, उन्हें अनुकरणधातु कहते हैं। ये धातु ध्वनिसूचक शब्द के अंत में 'आ' करके 'ना' जोड़ने से बनते हैं; जैसे–

बड़बड़–बड़बड़ाना	खटखट–खटखटाना
थरथर–थरथराना	टर्र–टर्राना
मचमच–मचमचाना	भनभन–भनभनाना

(अ) नामधातु और अनुकरण धातु अकर्मक और सकर्मक दोनों होते हैं। ये धातु शिष्टसम्मति के बिना नहीं बनाए जाते।

संयुक्त धातु

(सू.–संयुक्त धातु कुछ कृदंतों (धातु से बने हुए शब्दों) की सहायता से बनाए जाते हैं, इसलिए इसका विवेचन क्रिया के रूपांतर प्रकरण में किया जाएगा।)

(टि.–हिंदी व्याकरणों में प्रेरणार्थक धातुओं के संबंध में गड़बड़ी है। 'हिंदी व्याकरण' में स्वरांत धातुओं से सकर्मक बनाने का जो सर्वव्यापी नियम दिया है, उनमें कई अपवाद हैं; 'बोआना', 'खोआना', 'गँवाना', 'लिखवाना' इत्यादि। लेखक ने इनका विचार ही नहीं किया। फिर उसमें केवल 'धुलना', 'चलना' और 'दबाना' से दो दो सकर्मक रूप माने गए हैं; पर हिंदी में इस प्रकार के धातु अनेक हैं; जैसे–कटना, खुलना, गड़ना, लुटना, पिसना इत्यादि। यद्यपि इन धातुओं के दो-दो सकर्मक रूप कहे जाते हैं पर यथार्थ में एक रूप सकर्मक और दूसरा प्रेरणार्थक है; जैसे–

घुलना–घोलना, घुलाना, कटना–काटना; कटाना; पिसना–पिसाना इत्यादि। 'भाषाभास्कर' में इन दुहरे रूपों का नाम तक नहीं है। 'बालबोध व्याकरण' में कई एक प्रेरणार्थक क्रियाओं के जो रूप दिए गए हैं, वे हिंदी में प्रचलित नहीं हैं; जैसे–'सोलाना' (सुलाना), 'बोलवाना' (बुलवाना), बैठलाना' (बिठवाना) इत्यादि। 'भाषा चंद्रोदय' में प्रेरणार्थक धातुओं को त्रिकर्मक लिखा है; पर उनका जो एक उदाहरण दिया गया है, उसमें लेखक ने यह बात नहीं समझाई और न उसमें एक से अधिक कर्म ही पाए जाते हैं जैसे–'देवदत्त यज्ञदत्त से पोथी लिखवाता है।')

दूसरा खंड

अव्यय

पहला अध्याय

क्रिया विशेषण

211. जिस अव्यय से क्रिया की कोई विशेषता जानी जाती है, उसे क्रिया-विशेषण कहते हैं, जैसे–यहाँ, जल्दी, धीरे, अभी, बहुत, कम इत्यादि।

(सू.–'विशेषता' शब्द से स्थान, काल, रीति और परिमाण का अभिप्राय है।)

(1) क्रिया-विशेषण को अव्यय (अविकारी) कहने में दो शंकाएँ हो सकती हैं :

(क) कुछ विभक्त्यंत शब्दों का प्रयोग क्रिया-विशेषण के समान होता है, जैसे–'अंत में', 'इतने पर', 'ध्यान से', 'रात को' इत्यादि। (ख) कई एक क्रिया-विशेषणों में विभक्तियों के द्वारा रूपांतर होता है, जैसे–'यहाँ का', 'कब से', 'आगे का', 'किधर से' इत्यादि।

इनमें से पहली शंका का उत्तर यह है कि यदि कुछ विभक्त्यंत शब्दों का प्रयोग क्रिया-विशेषण के समान होता है, तो इससे यह बात सिद्ध नहीं होती कि क्रिया-विशेषण अव्यय नहीं होते। फिर विभक्त्यंत शब्दों के आगे कोई दूसरा विकार भी नहीं होता इससे इनको भी अव्यय मानने में कोई बाधा नहीं है। संस्कृत में भी कुछ विभक्त्यंत शब्द जैसे–(सत्यम्, सुखेन, बलात्)। क्रिया-विशेषण के समान उपयोग में आते हैं और अव्यय माने जाते हैं। हिंदी में भी कोई एक शब्द जैसे–आगे, पीछे, सामने, सबेरे इत्यादि। जिन्हें क्रिया-विशेषण और अव्यय मानने में किसी को शंका नहीं होती। यथार्थ में विभक्त्यंत संज्ञाएँ हैं, परंतु उनके प्रत्ययों का लोप हो गया है। दूसरी शंका का समाधान यह है कि जिन क्रिया-विशेषणों में विभक्ति का योग होता है, उनकी संख्या बहुत थोड़ी है। उनमें कुछ तो सर्वनामों से बने हैं और कुछ संज्ञाएँ हैं, जो अधिकरण की विभक्ति का लोप हो जाने से क्रिया-विशेषण के समान उपयोग में आती हैं। फिर उनमें भी केवल संप्रदान, अपादान, संबंध और अधिकरण की एकवचन विभक्तियों का ही योग होता है, जैसे–इधर से उधर को, इधर का यहाँ पर इत्यादि। इसलिए इन उदाहरणों को अपवाद मानकर क्रिया-विशेषणों को अव्यय मानने में कोई दोष नहीं है।

(2) जिस प्रकार क्रिया की विशेषता बताने वाले शब्दों को क्रिया-विशेषण कहते हैं, उसी प्रकार विशेषण और क्रिया-विशेषण की विशेषता बतानेवाले शब्दों को भी क्रिया-विशेषण कहते हैं। ये शब्द बहुधा परिमाणवाचक क्रिया-विशेषण हैं और

कभी-कभी क्रिया की भी विशेषता बतलाते हैं। क्रिया-विशेषण के लक्षण में विशेषण और दूसरे क्रिया-विशेषण की विशेषता बताने का उल्लेख इसलिए नहीं किया गया कि यह बात सब क्रिया-विशेषणों में नहीं पाई जाती और परिमाणवाचक क्रिया-विशेषणों की संख्या दूसरे क्रिया-विशेषणों की अपेक्षा बहुत कम है। कहीं-कहीं रीतिवाचक क्रिया-विशेषण भी विशेषण और दूसरे क्रिया-विशेषण की विशेषता बताते हैं, परंतु वे परोक्ष रूप से परिमाणवाचक ही है जैसे–'ऐसा सुंदर बालक' = 'इतना सुंदर बालक।', 'गाड़ी ऐसे धीरे चलती है' = 'गाड़ी इतने धीरे चलती है।'

212. क्रिया-विशेषणों का वर्गीकरण तीन आधारों पर हो सकता है : (1) प्रयोग, (2) रूप और (3) अर्थ।

(टि.–क्रिया-विशेषणों का ठीक-ठीक विवेचन करने के लिए उनका वर्गीकरण एक से अधिक आधारों पर करना आवश्यक है, क्योंकि हिंदी में बहुत से क्रिया-विशेषण यौगिक हैं और केवल रूप से उनकी पहचान नहीं हो सकती, जैसे–'अच्छा, मन से, इतना, केवल, धीरे इत्यादि।' फिर कई एक शब्द कभी क्रिया-विशेषण और कभी दूसरे प्रकार के होते हैं, जैसे–'आगे हमने जान लिया'। (शंकु.)। 'मानियों के आगे प्राण और धन तो कोई वस्तु ही नहीं हैं।' (सत्य.)। 'राजा ने ब्राह्मण को आगे से लिया।' इन उदाहरणों, में 'आगे' शब्द क्रिया-विशेषण, संबंधसूचक और संज्ञा है।)

213. प्रयोग के अनुसार क्रिया-विशेषण तीन प्रकार के होते हैं : (1) साधारण, (2) संयोजन और (3) अनुबद्ध।

(1) जिन क्रिया-विशेषणों का प्रयोग किसी वाक्य में स्वतंत्र होता है, उन्हें साधारण क्रिया-विशेषण कहते हैं, जैसे–'हाय? अब मैं क्या करूँ।', 'बेटा, जल्दी आओ।', 'अरे! वह साँप कहाँ गया?' (सत्य.)।

(2) जिनका संबंध किसी उपवाक्य के साथ रहता है, उन्हें संयोजक क्रिया-विशेषण कहते हैं, जैसे–'जब रोहिताश्व ही नहीं तो मैं जी के क्या करूँगी।' (सत्य.)। 'जहाँ अभी समुद्र है, वहाँ पर किसी समय जंगल था।' (सर.)

(सू.–संयोजक क्रिया विशेषण जब, जहाँ, जैसे–'ज्यों, जितना संबंधवाचक सर्वनाम 'जो' से बनते हैं और उसी के अनुसार दो उपवाक्यों को मिलाते हैं। (दे. अंक-134))

(3) अनुबद्ध क्रिया-विशेषण वे हैं, जिनका प्रयोग अवधारण के लिए किसी भी शब्दभेद के साथ हो सकता है, जैसे–'यह तो किसी ने धोखा ही दिया है।' (मुद्रा.)। 'मैंने उसे देखा तक नहीं।', 'आपके आने भर की देरी है।', 'अब मैं भी तुम्हारी सखी का वृत्तांत पूछता हूँ।' (शकु.)।

214. रूप के अनुसार क्रिया-विशेषण तीन प्रकार के होते हैं : (1) मूल, (2) यौगिक और (3) स्थानीय।

215. जो क्रिया-विशेषण दूसरे शब्द से नहीं बनते, वे मूल क्रिया-विशेषण कहलाते हैं, जैसे–ठीक, दूर, अचानक, फिर, नहीं इत्यादि।

216. जो क्रिया-विशेषण दूसरे शब्दों में प्रत्यय व शब्द जोड़ने से बनते हैं, उन्हें यौगिक क्रिया-विशेषण कहते हैं। वे नीचे लिखे शब्दभेदों से बनते हैं :

(अ) संज्ञा से; जैसे–सबेरे, क्रमशः आगे, रात को, प्रेमपूर्वक, दिन भर, रात तक इत्यादि।

(आ) सर्वनाम से; जैसे–यहाँ, वहाँ, अब, जब, जिससे, इसलिए, तिसपर इत्यादि।

(इ) विशेषण से; जैसे–धीरे, चुपके, भूल से, इतने में, सहज से, पहले, दूसरे ऐसे-वैसे इत्यादि।

(ई) धातु से; जैसे–आते, करते, देखते हुए, चाहे, लिये, मानो, बैठे हुए इत्यादि।

(उ) अव्यय से; जैसे–यहाँ तक, कब का, ऊपर को, झट से, वहाँ पर इत्यादि।

(ऊ) क्रिया-विशेषणों के साथ निश्चय जानने के लिए बहुधा 'ई' व 'ही' लगाते हैं जैसे–अब–अभी, यहाँ–यहीं, आते–आते ही, पहले–पहले ही इत्यादि।

217. संयुक्त क्रिया-विशेषण नीचे लिखे शब्दों के मेल से बनते हैं :

(अ) संज्ञाओं की द्विरुक्ति से; घर-घर, घड़ी-बड़ी, बीचोबीच, हाथोंहाथ इत्यादि।

(आ) दो भिन्न संज्ञाओं के मेल से, रात-दिन, साँझ-सबेरे, घर-बाहर, देश-विदेश इत्यादि।

(इ) विशेषण की द्विरुक्ति से, जैसे–एकाएक, ठीक-ठीक, साफ-साफ इत्यादि।

(ई) क्रिया-विशेषणों की द्विरुक्ति से, जैसे–धीरे-धीरे, जहाँ-जहाँ, कब-कब, कहीं-कहीं, बकते-बकते, बैठे-बैठे, पहले-पहल इत्यादि।

(उ) दो भिन्न भिन्न क्रिया-विशेषणों के मेल से, जहाँ तहाँ, जहाँ कहीं, जब तक, जब कभी, कल परसों, तले ऊपर, आस पास, आमने सामने इत्यादि।

(ऊ) दो समान अथवा असमान क्रिया-विशेषण के बीच में, 'न' रखने से; जैसे–कभी न कभी, कहीं न कहीं, कुछ न कुछ इत्यादि।

(ऋ) अनुकरणवाचक शब्दों की द्विरुक्ति से; जैसे–गटगट, तड़ातड़, सटासट, धड़ाधड़ इत्यादि।

(ए) संज्ञा और विशेषण के मेल से; जैसे–एक साथ, एक बार, दो बार, हर घड़ी, जबरदस्ती, लगातार इत्यादि।

(ऐ) अव्यय और दूसरे शब्दों के मेल से; जैसे–प्रतिदिन, यथाक्रम, अनजाने, संदेह, बेफायदा, आजन्म इत्यादि।

(ओ) पूर्वकालिक कृदंत (करके) और विशेषण के मेल से; जैसे–मुख्य करके, विशेष करके, बहुत करके, एक-एक करके इत्यादि।

218. दूसरे शब्दभेद जो बिना किसी रूपांतर के क्रिया-विशेषण के समान उपयोग में आते हैं, उन्हें स्थानीय क्रिया-विशेषण कहते हैं। ये शब्द किसी विशेष स्थान ही में क्रिया-विशेषण होते हैं; जैसे–

(अ) संज्ञा–'तुम मेरी मदद पत्थर करोगे!', 'वह अपना सिर पढ़ेगा!'

(आ) सर्वनाम–'लीजिए महाराज, मैं यह चला।' (मुद्रा.)। 'कोतवाल जी तो वे आते हैं।' (शकु.)। 'हिंसक जीव मुझे क्या मारेंगे!' (रघु.)। 'तुम्हें यह बात कौन कठिन है।' इत्यादि।

(इ) विशेषण–'स्त्री सुंदर सीता है।', 'मनुष्य उदास बैठा है।', 'लड़का कैसा कूदा!', 'सब लोग सोए पड़े थे।', 'चोर पकड़ा हुआ आया।', 'हमने इतना पुकारा।' (सत्य.)। इत्यादि।

(ई) पूर्वकालिक कृदंत–'तुम दौड़कर चलते हो!', लड़का उठकर भागा।' इत्यादि।

219. हिंदी में कई एक संस्कृत और कुछ उर्दू क्रिया-विशेषण भी आते हैं। ये शब्द तत्सम और तद्भव दोनों प्रकार के होते हैं।

(1) संस्कृत क्रिया-विशेषण

तत्सम—अकस्मात्, अन्यत्र, कदाचित्, प्रायः, बहुधा, पुनः वृथा, व्यर्थ, वस्तुतः, संप्रति, शनैः, सहसा, सर्वत्र, सर्वदा, सर्वथा, साक्षात् इत्यादि।

तद्भव—आज (सं.—अद्य), कल (सं.—कल्प), परसों (सं.—परश्व), बारंबार (सं.—बार-बार), आगे (सं.—अग्रे), साथ (सं.—सार्धम्), सामने (सं.—सम्मुखम्), सतत (सं.—सततम्) इत्यादि।

(2) उर्दू क्रिया-विशेषण

तत्सम—शायद, जरूर, बिलकुल, अकसर, फौरन, बाला बाला इत्यादि।

तद्भव—हमेशा। (फा.—हमेशह), सही (अ.—सहीह्), नगीच (फा.—नजदीक), जल्दी (फा.—जल्द), खूब (फा.—खूब), आखिर (अ.—आखिर) इत्यादि।

220. अर्थ के अनुसार क्रिया-विशेषणों के नीचे लिखे चार भेद होते हैं :

(1) स्थानवाचक, (2) कालवाचक, (3) परिणामवाचक और (4) रीतिवाचक।

221. स्थानवाचक क्रिया-विशेषण के दो भेद हैं : (1) स्थितिवाचक और (2) दिशावाचक।

(1) स्थितिवाचक—यहाँ, वहाँ, जहाँ, कहाँ, तहाँ, आगे, पीछे, ऊपर, नीचे, तले, सामने, साथ, बाहर, भीतर, पास (निकट, समीप), सर्वत्र, अन्यत्र इत्यादि।

(2) दिशावाचक—इधर, उधर, किधर, जिधर, तिधर, दूर, परे, अलग, बाएँ, आरपार, इस तरफ़, उस जगह, चारों ओर इत्यादि।

222. कालवाचक क्रिया-विशेषण तीन प्रकार के होते हैं : (1) समयवाचक, (2) अवधिवाचक, (3) पौनः पुन्यवाचक।

(1) **समयवाचक**—आज, कल, परसों, तरसों, नरसों, अब, जब, कब, तब, अभी, कभी, फिर, तुरंत, सबेरे, पहले, पीछे, प्रथम, निदान, आखिर, इतने में इत्यादि।

(2) **अवधिवाचक**—आजकल, नित्य, सदा, सतत (कविता में) निरंतर, अब तक, कभी-कभी, कभी न कभी, अब भी, लगातार, दिन भर, कब का, इतनी देर इत्यादि।

(3) **पौन : पुन्यवाचक**—बार-बार (बारम्बार), बहुधा (अकसर), प्रतिदिन (हररोज), घड़ी, कई बार, पहले, फिर, एकदूसरे, तीसरे इत्यादि, हरबार, हरदफे इत्यादि।

223. **परिमाणवाचक क्रिया-विशेषण** से अनिश्चित संख्या व परिमाण का बोध होता है। इनके ये भेद हैं :

(अ) **अधिकताबोधक**—बहुत, अति, बड़ा, भारी, बहुतायत से, बिलकुल, सर्वथा, निरा, खूब, पूर्णतया, निपट, अत्यंत, अतिशय इत्यादि।

(आ) **न्यूनताबोधक**—कुछ, लगभग, थोड़ा, टुक, प्रायः, जरा, किंचित् इत्यादि।

(इ) **पर्याप्तिवाचक**—केवल, बस, काफी, यथेष्ट, चाहे, बराबर, ठीक, अस्तु, इति इत्यादि।

(ई) **तुलनावाचक**–अधिक, कम, इतना, उतना, जितना, कितना, बढ़कर, और इत्यादि।

(उ) **श्रेणीवाचक**–थोड़ा-थोड़ा, क्रम-क्रम से, बारी-बारी से, तिल-तिल, एक-एक करके, यथाक्रम इत्यादि।

224. **रीतिवाचक**–क्रिया-विशेषणों की संख्या गुणवाचक विशेषणों के समान अनंत है। क्रिया-विशेषणों के न्यायसम्मत वर्गीकरण में कठिनाई होने के कारण इस वर्ग में उन सब क्रिया-विशेषणों का समावेश किया जाता है, जिनका अंतर्भाव पहले कहे हुए वर्गों में नहीं हुआ है। रीतिवाचक क्रिया-विशेषण नीचे लिखे हुए अर्थों में आते हैं :

(अ) **प्रकार**–ऐसे, वैसे, कैसे, जैसे-तैसे, मानों, यथा, तथा, धीरे, अचानक, सहसा, अनायास, वृथा, सहज, साक्षात्, सेत्, सेत-मेंत, योंही, हौले, पैदल, जैसे-तैसे, स्वयं, स्वतः, परस्पर, आप ही आप, एक साथ, एकाएक, मन से, ध्यानपूर्वक, संदेह, सुखेन, रीत्यनुसार, क्योंकर, यथाशक्ति, हँसकर, फटाफट, तड़ातड़, फट से, उलटा, येन केन प्रकारेण, अकस्मात्, किंबहुना, प्रस्तुत।

(आ) निश्चय–अवश्य, सही, सचमुच, निःसन्देह, बेशक, जरूर, अलबत्ता, मुख्य करके, यथार्थ में, वस्तुतः दरअसल।

(इ) अनिश्चय–कदाचित् (शायद), बहुत करके, यथासंभव।

(ई) स्वीकार–हाँ, जी, ठीक, सच।

(उ) कारण–इसलिए, क्यों, काहे को।

(ऊ) निषेध–न, नहीं, मत।

(ऋ) अवधारण–तो, हो, भी, मात्र, भर, तक, सा।

225. यौगिक क्रिया-विशेषण दूसरे शब्द में नीचे लिखे शब्द अथवा प्रत्यय जोड़ने से बनते हैं :

(1) संस्कृत क्रिया-विशेषण

पूर्वक–ध्यानपूर्वक, प्रेमपूर्वक इत्यादि।
वश–विधिवश, भयवश।
इन (आ)–सुखेन, येन-केन, प्रकारेण, मनसावाचाकर्मणा।
या–कृपया, विशेषतया।
अनुसार–रीत्यनुसार, शक्त्यानुसार।
तः–स्वभावतः, वस्तुतः, स्वतः।
दा–सर्वदा, सदा, यदा, कदा।
धा–बहुधा, शतधा, नवधा।
शः–क्रमशः, अक्षरशः।
त्र–एकत्र, सर्वत्र, अन्यत्र।
था–सर्वथा, अन्यथा।
वत्–पूर्ववत्, तद्वत्।
चित्–कदाचित्, किंचित्, क्वचित्।
मात्र–पलमात्र, नाममात्र, लेशमात्र।

(2) हिंदी क्रिया-विशेषण

ता, ते– दौड़ता, करता, बोलता, चलते, आते, मारते।

आ, ए–बैठा, भागा, लिए, उठाए, बैठे, चढ़े।

को–इधर को, दिन को, रात को, अंत को।

से–धर्म से, मन से, प्रेम से, इधर से, तब से।

में–संक्षेप में, इतने में, अंत में।

का–सबेरे का, कब का।

तक–आज तक, यहाँ तक, रात तक, घर तक।

कर, करके–दौड़कर, उठाकर, देख करके, धर्म करके, भक्ति करके, क्योंकर।

भर-रात, पल भर, दिन भर।

(अ) नीचे लिखे प्रत्ययों और शब्दों से सार्वनामिक क्रिया-विशेषण बनते हैं :

ए–ऐसे, कैसे, जैसे, वैसे, थोड़े।

अँ–यहाँ, वहाँ, कहाँ, जहाँ, तहाँ।

धर–इधर, उधर, जिधर, तिधर।

यों–यों, त्यों, ज्यों, क्यों।

लिए–इसलिए, जिसलिए, किसलिए।

ब–अब, तब, कब, जब।

(3) उर्दू क्रिया-विशेषण

अन–जबरन, फौरन, मसलन इत्यादि।

226. सामासिक क्रिया-विशेषण अर्थात् अव्ययीभाव समासों का कुछ विचार व्युत्पत्ति प्रकरण में किया जाएगा। यहाँ उनके कुछ उदाहरण दिए जाते हैं :

(1) संस्कृत अव्ययीभाव समास

प्रति–प्रतिदिन, प्रतिपल, प्रत्यक्ष।

यथा–यथाशक्ति, यथाक्रम, यथासंभव।

निः–निःसंदेह, निर्भय, निःशंक।

यावत्–यावज्जीवन।

आ–आजन्म, आमरण।

सम्–समक्ष, सम्मुख।

स–सदेह सपरिवार।

अ, अन–अकारण, अनायास।

वि–व्यर्थ, विशेष।

(2) हिंदी अव्ययीभाव समास

अन–अनजाने, अनपूछे।

नि–निधड़क, निडर।

(3) उर्दू अव्ययीभाव समास

हर–हररोज, हरसाल, हरवक्त।

दर–दरअसल, दरहकीकत।

ब–बजिंस, बदस्तूर।

बे–बेकार, बेफायदा, बेशक, बेतरह, बेहद।

(4) निश्चित अव्ययीभाव समास

हर–हरघड़ी, हरदिन, हरजगह।

बे–बेकाम, बेसुर।

227. कुछ क्रिया-विशेषणों के विशेष अर्थों और प्रयोगों के उदाहरण आगे दिए जाते हैं :

अब, अभी–यद्यपि इनका अर्थ वर्तमान काल का है, तो भी ये 'तब' और 'तभी' के समान बहुधा भूत और भविष्यत्कालों में भी आते हैं; जैसे–'अब एक नई घटना हुई।', 'वे अब वहाँ न जायेंगे।', 'अभी पौ भी नहीं फटी थी कि सेना ने नगर घेर लिया।', 'हम अभी जायेंगे।'

परसों, कल–इनका प्रयोग भूत और भविष्य दोनों में होता है। इसकी पहचान क्रिया के रूप से होती है; जैसे–'लड़का कल आया और परसों जाएगा।'

आगे, पीछे, पास, दूर–ये और इनके समानार्थी स्थानवाचक क्रिया-विशेषण कालवाचक भी हैं; जैसे–'आगे राम अनुज पुनि पाछे।' (राम.)। 'गाँव पास है या दूर?' (स्थान.)। 'दिवाली पास आ गई।', 'विवाह का समय अभी दूर है' (स्थान.)। 'आगे' कालवाचक अर्थ कभी 'पीछे' के साथ बदल जाता है; जैसे–'ये सब बातें जान पड़ेगी आगे।' (सर.)। (पीछे)।

तब, फिर–इनका प्रयोग बहुधा भूत और भविष्यत् कालों में होता है। भाषा-रचना में 'तब' की द्विरुक्ति मिटाने के लिए उसके बदले बहुधा 'फिर' की योजना करते हैं; जैसे–'तब (मैंने) समझा कि इनके भीतर कोई अभागा बंद है।', 'फिर जो कुछ हुआ, सो आप जानते ही हैं' (विचित्र.)। कभी-कभी 'तब' और 'फिर' एक ही अर्थ में साथ आते हैं; जैसे–'तब फिर आप क्या करेंगे?' कहीं-कहीं 'तब' का प्रयोग पूर्वकालिक कृदंत (दे. अंक 380) के पश्चात् यों ही कर दिया जाता है जैसे–'सबेरे स्नान और पूजन करके तब भोजन करना चाहिए।'

कभी–इससे अनिश्चित काल का बोध होता है; जैसे–'हमसे कभी मिलना।', 'कभी' और 'कदापि' का प्रयोग बहुधा निषेधवाचक शब्दों के साथ होता है; जैसे–'ऐसा काम कभी मत करना।', 'मैं वहाँ कदापि न जाऊँगा।' दो या अधिक वाक्यों में 'कभी' से क्रमागत काल का बोध होता है; जैसे–'कभी नाव गाड़ी पर, कभी गाड़ी नाव पर।', 'कभी मुट्ठी भर चना, कभी यह भी मना।' 'कभी' का प्रयोग आश्चर्य या तिरस्कार में भी होता है; जैसे–'तुमने कभी कलकत्ता देखा था!'

कहाँ–दो अलग-अलग वाक्यों में 'कहाँ' से बड़ा अंतर सूचित होता है; जैसे–'कहँ कुंभज कहँ सिंधु अपारा।' (राम.)। 'कहाँ राजा भोज कहाँ गंगा तेली।'

कहीं–अनिश्चित स्थान के अर्थ के सिवा यह 'अत्यंत' और 'कदाचित्' के अर्थ में भी पाता है; जैसे–'पर मुझसे वह कहीं सुखी है।' (हिंदी ग्रंथ.)। 'सखी ने ब्याह की बात कहीं हँसी से न कही हो।' (शकु.)। अलग-अलग वाक्यों में 'कहीं' से 'विरोध' सूचित होता है; जैसे–'कहीं धूप कहीं छाया।', 'कहीं शरीर आधा जल है, कहीं बिलकुल कच्चा है!' (सत्य.)। आश्चर्य में 'कहीं' का प्रयोग 'कभी' के समान होता है; 'कहीं डूबे तिरे हैं!', 'पत्थर भी कहीं पसीजता है!'

परे–इसका प्रयोग बहुधा तिरस्कार में होता है; जैसे–'परे हो!', 'परे हट।'

इधर उधर, यहाँ वहाँ–इन दुहरे क्रिया-विशेषणों से विचित्रता का बोध होता है; जैसे–'इधर तो तपस्वियों का काम, उधर बड़ों की आज्ञा।' (शकु.)। 'सुत सनेह इत वचन उत संकट परेउ नरेश।' (राम.)। 'तुम यहाँ यह भी कहते हो, वहाँ, वह भी कहते हो।'

यों ही, ऐसे ही, वैसे ही–इनका अर्थ 'अकारण' अथवा 'सेंतमेंत है; जैसे–'यह पुस्तक मुझे वैसे ही मिली'। लड़का यों ही फिरा करता है।', 'वह ऐसे ही रोता है।'

जब तक–यह बहुधा निषेधवाचक वाक्य में आता है; जैसे–'जब तक मैं न आऊँ, तुम यहीं रहना।'

तब तक–इसका अर्थ भी कभी-कभी 'इतने में' होता है; जैसे–'ये दुख तो थे ही तब तक एक नया घाव और हुआ।' (शकु.)।

जहाँ–इसका अर्थ कभी-कभी 'जब होता है; जैसे–'जहँ अस दशा जड़न की बरनी। को कहि सकै सचेतन करनी' (राम.)।

जहाँ तक–इसका अर्थ बहुधा परिणामवाचक होता है; जैसे–'जहाँ तक हो सके टेढ़ी गलियाँ सीधी कर दी जावें।'

'जहाँ तक' और 'कहाँ तक' भी परिणामवाचक होता है; जैसे–'करूँ कहाँ तक वर्णन उसकी अतुल दया का भाव।' (एकांत.) 'एक साल व्यापार में टोटा पड़ा, यहाँ तक कि उनका घर-द्वार सब जाता रहा। 'यहाँ तक' बहुधा 'कि' के साथ ही आता।

कब का–इसका अर्थ 'बहुत समय से' है। इसका लिंग और वचन कर्ता के अनुसार बदलता है; जैसे–'माँ कब की पुकार रही है।' (सत्य.)। 'कब को टेरत दीन रटि' (सत.)।

क्योंकर–इसका अर्थ 'कैसे' होता है; जैसे–'यह काम क्योंकर होगा?', 'ये गढ़े क्योंकर पड़ गए!' (गुटका.)।

इसलिए–यह कभी क्रिया-विशेषण और कभी समुच्चयबोधक होता है; जैसे–'वह इसलिए नहाता है कि ग्रहण लगा है।' (क्र. वि.) 'तू दुर्दशा में है; इसलिए मैं तुझे दान देना चाहता हूँ।' (स. बो.)।

न, नहीं, मत–'न' स्वतंत्र शब्द है, इसलिए यह शब्द और प्रत्यय के बीच में नहीं आ सकता। 'देशोपालंभ' नामक कविता में कवि के सामान्य भविष्यत् के प्रत्यय के पहले 'न' लगा दिया है; जैसे–'लावो न ये वचन जो मन में हमारा।' यह प्रयोग दूषित है। जिन क्रियाओं के साथ 'न' और 'नहीं' दोनों आ सकते हैं, वहाँ 'न' से केवल निषेध और 'नहीं' से निषेध का निश्चय सूचित होता है; जैसे–'वह न आया।', 'वह नहीं आया।', 'मैं न जाऊँगा।', 'मैं नहीं जाऊँगा।', 'न' प्रश्नवाचक अव्यय भी है; जैसे–'सब करेगा न?'

(सत्य.)। 'न' कभी-कभी निश्चय के अर्थ में आता है; जैसे-'मैं तुझे अभी देखता हूँ न।' (सत्य.)। न-न समुच्चय बोधक होते हैं; जैसे-'न उन्हें नींद आती थी न भूख-प्यास लगती थी।' (प्रेम.)। प्रश्न के उत्तर में 'नहीं' आता है; जैसे-'तुमने उसे रुपया दिया था?' 'नहीं।' कविता में बहुधा 'नहीं' के बदले 'न' का प्रयोग कर देते हैं; पर यह भूल है; जैसे-'लिखा मुझे न आता है।' (सर.)। 'मत का उपयोग निषेधात्मक आज्ञा में होता है; जैसे-'अब मत' बको।' (दे. अंक 599)। पुरानी कविता में बहुधा 'मत' के बदले 'न' आता है; जैसे-'दीरघ साँस न लेहि दुख, सुख साईंहि न भूल।' (सत.)।

केवल-यह अर्थ के अनुसार कभी विशेषण, कभी क्रिया-विशेषण और कभी समुच्चयबोधक होता है; जैसे-'रामहि प्रेम पियारा'। (राम.)। 'लड़का केवल चिल्लाता है'। 'केवल एक तुम्हारी आशा प्राणों को अटकाती है' (क.क.)।

बहुधा, प्रायः-ये शब्द सर्वव्यापक विधानों को परिमित करने के लिए आते हैं।' 'बहुधा' से जितनी परिमिति होती है, उसकी अपेक्षा 'प्रायः' से कम होती है; जैसे-वे सब बहुधा बलवान शत्रुओं से सब तरफ घिरे रहते थे।' (स्वा.) 'इनमें प्रायः सब श्लोक चंडकौशिक से उद्धृत किए गए हैं' (सत्य.)।

तो-इससे निश्चय और आग्रह सूचित होता है। यह किसी भी शब्दभेद के साथ आ सकता है; जैसे-'तुम वहाँ गए तो थे।' 'किताब तुम्हारे पास तो थी।' इसके साथ 'नहीं' और 'भी' आते हैं; और ये संयुक्त शब्द ('नहीं', 'तो भी') समुच्चयबोधक होते हैं। (दे. अंक 243-244)। 'यदि' के साथ दूसरे वाक्य में आकर 'तो' समुच्चयबोधक होता है; जैसे-'यदि ठंड न लगे तो यह हवा बहुत दूर चली जाती है।'

ही-यह भी 'तो' के समान किसी भी शब्दभेद के साथ आकर निश्चय सूचित करता है। कहीं-कहीं यह पहले शब्द के साथ संयोग के द्वारा मिल जाता है; जैसे-अब + ही = अभी, कब + ही = कभी, तुम + ही = तुम्हीं, सब + ही = सभी, किस + ही = किसी। उदाहरण : 'एक ही दिन', 'दिन ही में', 'दिन में ही', 'पास ही', 'आ ही गया', 'जाता ही था।' न, तो और ही समान शब्दों के बीच भी आते हैं; जैसे-'एक न एक', कोई न कोई', 'कभी न कभी', 'बात ही बात में', 'पास-ही-पास', 'आते ही आते', 'लड़का गया तो गया ही गया', 'दाग तो दाग पर ये गढ़े क्योंकर पड़ गए?' (गुटका.) 'ही' सामान्य भविष्यत् काल के प्रत्यय के पहले भी लगा दिया जाता है; जैसे-'हम अपना धर्म तो प्राण रहे तक निबाहें-ही-गे' (नील.)।

मात्र, भर, तक-ये शब्द कभी-कभी संज्ञाओं के साथ प्रत्ययों के रूप में आकर उन्हें क्रिया-विशेषण वाक्यांश बना देते हैं। (दे. अंक 224)। इस प्रयोग के कारण कोई इनकी गिनती संबंधसूचकों में करता है। कभी-कभी इनका प्रयोग दूसरे ही अर्थों में होता है।

(अ) 'मात्र' संज्ञा और विशेषण के साथ 'ही' (केवल) के अर्थ में आता है; जैसे-'एक लज्जा मात्र बची है।' (सत्य.)। 'राम मात्र लघु नाम हमारा।' (राम.)। 'एक साधन मात्र आपका शरीर ही अब अवशिष्ट है।' (रघु.)। कभी-कभी 'मात्र' का अर्थ 'सब' होता है, जैसे-'शिव जी ने साधन मात्र को कील दिया है।' (सत्य.)। 'हिंदी भाषाभाषी मात्र उनके चिर कृतज्ञ भी रहेंगे' (विभक्ति)।

(आ) 'भर' परिमाणवाचक संज्ञाओं के साथ आकर विशेषण होता है, जैसे–'सेर भर घी', 'मुट्ठी भर अनाज', 'कटोरे भर खून!' इत्यादि। कभी-कभी यह मात्र के समान 'सब' के अर्थ में होता है; जैसे–'मेरी अमलदारी भर में जहाँ-जहाँ सड़क है।' (गुटका.)। 'कोई उसके राज्य भर में भूखा न सोता।' (तथा) कहीं-कहीं इसका अर्थ 'केवल' होता है; जैसे–'मेरे पास कपड़ा भर है।', 'उतना भर मैं उसे फिर देऊँगा।', 'नौकर लड़के के साथ भर रहा है।'

(इ) 'तक' अधिकता के अर्थ में आता है; जैसे–'कितनी ही पुस्तकों का अनुवाद तो अँग्रेजी तक में हो गया है।', 'बंगदेश में कमिश्नर तक अपनी भाषा में पुस्तक रचना करते हैं।' (सर.)। इस अर्थ में यह प्रत्यय बहुधा 'भी' (समुच्चयबोधक) का पर्यायवाचक होता है। कभी-कभी यह 'सीमा' के अर्थ में आता है; जैसे–'उस काम के दस रुपये तक मिल सकते हैं।', 'बालक से लेकर वृद्ध तक यह बात जानते हैं।', 'बम्बई तक के सौदागर यहाँ आते हैं।', निषेधार्थक वाक्यों में 'तक' का अर्थ बहुधा 'ही' होता है जैसे–'मैंने उसे देखा तक नहीं।', 'ये लोग हिंदी में चिट्ठी तक नहीं लिखते।'

भी–यह शब्द अर्थ में 'ही' के विरुद्ध है और 'तक' के समान अधिकता के अर्थ में आता है, 'यह भी देखा, वह भी देखा।' (कहा.)। दो वाक्यों या शब्दों के बीच में और रहने पर इससे अवधारण का बोध होता है; जैसे–'मैंने उसे देखा और बुलाया भी।' कहीं-कहीं 'भी' अवधारणबोधक होता है; जैसे–'इस काम को कोई भी कर सकता है।', 'पत्थर भी कहीं पसीजता है।' कहीं-कहीं इससे आग्रह का बोध होता है; जैसे–'उठो भी।', 'तुम वहाँ जाओगी भी।'

सा–पूर्वोक्त अव्ययों के समान यह शब्द भी कभी प्रत्यय, कभी संबंधवाचक और कभी क्रिया-विशेषण होकर आता है। यह किसी भी विकारी शब्द के साथ लगा दिया जाता है, जैसे–फूल सा शरीर, मुझ सा दुखिया, कौन सा मनुष्य, स्त्रियों का सा बोल, अपना सा कुटिल हृदय, मृग सा चंचल। गुणवाचक विशेषणों के साथ यह हीनता सूचित करता है, जैसे–काला सा कपड़ा, ऊँची सी दीवार, अच्छा सा नौकर इत्यादि। परिमाणवाचक विशेषणों के साथ यह अवधारणबोधक होता है; जैसे–बहुत सा धन, थोड़े से कपड़े, जरा सी बात इत्यादि। इस प्रत्यय का रूप (सा-से-सी) विशेष्य के लिंगवचनानुसार बदलता है। कभी-कभी वह संज्ञा के साथ केवल हीनता सूचित करता है जैसे–'बन में बिथा सी छाई जाती है।' (शकु.)। 'एक जोत सी उतरी चली आती है।' (गुटका.)। 'जलकण इतने अधिक उड़ते हैं कि धुआँ सा दिखाई देता है।'

अथ, इति–ये अव्यय क्रमशः पुस्तक व उसके खंड अथवा कथा के आरंभ और अंत में आते हैं। 'अथ कथा आरंभ।' (प्रेम) 'इति' प्रस्तावना।' (सत्य.) 'अथ' का प्रयोग आजकल घट रहा है, परंतु पुस्तकों के अंत में बहुधा 'इति' (अथवा 'सम्पूर्ण', 'समाप्त' व संस्कृत 'समाप्तम्') लिखा जाता है। 'इत्यादि' शब्द में 'इति' और 'आदि' का संयोग है। 'इति' कभी संज्ञा के समान आता है और उसके साथ बहुधा 'श्री' जोड़ देते हैं; जैसे–'इस काम की इतिश्री हो गई।' रामचरितमानस में एक जगह 'इति' का प्रयोग संस्कृत की चाल पर स्वरूपवाचक समुच्चयबोधक के समान हुआ है; जैसे–'सोहमस्मि इति वृत्त अखंडा।'

228. **अब**—कुछ संयुक्त और द्विरुक्त क्रिया-विशेषणों के अर्थों और प्रयोगों के विषय में लिखा जाता है।

कभी-कभी—अर्थात् बीच-बीच में कुछ-कुछ दिनों में; जैसे—'कभी-कभी इस दुखिया की भी सुध निज मन में लाना।' (सर.)।

कब-कब—इनके प्रयोग से 'बहुत कम' की ध्वनि पाई जाती है; जैसे—'आप यहाँ कब-कब आते हैं?'

जब-जब—तब-तब, जिस-जिस समय, उस-उस समय।

जब-तब—एक न एक दिन; जैसे—'जब-तब वीर विनासा।' (सत.)।

अब-तब—इनका प्रयोग बहुधा संज्ञा व विशेषण के समान होता है; जैसे—अब-तब करना = टालना। अब-तब होना = मरनहार होना।

कभी भी—इनसे 'कभी' की अपेक्षा अधिक निश्चय पाया जाता है; जैसे—'यह काम आप कभी भी कर सकते हैं।'

कभी न कभी—कभी तो, कभी भी, प्राय: पर्यायवाचक हैं।

जैसे-जैसे, तैसे-जैसे, त्यों-त्यों—त्यों-त्यों, ये उत्तरोत्तर बढ़ती-घटती सूचित करते हैं; जैसे—'ज्यों-ज्यों भीजै कामरी त्यों-त्यों भारी होय।'

ज्यों का त्यों—पूर्व दशा में; इस वाक्यांश का प्रयोग बहुधा विशेषण के समान होता है और 'का' प्रत्यय लिंग वचनानुसार बदलता है; जैसे—'किला अभी तक ज्यों का त्यों खड़ा है।'

जहाँ का तहाँ—पूर्वस्थान में; जैसे—'पुस्तक जहाँ की तहाँ रखी है।' इसमें विशेष्य के अनुसार विकास होता है।

जहाँ तहाँ—'सर्वत्र जहँ तहँ मैं देखौं दोउ भाई।' (राम.)।

जैसे-तैसे, ज्यों-त्यों करके—किसी न किसी प्रकार से। उदाहरण : 'जैसे-तैसे यह काम पूरा हुआ। ज्यों-त्यों करके रात काटो!' इसी अर्थ में 'कैसा भी करके' और संस्कृत 'येन केन प्रकारेण' आते हैं।

वैसे तो—दूसरे 'विचार से' अथवा 'स्वभाव से'। उदाहरण : 'वैसे तो सभी मनुष्य भाई-भाई हैं।', 'वैसे तो राजा भी प्रजासेवक है।', 'सूर्यकांत मणि का स्वभाव है कि वैसे तो छूने में ठंडी लगती है।' (शकु.)।

आप ही, आप ही आप, अपने आप, आपसे आप—इनका अर्थ 'मन से' व 'अपने ही बल से' होता है। (दे. अंक 125 ओ)।

होते-होते—क्रम क्रम से; जैसे—'काम होते होते होगा।'

बैठे-बैठे—बिना परिश्रम के; जैसे—'लड़का बैठे-बैठे खाता है।'

खड़े-खड़े—तुरन्त; जैसे—'यह रुपया खड़े-खड़े वसूल हो सकता है।'

काल पाकर—कुछ समय में; जैसे—'वह काल पाके अशुद्ध हो गया।' (इति.)।

क्यों नहीं—इस वाक्यांश का प्रयोग 'हाँ' के अर्थ में होता है; परंतु इससे कुछ तिरस्कार पाया जाता है। उदाहरण : 'क्या तुम वहाँ जाओगे? क्यों नहीं।'

सच पूछिए तो—यह एक वाक्य ही क्रिया-विशेषण के समान आता है। इसका अर्थ है 'सचमुच।' उदाहरण : 'सच पूछिए तो मुझे वह स्थान उदास दिखाई पड़ा।'

(टि.—पहले कहा जा चुका है कि क्रिया-विशेषण का न्यायसंगत वर्गीकरण करना कठिन है; क्योंकि कई शब्दों (जैसे—ही, तो, केवल, ही, नहीं इत्यादि) के विषय में निश्चयपूर्वक यह नहीं कहा जा सकता कि क्रिया-विशेषण ही है। पहले इस बात का भी उल्लेख हो चुका है कि कोई-कोई वैयाकरण अव्यय के भेद नहीं मानते; परंतु उन्हें भी कई एक अव्ययों का प्रयोग व अर्थ अलग-अलग बताने की आवश्यकता होती है। क्रिया-विशेषणों का यथासाध्य व्यवस्थित विवेचन करने के लिए हमने उनका वर्गीकरण तीन प्रकार से किया है। कुछ क्रिया-विशेषण वाक्य में स्वतंत्रतापूर्वक आते हैं और कुछ दूसरे वाक्य व शब्द की अपेक्षा रखते हैं। इसलिए प्रयोग के अनुसार उनका वर्गीकरण करने की आवश्यकता हुई। प्रयोग के अनुसार जो तीन भेद किए गए हैं उनमें से अनुबद्ध क्रिया-विशेषणों के संबंध में यह शंका हो सकती है कि जब इनमें से कुछ शब्द एक बार (यौगिक क्रिया-विशेषण में) प्रत्यय माने गए हैं, तब फिर उनको अलग से क्रिया-विशेषण मानने का क्या कारण है? इस प्रश्न का उत्तर यह है कि इन शब्दों का प्रयोग दो प्रकार से होता है। एक तो ये शब्द बहुधा संज्ञा के साथ आकर क्रिया व दूसरे शब्द से उनका संबंध जोड़ते हैं; जैसे—रात भर, क्षण मात्र, नगर तक इत्यादि और दूसरे ये क्रिया व विशेषण अथवा क्रिया-विशेषण के साथ आकर उसी की विशेषता बताते हैं; जैसे—एक मात्र उपाय, बड़ा ही सुंदर, जाओ तो, आते ही, लड़का चलता तक नहीं इत्यादि। इस दूसरे प्रयोग के कारण ये शब्द क्रिया-विशेषण माने गए हैं। यह दुहरा प्रयोग आगे, पीछे, साथ, ऊपर, पहले इत्यादि कालवाचक और स्थानवाचक क्रिया-विशेषणों में भी पाया जाता है जिसके कारण इनकी गणना संबंध सूचकों में भी होती है। जैसे—'घर के आगे', 'समय के पहले', 'पिता के साथ' इत्यादि। कोई-कोई इन अव्ययों का एक अलग भेद ('अवधारणबोधक' के नाम से) मानते हैं; और कोई-कोई इनको केवल संबंधसूचकों में गिनते हैं। हिंदी के अधिकांश व्याकरणों में इन शब्दों को व्यवस्थित ही नहीं किया गया है।

रूप के अनुसार क्रिया-विशेषणों का वर्गीकरण करने की आवश्यकता इसलिए है कि हिंदी के यौगिक क्रिया-विशेषणों की संख्या अधिक है जो बहुधा संज्ञा, सर्वनाम, विशेषण वा क्रिया-विशेषण के अंत में विभक्तियों के लगाने से बनते हैं; जैसे—'इतने में, सहज में, मन से, रात को, यहाँ पर, जिसमें इत्यादि। यहाँ अब यह प्रश्न हो सकता है कि घर में, जंगल से, कितने में, पेड़ पर आदि विभक्त्यंत शब्दों को भी क्रिया-विशेषण क्यों न कहें? इसका उत्तर यह है कि यदि क्रिया-विशेषण में विभक्ति का योग होने से उसके प्रयोग में कुछ अंतर नहीं पड़ता तो उसे क्रिया-विशेषण मानने में कोई बाधा नहीं है। उदाहरणार्थ 'यहाँ' क्रिया-विशेषण है; और विभक्ति के योग से इसका रूप 'यहाँ से' अथवा 'यहाँ पर' होता है। ये दोनों विभक्त्यंत क्रिया-विशेषण किसी भी क्रिया की विशेषता बताते हैं; इसलिए इन्हें क्रिया-विशेषण ही मानना उचित है। इनमें विभक्ति का योग होने पर भी इनका प्रयोग कर्ता या कर्मकारक में नहीं होता, जिसके कारण इनकी गणना संज्ञा या सर्वनाम में नहीं हो सकती। यौगिक क्रिया-विशेषण दूसरे शब्दों में प्रत्यय लगाने से बनते हैं; जैसे—ध्यानपूर्वक, क्रमशः नाममात्र, संक्षेपतः इसलिए जिन विभक्तियों से इन प्रत्ययों का अर्थ पाया जाता है, उन्हीं विभक्तियों के योग से बने हुए शब्दों को क्रिया-विशेषण मानना चाहिए, औरों को नहीं; जैसे—ध्यान से, कम से, नाम के लिए,

संक्षेप में इत्यादि। फिर कई एक विभक्त्यंत शब्द क्रिया-विशेषणों के पर्यायवाचक भी होते हैं; जैसे—निदान = अंत में, क्यों = काहे को, काहे से, कैसे = किस रीति से, सबेरे = भोर को इत्यादि। इस प्रकार के विभक्त्यंत शब्द भी क्रिया-विशेषण माने जा सकते हैं। इन विभक्त्यंत शब्दों को क्रिया-विशेषण न कहकर कारक कहने में भी कोई हानि नहीं है। पर 'जंगल में' पद को केवल वाक्यपृथक्करण की दृष्टि से क्रिया-विशेषण के समान, विधेयवर्धक कह सकते हैं तो भी व्याकरण की दृष्टि से वह क्रिया-विशेषण नहीं है, क्योंकि वह किसी मूल क्रिया-विशेषण का अर्थ सूचित नहीं करता। विभक्त्यंत व संबंध सूचकांत शब्दों को कोई-कोई वैयाकरण क्रिया-विशेषण वाक्यांश कहते हैं।

हिंदी में कई एक संस्कृत और कुछ उर्दू विभक्त्यंत शब्द भी क्रिया-विशेषण के समान प्रयोग में आते हैं, जैसे—सुखेन, कृपया, विशेषतया, हठात्, जबरन इत्यादि। इन शब्दों को क्रिया-विशेषण ही मानना चाहिए; क्योंकि इनकी विभक्तियाँ हिंदी में अपरिचित होने के कारण हिंदी व्याकरण से इन शब्दों की व्युत्पत्ति नहीं हो सकती। हिंदी में जो सामासिक क्रिया-विशेषण आते हैं, उसके अव्यय होने में कोई संदेह नहीं है क्योंकि उनके पश्चात् विभक्ति का योग नहीं होता और उनका प्रयोग बहुधा क्रिया-विशेषण के समान होता है; जैसे—यथाशक्ति, यथासाध्य, निःसंशय, निधड़क, दरहकीकत, घरोंघर, हाथोंहाथ इत्यादि।

क्रिया-विशेषणों का तीसरा वर्गीकरण अर्थ के अनुसार किया गया है। क्रिया के संबंध से काल और स्थान की सूचना बड़े ही महत्त्व की होती है। किसी भी घटना का वर्णन काल और स्थान के ज्ञान के बिना अधूरा ही रहता है। फिर जिस प्रकार विशेषणों के दो भेदगुणवाचक और संख्यावाचक मानने की आवश्यकता पड़ती है, उसी प्रकार क्रिया के विशेषणों के भी ये दो भेद मानना आवश्यक है; क्योंकि व्यवहार में गुण और संख्या का अंतर सदैव माना जाता है। इस तरह अर्थ के अनुसार क्रिया-विशेषणों के चार भेद कालवाचक, स्थानवाचक, परिमाणवाचक और रीतिवाचक माने गए हैं। परिमाणवाचक क्रिया-विशेषण बहुधा विशेषण और दूसरे क्रिया-विशेषणों की विशेषता बतलाते हैं, जिससे क्रिया-विशेषणों के लक्षण में विशेषण और क्रिया-विशेषण की विशेषता का उल्लेख करना आवश्यक समझा जाता है। कालवाचक, स्थानवाचक और परिमाणवाचक शब्दों की संख्या रीतिवाचक क्रिया-विशेषणों की अपेक्षा बहुत थोड़ी है, इसलिए उनको छोड़कर शेष शब्द के बिना अधिक सोच-विचार के पहले वर्ग में रख दिए जा सकते हैं। इन चारों के उपभेद भी अर्थ की सूक्ष्मता बताने के लिए यथास्थान बताए गए हैं।

अंत में 'हाँ', 'नहीं' और 'क्या' के संबंध में कुछ लिखना आवश्यक जान पड़ता है। इनका प्रयोग प्रश्न करने के संबंध में किया जाता है। प्रश्न करने के लिए 'क्या' स्वीकार के लिए 'हाँ' और निषेध के लिए 'नहीं' आता है, जैसे—'क्या तुम बाहर चलोगे?' 'हाँ' या 'नहीं'। इन शब्दों को कोई विस्मयादिबोधक अव्यय मानते हैं परंतु इनमें दोनों शब्दाभेदों के लक्षण पूरे-पूरे घटित नहीं होते। 'नहीं' का प्रयोग विधेय के साथ क्रिया-विशेषण के समान होता है, और 'हाँ' शब्द 'सच', 'ठीक' और 'अवश्य' के पर्याय में आता है, इसलिए इन दोनों (हाँ और नहीं) को हमने क्रिया-विशेषण के वर्ग में रखा है। 'क्या' सम्बोधन के अर्थ में आता है, इसलिए इसकी गणना विस्मयादिबोधकों में की गई है।

दूसरा अध्याय

संबंधसूचक

229. जो अव्यय संज्ञा (अथवा संज्ञा के समान उपयोग में आनेवाले शब्द) के बहुधा पीछे आकर उसका संबंध वाक्य के किसी दूसरे शब्द के साथ मिलाता है उसे संबंधसूचक कहते हैं; जैसे–'धन के बिना किसी का काम नहीं चलता', 'नौकर गाँव तक गया', 'रात भर जागना अच्छा नहीं होता'; इन वाक्यों में 'बिना', 'तक', 'भर' संबंधसूचक हैं। 'बिना' शब्द 'धन' संज्ञा का संबंध 'चलता' क्रिया से मिलाता है। 'तक', 'गाँव' का संबंध 'गया' से मिलाता है; और 'भर' रात का संबंध 'जागता' क्रियार्थक संज्ञा के साथ जोड़ता है।

(सू.–विभक्तियों और थोड़े से अव्ययों को छोड़ हिंदी में मूल संबंधसूचक कोई नहीं है, जिससे कोई-कोई वैयाकरण (हिंदी में) वह शब्दभेद ही नहीं मानते। 'संबंध सूचक' शब्दभेद के विषय में इस अध्याय के अंत में विचार किया जायगा। यहाँ केवल इतना लिखा जाता है कि जिन अव्ययों को सुभीते के लिए संबंधसूचक मानते हैं, उनमें से अधिकांश संज्ञाएँ हैं, जो अपनी विभक्तियों का लोप हो जाने से अव्यय के समान प्रयोग में आती हैं।)

230. कोई-कोई कालवाचक और स्थानवाचक अव्यय क्रिया-विशेषण भी होते हैं और संबंधसूचक भी। जब वे स्वतंत्र रूप से क्रिया की विशेषता बताते हैं तब उन्हें क्रिया-विशेषण कहते हैं; परंतु जब उनका प्रयोग संज्ञा के साथ होता है, तब संबंधसूचक कहलाते हैं; जैसे–

नौकर यहाँ रहता है। (क्रिया-विशेषण)।

नौकर मालिक के यहाँ रहता है। (संबंधसूचक)।

वह काम पहले करना चाहिए। (क्रि.वि.)।

यह काम जाने से पहले करना चाहिए। (सं. सू)।

231. प्रयोग के अनुसार संबंधसूचक दो प्रकार के होते हैं: (1) संबद्ध, (2) अनुबद्ध।

232. (क) सम्बद्ध संबंधसूचक संज्ञाओं की विभक्तियों के पीछे आते हैं, जैसे–धन के बिना, नर की नाई, पूजा से पहले इत्यादि।

(सू.–संबंधसूचक अव्ययों के पूर्व विभक्तियों के आने के कारण यह जान पड़ता है कि संस्कृत में भी कुछ अव्यय संज्ञाओं की अलग-अलग विभक्तियों के पीछे आते हैं, जैसे–दीन प्रति (दीन के प्रति); यत्नं-यत्नेन-यत्नात् बिना (यत्न के बिना), रामेण सह (राम के साथ), वृक्षस्योपरि (वृक्ष के ऊपर) इत्यादि। इन अलग-अलग विभक्तियों के बदले हिंदी में बहुधा संबंधकारक की विभक्तियाँ भी आती हैं।)

(ख) अनुबद्ध संबंधसूचक संज्ञा के विकृत रूप (दे. 308) के साथ आते हैं; जैसे–किनारे तक, सखियों सहित, कटोरे भर, पुत्रों समेत, लड़के सरीखा इत्यादि।

(ग) ने, को, से, का, के, की, में (कारक चिह्न) अनुबद्ध संबंधसूचक हैं परंतु नीचे दिए गए कारणों से इन्हें संबंधसूचकों में नहीं मानते।

(अ) इनमें से प्रायः सभी संस्कृत के विभक्ति प्रत्ययों के अपभ्रंश हैं। इसलिए हिंदी में भी ये प्रत्यय माने जाते हैं।

(आ) ये स्वतंत्र शब्द न होने के कारण अर्थहीन हैं, परंतु दूसरे संबंधसूचक बहुधा स्वतंत्र शब्द होने के कारण सार्थक हैं।

(इ) इनको संबंधसूचक मानने से संज्ञाओं की प्रचलित कारकरचना की रीति में हेरफेर करना पड़ेगा, जिससे विवेचन में अव्यवस्था उत्पन्न होगी।

233. संबद्ध संबंधसूचकों के पहले बहुधा 'के' विभक्ति आती है; जैसे–धन के लिए, भूख के मारे, स्वामी के विरुद्ध, उनके पास इत्यादि।

(अ) नीचे लिए अव्ययों के पहले (स्त्रीलिंग के कारण) 'की' आती है। अपेक्षा और, जगह, नाई, खातिर, तरह, तरफ, मारफत, बदौलत इत्यादि।

(सू.–जब 'ओर' (तरफ) के साथ संख्यावाचक विशेषण आता है, तब 'की' के बदले 'के' प्रयोग होता है; जैसे–'नगर के चारों ओर (तरफ)।'

(आ) आकारांत संबंधसूचकों का रूप विशेष्य के लिंग और वचन के अनुसार बदलता है और उनके साथ यथायोग्य का, के, की अथवा विकृत रूप आता है; जैसे–'प्रवाह उन्हें तालाब का जैसा रूप दे देता है।' (सर.)। 'बिजली की सी चमक, 'सिंह के से गुण।' (भारत)। 'हरिश्चंद्र ऐसा पति।' (सत्य.)। 'भोज सरीखे राजा।' (इति.)।

234. आगे, पीछे, तले, बिना आदि कई एक संबंधसूचक कभी-कभी बिना विभक्ति के आते हैं; जैसे–'पाँव तले, पीठ पीछे, कुछ आगे, शकुंतला बिना। (शकु.)।

(अ) कविता में बहुधा पूर्वोक्त विभक्तियों का लोप होता है; जैसे–'मातु समीप कहत सकुचाहीं।' (राम.)। सभा मध्य (क. क.)। पिता पास (सर.)। तेज सम्मुख (भारत.)।

(आ) सा, ऐसा और जैसा के पहले जब विभक्ति नहीं आती, तब उनके अर्थ में बहुधा अंतर पड़ जाता है; जैसे–'रामचंद्र से पुत्र' और 'रामचंद्र के से पुत्र।' पहले वाक्यांश में 'से' 'रामचंद्र' और 'पुत्र' का एकार्थ सूचित करता है; पर दूसरे वाक्यांश में उससे दोनों का भिन्नार्थ सूचित होता है।

(सू.–इन सादृश्यवाचक संबंधसूचकों का विशेष विचार इसी अध्याय के अंत में किया जाएगा)।

235. 'परे' और 'रहित' के पहले 'से' आता है। 'पहले', 'पीछे', 'आगे' और 'बाहर' के साथ 'से' विकल्प से लाया जाता है। जैसे–समय से (व समय के) पहले, सेना के (व सेना से) पीछे, जाति से (व जाति के) बाहर इत्यादि।

236. 'मारे', 'बिना' और 'सिवा' कभी-कभी संज्ञा के पहले आते हैं; जैसे–मारे भूख के, सिवा भक्तों के, बिना हवा के इत्यादि। 'बिना', 'अनुसार' और पीछे बहुधा भूतकालिक कृदंत के विकृत रूप में आगे (बिना विभक्ति के) आते हैं; जैसे–'ब्राह्मण का ऋण दिए बिना।' (सत्य.)। 'नीचे लिखे अनुसार'। 'रोशनी हुए पीछे' (परी.)।

(सू.–संबंधसूचक को संज्ञा के पहले लिखना उर्दू रचना की रीति है, जिसका अनुकरण कोई-कोई उर्दू प्रेमी करते हैं; जैसे–यह काम साथ होशियारी के करो। हिंदी में यह रचना कम होती है।)

237. 'योग्य' (लायक) और 'बमूजिब' बहुधा क्रियार्थक संज्ञा के विकृत रूप के साथ आते हैं; जैसे–'जो पदार्थ देखने योग्य हैं।' (शकु.)। 'याद रखने लायक।' (सर.)। 'लिखने बमूजिब।' (इति.)।

(सू.–'इस', 'उस', 'जिस' और 'किस' के साथ 'लिए' का प्रयोग संज्ञा के समान होता है; जैसे–इसलिए, किसलिए आदि। ये संयुक्त शब्द बहुधा क्रिया-विशेषण व समुच्चयबोधक के समान आते हैं। ऐसा ही प्रयोग उर्दू 'वास्ते' का होता है।

238. अर्थ के अनुसार संबंधसूचकों का वर्गीकरण करने की आवश्यकता नहीं है क्योंकि इससे कोई व्याकरण संबंधी नियम सिद्ध नहीं। यहाँ केवल स्मरण की सहायता के लिए इनका वर्गीकरण दिया जाता है।

कालवाचक

आगे, पीछे, बाद, पहले, पूर्व, अनंतर, पश्चात्, उपरांत, लगभग।

स्थानवाचक

आगे, पीछे, ऊपर, नीचे, तले, सामने, रूबरू, पास, निकट, समीप, नजदीक (नगीच), यहाँ, बीच, बाहर, परे, दूर, भीतर।

दिशावाचक

ओर, तरफ, पार, आरपार, आसपास, प्रति।

साधनवाचक

द्वारा, जरिए, हाथ, मारफत, बल, करके, जबानी, सहारे।

हेतुवाचक

लिए, निमित्त, वास्ते, हेतु, (कविता में), खातिर, कारण, सबब, मारे।

विषयवाचक

बाबत, निस्बत, विषय, नाम (नामक), लेखे, जान, भरोसे, मद्धे।

व्यतिरेकवाचक

सिवा (सिवाय), अलावा, बिना, बगैर, अतिरिक्त, रहित।

विनिमयवाचक

पलटे, बदले, जगह, एवज।

सादृश्यवाचक

समान, सम (कविता में), तरह, भाँति, नाई, बराबर, तुल्य, योग्य, लायक, सदृश, अनुसार, अनुरूप, अनुकूल, देखादेखी, सरीखा, सा, ऐसा, जैसा, बमूजिब, मुताबिक।

विरोधवाचक

विरुद्ध, खिलाफ, उलटा, विपरीत।

सहचारवाचक

संग, साथ, समेत, सहित, पूर्वक, अधीन, स्वाधीन, वश।

संग्रहवाचक

तक, लौं, पर्यंत, सुद्धाँ, भर, मात्र।

तुलनावाचक

अपेक्षा, बनिस्बत, आगे, सामने।

(सू.–ऊपर की सूची में जिन शब्दों को कालवाचक संबंधसूचक लिखा है वे किसी-किसी प्रसंग में स्थानवाचक अथवा दिशावाचक भी होते हैं। इसी प्रकार और भी कई एक संबंधसूचक अर्थ के अनुसार एक से अधिक वर्गों में आ सकते हैं।)

239. **व्युत्पत्ति के अनुसार संबंधसूचक दो प्रकार के हैं: (1) मूल और (2) यौगिक।** हिंदी में मूल संबंधसूचक बहुत कम हैं; जैसे–बिना, पर्यंत, नाई, पूर्वक, इत्यादि। यौगिक संबंधसूचक दूसरे शब्दभेदों से बने हैं; जैसे–

(1) संज्ञा से–पलटे, वास्ते, ओर, अपेक्षा, नाम, लेखे विषय, मारफत इत्यादि।

(2) विशेषण से–तुल्य, समान, उलटा, जबानी, सरीखा, योग्य, जैसा, ऐसा इत्यादि।

(3) क्रिया-विशेषण से–ऊपर, भीतर, यहाँ, बाहर, पास, परे, पीछे इत्यादि।

(4) क्रिया से–लिए, मारे, करके, जान।

(सू.–अव्यय के रूप में 'लिए' को बहुधा 'लिये' लिखते हैं।)

240. हिंदी में कई एक संबंधसूचक उर्दू भाषा से और कई एक संस्कृत से आए हैं। इनमें बहुत से शब्द हिंदी के संबंधसूचकों के पर्यायवाची हैं। कितने एक संस्कृत संबंधसूचकों का विचार हिंदी के गद्य काल से आरंभ हुआ है। तीनों भाषाओं के कई एक पर्यायवाची संबंधसूचकों के उदाहरण नीचे दिए जाते हैं :

हिंदी	उर्दू	संस्कृत
सामने	रूबरू	समक्ष, सम्मुख
पास	नजदीक	निकट, समीप
मारे	सबब, बदौलत	कारण
पीछे	बाद	पश्चात्, अनंतर, उपरांत
तक	ता (क्वचित्)	पर्यंत
से	बनिस्बत	अपेक्षा
नाई	तरह	भाँति
उलटा	खिलाफ	विरुद्ध, विपरीत
लिए	वास्ते, खातिर	निमित्त, हेतु

से	जरिए	द्वारा
मद्धे	बाबत, निस्बत	विषय
x	बगैर	बिना
पलटे	बदले, एवज	x
x	सिवा, अलावा	अतिरिक्त

241. नीचे और कुछ संबंधसूचक अव्ययों के अर्थ और प्रयोग लिखे जाते हैं आगे, पीछे, भीतर, भर, तक और इनके पर्यायवाची शब्द अर्थ के अनुसार कभी कालवाचक और कभी स्थानवाचक होते हैं; जैसे–घर के आगे, विवाह के आगे, दिन भर, गाँव भर, इत्यादि। (दे. अंक 226)।

आगे, पीछे, पहले, परे, ऊपर, नीचे और इनमें से किसी-किसी पर्यायवाची शब्दों के पूर्व जब 'से' विभक्ति आती है, तब इनसे तुलना का बोध होता है; जैसे–'कछुआ खरहे से आगे निकल गया।', 'गाड़ी समय से पहले आई।', 'वह जाति में मुझ से नीचे है।'

आगे–यह संबंधसूचक नीचे लिखे अर्थों में भी आता है।

(अ) तुलना में–उसके आगे सब स्त्री निरादर हैं। (शकु.)।

(आ) विचार में–मानियों के आगे प्राण और धन तो कोई वस्तु ही नहीं है। (सत्य.)।

(इ) विद्यमानता में–काले के आगे चिराग नहीं जलता। (कहा.)।

(सू.–प्राय: इन्हीं अर्थों में 'सामने' का प्रयोग होता है।)

पीछे–इससे प्रत्येकता का भी बोध होता है; जैसे–'भाग पीछे एक रुपया मिला।'

ऊपर, नीचे–इनसे पद की छुटाई-बड़ाई भी सूचित होती है; जैसे–'सबसे ऊपर एक सरदार रहता है और उनके नीचे कई जमादार काम करते हैं।'

निकट–इसका प्रयोग विचार के अर्थ में होता है; जैसे–'उनके निकट भूत और भविष्यत् दोनों वर्तमान से हैं।' (गुटका.)।

पास–इससे अधिकार भी सूचित होता है; जैसे–'मेरे पास एक घड़ी है।'

यहाँ–दिल्ली वाले बहुधा इसे हाँ लिखते हैं; जैसे–'तुम्हारे हाँ कुछ रकम जमा की गई है।' (परी.)। राजा शिवप्रसाद इसे यहाँ लिखते हैं; जैसे–'और भी हिंदुओं को अपने यहाँ बुलाता है।' (इति.)। 'परीक्षागुरु' में भी कई जगह 'यहाँ' आया है। यह शब्द यथार्थ में 'यहाँ' (क्रिया-विशेषण) है; परंतु बोलने में कदाचित् कहीं-कहीं 'हाँ' हो जाता है। 'यहाँ' का अर्थ 'पास' के समान अधिकार का भी है। कभी-कभी 'पास' और यहाँ' का अर्थ लोप हो जाता है और केवल 'के' (संबंधकारक) से इनका अर्थ सूचित होता है; जैसे–'इस महाजन के बहुत धन है।', 'उनके एक लड़का है।', 'मेरे कोई बहिन न हुई।' (गुटका.)।

सिवा–कोई-कोई इसे अपभ्रंश रूप में 'सिवाय' लिखते हैं। प्लाट्स साहब के 'हिंदुस्तानी व्याकरण' में दोनों रूप दिए गए हैं। साधारण अर्थ के सिवा इसका प्रयोग कई एक अपूर्ण उक्तियों की पूर्ति के लिए भी होता है; जैसे–'इन भाटों की बनाई वंशावली की कदर इससे बखूबी मालूम हो जाती है।', 'सिवाय इसके जो कभी कोई ग्रंथ लिखा भी गया, (तो) छापे की विद्या मालूम न होने के कारण वह काल पाके अशुद्ध हो गया।'

(इति.)। निषेधवाचक वाक्य में इसका अर्थ 'छोड़कर' या 'बिना' होता है; जैसे–'उनके सिवाय और कोई भी यहाँ नहीं आया।' (गुटका.)।

साथ–यह कभी-कभी 'सिवा' के अर्थ में आता है; जैसे–'इन बातों से सूचित होता है कि कालिदास ईसवी सन् के तीसरे शतक के पहले के नहीं। इसके साथ ही यह भी सूचित होता है कि वे ईसवी सन् में पाँचवें शतक के भी नहीं।' (रघु.)।

अनुसार, अनुरूप, अनुकूल–ये शब्द स्वरादि होने के कारण पूर्ववर्ती संस्कृत शब्दों के साथ संधि के नियमों से मिल जाते हैं और इनके पूर्व 'के' का लोप हो जाता है; जैसे–आज्ञानुसार, इच्छानुसार, धर्मानुकूल। इस प्रकार के शब्दों को संयुक्त संबंधसूचक मानना चाहिए और इनके पूर्व समास के लिंग के अनुसार संस्कृत कारक की विभक्ति लगानी चाहिए; जैसे–'सभा के अनुसार।' (भाषासार.)। कोई-कोई लेखक स्त्रीलिंग संज्ञा के पूर्व 'की' लिखते हैं; जैसे–'आपकी आज्ञानुसार यह वर माँगता हूँ।' (सत्य)। अनुरूप अनुकूल और प्राय: समानार्थी हैं।

सदृश, समान, तुल्य, योग्य–ये शब्द विशेषण हैं और संबंधसूचक के समान आकर भी संज्ञा की विशेषता बतलाते हैं; जैसे–'मुकुट योग्य सिर पर तृण क्यों रक्खा है!' (सत्य.)। 'यह रेखा उस रेखा के तुल्य है।', 'मेरी दशा ऐसे ही वृक्षों के सदृश हो रही है।' (रघु.)।

सरीखा–इसके लिंग और वचन विशेष्य के अनुसार बदलते हैं और इसके पूर्व बहुधा विभक्ति नहीं आती, जैसे–मुझ 'सरीखे लोग।' (सत्य.)। यह 'सदृश' आदि का पर्यायवाची है और पूर्व शब्द के साथ मिलकर विशेषण का काम देता है। (दे. अंक 159)।

ऐसा, जैसा, सा–ये 'सरीखा' के पर्यायवाची हैं। आजकल 'सरीखा' के बदले 'जैसा' का प्रचार बढ़ रहा है। 'सरीखा' के समान 'जैसा', 'ऐसा' और 'सा' का रूप विशेष्य के लिंग और वचन के अनुसार बदल जाता है। इनका प्रयोग भी विशेषण और संबंधसूचक दोनों के समान होता है।

ऐसा–इसका प्रयोग बहुधा संज्ञा के विकृत रूप के साथ होता है। (दे. अंक 232 ख)। 'ऐसा का प्रचार पहले की अपेक्षा कुछ कम है। भारतेंदु जी के समय की पुस्तकों में इसके उदाहरण मिलते हैं; जैसे–'आचार्यजी पागल ऐसे हो गए हैं।' (सरो.)। 'विशेष करके आप ऐसे।' (सत्य.)। 'कश्मीर ऐसे एक आद इलाके का।' (इति.)। कोई-कोई इसका एक प्रांतिक रूप 'कैसा' लिखते हैं; जैसे–'अग्नि कैसी लाल-लाल जीभ निकाल।' (प्रणयि.)।

जैसा–इसका प्रचार आजकल के ग्रंथों में अधिकता से होता है। यह विभक्ति सहित और विभक्ति रहित दोनों प्रयोगों में आता है; जैसे–'पहले शतक में कालिदास के ग्रंथों की जैसी परिमार्जित संस्कृत का प्रचार ही न था।' (रघु.)। 'बीजगणित जैसे क्लिष्ट विषय को समझाने की चेष्टा की गई है।' (सर.) इन दोनों प्रयोगों में यह अंतर है कि पहले वाक्य में 'जैसी', 'ग्रंथों' और 'संस्कृत' का संबंध सूचित नहीं करता, किंतु 'की' के पश्चात् लुप्त 'संस्कृत' शब्द का संबंध दूसरे 'संस्कृत' शब्द से सूचित होता है। दूसरे वाक्य में 'बीजगणित' का संबंध 'विषय' के साथ सूचित होता है, इसीलिए वहाँ संबंधकारक की आवश्यकता नहीं है। इसी कारण आगे दिए हुए उदाहरण में भी 'के' नहीं आया है। 'शिव-कुमार शास्त्री जैसे धुरंधर महामहोपाध्याय।' (शिव.)।

सा—इस शब्द का कुछ विचार क्रिया-विशेषण के अध्याय में किया गया है। (दे. अंक 226)। इसका प्रयोग 'वैसा' के समान दो प्रकार से होता है और दोनों प्रयोगों में वैसा ही अर्थभेद पाया जाता है; जैसे—'डील पहाड़ सा और बल हाथी का सा है' (शकु.)। इस वाक्य में डील को पहाड़ की उपमा दी गई है, इसलिए 'सा के पहले का' नहीं आया, परंतु दूसरा 'सा' अपने पूर्व लुप्त 'बल' का संबंध पहले कहे हुए 'बल' से मिलता है, इसलिए इस 'सा' के पहले 'का' लाने की आवश्यकता हुई है। 'हाथी सा बल' कहना असंगत होता है। मुद्राराक्षस में 'मेरे से लोग' आया है, परंतु इसमें समता कहनेवाले से की गई है न कि उसकी संबंधिनी किसी वस्तु से, इसलिए शुद्ध प्रयोग 'मुझ से लोग' होना चाहिए। कोई-कोई इसे केवल प्रत्यय मानते हैं, परंतु प्रत्यय का प्रयोग विभक्ति के पश्चात् नहीं होता। जब यह संज्ञा या सर्वनाम के साथ विभक्ति के बिना आता है तब इसे प्रत्यय कह सकते हैं और 'सा' शब्द को विशेषण मान सकते हैं; जैसे—फूल सा शरीर, चमेली से अंग पर इत्यादि।

भर, तक, मात्र—इनका भी विचार क्रिया-विशेषण के अध्याय में हो चुका है। जब इनका प्रयोग संबंधसूचक के समान होता है, तब ये बहुधा कालवाचक, स्थानवाचक व परिणामवाचक शब्दों के साथ आकर उनका संबंध क्रिया से व दूसरे शब्दों से मिलाते हैं और इनके परे कारक की विभक्ति नहीं आती; जैसे—'वह रात भर जागता है।', 'लड़का नगर तक गया।', 'इसमें तिल मात्र संदेह नहीं है।', 'तक' के अर्थ में कभी-कभी संस्कृत का पर्यंत शब्द आता है; जैसे—'उसने समुद्र पर्यंत राज्य बढ़ाया।' और 'तरु' के योग से संज्ञा का विकृत रूप आता है; पर 'मात्र' के साथ उसका मूल रूप ही प्रयुक्त होता है; जैसे—'चौमासे भर' (इति.)। 'समुद्र के तटों तक' (रघु.)। पुस्तक का नाम 'कटोरा भर खून' है; पर 'कटोरा भर' शब्द अशुद्ध है। यह 'कटोरे भर' होना चाहिए। 'मात्र' शब्द का प्रयोग केवल कुछ संस्कृत शब्दों के साथ (संबंधसूचक के समान) होता है। जैसे—क्षण मात्र यहाँ ठहरो; पलमात्र; लेशमात्र इत्यादि। 'भर और मात्र' बहुधा बहुवचन संज्ञा के साथ नहीं आते जब 'तक', 'भर' और 'मात्र' का प्रयोग क्रिया-विशेषण के समान होता है, तब इनके पश्चात् विभक्तियाँ आती हैं; जैसे—'उसके राज भर में' (गुटका.)। 'छोटे-बड़े लाटों तक के नाम आप चिट्ठियाँ भेजते हैं' (शिव.)। 'अब हिंदुओं के खाने मात्र से काम' (भा. दु.)।

बिना—यह कभी-कभी कृदंत अव्यय के साथ आकर क्रिया-विशेषण होता है; जैसे—'बिना किसी कार्य का कारण जाने हुए' (सर.)। 'बिना अंतिम परिणाम सोचे हुए' (इति.)। कभी-कभी यह संबंधकारक की विशेषता बताता है; जैसे—'आपके नियोग की खबर इस देश में बिना मेघ की वर्षा की भाँति अचानक आ गिरी' (शिव.)। इन प्रयोगों में 'बिना' बहुधा संबंधी शब्द के पहले आता है।

उलटा—यह शब्द यथार्थ में विशेषण है, पर कभी-कभी इसका प्रयोग 'का' विभक्ति के आगे संबंधसूचक के समान होता है; जैसे—टापू का उलटा झील है। विरोध के अर्थ में बहुधा 'विरुद्ध', 'खिलाफ' आदि आते हैं।

कर, करके—यह संबंधसूचक बहुधा 'द्वारा', 'समान' व 'नामक' के अर्थ में आता है; जैसे—'मन, वचन कर्म करके यदि किसी जीव की हिंसा न करे।', 'अग जग नाथ मनुज करि जाना' (राम.)। 'संसार के स्वामी (भगवान्) मनुष्य करके जाना' (पीयूष.)।

'तुम हरि को पुत्र कर मत मानो' (प्रेम.) 'पंडित जी शास्त्री करके प्रसिद्ध हैं।', 'बछरा करि हम जान्यो याही' (ब्रज.)।

अपेक्षा, बनिस्बत्–पहला शब्द संस्कृत संज्ञा है और दूसरा शब्द उर्दू संज्ञा 'निस्बत' में 'ब' उपसर्ग लगाने से बना है। एक के तुलना के पूर्व 'को' और दूसरे के पूर्व 'के' आता है। इनका प्रयोग तुलना में होता है और दोनों एक-दूसरे के पर्यायवाची हैं। जिस वस्तु की हीनता बतानी हो, उसके वाचक शब्द के आगे 'अपेक्षा' या 'बनिस्वत' लगाते हैं; जैसे–'उनकी अपेक्षा और प्रकार के मनुष्य कम हैं' (जीविका.)। आर्यों के बनिस्बत ऐसी-ऐसी असभ्य जाति के लोग रहते थे (इति.)। 'परीक्षा गुरु' में 'बनिस्बत' के बदले 'निस्बत' आया है; जैसे–'उसकी निस्बत उदारता की ज्यादा कदर करते हैं' यथार्थ में 'निस्बत', 'विषय' के अर्थ में आता है; जैसे–'चंदे की निस्बत आपकी क्या राय है।' कभी-कभी 'अपेक्षा' का भी अर्थ 'निस्बत' के समान 'विषय' होता है; जैसे–'सब धंधेवालों की अपेक्षा ही ऐसा ही ख्याल करना चाहिए' (जीविका.)।

लौ–कोई कोई इसे 'तक' के अर्थ में भी लिखते हैं, परंतु यह शिष्ट प्रयोग नहीं हैं। पुरानी कविता में 'लौं' 'समान' के अर्थ में भी आया है; जैसे–'जानत कछु जल-थंभ-विधि दुर्योधन लौ लाल' (सत.)।

(टि.–पहले कहा गया है कि हिंदी के अधिकांश वैयाकरण अव्ययों के भेद नहीं मानते। अव्ययों के और भेद तो उनके अर्थ और प्रयोग के कारण बहुत करके निश्चित हैं, चाहे उनको मानें या न मानें; परंतु संबंधसूचक को एक अलग शब्दभेद मानने से कई बाधाएँ हैं। हिंदी में कई एक संज्ञाओं, विशेषणों और क्रिया-विशेषणों को केवल संबंधसूचक मानते हैं; परंतु इनका एक अलग वर्ग न मानकर एक विशेष प्रयोग मानने से भी काम चल सकता है; जैसा कि संस्कृत में उपरि, बिना, पृथक्, पुरः, अग्रे आदि अव्ययों के संबंध में होता है; जैसे–'गृहस्योपरि', 'रामेण बिना।' दूसरी कठिनाई यह है कि जिस अर्थ में कोई-कोई संबंधसूचक आते हैं, उसी अर्थ में कारक प्रत्यय अर्थात् विभक्तियाँ भी आती हैं; जैसे–घर में, घर में भीतर, तलवार से, तलवार के द्वारा, पेड़ पर, पेड़ के ऊपर। तब इन विभक्तियों को भी संबंधसूचक क्यों न मानें? इनके सिवा एक और अड़चन यह है कि कई एक शब्दों; जैसे–तक, भर, सुद्धा, रहित, पूर्वक, मात्र, सा आदि के विषय में निश्चयपूर्वक यह नहीं कहा जा सकता कि ये प्रत्यय हैं अथवा संबंधसूचक। हिंदी की वर्तमान लिखावट से इसका निर्णय करना और भी कठिन है। उदाहरणार्थ, कोई 'तक' को पूर्व शब्द से मिलाकर और कोई अलग लिखते हैं। ऐसी अवस्था में संबंध सूचक का निर्दोष लक्षण बताना सहज नहीं है।

संबंधसूचक के पश्चात् विभक्ति का लोप हो जाता है और विभक्ति के पश्चात् कोई दूसरा प्रत्यय नहीं आता; इसलिए जो शब्द विभक्ति के पश्चात् आते हैं उनको प्रत्यय नहीं कह सकते और जिन शब्दों के पश्चात् विभक्ति आती है, वे संबंधसूचक नहीं कहे जा सकते। उदाहरणार्थ : 'हाथी का सा बल' में 'सा' प्रत्यय नहीं, किंतु संबंधसूचक है; और 'संसार भर के ग्रंथ' में 'भर' संबंधसूचक नहीं, किंतु प्रत्यय अथवा क्रिया-विशेषण है। इसी दृष्टि से केवल उन्हीं को संबंधसूचक मानना चाहिए, जिनके पश्चात् कभी विभक्ति नहीं आती और जिनका प्रयोग संज्ञा के बिना कभी नहीं हो सकता। इस प्रकार के शब्द

केवल 'नाईं', 'प्रति', 'पर्यंत', 'पूर्वक', 'सहित' और 'रहित' हैं। इनमें से अंत के पाँच शब्दों के पूर्व कभी-कभी संबंधकारक की विभक्ति नहीं आती। उस समय इन्हें प्रत्यय कह सकते हैं। तब केवल एक 'नाईं' शब्द ही संबंधसूचक कहा जा सकता है, पर वह भी प्राय: अप्रचलित है। फिर, तक, भर, मात्र और सुद्धा के पश्चात् कभी-कभी विभक्तियाँ आती हैं; इसलिए और-और शब्दभेदों के समान ये केवल स्थानीय रूप से संबंधसूचक हो सकते हैं। ये शब्द कभी संबंधसूचक, कभी प्रत्यय और कभी दूसरे शब्द भी होते हैं। (इनके भिन्न-भिन्न प्रयोगों का उल्लेख क्रिया-विशेषण के अध्यायों तथा इसी अध्याय में किया जा चुका है।) इससे जाना जाता है कि हिंदी में मूल संबंधसूचकों की संख्या नहीं के बराबर है, परंतु भिन्न-भिन्न शब्दों के प्रयोग में संबंधसूचक के समान होते हैं, इसलिए इसको एक अलग शब्दभेद मानने की आवश्यकता है। भाषा में बहुधा कोई भी शब्द आवश्यकता के अनुसार संबंधसूचक बना लिया जाता है और जब वह अप्रचलित हो जाता है तब उसके बदले दूसरा शब्द उपयोग में आने लगता है। हिंदी के 'अतिरिक्त', 'अपेक्षा', 'विषय', 'विरुद्ध' आदि संबंधसूचक पुरानी पुस्तकों में नहीं मिलते और पुरानी पुस्तकों के 'तईं', 'छूट', 'लौं', 'सती' आदि आजकल अप्रचलित हैं।

(सू.—संबंधसूचकों और विभक्तियों का विशेष अंतर कारक प्रकरण में बताया जाएगा।)

तीसरा अध्याय

समुच्चयबोधक

242. जो अव्यय (क्रिया की विशेषता न बतलाकर) एक वाक्य का संबंध दूसरे वाक्य से मिलाता है, उसे समुच्चयबोधक कहते हैं; जैसे—और, यदि, तो, क्योंकि, इसलिए।

'हवा चली और पानी गिरा—यहाँ 'और' समुच्चयबोधक है, क्योंकि वह पूर्व वाक्य का संबंध उत्तर वाक्य से मिलाता है। कभी-कभी समुच्चयबोधक से जोड़े जानेवाले वाक्य पूर्णतया स्पष्ट नहीं रहते; जैसे—'कृष्ण और बलराम गए।' इस प्रकार के वाक्य देखने में एक ही जान पड़ते हैं, परंतु दोनों वाक्यों में क्रिया एक ही होने के कारण संक्षेप के लिए उसका प्रयोग केवल एक ही बार किया गया है। ये दोनों वाक्य स्पष्ट रूप से यों लिखे जायेंगे: 'कृष्ण गए और बलराम गए।' इसलिए यहाँ 'और' दो वाक्यों को मिलाता है। 'यदि सूर्य न हो तो कुछ भी न हो' (इति.)। इस उदाहरण में 'यदि' और 'तो' वाक्य को जोड़ते हैं।

(अ) कभी-कभी कोई-कोई समुच्चयबोधक वाक्य में शब्दों को भी जोड़ते हैं; जैसे—'दो और दो चार होते हैं।' यहाँ 'दो चार होते हैं और दो चार होते हैं' ऐसा अर्थ नहीं हो सकता, अर्थात् 'और' समुच्चयबोधक दो संक्षिप्त वाक्यों को नहीं मिलाता, किंतु दो शब्दों को मिलाता है। तथापि ऐसा प्रयोग सब समुच्चयबोधकों में नहीं पाया जाता और 'क्योंकि', 'यदि', 'तो', 'यद्यपि', 'तो भी' आदि कई समुच्चयबोधक केवल वाक्यों ही को जोड़ते हैं।

(टि.—समुच्चयबोधक का लक्षण भिन्न-भिन्न व्याकरणों में भिन्न-भिन्न प्रकार का पाया जाता है। यहाँ हम केवल 'हि.बा.बो. व्याकरण' में दिए गए लक्षण पर विचार करते हैं। वह लक्षण यह है: जो शब्द दो पदों, वाक्यों के अंशों के मध्य में आकर प्रत्येक पद व वाक्यांश के भिन्न-भिन्न क्रिया सहित अन्वय का संयोग या विभाग करते हैं, उनको

समुच्चयबोधक अव्यय कहते हैं; जैसे–'राम और लक्षण आए।' इस लक्षण में सबसे पहला दोष यह है कि इसकी भाषा स्पष्ट नहीं है। इसमें शब्दों की योजना से यह नहीं जान पड़ता कि 'भिन्न-भिन्न' शब्द 'क्रिया' का विशेषण है, अथवा 'अन्वय' का। फिर समुच्चयबोधक सदैव दो वाक्यों के मध्य ही में नहीं आता, वरन् कभी-कभी प्रत्येक जुड़े हुए वाक्य में आदि में भी आता है; जैसे–'यदि सूर्य न हो तो कुछ भी न हो।' इसके सिवा पदों व वाक्यांशों को सभी समुच्चयबोधक नहीं जोड़ते। इस तरह से इस लक्षण में अस्पष्टता, अव्याप्ति और शब्दजाल का दोष पाया जाता है। लेखक ने यह लक्षण 'भाषाभास्कर' से जैसा का तैसा लेकर उसमें इधर-उधर कुछ शाब्दिक परिवर्तन कर दिया है, परंतु भूल के दोष जैसे–के तैसे बने रहे। 'भाषाभास्कर' में भी 'भाषाभास्कर' ही का लक्षण दिया गया है और उसमें भी प्राय: ये ही दोष हैं।

हमारे किए हुए समुच्चयबोधक के लक्षण में जो वाक्यांश 'क्रिया की विशेषता न बतलाकर' आया है उसका कारण यह है कि वाक्यों को जिस प्रकार समुच्चयबोधक जोड़ते हैं, उसी प्रकार उन्हें दूसरे शब्द भी जोड़ते हैं। संबंधवाचक और नित्यसंबंधी सर्वनामों के द्वारा भी दो वाक्य जोड़े जाते हैं, जैसे–'जो गरजते हैं वह बरसते नहीं' (कहा.)। इस उदाहरण में 'जो' और 'वह' दो वाक्यों का संबंध मिलाते हैं। इसी तरह 'जैसा तैसा', 'जितना उतना', संबंधवाचक विशेषण तथा जब तब, जहाँ-तहाँ, जैसे-तैसे आदि संबंधवाचक क्रिया-विशेषण भी एक वाक्य का संबंध दूसरे वाक्य से मिलाते हैं। इस पुस्तक में दिए हुए समुच्चयबोधक के लक्षण से इन तीनों प्रकार के शब्दों का निराकरण होता है। संबंधवाचक सर्वनाम और विशेषणों को समुच्चयबोधक इसलिए नहीं कहते कि वे अव्यय नहीं हैं, और संबंधवाचक क्रिया-विशेषण को समुच्चयबोधक न मानने का कारण यह है कि उसका मुख्य धर्म क्रिया की विशेषता बताना है। इन तीनों प्रकार के शब्दों पर समुच्चयबोधक की अतिव्याप्ति बचाने के लिए ही उक्त लक्षण में 'अव्यय' शब्द और 'क्रिया की विशेषता न बतलाकर' वाक्यांश लाया गया है।)

243. समुच्चयबोधक अव्ययों के मुख्य दो भेद हैं : (1) समानाधिकरण, (2) व्याधिकरण।

244. जिन अव्ययों के द्वारा मुख्य वाक्य जोड़े जाते हैं, उन्हें समानाधिकरण समुच्चयबोधक कहते हैं। इनके चार उपभेद हैं (अ) संयोजक–और, व, एवं, तथा, भी। इनके द्वारा दो व अधिक मुख्य वाक्यों का संग्रह होता है; जैसे–'बिल्ली के पंजे होते हैं और उनमें नख होते हैं।'

व–यह उर्दू शब्द 'और' का पर्यायवाचक है। इसका प्रयोग बहुधा शिष्ट लेखक नहीं करते, क्योंकि वाक्यों के बीच में इसका उच्चारण कठिनाई से होता है। उर्दू प्रेमी राजा साहब ने भी इसका प्रयोग नहीं किया है। इस 'व' में और संस्कृत 'व' में जिसका अर्थ 'व' का उलटा है, बहुधा गड़बड़ और भ्रम भी हो जाता है। अधिकांश में इसका प्रयोग उर्दू सामाजिक शब्दों में होता है, परंतु उनमें भी यह उच्चारण की सुगमता के लिए संधि के अनुसार पूर्व शब्द में मिला दिया जाता हैं, जैसे–नामोनिशान, आबोहवा, जानोमाल। इस प्रकार के शब्दों को भी लेखक, हिंदी समास के अनुसार, बहुधा 'आबहवा', 'जानमाल',

'नामनिशान' इत्यादि बोलते और लिखते है जैसे–'बुतपरस्ती (मूर्तिपूजा) का नामनिशान न बाकी रहने दिया' (इति.)।

तथा–यह संस्कृत संबंधवाचक क्रिया-विशेषण 'यथा' (जैसे) का नित्यसंबंधी है और इसका अर्थ 'वैसे' है। इस अर्थ में इसका प्रयोग कभी-कभी कविता में होता है; जैसे–'रह गई अतिविस्मित सी तथा। चकित चंचल चारु मृगी यथा।' गद्य में इसका प्रयोग बहुधा 'और' के अर्थ में होता है; जैसे–'पहले-पहल वहाँ भी अनेक क्रूर तथा भयानक उपचार किए जाते थे' (सर.)। इसका अधिकतर प्रयोग 'और' शब्द की द्विरुक्ति का निवारण करने के लिए होता है; जैसे–'इस बात की पुष्टि में चैटर्जी महाशय ने रघुवंश के तेरहवें सर्ग का एक पद्य और रघुवंश तथा कुमारसंभव में व्यवहृत 'संघात' शब्द भी दिया है' (रघु.)।

और–इस शब्द के सर्वनाम, विशेषण और क्रिया-विशेषण होने के उदाहरण पहले दिए जा चुके हैं (दे. अंक 184,186,223 ई.)। समुच्चयबोधक होने पर इसका प्रयोग साधारण अर्थ के सिवा नीचे लिखे विशेष अर्थों में भी होता है (प्लाट्स कृत 'हिंदुस्तानी व्याकरण')।

(अ) दो क्रियाओं की समकालीन घटना; जैसे–'तुम उठे और खराबी आई।'

(आ) दो विषयों का नित्य संबंध, जैसे–'मैं हूँ और तुम हो' (= मैं तुम्हारा साथ न छोड़ूँगा)।

(इ) धमकी व तिरस्कार; जैसे–'फिर मैं हूँ और तुम हो' (= मैं तुमको खूब समझूँगा)।

शब्दों के बीच में बहुधा 'और' का लोप हो जाता है; जैसे–'भले-बुरे की पहचान', 'सुख-दुख का देनेवाला', 'चलो, देखो, मेरे हाथ-पाँव नहीं चलते'। यथार्थ में ये सब उदाहरण द्वंद्व समास के हैं।

एवं–'तथा' के समान इसका भी अर्थ 'वैसे' व 'ऐसे' होता है, परंतु उच्च हिंदी में यह केवल 'और' पर्याय में आता है; जैसे–'लोग उपमाएँ देखकर विस्मित एवं मुग्ध हो जाते हैं' (सत्य.)।

भी–यह पहले वाक्य से कुछ सादृश्य मिलाने के लिए आता है; जैसे–'कुछ माहात्म्य ही पर नहीं, गंगा जी का जल भी ऐसा ही उत्तम और मनोहर है' (सत्य.)। कभी-कभी यह दूसरे वाक्य के बिना, केवल पहली कथा से संबद्ध मिलता है, जैसे–'अब मैं भी तुम्हारी सखी का वृत्तांत पूछता हूँ (शकु.)। दो वाक्यों व शब्दों के बीच 'और' रहने पर इससे केवल अवधारण का बोध होता है; जैसे–'मैंने उसे देखा और बुलाया भी।' कहीं-कहीं 'भी' अवधारण बोधक प्रत्यय 'ही' के समान अर्थ देता है; जैसे–'एक भी आदमी नहीं मिला।', 'इस काम को कोई भी कर सकता है।' कभी-कभी 'भी' से आश्चर्य व संदेह सूचित होता है; जैसे–'तुम वहाँ गए भी थे!', 'पत्थर भी कहीं पसीजता है!' कभी-कभी इससे आग्रह का भी बोध होता है; जैसे–'उठो भी, तुम वहाँ जाओगे भी।' इन पिछले अर्थों में 'भी' बहुधा 'ही' के समान क्रिया-विशेषण होता है।

(ई) **विभाजक**–या, वा, अथवा, किंवा, कि, या-या, चाहे-चाहे, क्या-क्या, न-न, न कि, नहीं तो।

इन अव्ययों से दो या अधिक वाक्यों व शब्दों में से किसी एक का ग्रहण अथवा दोनों का त्याग होता है।

या, वा, अथवा, किंवा–ये चारों शब्द प्रायः पर्यायवाची हैं। इनमें से 'या' उर्दू और शेष तीन संस्कृत हैं। 'अथवा' और 'किंवा' में दूसरे अव्ययों के साथ 'वा' मिला, है। पहले तीन शब्दों का एक साथ प्रयोग द्वितीय के निवारण के लिए होता है; जैसे–'किसी पुस्तक की अथवा किसी ग्रंथकार या प्रकाशक की एक से अधिक पुस्तकों की प्रशंसा में किसी ने एक प्रस्ताव पास कर दिया' (सर.)। 'या' और 'वा' कभी-कभी पर्यायवाची शब्दों को मिलाते हैं; जैसे–'धर्मनिष्ठा या धार्मिक विश्वास' (स्वा.)। इस प्रकार के शब्द कभी-कभी कोष्ठक में ही रख दिए जाते हैं; जैसे–'श्रुति (वेद) में' (रघु.)। लेखक गण कभी भूल से 'या' के बदले 'और' तथा 'और' के बदले 'या' लिख देते हैं; जैसे–मुर्दे जलाए और गाड़े भी जाते थे और कभी जलाके गाड़ते थे' (इति.)। यहाँ दोनों 'और' के स्थान में 'या' 'वा' और 'अथवा' में से कोई भी दो अलग-अलग शब्द होने चाहिए। 'किंवा' का प्रयोग बहुधा कविता में होता है; जैसे–'चुप अभिमान मोह बस किंवा' (राम.)। 'वे हैं नरक के दूत किंवा सूत हैं कलिराज के' (भारत.)।

कि–यह (विभाजक) 'कि' उद्देश्यवाचक और स्वरूपवाचक 'कि' से भिन्न है (दे. अंक 244 आ, ई)। इसका अर्थ 'या' के समान है परंतु इसका प्रयोग बहुधा कविता ही में होता है; जैसे–'रखिहहिं भवन कि लैहहिं साथा' (राम.)। 'कज्जल के कूट पर दीपशिखा सोती है, कि श्याम घनमंडल में दामिनी की धारा है' क. क.। 'कि' कभी-कभी दो शब्दों को भी मिलाता है; जैसे–'यद्यपि कृपण कि अपव्ययी ही हैं धनीमानी यहाँ' (भारत.)। परंतु ऐसा प्रयोग क्वचित् होता है।

या-या–ये शब्द जोड़े से आते हैं और अकेले 'या' की अपेक्षा विभाग का अधिक निश्चय सूचित करते हैं, जैसे–'या तो इस पेड़ में फाँसी लगाकर मर जाऊँगी या गंगा में कूद पडूँगी' (सत्य.)। कभी-कभी 'कहाँ-कहाँ' के समान इनसे 'महत् अंतर' सूचित होता है; जैसे–'या वह रौनक थी या सुनसान हो गया।' कविता में 'या या' के अर्थ में 'कि कि' आते हैं; जैसे–'की तनु प्रान कि केवल प्राना' (राम.)।

कानूनी हिंदी में पहले 'या' के बदले 'आया' लिखते हैं; जैसे–'**आया** मर्द या औरत।', 'आया' भी उर्दू शब्द है।

प्रायः इसी अर्थ में 'चाहे चाहे' आते हैं; जैसे–'चाहे सुमेरु को राई करै रचिराई को **चाहे** सुमेरु बनावै' (पद्मा.)। ये शब्द 'चाहना' क्रिया से बने हुए अव्यय हैं।

क्या-क्या–ये प्रश्नवाचक सर्वनाम समुच्चयबोधक के समान उपयोग में आते हैं। कोई इन्हें संयोजक और कोई विभाजक मानते हैं। इनके प्रयोग में यह विशेषता है कि ये वाक्य में दो व अधिक शब्दों का विभाग बताकर उन सबका इकट्ठा उल्लेख करते हैं; जैसे–'क्या मनुष्य और क्या जीव-जंतु, मैंने अपना सारा जन्म इन्हीं का भला कराने में गँवाया' (गुटका.)। 'क्या स्त्री क्या पुरुष, सब ही के मन में आनंद छाया रहा था' (प्रेम.)।

न-न–ये दुहरे क्रिया-विशेषण समुच्चयबोधक होकर आते हैं। इनसे दो व अधिक शब्दों में से प्रत्येक का त्याग सूचित होता है; जैसे–'न उन्हें नींद आती थी न भूख प्यास

लगती थी' (प्रेम.)। कभी-कभी इनसे अशक्यता का बोध होता है; जैसे–'न ये अपने प्रबंधों से छुट्टी पावेंगे न कहीं जायेंगे' (सत्य.)। 'न नौ मन तेल होगा न राधा नाचेगी' (कहा.)। कभी-कभी इनका प्रयोग कार्य कारण सूचित करने में होता है; जैसे–'न तुम आते न यह उपद्रव खड़ा होता।'

न कि–यह 'न' और 'कि' से मिलकर बना है। इससे बहुधा दो बातों में से दूसरी का निषेध सूचित होता है; जैसे–'अँग्रेज़ लोग व्यापार के लिए आए थे न कि देश जीतने के लिए।'

नहीं तो–यह भी संयुक्त क्रिया-विशेषण है और समुच्चयबोधक के समान उपयोग में आता है। इससे किसी बात के त्याग का फल सूचित होता है; जैसे–'उसने मुँह पर घूँघट सा डाल दिया है; नहीं तो राजा की आँखें कब उस पर ठहर सकती थीं। (गुटका.)।

(उ) **विरोधदर्शक**–पर, परंतु, किंतु, लेकिन, मगर, वरन्, बल्कि।

ये अव्यय दो वाक्यों में पहले का निषेध व परिमिति सूचित करते हैं।

पर–'पर' ठेठ हिंदी शब्द है; 'परंतु' तथा 'किंतु' संस्कृत शब्द है और 'लेकिन' तथा 'मगर' उर्दू हैं। 'पर' परंतु और 'लेकिन' पर्यायवाची हैं। 'मगर' भी इनका पर्यायवाची है, परंतु इनका प्रयोग हिंदी में क्वचित् होता है। 'प्रेमसागर' में केवल 'पर' का प्रयोग पाया जाता है; जैसे–'झूठ सच को तो भगवान् जाने पर मेरे मन में एक बात आई है।'

किंतु, वरन्–ये शब्द भी प्राय: पर्यायवाची हैं और इनका प्रयोग बहुधा निषेधवाचक वाक्यों के पश्चात् होता है; जैसे–कामनाओं के प्रबल होने से आदमी दुराचार नहीं करते, किंतु अंत:करण के निर्बल हो जाने से वैसा करते हैं' (स्वा.)। 'मैं केवल सपेरा नहीं हूँ किंतु भाषा का कवि भी हूँ' (मुद्रा.)। 'इस संदेह का इतने काल बीतने पर यथोचित् समाधान करना कठिन है, वरन् बड़े-बड़े विद्वानों की मति भी इसमें विरुद्ध है' (इति.)। 'वरन्' बहुधा एक बात को कुछ दबाकर दूसरी को प्रधानता देने के लिए भी आता है; जैसे–'पारस' देशवाले भी आर्य थे, वरन् इसी कारण उस देश को अब भी ईरान कहते हैं' (इति.)। 'वरन्' के पर्यायवाची 'वरंच' (संस्कृत) और 'बल्कि' (उर्दू) हैं।

(ऊ) **परिणामदर्शक**–इसलिए, सो, अत: अतएव।

इन अव्ययों से यह जाना जाता है कि इनके आगे के वाक्य का अर्थ पिछले वाक्य के अर्थ का फल है; जैसे–अब भोर होने लगा था, इसलिए दोनों जन अपनी-अपनी ठौरों से उठे (ठेठ.)। इस उदाहरण में : 'दोनों जन अपनी-अपनी ठौरों से उठे' यह वाक्य परिणाम सूचित करता है और 'अब भोर होने लगा था, यह कारण बतलाता है; इस कारण 'इसलिए' परिणामदर्शक समुच्चयबोधक है। यह शब्द मूल समुच्चयबोधक नहीं है, किंतु 'इस' और 'लिए' के मेल से बना है, और समुच्चयबोधक तथा कभी-कभी क्रिया-विशेषण के समान उपयोग में आता है। (दे.अंक 237 (सू.।) 'इसलिए' के बदले कभी-कभी 'इससे', 'इस वास्ते' व 'इस कारण' भी आता है।

(सू.–(1). 'इसलिए' के और अर्थ आगे लिखे जायेंगे। (2) अवधारण में 'इसलिए' का रूप 'इसीलिए' हो जाता है।)

अतएव, अत:–ये संस्कृत शब्द 'इसलिए' के पर्यायवाचक हैं और इनका प्रयोग उच्च हिंदी में होता है।

से–यह निश्चयवाचक सर्वनाम (दे. अंक 130)। 'इसीलिए' के अर्थ में आता है, परंतु कभी-कभी इसका अर्थ 'तब' व 'परंतु' भी होता है। जैसे–'मैं घर से बहुधा दूर निकल गया था; सो मैं बड़े खेद से नीचे उतरा।', 'कंस ने अवश्य यशोदा की कन्या के प्राण लिए थे, सो वह असुर था' (गुटका.)।

(सू.–कानूनी हिंदी में 'इसलिए' के बदले 'लिहाजा' लिखा जाता है।)

(टि.–समानाधिकरण समुच्चयबोधक अव्ययों से मिले हुए साधारण वाक्यों को कोई-कोई लेखक अलग-अलग लिखते हैं; जैसे–'भारतवासियों को अपनी दशा की परवा नहीं है। पर आपकी इज्जत का उन्हें बड़ा खयाल है' (शिव.)। 'उस समय स्त्रियों को पढ़ाने की जरूरत न समझी गई होगी, पर अब तो है। अतएव पढ़ाना चाहिए' (सर.)। इस प्रकार की रचना अनुकरणीय नहीं।)

245. जिन अव्ययों के योग से एक वाक्य में एक व अधिक आश्रित वाक्य जोड़े जाते हैं, उन्हें **व्यधिकरण** समुच्चयबोधक कहते हैं। इनके चार उपभेद हैं :

(अ) **कारणवाचक**–क्योंकि, जो कि, इसलिए।

इन अव्ययों से आरंभ होनेवाले वाक्य पूर्ववाक्य का समर्थन करते हैं अर्थात् पूर्ववाक्य के अर्थ का कारण उत्तरवाक्य के अर्थ से सूचित होता है: जैसे–'इस नाटिका का अनुवाद करना मेरा काम नहीं था, क्योंकि मैं संस्कृत अच्छी नहीं जानता' (रत्ना.)। इस उदाहरण में : उत्तरवाक्य पूर्ववाक्य का कारण सूचित करता है। यदि इस वाक्य को उलटकर ऐसा कहे कि 'मैं संस्कृत अच्छी नहीं जानता, 'इसलिए' (अतः अतएव) इस नाटिका का अनुवाद करना मेरा काम नहीं था' तो पूर्ववाक्य के कारण और उत्तरवाक्य में उसका परिणाम सूचित होता है, और 'इसलिए' शब्द परिणामबोधक है।

(टि. यहाँ यह प्रश्न हो सकता है कि जब 'इसलिए' को समानाधिकरण समुच्चयबोधक मानते हैं, तब 'क्योंकि' को इस वर्ग में क्यों नहीं गिनते? इस विषय में वैयाकरणों का एकमत नहीं है। कोई-कोई दोनों अव्ययों को समानाधिकरण और कोई-कोई उन्हें व्यधिकरण समुच्चयबोधक मानते हैं। इसके विरुद्ध किसी-किसी के मत का स्पष्टीकरण अगले उदाहरण से होगा। 'गर्म हवा ऊपर उठती है, क्योंकि वह साधारण हवा से हलकी होती है।' इस वाक्य में वक्ता का मुख्य अभिप्राय यह बात बताना है कि 'गर्म हवा ऊपर उठती है' इसलिए वह दूसरी बात का उल्लेख केवल पहली बात के समर्थन में करता है। यदि इसी बात को यों कहें कि 'गर्म हवा साधारण हवा से हलकी होती है; इसलिए वह ऊपर उठती है', तो जान पड़ेगा कि यहाँ वक्ता का अभिप्राय दोनों बातें प्रधानतापूर्वक बताने का है। इसके लिए वह दोनों वाक्यों को इस तरह भी कह सकता है कि 'गर्म हवा साधारण हवा से हलकी होती है और वह ऊपर उठती है।' इस दृष्टि से 'क्योंकि' व्यधिकरण समुच्चयबोधक है; अर्थात् उससे आरंभ होनेवाला वाक्य आश्रित होता है और 'इसलिए' समानाधिकरण समुच्चयबोधक है अर्थात् वह मुख्य वाक्यों को मिलाता है।)

'क्योंकि'–के बदले कभी-कभी 'कारण' शब्द आता है। यह समुच्चयबोधक का काम देता है। 'काहे से कि' समुच्चयबोधक वाक्यांश है।

कभी-कभी कारण के अर्थ में परिणामबोधक 'इसलिए' आता है और तब उसके साथ बहुधा 'कि' रहता है; जैसे–

'दुष्यंत–क्यों माढव्य, तुम लाठी को क्यों बुरा कहा चाहते हो'?

माढव्य–**इसलिए** कि 'मेरा अंग तो टेढ़ा है, और वह सीधी बनी है' (शकु.)। कभी-कभी पूर्व वाक्य में 'इसलिए' क्रिया-विशेषण के समान आता है और उत्तर वाक्य 'कि' समुच्चयबोधक से आरंभ होता है; जैसे–'कोई बात केवल इसलिए मान्य नहीं है कि वह बहुत काल से मानी जाती है' (सर.)। '(मैंने) इसलिए रोका था कि इस यंत्र में बड़ी शक्ति है' (शकु.)। 'कुआँ, इसलिए कि वह पत्थरों से बना हुआ था, अपनी जगह पर शिखर की नाईं खड़ा रहा (भाषासार.)।

जो कि–यह उर्दू 'चूँकि' के बदले कानूनी भाषा में कारण सूचित करने के लिए आता है; जैसे–'जो कि यह अमर करीन मस्लहत है...इसलिए नीचे लिखे मुताबिक हुक्म होता है' (ऐक्ट.)।

इस उदाहरण में पूर्व वाक्य आश्रित है, क्योंकि उसके साथ कारणवाचक समुच्चयबोधक आता है। दूसरे स्थानों में पूर्ववाक्य के साथ बहुधा कारणवाचक अव्यय नहीं आता और वहाँ वह वाक्य मुख्य समझा जाता है। वैयाकरणों का मत है कि पहले कारण और पीछे परिणाम कहने से कारणवाचक वाक्य आश्रित और परिणामबोधक वाक्य स्वतंत्र रहता है।

(आ) **उद्देश्यवाचक**–कि, जो, ताकि, इसलिए कि।

इन अव्ययों के पश्चात् आनेवाला वाक्य दूसरे वाक्य का उद्देश्य व हेतु सूचित करता है। उद्देश्यवाचक वाक्य बहुधा दूसरे (मुख्य) वाक्य के पश्चात् आता है, पर कभी-कभी वह उसके पूर्व भी आता है। उदाहरण : 'हम तुम्हें वृंदावन भेजना चाहते हैं कि तुम उनका समाधान कर आओ' (प्रेम.)। 'किया क्या जाय जो देहातियों की प्राणरक्षा हो' (सर.)। 'लोग अक्सर अपना हक पक्का करने के लिए दस्तावेजों की रजिस्ट्री करा लेते हैं, ताकि उनके दावे में किसी प्रकार का शक न रहे' (चौ. पु.)। 'मछुआ मछली मारने के लिए हर घड़ी मिहनत करता है इसलिए कि उसको मछली का अच्छा मोल मिले' (जीविका.)।

जब उद्देश्यवाचक वाक्य मुख्य वाक्य के पहले आता है तब उसके साथ कोई समुच्चयबोधक नहीं रहता, परंतु मुख्य वाक्य 'इसलिए' से आरंभ होता है; जैसे–'तपोवनवासियों के कार्य में विघ्न न हो, इसलिए रथ को यहीं रखिए' (शकु.)। कभी-कभी मुख्य वाक्य 'इसलिए' के साथ पहले आता है और उद्देश्यवाचक वाक्य 'कि' से आरंभ होता है; जैसे–'इस बात की चर्चा हमने इसलिए की है, कि उनकी शंका दूर हो जावे।'

'जो' के बदले कभी-कभी जिसमें व जिससे आता है, जैसे–'वेग वेग चली आ जिसमें सब एक संग क्षेम कुशल से कुटी में पहुँचे (शकु.)। यह 'विस्तार इसलिए किया गया है, जिससे पढ़नेवाले कालिदास का भाव अच्छी तरह समझ जायँ' (रघु.)।

(सू.–'ताकि' को छोड़कर शेष उद्देश्यवाचक समुच्चयबोधक दूसरे अर्थों में भी आते हैं। 'जो' और 'कि' के अन्य अर्थों का विचार आगे होगा। कहीं-कहीं 'जो' और 'कि' पर्यायवाची होते हैं; जैसे–'बाबा से समझाकर कहो जो मुझे ग्वालों के संग पठाय दें।' (प्रेम.)। इस उदाहरण में 'जो' के बदले 'कि' उद्देश्यवाचक का प्रयोग हो सकता है। 'ताकि' और 'कि' उर्दू शब्द हैं और 'जो' हिंदी है। 'इसलिए' की व्युत्पत्ति पहले लिखी जा चुकी है (दे. अंक 243 ई.)।

(इ) **संकेतवाचक**–जो–तो, यदि–तो, यद्यपि–तथापि (तो, भी), चाहे–परंतु, कि। इसमें से 'कि' को छोड़कर शेष शब्द, संबंधवाचक और नित्यसंबंधी सर्वनामों के समान, जोड़े से आते हैं। इन शब्दों के द्वारा जुड़नेवाले वाक्यों में से एक में 'जो', 'यदि', 'यद्यपि' या 'चाहे' आता है और दूसरे वाक्य में क्रमशः 'तो', 'तथापि' (तो भी) अथवा 'परंतु' आता है। जिस वाक्य में 'जो', 'यदि', 'यद्यपि' या 'चाहे' का प्रयोग होता है, उसे पूर्व वाक्य और दूसरे को उत्तर वाक्य कहते हैं। इन अव्ययों को 'संकेतवाचक' कहने का कारण यह है कि पूर्व वाक्य में जिस घटना का वर्णन रहता है, उससे उत्तर वाक्य की घटना का संकेत पाया जाता है।

जो तो–जब पूर्व वाक्य में कही हुई शर्त पर उत्तर वाक्य की घटना निर्भर होती है, तब इन शब्दों का प्रयोग होता है। इसी अर्थ में 'यदि तो' आते हैं। 'जो' साधारण भाषा में और 'यदि' शिष्ट अथवा पुस्तकीय भाषा में आता है। उदाहरण : 'जो तू अपने मन से सच्ची है, तो पतिघर में दासी होकर भी रहना अच्छा है।' (शकु.)। 'यदि ईश्वरेच्छा से यह वही ब्राह्मण हो तो बड़ी अच्छी बात है।' (सत्य.)। कभी-कभी 'जो' से आतंक पाया जाता है; जैसे–'जो मैं राम तो कुल सहित कहहि दसानन जाय।', 'जो हरिश्चंद्र को तेजोभ्रष्ट न किया तो मेरा नाम विश्वामित्र नहीं' (सत्य.)। अवधारण में 'तो' के बदले 'तो भी' आता है; जैसे–'जो' (कुटुंब) होता तो भी मैं न देता' (मुद्रा.)।

कभी-कभी कोई बात इतनी स्पष्ट होती है कि उसके साथ किसी शर्त की आवश्यकता नहीं रहती; जैसे–'पत्थर पानी में डूब जाता है।' इस वाक्य को बढ़ाकर यों लिखना कि 'यदि पत्थर को पानी में डालें तो वह डूब जाता है' अनावश्यक है। 'जो' कभी-कभी 'जब' के अर्थ में आता है; जैसे–'जो वह स्नेह ही न रहा तो अब सुधि दिलाए क्या होता है' (शकु.)। 'जो के बदले कभी-कभी 'कदाचित्' (क्रिया-विशेषण) आता है; जैसे–'कदाचित् कोई पूछे तो मेरा नाम बता देना।' कभी-कभी 'जो' के साथ ('तो' के बदले) सो, समुच्चयबोधक आता है; जैसे–'जो आपने रुपयों के बारे में लिखा सो अभी उसका बंदोबस्त होना कठिन है।'

'यदि' से संबंध रखनेवाली एक प्रकार की वाक्य रचना हिंदी में अँग्रेजी के सहवास से प्रचलित हुई है, जिसमें पूर्व वाक्य की शर्त का उल्लेख कर तुरंत ही उसका मंडन कर देते हैं, परंतु उत्तर वाक्य ज्यों का त्यों रहता है, जैसे–'यदि यह बात सत्य हो (जो निःसंदेह सत्य ही है) तो हिंदुओं को संसार में सबसे बड़ी जाति मानना ही पड़ेगा' (भारत.)। 'यदि' का पर्यायवाची उर्दू शब्द 'अगर' भी हिंदी में प्रचलित है।

यद्यपि-तथापि (तो भी)–ये शब्द जिन वाक्यों में आते हैं उनके निश्चयात्मक विधानों में परस्पर विरोध पाया जाता है, जैसे–'यद्यपि यह देश तब तक जंगलों से भरा हुआ था तथापि अयोध्या अच्छी बस गई थी' (इति.)। 'तथापि' के बदले बहुधा 'तो भी' और कभी-कभी 'परंतु' आता है, जैसे–'यद्यपि हम वनवासी हैं तो भी लोक के व्यवहारों को भलीभाँति जानते हैं' (शकु.)। 'यद्यपि गुरु ने कहा है...पर यह तो बड़ा पाप सा है' (मुद्रा.)।

कभी-कभी 'तथापि' एक स्वतंत्र वाक्य में आता है; और वहाँ उसके साथ 'यद्यपि' की आवश्यकता नहीं रहती; जैसे–'मेरा भी हाल ठीक ऐसे ही बौने के जैसा है। तथापि

एक बात अवश्य है' (रघु.)। इसी अर्थ में 'तथापि' के बदले 'तिसपर' वाक्यांश भी आता है।

'चाहे' परंतु–जब 'यद्यपि' के अर्थ में कुछ संदेह रहता है तब उसके बदले 'चाहे' आता है; जैसे–'उसने चाहे अपनी सखियों की ओर ही देखा हो; परंतु मैंने यही जाना' (शकु.)।

'चाहे' बहुधा संबंधवाचक सर्वनाम, विशेषण व क्रिया-विशेषण के साथ आकर उसकी विशेषता बतलाता है और प्रयोग के अनुसार बहुधा क्रिया-विशेषण होता है, जैसे–'यहाँ चाहे जो कह लो परंतु अदालत में तुम्हारी गीदड़ भभकी नहीं चल सकी।' (परी.)। 'मेरे रनवास में चाहे जितनी रानी (रानियाँ) हों मुझे दो ही (वस्तुएँ) संसार में प्यारी होंगी' (शकु.)। 'मनुष्य बुद्धिविषयक ज्ञान में चाहे जितना पारंगत हो जाए परंतु उसके ज्ञान से विशेष लाभ नहीं हो सकता।' (सर.) 'चाहे जहाँ से अभी सब दे' (सत्य.)।

दुहरे–संकेतवाचक समुच्चयबोधक अव्ययों में से कभी किसी का लोप हो जाता है; जैसे–() 'कोई परीक्षा लेता तो मालूम पड़ता' (सत्य.)। '() इन सब बातों से हमारे प्रभु के सब काम सिद्ध हुए प्रतीत होते हैं तथापि मेरे मन को धैर्य नहीं है।' (रचना.)। 'यदि कोई धर्म, न्याय, सत्य, प्रीति पौरुष का हमसे नमूना चाहे! हम यही कहेंगे, राम, राम, राम' (इति.)। 'वैदिक लोग () कितना भी अच्छा लिखें तो भी उनके अक्षर अच्छे नहीं बनते' (मुद्रा.)।

कि–जब यह संकेतवाचक होता है, तब इसका अर्थ 'त्योंही' होता है, और यह दोनों वाक्यों के बीच में आता है; जैसे–'अक्टोबर चला कि उसे नींद ने सताया।' (सर.) 'शैव्या रोहिताश्व का मृतकंबल फाड़ा चाहती है कि रंगभूमि की पृथ्वी हिलती है' (सत्य.)।

कभी-कभी 'कि' के साथ उसका समानार्थी वाक्यांश 'इतने में' आता है; जैसे 'मैं तो जाने ही को था कि इतने में आप आ गए।'

(ई) **स्वरूपवाचक**–कि, जो, अर्थात्, याने, मानों।

इन अव्ययों के द्वारा जुड़े हुए शब्दों व वाक्यों में से पहले शब्द व वाक्य का स्वरूप (स्पष्टीकरण) पिछले शब्द व वाक्य से जाना जाता है; इसलिए इन अव्ययों को स्वरूपवाचक कहते हैं।

कि–इसके और-और अर्थ तथा प्रयोग पहले कह गए हैं। जब यह अव्यय स्वरूपवाचक होता है, तब इससे किसी बात का केवल आरंभ व प्रस्तावना सूचित होती है; जैसे–'श्रीशुकदेव मुनि बोले कि महाराज अब आगे कथा सुनिए' (प्रेम.)। 'मेरे मन में आती है कि इससे कुछ पूछूँ' (शकु.)। 'बात यह है कि लोगों की रुचि एक सी नहीं होती।'

जब आश्रित वाक्य मुख्य वाक्य से पहले आता है, तब 'कि' का लोप हो जाता है, परंतु मुख्य वाक्य में आश्रित वाक्य का कोई समानाधिकरण शब्द आता है; जैसे–'परमेश्वर एक है यह धर्म की बात है', 'रबर काहे का बनता है, यह बात बहुतेरों को मालूम नहीं है।'

(सू.–इस प्रकार की उलटी रचना का प्रचार हिंदी में बहुधा बंगला और मराठी की देखादेखी होने लगा है, परंतु वह सार्वत्रिक नहीं है। प्राचीन हिंदी कविता में 'कि' का

प्रयोग नहीं पाया जाता। आजकल के गद्य में भी कहीं-कहीं इसका लोप कर देते हैं जैसे–'क्या जाने, किसी के मन में क्या भरा है।')

जो–वह स्वरूपवाचक 'कि' का समानार्थी है, परंतु उसकी अपेक्षा अब व्यवहार में कम आता है। प्रेमसागर में इसका प्रयोग कई जगह हुआ है; जैसे–'यही विचारों जो मथुरा और वृंदावन में अंतर ही क्या है।', 'जिसने बड़ी भारी चूक की जो तेरी माँग श्रीकृष्ण को दी।' जिस अर्थ में भारतेंदु जी ने 'कि' का प्रयोग किया है, उसी अर्थ में द्विवेदी जी बहुधा 'जो' लिखते हैं, जैसे–'ऐसा न हो कि कोई आ जाय।' (सत्य.)। 'ऐसा न हो जो इंद्र यह समझे' (रघु.)।

(टि.–बंगला, उड़िया, मराठी आदि आर्यभाषाओं में 'कि' या 'जो' के संबंध से दो प्रकार की रचनाएँ पाई जाती हैं, जो संस्कृत के 'यत्' और 'इति' अव्ययों से निकली हैं। संस्कृत से 'यत्' के अनुसार उनमें 'जो' आता है और 'इति' के अनुसार बंगला में 'बलिया; उड़िया में 'बोली' मराठी में रूपन और नैपाली में (कैलाग के अनुसार) 'भनि' है।' इन सब का अर्थ 'कहकर' होता है। हिंदी में 'इति' के अनुसार रचना नहीं होती, परंतु 'यत्' के अनुसार इसमें 'जो' (स्वरूपवाचक) आता है। इस 'जो' का प्रयोग उर्दू 'कि' के समान होने के कारण 'जो' के बदले 'कि' का प्रचार हो गया है और 'जो' कुछ चुने हुए स्थानों में रह गया। मराठी और गुजराती में 'कि' क्रमशः 'की' और 'के' रूप में आता है। दक्षिणी हिंदी में 'इति' के अनुसार जो रचना होती है, उसमें 'इति' के लिए 'करके' (समुच्चयबोधक के समान) आता है; जैसे–'मैं जाऊँगा करके नौकर मुझसे कहता था' **नौकर** मुझसे कहता था कि मैं जाऊँगा)।

कभी-कभी मुख्य वाक्य में 'ऐसा', 'इतना', 'यहाँ तक' अथवा कोई विशेषण आता है; उसका स्वरूप (अर्थ) स्पष्ट करने के लिए 'कि' के पश्चात् आश्रित वाक्य आता है; जैसे–'क्या और देशों में इतनी सर्दी पड़ती है कि पानी जमकर पत्थर की चट्टान की नाईं हो जाता है?' (भाषासार.)। 'चोर ऐसा भागा कि उसका पता ही न लगा।' 'कैसी छलाँग भरी है कि धरती से ऊपर ही दिखाई देता है' (शकु.)। 'कुछ लोगों ने आदमियों के इस विश्वास को यहाँ तक उत्तेजित कर दिया है कि वे अपने मनोविकारों को तर्कशास्त्र के प्रमाणों से भी अधिक बलवान मानते हैं' (स्वा.)। 'काल चक्र बड़ा प्रबल है कि किसी को एक ही अवस्था में नहीं रहने देता' (मुद्रा.)। 'तू बड़ा मूर्ख है जो हमसे ऐसी बात कहता है' (प्रेम.)।

(सू.–इस अर्थ में 'कि' (व 'जो') केवल स्वरूपवाचक ही नहीं किंतु परिणाम-बोधक भी है। समानाधिकरण समुच्चयबोधक 'इसलिए' से जिस परिणाम का बोध होता है, उससे 'कि' के द्वारा सूचित होनेवाला परिणाम भिन्न है, क्योंकि इसमें परिणाम के साथ स्वरूप का अर्थ मिला हुआ है। इस अर्थ में केवल एक समुच्चयबोधक 'कि' आता है, इसलिए उसके इस एक अर्थ का विवेचन यहीं कर दिया गया है।

कभी-कभी 'यहाँ तक' और 'कि' साथ-साथ आते हैं और केवल वाक्य ही को नहीं, किंतु शब्दों को भी जोड़ते हैं; जैसे–'बहुत आदमी उन्हें सच मानने लगते है; यहाँ तक कि कुछ दिनों में वे सर्वसम्मत हो जाते हैं' (स्वा.)। 'इस पर तुम्हारे बड़े अन्न, रस्सियाँ यहाँ तक कि उपले लादकर लाते थे' (शिव.)। 'क्या यह भी संभव है कि एक

के काव्य के पद, यहाँ तक कि प्रायः श्लोकार्द्ध तद्वत् दूसरे के दिमाग से निकल पड़े (रघु.)। इन उदाहरणों में 'यहाँ तक कि' समुच्चयबोधक वाक्यांश है।

अर्थात्–यह संस्कृत विभक्त्यंत संज्ञा है। पर हिंदी में इसका प्रयोग समुच्चयबोधक के समान होता है। यह अव्यय किसी शब्द व वाक्य का अर्थ समझाने में आता है; जैसे–'धातु के टुकड़े ठप्पे के होने से सिक्का अर्थात् मुद्रा कहते हैं' (जीविका.)। 'गौतम बुद्ध अपने पाँचों चेलों समेत चौमासे भर अर्थात् बरसात भर बनारस में रहा' (इति.)। 'इनमें परस्पर सजातीय भाव है, अर्थात् ये एक दूसरी से जुदा नहीं है।' (स्वा.)। कभी-कभी 'अर्थात्' के बदले 'अथवा', 'वा', 'या' आते हैं; और तब यह बताना कठिन हो जाता है कि ये स्वरूपवाचक हैं या विभाजक; अर्थात् ये एक ही अर्थवाले शब्दों को मिलाते हैं या अलग-अलग अर्थवाले शब्दों को; जैसे–'बस्ती अर्थात् जनस्थान व जनपद का तो नाम भी मुश्किल से मिलता था' (इति.)। 'तुम्हारी हैसियत व स्थिति चाहे जैसी हो' (आदर्श.)। 'किसी और तरीके से सज्ञान, बुद्धिमान या अक्लमंद होना आदमी के लिए मुमकिन ही नहीं' (स्वा.)।

(सू.–किसी वाक्य में कठिन शब्द का अर्थ समझाने में अथवा एक वाक्य का अर्थ दूसरे वाक्य के द्वारा स्पष्ट करने में विभाजक तथा स्वरूपबोधक अव्ययों के अर्थ के अंतर पर ध्यान न रखने से भाषा में सरलता के बदले कठिनता आ जाती है और कहीं कहीं अर्थहीनता भी उत्पन्न होती है।)

कानूनी भाषा में दो नाम सूचित करने के लिए 'अर्थात्' का पर्यायवाची उर्दू 'उर्फ' लाया जाता है और साधारण बोलचाल में 'याने' आता है।

मनो–यह 'मानना' क्रिया के विधिकाल का रूप है, पर कभी-कभी इसका प्रयोग 'ऐसा' के साथ उपमा (उत्प्रेक्षा) में समुच्चयबोधक के समान होता है; जैसे–'यह चित्र ऐसा सुहावना लगता है मानो साक्षात् सुंदरावा आगे खड़ा हो' (शकु.)। 'आगे देखि जरति रिस भारी। मनहु रोष तरवार उघारी' (राम.)।

246. अब हम 'जो' के एक ऐसे प्रयोग का उदाहरण देते हैं, जिसका समावेश पहले कहे हुए समुच्चयबोधक के किसी वर्ग में नहीं हुआ है। 'मुझे मरना नहीं जो तेरा पक्ष करूँ' (प्रेम.)। इस उदाहरण में 'जो' न संकेतवाचक है न उद्देश्यवाचक, न स्वरूपवाचक। यहाँ 'जो' का अर्थ 'जिसलिए' है। जिसलिए, कभी-कभी 'इसलिए' के पर्याय में आता है; जैसे–'यहीं एक सभा होने वाली है जिसलिए (इसलिए) सब लोग इकट्ठे हैं।' इस दृष्टि से दूसरा वाक्य परिणामदर्शक मुख्य वाक्य हो सकता है।

247. संस्कृत और उर्दू शब्दों को छोड़कर (जिनकी व्युत्पत्ति हिंदी व्याकरण की सीमा के बाहर है) हिंदी के अधिकांश समुच्चयबोधकों की व्युत्पत्ति दूसरे शब्दभेदों से है और कई एक का प्रचार आधुनिक है। 'और' सार्वनामिक विशेषण है। 'जो' संबंध वाचक सर्वनाम और 'सो' निश्चयवाचक सर्वनाम है। 'यदि', 'परंतु', 'किंतु' आदि शब्दों का प्रयोग 'रामचरितमानस' और 'प्रेमसागर' में नहीं पाया जाता।

(टि.–संबंधसूचकों के समान समुच्चयबोधक का वर्गीकरण भी व्याकरण की दृष्टि से आवश्यक नहीं है। इस वर्गीकरण से केवल उनके भिन्न-भिन्न अर्थ का प्रयोग जानने

में सहायता मिल सकती है। पर समुच्चयबोधक अव्ययों के जो मुख्य वर्ग माने गए हैं उनकी आवश्यकता वाक्य-पृथक्करण के विचार से होती है, क्योंकि वाक्य-पृथक्करण वाक्य के अवयवों तथा वाक्य का परस्पर संबंध जानने के लिए बहुत ही आवश्यक है।

समुच्चयबोधकों का संबंध वाक्य पृथक्करण होने के कारण यहाँ इसके विषय में संक्षेपतः कुछ कहने की आवश्यकता है।

वाक्य बहुधा तीन प्रकार के होते हैं : साधारण, मिश्र और संयुक्त। इनमें से साधारण वाक्य इकहरे होते हैं, जिनमें वाक्यसंयोग की कोई आवश्यकता ही नहीं है। यह आवश्यकता केवल मिश्र और संयुक्त वाक्यों में होती है। मिश्र वाक्य में एक मुख्य वाक्य रहता है और उसके साथ एक या अधिक आश्रित वाक्य आते हैं। संयुक्त वाक्य के अंतर्गत सब वाक्य मुख्य होते हैं। मुख्य वाक्य अर्थ में एक-दूसरे से स्वतंत्र रहता है, परंतु आश्रित वाक्य मुख्य वाक्य के ऊपर अवलंबित रहता है। मुख्य वाक्यों को जोड़नेवाले समुच्चयबोध को समानाधिकरण कहते हैं, और मिश्र वाक्य के उप वाक्य को जोड़नेवाले अव्यय व्यधिकरण कहलाते हैं।

जिन हिंदी व्याकरणों में समुच्चयबोधकों के भेद माने गए हैं, उनमें से प्रायः सभी दो भेद मानते हैं। (1) संयोजक और (2) विभाजक। शेष इन दोनों भेदों में आ सकते हैं। इसलिए यहाँ इन भेदों पर विशेष विचार करने की आवश्यकता नहीं है।

'भाषातत्त्वदीपिका' में समुच्चयबोधक के केवल पाँच भेद माने गए हैं जिनमें और कई अव्ययों के सिवा 'इसलिए' का भी ग्रहण नहीं किया गया। यह अव्यय आदम के व्यारकण को छोड़ और किसी व्याकरण में नहीं आया, जिससे अनुमान होता है कि इसके समुच्चयबोधक होने में संदेह है। इस शब्द के विषय में हम पहले लिख चुके हैं कि मूल अव्यय नहीं है, किंतु संबंधसूचकांत सर्वनाम है, परंतु उसका प्रयोग समुच्चयबोधक के समान होता है और दो-तीन संस्कृत अव्ययों को छोड़ हिंदी में इस अर्थ का और कोई अव्यय नहीं है। 'इसलिए', 'अतएव', 'अतः', 'और' जी 'लिहाजा' से परिणाम का बोध होता है और यह अर्थ दूसरे अव्ययों से नहीं पाया जाता, इसलिए इन अव्ययों के लिए एक अलग भेद मानने की आवश्यकता है।

हमारे किए हुए वर्गीकरण में यह दोष हो सकता है कि एक ही शब्द कहीं-कहीं एक से अधिक वर्गों में आया है। यह इसलिए हुआ है कि कुछ शब्दों के अर्थ और प्रयोग भिन्न-भिन्न प्रकार के हैं, परंतु केवल वे ही शब्द एक वर्ग में नहीं आए, और भी दूसरे शब्द उस वर्ग में आए हैं।)

चौथा अध्याय

विस्मयादिबोधक

248. जिन अव्ययों का संबंध वाक्य से नहीं रहता, जो वक्ता के केवल हर्ष, शोकादि भाव सूचित करते हैं उन्हें विस्मयादिबोधक अव्यय कहते हैं, जैसे-'हाय अब मैं क्या करूँ!' (सत्य.)। 'हैं! यह क्या कहते हो' (परी.)। इन वाक्यों में 'हाय' दुःख और 'हैं' आश्चर्य तथा क्रोध सूचित करता है और जिन वाक्यों में ये शब्द हैं, उनसे इनका कोई संबंध नहीं है।

व्याकरण में इन शब्दों का विशेष महत्त्व नहीं, क्योंकि वाक्य का मुख्य काम जो विधान करना है, उसमें इनके योग से कोई आवश्यक सहायता नहीं मिलती। इसके सिवा इनका प्रयोग केवल वहीं होता है जहाँ वाक्य के अर्थ की अपेक्षा अधिक तीव्र भाव सूचित करने की आवश्यकता होती है। 'मैं अब क्या करूँ।' इस वाक्य से शोक पाया जाता है, परंतु यदि शोक की अधिक तीव्रता सूचित करनी हो तो उसके साथ 'हाय' जोड़ देंगे, जैसे–'हाय! अब मैं क्या करूँ।' विस्मयादिबोधक अव्ययों में अर्थ का अत्यंताभाव नहीं है, क्योंकि इनमें से प्रत्येक शब्द से पूरे वाक्य का अर्थ निकलता है, जैसे–अकेले 'हाय' के उच्चारण से यह भाव जाना जाता है कि 'मुझे बड़ा दु:ख है'। तथापि जिस प्रकार शरीर या स्वर की चेष्टा से मनुष्य के मनोविकारों का अनुमान किया जाता है, उसी प्रकार विस्मयादिबोधक अव्ययों से भी इन मनोविकारों का अनुमान होता है, और जिस प्रकार चेष्टा को व्याकरण में व्यक्त भाषा नहीं मानते, उसी प्रकार विस्मयादिबोधकों की गिनती वाक्य के अव्ययों में नहीं होती।

249. भिन्न-भिन्न मनोविकार सूचित करने के लिए भिन्न-भिन्न विस्मयादिबोधक उपयोग में आते हैं, जैसे–

हर्षबोधक–आहा! वाह वा! धन्य धन्य! शाबाश! जय! जयति!

शोकबोधक–आह! ऊह! हा हा! हाय! दइया रे! बाप रे! त्राहि त्राहि! राम राम! हा राम!

आश्चर्यबोधक–वाह! हैं! ऐ ओहो! वाह वा! क्या!

अनुमोदनबोधक–ठीक! वाह! अच्छा! शाबाश! हाँ! हाँ! (कुछ अभिमान में) भला!

तिरस्कारबोधक–छि:! हट! अरे! दुर! धिक्! चुप!

स्वीकारबोधक–हाँ! जी हाँ! अच्छा! जी! ठीक! ठीक! बहुत अच्छा!

संबोधनबोधक–अरे! रे! (छोटों के लिए), अजी! लो! है! हो! क्या! अहो! क्यों!

(सू.–स्त्री के लिए 'अरे' का रूप 'अरी' और 'रे' का रूप 'री' होती है। और बहुत्व के लिए दोनों लिंगों में 'आहो', 'अजी' आते हैं।

'हे', 'हो' आदर और बहुत्व के लिए दोनों वचनों में आते हैं। 'हो' बहुधा संज्ञा के आगे आता है।

'सत्य हरिश्चंद्र में स्त्रीलिंग संज्ञा के साथ 'रे' आया है जैसे–वाह रे! 'महानुभावता'। यह प्रयोग अशुद्ध है।)

250. कई एक क्रियाएँ, संज्ञाएँ, विशेषण भी और क्रिया-विशेषण भी विस्मयादिबोधक हो जाते हैं; जैसे–भगवान राम राम! अच्छा! लो! हट! चुप! क्यों! खैर! अस्तु!

251. कभी-कभी पूरा वाक्य अथवा वाक्यांश विस्मयादिबोधक हो जाता है; जैसे–क्या बात है! बहुत अच्छा! सर्वनाश हो गया! धन्य महाराज! क्या न हो भगवान न करे। इन वाक्यों और वाक्यांशों से मनोविकार अवश्य सूचित होते हैं; परंतु इन्हें विस्मयादिबोधक मानना ठीक नहीं है। इनमें जो वाक्यांश हैं, उनके अध्याहृत शब्दों के व्यक्त करने से वाक्य सहज ही बन सकते हैं। यदि इस प्रकार के वाक्यों और वाक्यांशों को विस्मयादिबोधक अव्यय मानें तो फिर किसी भी मनोविकारसूचक वाक्यों को विस्मयादिबोधक अव्यय मानना होगा; जैसे–'अपराधी निर्दोष है, पर उसे फाँसी भी हो सकती है।' (शिव.)।

(क) कोई-कोई लोग बोलने में कुछ ऐसे शब्दों का प्रयोग करते हैं, जिनकी न तो वाक्य में कोई आवश्यकता होती है और न जिनका वाक्य के अर्थ से कोई संबंध रहता है; जैसे–'जो है सो', 'राम आसरे', 'क्या कहना है', 'क्या नाम करके' इत्यादि। कविता में लु, सु, हि, अहो, इत्यादि शब्द इसी प्रकार से आते हैं जिनको पादपूरक कहते हैं। 'अपना' ('अपने') शब्द भी इसी तरह उपयोग में आते हैं; 'पढ़ लिखकर होशियार हो गया, अपना कमा खा।' (सर.)। ये सब एक प्रकार के व्यर्थ अव्यय हैं, और इनको अलग कर देने से वाक्यार्थ में कोई बाधा नहीं आती।

दूसरा भाग

शब्दसाधन

दूसरा परिच्छेद

रूपांतर

पहला अध्याय

लिंग

252. अलग-अलग अर्थ सूचित करने के लिए शब्दों में जो विकार होते हैं, उन्हें रूपांतर कहते हैं। (दे. अंक 91)।

(सू.–इस भाग के पहले तीन अध्यायों में संज्ञा के रूपांतरों का विवेचन किया जाएगा।)

253. संज्ञा में लिंग; वचन और कारक के कारण रूपांतर होता है।

254. संज्ञा के जिस रूप से वस्तु की (पुरुष व स्त्री) जाति का बोध होता है, उसे लिंग। कहते हैं। हिंदी में दो लिंग होते हैं : (1) (पुंल्लिंग) शुद्ध शब्द 'पुल्लिंग' है पर हिंदी में इसी प्रकार लिखने का प्रचार है, और (2) स्त्रीलिंग।

(टि.–सृष्टि की संपूर्ण वस्तुओं की (मुख्य दो) जातियाँ चेतन और जड़ हैं। चेतन वस्तुओं (जीवधारियों) में पुरुष और स्त्री जाति का भेद होता है, परंतु जड़ पदार्थ में यह भेद नहीं होता। इसलिए संपूर्ण वस्तुओं की एकत्र तीन जातियाँ होती हैं : पुरुष, स्त्री और जड़। इन तीन जातियों के विचार से व्याकरण में उनके सवाचक शब्दों को तीन लिंगों में बाँटते हैं : (1) पुल्लिंग, (2) स्त्रीलिंग और (3) नपुंसक लिंग। अँग्रेजी व्याकरण में लिंग का निर्माण बहुधा ऐसी व्यवस्था के अनुसार होता है। संस्कृत, मराठी, गुजराती आदि भाषाओं में भी तीन लिंग होते हैं, परंतु उनमें कुछ जड़ पदार्थों को उनके कुछ विशेष गुणों के कारण सचेतन मान लिया गया है। जिन पदार्थों में कठोरता, बल, श्रेष्ठता आदि गुण दिखते हैं उनमें पुरुषत्व की कल्पना करके उनके वाचक शब्दों को पुल्लिंग, और जिनमें नम्रता, कोमलता, सुंदरता आदि गुण दिखाई देते हैं, उनमें स्त्रीत्व की कल्पना करके उनके वाचक शब्दों को स्त्रीलिंग कहते हैं। शेष अप्राणिवाचक शब्दों को बहुधा नपुंसक लिंग कहते हैं। हिंदी में लिंग के विचार से सब जड़ पदार्थों को सचेतन मानते हैं, इसलिए इसमें नपुंसक लिंग नहीं है। यह लिंग न होने के कारण हिंदी की लिंग-व्यवस्था पूर्वोक्त भाषाओं की अपेक्षा कुछ सहज है; परंतु जड़ पदार्थों में पुरुषत्व व स्त्रीत्व की

कल्पना के लिए कुछ शब्दों के रूपों को तथा दूसरी भाषाओं के शब्दों के मूल लिंगों को छोड़कर और कोई आधार नहीं है।)

255. जिस संज्ञा से (यथार्थ व कल्पित) पुरुषत्व का बोध होता है, उसे पुल्लिंग कहते हैं; जैसे–लड़का, बैल, पेड़, नगर इत्यादि। इन उदाहरणों में 'लड़का' और 'बैल' यथार्थ पुरुषत्व सूचित करते हैं और पेड़' तथा 'नगर' से कल्पित पुरुषत्व का बोध होता है, इसलिए ये शब्द पुल्लिंग हैं।

256. जिस संज्ञा से (यथार्थ व कल्पित) स्त्रीत्व का बोध होता है, उसे स्त्रीलिंग कहते हैं; जैसे–लड़की, गाय, लता, पुरी इत्यादि। इन उदाहरणों में 'लड़की' और 'गाय' से यथार्थ स्त्रीत्व का और 'लता' तथा 'पुरी' में कल्पित स्त्रीत्व का बोध होता है; इसलिए ये शब्द स्त्रीलिंग हैं।

लिंग निर्णय

257. हिंदी में लिंग का पूर्ण निर्णय करना कठिन है। इसके लिए व्यापक और पूरे नियम नहीं बन सकते, क्योंकि इनके लिए भाषा के निश्चित व्यवहार का आधार नहीं है। तथापि हिंदी में लिंगनिर्णय दो प्रकार से किया जाता है : (1) शब्द के अर्थ से और (2) उसके रूप से। बहुधा प्राणिवाचक शब्दों का लिंग अर्थ के अनुसार और अप्राणिवाचक शब्दों का लिंग रूप के अनुसार निश्चित करते हैं। शेष शब्दों का लिंग केवल व्यवहार के अनुसार माना जाता है; और इसके लिए व्याकरण से पूर्ण सहायता नहीं मिल सकती।

258. जिन प्राणिवाचक संज्ञाओं से जोड़े का ज्ञान होता है, उनमें पुरुषवाचक संज्ञाएँ पुल्लिंग और स्त्रीबोधक संज्ञाएँ स्त्रीलिंग होती हैं; जैसे–पुरुष, घोड़ा, मोर, इत्यादि पुल्लिंग हैं; और स्त्री, घोड़ी, मोरनी इत्यादि स्त्रीलिंग हैं।

अप.–'संतान' और 'सवारी' (यात्री) स्त्रीलिंग हैं।

(सू.–शिष्ट लोगों में स्त्री के लिए 'घर के लोग'–पुल्लिंग शब्द–बोला जाता है। संस्कृत में 'दार' (स्त्री) शब्द का प्रयोग पुल्लिंग, बहुवचन में होता है।

(क) कई एक मनुष्येतर प्राणिवाचक संज्ञाओं से दोनों जातियों का बोध होता है; पर वे व्यवहार के अनुसार नित्य पुल्लिंग व स्त्रीलिंग होती हैं, जैसे–

पु.–पक्षी, उल्लू कौआ, भेड़िया, चीता, खटमल, केंचुआ इत्यादि।

स्त्री.–चील, कोयल, बटेर, मैना, गिलहरी, जोंक, तितली, मक्खी, मछली इत्यादि। इन शब्दों के प्रयोग में लोग इस बात की चिंता नहीं करते कि इनके वाच्य प्राणी पुरुष हैं व स्त्री। इस प्रकार के उदाहरणों को एकलिंग कह सकते हैं। कहीं-कहीं 'हाथी' को स्त्रीलिंग में बोलते हैं, पर यह प्रयोग अशुद्ध है।

(ख) प्राणियों के समुदायवाचक नाम भी व्यवहार के अनुसार पुल्लिंग वा स्त्रीलिंग होते हैं; जैसे–

पु.–समूह, झुंड, कुटुंब, संघ, दल, मंडल, इत्यादि।

स्त्री.–भीड़, फौज, सभा, प्रजा, सरकार, टोली इत्यादि।

259. हिंदी में अप्राणिवाचक शब्दों का लिंग जानना विशेष कठिन है; क्योंकि यह बात अधिकांश व्यवहार के अधीन है। अर्थ और रूप दोनों ही साधनों से इन शब्दों का लिंग जानने में कठिनाई होती है। नीचे लिखे उदाहरणों में यह कठिनाई स्पष्ट जान पड़ेगी।

(अ) एक ही अर्थ के कई अलग-अलग शब्द अलग-अलग लिंग के हैं; जैसे–नेत्र (पुं.), आँख (स्त्री.), मार्ग (पुं.), बाट (स्त्री.)।

(आ) एक ही अंत के कई एक शब्द अलग-अलग लिंगों में आते हैं; जैसे–कोदों (पुं.), सरसों (स्त्री.), खेत (पुं.), दौड़ (स्त्री.), आलू (पुं.), बालू (स्त्री.)।

(इ) कई शब्दों को भिन्न-भिन्न लेखक भिन्न-भिन्न लिंगों में लिखते हैं; जैसे–उसकी चर्चा, (स्त्री.)। (परी.)। इसका चर्चा, (पुं.)। (इति.)। सीरी पवन, (स्त्री.) (नील.)। पवन चल रहा था, (रघु.)। मेरे जान (पुं.) (परी.)। मेरी जान में, (स्त्री.) (गुटका)।

(ई) एक ही शब्द एक ही लेखक की पुस्तकों में अलग-अलग लिंगों में आता हैं; जैसे–'देह ठंडी पड़ गई' (ठेठ. पृष्ठ 33); 'उसके सब देह में' (ठेठ. पृ. 50)। 'कितने संतान हुए' (इति पृ. 1), 'रघुकूलभूषण की संतान' (गुटका. ती. भा., पृ. 4)। 'बहुत बरसें हो गईं' (स्वा. पृ. 1)। 'सवा सौ बरस हुए' (सर., भाग 15, पृष्ठ 640)।

(सू.–अंत के दो (इ और ई) उदाहरणों की लिंग विभिन्नता शिष्ट प्रयोग के अनादर से अथवा छापे की भूल से उत्पन्न हुई है।)

260. किसी-किसी वैयाकरण ने अप्राणिवाचक संज्ञाओं के अर्थ के अनुसार लिंगनिर्णय करने के लिए कई नियम बनाए हैं। पर ये अव्यापक और अपूर्ण हैं। अव्यापक इसलिए कि एक नियम में जितने उदाहरण हैं, प्राय: उतने ही अपवाद हैं। और अपूर्ण इसलिए कि ये नियम थोड़े ही प्रकार के शब्दों पर बने हैं; शेष शब्द के लिए कोई नियम नहीं है। अव्यापक और अपूर्ण नियमों के कुछ उदाहरण हम अन्यान्य व्याकरणों से यहाँ लिखते हैं :

(1) नीचे लिखे अप्राणिवाचक शब्द अर्थ के अनुसार पुल्लिंग हैं।

(अ) शरीर के अवययों के नाम–बाल, सिर, मस्तक, तालू, ओठ, दंत, मुँह, कान, गाल, हाथ, पाँव, नख, रोम इत्यादि।

अप.–आँख, नाक, जीभ, जाँघ, खाल, नस इत्यादि।

(आ) धातुओं के नाम–सोना, रूपा, ताँबा, पीतल, लोहा, सीसा, टीन, काँसा, इत्यादि।

अप.–चाँदी, मिट्टी, धातु इत्यादि।

(इ) रत्नों के नाम–हीरा, मोती, माणिक, मूँगा, पन्ना इत्यादि।

अप.–मणि, चुन्नी, लालड़ी इत्यादि।

(ई) पेड़ों के नाम–पीपल, बढ़, सागौन, शीशम, अशोक इत्यादि।

अप.–नीम, जामुन, कचनार इत्यादि।

(उ) अनाजों के नाम–जौ, गेहूँ, चावल, मटर, उड़द, चना, तिल इत्यादि।

अप.–मक्का, जुआर, मूँग, अरहर इत्यादि।

(ऊ) द्रव पदार्थों के नाम–घी, तेल, पानी, दही, मही, शर्बत, सिरका, अतर, आसव, अवलेह इत्यादि।

अप.–छाछ, स्याही, मसि इत्यादि।

(ऋ) जल और स्थल के भागों के नाम–देश, नगर, द्वीप, पहाड़, समुद्र, सरोवर, आकाश, पाताल, घर इत्यादि।

अप.–नदी, झील, घाटी इत्यादि।

(ए) ग्रहों के नाम–सूर्य, चंद्र, मंगल, बुध, शनि, राहु, केतु इत्यादि।

अप.–पृथी।

(ऐ) वर्णमाला के अक्षरों के नाम; जैसे–अ, औ, क, प, य, श इत्यादि।

अप.–इ, ई ऋ।

(2) अर्थ के अनुसार नीचे लिखे शब्द स्त्रीलिंग हैं :

(अ) नदियों के नाम–गंगा, यमुना, राप्ती, नर्मदा, कृष्णा इत्यादि।

अप.–सोन, सिंधु, ब्रह्मपुत्र इत्यादि।

(आ) तिथियों के नाम–परिवा, दूज, तीज, चौथ इत्यादि।

(इ) नक्षत्रों के नाम–अश्विनी, भरणी, कृत्तिका, रोहिणी इत्यादि।

(ई) किराने के नाम–लौंग, इलायची, सुपारी, जावित्री (जायपत्री), दालचीनी इत्यादि।

अप.–तेजपात, कपूर इत्यादि।

(उ) भोजनों के नाम–पूरी, कचौरी, खीर, दाल, रोटी, तरकारी, खिचड़ी, कढ़ी इत्यादि।

अप.–भात, रायता, हलुआ, मोहनभोग इत्यादि।

(ऊ) अनुकरणवाचक शब्द, जैसे–झकझक, बड़बड़, झंझट इत्यादि।

261. अब संज्ञाओं के रूप के अनुसार लिंगनिर्णय करने के कुछ नियम लिए जाते हैं। ये नियम भी अपूर्ण हैं, परंतु बहुधा निरपवाद हैं। हिंदी में संस्कृत और उर्दू शब्द भी आते हैं, इसलिए इन भाषाओं के शब्दों का अलग-अलग विचार करने में सुविधा होगी।

1. हिंदी शब्द

पुल्लिंग

(अ) ऊनवाचक संज्ञाओं को छोड़ शेष आकारांत संज्ञाएँ, जैसे–कपड़ा, गन्ना, पैसा, पहिया, आटा, चमड़ा इत्यादि।

(आ) जिन भाववाचक संज्ञाओं के अंत में न, अव, पन, वा, पा होता है; जैसे–आना, गाना, बहाव, चढ़ाव, बड़प्पन, बुढ़ापा इत्यादि।

(इ) कृदंत की आनांत संज्ञाएँ, जैसे–लगान, मिलान, पान, नहान, उठान इत्यादि।

स्त्रीलिंग

(अ) ईकारांत संज्ञाएँ; जैसे–नदी, चिट्ठी, रोटी, टोपी, उदासी इत्यादि।

अप.–पानी, घी, जी, मोती, दही, मही।

(सू. कहीं-कहीं 'दही' को 'स्त्रीलिंग' में बोलते हैं; पर यह अशुद्ध है।)

(आ) ऊनवाचक याकारांत संज्ञाएँ; जैसे–फुड़िया, खटिया, डिबिया, ठिलिया, इत्यादि।

(इ) तकरांत संज्ञाएँ, जैसे–रात, बात, लात, छत, भीत इत्यादि।

अप.–भात, खेत, सूत, गात, दाँत इत्यादि।

(ई) ऊकारांत संज्ञाएँ; जैसे—बालू, लू, दारू, गेरू, खालू, ब्यालू, झाड़ू इत्यादि।

अप.—आँसू आलू रतालू टेसू।

(उ) अनुस्वारांत संज्ञाएँ, जैसे—सरसों, जोखों, खड़ाऊँ, गौं, दौं, चूँ इत्यादि।

अप.—कोदों, गेहूँ।

(ऊ) सकारांत संज्ञाएँ; जैसे—प्यास, मिठास, निंदास, रास (लगान), बाँस, साँस इत्यादि।

अप.—निकास, काँस, रास (नृत्य)।

(ऋ) कृदंत की नकारांत संज्ञाएँ; जिसका उपात्य वर्ण अकरांत हो, अथवा जिसका धातु नकारांत हो; जैसे—रहन, सूजन, जलन, उलझन, पहचान इत्यादि।

अप.—चलन और चालचलन उभयलिंग हैं।

(ए) कृदंत की अकारांत संज्ञाएँ; जैसे—लूट, मार, समझ, दौड़, सँभाल, चमक, छाप, पुकार इत्यादि।

अप.—खेल, नाच, मेल, बिगार, बोल, उतार, इत्यादि।

(ऐ) जिन भाववाचक संज्ञाओं के अंत में ट, वट व हट होता है; जैसे—सजावट बनावट, चिकनाहट, झंझट, आहट इत्यादि।

(ओ) जिन संज्ञाओं के अंत में ख होता है; जैसे—ईख, भूख, राख, चोख, काँख, कोख, देख-रेख, लाख (लाक्षा) इत्यादि।

अप.—पा, ख, रूख।

2. संस्कृत शब्द

पुल्लिंग

(अ) जिन संज्ञाओं के अंत में त्र होता है; जैसे—चित्र, क्षेत्र, पात्र, नेत्र, गोत्र, चरित्र, शस्त्र इत्यादि।

(आ) नांत संज्ञा, जैसे—पालन, पोषण, दमन, वचन, नयन, गमन, हरण इत्यादि।

अप.—'पवन' उभयलिंग है।

(इ) 'ज' प्रत्यांत संज्ञाएँ; जैसे—जलज, स्वेदज, पिंडज, सरोज इत्यादि।

(ई) जिन भाववाचक संज्ञाओं के अंत में त्य, त्व, व, र्य होता है; जैसे—सतीत्व, बहुत्व, नृत्य, कृत्य, लाघव, गौरव, माधुर्य, धैर्य, इत्यादि।

(उ) जिन शब्दों के अंत में 'आर', 'आय' व 'आस' हो; जैसे—विकार, विस्तार, संसार, अध्याय, उपाय, समुदाय, उल्लास, विलास, हास इत्यादि।

अप.—सहाय (उभयलिंग), आय (स्त्रीलिंग)।

(ऊ) 'अ' प्रत्ययांत संज्ञाएँ; जैसे—क्रोध, मोह, पाक, त्याग, दोष, स्पर्श इत्यादि।

अप.—'जय' स्त्रीलिंग और 'विनय' उभयलिंग है।

(ऋ) 'त' प्रत्ययांत संज्ञाएँ; जैसे—चरित, फलित, गणित, मत, गीत, स्वागत इत्यादि।

(ए) जिनके अंत में 'ख' होता है; जैसे—नख, सुख, दुख, लेख, मख, शंख इत्यादि।

स्त्रीलिंग

(अ) आकारांत संज्ञाएँ; जैसे–दया, माया, कृपा, लज्जा, क्षमा, शोभा, सभा इत्यादि।

(आ) नाकारांत संज्ञाएँ; जैसे–प्रार्थना, वेदना, प्रस्तावना, रचना, घटना इत्यादि।

(इ) 'उ' प्रत्ययांत संज्ञाएँ, जैसे–वायु, रेणु, रज्जु, जानु, मृत्यु, वस्तु, धातु, ऋतु इत्यादि।

अप.–मधु, अश्रु, तालु, मेरु, हेतु, सेतु इत्यादि।

(ई) जिनके अंत में 'ति' व 'नि' होती है; जैसे–गति, मति, जाति, रीति, हानि, ग्लानि, योनि, बुद्धि, ऋद्धि इत्यादि।

(सू.–अंत के तीन शब्द 'ति' प्रयत्यांत हैं, पर संधि के कारण उनका कुछ रूपांतर हो गया है।)

(उ) 'ता' प्रत्ययांत भाववाचक संज्ञाएँ; जैसे–नम्रता, लघुता, सुंदरता, प्रभुता, जड़ता इत्यादि।

(ऊ) इकारांत संज्ञाएँ; जैसे–निधि, विधि (रीति), परिधि, राशि, अग्नि (आग), छवि, केलि, रुचि इत्यादि।

अप.–वारि, जलधि, पाणि, गिरि, आदि, बलि इत्यादि।

(ऋ) 'इमा' प्रत्ययांत शब्द; जैसे–महिमा, गरिमा, कालिमा, लालिमा इत्यादि।

3. उर्दू शब्द

पुल्लिंग

(अ) जिनके अंत में 'आब' होता है; जैसे–गुलाब, हिसाब, जवाब, कबाब, इत्यादि।

अप.–शराब, मिहराब, किताब, कमखाब, ताब इत्यादि।

(आ) जिनके अंत में 'आर' या 'आन' होता है; जैसे–बाजार, इकरार, इश्तिहार, झनकार, अहसान, मकान, सामान, इम्तिहान इत्यादि।

अप.–दूकान, सरकार (शासकवर्ग), तकरार।

(इ) जिसके अंत में 'ह' होता है। हिंदी में 'ह' बहुधा 'आ' होकर अंत्य स्वर में मिल जाता है; जैसे–परदा, गुस्सा, किस्सा, राता, चश्मा, तमगः (अप. तमगा) इत्यादि।

अप.–दफा।

स्त्रीलिंग

(अ) ईकारांत भाववाचक संज्ञाएँ, जैसे–गरमी, गरीबी, सरदी, बीमारी, चालाकी, तैयारी, नवाबी, इत्यादि।

(आ) शकारांत संज्ञाएँ, जैसे–नालिश, कोशिश, लाश, तलाश, बारिश, मालिश, इत्यादि।

अप.–ताश, होश।

(इ) तकरांत संज्ञाएँ, जैसे–दौलत, कसरत, अदालत, हजामत, कीमत, मुलाकात, इत्यादि।

अप.–शरबत, दस्तखत, बंदोबस्त, वक्त, तख्त।

(ई) आकारांत संज्ञाएँ; जैसे–हवा, दवा, सजा, जमा, दुनिया, बला (अप. बलाय) इत्यादि।

अप.–'मजा' उभयलिंग और 'दगा' पुल्लिंग है।

(उ) 'तफईल' के वजन की संज्ञाएँ; जैसे–तसबीर, तामील, जागीर, तहसील, तफसील इत्यादि।

(ऊ) हकरांत संज्ञाएँ; जैसे–सुबह, तरह, राह, आह, सलाह, सुलह इत्यादि।

अप.–माह, गुनाह।

262. कोई-कोई संज्ञाएँ दोनों लिंगों में आती हैं। इनके उदाहरण पहले आ चुके हैं; और उदाहरण यहाँ दिए जाते हैं। इन संज्ञाओं को उभयलिंग कहते हैं।

आत्मा, कलम, गड़बड़, गेंद, घास, चलन, चाल-चलन, तमाखू, दरार, पुस्तक, पवन, बर्फ, विनय, श्वास, समाज, सहाय इत्यादि।

263. हिंदी के तीन चौथाई शब्द संस्कृत के हैं और तत्सम तथा तद्भव रूपों में पाए जाते हैं। संस्कृत में पुल्लिंग या नपुंसक लिंग हिंदी में बहुधा पुल्लिंग और स्त्रीलिंग शब्द बहुधा स्त्रीलिंग होते हैं। तथापि कई एक तत्सम और तद्भव शब्दों का मूल लिंग हिंदी में बदल गया है; जैसे–

तत्सम शब्द

शब्द	सं. लिंग	हिं. लिं.
अग्नि (आग)	पुं.	स्त्री.
आत्मा	पुं.	उभय.
आयु	न.	स्त्री.
जय	न.	स्त्री.
तारा	स्त्री.	पुं.
देवता	स्त्री.	पुं.
देह	पुं.	स्त्री.
पुस्तक	न.	उभय.
पवन	पुं.	उभय.
वस्तु	न.	स्त्री.
राशि	पुं.	स्त्री.
व्यक्ति	स्त्री.	पुं.
शपथ	पुं.	स्त्री.

तद्भव शब्द

तत्सम	सं. लिंग	तद्भव	हिं. लिं.
औषध	पुं.	औषधि	स्त्री.

औषधि	स्त्री.		
शपथ	पुं.	सौह	स्त्री.
बाहु	पुं.	बाँह	स्त्री.
बिंदु	पुं.	बुंद	स्त्री.
तंतु	पुं.	ताँत	स्त्री.
अक्षि	पुं.	आँण	स्त्री.

(सू.–इन शब्दों का प्रयोग शास्त्री, पंडित आदि विद्वान् बहुधा संस्कृत लिंगानुसार ही करते हैं।)

264. अरबी, फारसी, आदि उर्दू भाषाओं के शब्दों में भी इस हिंदी लिंगांतर के कुछ उदाहरण पाए जाते हैं; अरबी का 'मुहावरत' (स्त्रीलिंग) हिंदुस्तानी में 'मुहावरा' (पुंल्लिग) हो गया है। (प्लाट्स हिंदुस्तानी व्याकरण, पृ. 28)।

265. अँग्रेजी शब्दों के संबंध में लिंगनिर्णय के लिए रूप और अर्थ दोनों का विचार किया जाता है।

(अ) कुछ शब्दों को उसी अर्थ के हिंदी का लिंग प्राप्त हुआ है; जैसे–

कंपनी–मंडली	स्त्री.	नंबर–अंक	पु.
कोट–अँगरखा	पु.	कमेटी–सभा	स्त्री.
बूट–जूता	पु.	लेक्चर–व्याख्यान	पु.
चेन–साँकल	स्त्री.	वारंट–चालान	पु.
लैंप–दिया	पु.	फीस–दक्षिणा	स्त्री.

(आ) कई एक शब्द आकारांत होने के कारण पुल्लिंग और ईकारांत होने के कारण स्त्रीलिंग हुए हैं; जैसे–

पुं.–सोडा, डेल्टा, केमरा इत्यादि।

स्त्री.–चिमनी, गिनी, म्युनिसिपैल्टी, लायब्रेरी, हिस्ट्री, डिक्शनरी इत्यादि।

(इ) कई एक अँग्रेजी शब्द दोनों लिंगों में आते हैं; जैसे–स्टेशन, प्लेग, मेल, मोटर, पिस्तौल।

(ई) कांग्रेस, कौंसिल, रिपोर्ट और अपील स्त्रीलिंग हैं।

266. अधिकांश सामाजिक शब्दों का लिंग अंत्य शब्द के लिंग के अनुसार होता है; जैसे–रसोईघर (पु.), धर्मशाला (स्त्री.), माँ-बाप (पु.) इत्यादि।

(सू.–कई व्याकरणों में यह नियम व्यापक माना गया है पर दो-एक समासों में यह नियम नहीं लगता; जैसे–'मंदमति' शब्द केवल कर्मधारय में स्त्रीलिंग है, परंतु बहुब्रीहि में पूरे शब्द का लिंग विशेष्य के अनुसार होता है; जैसे–'मंदमति बालक'।)

267. सभा, पत्र, पुस्तक और स्थान के मुख्य नामों का लिंग बहुधा शब्द के रूप के अनुसार होता है; जैसे–'महासभा' (स्त्री.), 'महामंडल' (पु.), 'मर्यादा' (स्त्री.), 'शिक्षा' (स्त्री.), 'प्रताप' (पु.), 'इंदु' (पु.), 'रामकहानी' (स्त्री.), 'रघुवंश' (पु.), दिल्ली (स्त्री.), आगरा (पु.) इत्यादि।

स्त्रीप्रत्यय

268. अब उन विकारों का वर्णन किया जाता है जो संज्ञाओं में लिंग के कारण होते हैं। हिंदी में पुल्लिंग से स्त्रीलिंग बनाने के लिए नीचे लिखे प्रत्यय आते हैं :

ई, इया, इन, नी, आनी, आइन, आ।

1. हिंदी शब्द

269. प्राणिवाचक आकारांत पुल्लिंग संज्ञाओं के अंत्य स्वर के बदले 'ई' लगाई जाती है; जैसे–

लड़का–लड़की   घोड़ा–घोड़ी
बेटा–बेटी   बकरा–बकरी
पुतला–पुतली   गधा–गधी
चेला–चेली   चींटा–चींटी

(अ) संबंधवाचक शब्द इसी वर्ग में आते हैं; जैसे–

काका–काकी   नाना–नानी
मामा–मामी, माई   साला–साली
दादा–दादी   भतीजा–भतीजी
आजा–आजी   भानजा–भानजी

(सू.–'मामा' का स्त्रीलिंग 'मुमानी' मुसलमानों में प्रचलित है।)

(आ) निरादर या प्रेम में कहीं-कहीं 'ई' के बदले 'इया' आता है और यदि अंत्याक्षर द्वित्व हो तो पहले व्यंजन का लोप हो जाता है, जैसे–

कुत्ता–कुतिया   बुड्ढा–बुढ़िया
बच्छा–बछिया   बेटा–बिटिया

(इ) मनुष्येतर प्राणिवाचक त्रयक्षरी शब्दों में; जैसे–

बंदर–बंदरी   हिरन–हिरनी   कुकर–कुकरी
गीदड़–गीदड़ी   मेंढक–मेंढकी   तीतर–तीतरी

(सू.–यह प्रत्यय संस्कृत शब्दों में भी आता है।)

270. ब्राह्मणेतर वर्णवाचक या व्यवसायवाचक और मनुष्येतर कुछ प्राणिवाचक संज्ञाओं के अंत्य स्वर में 'इन' लगाया जाता है; जैसे–

सुनार–सुनारिन   नाती–नातिन   लुहार–लुहारिन
अहीर–अहीरिन   धोबी–धोबिन   बाघ–बाघिन (राम.)
तेली–तेलिन   कुँजड़ा–कुँजड़िन   साँप–सापिन (राम.)

(अ) कई एक संज्ञाओं में 'नी' लगती है; जैसे–

ऊँट–ऊँटनी   बाघ–बाघिनी   हाथी–हथनी
मोर–मोरनी   रीछ–रीछनी   सिंह–सिंहनी
टहलुआ–टहलनी (सर.)
हिंदू–हिंदुनी (सत.)

271. उपनामवाचक पुल्लिंग शब्दों के अंत में 'आइन' आदेश होता है; और जो आदि अक्षर का स्वर 'आ' हो तो उसे ह्रस्व कर देते हैं; जैसे–

पाँडे–पाँड़ाइन	बाबू–बबुआइन	दूबे–दुबाइन
ठाकुर–ठकुराइन	पाठक–पठकाइन	बनिया–बनियाइन
मिसिर–मिसिराइन	लाला–ललाइन	सुकुल–सुकुलाइन

(अ) कई एक शब्द के अंत में 'आनी' लगाते हैं; जैसे–

खत्री–खतरानी	देवर–देवरानी	सेठ–सेठानी
जेठ–जिठानी	मिहतर–मिहतरानी	चौधरी–चौधरानी
पंडित–पंडितानी	नौकर–नौकरानी	

(सू.–यह प्रत्यय संस्कृत का है।)

(आ) आजकल विवाहिता स्त्रियों के नामों के साथ कभी-कभी पुरुषों के (पुल्लिंग) उपनाम लगाए जाते हैं; जैसे–श्रीमती रामेश्वरीदेवी नेहरू (हि. को.)। कुमारी स्त्रियों के नाम के साथ उपनाम का स्त्रीलिंग रूप आता है; जैसे–'कुमारी सत्यवती शास्त्रिणी' (सर.)।

272. कभी-कभी पदार्थवाचक अकारांत व आकारांत शब्दों में सूक्ष्मता के अर्थ में 'ई' व 'इया' प्रत्यय लगाकर स्त्रीलिंग बनाते हैं; जैसे–

रस्सा–रस्सी	गगरा–गगरी, गगरिया
घंटा–घंटी	डिब्बा–डिब्बी, डिबिया
टोकरा–टोकरी	फोड़ा–फुड़िया
लोटा–लोटिया	लठ–लठिया

(क) पूर्वोक्त नियम के विरुद्ध पदार्थवाचक अकारांत व ईकारांत शब्दों में विनोद के लिए स्थूलता के अर्थ में 'आ' जोड़कर पुल्लिंग बनाते हैं; जैसे–

घड़ी–घड़ा	डाल–डाला
गठरी–गठरा	लहर–लहरा (भाषासार.)
चिट्ठी–चिट्ठा	गुदड़ी–गुदड़ा

273. कोई-कोई पुल्लिंग शब्द स्त्रीलिंग शब्दों में प्रत्यय लगाने से बनते हैं; जैसे–

भेड़–भेड़ा	बहिन–बहनोई	राँड–रँडुआ
भैंस–भैंसा	ननद–ननदोई	जीजी–जीजा

274. कई एक स्त्रीप्रत्ययांत (और स्त्रीलिंग) शब्द अर्थ की दृष्टि से केवल स्त्रियों के लिए आते हैं, इसलिए उनके जोड़े के पुल्लिंग शब्द भाषा में प्रचलित नहीं है; जैसे–सती, गाभिन, गर्भवती, सौत, सुहागिन, अहिवाती, धाय, इत्यादि। प्रायः इसी प्रकार के शब्द डाइन, चुड़ैल, अप्सरा आदि हैं।

275. कुछ शब्द रूप में परस्पर जोड़े के जान पड़ते हैं, पर यथार्थ में उनके अर्थ अलग अलग हैं; जैसे–

साँड़ (बैल), साँड़नी (ऊँटनी), साँड़िया (ऊँट का बच्चा)।

डाकू (चोर), डाकिन, डाकिनी (चुड़ैल)।

भेड़ (भेड़े की मादा), भेड़िया (एक हिंसक जीवधारी, बृक)।

2. संस्कृत शब्द

276. कुछ पुल्लिंग संज्ञाओं में 'ई' प्रत्यय लगता है।

(अ) व्यंजनांत संज्ञाओं में; जैसे–

हिं.	**सं.मू.**	**स्त्री.**	**हिं.**	**सं.मू.**	**स्त्री.**
राजा	राजन्	राज्ञी	विद्वन्	विद्वस	विदुषी
युवा	युवन्	युवती	महान्	महत्	महती
भगवान्	भगवत्	भगवती	मानी	मानिन्	मानिनी
श्रीमान्	श्रीमत्	श्रीमती	हितकारी	हितकारिन्	हितकारिणी

(आ) अकारांत संज्ञाओं में; जैसे–

पुत्र–पुत्री सुंदर–सुंदरी
देव–देवी गौर–गौरी
कुमार–कुमारी पंचम–पंचमी
दास–दासी तरुण–तरुणी

(इ) ऋकारांत पुल्लिंग संज्ञाएँ हिंदी में आकारांत हो जाती हैं, अर्थात् वे संस्कृत प्रातिपदिकों से नहीं, किंतु प्रथमा विभक्ति के एकवचन से आई हैं, जैसे–

हिं.	**सं.मू.**	**स्त्री.**	**हिं.**	**सं.मू.**	**स्त्री.**
कर्ता	कर्तृ	कर्त्री	ग्रंथकर्ता	ग्रंथकर्तृ	ग्रंथकर्त्री
धाता	धातृ	धात्री	जनयिता	जनयितृ	जनयित्री
दाता	दातृ	दात्री	कवयिता	कवयितृ	कवयित्री

277. कई एक संज्ञाओं और विशेषणों में 'आ' प्रत्यय लगाया जाता है; जैसे–

सुत	सुता	पंडित	पंडिता
बाल	बाला	शिव	शिवा
प्रिय	प्रिया	शूद्र	शूद्रा
महाशय	महाशया	वैश्य	वैश्या

(अ) 'अक' प्रत्ययांत शब्दों में 'अ' के स्थान में 'ई' हो जाती है; जैसे–

पाठक–पाठिका बाल–बालिका
उपदेशक–उपदेशिका पुत्रक–पुत्रिका
नायक–नायिका

278. किसी-किसी देवता के नाम के आगे 'आनी' प्रत्यय लगाया जाता है; जैसे–

भव–भवानी वरुण–वरुणानी
रुद्र–रुद्राणी शर्व–शर्वाणी
इंद्र–इंद्राणी

279. किसी-किसी शब्द के दो-दो व तीन-तीन स्त्रीलिंग रूप होते हैं; जैसे–
मातुल–मातुली, मातुलानी। उपाध्याय–उपाध्यायानी, उपाध्यायी (उसकी स्त्री), उपाध्याया (स्त्री शिक्षक)।
आचार्य–आचार्या (वेदमंत्र सिखानेवाली), आचार्याणी (आचार्य की स्त्री)।
क्षत्रिय–क्षत्रियी (उसकी स्त्री), क्षत्रिया, क्षत्रियाणी (उस वर्ण की स्त्री)।

280. कोई-कोई स्त्रीलिंग नियमविरुद्ध होते हैं; जैसे–

पुं.	स्त्री.
सखि (हि.सखा)	सखी
पति	पत्नी, पतिवंती (सधवा)

3. उर्दू शब्द

281. अधिकांश उर्दू पुल्लिंग शब्दों में हिंदी प्रत्यय लगाए जाते हैं; जैसे–
(इ) शाहज़ादा–शाहज़ादी; मुर्गा–मुर्गी।
नी–शेर–शेरनी।
आनी–मिहतर–मिहतरानी, मुल्ला–मुल्लानी।

282. कई एक अरबी शब्दों में अरबी प्रत्यय 'ह' जोड़ा जाता है जो हिंदी में 'आ' हो जाता है; जैसे–

वालिद–वालिदा	खालू–खाला
मलिक–मलिका	साहब–साहबा
मुद्दई–मुद्दइया	

(क) 'खान' की स्त्रीलिंग 'खानम' और बेग की 'बेगम' होता है।

283. कुछ अँग्रेजी शब्दों में 'इन' लगाते हैं; जैसे–
मास्टर–मास्टरिन
डॉक्टर–डॉक्टरिन
इंस्पेक्टर–इंस्पेक्टरिन

284. हिंदी में कई एक पुल्लिंग शब्दों के स्त्रीलिंग शब्द दूसरे ही होते हैं, जैसे–

राजा–रानी	पुरुष–स्त्री
पिता–माता	मर्द, आदमी–औरत
ससुर–सास	पुत्र–कन्या
साला–साली, सरहज	वर–वधू
भाई–बहिन, भावज	बेटा–बहू, पतोहू
लोग–लुगाई	साहब–मेम (अँग्रेजी)
नर–मादा	बाबा–बाई (क्वचित्)

(सू.–जिन पुल्लिंग शब्दों के दो-दो स्त्रीलिंग रूप हैं, उनमें बहुधा अर्थ का अंतर पाया जाता है। कारण यह है कि स्त्रीलिंग से केवल स्त्री जाति ही का बोध नहीं होता, वरन् उससे किसी की स्त्री का भी अर्थ सूचित होता है। 'चेली' कहने से केवल दीक्षिता स्त्री का ही बोध नहीं होता, वरन् चेले की स्त्री भी सूचित होती है, चाहे उस स्त्री ने दीक्षा न भी ली हो। जहाँ एक ही स्त्रीलिंग शब्द से ये दोनों अर्थ सूचित नहीं होते वहाँ स्त्रीलिंग में बहुधा दो शब्द आते हैं। 'साली' शब्द से केवल स्त्री की बहिन का बोध होता है, साले की स्त्री का नहीं, इसलिए इस पिछले अर्थ में 'सरहज' शब्द आता है। इसी प्रकार 'भाई' शब्द का दूसरा स्त्रीलिंग 'भावज' है जो भाई की स्त्री का बोधक है। यह शब्द 'संस्कृत' भ्रातृजाया से बना है। 'भावज' के दूसरे रूप 'भौजाई' और 'भाभी' हैं। 'बेटी' का पति 'दामाद' या 'जँवाई' कहलाता है।)

285. एकलिंग प्राणिवाचक शब्दों में पुरुष और स्त्री जाति का भेद करने के लिए उनके पूर्व क्रमशः 'पुरुष' और 'स्त्री' तथा मनुष्येतर प्राणिवाचक शब्दों के पहले 'नर' और 'मादा' लगाते हैं; जैसे–पुरुष छात्र, स्त्री छात्र, नर चील, मादा चील, नर भेड़िया, मादा भेड़िया इत्यादि। 'मादा' शब्द को कोई-कोई 'मादी' बोलते हैं। यह शब्द उर्दू का है।

दूसरा अध्याय

वचन

286. संज्ञा (और दूसरे विकारी शब्दों) के जिस रूप से संख्या का बोध होता है उसे वचन कहते हैं। हिंदी में दो वचन होते हैं :

(1) एकवचन (2) बहुवचन

287. संज्ञा के जिस रूप से एक ही वस्तु का बोध होता है, उसे एकवचन कहते हैं; जैसे–लड़का, कपड़ा, टोपी, रंग, रूप।

288. संज्ञा के जिस रूप से अधिक वस्तुओं का बोध होता है उसे बहुवचन कहते हैं; जैसे–लड़के, कपड़े, टोपियाँ, रंगों में, रूपों से इत्यादि।

(अ) आदर के लिए भी बहुवचन आता है; जैसे–'राजा के बड़े बेटे आए हैं।', 'कण्व ऋषि तो ब्रह्मचारी हैं' (शकु.)। 'तुम बच्चे हो' (शिव.)।

(टि.–हिंदी के कई एक व्याकरणों में वचन का विस्तार कारक के साथ किया गया है, जिसका कारण यह है कि बहुत से शब्दों में बहुवचन के प्रत्यय विभक्तियों के बिना नहीं लगाए जाते। 'मूल रंग तीन हैं' इस वाक्य में 'रंग' शब्द बहुवचन है, पर यह बात केवल क्रिया से तथा विधेय-विशेषण 'तीन' से जानी जाती है, पर स्वयं 'रंग' शब्द में बहुवचन का कोई चिह्न नहीं है क्योंकि यह शब्द विभक्तिरहित है। विभक्ति के योग से 'रंग' शब्द का बहुवचन रूप 'रंगों' होता है; जैसे–'इन रंगों में कौन अच्छा है?' वचन का विचार कारक के साथ करने का दूसरा कारण यह है कि कई शब्दों का विभक्तिरहित बहुवचन रूप विभक्तिसहित बहुवचन रूप से भिन्न होता है; जैसे–'ये टोपियाँ उन टोपियों से छोटी हैं। इस उदाहरण में विभक्तिरहित बहुवचन 'टोपियाँ' और विभक्तिसहित बहुवचन 'टोपियों' रूप एक-दूसरे से भिन्न हैं। इसके सिवा संस्कृत में वचन का विचार विभक्तियों ही के साथ होता है; इसलिए हिंदी में भी उसी चाल का अनुकरण किया जाता है।

अब यहाँ प्रश्न है कि जब वचन और विभक्तियाँ एक-दूसरे से इस प्रकार मिली हुई हैं, तब हिंदी में संस्कृत के अनुसार ही उनका एकत्र विचार क्यों न किया जाए? इस प्रश्न का संक्षिप्त उत्तर यह है कि हिंदी में वचन और विभक्ति का अलग विचार अधिकांश में सुभीते की दृष्टि से किया जाता है। संस्कृत में प्रातिपदिक (संज्ञा का मूल रूप) प्रथमा विभक्ति के एकवचन से भिन्न रहता है और इसी प्रातिपदिक में एकवचन, द्विवचन[1] और बहुवचन के प्रत्यय जोड़े जाते हैं परंतु हिंदी (और मराठी,

---

1. संस्कृत, जेंद, अरबी, इब्रानी, यूनानी, लैटिन आदि भाषाओं में तीन वचन होते हैं, (1) एकवचन, (2) द्विवचन, (3) बहुवचन। द्विवचन से दो का और बहुवचन से दो से अधिक संख्या का बोध होता है।

गुजराती, अँग्रेजी, आदि भाषाओं) में संज्ञा का मूल रूप ही प्रथमा विभक्ति (कर्ता कारक) में आता है। इसी मूल रूप में प्रत्यय लगाने से प्रथमा का बहुवचन बनता है; जैसे–घोड़ा–घोड़े, लड़की-लड़कियों आदि। दूसरे विभक्तिसहित कारकों में बहुवचन का जो रूप होता है वह प्रथमा (विभक्तिरहित कर्ताकारक) के बहुवचन रूप से भिन्न रहता है, और उस (रूप) में इस रूप का कुछ काम नहीं पड़ता; जैसे–घोड़े, घोड़ों ने, घोड़ों को इत्यादि। इसलिए प्रथमा (विभक्तिरहित कर्ता) के दोनों वचनों का विचार कारकों से अलग ही करना पड़ेगा, चाहे वह वचन के साथ किया जाय, चाहे कारक के साथ। विभक्तिरहित बहुवचन का विचार इस अध्याय में करने से यह सुभीता होगा कि विभक्तियों के कारण संज्ञाओं में जो विकार होते हैं, वे कारक के अध्याय में स्पष्टतया बताए जा सकेंगे।

(सू.–यहाँ विभक्तिरहित बहुवचन के नियम सुभीते के लिए लिंग के अनुसार अलग-अलग दिए जाते हैं।)

विभक्तिरहित बहुवचन बनाने के नियम

1. हिंदी और संस्कृत शब्द

(क) पुल्लिंग

289. हिंदी आकारांत पुल्लिंग शब्दों का बहुवचन बनाने के लिए अंत्य 'आ' के स्थान में 'ए' लगाते हैं; जैसे–

लड़का–लड़के	बच्चा–बच्चे
बीघा–बीघे	कपड़ा–कपड़े
लोटा–लोटे	घोड़ा–घोड़े
दूधवाला–दूधवाले	

अप.–(1) साला, भानजा, भतीजा, बेटा आदि शब्दों को छोड़कर शेष संबंधवाचक, उपनामवाचक और प्रतिष्ठावाचक आकारांत पुल्लिंग शब्दों का रूप दोनों वचनों में एक ही रहता है; जैसे–काका–काका, आजा–आजा, मामा–मामा, लाला–लाला, बाबा, नाना, दादा, राना, पंडा (उपनाम), सूरमा इत्यादि।

(सू.–'बापदादा' शब्द का रूपांतर वैकल्पिक है; जैसे–'उनके बापदादे हमारे बापदादे के आगे हाथ जोड़ के बातें किया करते थे' (गुटका.) 'बापदादे जो कर गए हैं, वही करना चाहिए' (ठेठ.)। 'जिनके बापदादा भेड़ की आवाज सुनकर डर जाते थे' (शिव.)। मुखिया, अगुआ और पुरखा शब्दों के भी रूप वैकल्पिक हैं।)

अप.–(2) संस्कृत की ऋकारांत और नकारांत संज्ञाएँ जो हिंदी में आकारांत हो जाती हैं, बहुवचन में अविकृत रहती हैं; जैसे–कर्ता, पिता, योद्धा, राजा, युवा, आत्मा, देवता, जामाता।

कोई-कोई लेखक 'राजा' शब्द का बहुवचन 'राजे' लिखते हैं; जैसे–'तीन प्रथम राजे' (इंग्लैंड.)। हिंदी व्याकरणों में बहुवचन रूप 'राजा' ही पाया जाता है और कुछ स्थानों को छोड़, बोलचाल में भी सर्वत्र 'राजा' ही प्रचलित है। हम यहाँ शब्दों के शिष्ट प्रयोग के कुछ उदाहरण देते हैं : 'सब राजा अपनी-अपनी सेना ले आन पहुँचे' (प्रेम.)। 'हम सुनते हैं कि राजा बहुत रानियों के प्यारे होते हैं' (शकु.)। 'छप्पन राजा तो उसके वंश में गद्दी पर बैठ चुके हैं।' (इति.)। 'सिंहासन के ऊपर सैकड़ों राजा बैठे हुए हैं' (रघु.)।

'योद्धा' शब्द का बहुवचन हिंदी रघुवंश में एक जगह 'योद्धे' आया है; जैसे–'मंत्री बहुत से योद्धे देकर'; परंतु अन्य लेखकों ने बहुवचन में 'योद्धा' ही लिखा है; जैसे–'जितने घायल योद्धा बचे थे' (प्रेम.)। 'बड़े-बड़े योद्धा खड़े' (साखी.)। 'महाभारत' में भी 'योद्धा' शब्द बहुवचन में लिखा गया है; जैसे–'अर्जुन ने कौरवों के अनगिनत योद्धा और सैनिक मार गिराए।'

(सू.–यदि यौगिक शब्दों का पूर्व शब्द हिंदी का और आकारांत पुल्लिंग हो तो उत्तर शब्द के साथ बहुवचन में उसका भी रूपांतर होता है; जैसे–लड़का-लड़के, बच्चा-बच्चे, छापाखाना-छापेखाने इत्यादि।)

अप.–'बालाखाना' का बहुवचन 'बालखाने' होता है।)

अप.–(3) व्यक्तिवाचक आकारांत पुल्लिंग संज्ञाएँ बहुवचन में (दे. अंक 298) अविकृत रहती हैं; जैसे–सुदामा, शतधन्वा, रामबोला इत्यादि।

290. हिंदी आकारांत पुल्लिंग शब्दों को छोड़ शेष हिंदी और संस्कृत पुल्लिंग शब्द दोनों वचनों में एक रूप रहते हैं; जैसे–

व्यंजनांत संज्ञाएँ–हिंदी में व्यंजनांत संज्ञाएँ नहीं हैं। संस्कृत की अधिकांश व्यंजनांत संज्ञाएँ हिंदी में अकारांत पुल्लिंग हो जाती हैं; जैसे–मनस् = मन, नामन् = नाम, कुमुद् = कुमुद, पंथिन् = पंथ इत्यादि। जो इने-गिने संस्कृत व्यंजनांत शब्द (जैसे–विद्वान्, सुहृद्, भगवान्, श्रीमान् आदि) हिंदी में जैसे के तैसे आते हैं, उनका रूपांतर अकारांत पुल्लिंग शब्दों के समान होता है।

अकारांत	(हिंदी)	घर–घर
	(संस्कृत)	बालक–बालक
इकारांत	हिंदी शब्द नहीं हैं।	
	संस्कृत	मुनि–मुनि
ईकारांत	(हिंदी)	भाई–भाई
	संस्कृत	पक्षी–पक्षी

(सू.–हिंदी में संस्कृत की इन्नंत संज्ञाएँ ईकारांत (प्रथमा एकवचन) रूप में आती हैं। जैसे–पक्षिन् = पक्षी, स्वामिन् = स्वामी, योगिन् = योगी, इत्यादि। राम. में 'करिन्' का रूप 'करि' आया है; जैसे–'संग लाइ करिनी करि लेहीं। संस्कृत के मूल ईकारांत पुल्लिंग शब्द हिंदी में केवल गिनती के हैं; जैसे–सेनानी।)

उकारांत	हिंदी शब्द नहीं है।	
	(संस्कृत) साधु–साधु	

ऊकारांत (हिंदी) डाकू–डाकू

संस्कृत शब्द हिंदी में नहीं है।

ऋकारांत हिंदी शब्द नहीं हैं।

संस्कृत शब्द हिंदी में आकारांत हो जाते हैं और दोनों वचनों में एक रूप रहते हैं। (दे अंक 289, अप. 2)

एकारांत (हिंदी) चौबे–चौबे

संस्कृत शब्द हिंदी में नहीं हैं।

ओकारांत (हिंदी) रासो–रासो

संस्कृत शब्द हिंदी में नहीं हैं।

औकारांत (हिंदी) जौ–जौ

संस्कृत शब्द हिंदी में नहीं हैं।

अनुस्वार ओकारांत (हिंदी) कोदों–कोदों

संस्कृत शब्द हिंदी में नहीं हैं।

(सू. पिछले चार प्रकार के शब्द हिंदी में बहुत ही कम हैं।)

(ख) स्त्रीलिंग

291. अकारांत स्त्रीलिंग शब्दों का बहुवचन अंत्य स्वर में बदले 'ऐ' करने से बनता है; जैसे–

बहिन–बहिनें आँखें–आँखें

गाय–गायें रात–रातें

बात–बातें झील–झीलें

(सू.–संस्कृत में अकारांत स्त्रीलिंग शब्द नहीं हैं, पर हिंदी में संस्कृत के जो थोड़े से व्यंजनांत स्त्रीलिंग शब्द आते हैं, वे बहुधा अकारांत हो जाते हैं; जैसे–समिध् = समिध, सरित् = सरित, आशिस् = आशिस इत्यादि।

292. इकारांत और ईकारांत संज्ञाओं में 'ई' को ह्रस्व करके अंत्य स्वर के पश्चात् 'याँ' जोड़ते हैं; जैसे–

टोपी–टोपियाँ तिथि–तिथियाँ

रानी–रानियाँ रीति–रीतियाँ

नदी–नदियाँ राशि–राशियाँ

(सू.–(1) हिंदी में इकारांत स्त्रीलिंग संज्ञाएँ संस्कृत की हैं, और ईकारांत संज्ञाएँ संस्कृत और हिंदी दोनों की हैं।)

(सू.–(2) 'परीक्षा गुरु' में ईकारांत संज्ञाओं का बहुवचन 'यें' लगाकर बनाया गया है; जैसे–टोपियें। यह रूप आजकल अप्रचलित है।

(अ) याकारांत (ऊनवाचक) संज्ञाओं के अंत में केवल अनुस्वार लगाया जाता है; जैसे–

लाठिया–लाठियाँ डिबिया–डिबियाँ

लुटिया–लुटियाँ गुड़िया–गुड़ियाँ

बुढ़िया–बुढ़ियाँ खटिया–खटियाँ

(सू.–कई लोग इन शब्दों का बहुवचन 'ये' व 'ए' लगाकर बनाते हैं, जैसे–चिड़ियाएँ, कुंडलियाएँ इत्यादि। ये रूप अशुद्ध हैं। इसका बहुवचन उन्हीं इकारांत शब्दों के समान होता है, जिनसे ये बने हैं।)

293. शेष स्त्रीलिंग शब्दों में अंत्य स्वर के परे 'एँ' लगाते हैं और 'ऊ' ह्रस्व कर देते हैं; जैसे–

लता–लताएँ	वस्तु–वस्तुएँ	
कथा–कथाएँ	बहू–बहुएँ	
माता–माताएँ	गौ–गौएँ	लू–लूएँ (सत.)

(सू.–हिंदी में प्रचलित आकारांत और उकारांत स्त्रीलिंग शब्द संस्कृत के हैं। संस्कृत की कुछ ऋकारांत और व्यंजनांत स्त्रीलिंग संज्ञाएँ हिंदी में आकारांत हो जाती हैं जैसे–मातृ–माता, दुहितृ–दुहिता, सीमन्–सीमा, अप्सरस–अप्सरा इत्यादि।)

(1) आकारांत स्त्रीलिंग शब्दों के बहुवचन में विकल्प से 'ये' लगाते हैं। जैसे–शाला–शालायें, माता–मातायें, अप्सरा–अप्सरायें इत्यादि।

(2) सानुस्वार ओकारांत और औकारांत संज्ञाएँ बहुवचन में बहुधा अविकृत रहती है; जैसे–दौं, जोखों, सरसों, गौ इत्यादि। हिंदी में ये शब्द बहुत कम हैं।

294. कोई-कोई लेखक अकारांत स्त्रीलिंग संज्ञाओं को छोड़ शेष स्त्रीलिंग संज्ञाओं को दोनों वचनों में एक ही रूप में लिखते हैं; जैसे–'कई देशों में ऐसी वस्तु उपजती है' (जीविका.)। 'ठौर-ठौर हिगोट कूटने की चिकनी शिला रखी हैं' (शकु.)। 'पाती हैं दुख जहाँ राजकुल ही में नारी' (क.ज.)। ये प्रयोग अनुकरणीय नहीं हैं।

2. उर्दू शब्द

295. हिंदीगत उर्दू शब्दों का बहुवचन बनाने के लिए उनमें बहुधा हिंदी प्रत्यय लगाए जाते हैं; जैसे–शाहजादा–शाहजादे, बेगम–बेगमें, इत्यादि; परंतु कानूनी हिंदी के लेखक उर्दू शब्द और कभी-कभी हिंदी शब्दों में भी उर्दू प्रत्यय लगाकर भाषा को क्लिष्ट कर देते हैं। उर्दू भाषा के बहुवचन के नियम यहाँ लिखे जाते हैं।

(1) फारसी प्राणिवाचक संज्ञाओं का बहुवचन बहुधा, 'आना' लगाने से बनता है; जैसे–साहब–साहबान, मालिक–मालिकान, काश्तकार–काश्तकारान इत्यादि।

(अ) अंत्य 'ह' के–बदले 'ग' और 'ई' के बदले 'इय' हो जाता है; जैसे–बंदह–बंदगान, बाशिंदह–बाशिंदगान, पटवारी–पटवारियान, मुत्सद्दी–मुत्सद्दियान इत्यादि।

(2) फारसी अप्राणिवाचक संज्ञाओं का बहुवचन 'हा' लगाकर बनाते हैं; जैसे–बार–बारहा, कूच–कूचहा इत्यादि।

(3) फारसी अप्राणिवाचक संज्ञाओं का बहुवचन अरबी की नकल पर बहुधा 'आत' लगाकर भी बनाते हैं; जैसे–कागज–कागजात, दिह (गाँव) दिहात इत्यादि।

(अ) अंत्य 'ह' के बदले 'ज' हो जाता है; जैसे–परवानह–परवानजात, नामह–नामजात इत्यादि।

(4) अरबी व्याकरण के अनुसार बहुवचन दो प्रकार का होता है।

(क) नियमित, (ख) अनियमित।

(क) नियमित बहुवचन शब्द के अंत में 'आत' लगाने से बनता है; जैसे–ख्याल–ख्यालात, इख्तियार–इख्तियारात, मकान–मकानात, मुकद्दमा–मुकद्दमात इत्यादि।

(ख) अनियमित बहुवचन बनाने के लिए शब्द के आदि, मध्य और अंत में रूपांतर होता है; जैसे–हुक्म–अहकाम, हाकिम–हुक्काम, कायदा–कवाइद इत्यादि।

(5) अरबी अनियमित बहुवचन कई 'वजनों' पर बनता है।

(अ) अफ़आल; जैसे–

हुक्म–अहकाम	तरफ–अतराफ
वक्त–औकात	खबर–अखबार
हाल–अहवाल	शरीफ़–अशराफ़

(आ) फुऊल; जैसे–हक–हुकूक

(इ) फुअला; जैसे–अमीर–उमरा

(ई) अफइला; जैसे–वली–औलिया

(उ) फुअआल; जैसे–हाकिम–हुक्काम

(ऊ) फआइल; जैसे–अजीब–अजाइब

(ऋ) फवाइल; जैसे–कायदा–कवाइद

(ए) फआलिअ; जैसे–जौहर–जवाहिर

(उ) फआलील; जैसे–तारीख–तवारीख

(6) कभी-कभी एक अरबी एकवचन के दुहरे बहुवचन बनते हैं, जैसे–जौहर–जवाहिरात, हुक्म–अहकामात, दवा–अदवियात इत्यादि।

(7) कुछ अरबी बहुवचन शब्दों का प्रयोग हिंदी में एकवचन में होता है, जैसे–वारिदात, तहकीकात, अखबार, अशरफ, कवाइद, तवारीख (इतिहास), औलिया, औकात (स्थिति), अहवाल इत्यादि।

(8) कई एक उर्दू आकारांत पुल्लिंग शब्द, संस्कृत और हिंदी शब्दों के समान बहुवचन में अविकृत रहते हैं; जैसे–सौदा, दरिया, मियाँ, मौला दारोगा इत्यादि।

296. जिन मनुष्यवाचक पुल्लिंग शब्द के रूप दोनों वचनों में एक से होते हैं, उनके बहुवचन में बहुधा 'लोग' शब्द का प्रयोग करते हैं; जैसे–'ये ऋषि लोग आपके सम्मुख चले आते हैं' (शकु.)। 'आर्य लोग सूर्य उपासक थे' (इति.)। 'योद्धा लोग यदि चिल्लाकर अपने-अपने स्वामियों का नाम न बताते' (रघु.)।

(अ) 'लोग' शब्द मुनष्यवाचक पुल्लिंग संज्ञाओं के विकृत बहुवचन के साथ भी आता है। जैसे–'लड़के लोग', 'चेले लोग', 'बनिये लोग' इत्यादि।

(आ) भारतेंदु जी 'लोग' शब्द का प्रयोग मनुष्येतर प्राणियों के नामों के साथ भी करते हैं; जैसे–'पक्षी लोग' (सत्य.)। 'चिउँटी लोग' (मुद्रा.)। यह प्रयोग एकदेशीय है।

297. 'लोग' शब्द के सिवा गुण, जाति, जन, वर्ग, आदि समूहवाचक संस्कृत शब्द बहुवचन के अर्थ में आते हैं। इन शब्दों का प्रयोग भिन्न-भिन्न प्रकार का है :

गण–यह शब्द बहुधा मनुष्यों, देवताओं और ग्रहों के नामों के साथ आता है, जैसे–देवतागण, अप्सरागण, बालकगण, शिक्षकगण, तारागण, ग्रहगण इत्यादि। 'पक्षिगण' भी प्रयोग में आता है। 'रामचरितमानस' में 'इंद्रियगण' आया है।

वर्ग, जाति–ये शब्द 'जाति' के बोधक हैं जो बहुधा प्राणिवाचक शब्दों के साथ आते हैं; जैसे–मनुष्यजाति, स्त्रीजाति (शकु.), जनकजाति (राम.), पशुजाति, बंधुवर्ग, पाठकवर्ग इत्यादि। इन संयुक्त शब्दों का प्रयोग बहुधा बहुवचन में होता है।

जन–इसका प्रयोग बहुधा मुनष्यवाचक शब्दों के साथ है; जैसे–भक्तजन, गुरुजन स्त्रीजन, इत्यादि।

(अ) कविता में इन समूहवाचक शब्दों का प्रयोग बहुतायत से होता है और उसमें इनके कई पर्यायवाची शब्द आते हैं; जैसे–मुनिवृंद, मृगनिकर, जंतुसंकुल, अघओघ इत्यादि। समूहवाचक शब्दों के और उदाहरण : बरूथ, पुंज, समुदाय, समूह, निकाय।

298. संज्ञाओं के तीन भेदों में से बहुधा जातिवाचक संज्ञाएँ ही बहुवचन में आती हैं; परंतु जब व्यक्तिवाचक और भाववाचक संज्ञाओं का प्रयोग जातिवाचक संज्ञा के समान होता है, तब उसका भी बहुवचन होता है; जैसे–'कहुरावण, रावण जग केते' (राम.)। 'उठती बुरी है भावनाएँ हाय मन हृद्धाम में' (क.क.)। (दे. अंक 105, 107)

(आ) जब 'पन' प्रत्ययांत भाववाचक संज्ञाओं का बहुवचन बनाना होता है, तब उनके आकारांत मूल शब्द में 'आ' के स्थान पर 'ए' आदेश कर देते हैं; जैसे–सीधापन, सीधेपन आदि।

299. बहुधा द्रव्यवाचक संज्ञाओं का बहुवचन नहीं होता, परंतु जब किसी द्रव्य की भिन्न-भिन्न जातियाँ सूचित करने की आवश्यकता होती है तब इन संज्ञाओं का प्रयोग बहुवचन में होता है; जैसे–'आजकल बाजार में कई तेल बिकते हैं।', 'दोनों सोने चोखे हैं।'

300. पदार्थों की बड़ी संख्या, परिमाण व समूह सूचित करने के लिए जातिवाचक संज्ञाओं की प्रयोग बहुधा एकवचन में होता है; जैसे–'मेले में केवल शहर का आदमी आया।', 'उसके पास बहुत रुपया मिला।', 'इस साल नारंगी बहुत हुई है।'

301. कई एक शब्द (बहुत की भावना के कारण) बहुधा बहुवचन ही में आते हैं; जैसे–समाचार, प्राण, दाम, लोग, होश, हिज्जे, भाग्य, दर्शन। उदाहरण : 'रिपु के समाचार।', 'आश्रम के दर्शन करके' (शकु.)। 'मलयकेतु के प्राण सूख गए' (मुद्रा.)। 'आम के आम, गुठलियों के दाम' (कहा.)। 'तेरे भाग्य खुल गए' (शकु.)। 'लोग कहते हैं।'

302. आदरार्थ बहुवचन में व्यक्तिवाचक अथवा उपनामवाचक संज्ञाओं के आगे जी, महाराज, साहब, महाशय, महोदय, बहादुर, शास्त्री, स्वामी, देवी इत्यादि लगाते हैं। इन शब्दों का प्रयोग अलग-अलग है।

जी–यह शब्द नाम, उपनाम, पद, उपपद इत्यादि के साथ आता है और साधारण नौकर से लेकर देवता तक के लिए इसका प्रयोग होता है; जैसे–गया प्रसादजी, मिश्रजी, बाबूजी, पटवारीजी, चौधरीजी, रानीजी, सीताजी, गणेशजी। कभी-कभी इसका प्रयोग नाम और उपनाम के बीच होता है; जैसे–मधुराप्रसादजी मिश्र।

महाराज–इसका प्रयोग साधु, ब्राह्मण, राजा और देवता के लिए होता है। वह शब्द नाम अथवा उपनाम के आगे जोड़ा जाता है और बहुधा 'जी' के पश्चात् आता है; जैसे–देवदत्त महाराज, पांडेय जी महाराज, रणजीत सिंह महाराज, इंद्र महाराज इत्यादि।

साहब–यह उर्दू शब्द बहुधा 'जी' के पर्याय में आता है। इसका प्रयोग नामों के साथ अथवा उपनामों व पदों के साथ होता है; जैसे–रमणलाल साहब, वकील साहब, डॉक्टर साहब, रायबहादुर साहब। इसका प्रयोग बहुधा ब्राह्मणों के नामों व उपनामों के साथ नहीं होता। स्त्रियों के लिए प्रायः स्त्रीलिंग 'साहबा' शब्द आता है; जैसे–मेम साहबा, रानी साहबा इत्यादि।

महाशय, महोदय–इन शब्दों का अर्थ प्रायः 'साहब' के समान है। 'महाशय' बहुधा साधारण लोगों के लिए और 'महोदय' बड़े लोगों के लिए आता है; जैसे–'शिवदत्त महाशय', 'सर जेम्स मेस्टन महोदय' इत्यादि।

बहादुर–यह शब्द राजा-महाराजाओं तथा बड़े-बड़े हाकिमों के नामों व उपनामों के साथ आता है; जैसे–कमलानंद सिंह बहादुर, महाराजा बहादुर, सरदार बहादुर। अँग्रेजी नामों और पदों के साथ 'बहादुर' के पहले साहब आता है; जैसे–'मिलन साहब बहादुर, लाट साहब बहादुर इत्यादि।

शास्त्री–यह शब्द संस्कृत के विद्वानों के नामों में लगाया जाता है; जैसे–रामप्रसाद शास्त्री।

स्वामी, सरस्वती–ये शब्द महात्माओं के नामों के आगे आते हैं; जैसे–तुलसीराम स्वामी, दयानंद सरस्वती। 'सरस्वती' शब्द स्त्रीलिंग है; तथापि यहाँ उसका प्रयोग पुल्लिंग में होता है। यह शब्द विद्वत्तासूचक भी है।

देवी–ब्राह्मण और कुलीन सधवा स्त्रियों के नामों के साथ बहुधा 'देवी' शब्द आता है; जैसे–गायत्री देवी। किसी-किसी प्रांत में 'बाई' शब्द प्रचलित है; जैसे–मथुरा बाई।

303. आदर के लिए कुछ शब्द नामों और उपनामों के पहले भी लगाए जाते हैं; जैसे–श्री, श्रीयुक्त, श्रीयुत, श्रीमान्, श्रीमती, कुमारी, माननीय, महात्मा, अत्र भवान्। महाराज, स्वामी, महाशय आदि भी कभी-कभी नामों के पहले आते हैं। जाति के अनुसार पुरुषों के नामों के पहले पंडित, बाबू, ठाकुर, लाला, संत शब्द लगाए जाते हैं। 'श्रीयुक्त' व 'श्रीयुत' की अपेक्षा 'श्रीमान्' अधिक प्रतिष्ठा का वाचक है।

(सू.–इन आदसूचक शब्दों का वचन से कोई विशेष संबंध नहीं है; क्योंकि ये स्वतंत्र शब्द हैं और इनके कारण मूल शब्दों में कोई रूपांतर भी नहीं होता। तथापि जिस प्रकार लिंग में 'पुरुष', 'स्त्री', 'नर', 'मादा' और वचन में 'लोग', 'गण', 'जाति' आदि स्वतंत्र शब्दों का प्रत्यय मान लेते हैं, उसी प्रकार इन आदरसूचक शब्दों को आदरार्थ बहुवचन के प्रत्यय मानकर इनका संक्षिप्त विचार किया गया है। इनका विशेष विवेचन साहित्य का विषय है।)

तीसरा अध्याय

कारक

304. संज्ञा (या सर्वनाम) के जिस रूप से उसका संबंध वाक्य के किसी दूसरे शब्द के साथ प्रकाशित होता है उस रूप को कारक कहते हैं; जैसे–'रामचंद्रजी ने खारी जल के समुद्र पर बंदरों से पुल बँधवा दिया है।' (रघु.)।

इस वाक्य में 'रामचंद्रजी ने', 'समुद्र पर', 'बंदरों से' और 'पुल' संज्ञाओं के रूपांतर हैं, जिनके द्वारा इन संज्ञाओं का संबंध 'बँधवा दिया' क्रिया के साथ सूचित होता है। 'जल के', 'जल' संज्ञा का रूपांतर है और उससे 'जल' का संबंध 'समुद्र' से माना जाता है। इसलिए 'रामचंद्रजी ने', 'समुद्र पर', 'जल के', 'बंदरों से' और 'पुल' संज्ञाओं के कारक कहलाते हैं। कारक सूचित करने के लिए संज्ञा या सर्वनाम के आगे जो प्रत्यय लगाए जाते हैं, उन्हें विभक्तियाँ कहते हैं। विभक्ति के योग से बने हुए रूप विभक्त्यंत शब्द व पद कहलाते हैं।

(टी. जिस अर्थ में 'कारक' शब्द का प्रयोग संस्कृत व्याकरणों में होता है, उस अर्थ में इस शब्द का प्रयोग यहाँ नहीं हुआ है और न वह अर्थ अधिकांश हिंदी व्याकरणों में माना गया है। केवल 'भाषातत्त्वदीपिका' और 'हिंदी व्याकरण' में, जिनके लेखक महाराष्ट्री हैं, मराठी व्याकरण की रूढ़ि के अनुसार, 'कारक' और 'विभक्ति' शब्दों का प्रयोग प्रायः संस्कृत के अनुसार किया गया है। संस्कृत में क्रिया के साथ[1] संज्ञा (सर्वनाम और विशेषण) के अन्वय (संबंध) को कारक कहते हैं और उनके जिस रूप से यह अन्वय सूचित होता है, उसे विभक्ति कहते हैं। विभक्ति में जो प्रत्यय लगाए जाते हैं, वे विभक्ति प्रत्यय कहलाते हैं। संस्कृत में सात विभक्तियाँ और छह कारक माने जाते हैं। षष्ठी विभक्ति को संस्कृत वैयाकरण कारक नहीं मानते, क्योंकि उसका संबंध क्रिया से नहीं है।

संस्कृत में कारक और विभक्ति को अलग मानने का सबसे बड़ा और मुख्य कारण यह है कि एक ही विभक्ति कई कारकों में आती है। यह बात हिंदी में भी है; जैसे–घर गिरा, किसान घर बनाता है, घर बनाया जाता है, लड़का घर गया। इन वाक्यों में घर शब्द (संस्कृत व्याकरण के अनुसार) एक ही रूप (विभक्ति) में आकर क्रिया के साथ अलग-अलग संबंध (कारक) सूचित करता है। इस दृष्टि से कारक और विभक्ति अवश्य ही अलग-अलग हैं और संस्कृत सरीखी रूपांतरशील और पूर्ण भाषा में इनका भेद मानना सहज और उचित है।

हिंदी में कारक और विभक्ति को एक मानने की चाल कदाचित् अँग्रेजी व्याकरण का फल है, क्योंकि सबसे प्रथम हिंदी व्याकरण[2] पादरी आदम साहब ने लिखा था। इस व्याकरण में 'कारक' शब्द आया है, परंतु 'विभक्ति' शब्द का नाम पुस्तक भर में कहीं नहीं है। दो-एक लेखकों के लिखने पर भी आज तक के हिंदी व्याकरणों में कारक और विभक्ति का अंतर नहीं माना गया है। हिंदी वैयाकरणों के विचार में इन दोनों शब्दों के अर्थ की एकता यहाँ तक स्थिर हो गई है कि व्यासजी सरीखे संस्कृत के विद्वान् ने भी 'भाषाभास्कर'[3] में विभक्ति के बदले 'कारक' शब्द का प्रयोग किया है। हाल में पं. गोविंदनारायण मिश्र ने अपने 'विभक्ति विचार' में लिखा है कि 'स्वर्गीय पं. दामोदर शास्त्री से ही, संभव है कि सबसे पहले स्वरचित व्याकरण में कर्ता, कर्म, करण आदि कारकों के प्रयोग का यथोचित खंडन कर प्रथमा, द्वितीया आदि विभक्ति शब्द का प्रयोग

---

1. क्रियान्वयित्वं कारकत्वं।
2. यह एक बहुत ही छोटी पुस्तक है ओर इसके प्रायः प्रत्येक पृष्ठ में भाषा की विदेशी अशुद्धियों पाई जाती हैं। तथापि इसमें व्याकरण के कई शुद्ध ओर उपयोगी नियम दिए गए हैं।
3. यह पुस्तक तारणपुर के जमींदार बाबू रामचरणसिंह की लिखी हुई है परंतु इसका संशोधन स्वर्गवासी पं. अंबिकादत्त व्यास ने किया था।

उनके बदले में करने के साथ ही इसका युक्तियुक्त प्रतिपादन भी किया था।' इस तरह से इस बहुत ही पुरानी भूल को सुधारने की ओर आजकल लेखकों का ध्यान हुआ है। अब हमें यह देखना चाहिए कि इस भूल को सुधारने से हिंदी व्याकरण को क्या लाभ हो सकता है।

हिंदी में संज्ञाओं की विभक्तियों (रूपों) की संख्या संस्कृत की अपेक्षा बहुत कम है और विकल्प से बहुधा कई एक संज्ञाओं की विभक्तियों का लोप हो जाता है। संज्ञाओं की अपेक्षा सर्वनामों के रूप हिंदी में कुछ अधिक निश्चित हैं, पर उसमें भी कई शब्दों की प्रथमा, द्वितीया और तृतीया विभक्तियाँ बहुधा दो-दो कारकों में आती हैं। हिंदी संज्ञाओं की एक विभक्ति कभी-कभी चार कारकों में आती है; जैसे—मेरा हाथ दुखता है, उसने मेरा हाथ पकड़ा, नौकर के हाथ चिट्ठी भेजी गई, चिड़िया हाथ न आई। इन उदाहरणों में 'हाथ' संज्ञा (संस्कृत व्याकरण के अनुसार) एक ही (प्रथमा) विभक्ति में है और वह क्रमशः कर्ता, कर्म, करण और अधिकरण कारकों में आई है। इनमें से कर्ता की विभक्ति को छोड़ शेष विभक्तियों के अध्याहृत प्रत्यय वक्ता व लेखक के इच्छानुसार व्यक्त भी किए जा सकते हैं; जैसे—उसने मेरे हाथ को पकड़ा, नौकर के हाथ से चिट्ठी भेजी गई, चिड़िया हाथ में न आई। ऐसी अवस्था में प्रायः एक ही रूप और अर्थ के शब्दों को कभी प्रथमा, कभी द्वितीया, कभी तृतीया और कभी सप्तमी विभक्ति में मानना पड़ेगा। केवल रूप के अनुसार विभक्ति मानने से हिंदी में 'प्रथमा', 'द्वितीया' आदि कल्पित नामों में भी बड़ी गड़बड़ी होगी। संस्कृत में शब्दों के रूप बहुधा निश्चित और स्थिर हैं, इसलिए जिन कारणों से उसमें कारक और विभक्ति का भेद मानना उचित है, इन्हीं कारणों से हिंदी में वह भेद मानना कठिन जान पड़ता है। हिंदी में अधिकांश विभक्तियों का रूप केवल अर्थ से निश्चित किया जा सकता है, क्योंकि रूपों की संख्या बहुत ही कम है, इसलिए इस भाषा में विभक्तियों के सार्थक नाम कर्ता, कर्म आदि ही उपयोगी जान पड़ते हैं।

हिंदी के जिन वैयाकरणों ने कारक और विभक्ति का अंतर हिंदी में मानने की चेष्टा की है, वह भी इनकी विवेचना समाधानपूर्वक नहीं कर सके हैं। पं. केशवराम भट्ट ने अपने 'हिंदी व्याकरण' में संज्ञाओं के केवल दो कारक—कर्ता और कर्म तथा पाँच रूप : पहला, दूसरा, तीसरा आदि माने हैं। 'विभक्ति' शब्द का प्रयोग उन्होंने 'प्रत्यय' के अर्थ में किया है और अपने माने हुए दोनों कारकों का लक्षण इस प्रकार बताया है : 'क्रिया के संबंध में संज्ञा की जो दो विशेष अवस्थाएँ होती हैं, उनको कारक कहते हैं।' इस लक्षण के अनुसार जिन करण संप्रदान आदि संबंधों को संस्कृत वैयाकरण 'कारक' मानते हैं वे भी कारक नहीं कहे जा सकते। तब फिर इन पिछले संबंधों को 'कारक' के बदले और क्या कहना चाहिए? आगे चलकर 'विभक्ति' शीर्षक लेख में भट्ट जी संज्ञाओं के रूपों के विषय में लिखते हैं कि 'अलग-अलग पाँच ही रूपों से कारक आदि संज्ञाओं की विभिन्न अवस्थाएँ पहचानी जाती हैं।' इसमें आदि शब्द से जाना जाता है कि संज्ञा की केवल दो विशेष अवस्थाओं को कोई नाम देने की आवश्यकता ही नहीं। 'हिंदी व्याकरण' में कई नियम संस्कृत व्याकरण के अनुसार सूत्र रूप देने का प्रयत्न किया गया है, इसलिए इस पुस्तक में यह बात कहीं स्पष्ट नहीं हुई है कि 'अवस्था' शब्द 'संबंध' के अर्थ में आया है या 'रूप' के अर्थ में, और न कहीं इस बात का विवेचन किया गया है कि

केवल दो विशेष अवस्थाएँ ही 'कारक' क्यों कहलाती हैं? कारक का जो लक्षण किया गया है वह लक्षण नहीं, किंतु वर्गीकरण का वर्णन है और उसकी वाक्यरचना स्पष्ट नहीं है। भट्ट जी ने संज्ञाओं के जो पाँच रूप माने हैं (जिनको कभी-कभी वे 'विभक्ति' भी कहते हैं), उनमें से तीसरी और पाँचवीं विभक्तियों को उन्होंने 'लुप्त अवस्था' में आने पर उन्हीं विभक्तियों के अंतर्गत माना है, पर दूसरी विभक्ति को कहीं उसी में और कहीं पहली में लिया है। हिंदी में संबोधन कारक का रूप इन पाँचों विभक्तियों से भिन्न है; पर यह भी संस्कृत के अनुसार प्रथमा में मान लिया गया है; इसके सिवा हिंदी में षष्ठी ('हि. व्या.' की 'चौथी') विभक्ति का अभाव है क्योंकि उसके बदले तद्धित प्रत्यय 'का-के-की' आते हैं, परंतु भट्ट जी ने तद्धित प्रत्ययांत पद को भी विभक्ति मान लिया है। साहित्याचार्य पं. रामावतार शर्मा ने 'व्याकरणसार' में 'विभक्ति' शब्द को उस रूपांतर के अर्थ में प्रयुक्त किया है, जो कारक के प्रत्यय लगने के पूर्व संज्ञाओं में होता है। आपके मतानुसार हिंदी में केवल दो विभक्तियाँ हैं।

इस विवेचन का सार यही है कि हिंदी में विभक्ति और कारक का सूक्ष्म अंतर मानने में बड़ी कठिनाई है। इससे हिंदी व्याकरण की क्लिष्टता बढ़ती है और जब तक उनकी समाधानकारक व्यवस्था न हो, तब तक केवल वाद-विवाद के लिए उन्हें व्याकरण में रखने से कोई लाभ नहीं है। इसलिए हमने 'कारक' और 'विभक्ति' शब्दों का प्रयोग हिंदी व्याकरण के अनुकूल अर्थ में किया है; और प्रथमा, द्वितीया आदि कल्पित नामों के बदले, कर्म आदि सार्थक नाम लिखे हैं।

305. हिंदी में आठ कारक हैं। इनके नाम, विभक्तियाँ और लक्षण नीचे दिए जाते हैं :

	कारक	**विभक्तियाँ**
(1)	कर्ता	ने
(2)	कर्म	को
(3)	करण	से
(4)	संप्रदान	को
(5)	अपादान	से
(6)	संबंध	का-के-की
(7)	अधिकरण	में, पर
(8)	संबोधन है,	अजी, अहो, अरे, हे

(1) क्रिया से जिस वस्तु के विषय में विधान किया जाता है उसे सूचित करनेवाले संज्ञा के रूप को कर्ता कारक कहते हैं; जैसे—लड़का सोता है। नौकर ने दरवाजा खोला। चिट्ठी भेजी जायगी।

(टि.—कर्ता कारक का यह लक्षण दूसरे व्याकरणों में दिए हुए लक्षणों से भिन्न है। हिंदी में कारक और विभक्ति का संस्कृतरूढ़ अंतर न मानने के कारण इस लक्षण की आवश्यकता हुई है। इसमें केवल व्यापार के आश्रय ही का समावेश नहीं होता; किंतु स्थितिदर्शक और विकारदर्शक क्रियाओं के कर्ताओं का भी (जो यथार्थ में व्यापार के आश्रय नहीं हैं) समावेश हो सकता है। इसके सिवा सकर्मक क्रिया के कर्मवाच्य में कर्म का जो मुख्य रूप होता है उसका भी समावेश इस लक्षण में हो जाता है।)

(2) जिस वस्तु पर क्रिया के व्यापार का फल पड़ता है उसे सूचित करनेवाले संज्ञा के रूप को कर्म कारक कहते हैं; जैसे–'लड़का पत्थर फेंकता है।', 'मालिक ने नौकर को बुलाया।'

(3) करण कारक संज्ञा के उस रूप को कहते हैं जिससे क्रिया के साधन का बोध होता है; जैसे–'सिपाही चोर को रस्सी से बाँधता है।' 'लड़के ने हाथ से फल तोड़ा।' 'मनुष्य आँखों से देखते हैं, कानों से सुनते हैं और बुद्धि से विचार करते हैं।'

(4) जिस वस्तु के लिए क्रिया की जाती है उसकी वाचक संज्ञा के रूप को संप्रदान कारक कहते हैं; जैसे–'राजा ने ब्राह्मण को धन दिया।', 'शुकदेव मुनि राजा परीक्षित को कथा सुनाते हैं।', 'लड़का नहाने को गया है।'

(5) अपादान कारक संज्ञा के उस रूप को कहते हैं जिससे क्रिया के विभाग की अवधि सूचित होती है; जैसे–'पेड़ से फल गिरा।' 'गंगा हिमालय से निकलती है।'

(6) संज्ञा के जिस रूप से उसकी वाच्य वस्तु का संबंध किसी दूसरी वस्तु के साथ सूचित होता है उस रूप को संबंध कारक कहते हैं; जैसे–राजा का महल, लड़के की पुस्तक, पत्थर के टुकड़े इत्यादि। संबंध कारक का रूप संबंधी शब्द के लिंग वचन के कारण बदलता है। (दे. अंक 303-4)

(7) संज्ञा का वह रूप जिससे क्रिया के आधार का बोध होता है अधिकरण कारक कहलाता है; जैसे–'सिंह वन में रहता है।', 'बंदर पेड़ पर चढ़ रहे हैं।'

(8) संज्ञा के जिस रूप से किसी को चिताना या पुकारना सूचित होता है उसे संबंध कारक कहते हैं; जैसे–'हे नाथ! मेरे अपराधों को क्षमा करना।', 'छिपे हो कौन से परदे में बेटा!', 'अरे लड़के, इधर आ।'

(सू.–कारकों के विशेष प्रयोग और अर्थ वाक्यविन्यास के कारक प्रकरण में लिखे जायेंगे।)

विभक्तियों की व्युत्पत्ति

306. हिंदी की अधिकांश विभक्तियाँ प्राकृत के द्वारा संस्कृत से निकली हैं, परंतु इन भाषाओं के विरुद्ध हिंदी की विभक्तियाँ दोनों वचनों में एक रूप रहती हैं। इन विभक्तियों को कोई-कोई वैयाकरण प्रत्यय नहीं मानते, किंतु संबंधसूचक अव्ययों में गिनते हैं। विभक्तियों और संबंधसूचक अव्ययों का साधारण अंतर पहले (दे. अंक 232–ग) बताया गया है और आगे इसी अध्याय (अंक...344...345) में बताया जाएगा। यहाँ केवल विभक्तियों की व्युत्पत्ति केवल दो-एक व्याकरणों में संक्षेपतः लिखी गई है, पर इसका सविस्तार विवेचन विलायती विद्वानों ने किया है। मिश्र जी ने भी अपने 'विभक्ति-विचार' में इस विषय की योग्य समालोचना की है। तथापि हिंदी विभक्तियों की व्युत्पत्ति बहुत ही विवादग्रस्त विषय है। इसमें बहुत कुछ मूल शोध की आवश्यकता है और जब तक अपभ्रंश प्राकृत और प्राचीन हिंदी के बीच की भाषा का पता न लगे तब तक यह विषय बहुधा अनुमान ही रहेगा।

(1) कर्ताकारक–इस कारक के अधिकांश प्रयोगों में कोई विभक्ति नहीं आती। हिंदी आकारांत पुल्लिंग शब्दों को छोड़कर शेष पुल्लिंग शब्दों का मूल रूप ही इस

कारक के दोनों वचनों में आता है। पर स्त्रीलिंग में शब्दों और आकारांत पुल्लिंग शब्दों के बहुवचन में रूपांतर होता है, जिसका विचार वचन के अध्याय में हो चुका है। विभक्ति का यह अभाव सूचित करने के लिए ही कर्ता कारक को विभक्तियों में चिह्न लिख दिया जाता है। हिंदी में कर्ता कारक की कोई विभक्ति (प्रत्यय) न होने का कारण यह है कि प्राकृत में अकारांत और आकारांत पुल्लिंग संज्ञाओं को छोड़ शेष पुल्लिंग और स्त्रीलिंग संज्ञाओं का प्रथमा (एकवचन) विभक्ति में कोई प्रत्यय नहीं है और संस्कृत के कई एक तत्सम शब्द भी हिंदी में प्रथमा एकवचन रूप में आए हैं।

हिंदी में कर्ता कारक की जो 'ने' विभक्ति आती है, वह यथार्थ में संस्कृत की तृतीया विभक्ति (करण कारक) के 'ना' प्रत्यय का रूपांतर है; परंतु हिंदी में 'ने' का प्रयोग संस्कृत 'न' के समान करण (साधन) के अर्थ में कभी नहीं होता। इसलिए उसे हिंदी करण कारक की (तृतीया) विभक्ति नहीं मानते। ('ने' का प्रयोग वाक्य-विन्यास के कारक प्रकरण में लिखा जाएगा)। यह 'ने' विभक्ति पश्चिमी हिंदी का एक विशेष चिह्न है, पूर्वी हिंदी (और बंगला, उड़िया आदि भाषाओं) में इसका प्रयोग नहीं होता। मराठी में इसके दोनों वचनों के रूप क्रमशः 'ने' और 'नी' है। 'ने' विभक्ति को अधिकांश (देशी और विदेशी) वैयाकरण संस्कृत के 'ना' (प्रा.एण) से व्युत्पन्न मानते हैं और उसके प्रयोग से हिंदी रचना भी प्रायः संस्कृत के अनुसार होती है। परंतु कैलाश साहब बीन साहब के मत के आधार पर उसे 'लग्' (संगे) धातु के भूतकालिक कृदंत 'लग्य' व अपभ्रंश मानकर यह सिद्ध करने की चेष्टा करते हैं कि हिंदी की विभक्तियाँ प्रत्यय नहीं हैं, किंतु संज्ञाओं और दूसरे शब्दभेदों के अवशेष हैं। प्राकृत में इस विभक्ति का रूप एकवचन में 'एण' और अपभ्रंश में 'ऐं' है।

(2) **कर्म कारक**–इस कारक की विभक्ति 'को' है, पर बहुधा इस विभक्ति का लोप हो जाता है, और तब कर्म कारक की संज्ञा का रूप दोनों वचनों में कर्ता कारक ही के समान होता है। यही 'को' विभक्ति संप्रदान कारक भी है, इसलिए ऐसा कह सकते हैं कि हिंदी में कर्म कारक का कोई निज का रूप नहीं है। इसका रूप यथार्थ में कर्म और संप्रदान कारकों में बँटा हुआ है। इस विभक्ति की व्युत्पत्ति के विषय में व्यास जी 'भाषा प्रभाकर' में, बीम्स साहब के मतानुसार, लिखते हैं कि 'कदाचित् यह स्वार्थिक 'क' से निकला हो पर सूक्ष्म संबंध इसका संस्कृत से जान पड़ता है जैसे–कक्षं = कक्खं, काखं = काहं = काहूँ = कहूँ = कौं = कों = को।' इस लंबी व्युत्पत्ति का खंडन करते हुए मिश्र जी ने अपने 'विभक्ति विचार' में लिखा है कि कात्यायन ने अपने व्याकरण में **अम्हाकं, पस्ससि, सब्बको, यको, अमुको** आदि उदाहरण दिए हैं। और 'तुम्हाम्हेन आकं', 'सब्बतो को' आदि सूत्रों से 'तुम्हाकं', 'अम्हाकं', 'कहे' आदि अनेक रूपों को सिद्ध किया है। प्राकृत के इन रूपों से ही 'हिंदी में हमको, हमें, तुमको, तुम्हें आदि रूप बने हैं और इनके आदर्श पर ही द्वितीया विभक्ति चिह्न 'को' सब शब्दों के संग प्रचलित हो गया।' इन दोनों युक्तियों में कौन सी ग्राह्य है, यह बताना कठिन है, क्योंकि दोनों ही अनुमान है और इनको सिद्ध करने के लिए प्राचीन हिंदी के कोई उदाहरण नहीं मिलते। 'विभक्ति विचार' में 'कहँ', 'कहुँ' आदि की व्युत्पत्ति के विषय में कुछ नहीं कहा गया।

(3) करण कारक–इसकी विभक्ति 'से' है। यही प्रत्यय अपादान कारक का भी है। कर्म और संप्रदान कारकों की विभक्ति के समान हिंदी में करण और अपादान कारकों की विभक्ति भी एक ही है। मिश्र जी के मत में यह 'से' विभक्ति प्राकृत की पंचमी विभक्ति 'सुन्तो' से निकली है और इसी से हिंदी के अपादान कारक के प्राचीन रूप 'ते', 'सो' आदि व्युत्पन्न हुए हैं। चंद के महाकाव्य के अपादान के अर्थ में 'हूँतो' और 'हुँत' आए हैं, जो प्राकृत की पंचमी से दूसरे प्रत्यय 'हिंतो' से निकलते हैं। हार्नली साहब का मत भी प्रायः ऐसा ही है; पर कैलाग साहब, जो सब विभक्तियों को स्वतंत्र शब्दों के टूटे-फूटे रूप सिद्ध करने का प्रयत्न करते हैं, इस विभक्ति को संस्कृत के 'सम' शब्द का रूपांतर मानते हैं। 'से' की व्युत्पत्ति के विषय में मिश्र जी (और हार्नली साहब) का मत ठीक जान पड़ता है; परंतु इन विद्वानों में से किसी ने यह नहीं बतलाया कि हिंदी में 'से' विभक्ति करण और अपादान दोनों कारकों में क्योंकर प्रचलित हुई; जब कि संस्कृत और प्राकृत में दोनों कारकों के लिए अलग-अलग विभक्तियाँ हैं। 'भाषा प्रभाकर' में जहाँ और विभक्तियों की व्युत्पत्ति बताने की चेष्टा की गई है, वहाँ 'से' का नाम तक नहीं है।

(4) संबंध कारक–इस कारक की विभक्ति 'का' है। वाक्य में जिस शब्द के साथ संबंध कारक का संबंध होता है, उसे भेद कहते हैं और भेद के संबंध से संबंध कारक को भेदक कहते हैं। 'राजा का घोड़ा' इस वाक्यांश में 'राजा का' भेदक और 'घोड़ा' भेद्य है। संबंध कारक की विभक्ति 'का' भेद्य के लिंग, वचन और कारक के अनुसार बदलकर 'की' और 'के' हो जाती है। हिंदी की और विभक्तियों के समान 'का' विभक्ति की व्युत्पत्ति के विषय में भी वैयाकरणों का मत एक नहीं है। उनके मतों का सार नीचे दिया जाता है :

(अ) संस्कृत में इक, ईन, इय प्रत्यय संज्ञाओं में लगने से 'तत्संबंधी' विशेषण बनते हैं; जैसे–काया-कायिक, कुल-कुलीन, राष्ट्र-राष्ट्रीय। 'इक' से हिंदी में 'का', 'ईन' से गुजराती में 'नो' और 'इय' से सिंधी में 'जो' और मराठी में 'चा' आया है।

(आ) प्रायः इसी अर्थ में संस्कृत में एक प्रत्यय 'क' आता है जैसे–मद्रक–मद्रदेश में उत्पन्न, रोमक-रोम देश संबंधी आदि। प्राचीन हिंदी में वर्तमान 'का' के स्थान में 'क' पाया जाता है; जैसे–'पितु आयस सब धर्मक टीका' (राम.)। इन उदाहरणों से जान पड़ता है कि हिंदी 'का' संस्कृत से 'क' प्रत्यय से निकला है।

(इ) प्राकृत में 'इदं' (संबंध) अर्थ में 'केरओ', 'केरिआ', 'केरक', 'केर' आदि प्रत्यय आते हैं, जो विशेषण के समान प्रयुक्त होते हैं और लिंग में विशेष्य के अनुसार बदलते हैं; जैसे–कस्यकेरकं एवं पवचहणं (सं. कस्य संबंधिनं इदं प्रवहणं) किसका यह वाहन (है)। इन्हीं प्रत्ययों से रासो की प्राचीन हिंदी के केरा, केरो आदि प्रत्यय निकले हैं, जिनसे वर्तमान हिंदी के 'का, के, की' प्रत्यय बने हैं।

(ई) क्क, इक्क, एच्चय आदि प्राकृत के इदमर्थ के प्रत्ययों से ही रूपांतरित होकर वर्तमान हिंदी के 'का, के, की' प्रत्यय सिद्ध हुए दिखते हैं।

(उ) सर्वनामों के रा, रे, री प्रत्यय केरा, केरो आदि प्रत्ययों के आद्य 'क' का लोप करने से बने हुए समझे जाते हैं। (मारवाड़ी तथा बंगला में ये अथवा इन्हीं के समान प्रत्यय संज्ञाओं के संबंधकारक में आते हैं।)

इस मत-मतांतर से जान पड़ता है कि हिंदी के संबंध कारक की विभक्तियों की व्युत्पत्ति निश्चित नहीं है। तथापि यह बात प्राय: निश्चित है कि ये विभक्तियाँ संस्कृत व प्राकृत की किसी विभक्ति से नहीं निकली हैं; किंतु किसी तद्धित प्रत्यय से व्युत्पन्न हुई है।

(5) अधिकरण कारक–इनकी दो विभक्तियाँ हिंदी में प्रचलित हैं : 'में' और 'पर'। इनमें से 'पर' को अधिकांश वैयाकरण संस्कृत 'उपरि' का अपभ्रंश मानकर विभक्तियों में नहीं गिनते। 'उपरि' का एक और अपभ्रंश 'ऊपर' हिंदी में संबंधसूचक के समान भी प्रचलित है। 'विभक्ति विचार' में मिश्र जी ने 'लिए', 'निमित्त' आदि के समान 'पर' (पै) को भी स्वतंत्र शब्द माना है, पर उनकी व्युत्पत्ति के विषय में कुछ नहीं लिखा है। यथार्थ में 'पर' शब्द स्वतंत्र ही है; क्योंकि यह संस्कृत व प्राकृत की किसी विभक्ति व प्रत्यय से नहीं निकला है। 'पर' को अधिकरण कारक की विभक्ति मानने का कारण यह है कि अधिकरण से जिस आधार का बोध होता है, उसके सब भेद अकेले 'में' से सूचित नहीं होते, जैसा संस्कृत की सप्तमी विभक्ति से होता है।

'में' की व्युत्पत्ति के विषय में भी मतभेद है और इसके मूलरूप का निश्चय नहीं हुआ है। कोई इसे संस्कृत 'मध्ये' का और कोई प्राकृत सप्तमी विभक्ति 'म्मि' का रूपांतर मानते हैं। मिश्र जी लिखते हैं कि यदि 'में' संस्कृत 'मध्ये' का अपभ्रंश होता तो 'में' के साथ ही 'माँझ', 'मँझार', 'मधि' आदि का प्रयोग हिंदी में न होता। गुजराती का सप्तमी का प्रत्यय 'माँ' इसी (पिछले) मत को पुष्ट करता है, अर्थात् 'में' प्राकृत 'म्मि' का अपभ्रंश है।

(6) संबोधन कारक–कोई-कोई वैयाकरण इसे अलग कारक नहीं गिनते। किंतु कर्ता कारक के अंतर्गत मानते हैं। संबंध कारक के समान यह कारक में इसलिए नहीं गिना जाता कि इन दोनों कारकों का संबंध बहुधा क्रिया से नहीं होता। संबंध कारक का अन्वय तो क्रिया के परोक्ष रूप से होता भी है, परंतु संबोधन कारक का अन्वय वाक्य में किसी शब्द के साथ नहीं होता, इसको केवल इसीलिए कारक मानते हैं कि इस अर्थ में संज्ञा का स्वतंत्र रूप पाया जाता है। संबोधन कारक की कोई अलग विभक्ति नहीं है; परंतु और कारकों के समान इसके दोनों वचनों में संज्ञा का रूपांतर होता है। विभक्ति के बदले इस कारक में संज्ञा से पहले बहुधा हे, हो, अरे, अजी आदि विस्मयादिबोधक अव्यय लगाए जाते हैं। इन शब्दों के प्रयोग विस्मयादिबोधक अव्यय के अध्याय में दिए गए हैं।

307. विभक्तियाँ चरम प्रत्यय कहलाती हैं, अर्थात् उनके पश्चात् दूसरे प्रत्यय नहीं आते। इस लक्षण के अनुसार विभक्तियों और दूसरे प्रत्ययों का अंतर स्पष्ट हो जाता है; जैसे–'संसार भर के ग्रंथगिरि पर' (भारत.)। इस वाक्यांश में 'भर' शब्द विभक्ति नहीं है, क्योंकि उसके पश्चात् 'के' विभक्ति आई है। इस 'के' के पश्चात् भर, तक, वाला आदि कोई प्रत्यय नहीं आ सकते। तथापि हिंदी में अधिकरण कारक की विभक्तियों के साथ बहुधा संबंध व अपादान कारक की विभक्ति आती है; जैसे–'हमारे पाठकों में से बहुतेरों ने' (भारत)। 'नंद उसको आसन पर से उठा देगा।' (मुद्रा.)। 'तट पर से' (शिव.)। 'कुएँ में का मेंढक।', 'जहाज पर के यात्री' इत्यादि।

(अ) संबंध कारक के साथ कभी-कभी जो विभक्ति आती है, वह भेद के अध्याहार के कारण आती है; जैसे–'इस राँड़ के () को बकने दीजिए' (शकु.)। 'यह काम किसी के घर के () ने किया है।' कभी-कभी संबंध कारक को संज्ञा मानकर उसका बहुवचन भी कर देते हैं; जैसे–यह काम घरकों ने किया है। (घरकों ने = घरवालों ने)

308. कोई-कोई विभक्तियाँ कुछ अव्ययों में भी पाई जाती हैं; जैसे–

को–कहाँ को, यहाँ को, आगे को।

से–कहाँ से, वहाँ से, आगे से।

का–कहाँ का, जहाँ का, जब का।

पर–यहाँ पर, जहाँ पर।

संज्ञाओं की कारक रचना

309. विभक्तियों के योग के पहले संज्ञाओं का जो रूपांतर होता है उसे विकृत रूप कहते हैं; जैसे–'घोड़ा' शब्द के 'ने' विभक्ति के योग से एकवचन में 'घोड़े' और बहुवचन में 'घोड़ों' हो जाता है। इसलिए 'घोड़े' और 'घोड़ों' विकृत रूप हैं। विभक्तिरहित कर्ता और कर्म को छोड़कर और शेष कारक, जिनमें संज्ञा व सर्वनाम का विकृत रूप आता है, **विकृत कारक** कहलाते हैं।

310. एकवचन में विकृत रूप का प्रत्यय 'ए' है, जो केवल हिंदी और उर्दू (तद्‍भव) आकारांत पुलिंग संज्ञाओं में लगाया जाता है; जैसे–लड़का–लड़के ने, घोड़ा–घोड़े ने, सोना–सोने का, परदा–परदे में, अंधा हे अंधे, इत्यादि। (दे. अंक 289)

(क) हिंदी आकारांत संज्ञाओं व विशेषणों में 'पन' से जो भाववाचक संज्ञाएँ बनती हैं, उनके आगे विभक्ति आने पर मूल संज्ञा व विशेषण का रूप विकृत होता है; जैसे–कड़ापन–कड़ेपन को, गुंडापन–गुंडेपन से, बहिरापन–बहिरेपन में इत्यादि।

अप.–(1) संबोधन कारक 'बेटा' में शब्दों का रूप बहुधा नहीं बदलता; जैसे–'अरे बेटा आँख खोलो' (सत्य.)। 'बेटा! उठ।' (रघु.)।

अप.–(2) जिन आकारांत पुल्लिंग शब्दों का रूप विभक्तिरहित बहुवचन में नहीं बदलता वे एकवचन में भी विकृत रूप में नहीं आते (दे. अंक 289 और अपवाद); जैसे–राजा ने, काका को, दारोगा से, देवता में, रामबोला का इत्यादि।

अप.–(3) भारतीय प्रसिद्ध स्थानों के व्यक्तिवाचक आकारांत पुल्लिंग नामों को छोड़, शेष देशी तथा मुसलमानी स्थानवाचक आकारांत पुल्लिंग शब्द का विकृत रूप विकल्प से होता है; जैसे–'आगरे का आया हुआ' (गुटका.)। 'कलकत्ते के महलों में' (शिव.)। 'इस पाटलिपुत्र (पटने) के विषय में' (मुद्रा.)। 'राजपूताने में,' 'दरभंगे की फसल' (शिक्षा)। 'दरभंगा से' (सर.)। 'छिंदवाड़ा में या छिंदवाड़े में', 'बसरा से वा बसरे से' इत्यादि।

प्रत्ययवाद–पाश्चात्य स्थानों के और कई देशी स्थानों के आकारांत पुल्लिंग नाम अविकृत रहते हैं; जैसे–अफ्रीका, अमेरिका, आस्ट्रेलिया, लासा, रीवाँ, नाभा, कोटा आदि।

अप.–(4) जब किसी विकारी आकारांत (संज्ञा अथवा दूसरे शब्द) के साथ कारक के बाद वही शब्द आता है, तब पूर्व शब्द बहुधा अविकृत रहता है; जैसे–कोठा का कोठा, जैसा का तैसा।

अप.–(5) यदि विकारी संज्ञाओं (और दूसरे शब्दों) का प्रयोग शब्द ही के अर्थ में हो तो विभक्ति के पूर्व उसका विकृत रूप नहीं होता। जैसे–'घोड़ा' का क्या अर्थ है, 'मैं' को सर्वनाम कहते हैं, 'जैसा' से विशेषता सूचित होती है।

311. बहुवचन में विकृत रूप के प्रत्यय 'ओं' और 'यों' हैं।

(अ) अकारांत, विकारी आकारांत और हिंदी याकारांत शब्दों के अंत्य स्वर में ओ आदेश होता है जैसे–घर घरों की (पु.), बातों बातों में (स्त्री.), लड़का लड़कों का (पु.), डिबिया डिबियों में (स्त्री.)।

(आ) मुखिया, अगुआ, पुरखा और बापदादा शब्दों का विकृत रूप बहुधा इसी प्रकार से बनता है, जैसे–मुखियों को, अगुओं से, बापदादों का इत्यादि।

(सू.–संस्कृत के हलंत शब्दों का विकृत रूप आकारांत शब्दों के समान होता है जैसे–विद्वान्–विद्वानों की, सरित्–सरितों को इत्यादि।)

(इ) इकारांत संज्ञाओं के अंत्य ह्रस्व स्वर के पश्चात् 'या' लगाया जाता है, जैसे–मुनि–मुनियों को, हाथी–हाथियों से, शक्ति–शक्तियों का, नदी–नदियों में इत्यादि।

(ई) शेष शब्दों में अंत्य स्वर के पश्चात् 'ओं' आता है, जैसे–राजा–राजाओं को, साधु–साधुओं में, माता–माताओं से धेनु–धेनुओं का, चौबे–चौबेओं में, जौ जौओं को।

(सू.–विकृत रूप के पहले 'ई' और 'ऊ' ह्रस्व हो जाते हैं (दे. अंक 292, 293)।

(उ) ओकारांत शब्दों के अंत में केवल अनुस्वार आता है; और सानुस्वार ओकारांत तथा ओकारांत संज्ञाओं में कोई रूपांतर नहीं होता; जैसे–रासो–रासों में, कोदों–कोदों से, सरसों–सरसों का इत्यादि। (दें. अंक 293)

(सू.–हिंदी में ऐकारांत पुल्लिंग और एकारांत, ऐकारांत तथा ओकारांत स्त्रीलिंग संज्ञाएँ नहीं हैं।)

(ऊ) जिन आकारांत शब्दों के अंत में अनुस्वार होता है उनके वचन और कारकों के रूपों में अनुस्वार बना रहता है; जैसे–रोआ–रोएँ, रोएँ से, रोओं में।

(ए) जाड़ा, गर्मी, बरसात, भूख, प्यास आदि कुछ शब्द विकृत कारकों में बहुधा बहुवचन ही से आता है; जैसे–भूखों मरना, बरसातों की रातें, गर्मियों में, जाड़ों में इत्यादि।

(ऐ) कुछ कालवाचक संज्ञाएँ विभक्ति के बिना ही बहुवचन के विकृत रूप में आती है जैसे–'बरसों बीत गए, इस काम में घंटों लग गए हैं।' (दे. अंक 512)

312. अब प्रत्येक लिंग और अंत की एक संज्ञा की कारक रचना के उदाहरण दिए जाते हैं; पहले उदाहरण में सब कारकों के रूप रहेंगे, परंतु आगे के उदाहरण में केवल कर्ता, कर्म और संबोधन के रूप दिए जाएँगे। बीच के कारकों की रचना कर्म कारक के समान उनकी विभक्तियों के योग से ही हो सकती है।

(क) पुल्लिंग संज्ञाएँ

(1) अकारांत

कारक	एकवचन	बहुवचन
कर्ता	बालक	बालक
	बालक ने	बालकों ने
कर्म	बालक को	बालकों को
करण	बालक से	बालकों से
संप्रदान	बालक को	बालकों को
अपादान	बालक से	बालकों से
संबंध	बालक का, के, की	बालकों का, के, की
अधिकरण	बालक में	बालकों में
	बालक पर	बालकों पर
संबोधन	हे बालक	हे बालको

(2) आकारांत (विकृत)

कारक	एकवचन	बहुवचन
कर्ता	लड़का	लड़के
	लड़के ने	लड़कों ने
कर्म	लड़के को	लड़कों को
संबोधन	हे लड़के	हे लड़को

(3) आकारांत (अविकृत)

कर्ता	राजा	राजा
	राजा ने	राजाओं ने
कर्म	राजा को	राजाओं को
संबोधन	हे राजा	हे राजाओ

(4) आकारांत (वैकल्पिक)

कर्ता	बाप दादा	बाप दादा
	बाप दादे ने	बाप दादाओं ने
कर्म	बाप दादा को	बाप दादाओं को
संबोधन	हे बाप दादा	हे बाप दादाओ

(अथवा)

कर्ता	बाप दादा	बाप दादे
	बाप दादे ने	बाप दादों ने

कर्म	बाप दादे को	बाप दादों को
संबोधन	हे बाप दादे	हे बाप दादो

(5) इकारांत

कर्ता	मुनि	मुनि
	मुनि ने	मुनियों ने
कर्म	मुनि को	मुनियों को
संबोधन	हे मुनि	हे मुनियो

(6) ईकारांत

कर्ता	माली	माली
	माली ने	मालियों ने
कर्म	माली को	मालियों को
संबोधन	हे माली	हे मालियो

(7) उकारांत

कारक	**एकवचन**	**बहुवचन**
कर्ता	साधु	साधु
	साधु ने	साधुओं ने
कर्म	साभु को	साभुओं को
संबोधन	हे साधु	हे साधुओ

(8) ऊकारांत

कर्ता	डाकू	डाकू
	डाकू ने	डाकुओं ने
कर्म	डाकू को	डाकुओं को
संबोधन	हे डाकू	हे डाकुओ

(9) एकरांत

कर्ता	चौबे	चौबे
	चौबे ने	चौबेओं ने
कर्म	चौबे को	चौबेओं को
संबोधन	हे चौबे	हे चौबेओ

(10) ओकारांत

कर्ता	रासो	रासो
	रासो ने	रासों ने

कर्म	रासो को	रासों को
संबोधन	हे रासो	हे रासो

(11) औकारांत

कर्ता	जौ	जौ
	जौ ने	जौओं ने
कर्म	जौ को	जौओं को
संबोधन	हे जौ	हे जौओ

(12) सानुस्वार ओकारांत

कारक	**एकवचन**	**बहुवचन**
कर्ता	कोदों	कोदों
	कोदों ने	कोदों ने
कर्म	कोदों को	कोदों को
संबोधन	हे कोदों	हे कोदो

(ख) स्त्रीलिंग संज्ञाएँ

(1) अकारांत

कर्ता	बहिन	बहिनें
	बहिन ने	बहिनों ने
कर्म	बहिन को	बहिनों को
संबोधन	हे बहिन	हे बहिनो

(2) आकारांत (संस्कृत)

कर्ता	शाला	शालाएँ
	शाला ने	शालाओं ने
कर्म	शाला को	शालाओं को
संबोधन	हे शाला	हे शालाओ

(3) आकारांत (हिंदी)

कर्ता	बुढ़िया	बुढ़ियाँ
	बुढ़िया ने	बुढ़ियों ने
कर्म	बुढ़िया को	बुढ़ियों को
संबोधन	हे बुढ़िया	हे बुढ़ियो

(4) इकारांत

कर्ता	शक्ति	शक्तियाँ
	शक्ति ने	शक्तियों ने

कर्म	शक्ति को	शक्तियों को
संबोधन	हे शक्ति	हे शक्तियो

(5) ईकारांत

कर्ता	देवी	देवियाँ
	देवी ने	देवियों ने
कर्म	देवी को	देवियों को
संबोधन	हे देवी	हे देवियो

(6) उकारांत

कर्ता	धेनु	धेनुएँ
	धेनु ने	धेनुओं ने
कर्म	धेनु को	धेनुओं को
संबोधन	हे धेनु	हे धेनुओ

(7) ऊकारांत

कर्ता	बहू	बहुएँ
	बहू ने	बहुओं ने
कर्म	बहू को	बहुओं को
संबोधन	हे बहू	हे बहुओ

(8) औकारांत

कर्ता	गौ	गौएँ
	गौ ने	गौओं ने
कर्म	गौ को	गौओं को
संबोधन	हे गौ	हे गौओ

(9) सानुस्वार आकारांत

कर्ता	सरसों	सरसों
	सरसों ने	सरसों ने
कर्म	सरसों को	सरसों को
संबोधन	हे सरसो	हे सरसो

313. तत्सम संस्कृत संज्ञाओं का मूल संबोधन कारक (एकवचन) उच्च हिंदी और कविता में आता है; जैसे–

व्यंजनांत संज्ञाएँ	राजन्, श्रीमन्, विद्वन्, भगवन्, महात्मन् स्वामिन् इत्यादि।
आकारांत संज्ञाएँ	कविते, आशे, प्रिये, शिक्षे, सीते, राधे, इत्यादि।
इकारांत संज्ञाएँ	हरे, मुने, सखे, मते, सीतापते इत्यादि।
ईकारांत संज्ञाएँ	पुत्रि, देवी, मानिनि, जननि इत्यादि।

उकारांत संज्ञाएँ	बंधो, प्रभो, धेनो, गुरो, साधो इत्यादि।
ऋकारांत संज्ञाएँ	पितः, दातः, मातः इत्यादि।

विभक्तियों और संबंधसूचक अव्ययों में संबंध

314. विभक्ति के द्वारा संज्ञा (या सर्वनाम) का जो संबंध क्रिया व दूसरे शब्दों के साथ प्रकाशित होता है, वही संबंध कभी-कभी संबंधसूचक अव्यय के द्वारा प्रकाशित होता है जैसे–

'लड़का नहाने को गया है' अथवा 'नहाने के लिए गया है।' इसके विरुद्ध संबंध सूचकों से जितने संबंध प्रकाशित होते हैं, उन सबके लिए हिंदी में कारक नहीं हैं; जैसे–'लड़का नदी तक गया', 'चिड़िया धोती समेत उड़ गई', 'मुसाफिर पेड़ तले बैठा है', 'नौकर साँप के पास पहुँचा' इत्यादि।

(टि.–यहाँ अब ये प्रश्न उत्पन्न होते हैं कि जिन संबंधसूचकों से कारकों का अर्थ निकलता है, उन्हें कारक क्यों न मानें और शब्दों के सब प्रकार के परस्पर संबंध सूचित करने के लिए कारकों की संख्या क्यों न बढ़ाई जाए? यदि 'नहाने को' कारक माना जाता है, तो 'नहाने के लिए' को भी कारक मानना चाहिए और यदि 'पेड़ पर' एक कारक है तो 'पेड़ तले' दूसरा कारक होना चाहिए।

इन प्रश्नों का उत्तर देने के लिए विभक्तियों और संबंधसूचकों की उत्पत्ति पर विचार करना आवश्यक है। इस विषय में भाषाविदों का यह मत है कि विभक्तियों और संबंधसूचकों का उपयोग बहुधा एक ही है। भाषा के आदिकाल में विभक्तियाँ न थीं और एक के साथ दूसरे का संबंध स्वतंत्र शब्दों के द्वारा प्रकाशित होता था। बार-बार उपयोग में आने से इन शब्दों के टुकड़े हो गए और फिर उनका उपयोग प्रत्यय रूप से होने लगा। संस्कृत सरीखी प्राचीन भाषाओं में संयोगात्मक विभक्तियाँ भी स्वतंत्र शब्दों के टुकड़े हैं। मिश्र जी 'विभक्तिविचार' में लिखते हैं कि 'सू, औ, जस, अम्, औ, शस्, टा, भ्यां, भिस् आदि को स्वतंत्र रूप से दर्शाना ही इसका प्रत्यक्ष प्रमाण है और ये चिह्न स्वतंत्र शब्दों में ही पूर्व काल में उपजे थे। किसी भाषा में बहुत सी और किसी में थोड़ी विभक्तियाँ होती हैं। जिन भाषाओं में विभक्तियों की संख्या अधिक रहती है (जैसे–संस्कृत में हैं) उनमें संबंधसूचकों का प्रचार अधिक नहीं होता। भिन्न-भिन्न भाषाओं में रूप के जो भेद दिखाई देते हैं, उनका विशेष कारण यही है कि संबंधसूचकों का उपयोग किसी में स्वतंत्र रूप से और किसी में प्रत्यय रूप से हुआ है।

इस विवेचन से जान पड़ता है कि विभक्तियों और संबंधसूचकों की उत्पत्ति प्रायः एक ही प्रकार की है। अर्थ की दृष्टि से भी दोनों समान ही हैं, परंतु रूप और प्रयोग की दृष्टि से दोनों में अंतर है। इसलिए कारक का विचार केवल अर्थ के अनुसार ही न करके रूप और प्रयोग के अनुसार भी करना चाहिए। जिस प्रकार लिंग और वचन के कारण संज्ञाओं का रूपांतर होता है उसी प्रकार शब्दों का परस्पर संबंध सूचित करने के लिए भी रूपांतर होता है और उसे (हिंदी में) कारक कहते हैं। यह रूपांतर एक शब्द में दूसरा जोड़ने से नहीं, किंतु प्रत्यय जोड़ने से होता है। संबंधसूचक अव्यय एक प्रकार के स्वतंत्र शब्द हैं, इसलिए संबंधसूचकांत संज्ञाओं को कारक नहीं कहते। इसके सिवा,

कुछ विशेष प्रकार के मुख्य संबंधी ही को कारक मानते हैं, औरों को नहीं। यदि सब संबंधसूचकांत संज्ञाओं को कारक मानें तो अनेक प्रकार के संबंध सूचित करने के लिए कारकों की संख्या न जाने कितनी बढ़ जाए।

विभक्तियाँ जिस प्रकार संबंधसूचकों से (रूप और प्रयोग में) भिन्न हैं उसी प्रकार वे तद्धित और कृदंत (प्रत्ययों) से भी भिन्न हैं। कृदंत या तद्धित प्रत्ययों के आगे विभक्तियाँ आती हैं पर विभक्तियों के पश्चात् कृदंत व तद्धित प्रत्यय बहुधा नहीं आते।

इसी विषय के साथ इस बात का भी विवेचन आवश्यक जान पड़ता है कि विभक्तियाँ, संज्ञाओं (और सर्वनामों) में मिलाकर लिखी जाए व उनसे पृथक्। इसके लिए पहिले हम दो उदाहरण उन पुस्तकों में से देते हैं, जिसके लेखक संयोगवादी है।

(1) 'अब यह कैसे मालूम हो कि लोग जिन बातों को कष्ट मानते उन्हें श्रीमान् भी कष्ट ही मानते हों। अथवा आपके पूर्ववर्ती शासन ने जो काम किए आप भी उन्हें अन्याय भरे काम मानते हों? साथ ही एक बात और है। प्रजा के लोगों की पहुँच श्रीमान् तक बहुत कठिन है। पर आपका पूर्ववर्ती शासक आपसे पहले ही मिल चुका और जो कहना था वह कह गया' (शिव.)।

(2) 'प्राय: पौने आठ सौ वर्ष महाकवि चंद के समय से अब तक बीत चुके हैं। चंद के सौ वर्ष बाद ही अलाउद्दीन खिलजी के राज्य में दिल्ली में फारसी भाषा का सुप्रसिद्ध कवि अमीर खुसरो हुआ। कवि अमीर खुसरो की मृत्यु सन् 1325 ईसवी में हुई थी। मुसलमान कवियों में उक्त अमीर खुसरो हिंदी काव्यरचना के विषय में सर्वप्रथम और प्रधान माना जाता है' (विभक्ति.)।

इन अवतरणों से जान पड़ेगा कि स्वयं संयोगवादी लेखक ही अभी तक एक मत नहीं हैं। जिस शब्द (अथवा प्रत्यय) को गुप्त जी मिलकर लिखते हैं, उसी को मिश्र जी अलग लिखते हैं। मिश्र जी ने तो यहाँ तक किया है कि संज्ञा में विभक्ति को मिलाने के लिए दोनों के बीच में 'ही' लिखना ही छोड़ दिया है, यद्यपि यह अव्यय संज्ञा और विभक्ति के बीच में आता है। इसी तरह गुप्त जी 'तक' को और शब्दों से तो अलग-अलग, पर 'यहाँ' में मिलाकर लिखते हैं। 'पर' के संबंध में भी दोनों लेखकों का मत विरोध है।

ऐसी अवस्था में विभक्तियों को संज्ञाओं से मिलाकर लिखने के लिए भाषा के आधार पर कोई निश्चित नियम बनाना कठिन है। विभक्तियों को मिलाकर लिखने में एक दूसरी कठिनाई यह है कि हिंदी में बहुधा प्रकृति और प्रत्यय के बीच में कोई अव्यय भी आ जाते हैं; जैसे–'चौदह पीढ़ी तक का पता' (शिव.)। 'संसार भर के ग्रंथगिरि' (भारत.)। 'घर ही के बाढ़े' (राम.)। प्रकृति और प्रत्यय के बीच में समानाधिकरण शब्द के आ जाने से उन दोनों को मिलाने में बाधा आ जाती है जैसे–'विदर्भ नगर के राजा भीमसेन की कन्या भुवनमोहिनी दमयंती का रूप।' (गुटका.)। 'हरगोविंद (पंसारी के लड़के) ने' (परी.)। उलटे कामाओं से घिरे हुए शब्दों के साथ विभक्ति मिलाने से जो गड़बड़ होती है, उसके उदाहरण स्वयं 'विभक्तिविचार' में मिलते हैं; जैसे–'समसे', 'सके', 'उद्भव न होने का प्रत्यक्ष प्रमाण', 'को का' संबंध इत्यादि। मिश्र जी ने कहीं-कहीं विभक्ति को इन कामाओं के पश्चात् भी लिखा है; जैसे–'न्ह' का प्रयोग (पृ. 56) 'से'

के बीच में (पृ. 86)। इस प्रकार के गड़बड़ प्रयोगों से संयोगवादियों के प्राय: सभी सिद्धांत खंडित हो जाते हैं।

(हिंदी में अधिकांश लेखक विभक्तियों को सर्वनामों के साथ मिलाकर लिखते हैं, क्योंकि इनमें संज्ञाओं की अपेक्षा अधिक नियमित रूपांतर होते हैं, और प्रकृति तथा प्रत्यय के बीच में बहुधा कोई प्रत्यय नहीं आते। तथापि 'भारतभारती' में विभक्तियाँ सर्वनामों से भी पृथक् लिखी गई हैं। ऐसी अवस्था में भाषा के प्रयोग का अधिकार वैयाकरण को नहीं है, इसलिए इस विषय को हम ऐसा ही अनिश्चित छोड़ देते हैं।)

315. विभक्तियों के बदले में कभी-कभी नीचे लिखे संबंधसूचक अव्यय आते हैं।

कर्म कारक–प्रति, तईं (पुरानी भाषा में)।

करण कारक–द्वारा, करके, जरिए, कारण, मारे।

संप्रदान कारक–लिए, हेतु, निमित्त, अर्थ, वास्ते।

अपादान कारक–अपेक्षा, बनिस्बत, सामने, आगे, साथ।

अधिकरण–मध्य, बीच, भीतर, अंदर, ऊपर।

316. हिंदी में कुछ संस्कृत कारकों का–विशेषकर करण कारक का–प्रयोग होता है; जैसे–सुखेन (सुख से), कृपया (कृपा से), येन-केन-प्रकारेण, मनसा-वाचा कर्मणा इत्यादि। 'रामचरितमानस' में छंद बिठाने के लिए कहीं-कहीं शब्दों में कर्म कारक की विभक्ति (व्याकरण के विरुद्ध) लगाई गई है; जैसे–'जय राम रमा रमण।' ऐसा प्रयोग 'रासो' और दूसरे प्राचीन काव्यों में भी मिलता है।

(क) हिंदी में कभी-कभी उर्दू भाषा के भी कुछ कारक आते हैं; जैसे–

करण और अपादान–इनकी विभक्ति 'अज' (से) है जो दो-एक शब्दों में आती है; जैसे–अज खुद (आपसे), अज तरफ (तरफ से)।

संबंध कारक–इसमें भेद पहले आता है और उसके अंत में 'ए' प्रत्यय लगाया जाता है; जैसे–सितारे हिंद (हिंद के सितारे), दफ्तरे हिंद (हिंद का दफ्तर), बामे दुनिया (दुनिया की छत)।

अधिकरण कारक–इसकी विभक्ति 'दर' है जो 'अज' के समान कुछ संज्ञाओं के पहले आती है; जैसे–दर हकीकत (हकीकत में), दर असल (असल में)। कई लोग इन शब्दों को भूल से 'दर हकीकत में' और 'दर असल में' बोलते हैं। 'फिलहाल' शब्द में 'फी' अरबी प्रत्यय है और फारसी 'दर' का पर्यायवाची है। 'फिलहाल' को अर्द्धशिक्षित 'फिलहाल में' कहते हैं।

चौथा अध्याय

सर्वनाम

317. संज्ञाओं के समान सर्वनामों में वचन और कारक हैं, परंतु लिंग के कारण इसका रूप नहीं बदलता।

318. विभक्तिरहित (कर्ता कारक के) बहुवचन में पुरुषवाचक (मैं, तू) और निश्चयवाचक (यह, वह) सर्वनामों को छोड़कर, शेष सर्वनामों का रूपांतर नहीं होता; जैसे–

एकवचन	बहुवचन	एकवचन	बहुवचन
मैं	हम	आप	आप
तू	तुम	जो	जो
यह	ये	कौन	कौन
वह	वे	क्या	क्या
सो	सो	कोई	कोई
		कुछ	कुछ

इन उदाहरणों से जान पड़ेगा कि 'मैं' और 'तू' का बहुवचन अनियमित है; परंतु 'यह' तथा 'वह' का नियमित है। संबंधवाचक 'जो' के समान नित्य संबंधी 'सो' का भी, बहुवचन में, रूपांतर नहीं होता। कोई-कोई लेखक बहुवचन में 'यह' और 'वह' का भी रूपांतर नहीं करते (दे. अंक 121, 128)। 'क्या' और 'कुछ' का प्रयोग एकवचन ही में होता है।

319. विभक्ति के योग से अधिकांश सर्वनाम दोनों वचनों में विकृत रूप में आते हैं; परंतु 'कोई' और निजवाचक 'आप' की कारकरचना केवल एकवचन में होती है। 'क्या' और 'कुछ' का कोई रूपांतर नहीं होता; उनका प्रयोग केवल विभक्तिरहित कर्ता और कर्म में होता है।

320. 'आप', 'कोई', 'क्या' और 'कुछ' को छोड़ शेष सर्वनामों के कर्म और संप्रदान कारकों में 'को' के सिवा एक और विभक्ति एकवचन में 'ए' और बहुवचन में 'ऐ' आती है।

321. पुरुषवाचक सर्वनामों से संबंधकारक की 'का, के, की' विभक्तियों के बदले 'रा, रे, री' आती है और निजवाचक सर्वनाम में 'ना, ने, नी' विभक्तियाँ लगाई जाती हैं।

322. सर्वनामों में संबोधन कारक नहीं होता; क्योंकि जिसे पुकारते या चिताते हैं, उनका नाम या उपनाम कहकर ही ऐसा करते हैं। कभी-कभी नाम याद न आने पर अथवा क्रोध में 'अरे तू', 'अरे वह' आदि शब्द बोले जाते हैं, परंतु ये (अशिष्ट) प्रयोग व्याकरण में विचार करने के योग्य नहीं हैं।

323. पुरुषवाचक सर्वनामों की कारकरचना आगे दी जाती है।

उत्तम पुरुष 'मैं'

कारक	एकवचन	बहुवचन
कर्ता	मैं	हम
	मैंने	हमने
कर्म	मुझको, मुझे	हमको, हमें
करण	मुझसे	हमसे
संप्रदान	मुझको, मुझे	हमको, हमें
अपादान	मुझसे	हमसे
संबंध	मेरा, रे, री	हमारा, रे, री
अधिकरण	मुझमें	हममें

मध्यम पुरुष 'तू'

कारक	एकवचन	बहुवचन
कर्ता	तू	तुम
	तूने	तुमने
कर्म	तुझको, तुझे	तुमको, तुम्हें
करण	तुझसे	तुमसे
संप्रदान	तुझको, तुझे	तुमको, तुम्हें
अपादान	तुझसे	तुमसे
संबंध	तेरा, रे, री	तुम्हारा, रे, री
अधिकरण	तुझमें	तुममें

(अ) पुरुषवाचक सर्वनामों की कारकरचना में बहुत समानता है। कर्ता और संबोधन को छोड़ शेष कारकों में एकवचन में 'मैं' का विकृत रूप 'मुझ' और 'तू' का 'तुझ' होता है। संबंधकारक के दोनों वचनों में 'मैं' का विकृत रूप क्रमशः 'में' और 'हमा' और 'तू' का 'ते' और 'तुम्ह' होता है। दोनों सर्वनामों में संबंध कारक की 'रा-रे-री' विभक्तियाँ आती हैं। विभक्तिसहित कर्ता के दोनों वचनों में और संबंध कारक को छोड़ शेष कारकों के बहुवचन में दोनों का रूप अविकृत रहता है।

(आ) पुरुषवाचक सर्वनामों के विभक्तिरहित कर्ता के एकवचन और संबंध कारक को छोड़ शेष कारकों में अवधारण के लिए एकवचन में 'ई' और बहुवचन में 'ई' व 'हीं' लगाते हैं; जैसे–मुझी का, तुझी से, हमीं ने, तुम्हीं से इत्यादि।

(इ) कविता में 'मेरा' और 'तेरा' के बदले बहुधा संस्कृत की षष्ठी के रूप क्रमशः 'मम' और 'तव' आते हैं; जैसे–'करहु सु मम उर धाम।' (राम.)। 'कहाँ गई तब गरिमा विशेष?' (हि. ग्र.।)

325. निजवाचक 'आप' की कारकरचना केवल एकवचन में होती है, परंतु एकवचन के रूप बहुवचन संज्ञा या सर्वनाम के साथ भी आते हैं; इसका विकृत रूप 'अपना' है, जो संबंध कारक में आता है और जो 'अप' में संबंध कारक को 'ना' विभक्ति जोड़ने से बना है। इसके साथ 'ने' विभक्ति नहीं आती, परंतु दूसरी विभक्तियों के योग से इनका रूप हिंदी आकारांत संज्ञा के समान 'अपने' हो जाता है। कर्ता और संबंध कारक को छोड़ शेष कारकों में विकल्प 'आप' के साथ विभक्तियाँ जोड़ी जाती हैं।

(सू.–'आप' शब्द का संबंध कारक 'अपना' प्राकृत की षष्ठी 'अप्पण' से निकला है।)

निजवाचक 'आप'

कारक	एकवचन
कर्ता	आप
कर्म-संप्र.	अपने को, आपको
करण-अपा.	अपने से, आपसे
संबंध	अपना, ने, नी
अधिकरण	अपने में, आपमें

(अ) कभी-कभी 'अपना' और 'आप' संबंध कारक को छोड़ शेष कारकों में मिलकर आते हैं; जैसे—अपने आप, अपने आपको, अपने आपसे, अपने आपमें।

(आ) 'आप' शब्द का एक रूप 'आपस' है, जिसका प्रयोग केवल संबंध और अधिकरण कारकों के एकवचन में होता है; जैसे—'लड़के आपस में लड़ते हैं।', 'स्त्रियों की आपस की बातचीत।' इसमें परस्परता का बोध होता है। कोई-कोई लेखक 'आपस' का प्रयोग संज्ञा के समान करते हैं; जैसे—(विधाता ने) 'प्रीति भी तुम्हारे आपस में अच्छी रखी है' (शकु.)।

(इ) 'अपना' जब संज्ञा के समान निज लोगों के अर्थ में आता है, तब उसकी कारकरचना हिंदी आकारांत संज्ञा के समान दोनों वचनों में होती है; जैसे—'अपने माता बिन जग में कोई नहीं अपना पाया' (आरा.)। 'वह अपनों के पास नहीं गया।'

(ई) प्रत्येक के अर्थ में 'अपना' शब्द की द्विरुक्ति होती है; जैसे—'अपने-अपने को सब कोई चाहते हैं।', 'अपनी-अपनी डफली और अपना-अपना राग।'

(उ) कभी-कभी 'अपना' के बदले 'निज' (सर्वनाम) का संबंध कारक आता है, और कभी-कभी दोनों रूप मिलकर आते हैं; जैसे—'निज का माल, निज का नौकर।', 'हम तुम्हें अपने निज के काम से भेजना चाहते हैं' (मुद्रा.)।

(ऊ) कविता में 'अपना' के बदले बहुधा 'निज' (विशेषण होकर) आता है; जैसे—'निज देश कहते हैं किसे' (भारत.)। 'वर्णाश्रम निज-निज धरम, निरत वेद पथ लोग' (राम.)।

325. 'आप' शब्द आदरसूचक भी है, पर उसका प्रयोग केवल अन्य पुरुष के बहुवचन में होता है। इस अर्थ में उसकी कारकरचना निजवाचक 'आप' से भिन्न होती है। विभक्ति के पहले आदरसूचक 'आप' का रूप विकृत नहीं होता। इसका प्रयोग आदरार्थ बहुवचन में होता है, इसलिए बहुत्व का बोध होने के लिए इसके साथ 'लोग' या 'सब' लगा देते हैं। इसके साथ 'ने' विभक्ति आती है और संबंध कारक में 'का के की' विभक्तियाँ लगाई जाती हैं। इसके कर्म और संप्रदान कारकों में दुहरे रूप नहीं आते।

आदरसूचक 'आप'

कारक	एक. (आदर.)	बहु. (संख्या.)
कर्ता	आप	आप लोग
	आपने	आप लोगों ने
कर्म-स.प्र.	आपको	आप लोगों को
संबंध	आपका, के, की	आप लोगों का, के, की

(सू.—इसके शेष रूप विभक्तियों के योग से इसी प्रकार बनते हैं।)

326. निश्चयवाचक सर्वनामों के दोनों वचनों की कारकरचना में विकृत रूप आता है। एकवचन में 'यह' का विकृत रूप 'इस', 'वह' का 'उस' और 'सो' का 'तिस' होता है और बहुवचन में क्रमशः 'इन', 'उन' और 'तिन' आते हैं। इनके विभक्तिसहित बहुवचन कर्ता के अंत्य 'त' में विकल्प से 'हों' जोड़ा जाता है, और कर्म तथा संप्रदान कारकों के बहुवचन 'ए' के पहले 'न' में 'ह' मिलाया जाता है।

निकटवर्ती 'यह'

कारक	एकवचन	बहुवचन
कर्ता	यह	यह, ये
	इसने	इनने, इन्होंने
कर्म-संप्रदान	इसको, इसे	इनको, इन्हें
कारण-अपादान	इससे	इनसे
संबंध	इसका के, की	इनका के, की
अधिकरण	इसमें	इनमें
	दूरवर्ती 'वह'	
कर्ता	वह	वह, वे
	उसने	उनने, उन्होंने
कर्म-संप्रदान	उसको, उसे	उनको, उन्हें

(सू.–शेष कारक 'यह' के अनुसार विभक्तियाँ लगाने से बनते हैं।)

नित्यसंबंधी 'सो'

कर्ता	सो	सो
	तिसने	तिनने, तिन्होंने
कर्म-संप्रदान	तिसको, तिसे	तिनको, तिन्हें

(सू.–शेष रूप 'वह' के अनुसार विभक्तियाँ लगाने से बनते हैं।)

(अ) 'सो' के जो रूप यहाँ दिए गए हैं, वे यथार्थ में 'तौन' के हैं, जो पुरानी भाषा में 'जौन' (जो) का नित्यसंबंधी है। 'तौन' अब प्रचलित नहीं है; परंतु उसके कोई-कोई रूप 'सो' के बदले और कभी-कभी 'जिस' के साथ आते हैं; इसलिए सुभीते के विचार से सब रूप लिख दिए गए हैं। 'तिसपर भी', 'जिस-तिसको' आदि रूपों को छोड़ 'तौन' के शेष रूपों के बदले 'वह' के रूप प्रचलित हैं।

(आ) निश्चयवाचक सर्वनामों के रूपों में अवधारण के लिए एकवचन 'ई' और बहुवचन में 'ही' अंत्य स्वर में आदेश करते हैं, जैसे–यह–यही, वह–वही, इन–इन्हीं से, उन्हीं को, सोई इत्यादि।

327. संबंधवाचक सर्वनाम 'जो' और प्रश्नवाचक सर्वनाम 'कौन' के रूप निश्चयवाचक सर्वनामों के अनुसार बनते हैं। 'जो' के विकृत रूप दोनों वचनों में क्रमशः 'जिस' और 'जिन' हैं तथा 'कौन' के 'किस' और 'किन' हैं।

संबंधवाचक 'जो'

कारक	एकवचन	बहुवचन
कर्ता	जो	जो
	जिसने	जिनने, जिन्होंने
कर्म-संप्रदान	जिसको, जिसे	जिनको, जिन्हें

प्रश्नवाचक 'कौन'

कर्ता	कौन	कौन
	किसने	किनने, किन्होंने
कर्म-संप्रदान	किसको, किसे	किनको, किन्हें

328. यह, वह, सो, जो कारक बहुवचन में जो दो-दो रूप हैं, उनमें से दूसरा रूप अधिक शिष्ट समझा जाता है; जैसे–उनने और उन्होंने। कोई-कोई वैयाकरण शेष कारकों में भी हों जोड़कर बहुवचन का दूसरा रूप बनाते हैं, जैसे–इन्हींको, जिन्होंसे इत्यादि। परंतु ये रूप प्रचलित नहीं हैं।

329. प्रश्नवाचक सर्वनाम 'क्या' की कारकरचना नहीं होती। यह शब्द इसी रूप में केवल एकवचन (विभक्तिरहित) कर्ता और कर्म में आता है; जैसे–'क्या गिरा?' 'तुम क्या चाहते हो?' दूसरे कारकों के एकवचन में 'क्या' के बदले ब्रजभाषा के 'कहा' सर्वनाम का विकृत रूप 'काहे' आता है।

प्रश्नवाचक 'क्या'

कारक	एक.
कर्ता	क्या
कर्म	क्या
करण, अपा.	काहे से
संप्रदान	काहे को
संबंध	काहे का, के, की
अधिकरण	काहे में

(अ) 'काहे से' (अपादान) और 'काहे को' (संप्रदान) का प्रयोग 'क्यों' के अर्थ में होता है; जैसे–'तुम यह काहे से कहते हो?', 'लड़का वहाँ काहे को गया था?' 'काहे को' कभी-कभी असंभावना के अर्थ में आता है; जैसे–'चोर काहे को हाथ आता है'। 'क्योंकि' समुच्चयबोधक में 'क्यों' के बदले कभी-कभी 'काहे से, का प्रयोग होता है (दे. अंक 245 अ); जैसे–'शकुंतला मुझे बहुत प्यारी है काहे से कि वह मेरी सहेली की बेटी है' (शकु.)। 'काहे का' का अर्थ 'किस चीज से बना' है, पर कभी-कभी इसका अर्थ 'वृथा' भी होता है; जैसे–'वह राजा ही काहे का है' (सत्य.)।

(आ) 'क्या से क्या' और 'क्या का क्या' वाक्यांशों में 'क्या' के साथ विभक्ति आती है। इनसे दशांतर सूचित होता है।

330. अनिश्चयवाचक सर्वनाम 'कोई' यथार्थ में प्रश्नवाचक सर्वनाम से बना है; जैसे–सं.–कोपि, प्रा.–कोबि, हि.–कोई। इसका विकृतरूप 'किस' में अवधारणबोधक 'ई' प्रत्यय लगाने से बना है। 'कोई' की कारकरचना केवल एकवचन में होती है, परंतु इसके रूपों की द्विरुक्ति से बहुवचन का बोध होता है। कर्म और संप्रदान कारकों में इसका एकारांत रूप नहीं होता, जैसा दूसरे सर्वनामों का होता है।

अनिश्चयवाचक 'कोई'

कारक	एकवचन
कर्ता	कोई
	किसी ने
कर्म-संप्रदान	किसी को

(सू.–कोई-कोई वैयाकरण इसके बहुवचन रूप 'किन' के नमूने पर 'किन्हीं ने', 'किन्हीं को' आदि लिखते हैं; पर वे रूप शिष्टसम्मत नहीं हैं। 'कोई' के द्विरुक्त रूपों ही से बहुवचन होता है। परिवर्तन के अर्थ में 'कोई' के अविकृत रूप के साथ संबंध कारक की विभक्ति आती है; जैसे–'कोई का कोई राजा बन गया।' इस वाक्यांश का प्रयोग बहुधा कर्ता कारक ही में होता है।)

331. अनिश्चयवाचक सर्वनाम 'कुछ' की कारकरचना नहीं होती। 'क्या' के समान यह केवल विभक्तिरहित कर्ता और कर्म के एकवचन में आता है; जैसे–'पानी में कुछ है', 'लड़के ने कुछ फेंका है।' 'कुछ का कुछ' वाक्यांश में 'कुछ' के साथ संबंध कारक की विभक्ति आती है। जब 'कुछ' का प्रयोग 'कोई' के अर्थ में संज्ञा के समान होता है, तब उसकी कारक रचना संबोधन को छोड़ शेष कारकों के बहुवचन में होती है; जैसे–'उनमें से कुछ ने इस बात को स्वीकार करने की कृपा दिखाई' (हि. को.)। 'कुछ ऐसे हैं।', 'कुछ की भाषा सहज है' (सर.)।

332. आप, कोई, क्या और कुछ को छोड़कर शेष सर्वनामों के कर्म और संप्रदान कारकों में दो-दो रूप होने से यह लाभ है कि दो 'को' इकट्ठे होकर उच्चारण नहीं बिगाड़ते, जैसे–'मैं इसे तुमको दूँगा।' इस वाक्य में 'इसे' के बदले 'इसको' कहना अशुद्ध है।

333. निजवाचक 'आप', 'कोई', 'क्या' और 'कुछ' को छोड़ शेष सर्वनामों के बहुवचन रूप आदर के लिए भी आते हैं इसलिए बहुत्व का स्पष्ट बोध कराने के लिए इन सर्वनामों के साथ 'लोग' व 'लोगों' लगाते हैं, जैसे–ये लोग, उन लोगों को, किन लोगों से इत्यादि। 'कौन' को छोड़ शेष सर्वनामों के साथ 'लोग' के बदले कभी-कभी 'सब' आता है; जैसे–हम सब, आप सबको, इन सबमें से इत्यादि।

334. विकारी सर्वनामों के मेल से बने हुए सर्वनामों के दोनों अवयव विकृत होते हैं; जैसे–जिस किसी को, जिस जिससे, किसी न किसी का नाम, इत्यादि।

335. अवधारण व अविकार के अर्थ में पुरुषवाचक और निश्चयवाचक सर्वनामों के अविकृत रूप के साथ संबंध कारक विभक्ति आती है; जैसे–'तुम के तुम न गए और मुझे भी न जाने दिया।' जो तीस दिन अधिक होंगे वह वह के वहीं होंगे (शिव.)।

पाँचवाँ अध्याय

विशेषण

336. हिंदी में आकारांत विशेषणों को छोड़ दूसरे विशेषणों में कोई विकार नहीं होता; परंतु सब विशेषणों का प्रयोग संज्ञाओं के समान होता है, इसलिए यह कह सकते हैं

कि विशेषणों में परोक्ष रूप से लिंग, वचन और कारक होते हैं। इस प्रकार के विशेषणों का विकार संज्ञाओं के समान उनके 'अंत' के अनुसार होता है। विशेषणों के मुख्य तीन भेद किए गए हैं : सार्वनामिक, गुणवाचक और संख्यावाचक। इनके रूपांतरों का विचार आगे इसी क्रम से होगा।

337. सार्वनामिक विशेषणों के दो भेद हैं : मूल और यौगिक। 'आप', 'क्या' और 'कुछ' को छोड़कर शेष मूल सार्वनामिक विशेषणों के पश्चात् विभक्त्यंत व संबंधसूचकांत संज्ञा आने पर उनके दोनों वचनों में विकृत रूप आता है; जैसे–'मुझ दीन को', 'तुम मूर्ख से', 'हम ब्राह्मणों का धर्म', 'किस देश में', 'उस गाँव तक', 'किसी वृक्ष की छाल', 'उन पेड़ों पर' इत्यादि।

(अ) 'शिव.' में 'कौन' शब्द अविकृत रूप में आया है; जैसे–'कौन बात में तुम उनसे बढ़कर हो?' यह प्रयोग अनुकरणीय नहीं है।

(आ) 'कोई' शब्द के विकृत रूप की द्विरुक्ति से बहुवचन का बोध होता है; पर उसके साथ बहुधा एकवचन संज्ञा आती है; जैसे–'किसी-किसी तपस्वी ने मुझे पहचान भी लिया है' (शकु.)। 'उनमें से कुछ ऐसे भी हैं, जो किसी-किसी विशेष प्रकार की राज्यपद्धति का होना बिलकुल ही पसंद नहीं करते' (स्वा.)। विकृत कारकों की बहुवचन संज्ञा के साथ 'कोई-कोई' कभी-कभी मूल रूप में ही आता है; जैसे–'कोई-कोई लोगों का यह ध्यान है।' (जीविका.)। इस पिछले प्रकार के प्रयोग का प्रचार अधिक नहीं है।

(इ) कुछ कालवाचक संज्ञाओं के अधिकरण कारक के एकवचन के साथ ('कुछ' के अर्थ में) 'कोई' का अविकृत रूप आता है; जैसे–'कोई दम में', 'कोई घड़ी में' इत्यादि।

338. यौगिक सार्वनामिक विशेषण आकारांत होते हैं; जैसे–ऐसा, वैसा, इतना, उतना इत्यादि। ये आकारांत विशेषण विशेष्य के लिंग, वचन और कारक के अनुसार गुणवाचक आकारांत विशेषणों के समान (दे. अंक 339) बदलते हैं; जैसे–ऐसे मनुष्य को, ऐसे लड़के, ऐसी लड़कियाँ इत्यादि।

(अ) 'कौन', 'जो' और 'कोई' के साथ जब 'सा' प्रत्यय आता है, तब उनमें आकारांत गुणवाचक विशेषणों के समान विकार होता है; जैसे–कौन-सा लड़का, कौन-सी लड़की, कौन से लड़के को इत्यादि (दे. अंक 339)।

339. गुणवाचक विशेषणों में केवल आकारांत विशेषण विशेष्यनिष्ठ होते हैं; अर्थात् वे विशेष्य के लिंग, वचन और कारक के अनुसार बदलते हैं। इनमें वही रूपांतर होते हैं, जो संबंध कारक की विभक्ति 'का' में होते हैं। आकारांत विशेषणों में विकार होने के नियम ये हैं :

(1) पुल्लिंग विशेष्य बहुवचन में हो अथवा विभक्त्यंत व संबंधसूचकांत हो, तो विशेषण के अंत्य 'आ' के स्थान में 'ए' होता है; जैसे–छोटे लड़के, ऊँचे घर में बड़े लड़के समेत इत्यादि।

(2) स्त्रीलिंग विशेष्य के साथ विशेषण के अंत्य 'आ' के स्थान में 'ई' होती है; जैसे–छोटी लड़की, छोटी लड़कियाँ, छोटी लड़की को इत्यादि।

(अ) राजा शिवप्रसाद ने 'इकट्ठा' विशेषण को उर्दू भाषा के आकारांत विशेषणों के अनुकरण पर बहुधा अविकृत रूप में लिखा है; जैसे–'दौलत इकट्ठा होती रही' (इति.)

पर 'विद्यांकुर' में इकट्ठे आया है; जैसे–'उनके इकट्ठे' झुंड चलते हैं। अन्य लेखक इसे विकृत रूप में लिखते हैं, जैसे–'इकट्ठे होने पर उन लोगों का वह क्रोध और भी बढ़ गया' (रघु.)।

(आ) 'जमा', 'उमदा' और 'जरा' को छोड़ शेष उर्दू आकारांत विशेषणों का रूपांतर हिंदी आकारांत विशेषणों के समान होता है; जैसे–'दोष निकालने की तो जुदी बात है' (परी.)। 'इसे शत्रु पर चलाने और फिर अपने पास लौटा लेने के मंत्र जुदे-जुदे हैं' (रघु.)। 'बेचारे लड़के', 'बेचारी लड़की।'

(सू.–कोई-कोई लेखक इन उर्दू विशेषणों को अविकृत रूप में ही लिखते हैं; जैसे–'ताजा हवा' (शिव.) परंतु हिंदी की प्रवृत्ति इनके रूपांतर की ओर है। द्विवेदी जी ने 'स्वाधीनता' में कुछ वर्ष पूर्व 'नियम जुदा है' लिखकर 'रघुवंश' में 'मंत्र जुदे-जुदे हैं' लिखा है।)

340. आकारांत संबंधसूचक (जो अर्थ में प्राय: विशेषण के समान हैं) आकारांत विशेषणों के समान विकृत होते हैं (दे. अंक 233 आ); जैसे–सती ऐसी नारी, तालाब का जैसा रूप, सिंह के से गुण, भोज सरीखे राजा, हरिश्चंद्र ऐसा पति इत्यादि।

(अ) जब किसी संज्ञा के साथ अनिश्चय के अर्थ में 'सा' प्रत्यय आता है, तो इसका रूप उसी संज्ञा के लिंग और वचन के अनुसार बदलता है; जैसे–'मुझे जाड़ा सा लगता है', 'एक जोत सी उतरी चली आती है' (गुटका.)। 'उसने मुँह पर घूँघट सा डाल लिया है' (तथा.)। 'रास्ते में पत्थर से पड़े हैं।'

341. आकारांत गुणवाचक विशेषणों को छोड़ शेष हिंदी गुणवाचक विशेषणों में कोई विकार नहीं होता है; जैसे–लाल टोपी, भारी बोझ, ढालू जमीन इत्यादि।

342. संस्कृत गुणवाचक विशेषण बहुधा कविता में विशेष्य के लिंग के अनुसार विकृत होते हैं। इनका रूपांतर 'अंत' (अंत्य स्वर) के अनुसार होता है।

(अ) व्यंजनांत विशेषणों में स्त्रीलिंग के लिए 'ई' लगाते हैं; जैसे–

पापिन् = पापिनी स्त्री
बुद्धिमत = बुद्धिमती भार्या
गुणवत् = गुणवती कन्या
प्रभावशालिन् = प्रभावशालिनी भाषा

'हिंदी रघुवंश' में 'युद्ध संबंधिनी थकावट' आया है।

(आ) कई एक अंगवाचक तथा दूसरे अकारांत विशेषणों में भी बहुधा 'ई' आदेश होता है; जैसे–

सुमुख–सुमुखी
चंद्रवदन–चंद्रवदनी
दयामय–दयामयी
सुंदर–सुंदरी

(इ) उकारांत विशेषणों में, विकल्प से, अंत्य स्वर में 'व' आगम करके 'ई' लगाते हैं जैसे–

साधु–साध्वी	साधु व साध्वी स्त्री
गुरु–गुर्वी	गुरा या गुर्वी छाया

(ई) अकारांत विशेषणों में बहुधा 'आ' आदेश होता है; जैसे–

सुशील–सुशीला	अनाथ–अनाथा
चतुर–चतुरा	प्रिय–प्रिया
सरल–सरला	सच्चरित्र–सच्चरित्रा

343. संख्यावाचक विशेषणों में क्रमवाचक, आवृत्तिवाचक और आकारांत परिमाणवाचक विशेषणों का रूपांतर होता है; जैसे–पहली पुस्तक, पहले लड़के, दूसरे दिन तक, सारे देश में, दूने दामों पर।

(अ) अपूर्णांक विशेषणों में केवल 'आधा' शब्द विकृत होता है; जैसे–आधे गाँव में। 'सवा' शब्द का रूपांतर नहीं होता; पर इससे बना हुआ 'सवाया' शब्द विकारी है; जैसे–सवा घड़ी में, सवाये दामों पर। 'पौन' शब्द का एक रूप 'पौना' है, जो विकृत रूप में आता है, जैसे–पौने दामों पर, पौनी कीमत में इत्यादि।

(आ) संस्कृत क्रमवाचक विशेषणों में पहले तीन शब्दों में 'आ' और शेष शब्दों में (अठारह तक) 'ई' लगाकर स्त्रीलिंग बनाते हैं; जैसे–प्रथमा, द्वितीया, तृतीया, चतुर्थी, दशमी, षोडशी इत्यादि। अठारह के ऊपर संस्कृतक्रमवाचक स्त्रीलिंग विशेषणों का प्रयोग हिंदी में बहुधा नहीं होता।

(इ) 'एक' शब्द का प्रयोग संज्ञा के समान होने पर उसकी कारकरचना एकवचन ही होती है, पर जब उसका अर्थ 'कुछ लोग' होता है, तब उसका रूपांतर बहुवचन में भी होता है; जैसे–एकों को इस बात की इच्छा नहीं होती। (दे. अंक 184 आ.)

(ई) 'एक दूसरा' का प्रयोग प्राय: सर्वनाम के समान होता है। यह बहुधा लिंग और वचन के कारण नहीं बदलता; परंतु विकृत कारकों के एकवचन में (आकारांत विशेषणों के समान) इसका अंत्य 'आ' के बदले 'ए' हो जाता है; जैसे–'ये दोनों बातें एक-दूसरे से मिली हुई मालूम होती हैं' (स्वा.)। यह कर्ता कारक में कभी प्रयुक्त नहीं होता।

(सू.–कोई-कोई लेखक 'एक दूसरा' को विशेष्य के लिंग के अनुसार बदलते हैं; जैसे–'लड़कियाँ एक दूसरी को चाहती हैं।'

विशेषणों की तुलना

344. हिंदी के विशेषणों की तुलना करने के लिए, उनमें कोई विकार नहीं होता। यह अर्थ नीचे लिखे नियमों के द्वारा सूचित किया जाता है :

(अ) दो वस्तुओं में किसी भी गुण का न्यूनाधिक भाव सूचित करने के लिए जिस वस्तु के साथ तुलना करते हैं, उसका नाम (उपमान) अपादान कारक में लाया जाता है और जिस वस्तु की तुलना करते हैं, उसका नाम (उपमेय) गुणवाचक विशेषण के साथ आता है; जैसे–'मारनेवाले से पालनेवाला बड़ा होता है' (कहा.)। 'कारण तें कारज कठिन' (राम.)। 'अपने को औरों से अच्छा और औरों को अपने से बुरा दिखलाने को' (गुटका.)।

(आ) अपादान कारक के बदले बहुधा संज्ञा के साथ 'अपेक्षा' व 'बनिस्बत' का उपयोग किया जाता है और विशेषण (अथवा संज्ञा के संबंध कारक) के साथ अर्थ के अनुसार 'अधिक' या 'कम' शब्दों का प्रयोग होता है; जैसे–'बेलपति-कन्या राजकन्या से भी अधिक सुंदरी, सुशीला और सच्चरित्रा है' (सर.)। 'मेरा जमाना बंगालियों के बनिस्बत तुम फिरंगियों के लिए ज्यादा मुसीबत का था' (शिव.)। 'हिंदुस्तान में इस समय और देशों की अपेक्षा सच्चे सावधान बहुत कम हैं' (परी.)। 'लड़के की अपेक्षा लड़की कम प्यारी नहीं होती।'

(इ) अधिकता के अर्थ में कभी-कभी 'बढ़कर' पूर्वकालिक कृदंत अथवा 'कहीं' क्रिया-विशेषण आता है, जैसे–'मुझसे बढ़कर और कौन पुण्यात्मा है?' (गुटका.) 'चित्र से बढ़कर चितेरे की बड़ाई कीजिए' (क. क.)। 'पर मुझसे वह कहीं सुखी हैं' (हि. ग्र.)। 'मनुष्यों में अन्य प्राणियों से कहीं अधिक उपज्ञाएँ होती हैं' (हित.)।

(ई) संज्ञावाचक विशेषणों के साथ न्यूनता के अर्थ में 'कुछ कम' वाक्यांश आता है जिसका प्रयोग क्रिया-विशेषण के समान होता है; जैसे–'कुछ कम दस हजार वर्ष बीत गए' (रघु.)। 'कुछ' के बदले अर्थ के अनुसार निश्चित संख्यावाचक विशेषण भी आता है; जैसे–'एक कम सौ यज्ञ' (तथा.)।

(उ) सर्वोत्तमता सूचित करने के लिए विशेषण के पहले 'सबसे' लगाते हैं और उपमान को अधिकरण कारक में रखते हैं; जैसे–'सबसे बड़ी हानि' (रघु.)। 'है विश्व में सबसे बली सर्वांतकारी काल ही' (भारत.)। 'धनुर्धारी योद्धाओं में इसी का नंबर सबसे ऊँचा है' (रघु.)।

(ऊ) सर्वोत्तमता दिखाने की एक और रीति यह है कि कभी-कभी विशेषण की द्विरुक्ति करते हैं अथवा द्विरुक्ति विशेषणों में से पहले को अपादान कारक में रखते हैं; जैसे–'इसके कंधों से बड़े-बड़े मोतियों का हार लटक रहा है' (रघु.)। 'इस नगर में जो अच्छे से अच्छे पंडित हों' (गुटका.)। 'जो खुशी बड़े से बड़े राजाओं को होती है, वही एक गरीब से गरीब लकड़हारे को भी होती है' (परी.)।

(ऋ) कभी-कभी सर्वोत्तमता केवल ध्वनि से सूचित होती है और शब्दों से केवल यही जाना जाता है कि अमुक वस्तु में अमुक गुण की अतिशयता है। इसके लिए अत्यंत, परम, अतिशय, बहुत ही, एक ही आदि शब्दों का प्रयोग किया जाता है; जैसे–'अत्यंत सुंदर छवि', 'परम मनोहर रूप', 'बहुत ही डरावनी मूर्ति।', 'पंडित जी अपनी विद्या में एक ही हैं' (परी.)।

(ए) कुछ रंगवाचक विशेषणों से अतिशयता सूचित कराने के लिए उनके साथ प्रायः उसी अर्थ का दूसरा विशेषण व संज्ञा लगाते हैं; जैसे–काला भुजंग, लाल अंगारा, पीला जर्द।

(ऐ) कई वस्तु की एकत्र उत्तमता जताने के लिए 'एक' विशेषण की द्विरुक्ति करके पहले शब्द को अपादान कारक में रखते हैं और द्विरुक्त विशेषणों के पश्चात् गुणवाचक विशेषण लाते हैं; जैसे–'शहर में एक से एक धनवान लोग पड़े हैं।', 'बाग में एक से एक सुंदर फूल हैं।'

345. संस्कृत गुणवाचक विशेषणों में तुलनाद्योतक प्रत्यय लगाए जाते हैं। तुलना के विचार से विशेषणों की तीन अवस्थाएँ होती हैं : (1) मूलावस्था, (2) उत्तरावस्था और (3) उत्तमावस्था।

(1) विशेषण के जिस रूप से किसी वस्तु की तुलना सूचित नहीं होती, उसे मूलावस्था कहते हैं; जैसे–'सोना पीला होता है', 'उच्च स्थान', 'नम्र स्वभाव'।

(2) विशेषण के जिस रूप से दो वस्तुओं में किसी एक के गुण की अधिकता व न्यूनता सूचित होती है, उस रूप को उत्तरावस्था कहते हैं; जैसे–'वह दृढ़तर प्रबल प्रमाण दें' (इति.)। 'गुरुतर दोष', 'घोरतर पाप' इत्यादि।

(3) उत्तमावस्था विशेषण के उस रूप को कहते हैं, जिससे दो से अधिक वस्तुओं में किसी एक के गुण की अधिकता व न्यूनता सूचित होती है; जैसे–'चंद प्राचीनतम काव्य में' (विभक्ति.)। 'उच्चतम आदर्श' इत्यादि।

346. संस्कृत में विशेषण की उत्तरावस्था में 'तर' या ईयस्' प्रत्यय लगाया जाता है और उत्तमावस्था में 'तम' व 'इष्ट' प्रत्यय आता है। हिंदी में ईयस और इष्ट प्रत्ययों की अपेक्षा तर और तम प्रत्ययों का विचार अधिक है।

(अ) 'तर' और 'तम' प्रत्ययों के योग से मूल विशेषण में बहुत से विकार नहीं होते; केवल अंत्य 'न्' का लोप होता है और 'वस' प्रत्यांत विशेषणों में 'स्' के बदले 'त्' आता है; जैसे–

लघु (छोटा), लघुतर (अधिक छोटा), लघुतम (सबसे छोटा)

गुरु	गुरुतर	गुरुतम
महत्	महत्तर	महत्तम
युवन् (तरुण)	युवतर	युवतम
विद्वस (विद्वान)	विद्वत्तर	विद्वत्तम
उत (ऊपर)	उत्तर	उत्तम

(सू.–'उत्तम' शब्द हिंदी में मूल अर्थ में आता है। परंतु 'उत्तर' शब्द बहुधा 'जवाब' और 'दिशा' के अर्थ में प्रयुक्त होता है। 'उत्तरार्द्ध' शब्द में 'उत्तरा' का अर्थ 'पिछला' है। 'तर' और 'तम' प्रत्ययों के मेल से 'तारतम्य' शब्द बना है, जो 'तुलना' का पर्यायवाची है।)

(आ) ईयस् और इष्ट प्रत्ययों के योग से मूल विशेषण में बहुत से विकार होते हैं, पर हिंदी में इनका प्रचार कम होने के कारण इस पुस्तक में इनके नियम लिखने की आवश्यकता नहीं है। यहाँ केवल इनके कुछ प्रचलित उदाहरण दिए जाते हैं।

वसिष्ठ = वसुमत् (धनी) + इष्ठ।

स्वादिष्ट = स्वादु (मीठी) + इष्ट।

बलिष्ठ = बलिन् + इष्ठ

गरिष्ठ = गुरु + इष्ठ।

(इ) नीचे लिखे रूप विशेषण के मूल रूप से भिन्न हैं :

कनिष्ठ–यह 'युवन्' शब्द का एक रूप है।

ज्येष्ठ, श्रेष्ठ—इनके मूल शब्दों का पता नहीं है। हिंदी में 'श्रेष्ठ' शब्द बहुधा उत्तरावस्था में आता है; जैसे—'धन' से 'विद्या' श्रेष्ठ है (भाषा.)।

(सू.—हिंदी में ईयस् प्रत्यांत उदाहरण बहुधा नहीं मिलते। 'हरेरिच्छा बलीयसी' और 'स्वर्गादपि गरीयसी' में संस्कृत के स्त्रीलिंग उदाहरण हैं।

(ई) हिंदी में कुछ उर्दू विशेषण अपनी उत्तरावस्था और उत्तमावस्था में आते हैं; जैसे—बिहतर (अधिक अच्छा), बदतर (अधिक बुरा), ज्यादातर (अधिकतर), पेशतर (अधिकतर पहले क्रि, वि.), कमतरीन (नीचतम)।

छठा अध्याय

क्रिया

347. क्रिया का उपयोग विधान करने में होता है और विधान करने में काल रीति, पुरुष, लिंग और वचन की अवस्था का उल्लेख करना आवश्यक होता है।

(सू.—संस्कृत में ये सब अवस्थाएँ क्रिया ही के रूपांतर से सूचित होती है, पर हिंदी में इनके लिए बहुधा सहकारी क्रियाओं का काम पड़ता है।)

348. क्रिया में बाध्य, काल, अर्थ, पुरुष, लिंग और वचन के कारण विकार होता है। जिस क्रिया में ये विकार पाए जाते हैं और जिसके द्वारा विधान किया जा सकता है, उसे समापिका क्रिया कहते हैं, जैसे—'लड़का खेलता है।' इस वाक्य में 'खेलता है' समापिका क्रिया है; 'नौकर काम पर गया।' यहाँ 'गया' समापिका क्रिया है।

(1) वाच्य

349. वाच्य क्रिया में उस रूपांतर को कहते हैं, जिससे जाना जाता है कि वाक्य में कर्ता के विषय में विधान किया गया है व कर्म के विषय में अथवा केवल भाव के विषय में; जैसे—'स्त्री कपड़ा सीती है' (कर्ता), 'कपड़ा सिया जाता है' (कर्म), 'यहाँ बैठा नहीं जाता' (भाव)।

(टि.—वाच्य का यह लक्षण हिंदी के अधिकांश व्याकरणों में दिए हुए लक्षणों में भिन्न है। उनमें वाच्य का लक्षण संस्कृत व्याकरण के अनुसार क्रिया में केवल रूप के आधार पर किया गया है। संस्कृत में वाच्य का निर्णय केवल रूप पर हो सकता है; पर हिंदी में क्रिया के कई एक प्रयोग जैसे—'लड़के ने पाठ पढ़ा', 'रानी ने सहेलियों को बुलाया', 'लड़कों को गाड़ी पर बिठाया जाए' ऐसे हैं, जो रूप के अनुसार एक वाच्य में, अर्थ के अनुसार दूसरे वाच्य में आते हैं। इसलिए संस्कृत व्याकरण के अनुसार, केवल रूप के आधार पर यह लक्षण किया जाएगा तो अर्थ के अनुसार वाच्य के कई संकीर्ण (संलग्न) विभाग करने पड़ेंगे और यह विषय सहज होने के बदले कठिन हो जाएगा।

कई एक वैयाकरणों का मत है कि हिंदी में वाच्य का लक्षण करने में क्रिया में केवल 'रूपांतर' का उल्लेख करना अशुद्ध है, क्योंकि इस भाषा में वाच्य के लिए 'क्रिया का रूपांतर' ही नहीं होता, वरन् उसके साथ दूसरी क्रिया का समास भी होता है। इस आक्षेप का उत्तर यह है कि कोई भाषा कितनी ही रूपांतरशील क्यों न हो उसमें कुछ न

कुछ प्रयोग ऐसे मिलते हैं, जिनमें मूल शब्द में तो रूपांतर नहीं होता किंतु दूसरे शब्दों की सहायता से रूपांतर माना जाता है। संस्कृत के 'बोधयाम् आस', 'पठन् भवति' आदि इसी प्रकार के प्रयोग हैं। हिंदी में केवल वाच्य ही नहीं, किंतु अधिकांश काल, अर्थ, कृदंत और कारक तथा तुलना आदि भी बहुधा दूसरे शब्दों के योग से सूचित होते हैं। इसलिए हिंदी व्याकरण में कहीं-कहीं संयुक्त शब्दों को भी, सुभीते के लिए, मूल रूपांतर मान लेते हैं।

कोई-कोई वैयाकरण 'वाच्य' को 'प्रयोग' भी कहते हैं, क्योंकि संस्कृत व्याकरण में ये दोनों शब्द पर्यायवाची हैं। हिंदी में वाच्य के संबंध से दो प्रकार की रचनाएँ होती हैं; इसलिए हमने 'प्रयोग' शब्द का उपयोग क्रिया के साथ कर्ता व कर्म के अन्वय तथा अनन्वय ही के अर्थ में किया है और उस 'वाच्य' का अनावश्यक पर्यायवाची शब्द नहीं रखा। हिंदी व्याकरणों के 'कर्तृप्रधान' और 'भाववाचक' शब्द भ्रामक होने के कारण इस पुस्तक में छोड़ दिए गए हैं।)

349. (क) कर्तृवाच्य क्रिया के उस रूपांतर को कहते हैं, जिससे जाना जाता है कि वाक्य का उद्देश्य (दे. अंक 678 अ) क्रिया का कर्ता है; जैसे-'लड़का दौड़ता है', 'लड़का पुस्तक पढ़ता है', 'लड़के ने पुस्तक पढ़ी', 'रानी ने सहेलियों को बुलाया', 'हमने नहाया' इत्यादि।

(टि.-'लड़के ने पुस्तक पढ़ी' इसी वाक्य में क्रिया को कोई-कोई वैयाकरण कर्मवाच्य (व कर्मणिप्रयोग) मानते है। संस्कृत व्याकरण में दिए हुए लक्षण के अनुसार 'पढ़ी' क्रिया कर्मवाच्य (या कर्मणिप्रयोग) अवश्य है, क्योंकि उसके पुरुष, लिंग, वचन, 'पुस्तक' कर्म के अनुसार हैं, और हिंदी की रचना 'लड़के ने पुस्तक पढ़ी' संस्कृत की रचना 'बालकेन पुस्तिका पठिता' के बिलकुल समान है। तथापि हिंदी की यह रचना कुछ विशेष कालों ही में होती है (जिनका वर्णन आगे 'प्रयोग' के प्रकरण में किया जाएगा) और इसमें कर्म की ही प्रधानता नहीं है, किंतु कर्ता की है; इसलिए यह रचना रूप के अनुसार कर्मवाच्य होने पर भी अर्थ के अनुसार कर्तृवाच्य है। इसी प्रकार 'रानी ने सहेलियों को बुलाया' इस वाक्य में 'बुलाया' क्रिया रूप के अनुसार तो भाववाच्य है; परंतु अर्थ के अनुसार कर्तृवाच्य ही है और इसमें भी हमारा किया हुआ वाच्यलक्षण घटित होता है।)

350. क्रिया के उस रूप को कर्मवाच्य कहते हैं, जिससे जाना जाता है कि वाक्य का उद्देश्य क्रिया का कर्म है; जैसे-'कपड़ा सिया जाता है', 'चिट्ठी भेजी गई।', 'मुझसे यह बोझ न उठाया जाएगा।', 'उसे उतरवा लिया जाय।' (शिव.)।

351. क्रिया के जिस रूप से यह जाना जाता है कि वाक्य का उद्देश्य क्रिया का कर्ता या कर्म कोई नहीं है, उस रूप को भाववाच्य कहते हैं; जैसे-'यहाँ कैसे बैठा जाएगा', 'धूप में चला नहीं जाता।'

352. कर्तृवाच्य अकर्मक और सकर्मक दोनों प्रकार की क्रियाओं में होता है, कर्मवाच्य केवल सकर्मक क्रियाओं में और भाववाच्यकेवल अकर्मक क्रियाओं में होता है।

(अ) यदि कर्मवाच्य और भाववाच्य क्रियाओं में कर्ता को लिखने की आवश्यकता हो, तो उसे करण कारक में रखते हैं, जैसे-'लड़के से रोटी नहीं खाई गई।', 'मुझसे चला

नहीं जाता।' कर्मवाच्य में कर्ता कभी-कभी 'द्वारा' शब्द के साथ आता है; जैसे-'मेरे द्वारा पुस्तक पढ़ी गई।'

(आ) कर्मवाच्य में उद्देश्य कभी अप्रत्यय कर्मकारक में (जो रूप में अप्रत्यय कर्ता कारक के समान होता है) और कभी सप्रत्यय कर्मकारक में आता है; जैसे-'डोली एक अमराई में उतारी गई।' (ठेठ.)। उसे उतरवा लिया जाय। (शिव.)

(सू.-कर्मवाच्य के उद्देश्य को कर्म कारक में रखने का प्रयोग आधुनिक और एकदेशीय है। 'रामचरितमानस' तथा 'प्रेमसागर' में यह प्रयोग नहीं है। अधिकांश शिष्ट लेखक भी इससे मुक्त हैं, परंतु 'प्रयोगशरणाः वैयाकरणाः' के अनुसार इसका विचार करना पड़ा है।

इस प्रयोग के विषय में द्विवेदी जी 'सरस्वती' में लिखते हैं कि 'तब खान बहादुर और उनके साथी (1) उसको पेश किया गया, (2) खत को लाया गया, (3) मुल्क को बरबाद किया गया इत्यादि अशुद्ध प्रयोग कलम से निकालते जरूर हिचकें।')

(इ) जनता, भूलना, खोना आदि कुछ सकर्मक क्रियाएँ बहुधा कर्मवाच्य में नहीं आतीं।

(सू.-संयुक्त क्रियाओं के वाच्य का विचार आगे (425वें अंक में) किया जाएगा।

353. हिंदी कर्मवाच्य क्रिया का उपयोग सर्वत्र नहीं होता; वह बहुधा नीचे लिखे स्थानों में आती है।

(1) जब क्रिया का कर्ता अज्ञात हो, अथवा उसके व्यक्त करने की आवश्यकता न हो; जैसे-'चोर पकड़ा गया है', 'आज हुक्म सुनाया जाएगा', 'न तु मारे जैहैं सब राजा' (राम.)।

(2) कानूनी भाषा और सरकारी कागज-पत्रों में प्रभुता जताने के लिए; जैसे-'इत्तला दी जाती है', 'तुमको यह लिखा जाता है', 'सख्त कार्रवाई की जाएगी।'

(3) अशक्तता के अर्थ में; जैसे-'रोगी से अन्न नहीं खाया जाता', 'हमसे तुम्हारी बात न सुनी जाएगी।'

(4) किंचित् अभिमान में; जैसे-'यह फिर देखा जाएगा', 'नौकर बुलाए गए हैं।' 'आपको यह बात बताई गई है।', 'उसे पेश किया गया।'

354. कर्मवाच्य के बदले हिंदी में बहुधा नीचे लिखी रचनाएँ आती हैं।

(1) कभी-कभी सामान्य वर्तमानकाल की अन्य पुरुष बहुवचन क्रिया का उपयोग कर कर्ता का अध्याहार करते हैं; जैसे-'ऐसा कहते हैं' (ऐसा कहा जाता है)। 'ऐसा सुनते हैं' (ऐसा सुना जाता है)। 'सूत को कातते हैं और उससे कपड़ा बनाते हैं' (सूत काता जाता है और उससे कपड़ा बनाया जाता है)। 'तरावट के लिए तालु पर तेल मलते हैं।'

(2) कभी-कभी कर्मवाच्य की समानार्थिनी अकर्मक क्रिया का प्रयोग होता है; जैसे-'घर बनता है' (बनाया जाता है।) 'वह लड़ाई में मरा' (मारा गया)। 'सड़क सिंच रही है' (सींची जा रही है)।

(3) कुछ सकर्मक क्रियार्थक संज्ञाओं के अधिकरण कारक के साथ 'आना' क्रिया के विवक्षित काल का उपयोग करते हैं; जैसे-'सुनने में आया है' (सुना गया है), 'देखने में आता है' (देखा जाता है) इत्यादि।

(4) किसी-किसी सकर्मक धातु के साथ 'पड़ना' क्रिया का इच्छित काल लगाते हैं; जैसे–'ये सब बातें देख पड़ेगी आगे' (सर.)। जान पड़ता है; सुन पड़ता है।

(5) कभी-कभी पूर्ति (संज्ञा या विशेषण) के साथ 'होना' क्रिया के विवक्षित कालों का प्रयोग होता है; जैसे–'नानक उस गाँव के पटवारी हुए (बनाए गए)।', 'यह रीति प्रचलित हुई (की गई)।'

(6) भूतकालिक कृदंत (विशेषण) के साथ संबंध कारक और 'होना' क्रिया के कालों का प्रयोग किया जाता है; जैसे–'यह बात मेरी जानी हुई है' (मेरे द्वारा जानी गई है)। 'यह काम लड़के का किया होगा' (लड़के से किया गया होगा)।

355. भाववाच्य क्रिया बहुधा अशक्तता के अर्थ में आती है; जैसे–'वहाँ कैसे बैठा जाएगा।', 'लड़के से नहीं चला जाता।'

(अ) अशक्तता के अर्थ में सकर्मक और अकर्मक दोनों प्रकार की क्रियाओं के अपूर्ण क्रियाद्योतक कृदंत के साथ 'बनना' क्रिया के कालों का भी उपयोग करते हैं; जैसे–रोटी खाते नहीं बनता, लड़के से चलते न बनेगा, इत्यादि (दे. अंक 416)।

(सू.–संयुक्त क्रियाओं के भाववाच्य का विचार आगे (426वें अंक में) किया जाएगा।)

356. द्विकर्मक क्रियाओं के कर्मवाच्य में मुख्य कर्म उद्देश्य होता है और गौण कर्म ज्यों का त्यों रहता है; जैसे–'राजा को भेंट दी गई।', 'विद्यार्थी को गणित सिखाया जाएगा।'

(अ) अपूर्ण सकर्मक क्रियाओं के कर्मवाच्य में मुख्य कर्म उद्देश्य होता है, परंतु वह कभी-कभी कर्मकारक ही में आता है; जैसे–'सिपाही सरदार बनाया गया।', 'कांस्टेबलों को कॉलेज के अहाते में न खड़ा किया जाता' (शिव.)।

(2) काल

357. क्रिया के उस रूपांतरण को काल कहते हैं, जिससे क्रिया के व्यापार का समय तथा उसकी पूर्ण व अपूर्ण अवस्था का बोध होता है; जैसे–मैं जाता हूँ (वर्तमानकाल), मैं जाता था (अपूर्ण भूतकाल), मैं जाऊँगा (भविष्यत् काल)।

(सू.–(1) काल (समय) अनादि और अनंत है। उसका कोई खंड नहीं हो सकता। तथापि वक्ता व लेखक की दृष्टि से समय के तीन भाग कल्पित किए जा सकते हैं। जिस समय वक्ता व लेखक बोलता व लिखता हो, उस समय को वर्तमान काल कहते हैं और उसके पहले का समय भूतकाल तथा पीछे का समय भविष्यत् काल कहलाता है। इन तीनों कालों का बोध क्रिया के रूपों से होता है; इसलिए क्रिया के रूप भी 'काल' कहलाते हैं। क्रिया के 'काल' से केवल व्यापार के समय ही का बोध नहीं होता, किंतु उसकी पूर्णता व अपूर्णता भी सूचित होती है। इसलिए क्रिया के रूपांतरों के अनुसार प्रत्येक 'काल' के भी भेद माने जाते हैं।

(2) यह बात स्मरणीय है कि काल क्रिया के रूप का नाम है, इसलिए दूसरे शब्द जिनसे काल का बोध होता है, 'काल' नहीं कहलाते; जैसे–आज, कल, परसों, अभी, घड़ी, पल इत्यादि।

358. हिंदी में क्रिया के कालों के मुख्य तीन भेद होते हैं : (1) वर्तमान काल, (2) भूतकाल, (3) भविष्यत् काल। क्रिया की पूर्णता व अपूर्णता के विचार से पहले दो कालों के दो-दो भेद और होते हैं। भविष्यत् काल में व्यापार की पूर्ण व अपूर्ण अवस्था सूचित करने के लिए हिंदी में क्रिया के कोई विशेष रूप नहीं पाए जाते; इसलिए इस काल के कई भेद नहीं होते। क्रिया के जिस रूप से केवल काल का बोध होता है और व्यापार की पूर्ण व अपूर्ण अवस्था का बोध नहीं होता उसे काल की सामान्य अवस्था कहते हैं। व्यापार की सामान्य, अपूर्ण और पूर्ण अवस्था से कालों के जो भेद होते हैं, उनके नाम और उदाहरण नीचे लिखे जाते हैं :

काल	**सामान्य**	**अपूर्ण**	**पूर्ण**
वर्तमान	वह चलता है	वह चल रहा है	यह चला है
भूत	वह चला	वह चल रहा था	वह चला था
		वह चलता था	o
भविष्यत्	वह चलेगा	o	o

(1) सामान्य वर्तमान काल से जाना जाता है कि व्यापार का आरंभ बोलने के समय हुआ है; जैसे—हवा चलती है, लड़का पुस्तक पढ़ता है, चिट्ठी भेजी जाती है।

(2) अपूर्ण वर्तमान काल से ज्ञात होता है कि वर्तमान काल में व्यापार हो रहा है; जैसे—गाड़ी आ रही है। हम कपड़े पहिन रहे हैं। चिट्ठी भेजी जा रही है।

(3) पूर्ण वर्तमान काल की क्रिया से सूचित होता है कि व्यापार वर्तमान काल में पूर्ण हुआ है; जैसे—नौकर आया है। चिट्ठी भेजी गई है।

(सू.—यद्यपि वर्तमान काल एक ओर भूतकाल से और दूसरी ओर भविष्यत् काल से मर्यादित है, तथापि उसकी पूर्व और उत्तर मर्यादा पूर्णतया निश्चित नहीं है। वह केवल वक्ता या लेखक की तात्कालिक कल्पना पर निर्भर है। वह कभी-कभी तो केवल क्षणव्यापी होता है और कभी-कभी युग, मन्वंतर अथवा कल्प तक फैल जाता है। इसलिए भूतकाल के अंत और भविष्यत् काल के आरंभ के बीच का कोई भी समय वर्तमान काल कहलाता है।)

(4) सामान्य भूतकाल की क्रिया से जाना जाता है कि व्यापार बोलने व लिखने के पहले हुआ; जैसे—पानी गिरा, गाड़ी आई, चिट्ठी भेजी गई।

(5) अपूर्ण भूतकाल से बोध होता है कि व्यापार गत काल में पूरा नहीं हुआ, किंतु जारी रहा; जैसे—गाड़ी आती थी, चिट्ठी लिखी जाती थी, नौकर जा रहा था।

(6) पूर्ण भूतकाल से ज्ञात होता है कि व्यापार को पूर्ण हुए बहुत समय बीत चुका; जैसे—नौकर चिट्ठी लाया था, सेना लड़ाई पर भेजी गई थी।

(7) सामान्य भविष्यत्काल की क्रिया से ज्ञात होता है कि व्यापार का आरंभ होनेवाला है; जैसे—नौकर जाएगा, हम कपड़े पहिनेंगे, चिट्ठी भेजी जाएगी।

(टि.–कालों का जो वर्गीकरण हमने यहाँ किया है, वह प्रचलित हिंदी व्याकरणों में किए गए वर्गीकरण से भिन्न है। उनमें काल के साथ-साथ क्रिया के दूसरे अर्थ भी (जैसे–आज्ञा, संभावना, संदेह आदि) वर्गीकरण के आधार माने गए हैं। हमने इन दोनों के आधारों (काल और अर्थ) पर अलग-अलग वर्गीकरण किया है, क्योंकि एक आधार में क्रिया में केवल काल की प्रधानता है और दूसरे में केवल अर्थ या रीति की। ऐसा वर्गीकरण न्यायसंमत भी है। ऊपर लिखे सात कालों का वर्गीकरण क्रिया के समय और व्यापार की पूर्ण अथवा अपूर्ण अवस्था के आधार पर किया गया है। अर्थ के अनुसार कालों का वर्गीकरण अगले प्रकरण में किया जाएगा।

यदि हिंदी में वर्तमान और भूतकाल के समान भविष्यत् काल में भी व्यापार की पूर्णता और अपूर्णता सूचित करने के लिए क्रिया के रूप उपलब्ध होते, तो हिंदी की कालव्यवस्था अँग्रेजी के समान पूर्ण हो जाती और कालों की संख्या सात के बदले ठीक नौ होती। कोई-कोई वैयाकरण समझते हैं कि 'वह लिखता रहेगा' अपूर्ण भविष्यत् का और 'वह लिख चुकेगा' पूर्ण भविष्यत् का उदाहरण है; और इन दोनों कालों को स्वीकार करने से हिंदी की कालव्यवस्था पूरी हो जाएगी। ऐसा करना बहुत ही उचित होता; परंतु ऊपर जो उदाहरण दिए गए हैं, वे यथार्थ में संयुक्त क्रियाओं के हैं, और इस प्रकार के रूप दूसरे कालों में भी पाए जाते हैं; जैसे–वह लिख चुका, इत्यादि। तब रूपों को भी अपूर्ण भविष्यत् और पूर्ण भविष्यत् के समान क्रमश: अपूर्ण भूत और पूर्ण भूत मानना पड़ेगा, जिससे कालव्यवस्था पूर्ण होने के बदले गड़बड़ और कठिन हो जाएगी। यही बात अपूर्ण वर्तमान के रूपों के विषय में भी कही जा सकती है।

हमने इस काल के उदाहरण केवल कालव्यवस्था की पूर्णता के लिए दिए हैं। इस प्रकार के रूपों का व्यापार संयुक्त क्रियाओं के माध्यम में किया जाएगा। (दे. अंक 407, 412, 415)

कालों के संबध में यह बात भी विचारणीय है कि कोई-कोई वैयाकरण इन्हें सार्थक नाम (सामान्य वर्तमान, पूर्ण भूत आदि) देना ठीक नहीं समझते, क्योंकि किसी एक नाम से एक काल के सब अर्थ सूचित नहीं होते। भट्ट जी ने इनके नाम संस्कृत के लट्, लोट्, लङ्, लिङ् आदि के अनुकरण पर 'पहला रूप', 'तीसरा रूप' आदि (कल्पित नाम) रखे हैं। कारकों के नामों के समान कालों के नाम भी व्याकरण में विवादग्रस्त विषय हैं; परंतु जिन कारणों से हिंदी में कारकों के सार्थक नाम रखना प्रयोजनीय है, उन्हीं कारणों के कालों के सार्थक नाम भी आवश्यक हैं।

कालों के नामों में हमने पहले प्रचलित 'आसन्न भूतकाल' के बदले 'पूर्ण वर्तमान काल' नाम रखा है। इस काल से भूतकाल में आरंभ होनेवाली क्रिया की पूर्णता वर्तमान काल में सूचित होती है; इसलिए यह पिछला नाम ही अधिक सार्थक जान पड़ता है और इससे कालों के नामों में एक प्रकार की व्यवस्था भी आ जाती है।

(3) अर्थ

359. क्रिया के जिस रूप से विधान करने की रीति का बोध होता है, उसे 'अर्थ' कहते हैं; जैसे–लड़का जाता है (निश्चय), लड़का जावे (संभावना), तुम जाओ (आज्ञा), यदि लड़का जाता तो अच्छा होता (संकेत)।

(टि.–हिंदी के अधिकांश व्याकरणों में इस रूपांतर का विचार अलग नहीं किया गया, किंतु काल के साथ मिला दिया गया है। आदम साहब के व्याकरण में 'नियम' के नाम से इस रूपांतर का विचार हुआ है और पाध्ये महाशय ने स्यात् मराठी के अनुकरण पर अपनी 'भाषातत्त्वदीपिका' में इसका विचार 'अर्थ' नाम से किया है। इस रूपांतर का नाम काके महाशय ने भी अपने अँग्रेजी, संस्कृत व्याकरण में (लोट्, विधिलिङ् आदि के लिए) 'अर्थ' ही रखा है। यह नाम 'नियम' की अपेक्षा अधिक प्रचलित है, इसलिए हम भी इसका प्रयोग करते हैं, यद्यपि यह थोड़ा बहुत भ्रामक अवश्य है।

क्रिया के रूपों से केवल समय की पूर्ण अथवा अपूर्ण अवस्था ही का बोध नहीं होता, किंतु निश्चय, संदेह, संभावना, आज्ञा, संकेत आदि का भी बोध होता है; इसलिए इन रूपों का भी व्याकरण में संग्रह किया जाता है, इन रूपों से काल का भी बोध होता है और अर्थ का भी, और किसी रूप में ये दोनों इतने मिले रहते हैं कि उनको अलग-अलग करके बताना कठिन हो जाता है; जैसे–'वहाँ न जाना पुत्र, कहीं' (एकांत.)। इस वाक्य में केवल आज्ञार्थ ही नहीं है, किंतु भविष्यत् काल भी है, इसलिए यह निश्चित करना कठिन है, 'जाना' काल का रूप है, अथवा अर्थ का। कदाचित् इसी कठिनाई से बचने के लिए हिंदी के वैयाकरण काल और अर्थ को मिलाकर क्रिया के रूपों का वर्गीकरण करते हैं। इसके लिए उन्हें काल के लक्षण में कहना पड़ता है कि 'क्रिया' का 'काल' समय के अतिरिक्त व्यापार की व्यवस्था भी बताता है, अर्थात् व्यापार समाप्त हुआ या नहीं हुआ, होगा अथवा उसके होने में संदेह है। 'काल' के लक्षण को इतना व्यापक कर देने पर भी आज्ञा संभावना और संकेत अर्थ बच जाते हैं, और इन अर्थों के अनुसार भी क्रिया के रूपों का वर्गीकरण करना आवश्यक होता है। इसलिए समय और पूर्णता व अपूर्णता के सिवा क्रिया के जो और अर्थ होते हैं, उनके अनुसार अलग वर्गीकरण करना उचित है, यद्यपि इस वर्गीकरण में थोड़ी-बहुत अशास्त्रीयता अवश्य है।

360. हिंदी में क्रियाओं के मुख्य पाँच अर्थ होते हैं : (1) निश्चयार्थ, (2) संभावनार्थ, (3) संदेहार्थ, (4) आज्ञार्थ और (5) संकेतार्थ।

(1) क्रिया के जिस रूप से किसी बात का निश्चय सूचित होता है, उसे निश्चयार्थ कहते हैं; जैसे–'लड़का आता है', 'नौकर चिट्ठी नहीं लाया', 'हम किताब पढ़ते रहेंगे', 'क्या आदमी न जाएगा।'

(क) हिंदी में निश्चयार्थ क्रिया का कोई विशेष रूप नहीं है। जब क्रिया किसी विशेष अर्थ में नहीं आती, तब उसे, सुभीते के लिए, निश्चयार्थ में मान लेते हैं। 'काल' के विवेचन में पहले (दे. अंक 358) जो उदाहरण दिए गए हैं, वे सब निश्चयार्थ के उदाहरण हैं।

(ख) प्रश्नवाचक वाक्यों में क्रिया के रूप से प्रश्न सूचित नहीं होता, इसलिए प्रश्न को क्रिया का अलग 'अर्थ' नहीं मानते। यद्यपि प्रश्न पूछने में वक्ता के मन में संदेह का आभास रहता है, तथापि प्रश्न का उत्तर सदैव संदिग्ध नहीं होता। 'क्या लड़का आया है?' इस प्रश्न का उत्तर निश्चयपूर्वक दिया जा सकता है; जैसे–'लड़का आया है', अथवा 'लड़का नहीं आया।' इसके सिवा प्रश्न स्वयं कई अर्थों में किया जा सकता है;

जैसे–'क्या लड़का आया है' (निश्चय), 'लड़का कैसे आवे?' (संभावना), 'लड़का आया होगा' (संदेह) इत्यादि।

(2) संभावनार्थ क्रिया से अनुमान, इच्छा, कर्तव्य आदि का बोध होता है; जैसे–'कदाचित् पानी बरसे' (अनुमान), 'तुम्हारी जय हो' (इच्छा), 'राजा को उचित है कि प्रजा का पालन करे' (कर्तव्य) इत्यादि।

(3) संदेहार्थ क्रिया से किसी बात का संदेह जाना जाता है; जैसे–'लड़का आता होगा', 'नौकर गया होगा।'

(4) आज्ञार्थ क्रिया से आज्ञा, उपदेश, निषेध आदि का बोध होता है; जैसे–'तुम जाओ', 'लड़का जावे', 'वहाँ मत जाना', 'क्या मैं जाऊँ' (प्रार्थना) इत्यादि।

(सू.–आज्ञार्थ और संभावनार्थ के रूपों में बहुत कुछ समानता है। यह बात आगे कालरचना के विवेचन में जान पड़ेगी। संभावनार्थ के कर्तव्य, योग्यता आदि अर्थों में कभी-कभी आज्ञा का अर्थ गर्भित रहता है; जैसे–'लड़का यहाँ बैठे।' इस वाक्य में क्रिया से आज्ञा और कर्तव्य दोनों अर्थ सूचित होते हैं।)

(5) संकेतार्थ क्रिया से ऐसी दो घटनाओं की असिद्धि सूचित होती है, जिसमें कार्य कारण का संबंध होता है; जैसे–'यदि मेरे पास बहुत सा धन होता तो मैं चार काम करता' (भाषासार.)। 'यदि तूने भगवान को इस मंदिर में बिठाया होता तो यह अशुद्ध क्यों रहता।' (गुटका.)।

(सू.–सकेतार्थ वाक्यों में 'जो-तो' समुच्चयबोधक अव्यय बहुधा आते हैं।)

361. सब अर्थों के अनुसार कालों के जो भेद होते हैं, उनकी संख्या, नाम और उदाहरण आगे दिए जाते हैं।

निश्चयार्थ	संभावनार्थ	संदेहार्थ	आज्ञार्थ	संकेतार्थ
1. सामान्य वर्तमान वह चलता है	7. संभाव्य वर्तमान वह चलता हो	10. संदिग्ध वर्तमान वह चलता होगा	12. प्रत्यक्ष विधि तू चल	14. सामान्य संकेतार्थ वह चलता
2. पूर्ण वर्तमान वह चला है	8. संभाव्य भूत वह चला हो	11. संदिग्ध भूत वह चला होगा	13. परोक्ष विधि तू चलना	15. अपूर्ण संकेतार्थ वह चलता होता
3. सामान्य भूत वह चला	9. संभाव्य भविष्यत् वह चले			16. पूर्ण संकेतार्थ वह चला होता
4. अपूर्ण भूत वह चलता था				
5. पूर्ण भूत वह चला था				
6. सामान्य भविष्यत् वह चलेगा				

सू.–(1) इन उदाहरणों से जान पड़ेगा कि हिंदी में कालों की संख्या कम से कम सोलह है। भिन्न-भिन्न व्याकरणों में यह संख्या भिन्न-भिन्न पाई जाती है। इसका कारण यह है कि कोई-कोई वैयाकरण कुछ कालों को स्वीकृत नहीं करते, अथवा उन्हें भ्रमवश छोड़ जाते हैं। अपूर्ण वर्तमान, अपूर्ण भविष्यत् और पूर्ण भविष्यत् कालों को छोड़, जिनका विवेचन संयुक्त क्रियाओं के साथ करना ठीक जान पड़ता है, शेष काल हमारे किए हुए वर्गीकरण में ऐसे हैं, जिनका प्रयोग भाषा में पाया जाता है और जिनमें काल तथा अर्थ के लक्षण घटते हैं। कालों के प्रचलित नामों में हमने दो नाम बदल दिए हैं। (1) आसन्नभूत, (2) हेतुहेतुमद्‌भूत। आसन्नभूत नाम बदलने का कारण पहले कहा जा चुका है; तथापि कालरचना में इसी नाम का उपयोग ठीक जान पड़ता है। 'हेतुहेतुमद्‌भूत' नाम बदलने का कारण यह है कि इस काल के तीन रूप होते हैं, जिनमें से प्रत्येक का प्रयोग अलग-अलग प्रकार का है और जिनका अर्थ एक ही नाम से सूचित नहीं होता। ये काल केवल संकेतार्थ में आते हैं, इसलिए इनके नामों के साथ 'संकेत' शब्द रखना उसी प्रकार आवश्यक है, जिस प्रकार 'संभाव्य' और 'संदिग्ध' शब्द संभावनार्थ और संदेहार्थ सूचित करने के लिए आवश्यक होते हैं।

जो काल और नाम प्रचलित व्याकरणों में नहीं पाए जाते, वे उदाहरण सहित यहाँ लिखे जाते हैं :

प्रचलित नाम	नया नाम	उदाहरण
आसन्न भूतकाल	पूर्ण वर्तमान काल	वह चला है
× ×	संभाव्य वर्तमान काल	वह चलता हो
× ×	संभाव्य भूतकाल	वह चला हो
विधि	प्रत्यक्ष विधि	तू चल
हेतुहेतुमद्‌भूतकाल	सामान्य संकेतार्थ	वह चलता
× × ×	अपूर्ण संकेतार्थ	वह चलता होता
× × ×	पूर्ण संकेतार्थ	वह चला होता

(2) (कालों के विशेष अर्थ वाक्यविन्यास में लिखे जायेंगे।)

(4) पुरुष, लिंग और वचन
प्रयोग

362. हिंदी क्रियाओं में तीन पुरुष (उत्तम, मध्यम और अन्य), दो लिंग (पुल्लिंग और स्त्रीलिंग) और दो वचन (एकवचन और बहुवचन) होते हैं। उदाहरण :

पुल्लिंग

पुरुष	**एकवचन**	**बहुवचन**
उत्तम पुरुष	मैं चलता हूँ	हम चलते हैं
मध्यम पुरुष	तू चलता है	तुम चलते हो
अन्य पुरुष	वह चलता है	वे चलते हैं

स्त्रीलिंग

उत्तम पुरुष	मैं चलती हूँ	हम चलती हैं
मध्यम पुरुष	तू चलती है	तुम चलती हो
अन्य पुरुष	वह चलती है	वे चलती हैं

363. पुल्लिंग एकवचन का प्रत्यय आ, पुल्लिंग बहुवचन का प्रत्यय 'ए', स्त्रीलिंग एकवचन का प्रत्यय 'ई' और स्त्रीलिंग बहुवचन का प्रत्यय 'इ' व 'ई' है।'

364. संभाव्य भविष्यत् और विधि कालों में लिंग के कारण कोई रूपांतर नहीं होता है। स्थितिदर्शक 'होना' क्रिया के सामान्य वर्तमान के रूपों में भी लिंग का कोई विकार नहीं होता। (दे. अंक 386, 387)

365. वाक्य के कर्ता व कर्म के पुरुष, लिंग और वचन के अनुसार क्रिया का जो अन्वय और अनन्वय होता है, उसे प्रयोग कहते हैं। हिंदी में तीन प्रयोग होते हैं। (1) कर्तरिप्रयोग (2) कर्मणिप्रयोग और (3) भावे प्रयोग।

(1) कर्ता के लिंग, वचन और पुरुष के अनुसार जिस क्रिया का रूपांतर होता है, उस क्रिया को कर्तरिप्रयोग कहते हैं; जैसे–'मैं चलता हूँ', 'वह जाती है', 'वे आते हैं', 'लड़की कपड़ा सीती है' इत्यादि।

(2) जिस क्रिया के पुरुष, लिंग और वचन कर्म के पुरुष, लिंग और वचन के अनुसार होते हैं, उसे कर्मणिप्रयोग कहते हैं; जैसे–'मैंने पुस्तक पढ़ी', 'पुस्तक पढ़ी गई', 'रानी ने पत्र लिखा' इत्यादि।

(3) जिस क्रिया के पुरुष, लिंग और वचन कर्ता व कर्म के अनुसार नहीं होते, अर्थात् जो सदा अन्य पुरुष पुल्लिंग, एकवचन में रहती है, उसे भावेप्रयोग कहते हैं; जैसे–'रानी ने सहेलियों को बुलाया', 'मुझसे चला नहीं जाता', 'सिपाहियों को लड़ाई पर भेजा जाएगा'।

366. सकर्मक क्रियाओं के भूतकालिक कृदंत से बने हुए कालों को (दे. अंक 389) छोड़कर कर्तृवाच्य के शेष कालों में तथा अकर्मक क्रियाओं के सब कालों में कर्तरिप्रयोग आता है। कर्तरिप्रयोग में कर्ता कारक अप्रत्यय रहता है।

अप.–(1) भूतकालिक कृदंत से बने हुए कालों में बोलना; भूलना, बकना, लाना, समझाना और जानना सकर्मक क्रियाएँ कर्तरिप्रयोग में आती हैं; जैसे–'लड़की कुछ न बोली,' 'हम बहुत बके', 'राम मन भ्रमर न भूला' (राम.)। 'दूसरे गर्भाधान में केतकी पुत्र जनी' (गुटका.)। 'कुछ तुम समझे कुछ हम समझे' (कहा.)। 'नौकर चिट्ठी लाया।'

अप.–(2) नहाना, छींकना आदि अकर्मक क्रियाएँ भूतकालिक कृदंत बने हुए कालों में भावेप्रयोग में आती हैं; जैसे–'हमने नहाया है', 'लड़की ने छींका' इत्यादि।

प्रत्य.–कोई-कोई लेखक बोलना, समझना और जानना क्रियाओं के साथ विकल्प में अप्रत्यय कर्ता कारक का प्रयोग करते हैं; जैसे–'उसने कभी झूठ नहीं बोला' (रघु.)। 'केतकी ने लड़की जनी' (गुटका.)। 'जिन स्त्रियों ने तुम्हारे बाप के बाप को जाना है' (शिव)। 'जिसका मतलब मैंने कुछ भी नहीं समझा' (विचित्र.)।

सितारे हिंद 'पुकारना' क्रिया को सदा कर्तरिप्रयोग में लिखते हैं; जैसे–'चोबदार पुकारा', 'जो तू एक बार भी जी से पुकारा होता' (गुटका.)।

(सू.–संयुक्त क्रियाओं के प्रयोगों का विचार वाक्यविन्यास में किया जाएगा। (दे. अंक 628-638)।)

367. कर्मणिप्रयोग दो प्रकार का होता है : (1) कर्तृवाच्य कर्मणिप्रयोग, (2) कर्मवाच्य कर्मणिप्रयोग।

(1) 'बोलना' वर्ग की सकर्मक क्रियाओं को छोड़ शेष कर्तृवाच्य अकर्मक क्रियाएँ भूतकालिक कृदंत से बने कालों में (अप्रत्यय कर्म कारक के साथ) कर्मणिप्रयोग में आती हैं; जैसे–'मैंने पुस्तक पढ़ी', 'मंत्री ने पत्र लिखे' इत्यादि। कर्तृवाच्य के कर्मणिप्रयोग में कर्ता कारक सप्रत्यय रहता है।

(2) कर्मवाच्य की सब क्रियाएँ (दे. अंक 350, 393) अप्रत्यय कर्मकारक के साथ कर्मणिप्रयोग में आती हैं; जैसे–'चिट्ठी भेजी गई', 'लड़का बुलाया जाएगा' इत्यादि। यदि कर्मवाच्य के कर्मणिप्रयोग में कर्ता की आवश्यकता हो, तो वह करण कारक में अथवा 'द्वारा' शब्द के साथ आता है; जैसे–'मुझसे पुस्तक पढ़ी गई।', 'मेरे द्वारा पुस्तक पढ़ी गई।'

368. भावेप्रयोग तीन प्रकार का होता है : (1) कर्तृवाच्य भावेप्रयोग, (2) कर्मवाच्य भावेप्रयोग, (3) भाववाचक भावेप्रयोग।

(1) कर्तृवाच्य भावेप्रयोग में सकर्मक क्रिया के कर्ता और कर्म दोनों सप्रत्यय रहते हैं और यदि क्रिया अकर्मक हो, तो केवल कर्ता सप्रत्यय रहता है; जैसे–'रानी ने सहेलियों को बुलाया', 'हमने नहाया है', 'लड़की ने छींका था।'

(2) कर्मवाच्य भावेप्रयोग में कर्म सप्रत्यय रहता है और यदि कर्ता की आवश्यकता हो तो वह 'द्वारा' के साथ अथवा करण कारक में आता है; परंतु बहुधा वह लुप्त रहता है; जैसे–'उसे अदालत में पेश किया गया।', 'नौकर को वहाँ भेजा जायगा।'

(सू.–अप्रत्यय कर्म कारक का उपयोग वाक्यविन्यास के कारक प्रकरण में लिखा जाएगा। (दे. अंक 520)

(3) भाववाच्य भावेप्रयोग में कर्ता की आवश्यकता हो, तो उसे करण कारक में रखते हैं; जैसे–'यहाँ बैठा नहीं जाता', 'मुझसे चला नहीं जाता' इत्यादि। भाववाच्य भावेप्रयोग में सदा अकर्मक क्रिया आती है। (दे. अं. 352)

(5) कृदंत

369. क्रिया के जिन रूपों का उपयोग दूसरे शब्दभेदों के समान होता है, उन्हें कृदंत कहते हैं; जैसे–चलना (संज्ञा), चलता (विशेषण), चलकर (क्रिया-विशेषण), मारे, लिए (संबंधसूचक) इत्यादि।

(सू.–कई कृदंतों का उपयोग कालरचना तथा संयुक्त क्रियाओं में होता है और ये सब धातुओं से बनते हैं।)

370. हिंदी में रूप के अनुसार कृदंत दो प्रकार के होते हैं : (1) विकारी, (2) अविकारी व अव्यय।

विकारी कृदंतों का प्रयोग बहुधा संज्ञा व विशेषण के समान होता है और कृदंत अव्यय क्रिया-विशेषण व कभी-कभी संबंधसूचक के समान आते हैं। (दे. अंक 520) यहाँ केवल उन कृदंतों का विचार किया जाता है जो कालरचना तथा संयुक्त क्रियाओं में उपयुक्त होते हैं। शेष कृदंत व्युत्पत्ति प्रकरण में लिखे जायेंगे।

1. विकारी कृदंत

371. विकारी कृदंत चार प्रकार के हैं : (1) क्रियार्थक संज्ञा, (2) कर्तृवाचक संज्ञा, (3) वर्तमानकालिक कृदंत, (4) भूतकालिक कृदंत।

372. धातु के अंत में 'ना' जोड़ने से क्रियार्थक संज्ञा बनती है। (दे. अंक 188 (अ)) इसका प्रयोग संज्ञा और विशेषण दोनों के समान होता है। क्रियार्थक संज्ञा केवल पुल्लिंग और एकवचन में आती है, और इसकी कारकरचना संबोधन कारक को छोड़ शेष कारकों में आकारांत पुल्लिंग (तद्भव) संज्ञा के समान होती है; (दे. अंक 310) जैसे–जाने को, जाने से, जाने में इत्यादि।

(अ) जब क्रियार्थक संज्ञा विशेषण के समान आती है, तब उसका रूप उसकी पूर्ति व कर्म (विशेष्य) के लिंग, वचन के अनुसार बदलता है; जैसे–'तुमको परीक्षा करनी हो तो लो'। (परीक्षा.)। 'वनयुवतियों की छवि रनवास की स्त्रियों में मिलनी दुर्लभ है' (शकु.) । 'देखनी हमको पड़ी औरंगजेबी अंत में' (भारत.)। 'बात करनी हमें मुश्किल कभी ऐसी तो न थी।' 'पहिनने के वस्त्र आसानी से चढ़ने-उतरनेवाले होने चाहिए' (सर.)।

(सू.–क्रियार्थक विशेषण को लेखक लोग कभी-कभी अविकृत ही रखते हैं; जैसे–'मत फैलाने के लिए लड़ाई करना' (इति.)। 'कौन सी बात समाज को मानना चाहिए' (स्वा.)। 'मनुष्यगणना करना चाहिए' (शिव.)।)

373. क्रियार्थक संज्ञा के विकृत रूप के अंत में 'वाला' लगाने से कर्तृवाचक संज्ञा बनती है; जैसे–चलनेवाला, जानेवाला इत्यादि। इसका प्रयोग कभी-कभी भविष्यत्कालिक कृदंत विशेषण के समान होता है; जैसे–आज मेरा भाई आनेवाला है। जानेवाला नौकर कर्तृवाच्य संज्ञा का रूपांतर संज्ञा और विशेषण के समान होता है।

(सू.–'वाला' प्रत्यय के बदले कभी-कभी 'हारा' प्रत्यय आता है 'मरना' और 'होना' क्रियार्थक संज्ञाओं के अंत्य 'आ' का लोप करके 'हारा' के बदले 'हार' लगाते हैं; जैसे–मरनहार, होनहार। 'वाला' या 'हार' केवल प्रत्यय है, स्वतंत्र शब्द नहीं है। पर राम. में मूल शब्द और इस प्रत्यय के बीच 'हूँ', अवधारणबोधक अव्यय रख दिया गया है; जैसे–भयउ न अहई होनिहूँ हारा। कोई-कोई आधुनिक लेखक 'वाला' को मूल शब्द से अलग लिखते हैं।

'वाला' को कोई-कोई वैयाकरण संस्कृत के 'वत्' व 'वल' से और कोई-कोई, 'पाल' से व्युत्पन्न हुआ मानते हैं, और 'हार' को संस्कृत के 'कार' प्रत्यय से निकला हुआ समझते हैं।)

374. वर्तमानकालिक कृदंत धातु के अंत में 'ता' लगाने से बनता है; जैसे–चलता, बोलता इत्यादि। इसका प्रयोग बहुधा विशेषण के समान होता है और इसका रूप आकारांत विशेषण के समान बदलता है; जैसे–बहता पानी, चलती चक्की, जीते कीड़े इत्यादि।

कभी-कभी इसका प्रयोग संज्ञा के समान होता है, और तब इसकी कारकरचना आकारांत पुल्लिंग संज्ञा के समान होती है; जैसे–मरता क्या न करता। डूबते को तिनके का सहारा बस है। मारतों के आगे, भागतों के पीछे।

375. भूतकालिक कृदंत धातु के अंत में आ जोड़ने से बनता है। उसकी रचना नीचे लिखे नियमों के अनुसार होती है:

(1) आकारांत धातु के अंत्य 'अ' के स्थान में 'आ' कर देते हैं। जैसे–

बोलना–बोला	पहचानना–पहचाना
डरना–डरा	मारना–मारा
समझना–समझा	खींचना–खींचा

(2) धातु के अंत में आ, ए व ओ हो तो धातु के अंत में 'या' कर देते; जैसे–

लाना–लाया	बोना–बोया
कहलाना–कहलाया	डुबोना–डुबाया
खेना–खेया	सेना–सेया

(अ) यदि धातु के अंत में 'ई' हो तो उसे ह्रस्व कर देते हैं; जैसे–पीना–पिया, जीना–जिया, सीना–सिया।

(3) ऊकारांत धातु की 'ऊ' को ह्रस्व करके उसके आगे 'आ' लगाते हैं।
जैसे– चूना–चुआ, छूना–छुआ।

376. नीचे लिखे भूतकालिक कृदंत नियमविरुद्ध बनते हैं :

होना–हुआ	जाना–गया
करना–किया	मरना–मुआ
देना–दिया	लेना–लिया

(सू.–'मुआ' केवल कविता में आता है। गद्य में 'मरा' शब्द प्रचलित है। मुआ, छुआ आदि शब्दों को कोई-कोई लेखक मुवा, हुवा, छुवा आदि रूपों में लिखते हैं; पर ये रूप अशुद्ध हैं, क्योंकि ऐसा उच्चारण नहीं होता और ये शिष्टसम्मत भी नहीं हैं। 'करना' का भूतकालिक कृदंत 'करा' प्रांतिक प्रयोग है। 'जाना' का भूतकालिक कृदंत 'जाया' संयुक्त क्रियाओं में आता है। इसका रूप 'गया' सं.–गतः से प्रा.–गओ के द्वारा बना है।)

377. भूतकालिक कृदंत का प्रयोग बहुधा विशेषण के समान होता है। जैसे–मरा घोड़ा, गिरा घर, उठा हाथ, सुनी बात, भागा चोर।

(अ) वर्तमानकालिक और भूतकालिक कृदंतों के साथ बहुधा 'हुआ' लगाते हैं और इसमें मूल कृदंतों के समान रूपांतर होता है, जैसे–दौड़ता हुआ घोड़ा, चलती हुई गाड़ी, देखी हुई वस्तु, मरे हुए लोग इत्यादि। स्त्रीलिंग बहुवचन का प्रत्यय केवल 'हुई' में लगता है; जैसे–मरी हुई मक्खियाँ।

(आ) भूतकालिक कृदंत भी कभी-कभी संज्ञा के समान आता है; जैसे–'हाथ का दिया, पिसे को पीसना।' 'गई बहोरि गरीब निवाजू' (राम.)।

(इ) सकर्मक क्रिया से बना हुआ भूतकालिक कृदंत विशेषण कर्मवाच्य होता है, अर्थात् वह कर्म की विशेषता बताता है; जैसे–किया हुआ काम, बनाई हुई बात, इत्यादि।

इस अर्थ में इस कृदंत के साथ कोई-कोई लेखक 'गया' कृदंत जोड़ते हैं; जैसे–किया गया काम, बनाई गई बात इत्यादि।

378. जिन भूतकालिक कृदंतों में 'आ' के पूर्व 'य' का आगम होता है, उनमें 'एं' और 'ई' प्रत्ययों के पहले विकल्प से 'य' का लोप हो जाता है; जैसे–लाये, लाए, लायी–लाई। यदि 'य' प्रत्यय के पहले 'इ' हो तो 'य' लोप होकर 'ई' प्रत्यय पूर्व 'इ' में संधि के अनुसार मिल जाता है जैसे–लिया–ली, दिया–दी, किया–की, सिया–सी, पिया–पी, जिया–जी। 'गया' का भी स्त्रीलिंग 'गई' होता है।

(सू.–कोई-कोई लेखक ईकारांत रूपों की लियी, लिई, गयी, गई, जियी, जिई आदि लिखते हैं; पर ये रूप सर्व-सम्मत नहीं हैं। बहुवचनों में ये (लाये) और स्त्रीलिंग में ई (लाई) का प्रयोग अधिक शिष्ट माना जाता है।)

2. कृदंत अव्यय

379. कृदंत अव्यय चार प्रकार के हैं :

(1) पूर्वकालिक कृदंत, (2) तात्कालिक कृदंत, (3) अपूर्ण क्रियाद्योतक, (4) पूर्ण क्रियाद्योतक।

380. पूर्वकालिक कृदंत अव्यय धातु के रूप में रहता है, अथवा धातु के अंत में 'के', 'कर' व 'करके' जोड़ने से बनता है; जैसे–

क्रिया	धातु	पूर्वकालिक कृदंत
जाना	जा	जाके, जाकर, जा करके
खाना	खा	खाके, खाकर, खा करके
दौड़ना	दौड़	दौड़के, दौड़कर, दौड़ करके

(सू.–'करना' क्रिया के धातु में 'के' जोड़ा जाता है; जैसे–करके। 'आना' क्रिया के, नियमित रूपों के सिवा, कभी-कभी दो रूप होते हैं; जैसे–आन और आनकर। उदाहरण : 'शकुंतला स्नान करके खड़ी है' (शकु.)। 'दूत ने आनकर यह खबर दी।', 'आन पहुँची।' कविता में स्वरांत धातु के परे कभी-कभी 'य' जोड़कर पूर्वकालिक कृदंत अव्यय बनाते हैं; जैसे–जाना–जाय, बनाना–बनाय, इत्यादि। पूर्वकालिक कृदंत का 'य' प्रत्यय संस्कृत के 'य' प्रत्यय से निकला है और उसका एक पूर्वकालिक कृदंत 'विहाय' (छोड़कर) अपने मूल रूप में हिंदी कविता में आता है; जैसे–'तप विहाय जेहि भावै भोग।' (राम.)।

(क) पूर्वकालिक कृदंत अव्यय से बहुधा मुख्य क्रिया के पहले होनेवाले व्यापार की समाप्ति का बोध होता है; जैसे–'हम नगर देखकर लौटे।', 'वे भोजन करके लेटते हैं।' क्रियासमाप्ति के अतिरिक्त, पूर्वकालिक क्रिया से नीचे लिखे अर्थ पाए जाते हैं :

(1) कार्य कारण; जैसे–लड़का कुसंग में पड़कर बिगड़ गया। प्रभुता पाइ काहि मद नाहीं (राम.)।

(2) रीति; जैसे–'बच्चा दौड़कर चलता है'। 'सींग कटाकर बछड़ों में मिलना' (कहा.)।

(3) द्वारा; जैसे–'इस पवित्र आश्रम के दर्शन करके हम अपना जन्म सफल करें' (शकु.)। 'फाँसी लगाकर मरना।'

(4) विरोध; जैसे–'तुम ब्राह्मण होकर संस्कृत नहीं जानते।' 'पानी में रहकर मगर से बैर' (कहा.)।

381. वर्तमानकालिक कृदंत के 'ता' को 'ते' आदेश करके उसके आगे 'ही' जोड़ने से तात्कालिक कृदंत अव्यय बनता है; जैसे–बोलते ही, आते ही इत्यादि। इससे मुख्य क्रिया के साथ होनेवाले व्यापार की समाप्ति का बोध होता है; जैसे–'उसने आते ही उपद्रव मचाया।', 'सिपाही गिरते ही मर गया।'

382. अपूर्ण क्रियाद्योतक कृदंत अव्यय का रूप तात्कालिक कृदंत अव्यय के समान 'ता' को 'ते' आदेश करने से बनता है; परंतु उसके साथ 'ही' नहीं जोड़ी जाती; जैसे–सोते, रहते, देखते इत्यादि। इससे मुख्य क्रिया के साथ होनेवाले व्यापार की अपूर्णता सूचित होती है; जैसे–'मुझे घर लौटते रात हो जाएगी।' 'उसने जहाजों को एक पाँती में जाते देखा' (विचित्र.)। 'तू अपनी विवाहिता को छोड़ते नहीं लजाता' (शकु.)।

383. पूर्ण क्रियाद्योतक कृदंत अव्यय भूतकालिक कृदंत विशेषण के अंत्य 'आ' को 'ए' आदेश करने से बनता है; जैसे–किए, गए, बीते, मारे, लिए इत्यादि। इस कृदंत से बहुधा मुख्य क्रिया के साथ होनेवाले व्यापार को पूर्णता का बोध होता है; जैसे–'इतनी रात गए तुम क्यों आए?' 'इस बात को हुए कई वर्ष बीत गए' इससे मुख्य क्रिया की रीति भी सूचित होती है; जैसे–'महाराज, कमर कसे बैठे हैं' (विचित्र.)। 'लिए' और 'मारे' कृदंतों का प्रयोग बहुधा संबंधसूचक अव्यय के समान होता है। (दे. अंक 394)

384. अपूर्ण क्रियाद्योतक और पूर्ण क्रियाद्योतक कृदंतों के साथ बहुधा (दे. अंक 377 अ) 'होना' क्रिया का पूर्ण क्रियाद्योतक कृदंत अव्यय 'हुए' लगाया जाता है; जैसे–'दो-एक दिन आते हुए दासी ने उसको देखा था' (चंद्र.)। 'धर्म एक बैताल के सिर पर पिटारा रखवाए हुए आता है' (सत्य.)।

(सू.–तात्कालिक कृदंत, अपूर्ण क्रियाद्योतक कृदंत और पूर्ण क्रियाद्योतक कृदंत यथार्थ में क्रिया के कोई भिन्न प्रकार के रूपांतर नहीं हैं; किंतु वर्तमानकालिक और भूतकालिक कृदंतों के विशेष प्रयोग हैं। कृदंतों के वर्गीकरण में इन तीनों को अलग-अलग स्थान देने का कारण यह है कि इनका योग कई एक संयुक्त क्रियाओं में और स्वतंत्र कर्ता के साथ तथा कभी-कभी क्रिया-विशेषण के समान होता है, इसलिए इनके अलग-अलग नाम रखने में सुभीता है। कृदंतों के विशेष अर्थ और प्रयोग वाक्यविन्यास में लिखे जायेंगे।

(6) कालरचना

385. क्रिया के वाच्य, अर्थ, काल, पुरुष, लिंग और रचना के कारण होनेवाले सब रूपों का संग्रह करना कालरचना कहलाती है।

(क) हिंदी के सोलह काल रचना के विचार से तीन भागों में बाँटे जा सकते हैं। पहले वर्ग में वे काल आते हैं, जो धातु में प्रत्ययों के लगाने से बनते हैं, दूसरे वर्ग में वे काल हैं, जो वर्तमानकालिक कृदंत में सहकारी क्रिया 'होना' के रूप लगाने से बनते हैं और तीसरे वर्ग में वे काल आते हैं, जो भूतकालिक कृदंत में उसी सहकारी

क्रिया के रूप जोड़कर बनाए जाते हैं। इन वर्गों के अनुसार कालों का वर्गीकरण नीचे दिया जाता है।

पहला वर्ग
(धातु से बने हुए काल)

(1) संभाव्य भविष्यत्
(2) सामान्य भविष्यत्
(3) प्रत्यक्ष विधि
(4) परोक्ष विधि

दूसरा वर्ग
(वर्तमानकालिक कृदंत से बने हुए काल)

(1) सामान्य संकेतार्थ (हेतुहेतुमद्भूत् काल)
(2) सामान्य वर्तमान
(3) अपूर्ण भूत
(4) संभाव्य वर्तमान
(5) संदिग्ध वर्तमान
(6) अपूर्ण संकेतार्थ

तीसरा वर्ग
(भूतकालिक कृदंत से बने हुए काल)

(1) सामान्य भूत
(2) आसन्न भूत (पूर्ण वर्तमान)
(3) पूर्ण भूत
(4) संभाव्य भूत
(5) संदिग्ध भूत
(6) पूर्ण संकेतार्थ

(ख) इन तीनों वर्गों में पहले वर्ग के चारों काल तथा सामान्य संकेतार्थ और सामान्य भूत केवल प्रत्ययों के योग से बनते हैं, इसलिए ये छह काल साधारण काल कहलाते हैं, और शेष दस काल सहकारी क्रिया के योग से बनने के कारण संयुक्त काल कहे जाते हैं। कोई-कोई वैयाकरण केवल पहले छह कालों को यथार्थ 'काल' मानते हैं और पिछले दस कालों को संयुक्त क्रियाओं में गिनते हैं क्योंकि इनकी रचना दो क्रियाओं के मेल से होती है। पहले (दे. अंक 49 टी. में) कहा जा चुका है कि हिंदी-संस्कृत के समान रूपांतरशील और संयोगात्मक भाषा नहीं है[1]; इसलिए इनमें शब्दों के समासों को कभी-कभी सुभीते के लिए उनका रूपांतर मान लेते हैं। इसके सिवा हिंदी में संयुक्त क्रियाएँ अलग मानने की चाल पुरानी है, जिसका कारण यह है कि कुछ संयुक्त क्रियाएँ कुछ विशेष कालों में ही आती हैं

1. हिंदुस्तान की और आर्यभाषाओं, मराठी, गुजराती, बंगला आदि की भी यही अवस्था है।

और कई एक संयुक्त क्रियाएँ संज्ञाओं के मेल से बनती हैं। इस विषय का विशेष विचार आगे (अं. 400 में) किया जाएगा। जिन कालों को 'संयुक्त काल' कहते हैं, वे कृदंतों के साथ केवल एक ही सहकारी क्रिया के मेल से बनते हैं और उनसे संयुक्त क्रियाओं के विशेष अर्थअवधारण, शक्ति, आरंभ, अवकाश आदि–सूचित नहीं होते, इसलिए संयुक्त कालों को संयुक्त क्रिया से अलग मानते हैं। 'संयुक्त काल' शब्द के विषय में किसी-किसी को जो आक्षेप है, उसके संबंध में केवल इतना ही कहना है कि 'कल्पित' नाम की अपेक्षा कुछ भी सार्थक नाम रखने से उसके उल्लेख करने में अधिक सुभीता है।

1. कर्तृवाच्य

386. पहले वर्ग के चारों कालों के कर्तृवाच्य के रूप नीचे लिखे अनुसार बनते हैं।

(1) संभाव्य भविष्यत् काल बनाने के लिए धातु में ये प्रत्यय जोड़ जाते हैं।

पुरुष	एकवचन	बहुवचन
उत्तम पुरुष	ऊँ	एँ
मध्यम पुरुष	ए	ओ
अन्य पुरुष	ए	एँ

(अ) यदि धातु अकारांत हों, तो ये प्रत्यय 'आ' के स्थान में लगाए जाते हैं; जैसे–'लिख' से 'लिखें, 'कह' से 'कहें', 'बोल' से 'बोलें' इत्यादि।

(आ) यदि धातु के अंत में आकार व अकार हो तो 'ऊँ' और 'ओ' को छोड़ शेष प्रत्ययों के पहले विकल्प से 'व' का आगम होता है; जैसे–'जा' से जाए व जावे, 'गा' से गाए व गावे, 'खो' से खोए व खोवे इत्यादि। ईकारांत और ऊकारांत धातुओं में जब विकल्प से 'वा' का आगम नहीं होता तब उनका अंत्य स्वर ह्रस्व हो जाता है; जैसे–जिऊँ, जिओ, पिए वा पीछे, सिएँ वा सीवें, छुए वा छूवे।

(इ) एकारांत धातुओं में ऊँ और ओ को छोड़ शेष प्रत्ययों के पहले 'व' का आगम होता है; जैसे–'सेवें, खेवें, देवें इत्यादि।

(ई) देना और लेना क्रियाओं के धातुओं में, विकल्प से (अ) और (ई) के अनुसार प्रत्ययों का आदेश होता है; जैसे–दूँ (देऊँ), दे (देवें), दो (देओ), लूँ ले (लेवे), लो (लेओ)।

(उ) आकारांत धातुओं के परे ए और एँ के स्थान में विकल्प से क्रमशः य और यँ आते हैं; जैसे–जाय जायँ, खाय खायँ, इत्यादि।

(ऊ) 'होना' के रूप ऊपर लिखे नियमों के विरुद्ध होते हैं। ये आगे दिए जायेंगे।

(सू. कई लेखक लावो, पिये, जाये, जाव आदि रूप लिखते हैं; पर ये अशुद्ध हैं।)

(2) सामान्य भविष्यत् काल की रचना के लिए संभाव्य भविष्यत् के प्रत्येक पुरुष में पुल्लिंग एकवचन के लिए गा, पुल्लिंग बहुवचन के लिए गे और स्त्रीलिंग एकवचन के लिए गी लगाते हैं; जैसे–जाऊँगा, जायेंगे।, जायगी, जाओगी आदि।

(सू.–'भाषाप्रभाकर' में स्त्रीलिंग बहुवचन का चिह्न गीं लिखा है परंतु भाषा में 'गी' ही का प्रचार है और स्वयं वैयाकरण ने जो उदाहरण दिए हैं, उनमें भी 'गी' ही आया है। इस प्रत्यय के संबंध में हमने जो नियम दिया है, वह सितारे हिंद और पं. रामसजन के व्याकरणों में पाया जाता है। सामान्य भविष्यत् का प्रत्यय 'गा' संक्रतगत:, प्राकृत–गओ से निकला हुआ जान पड़ता है क्योंकि वह लिंग और वचन के अनुसार बदलता है तथा इसके और मूल क्रिया के बीच में 'ही' अव्यय आ सकता है।) (दे. अंक 227)।

(3) प्रत्यक्ष विधि का रूप संभाव्य भविष्यत् के रूप के समान होता है, दोनों में केवल मध्यम पुरुष के एकवचन का अंतर है। विधि का मध्यम पुरुष एकवचन धातु ही के समान होता है; जैसे–'कहना' से 'कह', 'जाना' से 'जा' इत्यादि।

(सू.–'शकु.' में विधि के मध्यम पुरुष एकवचन का रूप संभाव्य भविष्यत् ही के समान आया है; जैसे–'कण्व–हे बेटी, मेरे नित्य कर्म में विघ्न मत डाले।')

(अ) आदरसूचक 'आप' के लिए मध्यम पुरुष में धातु के साथ-साथ 'इए' व 'इएगा' जोड़ देते हैं; जैसे–आइए, बैठिए, पान खाइएगा।

(आ) लेना, देना, पीना, करना और होता के आदरसूचक विधिकाल में 'इए' वा 'इएगा' के पहले ज का आगम होता है और उनके स्वरों में प्राय: वही रूपांतर होता है जो इन क्रियाओं के भूतकालिक कृदंत बनाने में किया जाता है (दे. अंक 376); जैसे–लेना–लीजिए, करना–कीजिए देना–दीजिए होना–हूजिए, पीना–पीजिए इत्यादि।

(सू.–होना का आदरसूचक विधिकाल होइए का भी चलन अधिक है; जैसे–'आप सभापति होइए, जिससे कार्य आरंभ किया जा सके।')

(इ) 'करना' का आदरसूचक विधिकाल 'करिए' (शकु.) में आया है; पर यह प्रयोग अनुकरणीय नहीं है।

(ई) कभी-कभी आदरसूचक विधि का उपयोग संभाव्य भविष्यत् के अर्थ में आता है; जैसे–'मन में ऐसी आती है कि सब छोड़छाड़ बैठ रहिए' (शकु.)। 'वायस पालिय अति अनुरागा' (राम.)।

(उ) 'चाहिए' यथार्थ में आदरसूचक विधि का रूप है, पर इससे वर्तमानकाल की आवश्यकता का बोध होता है; जैसे–'मुझे पुस्तक चाहिए', 'उन्हें और क्या चाहिए?'

(ऊ) आदरसूचक विधि का दूसरा रूप (गांत) कभी-कभी आदर के लिए सामान्य भविष्यत् और परोक्ष विधि में भी आता है; जैसे–'कौन सी रात आन मिलिएगा।' 'मुझे दास समझकर कृपा रखिएगा।'

(4) परोक्ष विधि केवल मध्यम पुरुष में आती है और दोनों वचनों में एक ही रूप का प्रयोग होता है। इसके दो रूप होते हैं : (1) क्रियार्थक संज्ञा तद्वत् परोक्ष विधि होती है, (2) आदरसूचक विधि के अंत में ओ आदेश होता है; जैसे–(1) तू रहना सुख से

पतिसंग (सर.)। प्रथम मिलाप को भूल मत जाना (शकु.)। (2) तू किसी के सोंहीं मत कहियो (प्रेम.)। पिता, इस लता को मेरे ही समान गिनियो (शकु.)।

(अ) 'आप' के साथ आदरसूचक विधि का दूसरा रूप आता है। (3) जैसे–'आप वहाँ न जाइएगा।', 'आप न जाइयो' शिष्ट प्रयोग नहीं है।

(आ) आदरसूचक विधि में 'ज' के पश्चात् इए और इयो बहुधा क्रम से ऐ और ओ हो जाते हैं; जैसे–लीजे, दीजे, कीजो, पीजो, ले आदि। ये रूप अक्सर कविता में आते हैं; जैसे–'कह गिरधर कविराय कहो अब कैसी कीजे।', 'जल खारी है गयो कहो अब कैसे पीजे।', 'स्वावलंब हम सबको दीजे' (भारत.)। 'कीजो सदा धर्म से शासन' (सर.)।

(सू.–किसी-किसी का मत है कि इये को 'इए' लिखना चाहिए, अर्थात् 'चाहिये' आदि शब्द 'चाहिए', 'लीजिए' रूप से लिखे जावें। इस मत का प्रचार थोड़े ही वर्षों से हुआ है, और कई लोग इसके विरोधी भी हैं। इस वर्णविन्यास के प्रवर्तक पं. महावीर प्रसाद जी द्विवेदी हैं, जिनके प्रभाव से इसका महत्त्व बहुत बढ़ गया है। स्थानाभाव के कारण यहाँ दोनों पक्षों के वादों का विचार नहीं कर सकते, पर इस मत को ग्रहण करने में विशेष कठिनाई यह है कि यदि 'कीजिए' लिखे तो फिर 'कीजियो' किस रूप में लिखा जाएगा? यदि 'कीजियो' का 'कीजिओ' लिखें तो 'स्त्रियों' को 'स्त्रिओं' लिखना चाहिए और जो एक की, 'कीजिए' और दूसरे को 'कीजियो' लिखे तो प्राय: एक प्रकार के दोनों रूपों को इस प्रकार भिन्न-भिन्न लिखने से व्यर्थ ही भ्रम उत्पन्न होगा। इस प्रकार के दोनों अनमिल रूप भारत भारती में पाए जाते हैं; जैसे–

इस देश को हे दीनबंधो आप फिर **अपनाइए**
भगवान्! भारतवर्ष को फिर पुण्यभूमि **बनाइए**,
दाता! तुम्हारी जय रहे, हमको दया कर **कीजियो**,
माता! मरे हा! हा! हमारी शीघ्र ही सुध **लीजियो**।

हम अपने मत के समर्थन में भारतमित्र संपादक. पं. अंबिकाप्रसाद वाजपेयी के एक लेख का कुछ अंश यहाँ उद्धृत करते हैं।

"अब 'चाहिये' और 'लिये' जैसे–शब्दों पर विचार करना चाहिए। हिंदी शब्दों में इकार के बाद स्वत: यकार का उच्चारण होता है, जैसा किया, दिया आदि से स्पष्ट है। इसके सिवा 'हानि' शब्द इकारांत है। इसका बहुवचन में 'हानिओं' न होकर 'हानियों' रूप होता है। ××× सच तो यों है कि हिंदी की प्रकृति इकार के बाद यकार उच्चारण करने का है। इसलिए 'चाहिये', 'लिये', 'दीजिये', 'कीजिये' जैसे–शब्दों के अंत में एकार न लिखकर 'येकार' लिखना चाहिए।")

387. संयुक्त कालों की रचना में 'होना' सहकारी क्रिया के रूपों का काम पड़ता है, इसलिए ये रूप आगे लिखे जाते हैं। हिंदी में 'होना' क्रिया के दो अर्थ हैं : (1) स्थिति, (2) विकार। पहले अर्थ में इस क्रिया के केवल दो काल होते हैं। दूसरे अर्थ में इसकी रचना, और क्रियाओं के समान होती है; पर इसके कुछ कालों से पहला अर्थ भी सूचित होता है।

होना (स्थितिदर्शक)
कर्ता–पुल्लिंग व स्त्रीलिंग

(1) सामान्य वर्तमानकाल

एकवचन	**बहुवचन**
मैं हूँ	हम हैं
तू है	तुम हो
वह है	वे हैं

(2) सामान्य भूतकाल

कर्ता–पुल्लिंग

मैं था	हम थे
तू था	तुम थे
वह था	वे थे

कर्ता–स्त्रीलिंग

एकवचन	बहुवचन
थी	थीं

होना (विकारदर्शक)

(1) संभाव्य भविष्यत्काल
कर्ता–पुल्लिंग व स्त्रीलिंग

1. मैं होऊँ	हम हों होवें
2. तू हो, होवे	तुम होओ, हो
3. वह हो, होवे	वे हों, होवें

(2) सामान्य भविष्यत् काल
कर्ता–पुल्लिंग

1. मैं होऊँगा	हम होंगे, होवेंगे
2. तू होगा, होवेगा	तुम होओगे, होगे
3. वह होगा; होवेगा	वे होंगे, होवेंगे

कर्ता–स्त्रीलिंग

1. मैं होऊँगी	हम होंगी, होवेंगी

2. तू होगी, होवेगी — तुम होओगी, होगी
3. वह होगी; होवेगी — वे होगी, होवेंगी

(3) सामान्य संकेतार्थ
कर्ता–पुल्लिंग

1. मैं होता — हम होते
2. तू होता — तुम होते
3. वह होता — वे होते

कर्ता–स्त्रीलिंग

होती — होतीं

[सू.–'होना' (विकारदर्शक के शेष रूप आगे यथास्थान दिए जायेंगे।)]

388. दूसरे वर्ग के छहों कर्तृवाच्य काल वर्तमानकालिक कृदंत के साथ 'होना' सहकारी क्रिया के ऊपर लिखे कालों के रूप जोड़ने से बनते हैं। स्थितिदर्शक सामान्य वर्तमान काल और विकारदर्शक संभाव्य भविष्यत्काल को छोड़ सहकारी क्रिया के शेष कालों के रूप कर्ता के पुरुष, वचनानुसार बदलते हैं।

(1) सामान्य संकेतार्थ वर्तमानकालिक कृदंत को कर्ता के पुरुष, लिंग, वचनानुसार बदलने से बनता है। इसके साथ सहायक क्रिया नहीं आती, जैसे–मैं आता, वह आती, हम आते, वे आतीं इत्यादि।

(2) सामान्य वर्तमान वर्तमानकालिक कृदंत के साथ स्थितिदर्शक सहकारी क्रिया के सामान्य वर्तमान काल के रूप जोड़ने से बनता है; जैसे–मैं आता हूँ वह आती है, तुम आती हो इत्यादि।

(अ) सामान्य वर्तमान काल के साथ 'नहीं' आने से बहुधा सहकारी क्रिया का लोप हो जाता है; जैसे–'दो भाइयों में भी परस्पर अब यहाँ पटती नहीं।' (भारत.)।

(3) अपूर्ण भूतकाल बनाने के लिए कृदंत के साथ स्थितिदर्शक सहकारी क्रिया के सामान्य भूतकाल के रूप (था) जोड़ते हैं; जैसे–मैं आता था, तू आती थी, वे आती थीं इत्यादि।

(अ) जब इस काल से भूतकाल के अभ्यास को बोध होता है, तब बहुधा सहकारी क्रिया का लोप कर देते हैं; जैसे–'मैं बराबर नियमपूर्वक स्वाधीनता के लिए महाराज से प्रार्थना करता, तो वह कहते अभी सब करो' (विचित्र.)।

(आ) बोलचाल की कविता में कभी-कभी संभाव्य भविष्यत् के आगे स्थितिदर्शक सहकारी क्रिया के रूप जोड़कर सामान्य वर्तमान और अपूर्ण भूतकाल बनाते हैं; जैसे–'कहाँ जले है वह आगी' (एकांत.)। 'पूर्ण सुधाकर झलक मनोहर दिखलावै था सर के तीर' (हि. ग्रं.)। इसका प्रचार अब घट रहा है।

(4) वर्तमानकालिक कृदंत के साथ विकारदर्शक सहकारी क्रिया का संभाव्य भविष्यत्काल के रूप में लगाने से संभाव्य वर्तमानकाल बनता है; जैसे–मैं आता होऊँ, वह आता हो, वे आती हों।

(5) वर्तमानकालिक कृदंत के साथ सहकारी क्रिया के सामान्य भविष्यत् के रूप लगाने से संदिग्ध वर्तमानकाल बनता है; जैसे–मैं आता होऊँगा, वह आता होगा, वे आती होंगी।

(6) अपूर्ण संकेतार्थ काल बनाने के लिए वर्तमानकालिक कृदंत के साथ सामान्य संकेतार्थ काल के रूप लगाए जाते हैं; जैसे–'आज दिन यदि बढ़ई हल न तैयार करते होते तो हमारी क्या दशा होती।'

(अ) इस काल का प्रचार अधिक नहीं। इसके बदले बहुधा सामान्य संकेतार्थ आता है। इस काल में 'होता' क्रिया का प्रयोग नहीं होता, क्योंकि उसके साथ 'होता' शब्द की निरर्थक द्विरुक्ति होती है।

389. तीसरे वर्ग में छहों कर्तृवाच्य काल भूतकालिक कृदंत के साथ 'होता' सहायक क्रिया के पूर्वोक्त पाँचों कालों के रूप जोड़ने से बनते हैं। इन कालों में 'बोलना' वर्ग की क्रियाओं को छोड़कर शेष सकर्मक क्रियाएँ कर्मणिप्रयोग व भावेप्रयोग में आती हैं (दे. अंक 366–368)। यहाँ कर्तरिप्रयोग के उदाहरण दिए जाते हैं।

(1) सामान्य भूतकाल भूतकालिक कृदंत में कर्ता के पुरुष, लिंग, वचनानुसार रूपांतर करने से बनता है। इसके साथ सहकारी क्रिया नहीं आती; जैसे–मैं आया, हम आये, वह बोला, वे बोलीं?

(2) आसन्नभूत बनाने के लिए भूतकालिक कृदंत के साथ सहकारी क्रिया के सामान्य वर्तमान के रूप जोड़ते हैं; जैसे–मैं बोला हूँ, वह बोला है, तू आया है, वे आई हैं।

(3) पूर्ण भूतकाल भूतकालिक कृदंत के साथ सहकारी क्रिया के सामान्य भूतकाल के रूप जोड़कर बनाया जाता है; जैसे–मैं आया था, वह आई थी, तुम बोली थीं, हम बोली थीं।

(4) भूतकालिक कृदंत के साथ सहकारी क्रिया के संभाव्य भविष्यत् काल के रूप जोड़ने से संभाव्य भूतकाल बनता है; जैसे–मैं बोला होऊँ, तू बोला हो, वह आई हो, हम आई हों।

(5) भूतकालिक कृदंत के साथ सहकारी क्रिया के सामान्य भविष्यत् काल के रूप जोड़ने से संदिग्ध भूतकाल बनता है; जैसे–मैं आया होऊँगा, वह आया होगा, वे आई होंगी।

(6) पूर्ण संकेतार्थ काल बनाने के लिए भूतकालिक कृदंत के साथ सामान्य संकेतार्थ काल के रूप लगाए जाते हैं; जैसे–'जो तू एक बार भी जी से पुकारा होता तो तेरी पुकार तीर की तरह तारों के पार पहुँचती होती' (गुटका.)।

390. आकारांत क्रियाओं में पुरुष के कारण भेद नहीं पड़ता, जैसे–मैं गया, तू गया, वह गया। जब उनके साथ सहकारी क्रिया आती है, तब स्त्रीलिंग के बहुवचन का रूपांतर केवल सहकारी क्रिया में होता है; जैसे–मैं जाती हूँ, हम जाती हैं, वे जाती थीं।

391. उत्तम पुरुष, स्त्रीलिंग बहुवचन के रूप बहुधा (दे. अंक 128ऊ) बोलचाल में पुल्लिंग ही के समान होते हैं। राजा शिवप्रसाद का यही मत है और भाषा में इसके प्रयोग मिलते हैं; जैसे–'गौतमी–हम जाते हैं' (शकु.)। 'रानी–अब हम महल में आते हैं।' (कर्पूर.)।

392. आगे कर्तृवाच्य के सब कालों में तीन क्रियाओं के रूप लिखे जाते हैं। इन क्रियाओं में एक अकर्मक, एक सहकारी और एक सकर्मक है। अकर्मक क्रिया हलंत धातु की और सकर्मक क्रिया स्वरांत धातु की है। सहकारी 'होना' क्रिया के कुछ रूप अनियमित होते हैं।

अकर्मक चलना क्रिया (कर्तृवाच्य)

धातु	चल (हलंत)
कर्तृवाचक संज्ञा	चलनेवाला
वर्तमानकालिक कृदंत	चलता हुआ
भूतकालिक कृदंत	चला हुआ
पूर्वकालिक कृदंत	चल, चलकर
तात्कालिक कृदंत	चलते ही
अपूर्ण क्रियाद्योतक कृदंत	चलते हुए
पूर्ण क्रियाद्योतक कृदंत	चले ही

(क) धातु से बने हुए काल

कर्तरिप्रयोग
संभाव्य भविष्यत् काल
कर्ता–पुल्लिंग व स्त्रीलिंग

एकवचन	बहुवचन
1. मैं चलूँ	हम चलें
2. तू चले	तुम चलो
3. वह चले	वे चलें

(2) सामान्य भविष्यत् काल
कर्ता–पुल्लिंग

एकवचन	बहुवचन
1. मैं चलूँगा	हम चलेंगे
2. तू चलेगा	तुम चलोगे
3. वह चलेगा	वे चलेंगे

कर्ता–स्त्रीलिंग

1. मैं चलूँगी	हम चलेंगी
2. तू चलेगी	तुम चलोगी
3. वह चलेगी	वे चलेंगी

(3) प्रत्यक्ष विधिकाल (साधारण)
कर्ता–पुल्लिंग व स्त्रीलिंग

1. मैं चलूँ	हम चलें
2. तू चले	तुम चलो
3. वह चले	वे चलें

(आदरसूचक)

2. आप चलिए या चलिएगा

(4) परोक्ष विधिकाल (साधारण)

2. तू चलना वा चलियो	तुम चलना वा चलियो

(आदरसूचक)

2. आप चलिएगा

(ख) वर्तमानकालिक कृदंत से बने हुए काल

कर्तरिप्रयोग
(1) सामान्य संकेतार्थ काल

कर्ता–पुल्लिंग

1. मैं चलता	हम चलते
2. तू चलता	तुम चलते
3. वह चलता	वे चलते

कर्ता–स्त्रीलिंग

1. मैं चलती	हम चलतीं
2. तू चलती	तुम चलती
3. वह चलती	वे चलतीं

(2) सामान्य वर्तमानकाल
कर्ता–पुल्लिंग

1. मैं चलता हूँ	हम चलते हैं
2. तू चलता है	तुम चलते हो
3. वह चलता है	वे चलते हैं

कर्ता–स्त्रीलिंग

1. मैं चलती हूँ	हम चलतीं हैं

2. तू चलती है	तुम चलती हो
3. वह चलती है	वे चलतीं हैं

(3) अपूर्ण भूतकाल

कर्ता–पुल्लिंग

1. मैं चलता था	हम चलते थे
2. तू चलता था	तुम चलते थे
3. वह चलता था	वे चलते थे

कर्ता–स्त्रीलिंग

1. मैं चलती थी	हम चलती थीं
2. तू चलती थी	तुम चलती थी
3. वह चलती थी	वे चलती थीं

(4) संभाव्य वर्तमानकालिक

कर्ता–पुल्लिंग

1. मैं चलता होऊँ	हम चलते हों
2. तू चलता हो	तुम चलते होओ
3. वह चलता हो	वे चलते हों

कर्ता–स्त्रीलिंग

1. मैं चलती होऊँ	हम चलती हों
2. तू चलती हो	तुम चलती होओ
3. वह चलती हो	वे चलती हों

(5) संदिग्ध वर्तमानकाल

कर्ता–पुल्लिंग

1. मैं चलता होऊँगा	हम चलते होंगे
2. तू चलता होगा	तुम चलते होंगे
3. वह चलता होगा	वे चलते होंगे

कर्ता–स्त्रीलिंग

1. मैं चलती होऊँगी	हम चलती होंगी
2. तू चलती होगी	तुम चलती होंगी
3. वह चलती होगी	वे चलती होंगी

(6) अपूर्ण संकेतार्थ

कर्ता–पुल्लिंग

1. मैं चलता होता	हम चलते होते
2. तू चलता होता	तुम चलते होते
3. वह चलता होता	वे चलते होते

कर्ता–स्त्रीलिंग

1. मैं चलती होती	हम चलती होतीं
2. तू चलती होती	तुम चलती होती
3. वह चलती होती	वे चलती होतीं

(1) भूतकालिक कृदंत से बने हुए काल

कर्तरिप्रयोग

(1) सामान्य भूतकाल

कर्ता–पुल्लिंग

1. मैं चला	हम चले
2. तू चला	तुम चले
3. वह चला	वे चले

कर्ता–स्त्रीलिंग

1. मैं चली	हम चलीं
2. तू चली	तुम चली
3. वह चली	वे चलीं

(2) आसन्न भूतकाल

कर्ता–पुल्लिंग

1. मैं चला हूँ	हम चले हैं
2. तू चला है	तुम चले हो
3. वह चला है	वे चले हैं

कर्ता–स्त्रीलिंग

1. मैं चली हूँ	हम चली हैं
2. तू चली है	तुम चली हो
3. वह चली है	वे चली हैं

(3) पूर्ण भूतकाल
कर्ता–पुल्लिंग

1. मैं चला था	हम चले थे
2. तू चला था	तुम चले थे
3. वह चला था	वे चले थे

कर्ता–स्त्रीलिंग

1. मैं चली थी	हम चली थीं
2. तू चली थी	तुम चली थीं
3. वह चली थी	वे चली थीं

(4) संभाव्य भूतकाल
कर्ता–पुल्लिंग

1. मैं चला होऊँ	हम चले हों
2. तू चला हो	तुम चले होओ
3. वह चला हो	वे चले हों

कर्ता–स्त्रीलिंग

1. मैं चली होऊँ	हम चली हों
2. तू चली हो	तुम चली होओ
3. वह चली हो	वे चली हों

(5) संदिग्ध भूतकाल
कर्ता–पुल्लिंग

1. मैं चला होऊँगा	हम चले होंगे
2. तू चला होगा	तुम चले होंगे
3. वह चला होगा	वे चले होंगे

कर्ता–स्त्रीलिंग

1. मैं चली होऊँगी	हम चली होंगी
2. तू चली होगी	तुम चली होंगी
3. वह चली होगी	वे चली होंगी

(6) पूर्ण संकेतार्थ
कर्ता–पुल्लिंग

1. मैं चला होता	हम चले होते
2. तू चला होता	तुम चले होते
3. वह चला होता	वे चले होते

कर्ता—स्त्रीलिंग

1. मैं चली होती	हम चली होतीं
2. तू चली होती	तुम चली होतीं
3. वह चली होती	वे चली होतीं

(सहकारी) 'होना' (विकारदर्शक) क्रिया[1] (कर्तृवाच्य)

धातु	...	...	...	हो (स्वरांत)
कर्तृवाचक संज्ञा	...	...	...	होनेवाला
वर्तमानकालिक कृदंत	...	...	...	होता हुआ
भूतकालिक कृदंत	...	...	...	हुआ
पूर्वकालिक कृदंत	...	...	...	हो, होकर
तात्कालिक कृदंत	...	...	...	होते ही
अपूर्ण क्रियाद्योतक कृदंत	...	...	...	होते हुए
पूर्ण क्रियाद्योतक कृदंत	...	...	...	हुए

(क) धातु से बने हुए काल

कर्तरिप्रयोग

(1) संभाव्य भविष्यत् काल
(2) सामान्य भविष्यत् काल

(सू.—इन कालों के रूप 387वें अंक में दिए गए हैं।)

(3) प्रत्यक्ष विधिकाल (साधारण)
कर्ता—पुल्लिंग वा स्त्रीलिंग

एकवचन	**बहुवचन**
1. मैं होऊँ	हम हों, होवें
2. तू हो	तुम होओ, हो
3. वह हो, होवे	वे हों, होवें

(आदरसूचक)

2. ×	आप हूजिये व हूजियेगा

(4) परोक्ष विधिकाल (साधारण)

2. तू होना व हूजियो	तुम होना व हूजियो

---

1. इस क्रिया के कुछ रूप अनियमित हैं (दे. अंक 386-ऊ)

(आदरसूचक)

2. × आप हूजिएगा

(ख) वर्तमानकालिक कृदंत से बने हुए काल

कर्तरिप्रयोग

(1) सामान्य संकेतार्थ काल

(सू.—इस काल के रूपों के लिए 387वाँ अंक देखो।)

(2) सामान्य वर्तमान काल

कर्ता—पुल्लिंग

1. मैं होता हूँ	हम होते हैं
2. तू होता है	तुम होते हो
3. वह होता है	वे होते हैं

कर्ता—स्त्रीलिंग

1. मैं होती हूँ	हम होती हैं
2. तू होती है	तुम होती हो
3. वह होती है	वे होती हैं

(3) अपूर्ण भूतकाल

कर्ता—पुल्लिंग

एकवचन	**बहुवचन**
1. मैं होता था	हम होते थे
2. तू होता था	तुम होते थे
3. वह होता था	वे होते थे

कर्ता—स्त्रीलिंग

1. मैं होती थी	हम होती थीं
2. तू होती थी	तुम होती थी
3. वह होती थी	वे होती थीं

(4) संभाव्य वर्तमानकाल

कर्ता—पुल्लिंग

1. मैं होता होऊँ	हम होते हों

2. तू होता हो	तू होते होओ
3. वह होता हो	वे होते हों

कर्ता–स्त्रीलिंग

1. मैं होती होऊँ	हम होती हों
2. तू होती हो	तुम होती होओ
3. वह होती हो	वे होती हों

(5) संदिग्ध वर्तमानकाल

कर्ता–पुल्लिंग

1. मैं होता होऊँगा	हम होते होंगे
2. तू होता होगा	तुम होते होगे
3. वह होता होगा	वे होते होंगे

कर्ता–स्त्रीलिंग

1. मैं होती होऊँगी	हम होती होंगी
2. तू होती होगी	तुम होती होंगी
3. वह होती होगी	वे होती होंगी

(6) अपूर्ण संकेतार्थ काल

(सू.–इस काल में 'होना' क्रिया के रूप नहीं होते।)

(ग) भूतकालिक कृदंत से बने हुए काल
कर्तरिप्रयोग

(1) सामान्य भूतकाल
कर्ता–पुल्लिंग

1. मैं हुआ	हम हुए
2. तू हुआ	तुम हुए
3. वह हुआ	वे हुए

कर्ता–स्त्रीलिंग

1. मैं हुई	हम हुईं
2. तू हुई	तुम हुईं
3. वह हुई	वे हुईं

(2) आसन्न भूतकाल

कर्ता–पुल्लिंग

1. मैं हुआ हूँ	हम हुए हैं
2. तू हुआ है	तुम हुए हो
3. वह हुआ है	वे हुए हैं

कर्ता–स्त्रीलिंग

1. मैं हुई हूँ	हम हुई हैं
2. तू हुई है	तुम हुई हो
3. वह हुई है	वे हुई हैं

(3) पूर्ण भूतकाल

कर्ता–पुल्लिंग

1. मैं हुआ था	हम हुए थे
2. तू हुआ था	तुम हुए थे
3. वह हुआ था	वे हुए थे

कर्ता–स्त्रीलिंग

1. मैं हुई थी	हम हुई थीं
2. तू हुई थी	तुम हुई थी
3. वह हुई थी	वे हुई थीं

(4) संभाव्य भूतकाल

कर्ता–पुल्लिंग

1. मैं हुआ होऊँ	हम हुए हों
2. तू हुआ हो	तुम हुए होओ
3. वह हुआ हो	वे हुए हों

कर्ता–स्त्रीलिंग

1. मैं हुई होऊँ	हम हुए हों
2. तू हुई हो	तुम हुई होओ
3. वह हुई हो	वे हुई हों

(5) संदिग्ध भूतकाल

कर्ता–पुल्लिंग

1. मैं हुआ होऊँगा	हम हुए होंगे

2. तू हुआ होगा	तुम हुए होगे
3. वह हुआ होगा	वे हुए होंगे

कर्ता–स्त्रीलिंग

1. मैं हुई होऊँगी	हम हुई होंगी
2. तू हुई होगी	तुम हुई होगी
3. वह हुई होगी	वे हुई होंगी

(6) पूर्ण संकेतार्थकाल

कर्ता–पुल्लिंग

1. मैं हुआ होता	हम हुए होते
2. तू हुआ होता	तुम हुए होते
3. वह हुआ होता	वे हुए होते

कर्ता–स्त्रीलिंग

1. मैं हुई होती	हम हुई होतीं
2. तू हुई होती	तुम हुई होती
3. वह हुई होती	वे हुई होतीं

सकर्मक 'पाना' क्रिया (कर्तृवाच्य)

धातु..पा (स्वरांत)
कर्तृवाचक संज्ञा..पानेवाला
वर्तमानकालिक कृदंत..पाता हुआ
भूतकालिक कृदंत..पाया हुआ
पूर्वकालिक कृदंत..पा, पाकर
तात्कालिक कृदंत..पाते ही
अपूर्ण क्रियाद्योतक कृदंत..पाए हुए

(क) धातु से बने हुए काल

कर्तरिप्रयोग

(1) संभाव्य भविष्यत् काल

कर्ता–पुल्लिंग व स्त्रीलिंग

एकवचन	बहुवचन
1. मैं पाऊँ	हम पाएँ, पावें, पायँ
2. तू पाए, पावे, पाय	तुम पाओ
3. वह पाए, पावे, पाय	वे पाएँ, पावें, पायँ

(2) सामान्य भविष्यत् काल

कर्ता–पुल्लिंग

1. मैं पाऊँगा	हम पाएँगे, पायँगे, पावेंगे
2. तू पाएगा, पावेगा, पायगा	तुम पाओगे
3. वह पाएगा, पावेगा, पायगा	वे पाएँगे, पावेंगे, पायँगे

कर्ता–स्त्रीलिंग

1. मैं पाऊँगी	हम पाएँगी, पावेंगी, पायेंगी
2. तू पायगी, पावेगी, पायगी	तुम पाओगी
3. वह पाएगी, पावेगी, पायगी	वे पाएँगे, पावेंगी, पायेंगी

(3) प्रत्यक्ष विधिकाल (साधारण)

कर्ता–पुल्लिंग व स्त्रीलिंग

1. मैं पाऊँ	हम पाएँ, पावें, पायँ
2. तू पा	तुम पाओ
3. वह पाए, पावे, पाय	वे पाएँ, पावें, पाये

(आदरसूचक)

2. ××	आप पाइए व पाइएगा

(4) परोक्ष विधिकाल (साधारण)

2. तू पाना व पाइयो	तुम पाना वा पाइयो

(आदरसूचक)

×	आप पाइएगा

(ख) वर्तमानकालिक कृदंत से बने हुए काल

कर्तरिप्रयोग

(1) सामान्य संकेतार्थ काल

कर्ता–पुल्लिंग

1. मैं पाता	हम पाते
2. तू पाता	तुम पाते
3. वह पाता	वे पाते

कर्ता–स्त्रीलिंग

1. मैं पाती	हम पातीं
2. तू पाती	तुम पाती
3. वह पाती	वे पातीं

(2) सामान्य वर्तमानकाल

कर्ता–पुल्लिंग

1. मैं पाता हूँ	हम पाते हैं
2. तू पाता है	तुम पाते हो
3. वह पाता है	वे पाते हैं

कर्ता–स्त्रीलिंग

1. मैं पाती हूँ	हम पाती हैं
2. तू पाती है	तुम पाती हो
3. वह पाती है	वे पाती हैं

(3) अपूर्ण भूतकाल

कर्ता–पुल्लिंग

1. मैं पाता था	हम पाते थे
2. तू पाता था	तुम पाते थे
3. वह पाता था	वे पाते थे

कर्ता–स्त्रीलिंग

1. मैं पाती थी	हम पाती थीं
2. तू पाती थी	तुम पाती थी
3. वह पाती थी	वे पाती थीं

(4) संभाव्य वर्तमानकाल

कर्ता–पुल्लिंग

1. मैं पाता होऊँ	हम पाते हों
2. तू पाता हो	तुम पाते होओ
3. वह पाता हो	वे पाते हों

कर्ता–स्त्रीलिंग

1. मैं पाती होऊँ	हम पाती हों
2. तू पाती हो	तुम पाती होओ
3. वह पाता हो	वे पाती हों

(5) संदिग्ध वर्तमानकाल
कर्ता–पुल्लिंग

1. मैं पाता होऊँगा	हम पाते होंगे
2. तू पाता होगा	तुम पाते होगे
3. वह पाता होगा	वे पाते होंगे

कर्ता–स्त्रीलिंग

1. मैं पाती होऊँगी	हम पाती होंगी
2. तू पाती होगी	तुम पाती होगी
3. वह पाती होगी	वे पाती होंगी

(6) अपूर्ण संकेतार्थकाल
कर्ता–पुल्लिंग

1. मैं पाता होता	हम पाते होते
2. तू पाता होता	तुम पाते होते
3. वह पाता होता	वे पाते होते

कर्ता–स्त्रीलिंग

1. मैं पाती होती	हम पाती होतीं
2. तू पाती होती	तुम पाती होती
3. वह पाती होती	वे पाती होतीं

(ग) भूतकालिक कृदंत से बने हुए काल
कर्मणि प्रयोग

(1) सामान्य भूतकाल

कर्मपुल्लिंग	**एकवचन**	**कर्मस्त्रीलिंग**	**एकवचन**
मैंने व हमने तूने व तुमने उसने व उन्होंने	} पाया	मैंने व हमने तूने व तुमने उसने व उन्होंने	} पाई

कर्मपुल्लिंग	**बहुवचन**	**कर्मस्त्रीलिंग**	**बहुवचन**
मैंने व हमने तूने व तुमने उसने व उन्होंने	} पाए	मैंने व हमने तूने व तुमने उसने व उन्होंने	} पाई

(2) आसन्न भूतकाल

कर्मपुल्लिंग	एकवचन	कर्मस्त्रीलिंग	बहुवचन
मैंने व हमने		मैंने व हमने	
तूने व तुमने	पाया है	तूने व तुमने	पाई है
उसने व उन्होंने		उसने व उन्होंने	

कर्मपुल्लिंग	बहुवचन	कर्मस्त्रीलिंग	बहुवचन
मैंने व हमने		मैंने व हमने	
तूने व तुमने	पाए हैं	तूने व तुमने	पाई है
उसने व उन्होंने		उसने व उन्होंने	

(3) पूर्ण भूतकाल

कर्मपुल्लिंग	एकवचन	कर्मस्त्रीलिंग	एकवचन
मैंने व हमने		मैंने व हमने	
तूने व तुमने	पाया था	तूने व तुमने	पाई थी
उसने व उन्होंने		उसने व उन्होंने	

कर्मपुल्लिंग	बहुवचन	कर्मस्त्रीलिंग	बहुवचन
मैंने व हमने		मैंने व हमने	
तूने व तुमने	पाए थे	तूने व तुमने	पाई थी
उसने व उन्होंने		उसने व उन्होंने	

(4) संभाव्य भूतकाल

कर्मपुल्लिंग	एकवचन	बहुवचन
मैंने व हमने		
तूने व तुमने	पाया हो	पाए हों
उसने व उन्होंने		

कर्मस्त्रीलिंग	एकवचन	बहुवचन
मैंने व हमने		
तूने व तुमने	पाई हो	पाई हो
उसने व उन्होंने		

(5) संदिग्ध भूतकाल

कर्मपुल्लिंग	एकवचन	बहुवचन
मैंने व हमने तूने व तुमने उसने व उन्होंने	पाया होगा	पाए होंगे

कर्मस्त्रीलिंग	एकवचन	बहुवचन
मैंने व हमने तूने व तुमने उसने व उन्होंने	पाई होगी	पाई होंगी

(6) पूर्ण संकेतार्थ काल

कर्मपुल्लिंग	एकवचन	बहुवचन
मैंने व हमने तूने व तुमने उसने व उन्होंने	पाया होता	पाए होते

कर्मस्त्रीलिंग	एकवचन	बहुवचन
मैंने व हमने तूने व तुमने उसने व उन्होंने	पाई होती	पाई होतीं

2. कर्मवाच्य

393. कर्मवाच्य क्रिया बनाने के लिए सकर्मक धातु के भूतकालिक कृदंत के आगे 'जाना' (सहकारी) क्रिया के सब कालों और अर्थों के रूप जोड़ते हैं। कर्मवाच्य से कर्मणिप्रयोग में (दे. अंक 367) कर्म उद्देश्य होकर अप्रत्यय कर्ताकारक के रूप में आता है, और क्रिया के पुरुष, लिंग, वचन, उस कर्म के अनुसार होते हैं, जैसे–'लड़का बुलाया गया है', 'लड़की बुलाई गई है।'

394. (क) जब सकर्मक क्रियाओं का आदरसूचक रूप संभाव्य भविष्यत् काल के अर्थ में आता है (दे. अंक 386–3ई), तब वह कर्मवाच्य होता है और 'चाहिए' क्रिया को छोड़कर शेष क्रियाएँ भावेप्रयोग में आती हैं, जैसे–'क्या कहिये' वायस पालिय अति अनुरागा (राम.)।

(ख) 'चाहिए' को कोई-कोई लेखक बहुवचन में 'चाहिएँ' लिखते हैं; जैसे–'वैसे ही स्वभाव के लोग भी चाहिएँ' (सत्य.)। पर यह प्रयोग सार्वत्रिक नहीं है। 'चाहिए' से बहुधा सामान्य वर्तमान काल का अर्थ पाया जाता है, इसलिए भूतकाल के लिए इसके साथ 'था' जोड़ देते हैं; जैसे–'तेरा घोंसला किसी दीवार

के ऊपर चाहिए था।' इन उदाहरणों में 'चाहिए' कर्मणिप्रयोग में है और इसका अर्थ 'इष्ट' व 'अपेक्षित' है। यह क्रिया, अन्यान्य क्रियाओं की तरह, विधिकाल तथा दूसरे कालों में नहीं आती।

395. आगे 'देखना' सकर्मक क्रिया के कर्मवाच्य (कर्मणि प्रयोग) के केवल पुल्लिंग रूप दिए जाते हैं। स्त्रीलिंग रूप कर्तृवाच्य कालरचना के अनुकरण पर सहज बना लिए जा सकते हैं।

सकर्मक 'देखना' क्रिया (कर्मवाच्य)

धातु	...	देखा जा
कर्तृवाचक संज्ञा	...	देखा जानेवाला
वर्तमान कालिक कृदंत	...	देखा जाता हुआ
भूतकालिक कृदंत	...	देखा गया (देखा हुआ)
पूर्वकालिक कृदंत	...	देखा जाकर
तात्कालिक कृदंत	...	देखे जाते ही
अपूर्ण क्रियाद्योतक कृदंत	...	देखे जाते हुए } (क्वचित्)
पूर्ण क्रियाद्योतक कृदंत	...	देखे गए हुए } (क्वचित्)

(क) धातु से बने हुए काल

कर्मणि प्रयोग
(कर्म पुल्लिंग)

(1) संभाव्य भविष्यत् काल

एकवचन	**बहुवचन**
1. मैं देखा जाऊँ	हम देखे जाएँ, जावें, जायँ
2. तू देखा जाए, जावें, जाए	तुम देखे जाओ
3. वह देखा जाए, जावे, जाय	वे देखे जाएँ, जावें, जायँ

(2) सामान्य भविष्यत् काल

1. मैं देखा जाऊँगा	हम देखे जाएँगे, जावेंगे, जायँगे।
2. तू देखा जाएगा, जावेगा, जायगा	तुम देखे जाओगे
3. वह देखा जाएगा, जावेगा, जायगा	वे देखे जाएँगे, जावेंगे, जायँगे।

(3) प्रत्यक्ष विधिकाल (साधारण)

1. मैं देखा जाऊँ	हम देखे जाएँ, जावें, जायँ
2. तू देखा जा	तुम देखे जाओ
3. वह देखा जाए, जावे, जाय	वे देखे जाएँ, जावें, जायँ

परोक्ष विधि काल (साधारण)

एकवचन	बहुवचन
1. तू देखा जाना व जाइयो	तुम देखे जाना व जाइयो

(सू.–कर्मवाच्य में आदरसूचक विधि रूप नहीं पाए जाते।)

(ख) वर्तमानकालिक कृदंत से बने हुए काल
(कर्म-पुल्लिंग)

(1) सामान्य संकेतार्थ काल

1. मैं देखा जाता	हम देखे जाते
2. तू देखा जाता	तुम देखे जाते
3. वह देखा जाता	वे देखे जाते

(2) सामान्य वर्तमान काल

1. मैं देखा जाता हूँ	हम देखे जाते हैं
2. तू देखा जाता है	तुम देखे जाते हो
3. वह देखा जाता है	वे देखे जाते हैं

(3) अपूर्ण भूतकाल

1. मैं देखा जाता था	हम देखे जाते थे
2. तू देखा जाता था	तुम देखे जाते थे
3. वह देखा जाता था	वे देखे जाते थे

(4) संभाव्य वर्तमान काल

1. मैं देखा जाता होऊँ	हम देखे जाते हों
2. तू देखा जाता हो	तुम देखे जाते हो
3. वह देखा जाता हो	वे देखे जाते हों

(5) संदिग्ध वर्तमान काल

1. मैं देखा जाता होऊँगा	हम देखे जाते होंगे
2. तू देखा जाता होगा	तुम देखे जाते होंगे
3. वह देखा जाता होगा	वे देखे जाते होंगे

(6) अपूर्ण संकेतार्थ काल

एकवचन	बहुवचन
1. मैं देखा जाता होता	हम देखे जाते होते

2. तू देखा जाता होता — तुम देखे जाते होते
3. वह देखा जाता होता — वे देखे जाते होते

भूतकालिक कृदंत से बने हुए काल
(कर्म–पुल्लिंग)

(1) सामान्य भूतकाल

1. मैं देखा गया	हम देखे गये
2. तू देखा गया	तुम देखे गये
3 .वह देखा गया	वे देखे गये

(2) आसन्न भूतकाल

1. मैं देखा गया हूँ	हम देखे गये हैं
2. तू देखा गया है	तुम देखे गये हो
3. वह देखा गया है	वे देखे गये हैं

(3) पूर्ण भूतकाल

1. मैं देखा गया था	हम देखे गये थे
2. तू देखा गया था	तुम देखे गये थे
3. वह देखा गया था	वे देखे गये थे

(4) संभाव्य भूतकाल

1. मैं देखा गया होऊँ	हम देखे गये होंगे
2. तू देखा गया हो	तुम देखे गये हो
3. वह देखा गया हो	वे देखे गये हों

(5) संदिग्ध भूतकाल

1. मैं देखा गया होऊँगा	हम देखे गये होंगे
2. तू देखा गया होगा	तुम देखे गये होंगे
3. वह देखा गया होगा	वे देखे गये होंगे

पूर्ण संकेतार्थ काल

एकवचन	**बहुवचन**
1. मैं देखा गया होता	हम देखे गये होते
2. तू देखा गया होता	तुम देखे गये होते
3. वह देखा गया होता	वे देखे गये होते

3. भाववाच्य

396. भाववाच्य (दे. अंक 351) अकर्मक क्रिया के उस रूप को कहते हैं जो कर्मवाच्य समान होता है। भाववाच्य क्रिया में कर्म नहीं होता और उसका कर्ता करण कारक में आता है। भाववाच्य क्रिया सदैव अन्य पुरुष पुल्लिंग एकवचन में रहती है; जैसे–हमसे चला न गया, रात भर किसी से जागा नहीं जाता इत्यादि।

397. भाववाच्य क्रिया सदा भावेप्रयोग में आती है (दे. अंक 368–3) और उसका उपयोग अशक्तता के अर्थ में 'न' व नहीं' के साथ होता है। भाववाच्य क्रिया सब कालों और कृदंतों में नहीं आती।

398. जब अकर्मक क्रिया के आदरसूचक विधिकाल का रूप संभाव्य भविष्यत् काल के अर्थ में आता है तब वह भाववाच्य होता है; जैसे–'मन में, आती है कि सब छोड़कर बैठे रहिए।' (शकु.)। यह भाववाच्य क्रिया भी भावेप्रयोग में आती है।

399. यहाँ भाववाच्य के केवल उन्हीं रूपों के उदाहरण दिए जाते हैं, जिनमें उसका प्रयोग पाया जाता है।

अकर्मक चला जाना क्रिया (भाववाच्य)

धातु.............   चला था

(सू.–इस क्रिया से और कृदंत नहीं बनते।)

(क) धातु से बने हुए काल
भावेप्रयोग

(1) संभाव्य भविष्यत् काल

एकवचन	बहुवचन
1. मुझसे व हमसे 2. तुझसे व तुमसे 3. उससे व उनसे	चला जाए, जावे, जाय

(2) सामान्य भविष्यत् काल

1. मुझसे व हमसे 2. तुझसे व तुमसे 3. उससे व उनसे	चला जावेगा, जाएगा, जायगा

(ख) वर्तमानकालिक कृदंत से बने हुए काल
भावेप्रयोग

(1) सामान्य संकेतार्थ

1. मुझसे व हमसे
2. तुझसे व तुमसे
3. उससे व उनसे

} चला जाता

(2) सामान्य वर्तमान काल

1. मुझसे व हमसे
2. तुझसे व तुमसे
3. उससे व उनसे

} चला जाता है

(3) अपूर्ण भूतकाल

1. मुझसे व हमसे
2. तुझसे व तुमसे
3. उससे व उनसे

} चला जाता था

(4) संभाव्य वर्तमान काल

1. मुझसे व हमसे
2. तुझसे व तुमसे
3. उससे व उनसे

} चला जाता हो

(5) संदिग्ध वर्तमान काल

1. मुझसे व हमसे
2. तुझसे व तुमसे
3. उससे व उनसे

} चला जाता होगा

(ग) भूतकालिक कृदंत से बने हुए काल भावेप्रयोग

(1) सामान्य भूतकाल

1. मुझसे व हमसे
2. तुझसे व तुमसे
3. उससे व उनसे

} चला गया

(2) आसन्न भूतकाल

1. मुझसे व हमसे 2. तुझसे व तुमसे 3. उससे व उनसे	} चला गया है

(3) पूर्ण भूतकाल

1. मुझसे व हमसे 2. तुझसे व तुमसे 3. उससे व उनसे	} चला गया था

(4) संभाव्य भूतकाल

1. मुझसे व हमसे 2. तुझसे व तुमसे 3. उससे व उनसे	} चला गया हो

(5) संदिग्ध भूतकाल

1. मुझसे व हमसे 2. तुझसे व तुमसे 3. उससे व उनसे	} चला गया होगा

(सू.—कर्मवाच्य और भाववाच्य में जो संयुक्त क्रियाएँ होती हैं, उसका विचार आगामी अध्याय में किया जायगा।) (दे. अंक 425-426)।

सातवाँ अध्याय

संयुक्त क्रियाएँ

400. धातुओं के कुछ विशेष कृदंतों के आगे (विशेष अर्थ में) कोई-कोई क्रियाएँ जोड़ने से जो क्रियाएँ बनती हैं, उन्हें संयुक्त क्रियाएँ कहते हैं; जैसे—'करना', 'लगना', 'जा सकना', 'मार देना' इत्यादि। इन उदाहरणों में 'करने', 'जा' और 'मार' कृदंत हैं और इनके आगे 'लगना', 'सकना', 'देना' क्रियाएँ जोड़ी गई हैं। संयुक्त क्रियाओं में मुख्य क्रिया का कोई कृदंत रहता है और सहकारी क्रिया के काल के रूप रहते हैं।

401. कृदंत के आगे सहकारी क्रिया आने से सदैव संयुक्त क्रिया नहीं बनती। 'लड़का बड़ा हो गया' इस वाक्य में मुख्य धातु व क्रिया 'होना' है, 'जाना' नहीं। 'जाना' केवल सहकारी क्रिया है, इसलिए 'हो गया' संयुक्त क्रिया है; परंतु लड़का 'तुम्हारे घर हो गया' इस वाक्य में 'हो' पूर्वकालिक कृदंत 'गया' क्रिया की विशेषता बतलाता है, इसलिए यहाँ 'गया' (इकहरी) क्रिया ही मुख्य क्रिया है। जहाँ कृदंत की क्रिया मुख्य होती है और

काल की क्रिया उस कृदंत की विशेषता सूचित करती है, वहीं दोनों को संयुक्त क्रिया कहते हैं। यह बात वाक्य के अर्थ पर अवलंबित है, इसलिए संयुक्त क्रिया का निश्चय वाक्य के अर्थ पर से करना चाहिए।

(टि.–'संयुक्त कालों' के विवेचन में कहा गया है कि हिंदी में संयुक्त क्रियाओं को 'संयुक्त कालों' से अलग मानने की चाल है, और वहाँ इस बात का कारण भी संक्षेप में बता दिया गया है। संयुक्त क्रियाओं को अलग मानने का सबसे बड़ा कारण यह है कि इसमें जो सहकारी क्रियाएँ जोड़ी जाती हैं, उनसे 'काल' का कोई विशेष अर्थ सूचित नहीं होता, 'किंतु मुख्य क्रिया तथा सहकारी क्रिया के मेल से एक नया अर्थ उत्पन्न होता है। इसके सिवा 'संयुक्त' कालों में जिन कृदंतों का उपयोग होता है उनसे बहुधा भिन्न कृदंत 'संयुक्त' क्रियाओं में आते हैं; जैसे–'जाता था' संयुक्त काल है, पर 'जाने लगा' व 'जाना चाहता है' संयुक्त क्रिया है। इस प्रकार अर्थ और रूप दोनों में 'संयुक्त क्रियाएँ', 'संयुक्त कालों' से भिन्न हैं। यद्यपि दोनों मुख्य क्रिया और सहकारी क्रिया के मेल से बनते हैं।

संयुक्त क्रियाओं से जो नया अर्थ पाया जाता है, वह कालों के 'विशेष अर्थ' से (दे. अंक 359) भिन्न होता है और वह अर्थ इन क्रियाओं के किसी विशेष रूप से सूचित नहीं होता। यह कालों का 'अर्थ' (आज्ञा, संभावना, संदेह आदि) बहुधा क्रिया रूप ही से सूचित होता है। इस दृष्टि से संयुक्त क्रियाएँ इकहरी क्रियाओं के उस रूपांतर से भी भिन्न हैं जिसे 'अर्थ' कहते हैं।

किसी-किसी का मत है, कि जिन दुहरी व तिहरी क्रियाओं को हिंदी में संयुक्त क्रिया मानते हैं, वे यथार्थ में संयुक्त क्रियाएँ नहीं हैं, किंतु क्रिया वाक्यांश है, और उनमें शब्दों का परस्पर व्याकरणीय संबंध पाया जाता है; जैसे–'जाने लगा' वाक्यांश में 'जाने' क्रियार्थक संज्ञा अधिकरण कारक में है और वह 'लगा' क्रिया से 'आधार' का संबंध रखती है। इस युक्ति में बहुत कुछ बल है, परंतु जब हम 'जाने में लगा' और 'जाने लगा' के अर्थ को देखते हैं तब जान पड़ता है कि दोनों अर्थों में बहुत अंतर है। एक से अपूर्णता और दूसरे से आरंभ सूचित होता है। इसी प्रकार 'सो जाना' और 'सोकर जाना' में भी अर्थ का बहुत अंतर है। इसके सिवा 'स्वीकार करना', 'विदा करना', 'दान करना', 'स्मरण होना' आदि ऐसी संयुक्त क्रियाएँ हैं जिनके अंगों के साथ दूसरे शब्दों का संबंध बताना कठिन है; जैसे–'मैं आपकी बात स्वीकार करता हूँ।' इस वाक्य में 'स्वीकार' शब्द भाववाचक संज्ञा है। यदि हम इसे 'करना' का कर्म मानें तो 'बात' शब्द को किस कारक में मानेंगे? और यदि 'बात' शब्द को संबंध कारक में मानें तो 'मैंने आपकी बात स्वीकार की' इस वाक्य में क्रिया का प्रयोग कर्म के अनुसार न मानकर 'बात का' संबंध कारक के अनुसार मानना पड़ेगा, जो यथार्थ में नहीं है। इससे संयुक्त क्रियाओं को अलग मानना ही उचित जान पड़ता है। जो लोग इन्हें केवल वाक्यविन्यास का विषय मानते हैं, वे भी तो एक प्रकार से इनके विवेचन की आवश्यकता स्वीकार करते हैं। रही स्थान की बात, सो उसके लिए इससे बढ़कर कोई कारण नहीं है कि कालरचना की कुछ विशेषताओं के कारण संयुक्त क्रियाओं का विवेचन क्रिया के रूपांतर ही के साथ करना चाहिए। कोई-कोई लोग संयुक्त क्रियाओं को समान मानते हैं; परंतु

सामासिक शब्दों के विरुद्ध संयुक्त क्रियाओं के अंगों के बीच में दूसरे शब्द भी आ जाते हैं; जैसे–'कहीं कोई आ न जाय' इत्यादि।

402. रूप के अनुसार संयुक्त क्रियाएँ आठ प्रकार की होती हैं :

(1) क्रियार्थक संज्ञा के मेल से बनी हुई।

(2) वर्तमानकालिक कृदंत के मेल से बनी हुई।

(3) भूतकालिक कृदंत के मेल से बनी हुई।

(4) पूर्वकालिक कृदंत के मेल से बनी हुई।

(5) अपूर्ण क्रियाद्योतक कृदंत के मेल से बनी हुई।

(6) पूर्ण क्रियाद्योतक कृदंत के मेल से बनी हुई।

(7) संज्ञा या विशेषण से बनी हुई।

(8) पुनरुक्त संयुक्त क्रियाएँ।

403. संयुक्त क्रियाओं में नीचे लिखी सहकारी क्रियाएँ आती हैं : होना, आना, उठना, करना, चाहना, चुकना, जाना, ढालना, देना, रहना, लगना, लेना, पाना, सकना, बनना, बैठना, पड़ना। इनमें से बहुधा सकना और चुकाना को छोड़ शेष क्रियाएँ स्वतंत्र भी हैं और अर्थ के अनुसार दूसरी सहकारी क्रियाओं से मिलकर स्वयं संयुक्त हो सकती हैं।

(1) क्रियार्थक संज्ञा के मेल से बनी हुई संयुक्त क्रियाएँ

404. क्रियार्थक संज्ञा के मेल से बनी हुई संयुक्त क्रिया में क्रियार्थक संज्ञा दो रूपों में आती है। (1) साधारण रूप में, (2) विकृत रूप में (दे. अंक-409)।

405. क्रियार्थ संज्ञा के साधारण रूप के साथ 'पड़ना', 'होना' व 'चाहिए' क्रियाओं को जोड़ने से आवश्यकताबोधक संयुक्त क्रिया बनती है; जैसे–'करना पड़ता है', 'करना चाहिए।' जब इन संयुक्त क्रियाओं में क्रियार्थक संज्ञा का प्रयोग प्राय: विशेषण के समान होता है, तब विशेष्य के लिंग वचन के अनुसार बदलती है। (दे. अक 371 अ); जैसे–'कुलियों की मदद करनी चाहिए।', 'मुझे दवा पीनी पड़ेगी।', 'जो होनी होगी सो होगी' (सर.)। 'पड़ना', 'होना' और 'चाहिए' के अर्थ और प्रयोगों की विशेषता नीचे लिखी जाती है।

पड़ना–इससे जिस आवश्यकता का बोध होता है; उसमें पराधीनता का अर्थ गर्भित रहता है; जैसे–'मुझे यहाँ जाना पड़ता है।', 'दवा खानी पड़ती है' इत्यादि।

होना–इस सहकारी क्रिया से आवश्यकता व कर्तव्य के सिवा भविष्यत् काल का भी बोध होता है; जैसे–'इस सगुन से क्या फल होना है' (शकु.)। यह क्रिया बहुधा सामान्य कालों ही में आती है; जैसे–'जाना है, जाना था, जाना होता' इत्यादि।

चाहिए–जब इसका प्रयोग स्वतंत्र क्रिया के समान (दे. अंक 394 ख) होता है, तब इसका अर्थ 'इष्ट व अपेक्षित' होता है, परंतु संयुक्त क्रिया में इसका अर्थ 'आवश्यकता व कर्तव्य' होता है। इसका प्रयोग बहुधा सामान्य वर्तमान और सामान्य भूतकाल ही होता है, जैसे–'मुझे जाना चाहिए, उसे जाना चाहिए था।', 'चाहिए' भूतकालिक कृदंत के साथ भी आता है। (दे. अंक 10 आ)

406. क्रियार्थक संज्ञा के विकृत रूप से तीन प्रकार की संयुक्त क्रियाएँ बनती हैं : (1) आरंभबोधक, (2) अनुमतिबोधक, (3) अवकाशबोधक।

(1) आरंभबोधक क्रिया 'लगना' क्रिया के योग से बनती है, जैसे–'वह कहने लगा', 'गोपाल जाने लगा।'

(अ) **आरंभबोधक** क्रिया का सामान्य भूतकाल, 'क्यों' के साथ, सामान्य भविष्यत् की असंभवता के अर्थ में आता है, जैसे–'हम वहाँ क्यों जाने लगे', 'हम वहाँ नहीं जायेंगे।', 'इस रूपवान युवक को छोड़कर वह हमें क्यों पसंद करने लगी' (रघु.)।

(2) 'देना' जोड़ने से **अनुमतिबोधक** क्रिया बनती है; जैसे–'मुझे जाने दीजिए', 'उसने मुझे बोलने न दिया' इत्यादि।

(3) **अवकाशबोधक** क्रिया अर्थ में अनुमतिबोधक क्रिया की विरोधिनी है। इसमें 'देना' के बदले 'पाना' जोड़ा जाता है, जैसे–'यहाँ से जाने न पावेगी' (शकु.)। 'बात न होने पाई।'

(आ) 'पाना' क्रिया कभी-कभी पूर्वकालिक कृदंत के धातुवत् रूप के साथ भी आती है; जैसे–'कुछ लोगों ने श्रीमान् को बड़ी कठिनाई से एक दृष्टि देख पाया' (शिव.)।

(टि.–अधिकांश हिंदी व्याकरणों में 'देना' और 'पाना' दोनों से बनी हुई संयुक्त क्रियाएँ अवकाशबोधक कही गई हैं; पर दोनों से एक ही प्रकार के अवकाश का बोध नहीं होता और दोनों में प्रयोग का भी अंतर है जो आगे (अंक 636-637 में) बताया जाएगा। इसलिए हमने इन दोनों क्रियाओं को अलग-अलग माना है।)

(2) वर्तमानकालिक कृदंत के योग से बनी हुई

407. वर्तमानकालिक कृदंत के आगे आना, जाना व रहना क्रिया जोड़ने से नित्यताबोधक क्रिया बनती है। इस क्रिया में कृदंत के लिंग, वचन विशेष्य के अनुसार बदलते हैं; जैसे–'यह बात सनातन से होती आती है, पेड़ बढ़ता गया पानी बरसता रहेगा।'

(अ) इन क्रियाओं में अर्थ की जो सूक्ष्मता है, वह विचारणीय है। 'लड़की गाती जाती है' इस वाक्य में 'गाती जाती है' का यह भी अर्थ है कि लड़की गाती हुई जा रही है। इस अर्थ में 'गाती जाती है' संयुक्त क्रिया नहीं है। (दे. अंक 400)

(आ) 'जाता रहना' का अर्थ बहुधा 'मर जाना', 'नष्ट होना' व 'चला जाना' होना है; जैसे–'मेरे पिता जाते रहें', 'चाँदी की सारी चमक जाती, रही' (गुटका.)। 'नौकर घर से जाता रहेगा।'

(इ) 'रहना' के सामान्य भविष्यत् काल से अपूर्णता बोध होती है; जैसे–जब तुम आओगे तब हम लिखते रहेंगे। इस अर्थ में कोई-कोई वैयाकरण इस संयुक्त क्रिया को अपूर्ण भविष्यत् काल मानते हैं। (दे. अंक 358, टी.)

(ई) आना, रहना और जाना से क्रमशः भूत, वर्तमान और भविष्यत् की नित्यता का बोध होता है, जैसे–लड़का पढ़ता आता है, लड़का पढ़ता रहता है, लड़का पढ़ता जाता है।

(उ) 'चलना' क्रिया के वर्तमानकालिक कृदंत के साथ 'होना' व 'बनना' क्रिया के सामान्य भूतकाल का रूप जोड़ने से पिछली क्रिया का निश्चय सूचित होता है; जैसे–'वह प्रसन्न हो चलता बना।' यह प्रयोग बोलचाल का है।

(3) भूतकालिक कृदंत से बनी हुई

408. अकर्मक क्रियाओं के भूतकालिक कृदंत के आगे 'जाना' क्रिया जोड़ने से तत्परताबोधक संयुक्त क्रिया बनती है। यह क्रिया केवल वर्तमानकालिक कृदंत से बने हुए कालों में आती है; जैसे–'लड़का आया जाता है', 'मारे बू सिर फटा जाता था' (गुटका.)। 'मारे चिंता के वह मरी जाती थी'। 'मेरे रोंगटे खड़े हुए जाते हैं' इत्यादि।

(अ) 'जाना' के साथ 'जाना' सहकारी क्रिया नहीं आती। 'चलना' के साथ 'जाना' लगाने से बहुधा पिछली क्रिया का निश्चय सूचित होता है; जैसे–'वह चला गया।' यह वाक्य अर्थ में अंक 407–उ के समान है।

(आ) कुछ पर्यायवाची क्रियाओं के साथ इस अर्थ में 'पड़ना' जोड़ते; जैसे–'वह गिर पड़ता है,', 'मैं कूदी पड़ती हूँ।'

409. भूतकालिक कृदंत के आगे 'करना' क्रिया जोड़ने से अभ्यासबोधक क्रिया बनती है; जैसे–'तुम हमें देखो न देखो, हम तुम्हें देखा करें', 'बारह बरस दिल्ली रहे, पर भाड़ ही झोंका किए' (भारत.)।

(सू.–इस क्रिया का प्रचलित नाम 'नित्यताबोधक' है; पर जिसको हमने नित्यताबोधक लिखा है; (दे. अंक 407) उसमें और इस क्रिया में रूप के सिवा अर्थ का भी (सूक्ष्म) अंतर है; जैसे–'लड़का पढ़ता रहता है' और 'लड़का पढ़ा करता है।' इसलिए इस क्रिया का नाम अभ्यासबोधक उचित जान पड़ता है।)

410. भूतकालिक कृदंत के आगे 'चाहना' क्रिया जोड़ने से इच्छाबोधक संयुक्त क्रिया बनती है; जैसे–'तुम किया चाहोगे तो सफाई होनी कौन कठिन है!' (परी.)। 'देखा चहौं जानकी माता' (राम.)। 'बेटा जी, हम तुम्हें एक अपने निज के काम से भेजा चाहते हैं' (मुद्रा.)।

(अ) अभ्यासबोधक और इच्छाबोधक क्रियाओं में 'जाना' का भूतकालिक कृदंत 'जाया' और 'मरना' का 'मरा' होता है; जैसे–जाया करता है, मरा चाहता है (दे. अंक 376 सू.)।

(आ) इच्छाबोधक क्रिया के रूप में 'चाहना' का आदरसूचक रूप 'चाहिए' भी आता है (दे. अंक 405) जैसे–'महाराज, अब कहीं बलराम जी का विवाह किया चाहिए।' (प्रेम.)। 'मातु उचित पुनि आयसु दीन्हा। अवसि सीस धरि चाहिए कीन्हा।' (राम.) यहाँ भी 'चाहिए' से कर्तव्य का बोध होता है और यह क्रिया भावे प्रयोग में आती है।

(इ) इच्छाबोधक क्रिया से कभी-कभी आसन्न भविष्यत् का भी बोध होता है; जैसे–'रानी रोहिताश्व का मृतकंबल फाड़ा चाहती है कि रंगभूमि की पृथ्वी हिलती है' (सत्य.)। 'तू जय शब्द कहा चाहती थी, सो आँसुओं ने रोक लिया' (शकु.)। 'गाड़ी आया चाहती है', 'घड़ी बजा चाहती है।' इसी अर्थ में कर्तृवाचक संज्ञा (दे. अंक 373)

के साथ 'होना' क्रिया के सामान्य कालों के रूप जोड़ते हैं जैसे–'वह जानेवाला है।', 'अब यह मरनहार भा साँचा' (राम.)।

(ई) इच्छाबोधक क्रियाओं में क्रियार्थक संज्ञा के अधिकृत रूप का प्रयोग अधिक होता है; जैसे–'मैंने तपस्वी की कन्या को रोकना चाहा' (शकु.)। (रानी) 'उन्मत्त की भाँति उठकर दौड़ना चाहती है' (सत्य.)। भूतकाल कृदंत से बने कालों में बहुधा क्रियार्थक संज्ञा ही आती है; जैसे–'मैंने उसे देखा चाहा' के बदले 'मैंने उसे देखना चाहा' अधिक प्रयुक्त है।

(4) पूर्वकालिक कृदंत के मेल से बनी हुई

411. पूर्वकालिक कृदंत के योग से तीन प्रकार की संयुक्त क्रियाएँ बनती हैं : (1) अवधारणबोधक, (2) शक्तिबोधक, (3) पूर्णताबोधक।

(टि.–पूर्वकालिक कृदंत का एक रूप (दे. अंक 380) धातुवत् होता है; इसलिए इस कृदंत से बनी हुई संयुक्त क्रियाओं को हिंदी के वैयाकरण 'धातु' से बनी हुई कहते हैं; पर हिंदी की उपभाषाओं और हिंदुस्तान की दूसरी आर्यभाषाओं का मिलान करने से जान पड़ता है कि इन क्रियाओं में मुख्य क्रिया धातु के रूप में नहीं, किंतु पूर्वकालिक कृदंत के रूप में आती है। स्वयं बोलचाल की कविता में यह रूप प्रचलित है; जैसे–'मन के नद को **उमगाय** रही' क. क.। यही रूप ब्रजभाषा में प्रचलित है, जैसे–'जिनका यश छाय रहा चहुँ देश' (प्रेम.)। रामचरितमानस में इसके अनेक उदाहरण हैं; जैसे–'राखि न सकहि न **कहि** सक जाहू।' दूसरी भाषाओं के उदाहरण ये हैं 'करून चुकणे' (मराठी), 'कहीं चुकबूँ (गुज.), 'करिया चुकन' (बंगला), 'करि सारिवा' उड़िया।

412. **अवधारणबोधक क्रिया** से मुख्य क्रिया के अर्थ में अधिक निश्चय पाया जाता है। नीचे लिखी सहायक क्रियाएँ इस अर्थ में आती हैं। इन क्रियाओं का ठीक-ठीक उपयोग सर्वथा व्यवहार के अनुसार है; तथापि इनके प्रयोग के कुछ नियम यहाँ दिए जाते हैं।

उठना–इस क्रिया से अचानकता का बोध होता है। इसका उपयोग बहुधा स्थितिदर्शक क्रियाओं के साथ होता है; जैसे–बोल उठना, चिल्ला उठना, रो उठना, चौंक उठना इत्यादि।

बैठना–यह क्रिया बहुधा धृष्टता के अर्थ में आती है। इसका प्रयोग कुछ विशेष क्रियाओं के साथ होता है; जैसे–'मार बैठना, कह बैठना, चढ़ बैठना, खो बैठना।'

'उठना' के साथ 'बैठना' का अर्थ बहुधा अचानकता का बोधक होता है, जैसे–'वह उठ बैठा।'

आना–कई स्थानों में इस क्रिया का स्वतंत्र अर्थ पाया जाता है, जैसे–देख आओ = देखकर आओ, लौट आओ = लौटकर आओ। दूसरे स्थानों में इससे यह सूचित होता है कि क्रिया का व्यापार वक्ता की ओर से होता है; जैसे–'बादल घिर **आए**', 'आज यह चोर यम के घर से बच आया' इत्यादि। 'बातहिं बात कर्ष बढ़ि आई' (राम.)।

(अ) कभी-कभी बोलना, कहना, रोना, हँसना आदि क्रियाओं के साथ 'आना' का अर्थ 'उठना' के समान अचानकता का होता है; जैसे–'कहो चाहे कछू तो कछू कहि आवै' (जगत्.)। 'उसकी बात सुनकर मुझे रोना आया।'

जाना–यह क्रिया कर्मवाच्य और भाववाच्य बनाने में प्रयुक्त होती है; इसलिए कई एक सकर्मक क्रियाएँ इसके योग से अकर्मक हो जाती हैं; जैसे–

कुचलना–कुचल जाना	खोना–खो जाना,
छाना–छा जाना	खिलना–खिल जाना
धोना–धो जाना	सीना–सी जाना
छूना–छू जाना	भूलना–भूल जाना

उदाहरण : 'मेरे पैर के नीचे कोई कुचल गया'। 'मैं चांडालों से छू गया हूँ।', 'यदि राक्षस लड़ाई करने को उद्यंत होगा तो भी पकड़ जाएगा' (मुद्रा.)।

इसका प्रयोग बहुधा स्थिति व विकार दर्शक अकर्मक क्रियाओं के साथ पूर्णता के अर्थ में होता है; जैसे–हो जाना, बन जाना, फैल जाना, बिगड़ जाना, फूट जाना, मर जाना इत्यादि।

व्यापारदर्शक क्रियाओं से 'जाना' के योग से बहुधा शीघ्रता का बोध होता है जैसे–'खा जाना निगल जाना, पी जाना, पहुँच जाना, जान जाना, समझ जाना, आ जाना, घूम जाना, कह जाना' इत्यादि। कभी 'जाना' का अर्थ प्राय: स्वतंत्र होता है और इस अर्थ में 'जाना' क्रिया 'आना' के विरुद्ध होती है; जैसे–'देख जाओ = देखकर जाओ', 'लिख जाओ = लिखकर जाओ', 'लौट जाना = लौटकर जाना' इत्यादि।

लेना–जिस क्रिया के व्यापार का लाभ कर्ता ही को प्राप्त होता है, उसके साथ 'लेना' क्रिया आती है। 'लेना' के योग से बनी हुई संयुक्त क्रिया का अर्थ संस्कृत के आत्मनेपद के समान होता है; जैसे–खा लेना, पी लेना, सुन लेना, छीन लेना, कर लेना, समझ लेना इत्यादि।

'होना' के साथ 'लेना' से पूर्णता का अर्थ पाया जाता है; जैसे–जब तक पहले बातचीत नहीं हो लेती, तब तक किसी का किसी के साथ कुछ भी संबंध नहीं हो सकता (रघु.)। खो लेना, मर लेना, त्याग लेना आदि संयोग इसलिए अशुद्ध हैं कि इनके व्यापार से कर्ता को कोई लाभ नहीं हो सकता।

देना–यह क्रिया अर्थ में 'लेना' के विरुद्ध है और इसका उपयोग तभी होता है जब इसके व्यापार का लाभ दूसरे को मिलता है; जैसे–'कह देना, छोड़ देना, समझा देना, खिला देना, सुना देना, कर देना' इत्यादि। इसका प्रयोग संस्कृत के परस्मैपद के समान होता है।

'देना' का संयोग बहुधा सकर्मक क्रियाओं के साथ होता है; जैसे–'मार देना, डाल देना, खो देना, त्याग देना' इत्यादि। चलना, हँसना, रोना, छींकना आदि अकर्मक क्रियाओं के साथ भी 'देना' आता है, परंतु उसके साथ इसका अर्थ अचानकता का होता है।

(अ) मारना, पटकना आदि क्रियाओं के साथ कभी-कभी 'देना' पहले आता है और काल का रूपांतर दूसरी क्रिया में होता है; जैसे–'दे मारा, दे पटका' इत्यादि। 'लेना' और 'देना' अपने-अपने कृदंतों के साथ भी आते हैं; जैसे–'ले लेना, दे देना'।

पड़ना–यह क्रिया, आवश्यकताबोधक क्रियाओं में भी आती है। अवधारण बोधक क्रियाओं में इसका अर्थ बहुधा 'जाना' के समान होता है और उसी के समान इसके योग से कोई एक सकर्मक क्रियाएँ अकर्मक हो जाती हैं; जैसे–'सुनना–सुनपड़ना, जानना–जान पड़ना; देखना–देख पड़ना, सूझना–सूझ पड़ना, समझना–समझ पड़ना।'

'पड़ना' क्रिया सकर्मक क्रियाओं के साथ नहीं आती। अकर्मक क्रियाओं के साथ इसका अर्थ 'घटना' होता है; जैसे–गिर पड़ना, चौंक पड़ना, कूद पड़ना, हँस पड़ना, आ पड़ना इत्यादि।

'बनना' के साथ 'पड़ना' के बदले इसी अर्थ में कभी-कभी 'आना' क्रिया आती है; जैसे–'बात बन पड़ी = बन आई'। 'हैं बनियाँ बनि आए के साथी।'

डालना–यह क्रिया केवल सकर्मक क्रियाओं के साथ आती है। इससे बहुधा उग्रता का बोध होता है; जैसे–'फोड़ डालना, काट डालना, फाड़ डालना, तोड़ डालना, कर डालना' इत्यादि।

'मार देना' का अर्थ 'चोट पहुँचाना' और 'मार डालना' का अर्थ 'प्राण लेना' है।

रहना–यह क्रिया बहुधा भूतकालिक कृदंतों से बने हुए कालों में आती है। इसके आसन्नभूत और पूर्णभूत कालों से क्रमशः अपूर्ण वर्तमान और अपूर्णभूत का बोध होता है; जैसे–'लड़के खेल रहे हैं।' 'लड़के खेल रहे थे' (अ. 358 टी.)। दूसरे कालों में इसका प्रयोग बहुधा अकर्मक क्रियाओं के साथ होता है; जैसे–'बैठ रहो, वह सो रहा, हम पड़ रहेंगे।'

रखना–इस क्रिया का व्यवहार अधिक नहीं होता और अर्थ में यह प्रायः 'लेना' के समान है; जैसे–'समझ रखना, रोक रखना' इत्यादि। 'छोड़ रखना' के बदले बहुधा 'रख छोड़ना' आता है।

निकलना–यह क्रिया भी क्वचित् आती है। इसका अर्थ प्रायः 'पड़ना' के समान है, और उसी के समान यह बहुधा अकर्मक क्रियाओं के साथ आती है; जैसे–चल निकलना, आ निकलना इत्यादि।

413. एक ही कृदंत के साथ भिन्न-भिन्न अर्थों में भिन्न-भिन्न सहकारी क्रियाओं के योग से भिन्न-भिन्न अवधारण बोधक क्रियाएँ बनती हैं; जैसे–'देख लेना, देख देना, देख डालना, देख जाना, देख पड़ना, देख रहना' इत्यादि।

414. **शक्तिबोधक क्रिया** 'सकना' के योग से बनती है; जैसे–'खा सकना, मार सकना, दौड़ सकना, हो सकना इत्यादि।

'सकता' क्रिया स्वतंत्र होकर नहीं आती; परंतु रामचरितमानस में इसका प्रयोग कई स्थानों में स्वतंत्र हुआ है; जैसे–'सकहु तो आयसु धरहु सिर'।

अँग्रेजी के प्रभाव से कोई-कोई लोग प्रभुता प्रदर्शित करने के लिए शक्तिबोधक क्रिया का प्रयोग सामान्य वर्तमानकाल में आज्ञा के अर्थ में करते हैं; जैसे–'तुम जा सकते हो (तुम जाओ)। वह जा सकता है (वह जावे)।'

415. **पूर्णताबोधक क्रिया** 'चुकना' क्रिया के योग से बनती है; जैसे–'खा चुकना, पड़ चुकना, दौड़ चुकना' इत्यादि।

कोई-कोई लेखक पूर्णताबोधक क्रिया के समान भविष्यत् काल की **अँग्रेजी** की चाल पर 'पूर्ण भविष्यत् काल' कहते हैं; जैसे–'वह जा चुकेगा।' इस प्रकार के नाम पूर्णताबोधक क्रियाओं के सब कालों को ठीक-ठीक नहीं दिए जा सकते; इसलिए इनके सामान्य भविष्यत् के रूपों को भी संयुक्त क्रिया ही मानना उचित है (दे. अंक 358 टि.)।

इस क्रिया के सामान्य भूतकाल से बहुधा किसी काम के विषय में वार्ता की अयोग्यता सूचित होती है; जैसे–'तुम जा चुके।' 'वह यह काम कर चुका।'

'चुकना' क्रिया को कोई-कोई वैयाकरण 'सकना' के समान परतंत्र क्रिया मानते हैं, पर इसका स्वतंत्र प्रयोग पाया जाता है; जैसे–'गाते-गाते चुके नहीं वह चाहे मैं ही चुक जाऊँ।'

(5) अपूर्ण क्रियाद्योतक कृदंत के मेल से बनी हुई

416. अपूर्ण क्रियाद्योतक कृदंत के आगे 'बनना' क्रिया के जोड़ने से योग्यताबोधक क्रिया बनती है; जैसे–'उससे चलते नहीं बनता', 'लड़के से किताब पढ़ते नहीं बनता' इत्यादि। इससे बहुधा भाववाच्य का अर्थ सूचित होता है (दे. अंक 355)।

यह क्रिया पराधीनता व विशेषता के अर्थ में भी आती है; जैसे–'उससे आते बना।' कभी-कभी आश्चर्य के अर्थ में तात्कालिक कृदंत के आगे 'बनना' जोड़ते हैं; जैसे–'यह छवि देखते ही बनती है।'

(6) पूर्ण क्रियाद्योतक कृदंत से बनी हुई

417 पूर्ण क्रियाद्योतक कृदंत से दो प्रकार की संयुक्त क्रियाएँ बनती हैं: (1) निरंतरताबोधक, (2) निश्चयबोधक।

418. सकर्मक क्रियाओं के पूर्ण क्रियाद्योतक कृदंत के आगे 'जाना' क्रिया जोड़ने से निरंतरताबोधक क्रिया बनती है; जैसे–'यह मुझे निगले जाता है।', 'इस लता को क्यों छोड़े जाती है।', 'लड़की यह काम किए जाती है।', 'पढ़े जाओ।'

यह क्रिया बहुधा वर्तमानकालिक कृदंत से बने हुए कालों में तथा विधि कालों में आती है।

419. पूर्ण क्रियाद्योतक कृदंत के आगे लेना, देना, डालना और बैठना (अवधारण की सहायक क्रियाएँ) जोड़ने से निश्चयबोधक संयुक्त क्रियाएँ बनती हैं। ये क्रियाएँ बहुधा सकर्मक क्रियाओं के साथ वर्तमानकालिक कृदंत से बने हुए कालों में ही आती हैं; जैसे–'मैं यह पुस्तक लिये लेता हूँ।', 'वह कपड़ा दिये देता हूँ।', 'हम कुछ कहे बैठते हैं।' 'वह मुझे मारे डालता है।', 'मैं उस आज्ञापत्र का अनुवाद किये देता हूँ' (विचित्र.)।

(7) संज्ञा व विशेषण के योग से बनी हुई

420. संज्ञा व विशेषण के साथ क्रिया जोड़ने से जो संयुक्त क्रिया बनती है उसे नामबोधक क्रिया कहते हैं; जैसे–'भस्म होना, भस्म करना, स्वीकार करना, मोल लेना, दिखाई देना।'

(सू.–नामबोधक संयुक्त क्रियाओं में केवल वही संज्ञाएँ अथवा विशेषण आते हैं जिनका संबंध वाक्य के दूसरे शब्दों के साथ नहीं होता। 'ईश्वर ने लड़के पर दया की' इस वाक्य में 'दया करना' संयुक्त क्रिया नहीं है; क्योंकि 'दया' संज्ञा 'करना' क्रिया का कर्म है; परंतु 'लड़का दिखाई दिया' इस वाक्य में 'दिखाई देना' संयुक्त क्रिया है; क्योंकि 'दिखाई' संज्ञा का 'दिया' से कोई संबंध नहीं है। यदि 'दिखाई' को 'दिया' क्रिया का कर्म मानें तो लड़का' शब्द सप्रत्यय कर्ता कारक में होना चाहिए। और क्रिया कर्मणिप्रयोग में आनी चाहिए; जैसे–'लड़के ने दिखाई दी' पर यह प्रयोग अशुद्ध है; इसलिए 'दिखाई देना' को संयुक्त क्रिया मानने ही में व्याकरण के नियमों का पालन हो सकता है। इसी प्रकार 'मैं आपकी योग्यता स्वीकार करता हूँ' इस वाक्य में 'करता हूँ' क्रिया का कर्म 'स्वीकार' नहीं है; किंतु 'स्वीकार करता हूँ' संयुक्त क्रिया का कर्म 'योग्यता' है।)

421. नामबोधक संयुक्त क्रियाओं में 'करना', 'होना' (कभी-कभी 'रहना') और 'देना' आते हैं और 'होना' के साथ बहुधा संस्कृत की क्रियार्थक संज्ञाएँ और 'देना' के साथ हिंदी की भाववाचक संज्ञाएँ आती हैं; जैसे–

होना

'स्वीकार होना, नाश होना, स्मरण होना, कंठ होना, याद होना, विसर्जन होना, आरंभ होना, शुरू होना, सहन होना, भस्म होना, विदा होना।'

करना

'स्वीकार करना, अंगीकार करना, क्षमा करना, आरंभ करना, ग्रहण करना, श्रवण करना, उपार्जन करना, संपादन करना, विदा करना, त्याग करना।'

देना

'दिखाई देना, सुनाई देना, पकड़ाई देना, छुलाई देना, बधाई देना।'

(अ) 'देना' के बदले कभी-कभी पड़ना' आता है; जैसे–शब्द सुनाई पड़ा।, नौकर दूर से दिखाई पड़ा।

(सू.–कोई-कोई लेखक नामबोधक क्रियाओं की संज्ञा के बदले व्याकरण की शुद्धता के लिए, उनका विशेषणरूप उपयोग में लाते हैं; जैसे–'सभा विसर्जन हुई' के बदले 'सभा विसर्जित हुई', 'स्वीकार करना' के बदले 'स्वीकृत करना' इत्यादि। यह प्रयोग अभी सार्वत्रिक नहीं है। इसके बदले कोई-कोई लेखक कर्ता और कर्म को संबंध कारक में रखते हैं; जैसे–'कथा आरंभ हुआ।', 'उन्होंने कथा का आरंभ किया।' कोई लेखक भूल से 'होना' क्रियार्थक संज्ञा और उसके साथ आई हुई साधारण संज्ञा को संयुक्त मानकर विभक्ति के योग से संज्ञा के भेदक विशेषण को विकृत रूप में रखते हैं; जैसे–'उनके जन्म होने पर' (उनका जन्म होने पर), 'राजा के देहांत होने के पश्चात्' (राजा का देहांत होने के पश्चात्)।

(8) पुनरुक्त संयुक्त क्रियाएँ

422. जब दो समान अर्थवाली व समान ध्वनिवाली क्रियाओं का संयोग होता है, तब उन्हें पुनरुक्त क्रियाएँ कहते हैं; जैसे–पढ़ना-लिखना, करना-धरना, समझना-बूझना, बोलना-चालना, पूछना-ताछना, खाना-पीना, होना-हवाना, मिलना-जुलना, देखना-भालना।

(अ) जो क्रिया केवल यमक (ध्वनि) मिलाने के लिए आती है वह निरर्थक रहती है; जैसे–ताछना, भालना, हवाना इत्यादि।

(आ) पुनरुक्त क्रियाओं में दोनों क्रियाओं का रूपांतर होता है; परंतु सहायक क्रिया केवल पिछली क्रिया के साथ आती है; जैसे–'अपना काम देखो भालो, यह वहाँ जाया-आया करता है, जहाज यहाँ आए-जाएँगे, मिल-जुलकर, बोलता-चालता हुआ।'

423. संयुक्त क्रियाओं में कभी-कभी सहकारी क्रिया के कृदंत के आगे दूसरी सहकारी क्रिया आती है, जिससे तीन अथवा चार शब्दों की भी संयुक्त क्रिया बन जाती है; जैसे–'उसकी तत्काल सफाई कर लेना चाहिए' (परी.)। 'उन्हें वह काम करना पड़ रहा है' (आदर्श.)। 'हम यह पुस्तक उठा ले जा सकते हैं' इत्यादि।

424. संयुक्त क्रियाओं में अंतिम सहकारी क्रिया के धातु को पिछले कृदंत व विशेषण के साथ मिलकर संयुक्त धातु मानते हैं; जैसे–'उठा ले जा सकते हैं' क्रिया में 'उठा ले जा सके' धातु माना जाएगा। संस्कृत में भी ऐसे ही संयुक्त धातु माने जाते हैं; जैसे–'प्रामाणिक, पयोधरीभू' इत्यादि।

425. संयुक्त क्रियाओं में केवल नीचे लिखी सकर्मक क्रियाएँ कर्मवाच्य में आती है।

(1) आवश्यकताबोधक क्रियाएँ; जिनमें 'होना' और 'चाहिए' का योग होता है; जैसे–'चिट्ठी लिखी जानी थी।', 'काम देखा जाना चाहिए' इत्यादि।

(2) आरंभबोधक; जैसे–'वह विद्वान् समझा जाने लगा।', 'आप भी बड़ों में गिने जाने लगे।'

(3) अवधारणबोधक क्रियाएँ; जो 'लेना', 'देना', 'डालना' के योग से बनती हैं; जैसे–'चिट्ठी भेज दी जाती है', 'काम कर लिया गया', 'पत्र फाड़ डाला जाएगा' इत्यादि।

(4) शक्तिबोधक क्रियाएँ; जैसे–'चिट्ठी भेजी जा सकती है', 'काम न किया जा सका' इत्यादि।

(5) पूर्णताबोधक क्रियाएँ; जैसे–'पानी लाया जा चुका।', 'कपड़ा सिया जा चुकेगा' इत्यादि।

(6) नामबोधक क्रियाएँ जो बहुधा संस्कृत क्रियार्थक संज्ञा के योग से बनती हैं; जैसे–'यह बात स्वीकार की गई', 'कथा श्रवण की जाएगी', 'हाथी मोल लिया जाता है' इत्यादि।

(7) पुनरुक्त क्रियाएँ, जैसे–'काम देखा-भाला नहीं गया', 'बात समझी-बूझी जाएगी' इत्यादि।

(8) नित्यताबोधक, जैसे–'काम किया जाता रहेगा=होता रहेगा।' 'चिट्ठी लिखी जाती रही।'

426. भाववाच्य में केवल नामबोधक और पुनरुक्त अकर्मक क्रियाएँ आती हैं; जैसे–'अन्याय देखकर किसी से चुप नहीं रहा जाता।', 'लड़के से कैसे चला-फिरा जाएगा' इत्यादि।

आठवाँ अध्याय

विकृत अव्यय

(सू.–शब्दों के रूपांतर के प्रकरण में अव्ययों का उल्लेख न्यायसंगत नहीं है, क्योंकि अव्ययों में लिंग, वचनादि के कारण (रूपांतर) नहीं होता, पर भाषा में निरपवाद नियम बहुत थोड़े पाए जाते हैं। भाषा संबंधी शास्त्रों में बहुधा अनेक अपवाद और प्रत्यवाद रहते हैं। पूर्व में अव्ययों को अविकारी शब्द कहा गया है, परंतु कोई-कोई अव्यय विकृत रूप में भी आते हैं। इस अध्याय में इन्हीं विकृत अव्ययों का विचार किया जाएगा। ये सब अव्यय बहुधा आकारांत होने के कारण आकारांत विशेषणों के समान उपयोग में आते हैं और उन्हीं के समान लिंग, वचन के कारण इनका रूप पलटता है।)

427. क्रिया-विशेषण–जब आकारांत विशेषणों का प्रयोग क्रिया-विशेषणों के समान होता है, तब उनमें बहुधा रूपांतर होता है। इस रूपांतर के नियम ये हैं :

(अ) परिणामवाचक व प्रकारवाचक क्रिया-विशेषण जिस विशेषण की विशेषता बताते हैं, उसी के विशेष्य के अनुसार उनमें रूपांतर होता है, जैसे–'जो जितने बड़े हैं, उनकी ईर्ष्या उतनी ही बड़ी है' (सत्य.)। 'शास्त्राभ्यास उसका जैसा बढ़ा हुआ था, उद्योग भी वैसा ही अद्‍भुत था' (रघु.)। 'नर पर्वत के कसूर बड़े भारी हैं' (विचित्र.)।

(आ) अकर्मक क्रियाओं के कर्तरिप्रयोग में आकारांत क्रिया-विशेषण कर्ता के लिंग-वचन के अनुसार बदलते हैं; जैसे–'वे उनसे इतने हिल गए थे' (रघु.)। 'वृक्षों की जड़ पवित्र बरहों के प्रवाह से धुलकर कैसी चमकती है' (शकु.)। 'प्यादे तें फरजी भयो तिरछो जात' (रहीम.)। 'जैसी चले बयार' (कुंड.)।

अप.–इस प्रकार के वाक्यों में कभी-कभी क्रिया-विशेषणों का रूप अविकृत ही रहता है; जैसे–'जितना वे पहले तैयार रहते थे उतना पीछे नहीं रहते' (स्वा.)। 'यहाँ की स्त्रियाँ डरपोक और बेवकूफ होने से उतना ही लजाती हैं जितना कि पुरुष' (विचित्र.)। ये प्रयोग अनुकरणीय नहीं हैं, क्योंकि इन वाक्यों में आए हुए शब्द शुद्ध क्रिया-विशेषण नहीं हैं। वे मूल विशेषण होने के कारण संज्ञा और क्रिया दोनों के समान संबंध रखते हैं।

(इ) सकर्मक कर्तरि और कर्मणि प्रयोगों में प्रकृत क्रिया-विशेषण कर्म के लिंग वचन के अनुसार बदलते हैं; जैसे–'एक बंदर किसी महाजन के बाग में जा कच्चे पक्के फल मनमाने खाता था।', 'खम्बे जमीन में सीधे गाड़े गए' (विचित्र.)। 'समुद्र अपनी बड़ी-बड़ी लहरें ऊँची उठाकर तट की तरफ बढ़ता है' (रघु.)।

अप.–जब सकर्मक क्रिया में कर्म की विवक्षा नहीं रहती, तब उसका प्रयोग अकर्मक क्रिया के समान होता है; और प्रकृत क्रिया-विशेषण कर्ता के साथ अन्वित न होकर सदैव पुल्लिंग एकवचन (अविकृत) रूप में रहता है; जैसे–'मैं इतना पुकारती हूँ' (सत्य.)। 'लड़की अच्छा गाती है।', 'वे तिरछा लिखते हैं।', 'इसी डर से वे थोड़ा बोलते हैं' (रघु.)।

(ई) सकर्मक भावेप्रयोग में पूर्वोक्त क्रिया-विशेषण विकल्प से विकृत अथवा अविकृत रूप में आते हैं और अकर्मक भावेप्रयोग में बहुधा अविकृत रूप में; जैसे–'एकमात्र नंदिनी ही को उसने सामने खड़ी देखा' (रघु.)। 'इसको (हमने) इतना बड़ा बनाया' (सर.)। 'मुझसे सीधा नहीं चला जाता' (दे. अंक 590)।

(सू.–सदा, सर्वदा, सर्वथा, बहुधा, वृथा आदि आकारांत क्रिया-विशेषणों का रूपांतर नहीं होता, क्योंकि ये शब्द मूल में विशेषण नहीं हैं।)

428. संबंधसूचक अव्यय–जो संबंधसूचक अव्यय मूल में विशेषण हैं (दे. अंक 340)। उनमें आकारांत शब्द विशेष्य के लिंग वचनानुसार बदलते हैं। विशेष्य विभक्त्यंत किंवा संबंधसूचकांत हों, तो संबंधसूचक विशेषण विकृत रूप में आता है; जैसे–'तुम सरीखे छोकड़े', 'यह आप ऐसे महात्माओं ही का काम है' इत्यादि।

दूसरा भाग

शब्दसाधन

तीसरा परिच्छेद

व्युत्पत्ति

पहला अध्याय

विषयारंभ

429. शब्दसाधन के तीन भाग हैं : वर्गीकरण, रूपांतर और व्युत्पत्ति। इनमें से पहले दो विषयों का विवेचन दूसरे भाग के पहले और दूसरे परिच्छेद में हो चुका है। इस तीसरे परिच्छेद में व्युत्पत्ति अर्थात् शब्दरचना का विचार किया जाएगा।

(सू.–व्युत्पत्ति प्रकरण में केवल यौगिक शब्दों की रचना का विचार किया जाता है, रूढ़ शब्दों का नहीं। रूढ़ शब्द किस भाषा के किस शब्द से बना है, यह बताना इस प्रकरण का विषय नहीं है। इस प्रकरण में केवल इस बात का स्पष्टीकरण होता है कि भाषा का प्रचलित शब्द भाषा के अन्य प्रचलित शब्द से किस प्रकार बना है। उदाहरणार्थ, 'हठीला' शब्द 'हठ' से बना हुआ एक विशेषण है, अर्थात् 'हठीला' शब्द यौगिक है, रूढ़ नहीं है; और केवल यही व्युत्पत्ति इस प्रकरण में बताई जाएगी। 'हठ' शब्द किस भाषा से किस प्रकार हिंदी में आया, इस बात का विचार इस प्रकरण में नहीं किया जाएगा। 'हठ' शब्द दूसरी भाषा में, जिससे वह निकला है, चाहे यौगिक भी हो, पर हिंदी में यदि उसके खंड सार्थक नहीं हैं, तो वह रूढ़ ही माना जाएगा। इस प्रकार 'रसोईघर' शब्द से केवल यह बताया जाएगा कि यह शब्द 'रसोई' और 'घर' शब्द के समास से बना है; परंतु 'रसोई' और 'घर' शब्दों की व्युत्पत्ति किन भाषाओं के किन शब्दों से हुई है यह बात व्याकरण विषय के बाहर की है।)

430. एक ही भाषा के किसी शब्द से जो दूसरे शब्द बनते हैं, वे बहुधा तीन प्रकार से बनाए जाते हैं। किसी-किसी शब्द के पूर्व एक-दो अक्षर लगाने से नए शब्द बनते हैं; किसी-किसी शब्द के पश्चात् एक-दो अक्षर लगाकर नए शब्द बनाए जाते हैं; और किसी-किसी शब्द के साथ दूसरा शब्द मिलाने से नए संयुक्त शब्द तैयार होते हैं।

(अ) शब्द के पूर्व जो अक्षर व अक्षरसमूह लगाया जाता है, उसे उपसर्ग कहते हैं; जैसे–'बन' शब्द के पूर्व 'अन' निषेधार्थी अक्षरसमूह लगाने से 'अनबन' शब्द बनता है। इस शब्द में 'अन' (अक्षरसमूह) को उपसर्ग कहते हैं।

(सू.–संस्कृत में शब्दों के पूर्व आनेवाले कुछ नियत अक्षरों को उपसर्ग कहते हैं और बाकी को अव्यय मानते हैं। यह अंतर उस भाषा की दृष्टि से महत्त्व का भी हो, पर हिंदी में ऐसा अंतर मानने का कोई कारण नहीं है। इसलिए हिंदी में 'उपसर्ग' शब्द की योजना अधिक व्यापक अर्थ में होती है।

(आ) शब्दों के पश्चात् (आगे) जो अक्षर व अक्षरसमूह लगाया जाता है उसे प्रत्यय कहते हैं; जैसे–'बड़ा' शब्द में 'आई' (अक्षरसमूह) से 'बड़ाई' शब्द बनता है, इसलिए 'आई' प्रत्यय है।

(सू.–रूपांतर प्रकरण में जो कारकप्रत्यय और कालप्रत्यय कहे गए हैं उनमें और व्युत्पत्ति प्रत्ययों में अंतर है। पहले दो प्रकार के प्रत्यय चरम प्रत्यय हैं अर्थात् उनके पश्चात् और कोई प्रत्यय नहीं लग सकते। हिंदी में अधिकरण कारक के प्रत्यय इस नियम के अपवाद हैं, तथापि विभक्तियों को साधारणतया चरम प्रत्यय मानते हैं। परंतु व्युत्पत्ति में जो प्रत्यय आते हैं, वे चरम प्रत्यय नहीं हैं; क्योंकि उनके पश्चात् दूसरे प्रत्यय आ सकते हैं। उदाहरण के लिए 'चतुराई' शब्द में 'आई' प्रत्यय है और इस शब्द के पश्चात् 'से', 'को' आदि प्रत्यय लगाने से 'चतुराई को' आदि शब्द सिद्ध होते हैं, पर 'से', 'को' आदि के पश्चात् 'आई' अथवा और कोई व्युत्पत्ति प्रत्यय नहीं लग सकता।

यौगिक शब्दों में जो अव्यय हैं जैसे–(चुपके, लिए, धीरे आदि उनके प्रत्ययों के आगे भी बहुधा दूसरे प्रत्यय नहीं आते, परंतु उनको चरम प्रत्यय नहीं कहते, क्योंकि उनके पश्चात् विभक्तियों का लोप हो जाता है। सारांश यह है कि कारक प्रत्यय और कालप्रत्ययों ही को चरम प्रत्यय कहते हैं।)

(इ) दो अथवा अधिक शब्दों के मिलने से जो संयुक्त शब्द बनता है, उसे समास कहते हैं; जैसे–'रसोईघर, मँझधार, पसेरी' इत्यादि।

(सू.–एक अक्षर का शब्द भी होता है, और अनेक अक्षरों के उपसर्ग और प्रत्यय भी होते हैं, इसलिए बाह्य स्वरूप देखकर यह बताना कठिन है कि शब्द कौन सा है और उपसर्ग अथवा प्रत्यय कौन सा है। ऐसी अवस्था में उनके अर्थ के अंतर पर विचार करना आवश्यक है। जिस अक्षरसमूह में स्वतंत्रतापूर्वक कोई अर्थ पाया जाता है उसे शब्द कहते हैं, और जिस अक्षर या अक्षरसमूह में स्वतंत्रतापूर्वक कोई अर्थ नहीं पाया जाता अर्थात् स्वतंत्रतापूर्वक जिसका प्रयोग नहीं होता और जो किसी शब्द के आश्रय से उसके आगे अथवा पीछे आकर अर्थवान् होता है, उसे उपसर्ग अथवा प्रत्यय कहते हैं।)

431. उपसर्ग, प्रत्यय और समास से बने हुए शब्दों के सिवा हिंदी में और दो प्रकार के यौगिक शब्द हैं, जो क्रमशः पुनरुक्त और अनुकरणवाचक कहलाते हैं। पुनरुक्त शब्द किसी शब्द को दुहराने से बनते हैं। जैसे–'घर-घर, मारा-मारी, काम-धाम, उर्दू-सुर्दू काट-कूट' इत्यादि। अनुकरणवाचक शब्द, जिनको कोई-कोई वैयाकरण पुनरुक्त शब्दों का ही भेद मानते हैं, किसी पदार्थ की यथार्थ अथवा कल्पित ध्वनि को ध्यान में रखकर बनाए जाते हैं; जैसे–'खटखटाना, धड़ाम, चट' इत्यादि।

432. प्रत्ययों से बने हुए शब्दों के दो मुख्य भेद हैं : कृदंत और तद्धित।

धातुओं से परे जो प्रत्यय लगाए जाते हैं, उन्हें कृत कहते हैं, और कृत्प्रत्ययों के योग से जो शब्द बनते हैं, वे कृदंत कहलाते हैं। धातुओं को छोड़कर शेष शब्दों के आगे प्रत्यय लगाने से जो शब्द तैयार होते हैं, उन्हें तद्धित कहते हैं।

(सू.–हिंदी में जो शब्द प्रचलित हैं, उनमें से कुछ ऐसे हैं, जिनके विषय में यह निश्चय नहीं किया जा सकता है कि उनकी व्युत्पत्ति कैसे हुई। इस प्रकार के शब्द देशज कहलाते हैं। इन शब्दों की संख्या बहुत थोड़ी है और संभव है कि आधुनिक आर्यभाषाओं की बढ़ती के नियमों की अधिक खोज और पहचान होने से अंत में इनकी संख्या बहुत कम हो जाएगी। देशज शब्दों को छोड़कर हिंदी के अधिकांश शब्द दूसरी भाषाओं से आए हैं, जिनमें संस्कृत, उर्दू और आजकल अँग्रेजी मुख्य हैं। इनके सिवा मराठी और बंगला भाषाओं से भी हिंदी का थोड़ा बहुत समागम हुआ है। व्युत्पत्तिप्रकरण में पूर्वोक्त भाषाओं के शब्दों का अलग-अलग विचार किया जाएगा।

दूसरी भाषाओं से और विशेषकर संस्कृत से जो शब्द मूल शब्दों में कुछ विकार होने पर हिंदी में रूढ़ हुए हैं, वे तद्‌भव कहलाते हैं। दूसरे प्रकार के संस्कृत शब्दों को तत्सम कहते हैं। हिंदी में तत्सम शब्द भी आते हैं। इस प्रकरण में केवल तत्सम शब्दों का विचार किया जाएगा, क्योंकि तद्‌भव शब्दों की व्युत्पत्ति का विचार करना व्याकरण का विषय नहीं, किंतु कोश का है।

हिंदी में जो यौगिक शब्द प्रचलित हैं, वे बहुधा उसी एक भाषा के प्रत्ययों और शब्दों के योग से बने हैं, जिस भाषा से आए हैं, परंतु कोई-कोई शब्द ऐसे भी हैं, जो दो भिन्न-भिन्न भाषाओं के शब्दों और प्रत्ययों के योग से बने हैं। इस बात का स्पष्टीकरण यथास्थान किया जाएगा।)

दूसरा अध्याय

उपसर्ग

433. पहले संस्कृत उपसर्ग मुख्य अर्थ और उदाहरण सहित दिए जाते हैं। संस्कृत में इन उपसर्गों को धातुओं के साथ जोड़ने से उनके अर्थ में हेरफेर होता है[1], परंतु उस अर्थ का स्पष्टीकरण हिंदी व्याकरण का विषय नहीं। हिंदी में उपसर्गयुक्त जो संस्कृत तत्सम शब्द आते हैं, उन्हीं शब्दों के संबंध में यहाँ उपसर्ग का विचार करना कर्तव्य है। ये उपसर्ग कभी-कभी निरे हिंदी शब्दों में लगे हुए पाए जाते हैं, जिनके उदाहरण यथास्थान दिए जायेंगे।।

(क) संस्कृत उपसर्ग

अति–अधिक, उस पार, ऊपर; जैसे–अतिकाल, अतिरिक्त, अतिशय, अत्यंत, अत्याचार।

---

1. उपसर्गेण धात्वार्थो बलादन्यत्र नीयते।
   प्रहाराहारसंहार विहारपरिहारवत्।

(सू.–हिंदी में 'अति' इसी अर्थ में स्वतंत्र शब्द के समान भी प्रयुक्त होता है; जैसे–'अति बुरी होती है।', 'अति संघर्षण' (राम.)।

अधि–ऊपर, स्थान में श्रेष्ठ; जैसे–अधिकरण, अधिकार, अधिपाठक, अधिराज, अधिष्ठाता, अध्यात्म।

अनु–पीछे, समान, जैसे–अनुकरण, अनुग्रह, अनुचर, अनुज, अनुपात, अनुरूप, अनुशासन, अनुस्वार।

अप–बुरा, हीन, विरुद्ध, अभाव इत्यादि; जैसे–अपकीर्ति, अपभ्रंश, अपमान, अपराह्न, अपशब्द, अपसव्य, अपहरण।

अभि–ओर, पास, सामने; जैसे–अभिप्राय, अभिमुख, अभिमान, अभिलाष, अभिसार, अभ्यागत, अभ्यास, अभ्युदय।

अव–नीचे, हीन, अभाव; जैसे–अवगत, अवगाह, अवगुण, अवतार, अवनत, अवलोकन, अवसान, अवस्था।

(सू.–प्राचीन कविता में 'अव' का रूप बहुधा 'औ' पाया जाता है; जैसे–(औगुन, औसर।)

अ–तक, ओर, समेत, उलटा; जैसे–आकर्षण, आकार, आकाश, आक्रमण, आगमन, आचरण, आबालवृद्ध, आरंभ।

उत्, उद्–ऊपर, ऊँचा, श्रेष्ठ; जैसे–उत्कर्ष, उत्कंठा, उत्तम, उद्यम, उद्देश्य, उन्नति, उत्पल, उल्लेख।

उप–निकट, सदृश, गौण; जैसे–उपकार, उपदेश, उपनाम, उपनेत्र, उपभेद, उपयोग, उपवचन, उपवेद।

दुर, दुस्–बुरा, कठिन, दुष्ट; जैसे–दुराचार, दुर्गुण, दुर्गम, दुर्जन, दुर्दशा, दुर्दिन, दुर्बल, दुर्लभ, दुष्कर्म, दुष्प्राप्य, दुःसह।

नि–भीतर, नीचे, बाहर; जैसे–निकृष्ट, निदर्शन, निदान, निपात, निबंध, नियुक्त निरूपण।

निर्, निस्–बाहर, निषेध; जैसे–निराकरण, निर्मम, निःशंक, निरपराध, निर्भय, निर्वाह, निश्चल, निर्दोष, नीरोग (हिं. निरोगी)।

(सू.–हिंदी में यह उपसर्ग बहुधा 'नि' हो जाता है; जैसे–निधन, निबल, निडर, निसंक।)

परा–पीछे, उलटा; जैसे–पराक्रम, पराजय, पराभव, परामर्श, परावर्तन।

परि–आसपास, चारों ओर, पूर्ण; जैसे–परिक्रमा, परिजन, परिणाम, परिधि, परिपूर्ण, परिमाण, परिवर्तन, परिणय, पर्याप्त।

प्र–अधिक, आगे, ऊपर; जैसे–प्रकाश, प्रख्यात, प्रचार, प्रभु, प्रयोग, प्रसार, प्रस्थान, प्रलय।

प्रति–विरुद्ध, सामने, एक-एक, जैसे–प्रतिकूल, प्रतिक्षण, प्रतिध्वनि, प्रतिकार, प्रतिनिधि, प्रतिवादी, प्रत्यक्ष, प्रत्युपकार, प्रत्येक।

वि–भिन्न, विशेष, अभाव; जैसे–विकास, विज्ञान, विदेश, विधवा, विवाद, विशेष, विस्मरण (हिं.बिसरना)।

सम्–अच्छा, साथ, पूर्ण; जैसे–संकल्प, संगम, संग्रह, संतोष, संन्यास, संयोग, संस्करण, संरक्षण, संहार।

सु–अच्छा, सहज, अधिक; जैसे–सुकर्म, सुकृत, सुगम, सुलभ, सुशिक्षित, सुदूर, स्वागत।

(हिंदी–सुडौल, सुजान, सुघर, सपूत।)

434. कभी-कभी एक ही शब्द के साथ दो तीन उपसर्ग आते हैं; जैसे–निराकरण प्रत्युपकार, समालोचना, समभिव्यवहार (भा. प्र.)।

435. संस्कृत शब्दों में कोई-कोई विशेषण और अव्यय भी उपसर्गों के समान व्यवहृत होते हैं। इनका यहाँ उल्लेख करना आवश्यक है, क्योंकि ये बहुधा स्वतंत्र रूप से उपयोग में नहीं आते।

अ–अभाव, निषेध; जैसे–'अगम; अज्ञान, अधर्म, अनीति, अलौकिक, अव्यय।'

स्वरादि शब्दों के पहले 'अ' के स्थान में 'अन्' हो जाता है और 'अन्' के 'न्' में आगे का स्वर मिल जाता है। उदाहरण : अनंतर, अनिष्ट, अनाचार, अनादि, अनायास, अनेक।

हिं–अछत, अजान, अटल, अथाह, अलग।

अधस्–नीचे, उदाहरण : अधोगति, अधोमुख, अधोभाग, अधःपतन, अधस्तल।

अंत्र–भीतर, उदाहरण : अंतःकरण, अंतःस्थ, अंतर्दशा, अंतर्धान, अंतर्भाव, अंतर्वेदी।

अम–पास, उदाहरण : अमात्य, अमावस्या।

अलम्–सुंदर, उदाहरण : अलंकार, अलंकृत, अलंकृति, यह अव्यय बहुधा कृ (करता) धातु के पूर्व आता है।

आविर्–प्रकट, बाहर, उदाहरण : आविर्भाव, आविष्कार।

इति–ऐसी, यह, उदाहरणः इतिवृत्त, इतिहास इतिकर्तव्यता।

(सू.–'इति' शब्द हिंदी में बहुधा इसी अर्थ में स्वतंत्र शब्द के समान भी आता है। (दे, अंक 227)

कु–(का, कद) बुरा, उदाहरण : कुकर्म, कुरूप, कुशकुन, कापुरुष, कदाचार।

हि.–कुचाल, कुडौल, कुठौर, कुढंगा, कुपूत।

चिर–बहुत, उदाहरण : चिरकाल, चिरंजीवी, चिरायु।

तिरस्–तुच्छ, उदाहरण : तिरस्कार, तिरोहित।

न–अभाव, उदाहरण : नक्षत्र, नग, नपुंसक, नास्तिक।

नाना–बहुत, उदाहरण : नानारूप, नानाजाति।

(सू.–हिंदी में 'नाना' बहुधा स्वतंत्र शब्द के समान प्रयुक्त होता है; जैसे–'लागे विटप मनोहर नाना' (राम.)।

पुरस्–सामने आगे; जैसे–पुरस्कार, पुरश्चरण, पुरोहित।

पुरा–पहले जैसे–पुरातत्व, पुरातन, पुरावृत्त।

पुनर्–फिर; जैसे–पुनर्जन्म, पुनर्विवाह, पुनरक्त।

प्राक्–पहले का; जैसे–प्राक्कथन, प्राक्कर्म, प्राक्तन।

प्रातर्–सबेरे; जैसे–प्रातःकाल, प्रातःस्नान, प्रातःस्मरण।

प्रादुर–प्रकट; जैसे–प्रादुर्भाव।

बहिर्–बाहर; जैसे–बहिर्द्वार, बहिष्कार।

स–सहित, जैसे–सगोत्र, सजातीय, सजीव, सरस, सावधान, सफल। (हिं–सुफल)।

हि.–सचेत, सबेरा, सजग, सहेली, साढ़े (सं.–आर्द्ध)।

सत्–अच्छा जैसे–सज्जन, सत्कर्म, सत्पात्र, सद्गुरु, सदाचार।

सह–साथ, जैसे–सहकारी, सहगमन, सहज, सहचर, सहानुभूति, सहोदर।

स्व–अपना, निजी, उदाहरण–स्वतंत्र, स्वदेश, स्वधर्म, स्वभाव, स्वभाषा, स्वराज्य, स्वरूप।

स्वयं–खुद, अपने आप; जैसे–स्वयंभू स्वयंवर, स्वयंसिद्ध, स्वयंसेवक।

स्वर–आकाश, स्वर्ग, जैसे–स्वर्लोक, स्वर्गंगा।

(सू.–कृ और भू (संस्कृत) धातुओं के पूर्व कई शब्द, विशेषकर संज्ञाएँ और विशेषण, ईकारांत अव्यय होकर आते हैं; जैसे–स्वीकार, वर्गीकरण, द्रवीभूत, फलीभूत, भस्मीभूत, वशीभूत, समीकरण।

(ख) हिंदी उपसर्ग

ये उपसर्ग बहुधा संस्कृत उपसर्गों के अपभ्रंश हैं और विशेषकर तद्भव शब्दों के पूर्व आते हैं।

अ–अभाव, निषेध, उदाहरण–अचेत, अजान, अथाह, अबेर, अलग।

अपवाद–संस्कृत में स्वरादि शब्दों के पहले अ के स्थान में 'अन्' हो जाता है, परंतु हिंदी में 'अन' व्यंजनादि शब्दों के पूर्व आता है; जैसे–अनगिनती अवधेरा (कृ.), अनबल, अनभल, अनहित (राम.), अनमोल।

(सू.–(1) अनूठा, अनोखा और अनैसा शब्द संस्कृत के अपभ्रंश जान पड़ते हैं, जिनमें अन् उपसर्ग आया है।

(2) कभी-कभी यह प्रत्यय भूल से लगा दिया जाता है; जैसे–अलोप, अचपल।

अध–(सं.अर्द्ध) आधा, उदाहरण : अधकच्चा, अधखिला, अधपका, अधमरा, अधपई, अधसेरा।

(सू.–'अधूरा' शब्द 'अधपूरा' का अपभ्रंश जान पड़ता है।)

उन–(सं.ऊन) एक कम, जैसे–उन्नीस, उन्तीस, उनचास, उनसठ, उनहत्तर, उन्नासी।

औ–(सं.अव) हीन, निषेध; उदाहरण-औगुन, औघट, औढर, औसर।

दु–(सं.दुर्) बुरा, हीन; उदाहरण–(राम.) दुबला।

नि–(सं.निर् = रहित); उदाहरण–निकम्मा, निखरा, निडर, निधड़क, निरोगी, निहत्था। यह उर्दू के 'खालिस' (शुद्ध) शब्द में व्यर्थ ही जोड़ दिया जाता है; जैसे–निखालिस।

बिन–(सं.बिना) निषेध, अभाव; उदाहरण बिनजाने, बिनबोया, बिनब्याहा।

भर–पूरा, ठीक; उदाहरण–भर पेट, भर दौड़ (शकु.), भरपूर, भरसक, भरकोस।

(ग) उर्दू उपसर्ग

अल (अ.)–निश्चित उदाहरण–अलगरज, अलबत्ता।

ऐन (अ.)–ठीक, पूरा; उदाहरण–ऐनजवानी, ऐनवक्त।

(सू.–यह उपसर्ग हिंदी 'भर' का पर्यायवाची है।)

कम–थोड़ा, हीन, उदाहरण–कम उम्र, कमकीमत, कमजोर, कमबख्त, कम हिम्मत।

(सू.–कभी-कभी यह उपसर्ग एक-दो हिंदी शब्दों में लगा हुआ मिलता है; जैसे–कमसमझ, कमदाम।)

खुश–अच्छा; उदाहरण–खुशबू, खुशदिल, खुशकिस्मत।

गैर–(अ.गैर) भिन्न, विरुद्ध; उदाहरण–गैरहाजिर, गैरमुल्क, गैरवाजिब, गैरसरकारी।

(सू.–'वगैरह' शब्द में 'व' (और) समुच्चयबोधक है और 'गैरह', 'गैर' का बहुवचन है। इस शब्द का अर्थ है 'और दूसरे।')

दर में; उदाहरण–दरअसल, दरकार, दरखास्त, दरहकीकत।

ना–अभाव (सं.न); उदाहरण–नाउम्मेद, नादान, नापसंद, नाराज, नालायक।

फी–(अ.) में, पर जैसे–फिलहाल, (फी + अल + हाल = हाल में), फी आदमी।

ब–ओर, में अनुसार; उदाहरण–बनाम, बइजलास, बदस्तूर, बदौलत।

बद–बुरा, उदाहरण–बदकार, बदकिस्मत, बदनाम, बदफैल, बदबू बदमाश, बदराह (सत.), बदहजमी।

बर–ऊपर उदाहरण–बरखास्त बरदास्त बरतरफ बरवक्त बराबर।

बा–साथ, उदाहरण–बजाबता, बाकायदा, बतमीज।

बिल–(अ.) साथ; उदाहरण–बिलकुल, बिलमुकता।

बिला–(अ.) उदाहरण–बिलाकसूर, बिलाशक।

बे–बिना; उदाहरण–बेईमान, बेचारा (हि.बिचारा), बेतरह, बेवकूफ, बेरहम।

(सू.–यह उपसर्ग बहुधा हिंदी में भी लगाया जाता है; जैसे–बेकाम, बेचैन, बेजोड़ बेडौल 'वाहियात' और 'फजूल' शब्दों के साथ यह उपसर्ग भूल से जोड़ दिया जाता है; जैसे–बेवाहियात, बेफजूल।

ला–(अ.) बिना, अभाव; उदाहरण–लाचार, लावारिस, लाजवाब, लामजहब।

सर–मुख्य; उदाहरण–सरकार, सरताज (हिं. सिरताज), सरदार, सरनाम, (हिं. सिरनाम), सरखत, सरहद। (हिं. सरपंच)।

हम–(सं. सम) साथ, समान; उदाहरण–हमउम्र, हमदर्दी, हमराह, हमवतन।

हर–प्रत्येक; उदाहरण–हररोज, हरचीज, हरसाल, हरतरह।

(सू.–इस उपसर्ग का प्रयोग हिंदी शब्दों के साथ अधिकता से होता है; जैसे–हरकाम, हरघड़ी, हरदिन, हरएक, हरकोई।)

(घ) अँग्रेजी उपसर्ग

सब–अधीन, भीतरी; उदाहरण–सब इंस्पेक्टर, सब रजिस्ट्रार, सब जज, सब ऑफिस, सब कमेटी।

हिंदी में अँग्रेजी शब्दों की भरती अभी हो रही है; इसलिए आज ही यह बात निश्चयपूर्वक नहीं कही जा सकती कि उस भाषा से आए हुए शब्दों में से कौन से शब्द रूढ़ और कौन से यौगिक हैं। अभी इस विषय के पूर्ण विचार की आवश्यकता भी नहीं है, इसलिए हिंदी व्याकरण का यह भाग इस समय अधूरा ही रहेगा। ऊपर जो उदाहरण दिया गया है, वह अँग्रेजी उपसर्गों का केवल एक नमूना है।

(सू.–इस अध्याय में जो उपसर्ग दिए गए हैं उनमें कुछ ऐसे हैं, जो कभी-कभी स्वतंत्र शब्दों के समान भी प्रयोग में आते हैं। इन्हें उपसर्गों में सम्मिलित करने का कारण केवल यह है कि जब इसका प्रयोग उपसर्गों के समान होता है, तब इनके अर्थ अथवा रूप में कुछ अंतर पड़ जाता है। इस प्रकार के शब्द इति, स्वयं, बिन, भर, काम आदि हैं।)

(टि.–राजा शिवप्रसाद ने अपने हिंदी व्याकरण में प्रत्यय, अव्यय, विभक्ति, और उपसर्ग चारों को उपसर्ग माना है, परंतु उन्होंने इसका कोई कारण नहीं लिखा और न उपसर्ग का कोई लक्षण ही दिया, जिससे उनके मत की पुष्टि होती। ऐसी अवस्था में हम उनके किए वर्गीकरण के विषय में कुछ नहीं कह सकते। भाषाप्रभाकर में राजा साहब के मत पर आक्षेप किया गया है, परंतु लेखक ने अपनी पुस्तक में संस्कृत उपसर्गों को छोड़ और किसी भाषा के उपसर्गों का नाम तक नहीं लिया। उर्दू उपसर्ग तो भाषाप्रभाकर में आ नहीं सकते, क्योंकि लेखक महाशय स्वयं लिखते हैं कि 'हिंदी में वस्तुतः फारसी, अरबी आदि शब्दों का प्रयोग कहाँ।' पर संबंधसूचकों की तालिका में 'बदले' शब्द न जाने उन्होंने कैसे लिख दिया? जो हो, इस विषय में कुछ कहना ही व्यर्थ है, क्योंकि उपसर्गयुक्त उर्दू शब्द हिंदी में आते हैं। हिंदी उपसर्गों के विषय में भाषाप्रभाकर में केवल इतना ही है कि 'स्वतंत्र हिंदी शब्दों में उपसर्ग नहीं लगते हैं।' इस युक्ति का खंडन इस अध्याय में दिए हुए उदाहरणों से हो जाता है। भट्ट जी ने अपने व्याकरण में उपसर्गों की तालिका दी है, परंतु उसके अर्थ नहीं समझाए, यद्यपि प्रत्ययों का अर्थ उन्होंने विस्तारपूर्वक लिखा है। इन दोनों पुस्तकों में दिए हुए उपसर्गों के लक्षण न्यायसंगत नहीं जान पड़ते।)

तीसरा अध्याय

संस्कृत प्रत्यय

(क) संस्कृत कृदंत

अ (कर्तृवारचक)

चुर् (चुराना)–चोर

दीप (चमकना)–दीप

नद् (शब्द करना)–नद

सृप् (सरकना)–सर्प

हृ (हरना)–हर

चर् (चलना)–चर (दूत)

दिव् (चमकना)–देव

धृ (धरना)–धर (पर्वत)

बुध् (जानना)–बुध

स्मृ (चाहना)–स्मर

ग्रह (पकड़ना)–ग्राह	व्यध् (मारना)–व्याध
रम् (क्रीड़ा करना)–राम	लभ् (पाना)–लाभ

(भाववाचक)

कम् (इच्छा करना)–काम	क्रुध (क्रोध करना)–क्रोध
खिद् (उदास होना)–खेद	चि (इकट्ठा करना)–(सं.) चय
जि (जीतना)–जय	मुह (अचेत होना)–मौह
नी (ले जाना)–नय	रु (शब्द करना)–रव

अक (कर्तृवाचक)

कृ–कारक	नृतनर्तक
गै–गायक	पू (पवित्र करना)–पावक
दा–दायक	युज् (जोड़ना)–योजक
लिख्–लेखक	तृ (तरना)–तारक
मृ (मरना)–मारक	पठ्–पाठक
नी–नायक	पच्–पाचक

अत् इस प्रत्यय के लगाने से (संस्कृत में) वर्तमानकालिक कृदंत बनता है, परंतु उसका प्रचार हिंदी में नहीं है। तथापि जगत्, जगती, दमयंती आदि कई संज्ञाएँ मूल कृदंत हैं।

अन (कर्तृवाचक)

नंद (प्रसन्न होना)–नंदन	मद् (पालन होना)–मदन
रम्–रमण	श्रु–श्रवण
रु–रावण	मुह–मोहन
सूद् (मारना)–(मधु) सूदन	साध–साधन
पु–पावन	पाल–पालन

(भाववाचक)

सह–सहन	शी (सेना)–शयन
भू–भवन	स्था–स्थान
मृ–मरण	रक्षा–रक्षण
भुज्–भोजन	हु (होम करना)–हवन

(करणवाचक)

नी–नयन	चर–चरण, भूष–भूषण
या–यान	वह–वाहन, वद्–वदन

न (भाववाचक)

विद् (चेतना)–वेदना	रच्–रचना
घट् (होना)–घटना	तुल–तुलना
सूच्–सूचना	प्र+अर्थ–प्रार्थना

वंद–वंदना | अ+राध्–आराधना
अव+हेल (तिरस्कार करना) | गवेष् (खोजना)–गवेषणा
अवहेलना | भू–भावना

अनीय (योग्यार्थ)

दृश–दर्शनीय | स्मृ–स्मरणीय
रम्–रमणीय | वि+चर्–विचारणीय
अ+दृ–आदरणीय | मन्–माननीय
कृ–करणीय | शुच्–शोचनीय

(सू.–हिंदी का 'सराहनीय' शब्द इसी आदर्श पर बना है।)

आ (भाववाचक)

इष् (इच्छा)–इच्छा, | कथ्–कथा, गृह्य (छिपना)–गुहा
पूज्–पूजा | क्राड्–क्रीड़ा, चिंत–चिंता
व्यथ्–व्यथा | शिक्षि्–शिक्षा, तृष्–तृषा

अस् (विविध अर्थ में)

सृ (चलना)–सरस् | वच् (बोलना)–वचम्
तम् (खेद करना)–तमस्
तिज् (टेना)–तेजस् | पय् (जाना)–वायस्
श्रृ (सताना)–शिरस् | वस् (जाना)–वयस्
ऋ (जाना)–उरस् | छंद (प्रसन्न करना)–छंदस्

(मू.–इन शब्दों का अंत का स् अथवा इसी का विसर्ग हिंदी में आने वाले संस्कृत सामासिक शब्दों में दिखाई देता है; जैसे–सरसिज, तेज पुंज, पयोद, छंदशास्त्र इत्यादि। इस कारण से हिंदी व्याकरण में इन शब्दों का मूल रूप बताना आवश्यक है। जब ये शब्द स्वतंत्र रूप से हिंदी में आते हैं, तब इनका अंत्य स् छोड़ दिया जाता है और ये सर, तम, तेज, पय आदि अकारांत शब्दों का रूप ग्रहण करते हैं।)

आलु (गुणवाचक)

दय्–दयालु, शी (सोना)–शयालु

इ (कर्तृवाचक)

ह–हरि, कु–कवि।

इन्–इस प्रत्यय के लगाने से जो (कर्तृवाचक) संज्ञाएँ बनती हैं, उनकी प्रथमा का एकवचन ईकारांत होता है। हिंदी में यही ईकारांत रूप प्रचलित है, इसलिए यहाँ ईकारांत ही के उदाहरण दिये जाते हैं।

त्यज् (छोड़ना)–त्यागी। दुष् (भूलना)–दोषी। युज्योगी। वद् (बोलना)–वादी।
द्विष् (वैर करना)–द्वेषी। उप+कृ–उपकारी। सम्+यम्संयमी। सह+चरसहचारी।

इस्–

द्युत् (चमकना)–ज्योतिस्, हु–हविस्।

(सू.–अस् प्रत्यय के नीचेवाली सूचना देखो।)

इष्णु (योग्यार्थक कर्तृवाचक)

सह–सहिष्णु। वृध् (बढ़ना) व र्धिष्णु।

'स्थाणु' और 'विष्णु' में केवल 'नु' प्रत्यय है और जिष्णु में ष्णु प्रत्यय है। न और ष्णु प्रत्यय इष्ण के शेष भाग हैं।

उ (कर्तृवाचक)

भिक्ष–भिक्षु। इच्छ–इच्छु (हितेच्छु), साध–साधु।

उक (कर्तृवाचक)

भिक्ष–भिक्षुक, हन् (मार डालना)–घातुक।

भू–भावुक, कम्–कामुक।

उर (कर्तृवाचक)

भास् (चमकना)–भासुर। भज् (टूटना)–भंगुर।

चक्ष् (कहना, देखना)–चक्षुस्। ई (जाना)–आयुस्।

यज् (पूजा करना)–यजुस्। (यजुर्वेद)। वप् (उत्पन्न करना)–वपस।

धन् (शब्द करना)–धनुस्।

(सू.–अस् प्रत्यय के नीचे की सूचना देखो।)

इस प्रत्यय के योग से भूतकालिक कृदंत बनते हैं। हिंदी में इनका प्रचार अधिकता से है।

गम्–गत	भू–भृत	कृ–कृत
मृ–मृत	मद–मत्त	जन–जात
हन्–हत	च्यु–च्युत	ख्या–ख्यात
त्यज् त्यक्त	श्रु श्रुत	वच् उक्त
गुह–गूढ़	सिध्–सिद्ध	तृप्–तृप्त
दुष्–दुष्ट	नश्–नष्ट	दृश्–दृष्ट
विद–विदित	कथ्–कथित	ग्रह–गृहीत

(अ) त के बदले कहीं-कहीं 'न' व 'ण' होता है।

ली (लगना)–लीन, कृ (फैलाना)–कीर्ण, (संकीर्ण), जृ (वृद्ध) होनाजीर्ण ऊद+विज्–उद्विग्न।

खिद्-खिन्न ही (छोड़ना हीन), अद् (खाना)–अन्न, शि–क्षीण।

(आ) किसी धातु में त और न दोनों प्रत्ययों के लगने से दो-दो रूप होते हैं। पुर्–पूरति, पूर्ण; त्रात्रात, त्राण।

(ई) त के स्थान में कभी-कभी क, म, व आते हैं।

शुष् (सूखना) शुष्क, पच–पक्व।

ता (तृ) (कर्तृवाचक)

मूल प्रत्यय तृ है, परंतु इस प्रत्ययवाले शब्दों की प्रथमा के पुल्लिंग एकवचन का रूप ताकारांत होता है, और वही रूप हिंदी में प्रचलित है। इसलिए यहाँ ताकारांत उदाहरण दिए जाते हैं।

दा–दाता	नी–नेता	श्रु–श्रोता
वच्–वक्ता	जि–जेता	भृ–भर्ता
कृ–कर्ता	भुज्–भोक्ता	हृ–हर्ता

(सू.–इन शब्दों का स्त्रीलिंग बनाने के लिए (हिंदी में) तृ प्रत्ययांत में ई लगाते हैं (दे. अंक 276 इ ई)। जैसे–ग्रंथकर्वी, धात्री, कवयित्री।)

नव्य (योग्यार्थक)

कृ–कर्तव्य	भू–भवितव्य	ज्ञा–ज्ञातव्य
दृश–द्रष्टव्य	श्र–श्रोतव्य	दा–दातव्य
पठ्–पठितव्य	वच्–वक्तव्य	

ति (भाववाचक)

कृ–कृति	प्री–प्रीति	शक्–शक्ति
स्मृ–स्मृति	री–रीति	स्था–स्थिति

(अ) कई एक नकारांत और मकारांत धातुओं के अंत्याक्षर का लोप होता है; जैसे–मन्–मति, क्षण–क्षति, गम्–गति, रम्–रति, यम्–यति।

(आ) कहीं-कहीं संधि के नियमों से कुछ रूपांतर हो जाता है; जैसे–बुध–बुद्धि, युज–युक्ति, सृज–सृष्टि, दृश–दृष्टि, स्था–स्थिति।

(इ) कहीं-कहीं ति के बदले नि आती है।

हा–हानि ग्लै–ग्लानि।

त्र (करणवाचक)

नी–नेत्र, श्र–श्रोत्र, पा–पात्र, शास्–शास्त्र।

अस्–अस्त्र, शस्–शस्त्र, क्षि–क्षेत्र।

(ई) किसी-किसी धातु में त्र के बदले इत्र पाया जाता है।

खन्–खनित्र, प–पवित्र चर–चरित्र।

त्रिम (निवृत्त के अर्थ में)

कृ–कृत्रिम।

न (भाववाचक)

यत् (उपाय करना) यत्न, स्वप्–स्वप्न, प्रच्छ–प्रश्न

मज्–यज्ञ, याच्–यांचा, तृष्–तृष्णा

मन् (विविध अर्थ में)

दा–दाम	कृ–कर्म	सि (बाँधना)–सीमा
धा–धाम	छद् (छिपाना)–छद्म	चर्–चर्म
बृह–ब्रह्म	जन्–जन्म	ह्नि–हेम

(सू.–ऊपर लिखे आकारांत शब्द 'मन्' प्रत्यय न् का लोप करने से बने हैं। हिंदी में मूल व्यंजनांत रूप का प्रचार न होने के कारण प्रथमा के एकवचन के रूप दिए गए हैं।)

मान

यह प्रत्यय यत् के समान वर्तमानकालिक कृदंत का है। इस प्रत्यय के योग से बने हुए शब्द हिंदी में बहुधा संज्ञा अथवा विशेषण होते हैं।

यज्–यजमान	वृत–वर्तमान	वि+रज्–विराजमान
विद्–विद्यमान	दीप–देदीप्यमान	ज्वल्–जाज्वल्यमान

(सू.–इन शब्दों के अनुकरण पर हिंदी के 'चलायमान' और 'शोभायमान' शब्द बने हैं।)

य (योग्यार्थक)

कृ–कार्य	त्यज्–त्याज्य	वध–वध्य
पठ–पाठ्य	वच्–वाच्य वाक्य	दा–देय
क्षम्–क्षम्य	गम्–गम्य	गद् (बोलना)–गद्य
वि+धा–विधेय	शीस्–शिष्य	पद्–पद्य
खाद्–खाद्य	दृश्–दृश्य	दह्–दह्य

या (भाववाचक)

विद्–विद्या	चर्–चर्या	कृ–क्रिया
शी–शय्या	मृग्–मृगया	सम्+अस्–समस्या

र् (गुणवाचक)

नम्–नम्र, हिस् (मार डालना)–हिंस्त्र।

रु (कर्तृवाचक)

दा–दारु, मि–मेरु

बर (गुणबाचक)

भास्–भास्वर, स्था–स्थावर, ईश–ईश्वर, नश्–नश्वर।

स+आ (इच्छाबोधक)

पा (पानी)–पिपासा	कृ (करना)–चिकीर्षा
ज्ञा (जानना)–जिज्ञासा	कित् (चंगा करना)–चिकित्सा
लत् (इच्छा करना)–लालसा	मन् (विचारना)–मीमांसा

(ख) संस्कृत तद्धित

अ (अपत्यवाचक)

रघु–राघव	कश्यप–काश्यप	कुरु–कौरव
पांडु–पांडव	पृथा–पार्थ	सुमित्र–सौमित्र
पर्वत–पार्वती (स्त्री.)	दुहित–दौहित्र	वसुदेव–वासुदेव

(गुणवाचक)

शिव–शैव, विष्णु–वैष्णव   चंद्र–चांद्र (मास, वर्ष)

मनु–मानव, पृथिवी–पार्थिव (लिंग), व्याकरण–वैयाकरण (जानेवाला)

निशा–नैश   सूर–सौर

(भाववाचक)

इस अर्थ में यह प्रत्यय बहुधा अकारंत, इकारांत और उकारांत शब्दों में लगता है।

कुशल–कौशल	पुरुष–पौरुष	मुनि–मौन
शुचि–शौच	लघु–लाघव	गुरु–गौरव

अक (उसको जानेवाला)

मीमांसा–मीमांसक, शिक्षा–शिक्षक।

आमह (उसका पिता)

पितृ–पितामह, मातृ–मातामह।

इ (उसका पुत्र)

दशरथ–दाशरथी (राम), मरुत–मारुति (हनुमान्)।

इक (उसको जाननेवाला)

तर्क–तार्किक, अलंकार–आलंकारिक, न्याय–नैयायिक, वेद–वैदिक।

(गुणवाचक)

वर्ष–वार्षिक	मास–मासिक
दिन–दैनिक	लोक–लौकिक
इतिहास–ऐतिहासिक	धर्म–धार्मिक
सेना–सैनिक	नौ–नाविक
मनस–मानसिक	पुराण–पौराणिक
समाज–सामाजिक	शरीर–शारीरिक
समय–सामयिक	तत्काल–तात्कालिक
धन–धनिक	अध्यात्म–आध्यात्मिक

इत (गुणवाचक)

पुष्प–पुष्पित, फल–फलित, दुःख–दुःखित

कंटक–कंटकित, कुसुम–कुसुमित, पल्लव–पल्लवित

हर्ष–हर्षित, आनंद–आनंदित, प्रतिबिंब–प्रतिबिंबित

इन् (कर्तृवाचक)

इस प्रत्ययवाले शब्दों का प्रथमा के एकवचन में न का लोप होने पर ईकारांत रूप हो जाता है, यही रूप हिंदी में प्रचलित है, इसलिए यहाँ इसी के उदाहरण दिए जाते हैं। यह प्रत्यय बहुधा अकारांत शब्दों में लगाया जाता है।

शास्त्र–शास्त्री	हल–हली	तरंग–तरंगिणी (स्त्री.)
धन–धनी	अर्थ–अर्थी	पक्ष–पक्षी
क्रोध–कोधी	योग–योगी	सुख–सुखी

हस्त–हस्ती, पुष्कर–पुष्करिणी (स्त्री.), दंत–दंती।

इन–यह प्रत्यय फल, मल और बर्ह में लगाया जाता है।

फल–फलिन, मल–मलिन, बर्ह–बहिण (मोर)। बहिण शब्द का रूप बहीं भी होता है।

(अ) अधि–अधीन प्राच (पहले)–प्राचीन

अर्वाच (पीछे)–अर्वाचीन, सम्यच् (भलीभाँति)–समीचीन

इम (गुणवाचक)

अग्र–अग्रिम, अंत–अंतिम, पश्चात्–पश्चिम।

इमा (भाववाचक)

महत्–महिमा	गुरु–गरिमा	लघु–लघिमा
रक्त–रक्तिमा	अरुण–अरुणिमा	नील–नीलिमा

इय (भाववाचक)

यज्ञ–यज्ञिय, राष्ट्र–राष्ट्रिय, क्षत्र–क्षत्रिय।

इल (गुणवाचक)

तुंद–तुंदिल (हिं. तोंदल), पंक–पकिल, जटा–जटिल, फेन–फेनिल।

इष्ट (श्रेष्ठता के अर्थ में)

बली–बिलिष्ठ, स्वाद–स्वादिष्ठ, गुरु–गरिष्ठ, श्रेयष्–श्रेष्ठ।

ईन (गुणवाचक)

ग्रामग्रामीण	पार–पारीण

ईय (संबंधवाचक)

त्वत्–त्वदाय	तद्–तदीय
मत्–मदीय	भवत्–भवदीय
नारद–नारदीय	पाणिनि–पाणिनीय

(अ) स्व, पर और राजन् में इस प्रत्यय के पूर्व क् का आगम होता है। जैसे–स्वकीय, परकीय, राजकीय।

उल (संबंधवाचक)

मातृ–मातुल (माया)।

एय (अपत्यवाचक)

विनता–वैनतेय	कुंती–कौंतेय	गंगा–गांगेय
भगिनी–भागिनेय	मृकंड–मार्कण्डेय	राधा–राधेय

(विविध अर्थ में)

अग्नि–आग्नेय	पुरुष–पौरुषेय।
पथिन्–पाथेय	अतिथि–आतिथेय

क (ऊतवाचक)

पुत्र–पुत्रक, बाल–बालक, वृक्ष–वृक्षक, नौ–नौका (स्त्री.)।

(समुदायवाचक)

पंच–पंचक	सप्त–सप्तक
अष्ट–अष्टक	दश–दशक

कट (विधि अर्थ में)

यह प्रत्यय कुछ उपसर्गों में लगाने से ये शब्द बनते हैं–

संकट, प्रकट, विकट, निकट, उत्कट।

कल्प (ऊनवाचक)

कुमारकल्प, कविकल्प, मृतकल्प, विद्वत्कल्प।

चित् (अनिश्चयवाचक)

क्वचित्, कदाचित्, किंचित्

ठ (कर्तृवाचक)

कर्मन्–कर्मठ, जरा–जरठ।

तन (काल संबंध-वाचक)

सदा (सना)–सनातन	पुरा–पुरातन
नव–नूतन	प्राच्–प्राक्तन
अद्य–अद्यतन	चिर्–चिरंतन

तस् (रीतिवाचक)

प्रथम–प्रथमतः, स्वतः, उभयतः, तत्वतः, अंशतः।

त्य (संबंधवाचक)

दक्षिण–दाक्षिणात्य	पश्चात्–पाश्चात्य
अमा–अमात्य	नि–नित्य
अत्र–अत्रत्य	तत्र–तत्रत्य

(सू.–पश्चिमात्य और पौर्वात्य शब्द इन शब्दों के अनुकरण पर हिंदी में प्रचलित हुए हैं, पर अशुद्ध।)

त्र (स्थानवाचक)

यद–यत्र, तद–तत्र, सर्वत्र, अन्यत्र, एकत्र।

ता (भाववाचक)

गुरु–गुरुता	लघु–लघुता	कवि–कविता
मधुर–मधुरता	सम–समता	आवश्यक–आवश्यकता
नवीन–नवीनता	विशेष–विशेषता	

(समूहवाचक)

जन–जनता, ग्राम–ग्रामता, बंधु–बंधुता, सहाय–सहायता।

'सहायता' शब्द हिंदी में केवल भाववाचक है।

त्व (भाववाचक)

गुरुत्व	ब्राह्मणत्व
पुरुषत्व	सतीत्व
राजत्व	बंधुत्व

था (रीतिवाचक)

तद्–तथा	यद्–यथा
सर्व–सर्वथा	अन्य–अन्यथा

दा (कालवाचक)

सर्व–सर्वदा, यद्–यदा, किम्–कदा, सर्व–सदा

धा (प्रकारवाचक)

द्वि–द्विधा, शत–शतधा, बहुधा।

धेय (गुणवाचक)

नाम–नामधेय, भागधेय।

म (गुणवाचक)

मध्य–मध्यम, आदि–आदिम, अधस–अधम,

द्रु (शाखा)–द्रुम।

मत् (गुणवाचक)

श्रीमान	मतिमान्	बुद्धिमान्
आयुष्मान्	धीमान्	गोमती (स्त्री.)

'बुद्धिवान्' शब्द अशुद्ध है।

(सू.–मत् (मान्) के सदृश वत् (वान्) प्रत्यय है, जो आगे लिखा जायगा)।

मय (विकार और व्याप्ति) के अर्थ में–

काष्ठमय, विष्णुमय, जलमय, मांसमय, तेजोमय।

मात्र–नाममात्र, पलमात्र, लेशमात्र क्षणमात्र।

मिन्–(कर्तृवाचक)

स्व–स्वामी, वाक्–वाग्मी (वक्ता)।

य (भाववाचक)

मधुर–माधुर्य, चतुर–चातुर्य, पंडित–पांडित्य।

वणिज–वाणिज्य, स्वस्थ–स्वास्थ्य, अधिपति–आधिपत्य।

धीर–धैर्य, वीर–वीर्य। ब्राह्मण–ब्राह्मण्य।

(अपत्यवाचक, संबंधवाचक)

शंडल–शांडिल्य, पुलस्ति–पौलस्त्य, दिति–दैत्य

जमदग्नि–जामदग्न्य, चतुर्मास–चातुर्मास्य (हि. चौमासा)।

धन–धान्य	मूल–मूल्य	तालु–तालव्य
मुख–मुख्य	ग्राम–ग्राम्य	अंत–अंत्य

र (गुणावाचक)

मधु–मधुर	मुख–मुखर	कुंज–कुंजर
नग–नगर	पांडु–पांडुर	

ल (गुणवाचक)

वत्स–वत्सल	शीत–शीतल	श्याम–श्यामल
मंजु–मंजुल	मांस–मांसल	

लु (गुणवाचक)

श्रद्धालु, दयालु, कृपालु, निद्रालु।

व (गुणवाचक)

केश–केशव (सुंदर केशवाला, विष्णु), विषु समान)–विषुव (दिन-रात समान होने का काल वा वृत्त), राजी (रेखा)–राजीव (रेखा में बढ़नेवाला, कमल) अर्णस् (पानी)–अर्णव (समुद्र)।

वत् (गुणवाचक)

यह प्रत्यय अकारांत वा आकारांत संज्ञाओं के पश्चात् आता है।

धनवान् विद्यावान, ज्ञानवान् रूपवान् भाग्यवती (स्त्री.)।

(अ) किसी-किसी सर्वनाम में इस प्रत्यय को लगाने से अनिश्चित संख्यावाचक विशेषण बनते हैं।

यत्–यावत् तद्–तावत्

(आ) यह प्रत्यय 'तुल्य' के अर्थ में भी आता है और इससे क्रिया-विशेषण बनते हैं। मातृवत, पितृवत, पुत्रवत, आत्मवत

वल (गुणवाचक)

कृषीवल, रजस्वला (स्त्री.), शिखावल (मयूर), दंतावल (हाथी), ऊर्जस्वल (बलवान)।

विन् (गुणवाचक)

तपस–तपस्वी यशस्–यशस्वी तेजस्–तेजस्वी

माया–मायावी मेधा–मेधावी

पवस्–पयस्विनी (स्त्री., दुधार गाय)

व्य (संबंधवाचक)

पितृव्य (काका), भ्रातृव्य (भतीजा)

श (विविध अर्थ में)

रोम–रोमश, कर्क–कर्कश।

शः (रीतिवाचक)

क्रमशः, अक्षरशः, अल्पशः, कोटिशः।

सात् (विकारवाचक)

भस्म–भस्मात् अग्नि–अग्निसात्

जल–जलसात् भूमि–भूमिसात्

(सू.–ये शब्द बहुधा होना या करना क्रिया के साथ आते हैं।)

(सू.–हिंदी भाषा दिन-दिन बढ़ती जाती है और उसे अपनी बुद्धि के लिए बहुधा संस्कृत के शब्द और उनके साथ उसके प्रत्ययों को लेने की आवश्यकता पड़ती है, इसलिए इस सूची में समय-समय पर और भी शब्दों तथा प्रत्ययों का समावेश हो सकता है। इस दृष्टि से इस अध्याय को अभी अपूर्ण ही समझना चाहिए। तथापि वर्तमान हिंदी की दृष्टि से इसमें प्रायः वे सब शब्द और प्रत्यय आ गए हैं, जिनका प्रचार अभी हमारी भाषा में है।)

436. ऊपर लिखे प्रत्ययों के सिवा संस्कृत में कई एक शब्द ऐसे हैं, जो समाज में उपसर्ग अथवा प्रत्यय के समान प्रयुक्त होते हैं। यद्यपि इन शब्दों में स्वतंत्र अर्थ रहता है, जिसके कारण इन्हें शब्द कहते हैं, तथापि इनका स्वतंत्र प्रयोग बहुत कम होता है। इसलिए इन्हें यहाँ उपसर्गों और प्रत्ययों के साथ लिखते हैं।

जिन शब्दों के पूर्व यह (*) चिह्न है उनका प्रयोग बहुधा प्रत्ययों ही के समान होता है।

अधीन–स्वाधीन, पराधीन, देवाधीन, भाग्याधीन।

अंतर–देशांतर, भाषांतर, मन्वंतर, अर्थांतर, रूपांतर।

अन्वित–दु:खान्वित, दोषान्वित, भयान्वित, क्रोधान्वित, मोहान्वित, लोभान्वित।

अपह–शोकापह, दु:खापह, सुखापह, मानापह।

अध्यक्ष–दानाध्यक्ष, कोषाध्यक्ष, सभाध्यक्ष।

अतीत–कालातीत, गुणातीत, आशातीत, स्मरणातीत।

अनुरूप–गुणानुरूप, योग्यतानुरूप, मतिअनुरूप (राम.), आज्ञानुरूप।

अनुसार–कर्मानुसार, भाग्यानुसार, समयानुसार।

अभिमुख–दक्षिणाभिमुख, पूर्वाभिमुख, मरणाभिमुख।

अर्थ–धर्मार्थ, संमत्यर्थ, प्रीत्यर्थ, समालोचनार्थ।

अर्थी–धनार्थी, विद्यार्थी, शिक्षार्थी, फलार्थी, मानार्थी।

अर्ह–पूजार्ह, दंडार्ह, विचारार्ह।

आक्रांत–रोगाक्रांत, पदाक्रांत, चिंताक्रांत, क्षुधाक्रांत, दु:खाक्रांत।

आतुर–प्रेमातुर, कामातुर, चिंतातुर।

आकुल–चिंताकुल, भयाकुल, शोकाकुल, प्रेमाकुल।

आचार–देशाचार, पापाचार, शिष्टाचार, कुलाचार।

आत्म–आत्मप्रस्तुति, आत्मश्लाघा, आत्माघात, आत्महत्या।

आपन्न–दोषापन्न, खेदापन्न, सुखापन्न, स्थानापन्न।

आवह–हितावह, गुणावह, फलावह, सुखावह।

आर्त्त–दु:खार्त्त, शोकार्त्त, क्षुधार्त्त, तृषार्त।

आशय–महाशय, नीचाशय, क्षुद्राशय, जलाशय।

आस्पद–दोषास्पद, निंदास्पद, लज्जास्पद, हास्यास्पद।

*__आढ्य__–बलाढ्य, धनाढ्य, गुणाढ्य।

*__उत्तर__–लोकोत्तर, भोजनोत्तर।

*__कर__–प्रभाकर, दिनकर, दिवाकर, हितकर, सुखकर।

*__कार__–स्वर्णकार, चर्मकार, ग्रंथकार, कुंभकार, नाटककार।

*__कालीन__–समकालीन, पूर्वकालीन, जन्मकालीन।

*__ग__–(गम् धातु का अंश=जानेवाला)

उरग, तुरग (तुरंग), विहग (विहंग), दुर्ग, खग, अग, नग।

*__गत__–गतवैभव, गतायु, गतश्री, मनोगत, दृष्टिगत, कंठगत, व्यक्तिगत।

गम–तुरंगम, विहंगम, दुर्गम, सुगम, अगम, सगम, हृदयंगम।

गम्य–बुद्धिगम्य, विचारगम्य।

ग्रस्त–वादग्रस्त, चिंताग्रस्त, व्याधिग्रस्त, भयग्रस्त।

घात–विश्वासघात, प्राणघात, आशाघात।

*__घ्न__–(हन् धातु का अंश=मार डालनेवाला)

कृतघ्न, पापघ्न, मातृघ्न, वातघ्न।

***चर**–जलचर, निशाचर, खेचर, अनुचर।

चतक–शुभचिंतक, हितचिंतक, लाभचिंतक।

अन्य–क्रोधजन्य, अज्ञानजन्य, स्पर्शजन्य, प्रेमजन्य।

***ज**–(जिन् धातु का अंशउअन्न होनेवाला)

मंडल, पिंडज, स्वेदज, जलल, वारिज, अनुज, पूर्वज, पित्तज, जारज, द्विज।

जाल–शब्दजाल, कर्मजाल, मायाजाल, प्रेमजाल।

***जीवी**–श्रमजीवी, धनजीवी, कष्टजीवी, क्षणजीवी।

***दर्शी**–दूरदर्शी, कालदर्शी, सूक्ष्मदर्शी।

***द**–(दा धातु का अंश=देनेवाला)

सुखद, जलद, धनद वारिद, मोक्षद, नर्मदा, (स्त्री.)।

***दायक**–सुखदायक, गुणदायक, आनंददायक, मंगलदायक, भयदायक।

***दायी**–दायक के समान (स्त्रीदायिनी)।

***धर**–महीधर, गिरिधर, पयोधर, हलधर, गंगाधर, जलधर, धाराधर।

***धार**–सूत्रधार, कर्णधार।

धर्म–राजधर्म, कुलधर्म, सेवाधर्म, पुत्रधर्म, प्रजाधर्म, जातिधर्म।

नाशक–कफनाशक, कृमिनाशक, धननाशक, विप्ननाशक।

निष्ठ–कर्मनिष्ठ, योगनिष्ठ, राजनिष्ठ, ब्रह्मनिष्ठ।

पर–तत्पर, स्वार्थपर, धर्मपर।

परायण–भक्तिपरायण, स्वार्थपरायण, प्रेमपरायण।

बुद्धि–पापबुद्धि, पुण्यबुद्धि, धर्मबुद्धि।

भाव–मित्रभाव, शत्रुभाव, बंधुभाव, स्त्रीभाव, प्रेमभाव, कार्य-कारण-भाव, बिंब-प्रतिबिंब-भाव।

भेद–पाठभेद, अर्थभेद, मतभेद, बुद्धिभेद।

युत–श्रीयुत, अयुत, धर्मयुत।

(सू.–'युत' का 'त्' हलंत नहीं है।)

रहित–ज्ञानरहित, धर्मरहित, प्रेमरहित, भावरहित।

रूप–वायुरूप, अग्निरूप, मायारूप, नररूप, देवरूप।

शील–धर्मशील, सहनशील, पुण्यशील, दानशील, विचारशील, कर्मशील।

शाली–भाग्यशाली, ऐश्वर्यशाली, बुद्धिशाली, वीर्यशाली।

शून्य–ज्ञानशून्य, द्रव्यशून्य, अर्थशून्य।

शूर–कर्मशूर, दानशूर, रणशूर, आरंभशूर।

साध्य–द्रव्यसाध्य, कष्टसाध्य, यत्नसाध्य।

***स्थ** –(स्था धातु का अंश=रहनेवाला) गृहस्थ, मार्गस्थ, तटस्थ, उदरस्थ, आत्मस्थ, अंत:स्थ।

हत–हतभाग्य, हतवीर्य, हतबुद्धि, हताश।

हर–(हर्ता, कारक, हारी) पापहर, रोगहर, दुखहर, दोषहर्ता, दु:खहर्ता, श्रमहारी, तापहारी, वातहारक।

हीन–हीनकर्म, हीनबुद्धि, हीनकुल, गणहीन, धनहीन, मतिहीन, विद्याहीन, शक्तिहीन।

ज्ञ–(ज्ञ धातु का अंश=जाननेवाला) शास्त्रज्ञ, धर्मज्ञ, सर्वज्ञ, मर्मज्ञ, विज्ञ, नीतिज्ञ, विशेषज्ञ, अभिज्ञ (ज्ञाता) इत्यादि।

चौथा अध्याय

हिंदी प्रत्यय

(क) हिंदी कृदंत

अ–यह प्रत्यय आकारांत धातुओं में जोड़ा जाता है और इसके योग से भाववाचक संज्ञाएँ बनती हैं; जैसे–

लूटना–लूट	मारना–मार
जाँचना–जाँच	चमकना–चमक
पहुँचना–पहुँच	समझना–समझ
देखनाभालना–देखभाल	उछलनाकूदना–उछलकूद

(सू.–'हिंदी व्याकरण' में इस प्रत्यय का नाम 'शून्य' लिखा गया है, जिसका अर्थ यह है कि धातु में कुछ भी नहीं जोड़ा जाता और उसी का प्रयोग भाववाचक संज्ञा के समान होता है। यथार्थ में यह बात ठीक है, पर हमने शून्य के बदले 'अ' इसलिए लिखा है कि शून्य शब्द से होनेवाला भ्रम दूर हो जाए। इस 'अ' प्रत्यय के आदेश से धातु के अंत्य 'अ' का लोप समझना चाहिए।)

(अ) किसी-किसी धातु के उपांत्य ह्रस्व 'इ' और 'उ' को गुणादेश होता है; जैसे–मिलना–हेल-मेल, झुकना–झोक।

(आ) कहीं-कहीं धातु के उपांत्य 'अ' की वृद्धि होती है; जैसे–

अड़ना–आड़	लगन–लाग
चलना–चाल	फटना–फाट
बढ़ना–बाढ़	

(इ) इसके योग से कोई-कोई विशेषण भी बनते हैं; जैसे–

बढ़ना–बढ़	घटना–घट	भरना–भर

(ई) इस प्रत्यय के योग से पूर्वकालिक कृदंत अव्यय बनता है; जैसे–

चलना–चल	जाना–जा	देखना–देख

(सू.–प्राचीन कविता में इस अव्यय का इकारांत रूप पाया जाता है, जैसे–देखना–देखि। फेंकना–फेकि। उठना–उठि। स्वरांत धातुओं के साथ 'इ' के स्थान में बहुधा 'य' का आदेश होता है, जैसे–खाय, गाय।)

अक्कड़ (कर्तृवाचक)

बूझना–बुझक्कड़	कूदना–कुदक्कड़
भूलना-भुलक्कड़	पीना–पियक्कड़

अंत (भाववाचक)

गढ़ना–गढ़ंत	लिपटना–लिपटंत

लड़ना–लड़ंत रटना–रटंत

आ–इस प्रत्यय के योग से बहुधा भाववाचक संज्ञाएँ बनती हैं; जैसे–

घेरना–घेरा फेरना–फेरा जोड़ना–जोड़ा

झगड़ना–झगड़ा छापना–छापा रगड़ना–रगड़ा

झटकना–झटका उतारना–उतारा तोड़ना–तोड़ा

(अ) इस प्रत्यय के लगने के पूर्व किसी-किसी धातु के उपांत्य स्वर में गुण होता है; जैसे–

मिलना–मेला टूटना–टोटा झुकना–झोका

(आ) समास में इस प्रत्यय के योग से कई एक कर्तृवाचक संज्ञाएँ बनती हैं; जैसे–

(घुड़)–चढ़ा (अंग)–रखा (भड़)–भूंजा

(कठ)–फोड़ा (गंठ)–कटा (मन)–चला

(मिठ)–बोला (ले)–लेवा (दे)–देवा

(इ) भूतकालिक कृदंत इसी प्रत्यय के योग से बनाए जाते हैं; जैसे–

मरना–मरा धोना–धोया खींचना–खींचा

पड़ना–पड़ा बनाना–बनाया बैठना–बैठा

(ई) कोई-कोई करणवाचक संज्ञाएँ; जैसे–

झूलना–झूला ठेलना–ठेला फाँसना–फाँसा

झारना–झारा पोतना–पोता घेरना–घेरा

आई–इस प्रत्यय से भाववाचक संज्ञाएँ बनती हैं; जिनसे (1) क्रिया के व्यापार और (2) क्रिया के नामों का बोध होता है; जैसे–

(1) लड़ना–लड़ाई समाना–समाई चढ़ना–चढ़ाई

दिखना–दिखाई सुनना–सुनाई पढ़ना–पढ़ाई

खुदना–खुदाई जुतना–जुताई सीना–सिलाई

(2) खिलाना–खिलाई पिसाना–पिसाई

चराना–चराई कमाना–कमाई

लिखाना–लिखाई धुलाना–धुलाई

(सू.–'आना' से 'अवाई' और 'जाना' से 'जवाई' भाववाचक संज्ञाएँ (क्रिया के व्यापार के अर्थ में) बनती हैं।

आऊ यह प्रत्यय किसी-किसी धातु में योग्यता के अर्थ में लगता है; जैसे–

टिकना–टिकाऊ बिकाना–बिकाऊ

चलना–चलाऊ दिखना–दिखाऊ

जलना–जलाऊ गिरना–गिराऊ

(अ) किसी-किसी धातु में इस प्रत्यय का अर्थ कर्तृवाचक होता है; जैसे–

खाना–खाऊ उड़ाना–उड़ाऊ जुझाना–जुझाऊ

अंक, आक, आकू (कर्तृवाचक)

उड़ना–उड़ंकू लड़ना–लड़ंकू

पैरना–पैराक तैरना–तैराक

लड़ना–लड़ाक (लड़ाका, लड़ाकू) उड़ना–उड़ाक (उड़ाकू)

आन (भाववाचक)

उठना–उठान
उड़ना–उड़ान
लगना–लगान
मिलना–मिलाप
चलना–चलाना

आप (भाववाचक)

मिलना–मिलाप
जलना–जलापा
पूजना–पूजापा
चढ़ना–चढ़ाव
बचना–बचाव
छिड़कना–छिड़काव
बहना–बहाव
लगना–लगाव
जमना–जमाव
पड़ना–पड़ाव
घूमना–घुमाव

आवट (भाववाचक)

लिखना–लिखावट
थकना–थकावट
रुकना–रुकावट
बनना–बनावट
सजना–सजावट
दिखना–दिखावट
लगनालगावट
मिलना–मिलावट
कहना–कहावत

आवना (विशेषण)

सुहाना–सुहावना
लुभाना–लुभावना
डराना–डरावना

आवा (भाववाचक)

छुड़ाना–छुड़ावा
भुलाना–भुलावा
छलना–छलावा
बुलाना–बुलावा
चलना–चलावा
पहिरना–पहिरावा
पछताना–पछतावा

आस (भाववाचक)

पीना–प्यास
ऊँघना–ऊँघास
रोना–रोआँस

आहट (भाववाचक)

चिल्लाना–चिल्लाहट
घबराना–घबराहट
गड़गडाना–गड़गड़ाहट
भनभनाना–भनभनाहट
गुर्राना–गुर्राहट
जगमगाना–जगमगाहट

(सू.–यह प्रत्यय बहुधा अनुकरणवाचक शब्दों के साथ आता है और 'शब्द' के अर्थ में इसका स्वतंत्र प्रयोग भी होता है।)

इयल (कर्तृवाचक)

अड़ना–अड़ियल
सड़ना–सड़ियल
मरना–मरियल
बढ़ना–बढ़ियल

ई (भाववाचक)

हँसना–हँसी	कहना–कही
बोलना–बोली	मरना–मरी
धमकाना–धमकी	घुड़कना–घुड़की

(करणवाचक)

रेतना–रेती	फाँसना–फाँसी
गाँसना–गाँसी	चिमटना–चिमटी
टाँकना–टाँकी	

इया (कर्तृवाचक)

जड़ना–जड़िया	लखना–लखिया
धुनना–धुनिया	नियारना–नियारिया

(गुणवाचक)

बढ़ना–बढ़िया	घटना–घटिया

ऊ (कर्तृवाचक)

खाना–खाऊ	रटना–रट्टू
उतरना–उतारू (तैयार)	चलना–चालू
बिगड़ना–बिगाड़ू	मारना–मारू
काटना–काटू	लगना–लागू (मराठी)

(करणवाचक)

झाड़ना–झाड़।

ए–यह प्रत्यय सब धातुओं में लगता है और इसके योग से अव्यय बनते हैं। इससे क्रिया की समाप्ति का बोध होता है, इसलिए इससे बने हुए शब्दों को बहुधा पूर्ण क्रियाद्योतक कृदंत कहते हैं। इन अव्ययों का प्रयोग क्रिया-विशेषण के समान तीनों कालों में होता है। ये अव्यय संयुक्त क्रियाओं में भी आते हैं, जिनका विचार यथास्थान हो चुका है।

उदाहरण : देखे, पाए, लिए, समेटे, निकले।

एरा (कर्तृवाचक)

कमाना–कमेरा	लूटना–लुटेरा
(भाववाचक) निबटाना–निबटेरा	बसना–बसेरा

ऐया (कर्तृवाचक)

काटना–कटैया	बचाना–बचौया
परोसना–परोसैया	भरना–भरैया

(सू.–इस प्रत्यय का प्रचार हिंदी में अधिक है, आधुनिक हिंदी में इसके बदले 'वैया' प्रत्यय आता है, जो यथास्थान लिखा जाएगा।)

ऐत (कर्तृवाचक)

लड़ना–लड़ैत	चढ़ना–चढ़ैत	फेंकना–फिकैत

ओड़ा (कर्तृवाचक)

भागना–भगोड़ा | हँसना–हँसौड़ा (हँसौड़)

औता, औती (भाववाचक)

समझाना–समझौता | मानना–मनौती
छुड़ाना–छुड़ौती | चुकना–चुकौता, चुकौती
कसना–कसौटी | चुनना–चुनौती (प्रेरणा)

औना, औनी, आवनी (विविध अर्थ में)

खेलना–खिलौना | बिछाना–बिछौना
ओढ़ना–उढ़ौना | पहराना–पहरौनी (पहरावनी)
छाना–छावनी | ठहरना–ठहरौनी
कहना–कहानी | आँख मींचना (आँखमिचौनी)

औवल (भाववाचक)

बूझना–बुझौवल | बनाना–बनौवल
मींचना–मिचौवाल

क (भाववाचक, स्थानवाचक)

बैठना–बैठक | फाड़ना–फाटक

(कर्तृवाचक)

मारना–मारक | घालना–घालक
घोलना–घोलक | जाँचना–जाँचक

(सू.–किसी-किसी अनुकरणवाचक मूल अव्यय के आगे इस प्रत्यय के योग से धातु भी बनते हैं; जैसे–खड़–खड़कना, धड़–धड़कना, तड़–तड़कना, धम–धमकना, खट–खटकना।)

कर, के, करके ये प्रत्यय सब धातुओं में लगते हैं और इनके योग से अव्यय बनते हैं। इन प्रत्ययों में 'कर' अधिक शिष्ट समझा जाता है और गद्य में बहुधा इसी का प्रयोग होता है। इन प्रत्ययों से बने हुए अव्यय पूर्वकालिक कृदंत कहलाते हैं और उनका उपयोग क्रिया-विशेषण के समान तीनों कालों में होता है। पूर्वकालिक कृदंत अव्यय का उपयोग संयुक्त क्रियाओं की रचना में होता है, जिनका वर्णन संयुक्त क्रियाओं के अध्याय में आ चुका है। उदाहरण : देकर, जाकर, दौड़ करके।

(सू.–किसी-किसी की सम्मति में 'कर' और 'करके' प्रत्यय नहीं हैं, किंतु स्वतंत्र शब्द हैं और कदाचित् इसी विचार से वे लोग 'चलकर' शब्द को अलग-अलग 'चल कर' लिखते हैं। यदि यह भी मान लिया जावे कि 'कर' स्वतंत्र शब्द है, पर कई एक स्वतंत्र शब्द भी अपनी स्वतंत्रता त्याग कर प्रत्यय हो गए हैं तो भी उसे अलग-अलग लिखने के लिए कारण नहीं हैं, क्योंकि समास में भी तो दो या अधिक शब्द एकत्र लिखे जाते हैं।

का (विविध अर्थ में) | छीलना–छिलका
की (विविध अर्थ में) | फिरना–फिरकी, फूटना–फुटकी
गी (भाववाचक) | देना–देनगी।

त (भाववाचक)

बचना–बचत	खपना–खपत
पड़ना–पड़त	रँगना–रंगत

ता–इस प्रत्यय के द्वारा सब धातुओं से वर्तमानकालिक कृदंत बनते हैं, जिनका प्रयोग विशेषण के समान होता है और जिनमें विशेष्य के लिंग, वचन के अनुसार विकार होता है। काल रचना में इस कृदंत का बहुत उपयोग होता है। उदाहरण : जाता, आता, देखता, करता।

ती (भाववाचक)

बढ़ना–बढ़ती	घटना–घटती	चढ़ना–चढ़ती
भरना–भरती	चुकना–चुकती	गिनना–गिनती
झड़ना–झड़ती	पाना–पावती	फबना–फबती

ते–इस प्रत्यय के द्वारा सब धातुओं से अपूर्ण क्रियाद्योतक कृदंत बनाए जाते हैं, जिनका प्रयोग क्रिया-विशेषण के समान होता है। इससे बहुधा मुख्य क्रिया के समय होनेवाली घटना का बोध होता है। कभी-कभी इससे 'लगातार' का अर्थ भी निकलता है; जैसे–मुझे आपको खोजते कई घंटे हो गए। उनको यहाँ रहते तीन बरस हो चुके।

न (भाववाचक)

चलना–चलन	कहना–कहन
मुस्क्याना–मुस्क्यान	लेनादेना–लेनदेन
खाना-पीना–खानपान	ब्याना–ब्यान
सीना–सियान, सीवन	

(करणवाचक)

झाड़ना–झाड़न	बेलना–बेलन	जमाना–जामन

(सू.(1)–कभी-कभी एक ही करणवाचक शब्द कई अर्थों में आता है; जैसे–झाड़न–झाड़ने का हथियार अथवा झाड़ा हुआ पदार्थ (कूड़ा)।

(2) 'न' प्रत्यय संस्कृत के 'अन' कृदंत प्रत्यय से निकला है।)

ना–इस प्रत्यय के योग से क्रियार्थक, कर्मवाचक और करणवाचक संज्ञाएँ बनती हैं। हिंदी में इस कृदंत से धातु का निर्देश करते हैं, जैसे–बोलना, लिखना, देना, खाना इत्यादि।

(सू.–संस्कृत के 'अन' प्रत्यायंत कृदंतों से हिंदी के कई ना प्रत्ययांत कृदंत निकले हैं, पर ऐसा भी जान पड़ता है कि संस्कृत से केवल 'अन' प्रत्यय लेकर उसे 'न' कर लिया गया है, क्योंकि यह प्रत्यय उर्दू शब्दों में भी लगा दिया जाता है और हिंदी के दूसरे शब्दों में भी जोड़ा जाता है; जैसे–उर्दू शब्द–बदल से बदलना, गुजर से गुजरना, दाग से दागना, गर्म से गर्माना। हिंदी शब्द–अलग से अलगाना, अपना से अपनाना, लाठी से लठियाना, रिस से रिसाना इत्यादि।)

(कर्मवाचक)

खाना–खाना (भोज्य पदार्थ) इस अर्थ में यह शब्द बहुधा मुसलमानों और उनके सहवासियों में प्रचलित है। गाना–गाना (गीत), बोलना–चालना (बात) इत्यादि।

(अ) (कारणवाचक)

बेलना–बेलना कसना–कसना

ओढ़ना–ओढ़ना घोटना–घोटना

(आ) किसी-किसी धातु का आद्य स्वर ह्रस्व हो जाता है; जैसे–

बाँधना–बँधना छानना–छनना कूटना–कुटना

(इ) विशेषण

उड़ना (उड़नेवाला) हँसना (हँसनेवाला)

रोना (रोनेवाला, रोनीसूरत) लदना (बैल)

(ई) (अधिकरणवाचक) झिरना, रमना, पालना।

नी–इस प्रत्यय के योग से स्त्रीलिंग कृदंत संज्ञाएँ बनती हैं।

(अ) (भाववाचक)

करना–करनी भरना–भरनी

कटना–कटनी बोना–बोनी

(आ) (कर्मवाचक)–चटनी, सुँघनी, कहानी।

(इ) (करणवाचक)

धौंकनी, ओटनी, कतरनी, छननी, कुरेदनी, लेखनी, ढकनी, सुमरनी।

(ई) (विशेषण)

कहनी (कहने के योग्य), सुननी (सुनने के योग्य)

वाँ (विशेषण)

ढालना–ढलवाँ काटना–कटवाँ

पीटना–पीटवाँ चुनना–चुनवाँ

वाला–यह प्रत्यय सब क्रियार्थक संज्ञाओं में लगता है और इसके योग से कर्तृवाचक विशेषण और संज्ञाएँ बनती हैं। इस प्रत्यय के पूर्व अंत्य 'आ' के स्थान में 'ए' हो जाता है; जैसे–जानेवाला, रोकनेवाला, खानेवाला, देनेवाला।

वैया–यह प्रत्यय ऐसा ही पर्यायी है और 'वाला' का समानार्थी है। इसका प्रयोग एकाक्षरी धातुओं के साथ अधिक होता है; जैसे–गवैया, छवैया, दिवैया, रखवैया।

सार–मिलनसार (यह प्रत्यय उर्दू है)।

हार–यह वाला के स्थान में कुछ धातुओं से संयुक्त होता है; जैसे–मरनहार, होनहार, जानहार।

हारा–यह प्रत्यय 'वाला' का पर्यायी है; पर इसका प्रचार गद्य में कम होता है।

हा (कर्तृवाचक)

काटना–कटहार मारना–मरकहा, चराना–चरवाहा।

(ख) हिंदी तद्धित

आ–यह प्रत्यय कई एक संज्ञाओं में लगाकर विशेषण बनते हैं; जैसे–

भूख–भूखा प्यास–प्यासा मैल–मैला

प्यार–प्यारा ठंड–ठंडा खार–खारा

(अ) कभी-कभी एक संज्ञा से दूसरी भाववाचक अथवा समुदायवाचक संज्ञा बनती है; जैसे–

जोड़–जोड़ा	चूर–चूरा	सर्राफ–सर्राफा
बजाज–बजाजा		बोझ–बोझा

(आ) नाम और जातिसूचक संज्ञाओं में यह प्रत्यय अनादर अथवा दुलार के अर्थ में आता है; जैसे–

शंकर–शंकरा	ठाकुर–ठाकुरा	बलदेव–बलदेवा

(सू.–रामचरितमानस तथा दूसरी पुरानी पुस्तकों की कविता में यह प्रत्यय मात्रापूर्ति के लिए, संज्ञाओं के अंत में लगा हुआ पाया जाता है; जैसे–हँस–हँसा, दिन–दिना नाम–नामा)

(इ) पदार्थों की स्थूलता दिखाने के लिए पदार्थवाचक शब्दों के अंत्य स्वर के स्थान में इस प्रत्यय का आदेश होता है; जैसे–लकड़ी–लकड़ा, चिमटी–चिमटा, घड़ी–घड़ा (विनोद में)।

(सू.–यह प्रत्यय बहुधा ईकारांत स्त्रीलिंग संज्ञाओं में, पुल्लिंग बनाने के लिए लगाया जाता है। इसका उल्लेख लिंग प्रकरण में किया गया है।)

(ई) द्वार–द्वारा, इस उदाहरण में आ के योग से अव्यय बना है।

आँ–यह, वह, जो और कौन के परे इस प्रत्यय के योग से स्थानवाचक क्रिया-विशेषण बनते हैं; जैसे–यहाँ, वहाँ, जहाँ, कहाँ, तहाँ।

आइँद (भाववाचक)–जैसे–कपड़ा–कपड़ाइँद (जले कपड़े की बास), सड़ाइँद, घिनाइँद, मघाइँद।

आई–इस प्रत्यय के योग से विशेषणों और संज्ञाओं से भाववाचक संज्ञाएँ बनती है जैसे–

भला–भलाई	बुरा–बुराई	ढीठ–ढिठाई
चतुर–चतुराई	चिकना–चिकनाई	पंडित–पंडिताई
ठाकुर–ठकुराई		बनिया–बनियाई

(सू.–(1) इस प्रत्यय से कुछ जातिवाचक संज्ञाएँ भी बनती हैं। मिठाई, खटाई, चिकनाई, ठंडाई आदि शब्दों से उन वस्तुओं का भी बोध होता है, जिनमें यह धर्म पाया जाता है। मिठाई=पेड़ा, बर्फी आदि। ठंडाई=भाँग।

(2) यह प्रत्यय कभी-कभी संस्कृत की 'ता' प्रत्ययांत भाववाचक संज्ञाओं में भूल से जोड़ दिया जाता है; जैसे–मूर्खताई, कोमलताई, कताई, जड़ताई।

(3) 'आई' प्रत्ययांत सब तद्धित स्त्रीलिंग हैं।)

आनंद–विनोद में नामों के साथ जोड़ा जाता है :गड़बड़ानंद, मेढकानंद, गोलमालानंद।

आऊ (गुणवाचक)

आगे–अगाऊ	घर–घराऊ
बाट–टाऊ	पंडित–पंडिताऊ

आका–अनुकरणवाचक शब्दों से इस प्रत्यय के द्वारा भाववाचक संज्ञाएँ बनती हैं; जैसे–

सन–सनाका　　धम–धमाका　　सड़–सड़ाका

भड़–भड़का　　धड़–धड़ाका

आटा–यह उपयुक्त प्रत्यय का समानार्थी है और कुछ शब्दों में लगाया जाता है; जैसे–अर्राटा, सर्राटा, घर्राटा।

आन (भाववाचक)

घमस–घमासान　　ऊँच–ऊँचान　　नीचा–निचान

लंबा–लंबान　　चौड़ा–चौड़ान

(सू.–यह प्रत्यय बहुधा परिमाणवाचक विशेषणों में लगता है।)

आना (स्थानवाचक)

राजपूत–राजपूताना　　हिंदू–हिंदुआना

तिलंग–तिलंगाना　　उड़िया–उड़ियाना

सिरहाना, पैताना

आनी–यह प्रत्यय स्त्रीलिंग का है। इसके प्रयोग के लिए लिंग प्रकरण देखो।

आयत (भाववाचक)

तीसरा–तिसरायत, तिहायत　　अपना–अपनायत

आर–(अ) यह प्रत्यय संस्कृत के 'कार' प्रत्यय का अपभ्रंश है। उदाहरण : कुम्हार (कुंभकार), सुनार (सुवर्णकार), लुहार, चमार, सुआर (सूपकार)।

(आ) कभी-कभी इस प्रत्यय से विशेषण बनते हैं; जैसे–

दूध–दुधार　　गाँव–गँवार।

आरी, आरा, आड़ी–ये 'आर' के पर्यायी हैं और थोड़े से शब्दों में लगते हैं; जैसे–पूजा–पुजारी, खेल–खिलाड़ी, बनिज–बनिजारा, घसियारा, भिखारी, हत्यारा, भठियारा, कोठारी।

(अ) (भाववाचक) छूट–छुटकारा।

आल–इस प्रत्यय से विशेषण और संज्ञाएँ बनती हैं; जैसे–

लाठी–लठियाल　　माठा–मठियाल

जौ आना (जौ और अनाज का मिश्रण)

दया–दयाल　　कृपा–कृपाला　　दाढ़ी–दढ़ियल

(आ) किसी-किसी शब्दों में यह प्रत्यय संस्कृत आलय का अपभ्रंश है; जैसे–ससुराल, (श्वसुरालय), ननिहाल, गंगाल, घड़ियाल (घड़ी का घर), दिवाला, शिवाला, पनारा (पनाला)।

आली–संस्कृत 'आवली' का अपभ्रंश है और समूह के अर्थ में प्रयुक्त होता है; जैसे–दिवाली।

आलू–झगड़ा–झगड़ालू लाज–लजालू, डर–डरालू।

आवट (भाववाचक)–अमावट, महावट।

आस (भाववाचक)

मीठा–मिठास　　खट्टा–खटास　　नींद–निंदास।

आसा विविध अर्थ में–मुँडासा, मुँहासा।

आहट (भाववाचक)

कड़ुवा–कड़ुवाहट चिकना–चिकनाहट

गरम–गरमाहट

इन–स्त्रीलिंग का प्रत्यय है। इसका प्रयोग लिंग प्रकरण में दिया गया है।

इया–(अ) कुछ संज्ञाओं से इस प्रत्यय के द्वारा कर्तृवाचक संज्ञाएँ बनती हैं; जैसे–

आढ़त–आढ़तिया मक्खन–मक्खनिया

बखेडा–बखेड़िया गाड़र–गड़रिया मुख–मुखिया

दुख–दुखिया रसोई–रसोइया रस–रसिया

(स्थानवाचक)

मथुरा–मथुरिया कलकत्ता–कलकतिया

सरवार–सरवरिया कन्नौज–कन्नौजिया

(आ) (ऊनवाचक)

खाट–खटिया फोड़ा–फोड़िया

डब्बा–डबिया गठरी–गठरिया

आम–अँबिया बेटी–बिटिया

(इ) (वस्त्रार्थी) जाँघिया, अँगिया।

(ई) ईकारांत पुल्लिंग और स्त्रीलिंग संज्ञाओं में अनादर अथवा दुलार के लिए यह प्रत्यय लगाते हैं; जैसे–

हरी–हरिया तेली–तेलिया

धोबी–धोबिया राधा–रधिया

दुर्गा–दुर्गिया माई–मैया

भाई–भैया सिपाही–सिपहिया

(उ) प्राचीन कविता के कई शब्दों में यह प्रत्यय स्वार्थ में लगा हुआ मिलता है; जैसे–

आँख–अँखिया भाँग–भँगिया आग–अगिया

पाँव–पैयाँ जी–जिया पी–पिया

(उ) (अ) यह प्रत्यय कई एक संज्ञाओं में लगाने से विशेषण बनते हैं; जैसे–भार–भारी, ऊन–ऊनी, देश–देशी। इसी प्रकार जंगली, विदेशी, बैंगनी, गुलाबी, बैसाखी, जहाजी, सरकारी आदि शब्द बनते हैं। देश के नाम से जाति और भाषा के नाम भी इस प्रत्यय के योग से बनते हैं; जैसे–मारवाड़ी, बंगाली, गुजराती, विलायती, नेपाली, पंजाबी, अरबी आदि।

(आ) कई एक अकारांत व आकारांत संज्ञाओं में यह प्रत्यय लगाने से ऊनवाचक संज्ञाएँ बनती हैं; जैसे–

पहाड़–पहाड़ी घाट–घाटी ढोलकी–डोरी

टोकरी रस्सी उपली

(इ) कोई-कोई व्यापारवाचक संज्ञाएँ इसी प्रत्यय के योग से बनी हैं; जैसे–तेली (तेल निकालनेवाला), माली, धोबी, तमोली।

(ई) किसी-किसी विशेषणों में यह प्रत्यय लगाकर भाववाचक संज्ञाएँ बनाते हैं; जैसे–गृहस्थ–गृहस्थी, बुद्धिमान–बुद्धिमानी, सावधान–सावधानी, चतुर–चातुरी।

इस अर्थ में यह प्रत्यय उर्दू शब्दों में बहुतायत से आता है; जैसे–गरीब–गरीबी, नेक–नेकी, बद–बदी, सुस्त–सुस्ती।

इस प्रत्यय के और उदाहरण अगले अध्याय में दिए जायेंगे।

(उ) कुछ संख्यावाचक विशेषणों से इस प्रत्यय के द्वारा समुदाय वाचक संज्ञाएँ बनती हैं; जैसे–बीस, बीसी, बत्तीसी, पच्चीसी।

(ऊ) कई एक संज्ञाओं में भी यह प्रत्यय लगाने से भाववाचक संज्ञाएँ बनती है जैसे–

चोर–चोरी	खेत–खेती
किसान–किसानी	महाजन–महाजनी
दलाल–दलाली	डॉक्टर–डॉक्टरी
सवार–सवारी	

'सवारी' शब्द यात्री के अर्थ में जातिवाचक है।

(ऋ) भूषणार्थक–अँगूठी, कंठी, पहुँची, पैरी, जीभी (जीभ साफ करने की सलाई), अगाड़ी, पिछाड़ी।

ईला–इस प्रत्यय के योग से विशेषण बनते हैं; जैसे–

रँग–रँगीला	छवि–छबीला	लाज–लजीला
रस–रसीला	जहर–जहरीला	पानी–पनीला

(अ) कोई-कोई संज्ञाएँ जैसे–गोबर–गोबरीला।

ईसा–मूँड–मुँडीसा, उसीसा।

उआ–इस प्रत्यय से मछुआ, गेरुआ, खारुआ, फगुआ, टहलुआ आदि विशेषण अथवा संज्ञाएँ बनती हैं।

ऊ–इस प्रत्यय के योग से विशेषण बनते हैं :

ढाल–ढालू	घर–घरू	बाजार–बाजारू
पेट–पेटू	गरज–गरजू	झाँसा–झाँसू
नाक–नक्कू (बदनाम)		

(आ) रामचरितमानस तथा दूसरी प्राचीन कविताओं में यह प्रत्यय संज्ञाओं में लगा हुआ पाया जाता हैं; जैसे–रामू, आपू, प्रतापु, लोगू, योगू, इत्यादि। 'ऊ' के बदले कभी-कभी 'उ' आता है; जैसे–आपु, पितु, मातु, रामु।

(आ) कोई-कोई व्यक्तिवाचक तथा संबंधवाचक संज्ञाओं में यह प्रत्यय प्रेम अथवा आदर के लिए लगाया जाता है; जैसे–

जगन्नाथ–जग्गू	श्याम–श्यामू
बच्चा–बच्चू	लल्ला–लल्लू
नन्हा–नन्हू	

(इ) छोटी जाति के लोगों अथवा बच्चों के नामों में बहुधा यह प्रत्यय पाया जाता है; जैसे–कल्लू, गबड्डू, सटरू, मुल्लू।

एँ–(क्रमवाचक) पाँचें, सातें, आठें, नवें, दसें।

ए–कई एक आकारांत संज्ञाओं और विशेषणों में यह प्रत्यय लगाने से अव्यय बनते हैं, जिनका प्रयोग संबंधसूचक अथवा क्रिया-विशेषण के समान होता है; जैसे–

सामना–सामने	धीरा–धीरे	बदला–बदले
लेखा–लेखे	तड़का–तड़के	जैसा–जैसे
पीछा–पीछे		

एर–मूँड़–मुंड़ेर, अंध–अँधेर।

एरा (व्यापारवाचक)–

साँप–सपेरा, काँसा–कसेरा, चित्र–चितेरा, लाख–लखेरा।

(गुणवाचक)–बहुत-बहुतेरा, घन–घनेरा।

(भाववाचक)–अंध, अँधेरा।

(संबंधवाचक)–

काका–ककेरा	मामा–ममेरा
फूफा–फुफेरा	चाचा–चचेरा
मौसा–मौसेरा।	

एड़ी (कर्तृवाचक)–भाँग–भँगेड़ी, गाँजा–गँजेबड़ी।

एली–हाथहथेली।

एल (विविध)–फूल–फुलेल, नाक–नकेल।

ऐत (व्यवसायवाचक)

लट्ठ–लठैत

बरद (बिरद)–बरदैत (गवैया)

भाला–भालैत

कड़खा–कड़खैत	नाता–नतैत
दंगा–दगैत	डाका–डकैत

ऐल (गुणवाचक)–

खपरा–खपरैल	दूध–दूधैल
दाँत–दँतैल	तोंद–तोंदैल

एला (विविध)–

बाघ–बघेला	एक–अकेला	मोर–मुरेला
आधा–अधेला	सौत–सौतेला	

ऐला (गुणवाचक)– बन–बनैला, धूम–धूमैला मूँछ–मुँछैला।

ओं–साकल्य और बहुत के अर्थ में; जैसे–दोनों, चारों, सैकड़ों, लाखों।

ओट, ओटा–लंग–लंगोट, चाम–चमोटा।

औटी–हाथ–हथौटी, सच–सचौटी, अक्षर–अछरौटी।

चूना–चुनौटी।

औड़ा (औड़ी) हाथ–हथौड़ा, बरस–बरसौड़ी।

औती (भाववाचक)–बाप–बपौती, बूढ़ा–बुढ़ौती।

औता (पात्र के अर्थ में)–काठ–कठौता, काजर–कजरौटा।

ओला (ऊनवाचक)

साँप–सँपोला	खाट–खटोला
बात–बतोला	माँझ–मँझोला
घड़ा–घड़ोला	गढ़–गढ़ोला

औटा (उसका बच्चा)–हिरन–हिरनौटा, बिल्ली–बिलौटा, पहिला–पहिलौटा।

क–(अ) अव्यय से नाम; जैसे–धड़–धड़क, भड़–भड़क, धम–धमक।

(आ) समुदायवाचक–चौक, पंचक, सप्तक; अष्टक।

(इ) स्वार्थक–ठंढ–ठंढक, ढोल–ढोलक, कहुँ–कहुँक (कविता में)।

कर, करके–इसे कुछ शब्दों में लगाने से क्रिया-विशेषण बनते हैं; जैसे–खास–खासकर, विशेष–विशेषकर, बहुत करके, क्योंकर।

का (स्वार्थ में)

छोटा–छुटका	बड़–बड़का	चुप–चुपका
छाप–छपका		बूँद–बुँदका

(समुदायवाचक)–इक्का, दुक्का, चौका।

की (ऊनवाचक)–कन–ककी, टिम–टिमकी।

चंद–विनोद अथवा आदर में संज्ञाओं के साथ आता है; जैसे–गीदड़चंद, मूसलचंद, वामनचंद।

जा–भाई अथवा बहिन का बेटा; जैसे–भतीजा, भानजा।

(क्रमवाचक) दूजा, तीजा।

जी–आदरार्थ; जैसे–गुरु जी, पंडित जी, बाबा जी।

टा, टी- (ऊनवाचक)–

रोआँ–रोंगटा	काला–कलूटा
चोर–चोट्टा	बहु–बहुटी

ठो–संख्यावाचक शब्दों के साथ अनिश्चय में; जैसे–दो ठो, चार ठो, दस ठो, इत्यादि।

ड़ा, ड़ी (ऊनवाचक)–

चाम–चमड़ा	बच्छ–बछड़ा
दुख–दुखड़ा	मुख–मुखड़ा
टूक–टुकड़ा	लँग–लँगड़ा
टाँग–टँगड़ी	पलँग–पलँगड़ी
पंख–पंखड़ी	लाड़–लाड़ली
आँत–अँतड़ी	

(स्थानवाचक)–आगा–अगाड़ी, पीछा–पिछाड़ी।

त (भाववाचक)–चाह–चाहत, रंग–रंगत मेल–मिल्लत।

ता (विविध)–पाँयता, रायता (राई से बना)।

ती (भाववाचक)–कम–कमती। यह प्रत्यय यहाँ फारसी शब्द में लगा है और इस यौगिक शब्द का उपयोग कभी-कभी विशेषण के समान भी होता है।

तना–यह, वह, जो और कौन के परे परिमाण के अर्थ में; जैसे–इतना, उतना, जितना, कितना।

था–चार और छह से परे संख्यावाचक क्रम के अर्थ में; जैसे–चौथा, छह, से छठा।

नी (विविध अर्थ में)–चाँद–चाँदनी, पाँव–पैजनी, नथ–नथनी।

पन (भाववाचक)–

काला–कालापन लड़का–लड़कपन

बाल–बालपन गँवार–गँवारपन

पागल–पागलपन

पा (भाववाचक)–बूढ़ा–बुढ़ापा, राँड़–रँड़ापा, बहिन–बहिनापा, मोटा–मोटापा।

ब–यह, वह जो और कौन के परे काल के अर्थ में; जैसे–अब, तब, जब, कब।

भगवान्–आदर अथवा विनोद में; जैसे–वेद भगवान्, बंदर भगवान् (विचित्र.)।

राम–कुछ शब्दों में आदर के लिए और कुछ में निरादर अथवा विनोद के लिए जोड़ा जाता है; जैसे–माताराम, पिताराम, दूतराम, मेंढकराम, गीदड़राम।

री (ऊनवाचक)–कोठा–कोठरी, छत्ता–छतरी, बाँस–बाँसुरी, मोट–मोटरी।

ला (गुणवाचक)–

आग–अगला पीछे–पिछला

माँझ–मँझला धुँध–धुँधला

लाड़–लाड़ला बाव–बावला

ली–(ऊनवाचक)–टीका–टिकली, सूप–सुपली, खाज–खुजली, घंटा–घंटाली, डफ–डफली।

ल (विविध)–घाव–घायल, पाँव–पायल।

यों–यह, वह, जो और कौन के परे प्रकार के अर्थ में; जैसे–यों, त्यों, ज्यों, क्यों।

वंत (गुण अर्थ में)–दया–दयावंत, धन–धनवंत, गुण–गुणवंत, शील–शीलवंत।

वाल–यह प्रत्यय 'वाला' का शेष है; जैसे–

गया–गयावाल प्रयाग–प्रयागवाल

पल्ली–पल्लीवाल कोत (कोट)–कोत–वाल

वाला–कर्तृवाचक अर्थ में;

टोपी–टोपीवाला गाड़ी–गाड़ीवाला

धन–धनवाला काम–कामवाला

वाँ (क्रमवाचक)–पाँचवाँ, सातवाँ, नवाँ, दसवाँ, सौवाँ।

वा (ऊनवाचक)

बेटा–बिटिया बच्छा–बछवा

बच्चा–बचवा पुर–पुरवा

(सू.–यह प्रत्यय प्रांतिक है।)

स (भाववाचक) आप–आपस, घाम–घमस।

(क्रमवाचक)–ग्यारह-ग्यारस, बारह–बारस, तेरह–तेरस, चौदह–चौदस।

सा (प्रकारवाचक)–यह, वह, सो, जो, कौन के साथ; जैसे–ऐसा, वैसा, कैसा, जैसा, तैसा।

(ऊनवाचक)–लाल-सा, अच्छा-सा, उड़ता-सा, एक-सा, भरा-सा, ऊँचा-सा (परिमाणवाचक), थोड़ा-सा, बहुत-सा, छोटा-सा।

(सू.–इस प्रत्यय का प्रयोग कभी-कभी संबंधसूचक के समान होता है। (दे. अंक 242)

सरा (क्रमवाचक)–दूसरा, तीसरा।

सों (पूर्व दिनवाचक)–परसों, नरसों।

हर (घर के अर्थ में)–खंडहर, पीहर, नैहर, कठहरा।

हरा (परत के अर्थ में)–इकहरा, दुहरा, तिहरा, चौहरा।

(विभिन्न अर्थ में)–ककहरा।

(गुणवाचक)–सोना–सुनहरा, रूपा–रुपहरा।

हा (गुणवाचक)–हल–हलवाहा, पानी–पनिहा, कबीर–कबिराहा।

हारा–यह प्रत्यय वाला का पर्यायी है, परंतु इसका उपयोग उसकी अपेक्षा कम होता है; जैसे–लकड़ी–लकड़हारा, चुड़िहारा, मनिहारा।

ही–(निश्चयवाचक) कई एक सर्वनामों और क्रिया-विशेषणों में यह प्रत्यय ई होकर मिल जाता है; जैसे–आज ही, सभी, मैं ही, तुम्हीं, उसी, वही, कभी, किसी, यही।

नगर, पुर, गढ़, गाँव, नेर, मेर, बाड़ा, कोट आदि प्रत्यय स्थानों का नाम सूचित करते हैं; जैसे–रामनगर; शिवपुर, देवगढ़, चिरगाँव, बीकानेर, अजमेर, रजवाड़ा, नगरकोट।

पाँचवाँ अध्याय

उर्दू प्रत्यय

437. संस्कृत और हिंदी के समान उर्दू यौगिक शब्द भी कृदंत और तद्धित के भेद से दो प्रकार के होते हैं। ये शब्द मुख्य करके दो भाषाओं अर्थात् फारसी और अरबी के हैं, इसलिए इनका विवेचन अलग-अलग किया जाता है।

(1) फारसी प्रत्यय
(क) फारसी कृदंत

अ (भाववाचक)–

आमद (आया)	आमद (अवाई)
खरीद (खरीदा)	खरीद (क्रय)
बरदाश्त (सहा)	बरदाश्त (सहन)
दरखास्त (माँगा)	दरख्वास्त (प्रार्थना)
रसीद (पहुँचा)	रसीद (पहुँच), रसद

आ (कर्तृवाचक)–

दान (जानना)–दाना (जाननेवाला, चतुर), रिह (छूटना)–रिहा (छूनेवाला, मुक्त)।

आन (आँ) (वर्तमानकालिक कृदंत)–

पुर्स (पूछना)–पुर्सा (पूछता हुआ), चस्प (चिपकना)–चस्पाँ (चिपकता हुआ)।

इंदा (कर्तृवाचक)–

कुन (करना)–कुनिंदा (करनेवाला), जी (जीना)–जिंदा (जीतनेवाला, जीता) बाश (रहना)–बाशिंदा, परिंदा (उड़नेवाला, पक्षी)।

(सू.–हिंदी क्रिया 'चुनना' के साथ यह प्रत्यय लगाने से चुनिंदा शब्द बना है; पर यह अशुद्ध है।)

इश (भाववाचक)–

परवर (पालना)–परवरिश, कोश (उपाय करना)–कोशिश, नाल (रोना)–नालिश, माल (मलना)–मालिश, फरमाय (आज्ञा देना)–फरमाइश।

ई (भाववाचक)–

रफतन (जाना)–रफतनी, आमदन (आना)–आमदनी।

ह (भूतकालिक कृदंत)–

शुद (हुआ)–शुदह, मुर्द (मरा)–मुर्दह, दाश्त (रक्खा)–दाश्तह (रखी हुई स्त्री)।

(ख) फारसी तद्धित

(अ) संज्ञाएँ

आ–इस प्रत्यय के द्वारा कुछ विशेषणों की भाववाचक संज्ञाएँ बनती हैं; जैसे–गरम–गरमा, सफेद–सफेदा, खराब–खराबा।

आनह (आना)–(रुपये के अर्थ में)

जुर्म–जुर्माना	तलब–तलबाना
नजर–नजराना	हर्ज–हर्जाना
बय (बिक्री)–बयाना	मिहनत–मिहनताना

(विविध अर्थ में)–

दस्त–दस्ताना (हाथ का मोजा)

ई–विशेषणों में यह प्रत्यय लगाने से भाववाचक संज्ञाएँ बनती हैं; जैसे–

खुश–खुशी	सियाह–सियाही (कालापन, मसी)
नेक–नेकी	बद–बदी

(अ) इसी प्रत्यय के द्वारा संज्ञाओं से अधिकार, गुण, स्थिति, अथवा मोल सूचित करनेवाली संज्ञाएँ बनती हैं; जैसे–

नवाब–नवाबी	फकीर–फकीरी
सौदागर–सौदागरी	दोस्त–दोस्ती
दुश्मन–दुश्मनी	दलाल–दलाली
मंजूर–मंजूरी	दुकानदार–दुकानदारी

(आ) शब्दांत का 'ह' बदलकर 'ग' हो जाता है; जैसे–

बंदह–बंदगी	जिंदह–जिंदगी
रवानह–रवानगी	परवानह–परवानगी

(इ) ज्यादह–ज्यादती।

क (ऊनवाचक) जैसे–तोपतुपक

कार–इससे कर्तृवाचक संज्ञाएँ बनती हैं; जैसे–पेश (सामने)–पेशकार (सहायक), बद (बुरा)–बदकार (दुष्ट), काश्त (खेती)–काश्तकार (किसान), सलाह–सलाहकार।

(सू.–हिंदी 'जानकार' में यही प्रत्यय जान पड़ता है।)

गर (कर्तृवाचक) जैसे–

सौदा–सौदागर	जिल्द–जिल्दगर
कार–कारीगर	कलई–कलईगर
जीन–जीनगर	

गार (कर्तृवाचक)–

मदद–मददगार	याद–यादगार
खिदमत–खिदमतगार	गुनाह–गुनाहगार

चा अथवा इचा (ऊनवाचक)–

बाग–बागचा अथवा बागीचा (हिं.बगीचा)

गाली (कालीन-शतरंजी)–गालीचा (हिं.गलीचा)

देगा (हिं. डेग)–देगचा (बटलोई), चमचा।

दान (पात्रवाचक)

कमल–कमलदान, शमअ (मोमबत्ती)–शमअदान।

इत्रदान, नाबदान, खानदान।

(सू.–यह प्रत्यय हिंदी शब्दों में भी लगाया जाता है और इसका रूप बहुधा दानी हो जाता है; जैसे–पानदान, पीकदान (पीकदानी), चायदान, मच्छरदानी, गोंददानी, उगलदान।)

बान (कर्तृवाचक)–

बाग–बागबान	दर (द्वार)–दरबान

मिहर (दया) मिहरबान, मेजबान (पाहुने का सत्कार करनेवाला)।

(सू.–हिंदी शब्दों में भी यह प्रत्यय लगता है, पर इसका रूप संस्कृत के अनुकरण पर वान हो जाता है, जैसे–गाड़ीवान, हाथीवान।)

ह (विविध अर्थ में)

हफ्त (सात)–हफ्तह (सप्ताह)

चश्म (आँख)–चश्मह	दस्क (हाथ)–दस्तह (मूठ)
पेश (सामने)–पेशह	रोज–रोजह (उपास)

(सू.–हिंदी में ह के स्थान में बहुधा आ हो जाता है; जैसे–हफ्ता, पेशा।)

438. (क) नीचे लिखे शब्दों का उपयोग बहुधा प्रत्ययों के समान होता है।

नामा (चिट्ठी)–इकरारनामा, सरनामा, मुखतारनामा।

आब (पानी)–गुलाब, गिलाब, (गिल मिट्टी), शराब।

(आ) विशेषण

आनह (आना)–	रोज–रोजाना
साल–सालाना	जन–जनाना
मर्द–मर्दाना	'व्यापाराना' अशुद्ध प्रयोग है

शाह–शाहाना

इंदा–

शर्म–शर्मिंदा　　कार–कारिंदा

आवर–

जोरावर　　दिलावर (साहसी)

बख्तावर (भाग्यवान)　　दस्तावर (रेचक)

नाक–

दर्द–दर्दनाक　　खौफ–खौफनाक

ई–

ईरानी, खूनी, देहाती, खाकी, आसमानी

ईन–

रंगीन　　शौकीन

नमकीन　　संग (पत्थर) संगीन (भारी)

पोस्त (चमड़ा)–पोस्तीन

मंद–

अक्लमंद　　दौलतमंद

दानिश (ज्ञान)–दानिशमंद

वार–उम्मीदवार (हिं. उम्मेदवार), माहवार, तफसीलवार, तारीखवार।

वर–

जानवर　　नामवर

ताकतवर　　हिम्मतवर

ईला–

कमकमीना　　माह (चंद्रमा)–महीना

पश्म–पश्मीना (ऊनी कपड़ा)

जादह (उत्पन्न हुआ)–शाहजादा, हरामजादा।

439. संज्ञाओं में कुछ कृदंत जोड़ने से दूसरी संज्ञाएँ और विशेषण बनते हैं। ये यथार्थ में समास हैं, पर सुभीते के कारण यहाँ लिखे जाते हैं।

अंदाज (फेंकनेवाला)–

बर्क (बिजली)–बर्कंदाज (सिपाही), तीर–तीरंदाज, गोला (हिं.) गोलंदाज, दस्तंदाज।

आवेज (लटकानेवाला)–दस्तावेज (हाथ का कागज जिससे सहारा मिलता है।)

कुन (करनेवाला)–कारकुन, नसीहतकुन।

खोर (खानेवाला)–हलालखोर (भंगी), हरामखोर, सूदखोर, चुगलखोर।

गीर (पकड़नेवाला)–राहगीर (बटोही), जहाँगीर (जगतग्राही), दस्तगीर (सहायक)।

दान (जाननेवाला)–कारदान, कदरदान, हिसाबदान।

(सू.–अंतिम 'न' का उच्चारण बहुधा अनुनासिक होता है; जैसे–कदरदाँ।)

दार (रखनेवाला)–

जमींदार　　दूकानदार

चोबदार तरहदार

फौजदार मालदार

(सू.–यह प्रत्यय हिंदी के शब्दों में भी लगा हुआ मिलता है; जैसे–चमकदार नातेदार, थानेदार, फलदार, रसदार। 'खरीदार' में 'खरीद' शब्द के 'द' का लोप होता है, पर कोई–कोई लेखक इसे भूल से 'खरीददार' लिखते हैं।

नुमा (दिखानेवाला)–

कुतुबनुमा किबलानुमा

किश्तीनुमा (नाव के आकार का)

नवीस (लिखनेवाला)–

अरजीनवीस स्याहनवीस

वासिलबाकीनवीस चिटनवीस

नशीन (बैठनेवाला)–तख्तनशीन; परदानशीन

बंद (बाँधनेवाला)–

नालबंद, कमरबंद, इजारबंद, बिस्तरबंद।

(सू.–हिंदी शब्दों में भी यह प्रत्यय पाया जाता है; जैसे–हथियारबंद, गलाबंद, नाकेबंद।)

पोश (पहिननेवाला, छुपनेवाला)–जीनपोश, पापोश (जूता), सरपोश (ढक्कन), सफेदपोश (सभ्य)।

साज (बनानेवाला)–जालसाज, जीनसाज, घड़ीसाज।

(सू.–पिछले उदाहरण में 'घड़ी' हिंदी है।)

बर (लेनेवाला)–

पैगम (पैगाम=संदेशा)–पैगंबर (ईश्वरदूत), दिल–दिलवर (प्रेमी)।

बरदार (उठानेवाला)–

हुक्काबरदार, खासबरदार, (मालिक की बंदूक ले जानेवाला) बाज (खेलनेवाला, प्रेम करनेवाला) दगाबाज, नशेबाज, शतरंजबाज।

(सू.–यह प्रत्यय बहुधा हिंदी शब्दों में लगा दिया जाता है; जैसे–ठट्ठेबाज, धोखेबाज, चालबाज।)

बीन (देखनेवाला)–

खुर्द (छोटा)–खुर्दबीन, दूरबीन, तमाशबीन।

माल (मलनेवाला, पोंछनेवाला)–

रू (मुँह)–रूमाल, दस्तमाल।

440. संज्ञाओं के नीचे लिखे शब्दों और प्रत्ययों को जोड़ने से स्थानवाचक संज्ञाएँ बनती हैं; जैसे–

आबाद (बसा हुआ)

हैदराबाद इलाहाबाद अहमदाबाद शाहजहाँनाबाद

खाना (स्थान)–

कारखाना	दौलतखाना	कैदखाना
गाड़ीखाना	दवाखाना	

गाह–

ईदगाह, शिकारगाह, बंदरगाह, चरागाह, दरगाह।

इस्तान–

अरबिस्तान	अफगानिस्तान	तुर्किस्तान
हिंदुस्तान	कब्रिस्तान	

(सू.–फारसी का 'इस्तान' प्रत्यय रूप और अर्थ में संस्कृत के 'स्थान' शब्द के सदृश होने के कारण हिंदी शब्द के साथ बहुधा 'स्थान' ही का प्रयोग करते हैं; जैसे–हिंदुस्तान, राजस्थान।)

शन–गुलशन (बाग)

जार–गुलजार पुष्पस्थान)। हिंदी में गुलजार शब्द का अर्थ बहुधा रमणीय होता है।

बाजार (अबा = भोजन)।

बारदरबार, जंगवार (जंजीबार)।

सार–शर्मसार, खाकसार (खाक = धूल)।

(सू.–फारसी समासों के उदाहरण आगे समास प्रकरण में दिए जायेंगे।)

(2) अरबी प्रत्यय

(का) अरबी कृदंत

441. अरबी के प्राय: सभी शब्द किसी न किसी धातु से बने हुए होते हैं और अधिकांश धातु त्रिवर्ण रहते हैं। कुछ धातु चार वर्णों के और कुछ पाँच वर्णों के भी होते हैं। धातुओं के अक्षरों के मान (वजन) के अक्षर सब कृदंतों में पाए जाते हैं और वे मूलाक्षार कहलाते हैं। इन मूलाक्षरों के सिवा कुछ और भी अक्षर कृदंतों की रचना में प्रयुक्त होते हैं जिन्हें अधिकाक्षर कहते हैं। ये अधिकाक्षर सात हैं : क, त, स, म, न, ऊ, य और इन्हें स्मरण रखने के लिए इनसे 'कतसमनूय' शब्द बना लिया गया है। एक धातु से बने हुए सभी कृदंत हिंदी में नहीं आते, और जो आते हैं, उनमें भी बहुधा उच्चारण की सुगमता के लिए रूपांतर कर लिया जाता है।

अरबी में धातुओं और कृदंतों के संपूर्ण रूप वजन अर्थात् नमूने पर बनाए जाते हैं और क, अ, ल को मूलाक्षर मानकर इन्हीं से सब प्रकार से वजन बनाते हैं। जब कभी चार या पाँच मूलाक्षरों का काम पड़ता है तब ल को दो व तीन बार काम में लाते हैं।

442. (क) त्रिवर्ण धातु के मूल रूप से कई एक क्रियार्थक संज्ञाएँ बनती हैं। इनमें जो हिंदी में प्रचलित हैं, उनके वजन और उदाहरण नीचे दिए जाते हैं :

सं.	वजन	उदाहरण
1	फ़अ्ल	कत्ल=मार डालना
2	फ़िअ्ल	इल्म=जानना
3	फ़ुअल	हुक्म=आज्ञा देना
4	फ़अल	तलब=खोजना
5	फ़अ्लत	रहमत=दया करना
6	फ़िअ्लत	खिदमत=सेवा करना
7	फ़ुअ्लत	कुद्रत=योग्य होना
8	फ़अ्लत	हरकत=चलना
9	फ़इलत	सरिका=बोरी
10	फ़अ्ला	दअवा (दावा)=हक
11	फ़आल	सलाम=कुशल होना
12	फ़िआल	कियाम=ठहरना
13	फ़ुआल	सवाल=पूछना
14	फ़ँऊल	कबूल=स्वीकार
15	फ़ुऊल	ज़हूर=रूप
16	फ़अ्लान	दवरान=संचार
17	फ़आलत	बगावत=बलबा
18	फ़िआलत	किताबत=लिखना
19	फ़ऊलत	जरूरत=आवश्यकता
20	मफ़अलत	मर्हमत=दया

(सू.–(1) एक ही धातु से ऊपर लिखे सब वजनों के शब्द व्युत्पन्न नहीं होते, किसी-किसी से दो या तीन और किसी-किसी से केवल एक ही वजन बनता है।

(2) जिन क्रियार्थक संज्ञाओं के अंत में त रहता है, वे बहुधा दूसरी क्रियार्थक संज्ञाओं में इस प्रत्यय के जोड़ने से बनती हैं; जैसे–रह्म=रह्मत।)

कृदंत विशेषण

442. दूसरे मुख्य व्युत्पन्न शब्द कृदंत विशेषण हैं। अधिक प्रचलित शब्दों के वजन ये हैं :

(1) फाइल–अपूर्ण कृदंत अथवा कर्तृवाचक संज्ञा; जैसे–आलिम=विद्वान् (अलम=जानना से), हाकिम=अधिकारी (हकम=न्याय करना से), गाफिल = (भूलनेवाला गफलत=भूलना से)।

(2) मफऊल = (भूतकालिक कर्मवाच्य) कृदंत, जैसे–मअलूम = जाना हुआ (अलम=जानना से), मनजूर = स्वीकृत (नजर=देखना से), मशहूर = प्रसिद्ध (शहर=प्रसिद्ध करना से)।

(3) फईल = इस रूप से गुण की स्थिरता अथवा अधिकता का बोध होता है; जैसे–हकीम = साधु, वैद्य (हकम=न्याय करना से), रहीम = बड़ा दयालु (रहम=दया करने से)।

(सू.–ऊपर लिखे तीन वचनों के शब्द बहुधा संज्ञा के समान प्रयुक्त होते हैं।)

(4) फऊल–इसका अर्थ तीसरे रूप के समान है; जैसे–गफूर = अधिक क्षमाशील (गफज=क्षमा करने से), जरूर = आवश्यक (जर्र=सताना से)।

(5) अफ्अल–इस वजन पर त्रिवर्ण कृदंत विशेषण से उत्कर्षबोधक विशेषण बनते हैं; जैसे–अकबर = बहुत बड़ा (कबीर=बड़ा से), अहमद = परम प्रशंसनीय (हमीद=प्रशंसनीय से)।

(6) फअ्आल–इस नमूने पर व्यापार की कर्तृवाचक संज्ञाएँ बनती हैं; जैसे–जल्लाद (जलद=कोड़ा मारना), सर्राफ (सिरफ=बदलना, हिं.सराफ), बज्जाज (हिं.बजाज), बक्काल।

442. त्रिवर्ण धातुओं से क्रियार्थक संज्ञाओं के और भी रूप बनते हैं, जिनमें दो व अधिक अधिकाक्षर आते हैं। मूल क्रियार्थक संज्ञाओं के अनुरूप इन क्रियार्थक संज्ञाओं से भी कर्तृवाचक और कर्मवाचक विशेषण बनते हैं। दोनों के मुख्य साँचे नीचे दिए जाते हैं।

(क) क्रियार्थक संज्ञाओं के अन्य रूप

(1) तफ्ईल–जैसे–तअलील = शिक्षा (अलम=जानना से, हिं.तालीम), तहसील = प्राप्ति (हसल=पाना से)।

(2) मुफाअलत–जैसे–मुकाबला = सामना (कबल=सामने होना से) मुआमला = विषय, उद्योग (अमल=अधिकार चलाना से)।

(3) इफ्आल–जैसे–इन्कार = नहीं (नकर=न जानना से), इनसाफ = न्याय (नसफ=न्याय करना से)

(4) तफउ्उल–जैसे–अल्लुक = संबंध (अलक=आसरा करना से), तखल्लुम = उपनाम (खलस=रक्षित होना से), तकल्लुफ = (कलफ=आदर करना से)।

(5) इफ्तिआल–जैसे–इम्तिहान = परीक्षा (महन=परीक्षा करना से), एतराज = आपत्ति (अरज=आगे रखना से), एतबार = विश्वास (अवर=विश्वास करना से)।

(6) इस्तिफ्आल–इस्तिमाल = उपयोग (अमल = काम में लाना से), इसतिमरार = स्थिरता (मई=होता रहना से)।

(ख) क्रियार्थक विशेषणों के अन्य रूप

कर्तृवाचक और कर्मवाचक विशेषणों के व्यंजन नीचे लिखे जाते हैं। इनके रूपों में यह अंतर है कि पहले के अंत्याक्षर में इ और दूसरे के अंत्याक्षर में अ रहता है।

कर्तृवाचक विशेषण का वजन	उदाहरण	कर्मवाचक विशेषण का वजन	उदाहरण
1. मुफइ्लइ	मुअल्लिम=शिक्षक ('इल्म' से)	मुफअअल	मुअल्लम=शिष्य
2. मुफाइल	मुहाफिज=रक्षक ('हिफज' से)	मुफाअल	मुहाफज=रक्षित
3. मुफ्इल	मुन्सिफ=न्यायाधीश ('नसफ' से)	मुफ्अल	मुनसफ=न्याय पानेवाला
4. मुत्फइल	मुत्वद्दिल=बदलनेवाला ('बदल' से)	मुतफअअल	मुतबद्दल=बदला हुआ
5. मुन्फइल	मुन्सरिम=शासक ('सरम' से)	मुन्फअल	मुन्सरम=शासित
6. मुत्फाइल	मुत्वातिर=लगातार ('वतर' से)	मुत्फाअल	मुत्वातर=निर्विघ्न
7. मुस्तफ्इल	मुस्तकबिल=भविष्य ('कबल' से)	मुस्तफ्अल	मुस्तकबल=चित्र

स्थानवाचक और कालवाचक संज्ञाएँ

443. स्थानवाचक और कालवाचक संज्ञाएँ बहुधा मफ्अल या मुफइल के वजन पर होती हैं और उनके आदि में म अवश्य रहता है; जैसे—मक्तब = वह स्थान जिसमें लिखना सिखाया जाता है (कतब=लिखना से); मक्तल = कतल करने की जगह (कतल-मार डालना से); मजलिस = वह स्थान जहाँ अथवा वह समय जब कई लोग बैठते हैं (जलस=बैठना से), मसजिद = पूजा की जगह (सजद=पूजा करना से), मंजिल = पड़ाव (नजल=उतरना से)।

(सू.—स्थानवाचक संज्ञाओं में कभी-कभी ह जोड़ दिया जाता है; जैसे—मकबरह, मद्रसह।)

(ख) अरबी तद्धित

आनी—इस प्रत्यय के योग से विशेषण बनते हैं; जैसे—जिस्म (शरीर)—जिस्मानी (शारीरिक), रूह (आत्मा)फ् रूहानी (आत्मिक)।

इयत (भाववाचक)—जैसे—इंसान (मनुष्य)—इंसानियत (मनुष्यत्व), कैफ (कैसे?) कैफियत, मा (क्या?)—माहियत (मूल)।

ई (गुणवाचक)—जैसे—इल्म—इल्मी, अरब—अरबी, ईसा—ईसवी, इंसान—इंसानी।

ची—इस तुर्की प्रत्यय से व्यापारवाचक संज्ञाएँ बनती हैं; जैसे—मशअलची (हिं. मशालची), तबलची, खजानची, बावर (विश्वास) बावरची (रसोइया)।

म–इस तुर्की प्रत्यय से कुछ स्त्रीलिंग संज्ञाएँ बनाई जाती हैं; जैसे–बेग–बेगम, खान–खानम।

444. अरबी में समास के लिए दो संज्ञाओं के बीच के उल् (=का) संबंधसूचक रख देते हैं और भेद्य को भेदक के पहले लाते हैं; जैसे–जलाल (प्रभुत्व) +उल्+दीन (धर्म)=जलालुद्दीन (धर्मप्रभुत्व)। इस उदाहरण में उल् का अंत्य ल् अरबी भाषा की संधि के अनुसार द् होकर 'दीन' के आद्य 'द' में मिल गया है। इसी प्रकार दार (घर)+उल्+ सल्तनत (राज्य)=दारुस्सल्लनत (राजधानी); हबीब (मित्र)+उल्+अल्लाह (ईश्वर)=हबीबुल्लाह (ईश्वरमित्र); निजामुल्मुल्क (राज्यव्यवस्थापक)।

(क) वलद (अप. वल्द=पुत्र) दो हिंदी व्यक्तिवाचक संज्ञाओं के बीच में पिता पुत्र का संबंध बनाने के लिए आता है; जैसे–मोहन वल्द सोहन (सोहन का पुत्र मोहन।) यह कानूनी हिंदी का एक उदाहरण है।

छठा अध्याय

समास

445. दो या अधिक शब्दों का परस्पर संबंध बतानेवाले शब्दों अथवा प्रत्ययों का लोप होने पर, उन दो या अधिक शब्दों से जो एक स्वतंत्र शब्द बनता है, उस शब्द को सामासिक शब्द कहते हैं और उन दो या अधिक शब्दों का जो संयोग होता है, वह समास कहलाता है, उदाहरण : प्रेमसागर अर्थात् प्रेम का समुद्र। इस उदाहरण में प्रेम और सागर, इन दो शब्दों का परस्पर संबंध बतानेवाले संबंध कारक के 'का' प्रत्यय का लोप होने से 'प्रेमसागर' एक स्वतंत्र शब्द बना है। इसलिए प्रेमसागर सामासिक शब्द है और इस शब्द में प्रेम और सागर, इन दो शब्दों का संयोग है। इसलिए इस संयोग को समास कहते हैं।

समास के और उदाहरण : रसोईघर, राजकुमार, कालीमिर्च, मिठबोला।

(सू.–यद्यपि 'समास' शब्द का मूल अर्थ वही है, जो ऊपर दिया गया है, तथापि वह सामासिक शब्द के अर्थ में भी आता है और इस पुस्तक में भी कहीं-कहीं यह अर्थ लिया गया है।)

446. जब दो या अधिक शब्द इस प्रकार जोड़े जाते हैं, तब उनमें संधि के नियमों का प्रयोग होता है। संस्कृत शब्दों में संधि अवश्य होती है, पर हिंदी और दूसरी भाषाओं के शब्दों में बहुधा नहीं होती है।

उदाहरण : राम+अवतार = रामावतार, पत्र+उत्तर = पत्रोत्तर, मनस्+योग = मनोयोग। वयस्+वृद्ध = वयोवृद्ध। परंतु, घर+आँगन = घरआँगन, राम+आसरे = रामआसरे। बे+ईमान = बेईमान ही रहता है।

(सू.–छोटे-छोटे और साधारण सामासिक शब्द बहुधा दूसरे से मिलाकर लिखे जाते हैं, पर बड़े-बड़े और साधारण सामासिक शब्द योजकचिह्न के द्वारा, जो अँग्रेजी के 'हाइफन' का अनुकरण है, मिलाए जाते हैं; जैसे–(1) रामपुर, धूपघड़ी, स्त्रीशिक्षा, आसपास, रसोईघर, कैदखाना। (2) चित्र-रचना, नाटक-शाला, पथ-प्रदर्शक, सास-ससुर,

भला-चंगा। कभी-कभी संस्कृत के ऐसे सामासिक शब्द भी जो संधि के नियमों से मिल सकते हैं, केवल योजक (हाइफन) के द्वारा मिलाए जाते हैं; जैसे-वस्त्र-आभूषण, मत-एकता, हरि-इच्छा। कविता में यह बात विशेष रूप से पाई जाती है; जैसे-

'पराधीन समदीन कुमुद-मुदहीन हुए हैं;
पर-उन्नति को देख शोक में लीन हुए हैं।'

(सर.)

447. सामासिक शब्दों का संबंध व्यक्त कर दिखाने की रीति को विग्रह कहते हैं। 'धनसंपन्न' समास का विग्रह 'धन से संपन्न' है, जिससे जान पड़ता है कि 'धन' और 'संपन्न' शब्द करण कारक के संबंद्ध हैं। इसी प्रकार जातिभेद, चंद्रमुख और त्रिभुज शब्दों का विग्रह यथाक्रम 'जाति का भेद', 'चंद्र के समान मुख' और 'तीन हैं भुजा जिसमें' हैं।

448. किसी भी सामासिक शब्द में विभक्ति लगाने का प्रयोजन हो तो उसे समास के अंतिम शब्द में जोड़ते हैं; जैसे-माँ-बाप से, राजकुल में, भाई-बहनों को।

(सू.-(1) संस्कृत में इस नियम का एक भी अपवाद नहीं है, परंतु हिंदी के किसी किसी द्वंद्व समास में उपाँत्य[1] आकारांत शब्द विकृत रूप में आता है; जैसे-भले बुरे से, छोटे बड़ों ने, लड़के-बच्चे को। इस विषय का और विवेचन द्वंद्व समास के प्रकरण में मिलेगा।

(2) हिंदी में संस्कृत सामासिक शब्दों का प्रचार साधारण है; पर आजकल यह प्रचार बढ़ रहा है। दूसरी भाषाओं और विशेषकर अँग्रेजी के विचारों को हिंदी में व्यक्त करने के लिए संस्कृत में सामासिक शब्दों का उपयोग करने में सुभीता है, जिससे इस प्रकार के बहुत से शब्द आजकल हिंदी में प्रयुक्त होने लगे हैं। निरे हिंदी सामासिक शब्द बहुत कम मिलते हैं और वे बहुधा दो ही शब्दों से बने रहते हैं। संस्कृत समास बहुधा लंबे होते हैं और कोई-कोई लेखक अथवा कवि आग्रहपूर्वक लंबे-लंबे समासों का उपयोग करने में अपनी कुशलता समझते हैं। 'जन मन-मंजु मुकुल-मल-हरनी' (राम.)। हिंदी में प्रचलित एक सबसे बड़े समास का उदाहरण है; पर इस प्रकार के समासों के लिए हिंदी की स्वाभाविक प्रवृत्ति नहीं है। हमारी भाषा में तो दो अथवा अधिक से अधिक तीन शब्दों ही के समास उचित और मधुर जान पड़ते हैं।

449. समासों के मुख्य चार भेद हैं। जिन दो शब्दों में समास होता है, उनकी प्रधानता अथवा अप्रधानता के विभागत्व पर ये भेद किए गए हैं।

जिस समास में पहला शब्द प्रायः प्रधान होता है, उसे **अव्ययीभाव** समास कहते हैं, जिस समास में दूसरा शब्द प्रधान रहता है, उसे **तत्पुरुष** कहते हैं। जिसमें दोनों शब्द प्रधान होते हैं, वह **द्वंद्व** कहलाता है और जिसमें कोई भी प्रधान नहीं होता है उसे **बहुब्रीहि** कहते हैं।

(इन चार मुख्य भेदों के कई उपभेद भी हैं जो न्यूनाधिक महत्त्व के हैं। इन सबका विवेचन आगे यथास्थान किया जाएगा।)

---

1. अंक 310 और आगे देखो।

अव्ययीभाव

450. जिस समास में पहला शब्द प्रधान होता है और जो समूचा शब्द क्रिया-विशेषण अव्यय होता है, उसे **अव्ययीभाव** समास कहते हैं; जैसे–यथाविधि, प्रतिदिन भरसक।

(सू.–संस्कृत में अव्ययीभाव समास का पहला शब्द अव्यय होता है और दूसरा शब्द संज्ञा अथवा विशेषण रहता है। पर हिंदी में इस समास के उदाहरणों में पहले अव्यय के बदले बहुधा संज्ञा ही पाई जाती है। यह बात आगे अंक 452 में स्पष्ट होगी।)

451. (अ) जिन समासों में यथा (अनुसार), आ (तक), प्रति (प्रत्येक), यावत् (तक), वि (बिना) पहले आते हैं ऐसे संस्कृत अव्ययीभाव समास हिंदी में बहुधा आते हैं; जैसे–

यथाविधि	आजन्म
यथास्थान	आमरण
यथाक्रम	यावज्जीवन
यथासंभव	प्रतिदिन
यथाशक्ति	प्रतिमान
यथासाध्य	व्यर्थ

(आ) अक्षि (नेत्र) शब्द अव्ययीभाव समास के अंत में अक्ष हो जाता है; जैसे–प्रत्यक्ष (आँख के आगे), समक्ष (सामने), परोक्ष (आँख के पीछे, पीठ पीछे)।

452. हिंदी में संस्कृत पद्धति के निरे (हिंदी) अव्ययीभाव समास बहुत ही कम पाए जाते हैं। इस प्रकार के जो शब्द हिंदी में प्रचलित हैं, वे तीन प्रकार के हैं।

(अ) हिंदी–जैसे–निडर, निधड़क, भरपेट, भरदौड़, अनजाने।

(आ) उर्दू अर्थात् फारसी अथवा अरबी जैसे–हररोज, हरसाल, बेशक, बेफायदा, बर्जिस, बखूबी, नाहक।

(इ) मिश्रित अर्थात् भिन्न-भिन्न भाषाओं के शब्दों के मेल से बने हुए; जैसे–हरघड़ी, हरदिन, बेकाम, बेखटके।

(सू.–ऊपर के उदाहरणों में जो 'हर' शब्द आया है, वह यथार्थ में विशेषण है, इसलिए उसके योग से बने हुए शब्दों को कर्मधारय मानने का भ्रम हो सकता है। पर इन समस्त शब्दों का उपयोग क्रिया-विशेषण के समान होता है; इसलिए इन्हें अव्ययीभाव ही मानना चाहिए।)

453. प्रतिदिन, प्रतिवर्ष इत्यादि संस्कृत अव्ययीभाव समासों के विग्रह (उदाहरण : दिनेदिने प्रतिदिनम्) पर ध्यान करने से जाना जाता है कि यद्यपि प्रति शब्द का अर्थ प्रत्येक है, तो भी वह अपनी संज्ञा की द्विरुक्ति मिटाने के लिए लाया जाता है। पर हिंदी में प्रति का उपयोग न कर अगली संज्ञा की ही द्विरुक्ति करके अव्ययीभाव समास बनाते हैं। इस समास में हिंदी का प्रथम शब्द बहुधा विकृत रूप में आता है। उदाहरण : घरघर, हाथोंहाथ, पलपल, दिनोंदिन, रातोंरात, कोठेकोठे इत्यादि।

(अ) पुश्तानपुश्त, सालदरसाल, आदि शब्दों में दर (फारसी) और आन (सं. अनु) अव्ययों का प्रयोग हुआ है। ये शब्द भी अव्ययीभाव समास के उदाहरण है।

(आ) कभी-कभी द्विरुक्त शब्दों के बीच में 'आ', 'हीं' अथवा 'आँ' आता है; जैसे—मनहीं मन, घरहीं घर, आपही आप, मुँहा मुँह, सरासर (पूर्णतया), एकाएक।

(सू.—ऊपर लिखे शब्दों का उपयोग संज्ञाओं और विशेषणों के समान भी होता है; जैसे—कौड़ी कौड़ी जोड़कर, उसकी नस नस में ऐब भरा है, 'तिल तिल भारत भूमि जीत यवनों के कर से' (सर.)। ये समास कर्मधारय हैं।)

454. संज्ञाओं के समान अव्ययों की द्विरुक्ति से भी अव्ययीभाव समास होता है; जैसे—बीचोबीच, धड़ाधड़, पहले पहल, बराबर, धीरे धीरे।

तत्पुरुष

455. जिस समय में दूसरा शब्द प्रधान होता है, उसे तत्पुरुष कहते हैं। इस समास में पहला शब्द बहुधा संज्ञा अथवा विशेषण होता है और इसके विग्रह में इस शब्द के साथ कर्ता और संबोधन कारकों को छोड़ शेष सभी कारकों की विभक्तियाँ लगती हैं।

456. तत्पुरुष समास के मुख्य दो भेद हैं, एक व्याधिकरण तत्पुरुष और दूसरा समानाधिकरण तत्पुरुष। जिस तत्पुरुष समास के विग्रह में उसके अवयवों में भिन्न-भिन्न विभक्तियाँ लगाई जाती हैं, उसे व्याधिकरण तत्पुरुष कहते हैं। व्याकरण की पुस्तकों में तत्पुरुष के नाम से जिस समास का वर्णन रहता है, वह यही व्याधिकरण तत्पुरुष है। समानाधिकरण तत्पुरुष के विग्रह में उसके दोनों शब्दों में एक ही विभक्ति लगती है। समानाधिकरण तत्पुरुष का प्रचलित नाम कर्मधारय है और यह कोई अलग समास नहीं है, किंतु तत्पुरुष केवल एक उपभेद है।

457. व्याधिकरण तत्पुरुष के प्रथम शब्द में जिस विभक्ति का लोप होता है, उसी के कारक के अनुसार इस समास का नाम[1] होता है। यह समास नीचे लिखे विभागों में विभक्त हो सकता है।

कर्मतत्पुरुष (संस्कृत उदाहरण)—

स्वर्गप्राप्त, जलपिपासु, आशातीत (आशा को लाँघकर गया हुआ), देशगत।

करणतत्पुरुष—

(संस्कृत) ईश्वरदत्त, तुलसीकृत, भक्तिवश, मदांध, कष्टसाध्य, गुणहीन, शराहत, अकालपीड़ित इत्यादि।

(हिंदी) मनमाना, गुणभरा, दईमारा, कपड़छन, मुँहमाँगा, दुगुना, मदमाता इत्यादि।

(उर्दू) दस्तकारी, प्यादामात, हैदराबाद।

संप्रदानतत्पुरुष—

(संस्कृत) कृष्णार्पण, देशभक्ति, बलिपशु, रणनिमंत्रण, विद्यागृह इत्यादि।

(हिंदी) रसोईघर, घुड़ंवच, ठकुरसुहाती, रोकड़बही।

(उर्दू) राहखर्च, शहरपनाह, कारवाँसराय।

---

1. संस्कृत में विभक्ति ही का नाम दिया जाता है; जैसे—द्वितीया तत्पुरुष, चतुर्थी तत्पुरुष, षष्ठी तत्पुरुष इत्यादि।

अपादानतत्पुरुष–

(संस्कृत) जन्मांध, ऋणमुक्त, पदच्युत, जातिभ्रष्ट, धर्मविमुख, भवतारण इत्यादि।

(हिंदी) देशनिकाला, गुरुभाई, कामचोर, नामसाख इत्यादि।

(उर्दू) शाहजादह।

संबंधतत्पुरुष–

(संस्कृत) राजपुत्र, प्रजापति, देवालय, नरेश, पराधीन, विद्याभ्यास, सेनानायक, लक्ष्मीपति, पितृगृह इत्यादि।

(हिंदी) बनमानुष, घुड़दौड़, बैलगाड़ी, राजपूत, लखपती, पनचक्की, रामकहानी, मृगछौना, राजदरबार, रेतघड़ी, अमचूर इत्यादि।

(उर्दू) हुक्मनामा, बंदरगाह, नूरजहाँ, शकरपारा। (शक्कर का टुकड़ा=सेवा, पकवान)।

(सू.–षष्ठी तत्पुरुष के उदाहरण प्रायः सभी भाषाओं में मिलते हैं। अधिकांश व्यक्तिवाचक संज्ञाएँ इसी समास से बनती हैं।)

अधिकरणतत्पुरुष

(संस्कृत) ग्रामवास, गृहस्थ, निशाचर, कलाप्रवीण, कविश्रेष्ठ, गृहप्रवेश, वचनचातुरी, जलज, दानवीर, कूपमंडूक, खग, देशाटन, प्रेममगन।

(हिंदी) मनमौजी, आपबीती, कानाफूसी इत्यादि।

(उर्दू) हरफनमौला।

(सू.–इन सब प्रकार के उदाहरणों में विभक्तियों के संबंध में मतभेद होने की संभावना है, पर वह विशेष महत्त्व का नहीं है। जब तक इस विषय में संदेह है कि ऊपर के सब उदाहरण तत्पुरुष के हैं, तब तक यह बात अप्रधान है कि कोई एक तत्पुरुष, इस कारक का है या उस कारक का। 'वचनचातुरी' शब्द अधिकरणतत्पुरुष का उदाहरण है, परंतु यदि कोई इसका विग्रह 'वचन की चातुरी' करके इसे संबंधतत्पुरुष माने, तो इस (हिंदी) के विग्रह के अनुसार उस शब्द को संबंधतत्पुरुष मानना अशुद्ध नहीं है। कोई एक तत्पुरुष समास किस कारक का है, इसका निर्णय उस समास के योग्य विग्रह पर अवलंबित है।)

458. जिस व्याधिकरण तत्पुरुष समास में पहले पद की विभक्ति का लोप नहीं होता, उसे अलुक् समास कहते हैं; जैसे–मनसिज, युधिष्ठिर, खेचर, वाचस्पति, कर्तरिप्रयोग, आत्मनेपद।

(हिंदी) ऊटपटाँग (यह शब्द बहुधा बहुब्रीहि में आता है), चूहेमार।

(क) 'दीनानाथ' शब्द व्याकरण की दृष्टि से विचारणीय है। यह शब्द यथार्थ में 'दीनानाथ' होना चाहिए; पर 'दीन' शब्द के 'न' को दीर्घ बोलने (और लिखने) की रूढ़ि चल पड़ी है। इस दीर्घ आ की योजना का यथार्थ कारण विदित नहीं हुआ है, पर संभव है कि दो ह्रस्व 'न' अक्षरों का उच्चारण एक साथ करने की कठिनाइयों से पूर्व 'न' दीर्घ कर दिया गया हो। 'दीनानाथ' समास अवश्य है और उसे संबंध तत्पुरुष ही मानना ठीक होगा। किसी वैयाकरण के मतानुसार यह शब्द दीन+नाथ के योग से बना है।

459. जब तत्पुरुष समास का दूसरा पद ऐसा कृदंत होता है, जिसका स्वतंत्र उपयोग नहीं हो सकता; तब उस समास को उपपद समास कहते हैं; जैसे–ग्रंथकार, तटस्थ, जलद,

उरग, कृतघ्न, नृप। जलधर, पापहर, जलचर आदि उपपद समास नहीं हैं, क्योंकि इनमें जो धर, हर और चर कृदंत हैं, उनका प्रयोग अन्यत्र स्वतंत्रतापूर्वक होता है। ये केवल तत्पुरुष के उदाहरण हैं।

हिंदी उपपद समासों के उदाहरण : लकड़फोड़, तिलचट्टा, कनकटा (कान काटनेवाला), मुँहचीरा, बटमार, चिड़ीमार, पनडुब्बी, घरघुसा, घुड़चढ़ा।

उर्दू उदाहरण : गरीबनिवाज (दीनपालक), कलमतराश (कलम काटनेवाला, चाकू), चोपदार (दंडधारी), सौदागर।

(सू.–हिंदी में स्वतंत्र कर्मादि तत्पुरुषों की संख्या अधिक न होने के कारण बहुधा उपपद समास को इन्हीं के अंतर्गत मानते हैं।)

460. अभाव किंवा निषेध के अर्थ में शब्दों के पूर्व 'आ' व 'अन्' लगाने से जो तत्पुरुष बनता है, उसे नञ् तत्पुरुष कहते हैं।

उदाहरण–(सं.) अधर्म (न धर्म), अन्याय (न न्याय), अयोग्य (न योग), अनाचार (न आचार), अनिष्ट (न इष्ट)।

(हिंदी) अनबन, अनबल, अनचाहा, अधूरा, अनजाना, अटूट, अनगढ़ा, अकाज, अलग, अनरीत, अनहोनी।

(उर्दू) नापसंद, नालायक, नाबालिग, गैरहाजिर, गैरवाजिब।

(अ) किसी-किसी स्थान में निषेधार्थी न अव्यय आता है; जैसे–नक्षत्र, नास्तिक, नपुंसक।

(सू. निषेध के नीचे लिखे अर्थ होते हैं :

(1) भिन्नताअब्राह्मण अर्थात् ब्राह्मण से भिन्न कोई जाति; जैसे–वैश्य, शूद्र आदि।

(2) अभावअज्ञान अर्थात् ज्ञात का अभाव।

(3) अयोग्यताअकाल अर्थात् अनुचित काल।

(4) विरोधअनीति अर्थात् नीति का उलटा।)

461. जिस तत्पुरुष समास के प्रथम स्थान में उपसर्ग आता है, उसे संस्कृत व्याकरण में **प्रादि समास** कहते हैं।

उदाहरण : प्रतिध्वनि (समास ध्वनि), अतिक्रम (आगे जाना)। इसी प्रकार प्रतिबिंब, अतिवृष्टि, उपदेव, प्रगति, दुर्गुण।

(क) 'ई' के योग से बने हुए संस्कृत समास भी एक प्रकार के तत्पुरुष हैं; जैसे–वशीकरण, फलीभूत, स्पष्टीकरण, शुचीभाव।

समानाधिकरण तत्पुरुष अर्थात् कर्मधारय

462. जिस तत्पुरुष समास के विग्रह में दोनों पदों के साथ एक ही (कर्ता कारक की) विभक्ति आती है, उसे समानाधिकरण तत्पुरुष अथवा कर्मधारय कहते हैं। कर्मधारय समास दो प्रकार का है:

(1) जिस समास से विशेष्य-भाव सूचित होता है, उसे विशेषतावाचक कर्मधारय कहते हैं, और (2) जिससे उपामानोपमेय भाव जाना जाता है, उसे उपमानवाचक कर्मधारय कहते हैं।

463. विशेषतावाचक कर्मधारय समास के नीचे लिखे सात भेद हो सकते हैं:

(1) विशेषण पूर्वपद : जिसमें प्रथम पद विशेषण होता है।

(संस्कृत) उदाहरण–महाजन, पूर्वकाल, पीतांबर, शुभागमन, नीलकमल, सद्गुण, पूर्णेंदु, परमानंद।

(हिंदी) उदाहरण–नीलगाय, कालीमिर्च, मझधार, तलघर, खड़ीबोली, सुंदरलाल, पुच्छलतारा, भलामानस, कालापानी, छुटभैया, साढ़ेतीन।

(उर्दू) उदाहरण खुशबू बदबू जवाँमर्द, नौरोज।

(सू.–विशेषण पूर्ववद कर्मधारय समास के संबंध में यह कह देना आवश्यक है कि हिंदी में इस समास के केवल चुने हुए उदाहरण मिलते हैं। इसका कारण यह है कि हिंदी में, संस्कृत के समान, विशेष्य के साथ विशेषणों में विभक्ति का योग नहीं होता अर्थात् विशेषण विभक्ति त्याग कर विशेष्य में नहीं मिलता। इसलिए हिंदी में कर्मधारय समास उन्हीं विशेषणों के साथ होता है, जिनमें कुछ रूपांतर हो जाता है, अथवा जिनके कारण विशेष्य से किसी विशेष वस्तु का बोध होता है; जैसे–छुटभैया, कालीमिर्च, बड़ाघर।

(2) विशेषणोत्तर पद : जिसमें दूसरा पद विशेषण होता है।

(संस्कृत) उदाहरण–जन्मांतर (अंतर = अन्य) पुरुषोत्तम, नराधम, मुनिवर। पिछले तीन शब्दों का विग्रह दूसरे प्रकार से करने से ये तत्पुरुष हो जाते हैं; जैसे–पुरुषों में उत्तम=पुरुषोतम।

(हिंदी) उदाहरण–प्रभुदयाल, शिवदीन, रामदहिन।

(3) विशेषणोभयपद : जिसमें दोनों पद विशेषण होते हैं।

(संस्कृत) उदाहरण–नीलपीत, शीतोष्ण, श्यामसुंदर, शुद्धाशुद्ध, मृदुमंद।

(हिंदी) उदाहरण–लालपीला, भलाबुरा, ऊँचनीच, खटमिट्ठा, बड़ाछोटा, मोटाताजा।

(उर्दू) उदाहरण–सख्त सुस्त, नेकबद, कमबेश।

(4) विशेष्यपूर्व पद : धर्मबुद्धि (धर्म है, यह बुद्धि–धर्मविषयक बुद्धि) विंध्यपर्वत (विंध्य नामक पर्वत)।

(5) अव्ययपूर्व पद : दुर्वचन, निराश, सुयोग, कुवेश।

(हिंदी) उदाहरण–अधमरा, दुकाल।

(6) संख्यापूर्वपद : जिस कर्मधारय समास में पहला पद संख्यावाचक होता है और जिससे समुदाय (समाहार) का बोध होता है, उसे संख्यापूर्व कर्मधारय कहते हैं। इसी समास को संस्कृत व्याकरण में द्विगु कहते हैं।

(संस्कृत) उदाहरण–त्रिभुवन (तीनों भुवनों का समाहार) त्रैलोक्य (तीनों लोकों का समाहार) इस शब्द का रूप त्रिलोक भी होता है। चतुष्पदी (चार पदों का समुदाय), पंचवटी, त्रिकाल, अष्टाध्यायी।

(हिंदी) उदाहरण–पंसेरी, दोपहर, चौबोला, चौमासा, सतसई, सतनजा, चौराहा, अठवाड़ा, छदाम, चौघड़ा, दुपट्टा, दुअन्नी।

(उर्दू) उदाहरण–सिमाही (अप.तिमाही), चहारदीवारी, शशमाही (अप.छमाही)।

(7) मध्यमपदलोपी : जिस समास में पहले पद का संबंध दूसरे पद से बतलानेवाला शब्द अध्याहृत रहता है, उस समास को मध्यमपदलोपी अथवा लुप्तपद

समास कहते हैं। इस समास के विग्रह में समासगत दोनों पदों का संबंध स्पष्ट करने के लिए उस अध्याहृत शब्द का उल्लेख करना पड़ता है, नहीं तो विग्रह होना संभव नहीं है। इस समास में अध्याहृत पद बहुधा बीच में आता है, इसलिए इस समास को मध्यमपदलोपी कहते हैं।

(संस्कृत) उदाहरण–धृतान्न (घृत मिश्रित अन्न), पर्णशाला (पर्णनिर्मित शाला), छायातरु (छायाप्रधान तल), देवब्राह्मण (देवपूजक ब्राह्मण)।

(हिंदी) उदाहरण–दहीबड़ा (दही में डूबा हुआ बड़ा), गुड़ंबा (गुड़ में उबाला आम), गुड़धानी, तिलचावला, गोबरनेस, जेबघड़ी, चितकबरा, पनकपड़ा, गीदड़भभकी।

464. उपमावाचक कर्मधारय के चार भेद हैं :

(1) उपमानपूर्वपद : जिस वस्तु की उपमा देते हैं, उसका वाचक शब्द जिस समास के आरंभ में आता है, उसे उपमानपूर्वपद समास कहते हैं।

उदाहरण–चंद्रमुख (चंद्र सरीखा मुख), घनश्याम (घन सरीखा श्याम), वज्रदेह, प्राणप्रिय।

(2) उपमानोत्तरपद : चरणकमल, राजर्षि, पाणिपल्लव।

(3) अवधारणापूर्वपद : जिस समास में पूर्वपद के अर्थ पर उत्तर पद का अर्थ अवलंबित होता है, उसे अवधारणापूर्वपद कर्मधारय कहते हैं; जैसे–गुरुदेव (गुरु ही देव अथवा गुरुरूपी देव), कर्मबंध, पुरुषरत्न, धर्मसेतु, बुद्धिबल।

(4) अवधारणोत्तरपद : जिस समास में दूसरे पद के अर्थ पर पहले पद का अर्थ अवलंबित रहता है उसे अवधारणोत्तर पद कहते हैं; जैसे–साधुसमाजप्रयाग (साधुसमाज-रूपी प्रयाग) (राम.)। इस उदाहरण में दूसरे शब्द 'प्रयाग' के अर्थ पर प्रथम शब्द साधुसमाज का अर्थ अवलंबित है।

(सू.–कर्मधारय समास में वे रंगवाचक विशेषण भी आते हैं, जिनके साथ अधिकता के अर्थ में उनका समानार्थी कोई विशेषण व संज्ञा जोड़ी जाती है; जैसे–लाल, काला, भुजंग, फक उजला। (दे. अंक 344ए)।

द्वंद्व

465. जिस समास में सब पद अथवा उनका समाहार प्रधान रहता है उसे द्वंद्व समास कहते हैं। द्वंद्व समास तीन प्रकार का होता है

(1) **इतरेतर द्वंद्व**–जिस समास के सब पद 'और' समुच्चयबोधक से जुड़े हुए हों, पर इस समुच्चयबोधक का लोप हो, उसे इतरेतर द्वंद्व कहते हैं; जैसे–राधाकृष्ण, ऋषिमुनि, कंद-मूल-फल।

(हिंदी) उदाहरण

गाय-बैल	बेटा-बेटी	भाई-बहन
सुख-दुःख	घटी-बढ़ी	नाक-कान
माँ-बाप	दाल-भात	दूध-रोटी
चिट्ठी-पाती	तन-मन-धन	इकतीस
तैंतालीस		

(अ) इस समास में द्रव्यवाचक हिंदी समस्त संज्ञाएँ बहुधा एकवचन में आती हैं। यदि दोनों शब्द मिलकर प्रायः एकही वस्तु सूचित करते हैं, तो वे भी एकवचन में आते हैं; जैसे–

घी-गुड़	दाल–रोटी	दूध–भात
खान–पान	नोन–मिर्च	हुक्का–पानी
	गेंद–डंडा	

शेष द्वंद्व समास बहुधा बहुवचन में आते हैं।

(अ) एक ही लिंग के शब्दों से बने समास का मूल लिंग रहता है; परंतु भिन्न–भिन्न लिंगों के शब्दों में बहुधा पुल्लिंग होता है; और कभी–कभी अंतिम और कभी–कभी प्रथम शब्द का भी लिंग आता है; जैसे–गायबैल (पुं.), नाककान (पुं.), घीशक्कर (पुं.), दूध रोटी (स्त्री.), चिट्ठीपाती (स्त्री.), भाईबहन (पुं.), माँबाप (पुं.)।

(सू.–उर्दू के आबोहवा, नामोनिशान, आमदोरफ्त आदि शब्द समास नहीं कहे जा सकते, क्योंकि इनमें 'आ' समुच्चयबोधक का लोप नहीं होता। हिंदी में 'ओ' का लोप कर इन शब्दों को समास बना लेते हैं; जैसे–नामनिशान, आबहवा, आमदरफ्त)।

(2) **समाहार द्वंद्व** जिस द्वंद्व समास से उसके पदों के अर्थ के सिवा उसी प्रकार का और भी अर्थ सूचित हो उसे समाहार द्वंद्व कहते हैं; जैसे–आहार–निद्रा–भय (केवल आहार, निद्रा और भय ही नहीं किंतु प्राणियों के सब धर्म), सेठ–साहूकार (सेठ और साहूकारों के सिवा और भी दूसरे धनी लोग) भूल–चूक, हाथ–पाँव, दाल–रोटी, रुपया–पैसा, देव–पितर इत्यादि। हिंदी में समाहार द्वंद्व की संख्या बहुत है और उसके नीचे लिखे भेद हो सकते हैं।

(क) प्रायः एक ही अर्थ के पदों के मेल से बने हुए

कपड़े–लत्ते	बासन–बर्तन	चाल–चलन
मार–पीट	लूट–मार	घास–फूस
दिया–बत्ती	साग–पात	मंत्र–जंत्र
चमक–दमक	भला–चंगा	मोटा–ताजा
हृष्ट–पुष्ट	कूड़ा–कचरा	कील–काँटा
कंकर–पत्थर	भूत–प्रेत	काम–काज
बोल–चाल	बाल–बच्चा	जीव–जंतु

(सू.–इस प्रकार के सामासिक शब्दों में कभी–कभी एक शब्द हिंदी और दूसरा उर्दू रहता है; जैसे–धन–दौलत, जी–जान, मोटा–ताजा, चीज–वस्तु, तन–बदन, कागज–पत्र, रीति–रसम, बैरी–दुश्मन, भाई–बिरादर।

(ख) मिलते-जुलते अर्थ के पदों के मेल से बने हुए

अन्न–जल	आचार–विचार	घर–द्वार
पान–फूल	गोला–बारूद	नाच–रंग
मोल–तोल	खाना–पीना	पान–तमाखू
जंगल–झाड़ी	तीन–तेरह	दिन–दोपहर
जैसा–तैसा	साँप–बिच्छू	नोन–तेल

(ग) परस्पर विरुद्ध अर्थवाले पदों का मेल; जैसे–

आगा-पीछा चढ़ा-उतरी

लेन-देन कहा-सुनी

(सू.–इस प्रकार के कोई-कोई विशेषणोभयपद भी पाए जाते हैं। जब इनका प्रयोग संज्ञा के समान होता है, तब ये द्वंद्व होते हैं, और जब ये विशेषण के समान आते हैं तब कर्मधारय होता है। उदाहरण : लँगड़ा-लूला, भूखा-प्यासा, जैसा-तैसा, नंगा-उघारा, ऊँचा-नीचा, भरा-पूरा।)

(घ) ऐसे समास जिनमें एक शब्द सार्थक और दूसरा शब्द अर्थहीन, अप्रचलित अथवा पहले का समानुप्रास हो जैसे–आमने-सामने, आस-पास, पड़ोस-पड़ोस, बात-चीत, देख-भाल, दौड़-धूप, भीड़-भाड़, अदला-बदला, चाल-ढाल, काट-कूट।

(सू.–(1) अनुप्रास के लिए जो शब्द लाया जाता है, उसके आदि में दूसरे (मुख्य) शब्द का स्वर रखकर उस (मुख्य) शब्द के शेष भाग को पुनरुक्त कर देते हैं; जैसे–डेरे एरे, थोड़ा ओड़ा, कपड़े अपड़े। कभी-कभी मुख्य शब्द के आद्य वर्ण के स्थान में स का प्रयोग करते हैं; जैसे–उलटा-सुलटा, गँवार-सँवार, मिठाई-सिठाई। उर्दू में बहुधा 'व' लाते हैं; जैसे–पान-वान, खत-वत, कागज-वागज। बुंदेलखंडी में बहुधा म का प्रयोग किया जाता है; जैसे–पानमान, चिट्ठी-मिट्ठी, पागल-मागल, गाँव-माँव।

(2) कभी-कभी पूरा शब्द पुनरुक्त होता है और कभी प्रथम शब्द के अंत में आ और दूसरे शब्द के अंत में ई कर देते हैं; जैसे–काम-काम, भागा-भाग, देखा-देखी, तड़ा-तड़ी, देखा-भाली, टोआ-टाई।)

(3) **वैकल्पिक द्वंद** : जब दो पद 'वा', 'अथवा' आदि विकल्पसूचक समुच्चयबोधक के द्वारा मिले हों और उस समुच्चयबोधक का लोप हो जाए, तब उन पदों के समास को वैकल्पिक द्वंद्व कहते हैं। इस समास में बहुधा परस्परविरोधी शब्दों का, मेल होता है; जैसे–जात-कुजात, पाप-पुण्य, धर्मा-धर्म, ऊँचा-नीचा, थोड़ा-बहुत, भला-बुरा।

(सू.–दो, तीन, नौ, दस, बीस, पचीस आदि अनिश्चित गणनावाचक सामासिक विशेषण कभी-कभी संज्ञा के समान प्रयुक्त होते हैं। उस समय उन्हें वैकल्पिक द्वंद्व कहना उचित है; जैसे–मैं दो-चार को कुछ नहीं समझता।)

बहुव्रीहि

466. जिस समास में कोई भी पद प्रधान नहीं होता और जो अपने पदों से भिन्न किसी संज्ञा का विशेषण होता है, उसे बहुव्रीहि समास कहते हैं; जैसे–चंद्रमौलि (चंद्र है सिर पर जिसके अर्थात् शिव), अनंत (नहीं है अंत जिसका अर्थात् ईश्वर), कृतकार्य (कृत अर्थात् किया गया है काम जिसके द्वारा वह मनुष्य)।

(सू.–पहले कहे हुए प्राय: सभी प्रकार के समास किसी दूसरी संज्ञा के विशेषण के अर्थ में बहुव्रीहि हो जाते हैं; जैसे–मंदमति (कर्मधारय) विशेषण के अर्थ में बहुव्रीहि है। पहले अर्थ में 'मंदमति' केवल 'धीमी बुद्धि' वाचक है, पर, पिछले अर्थ में इस शब्द का विग्रह यों होगा–मंद है मति जिसकी वह मनुष्य। यदि 'पीतांबर' शब्द का अर्थ केवल

'पीला कपड़ा' है तो वह 'कर्मधारय' है; परंतु उससे 'पीला कपड़ा है जिसका' अर्थात् 'विष्णु' का अर्थ लिया जाए तो वह बहुब्रीहि है।)

467. इस समास के विग्रह में संबंधवाचक सर्वनाम के साथ कर्ता और संबोधन कारकों को छोड़कर शेष जिन कारकों की विभक्तियाँ लगती हैं, उन्हीं के नामों के अनुसार इस समास का नाम होता है; जैसे–

कर्मबहुब्रीहि–इस जाति के संस्कृत समासों का प्रचार हिंदी में नहीं है और न हिंदी ही में कोई ऐसा समास है। इनके संस्कृत उदाहरण ये हैं : प्राप्तोदक (प्राप्त हुआ है जल जिसको वह प्राप्तोदक ग्राम), आरूढ़वानर (आरूढ़ है वानर जिस पर वह आरूढ़वानर–वृक्ष)।

करणबहुब्रीहि–कृतकार्य (किया गया है कार्य जिसके द्वारा), दत्तचित्त (दिया है चित्त जिसने), धृतचाप, प्राप्तकाम।

संप्रदानबहुब्रीहि–यह समास भी हिंदी में बहुधा नहीं आता। इसके संस्कृत उदाहरण ये है : दत्तधन (दिया गया है धन जिसको), उपहृतपशु (भेंट में दिया गया है पशु जिसको)।

अपादानबहुब्रीहि–निर्जन (निकल गया है जनसमूह जिसमें से), निर्विकार, विमल, लुप्तपद।

संबंधबहुब्रीहि–दशानन (दस हैं मुँह जिसके), सहस्रबाहु (सहस्र हैं बाहु जिसके), पीतांबर (पीत है अंबर=कपड़ा जिसका), चतुर्भुज, नीलकंठ, चक्रपाणि, तपोधन, चंद्रमौलि, पतिव्रता।

(हिंदी) उदाहरण : कनफटा, दुधमुँहा, मिठबोला, बारहसिंगा, अनमोल, हँसमुख, सिरकटा, टुटपुँजिया, बड़भागी, बहुरूपिया, मनचला, घुड़मुँहा।

(उर्दू) उदाहरण : कमजोर, बदनसीब, खुशदिल, नेकनाम।

अधिकरणबहुब्रीहि–प्रफुल्लकमल (खिले हैं कमल जिसमें वह तालाब), इंद्रादि (इंद्र है आदि में जिनके वे देवता), स्वरांत (शब्द)।

हिंदी उदाहरण : त्रिकोन, सतखंडा, पतझड़, चौलड़ी।

(सू.–अधिकांश पुस्तकों और सामयिक पत्रों के नाम इसी समास में समाविष्ट होते हैं।)

468. जिस बहुब्रीहि समास के विग्रह में दोनों पदों के साथ एक ही विभक्ति आती है, उसे समानाधिकरण बहुब्रीहि कहते हैं और जिसके विग्रह में दोनों पदों के साथ भिन्न-भिन्न विभक्तियाँ आती हैं, वह व्याधिकरण बहुब्रीहि कहलाता है। ऊपर के उदाहरणों में कृतकृत्य, दशानन, नीलकंठ, सिरकटा, समानाधिकरण बहुब्रीहि हैं और चंद्रमौलि, इंद्रादि, सातखंडा व्याधिकरण बहुब्रीहि हैं। नीलकंठ शब्द में 'नील' और 'कंठ' (नीला है कंठ जिसका) एक ही अर्थात् कर्ता कारक में है, और 'चंद्रमौलि' शब्द में 'चंद्र' तथा मौलि' (चंद्र है मौलि में जिसके) अलग-अलग, अर्थात् क्रमशः कर्ता और अधिकरण कारकों में हैं।

469. बहुब्रीहि समास के पदों के स्थान अथवा उसके अर्थ की विशेषता के आधार पर उसके नीचे लिखे भेद हो सकते हैं :

(1) विशेषणपूर्वपद–पीतांबर, मंदबुद्धि, लंबकर्ण, दीर्घबाहु।

हिंदी उदाहरण : बडापेट, लालकुर्ती, लमटंगा, लगातार, मिठबोला।

उर्दू उदाहरण : साफदिल, जबरदस्त, बदरंगा।

(2) विशेषणोत्तर पद–शाकप्रिय (शाक है प्रिय जिसको), नाट्यप्रिय।

हिंदी उदाहरण : कनफटा, सिरकटा, मनचला।

(3) उपमान पूर्वपद–राजीवलोचन, चंद्रमुखी, पाषाणहृदय, वज्रदेही।

(4) विषय पूर्वपद–शिवशब्द (शिव है शब्द जिसका, वह तपस्वी), अहमभिमान (अहम् अर्थात् मैं, यह अभिमान है जिसको)।

(5) अवधारणापूर्वपद–यशोधन (यश ही धन है जिसका), तपोबल। विद्याधन।

(6) मध्यम पद लोपी–कोकिलकंठा (कोकिल के कंठ के समान कंठ है जिसका वह स्त्री), मृगनेत्रा, गजानन, अभिज्ञानशाकुंतल, मुद्राराक्षस।

हिंदी उदाहरण : घुड़मुँहा, भौंरकली (गहना), बालतोड़ (फोड़ा), हाथीपाँव (बीमारी)।

(उर्दू) उदाहरण : गावदुम, फीलपा।

(7) नञ् ब्रीहि–असार (सार नहीं है जिसमें), अद्वितीय, अप्राप्य, अनाथ, अकर्मक, नाक (नहीं है अक=दु:ख जिसमें वह, स्वर्ग)।

हिंदी उदाहरण : अनमोल, अजान, अथाह, अचेत, अमान, अनगिनती।

(8) संख्यापूर्वपद–एकरूप, त्रिभुज, चतुष्पद, पंचानन, दशमुख।

(हिंदी) उदाहरण : एकजी, दुनाली, चौकोन, तिमंजिला, सतलड़ी, दुसूती।

(उर्दू) उदाहरण : सितार (तीन हैं तार जिसमें), पंजाब, दुआब।

(9) संख्योत्तरपद–उपदश (दश के पास है जो अर्थात् नौ व ग्यारह), त्रिसप्त (तीन सात हैं जिसमें, वह संख्याइक्कीस)।

(10) सह बहुब्रीहि–सुपुत्र (पुत्र के साथ), सकर्मक, संदेह, सावधान, सपरिवार, सफल, सार्थक।

हिंदी उदाहरण : सबेरा, सचेत, साढ़े।

(11) दिगंतराल बहुब्रीहि–पश्चिमोत्तर (वायव्य), दक्षिण-पूर्व (आग्नेय)।

(12) व्यतिहार बहुब्रीहि–जिस समास से एक प्रकार का युद्ध दोनों दलों के समान युद्धसाधन और उनका आघात-प्रत्याघात सूचित होता है, उसे व्यतिहार बहुब्रीहि कहते हैं।

संस्कृत उदाहरण : मुष्टामुष्टि (एक-दूसरे को मुष्टि अर्थात् मुक्का मारकर किया हुआ युद्ध), हस्ताहस्ति, दंडादंडि। संस्कृत में ये समास नपुंसकलिंग, एकवचन और अव्यय रूप में आते हैं।

हिंदी उदाहरण : लठालठी, मारामारी, बदाबदी, कहाकही, धक्काधक्की, घूसाघूसी।

(सू.–(क) हिंदी में ये समास स्त्रीलिंग और एकवचन में आते हैं। इसमें पहले शब्द के अंत में बहुधा 'आ' और दूसरे शब्द के अंत में 'ई' आदेश होता है। कभी-कभी पहले शब्द के अंत में 'म' और 'दूसरे' के अंत में 'आ' आता है; जैसे–लट्ठमलट्ठा, धक्कमधक्का, कुश्तमकुश्ता, घुस्समघुस्सा। इस प्रकार के शब्द पुल्लिंग, एकवचन में आते हैं।)

(ख) कभी-कभी दूसरा शब्द भिन्नार्थी, अर्थहीन अथवा समानुप्रास होता है; जैसे–माराकूटी, कहासुनी, खींचातानी, ऐंचाखैंची, मारामूरी। इस प्रकार के शब्द बहुधा दो कृदंतों के योग से बनते हैं।)

(13) प्रादि अथवा अव्ययपूर्व बहुब्रीहि–निर्दय (निर्गता अर्थात् गई हुई है दया जिसकी), विफल, विधवा, कुरूप, निर्धन।

हिंदी उदाहरण : सुडौल, कुरंगा, रंगबिरंगा। पिछले शब्द में संज्ञा की पुनरुक्ति हुई हैं।

संस्कृत समासों के कुछ विशेष नियम

470. किसी-किसी बहुब्रीहि समास का उपयोग अव्ययीभाव समास के समान होता है; जैसे–प्रेमपूर्वक, विनयपूर्वक, सादर, सविनय, सप्रेम।

471. तत्पुरुष समास में नीचे लिखे विशेष नियम पाए जाते हैं :

(अ) अहन् शब्द किसी-किसी समास के अंत में अह हो जाता हैं; जैसे–पूर्वाह्ण, अपराह्ण, मध्याह्ण।

(आ) राजन् शब्द के अंत्य व्यंजन का लोप हो जाता है; जैसे–राजपुरुष, महाराज, राजकुमार, जनकराज।

(इ) इस समास में जब पहला पद सर्वनाम होता है, तब भिन्न-भिन्न सर्वनामों के विकृत रूपों का प्रयोग होता है

हिंदी	संस्कृत	विकृत रूप	उदाहरण
मैं	अहम्	मत्	मत्पुत्र
हम	वयम्	अस्मत्	अस्मत्पिता
तू	त्वम्	त्वत्	त्वद्ग्रह
तुम	यूयम्	युष्मत्	युष्मत्कुल
	भवान्	भवत्	भवन्माया
वह, वे	तद्	तत्	तत्काल, तद्रूप
यह, ये	एतद्	एतत्	एतद्देशीय
जो	यद्	यत्	यत्कृपा

(ई) कभी-कभी तत्पुरुष समास का प्रधान पद पहले ही आता है; जैसे–पूर्वकाय (काया अर्थात् शरीर का पूर्व अर्थात् अगला भाग), मध्याह्ण (अह्ण अर्थात् दिन का मध्य), राजहंस (हंसों का राजा)।

(उ) जब अनंत और इन्नंत शब्द तत्पुरुष समास के प्रथम स्थान में आते हैं, तब उनके अंत्य का लोप होता है; जैसे–आत्मबल, ब्रह्मज्ञान, हस्तिदंत, योगिराज, स्वामिभक्त।

(ऊ) विद्वान्, भगवान्, श्रीमान् इत्यादि शब्दों के मूल रूप विद्वस्, भगवत्, श्रीमत् समास में आते हैं; जैसे–विद्वज्जन, भगवद्भक्त, श्रीमद्भागवत।

(ऋ) नियमविरुद्ध शब्द–वाचस्पति, बलाहक (वारीणां वाहकः, जल का वाहकमेघ), पिशाच (पिशिच अर्थात् मांस भक्षण करनेवाले), बृहस्पति, वनस्पति, प्रायश्चित, इत्यादि।

472. कर्मधारय समास के संबंध में नीचे लिखे नियम पाए जाते हैं :

(अ) महत् शब्द का रूप महा होता है; जैसे–महाराज, महादशा, महादेव, महाकाव्य, महालक्ष्मी, महासभा।

अपवाद–महदतर, मकदुपकार, महत्कार्य।

(आ) अनंत शब्द के द्वितीय स्थान में आने पर अंत्य नकार का लोप हो जाता है; जैसे–महाराज, महोक्ष (बड़ा बैल)।

(इ) रात्रि शब्द समास के अंत में रात्र हो जाता है; जैसे–पूर्वरात्र, अपरात्र, मध्यरात्र, नवरात्र।

(ई) 'कु' के बदले किसी-किसी शब्द के आरंभ में 'कत्', 'कद' और 'का' हो जाता है; जैसे–कदन्न, कदुष्ण, कवोष्ण, कापुरुष।

473. बहुब्रीहि समास के विशेष नियम ये हैं :

(अ) सह और समान के स्थान में प्राय: 'स' आता है; जैसे–सादर, सविनय, सवर्ण, सजात, सरूप।

(आ) अक्षि (आँख), सखि, (मित्र), नाभि, इत्यादि कुछ इकारांत शब्द समास के अंत में आकारांत हो जाते हैं; जैसे–पुंडरीकाक्ष, मरुत्सख, पद्मनाभ, (पद्म है नाभि में जिसके अर्थात् विष्णु)।

(इ) किसी-किसी समास के अंत में 'क' जोड़ दिया जाता है; जैसे–सपत्नीक, शिक्षाविषयक; अल्पवयस्क, ईश्वरकर्तृक, सकर्मक, अकर्मक, निरर्थक।

(ई) नियमविरुद्ध शब्द–द्वीप (जिसके दोनों ओर पानी है अर्थात् टापू), अंतरीप (हिंदी में : स्थल का अग्र भाग जो पानी में चला गया हो), समीप (पानी के पास, निकट), शतधन्वा, सपत्नी (समान पति है जिसका, सौत), सुगंध, सुदती (सुंदर दाँत हैं जिसके वह स्त्री)।

474. द्वंद्व समास के कुछ विशेष नियम

(स) कहीं-कहीं प्रथम पद के पीछे अंत में दीर्घ आ जाता है; जैसे–मित्रावरुण।

(आ) नियम के विरुद्ध शब्द–जाय:+पति=दंपति, जंपती=जायापती, अन्य+अन्य=अन्योन्य, पर+पर=परस्पर, अहन्+रात्रि=अहोरात्र।

475. यदि किसी समास के अंत में 'आ' व 'ई' (स्त्री. प्रत्यय) हो और समास का अर्थ उसके अवयवों से भिन्न हो, तो उस प्रत्यय को ह्रस्व कर देते हैं; जैसे–निर्लज्ज, सकरुण, लब्धप्रतिष्ठ, दृढ़प्रतिज्ञ। 'ई' के उदाहरण हिंदी में नहीं आते।

हिंदी समासों के विशेष नियम

476. तत्पुरुष समास में यदि प्रथम पद का आद्य स्वर दीर्घ हो, तो वह बहुधा ह्रस्व हो जाता है और यदि पद आकारांत व ईकारांत हो, तो वह आकारांत हो जाता है; जैसे–घुड़सवार, पनभरा, मुँहचोर, कनफटा, रजवाड़ा, अमचुर, कपड़छन।

अपवाद–घोड़ागाड़ी, रामकहानी, राजदरबार, सोनामाखी।

477. कर्मधारय समास में प्रथम स्थान में आनेवाले छोटा, बड़ा, लंबा, खट्टा, आधा आदि आकारांत विशेषण बहुधा अकारांत हो जाते हैं और उनका आद्य स्वर ह्रस्व हो जाता है; जैसे–छुटभैया, बड़गाँव, लमडोर, खटमिट्ठा, अधपका।

अपवाद–भोलानाथ, भूरामल।

(सू.–'लाल' शब्द के साथ छोटा, गोरा, भूरा, नन्हा, बाँका आदि विशेषणों के अंत्य 'आ' के स्थान में 'ए' होता है; जैसे–भूरेलाल, छोटेलाल, बाँकेलाल, नन्हेंलाल 'काला' के बदले कालू अथवा कल्लू होता है; जैसे–कालूराम, कल्लूसिंह)

478. बहुब्रीहि समास के प्रथम स्थान में आनेवाले आकारांत शब्द (संज्ञा और विशेषण) अकारांत हो जाते हैं; और दूसरे शब्द के अंत में बहुधा आ जोड़ दिया जाता है। यदि दोनों पदों के आद्य स्वर दीर्घ हों, तो उन्हें बहुधा ह्रस्व कर देते हैं; जैसे–दुधमुँहा, बड़पेटा, लमकना (चूहा), नकटा (नाक है कटी हुई जिसकी), कनफटा, टुटपुँजिया, मुछमुंडा।

अपवाद–लालकुर्ती, बड़भागी, बहुरंगी।

(सू.–बहुब्रीहि समासों का प्रयोग बहुधा विशेषण के समान होता है और आकारांत शब्द पुल्लिंग होते हैं। स्त्रीलिंग में इन शब्दों के अंत में ई व नी कर देते हैं; जैसे–दुधमुँही, नकटी, बड़पेटी, टुटपुँजनी।)

479. बहुब्रीहि और दूसरे समासों में जो संख्यावाचक विशेषण आते हैं, उनका रूप बहुधा बदल जाता है, ऐसे कुछ विकृत रूपों के उदाहरण ये हैं :

मूल शब्द	विकृत रूप	उदाहरण
दो	दु	दुलड़ी, दुचिता, दुगुना दुराज, दुपट्टा।
तीन	ति, तिर	तिपाई, तिरसठ, तिबासी, तिखूँटी।
चार	चौ	चौखूँटा, चौदह, चौमासा।
पाँच	पच	पचमेल, पचमहला, पचलोना, पचलड़ी।
छह	छ	छप्पय, छटाँक, छदाम, छकड़ी।
सात	सत	सतनजा, सतमासा, सतखड़ा, सतसैया।
आठ	अठ	अठखेली, अठन्नी, अठोतर।

480. समास में बहुधा पुल्लिंग शब्द पहले और स्त्रीलिंग शब्द पीछे आता है; जैसे–भाईबहन, दूधरोटी, घीशक्कर, बेटाबेटी, देखादेखी, कुरताटोपी, लोटाथाली।

अपवाद–माँबाप, घंटीघंटा, सासससुर।

समासों के सामान्य नियम

481. हिंदी और (उर्दू) समास जो पहले से बने हैं, वे ही भाषा में प्रचलित हैं। इनके सिवा शिष्ट लेखक किसी विशेष कारण से नए शब्द बना सकते हैं।

482. एक समय में आनेवाले शब्द एक ही भाषा के होने चाहिए। यह एक साधारण नियम है; पर इसके कई अपवाद भी हैं; जैसे–रेलगाड़ी, हरदिन, मनमौजी, इमामबाड़ा, शाहपुर, धनदौलत।

483. कभी-कभी एक ही समास का विग्रह अर्थभेद से कई प्रकार होता है; जैसे–त्रिनेत्र शब्द 'तीन आँखों' के अर्थ में द्विगु है, परंतु 'महादेव' के अर्थ में बहुव्रीहि है। 'सत्यव्रत' शब्द के और भी अधिक विग्रह हो सकते हैं; जैसे–

सत्य और व्रत	द्वंद्व
सत्य ही व्रत	कर्मधारय
सत्य व्रत	कर्मधारय
सत्य का व्रत	तत्पुरुष
सत्य है व्रत जिसका	बहुव्रीहि

ऐसी अवस्था में समास का विग्रह केवल पूर्वापर संबंध से हो सकता है।

(अ) कभी-कभी बिना अर्थभेद के एक ही समास के एक ही स्थान में दो विग्रह हो सकते हैं; जैसे–लक्ष्मीकांत शब्द तत्पुरुष भी हो सकता है और बहुव्रीहि भी। पहले में उसका विग्रह 'लक्ष्मी का कांत' (पति) है; और दूसरे में यह विग्रह होता है कि 'लक्ष्मी है कांता (स्त्री) जिसकी'। इन दोनों विग्रहों का एक ही अर्थ है, इसलिए कोई एक विग्रह स्वीकृत हो सकता है और उसी के अनुसार समास का नाम रखा जा सकता है।

484. कई एक तद्‌भव हिंदी सामासिक शब्दों के रूप में इतना अंग भंग हो गया है कि उनका मूल रूप पहचानना संस्कृतानभिज्ञ लोगों के लिए कठिन है। इसलिए इन शब्दों को समास न मानकर केवल यौगिक अथवा रूढ़ ही मानना ठीक है; जैसे–ससुराल शब्द यथार्थ में संस्कृत 'श्वसुरालय' का अपभ्रंश है, परंतु आलय शब्द आल बन गया है, जिसका प्रयोग केवल प्रत्यय के समान होता है। इसी प्रकार 'पड़ोस' शब्द (प्रतिवास) का अपभ्रंश है, पर इसके एक भी मूल अवयव का पता नहीं चलता।

(आ) कई एक तदभवर हिंदी सामासिक शब्दों में भी उनके अवयव एक-दूसरे से ऐसे मिल गए हैं कि उनका पता लगाना कठिन है। उदाहरण के लिए 'दहेड़ी' एक शब्द है जो यथार्थ में 'दही हाँड़ी' है, पर उसके 'हाड़ी' शब्द का रूप केवल 'एँड़ी' रह गया है। इसी प्रकार 'अँगोछा' शब्द है जो 'अंगपोंछा' अपभ्रंश है, पर 'पोंछा' शब्द 'ओछा' हो गया है। ऐसे शब्दों को सामासिक शब्द मानना ठीक नहीं जान पड़ता।

485. हिंदी में सामासिक शब्दों के लिखने की रीति में बड़ी गड़बड़ी है। जिन शब्दों को सटाकर लिखना चाहिए वे योजक चिह्न (हाइफन) से मिलाए जाते हैं और जिन्हें केवल योजक से मिलाना उचित है, वे सटाकर लिख दिए जाते हैं। फिर, जिस सामासिक शब्द को किसी न किसी प्रकार मिलाकर लिखने की आवश्यकता है वह अलग-अलग लिखा जाता है।

(टि.–हिंदी व्याकरणों में कुमति प्रकरण बहुत ही संक्षेप रीति से दिया गया है। इसका कारण यह है कि उनमें पुस्तकों के परिमाण के अनुसार इस विषय को स्थान मिला है। अन्यान्य पुस्तकों को छोड़कर हम यहाँ केवल 'प्रवेशिका हिंदी व्याकरण' के इस विषय के कुछ अंश की परीक्षा करते हैं, क्योंकि इस पुस्तक में यह विषय दूसरी

पुस्तकों की अपेक्षा कुछ अधिक विस्तार से दिया गया है। स्थानाभाव के कारण हम इस व्याकरण में दिए गए समासों ही के कुछ उदाहरण पर विचार करेंगे। तत्पुरुष समास के उदाहरणों में लेखक ने 'दम भरना', 'भूख (?) मरना', 'ध्यान करना', 'काम आना' इत्यादि कृदंत वाक्यांशों को सम्मिलित किया है, और इसका नियम संभवत: भट्ट जी के 'हिंदी व्याकरण' से लिया है। संस्कृत में राशीकरण, वक्रीभवन आदि संयुक्त कृदंतों को समास मानते हैं, क्योंकि इनमें विभक्ति का लोप और पूर्वपद का रूपांतर हो जाता है; पर हिंदी के पूर्वोक्त कृदंत वाक्यांशों में न विभक्ति का नियमित लोप होता है और न रूपांतर ही पाया जाता है। 'काम आना' को विकल्प से 'काम में आना' भी कहते हैं। फिर इन वाक्यांशों के पदों के बीच, समास से नियम के विरुद्ध अन्यान्य शब्द भी आ जाते हैं; जैसे–काम न आना, ध्यान ही करना, दम भी भरना, इत्यादि। संस्कृत में केवल, कृ, भू आदि दो-तीन धातुओं से ऐसे नियमित समास बनते हैं, पर हिंदी में ऐसे प्रयोग अनियमित और अनेक हैं। इसके सिवा यदि 'काम करना' को समास मानें तो 'आगे चलना' को भी समास मानना पड़ेगा, क्योंकि आगे के पश्चात् भी विकल्प से विभक्ति प्रकट व लुप्त रह सकती है। ऐसी अवस्था में उन शब्दों को भी समास मानना होगा, जिनमें विभक्ति का लोप रहने पर स्वतंत्र व्याकरणीय संबंध है। 'प्रवेशिका हिंदी व्याकरण' में दिए हुए इन कृदंत वाक्यांशों को पूर्वोक्त कारणों से संयुक्त धातु भी नहीं मान सकते (दे. अंक 420 सू.)। अतएव इन सब उदाहरणों को समास मानना भूल है।)

सातवाँ अध्याय

पुनरुक्त शब्द

486. पुनरुक्त शब्द यौगिक शब्दों का एक भेद है और इनमें से बहुत से सामासिक भी हैं। इनका विवेचन पुस्तक में यत्र-तत्र बहुत कुछ हो चुका है। बोलचाल में इनका प्रचार सामासिक शब्दों ही के लगभग है, पर इनकी व्युत्पत्ति में सामासिक शब्दों से बहुत कुछ भिन्नता भी है। अतएव इनके एकत्र और नियमित विवेचन की आवश्यकता है। इन शब्दों का संयोग बहुधा विभक्ति अथवा संबंधी शब्द का लोप करने से नहीं होता।

487. पुनरुक्त शब्द तीन प्रकार के हैं : पूर्ण पुनरुक्त, अपूर्ण पुनरुक्त और अनुकरणवाचक।

488. जब कोई एक शब्द एक ही साथ लगातार दो बार अथवा तीन बार प्रयुक्त होता है, तब उन सबको पूर्ण पुनरुक्त शब्द कहते हैं; जैसे–देश देश, बड़े बड़े, चलते चलते, जय जय जय।

489. जब किसी शब्द के साथ कोई समानुप्रास सार्थक व निरर्थक शब्द आता है, तब वे दोनों शब्द अपूर्ण पुनरुक्त कहलाते हैं; जैसे–आसपास, आमनेसामने, देखभाल, इत्यादि।

490. पदार्थ की यथार्थ अथवा कल्पित ध्वनि को ध्यान में रखकर जो शब्द बनाए जाते हैं, उन्हें अनुकरणवाचक शब्द कहते हैं; जैसे–फटफट, गड़गड़ाहट, आना।

पूर्ण पुनरुक्त शब्द

491. ये शब्द कई प्रकार के हैं। कभी-कभी समूचे शब्द की पुनरुक्ति ही से एक शब्द बनता है और कभी-कभी दोनों शब्दों के बीच एकाध अक्षर का आदेश हो जाता है।

(सू.–पुनरुक्त शब्दों को प्रथम शब्द के पश्चात् 2 लिखकर सूचित करना अशुद्ध है; जैसे–धीरे 2, राम 2।)

492. संज्ञा से सूचित होनेवाली वस्तुओं का अलग-अलग निर्देश; जैसे–घर घर डोलत दीन है। जन जन जाँचत जाय। कौड़ी कौड़ी माया जोड़ी। मेरे रोम रोम प्रसन्न हो रहे हैं।

(सू.–यदि इन पुनरुक्त शब्दों का प्रयोग संज्ञा अथवा विशेषण के समान हो, तो इन्हें कर्मधारय और क्रिया-विशेषण के समान हो तो अव्ययीभाव कहना चाहिए। ऊपर के उदाहरणों में 'जन जन' (संज्ञा), 'कौड़ी कौड़ी' (विशेषण) तथा 'रोम रोम' संज्ञा कर्मधारय समास हैं और 'घर घर' (क्रि. वि.) अव्ययीभाव समास है।

(2) अतिशयता–जैसे–बर्तन, टुकड़े-टुकड़े हो गया, राम-राम कहि राम कहि, उसने मुझे दाने-दाने को मोहताज कर दिया, हँसी-हँसी में लड़ाई हो पड़ी इत्यादि।

(3) परस्पर संबंध–भाई-भाई का प्रेम, बहिन-बहिन की बातचीत, मित्र-मित्र का व्यवहार, ठठेरे-ठठेरे बदलाई।

(4) एकजातीयता–जैसे–फूल-फूल अलग रख दो, ब्राह्मण-ब्राह्मण की जेवनार, लड़के-लड़के यहाँ बैठे हैं।

(5) भिन्नता–आदमी-आबमी का अंतर, देश-देश के भूपति नाना, बात-बात बात में भेद हैं, रंग-रंग के फूल इत्यादि।

(6) रीति–पाँव-पाँव चलना, लोटे-लोटे जल भरना (पहले एक लोटा फिर दूसरा लोटा और इसी क्रम से आगे)।

सू.–(1) पूर्ण पुनरुक्त शब्दों के अंत्य शब्द में विभक्ति का योग होता है, परंतु उसके पूर्व शब्द विकृत रूप में आते हैं; जैसे–लड़के-लड़के की लड़ाई, फूलों-फलों को अलग रख दो। यह विकृत रूप आकारांत शब्दों के दोनों वचनों में और दूसरे शब्दों के केवल बहुवचन में होता है।

(2) कभी-कभी विभक्ति का लोप हो जाता है, और विकृत रूप केवल प्रथम शब्द में अथवा कभी-कभी दोनों शब्दों में पाया जाता है; जैसे–हाथोंहाथ, रातोंरात, बीचोंबीच, दिनोंदिन, जंगलोंजंगलों इत्यादि।

493. सर्वनामों की पुनरुक्ति संज्ञाओं ही के समान होती है। यह विषय सर्वनामों के अध्याय में आ चुका है।

494. विशेषणों की भी पुनरुक्ति का विचार विशेषणों के अध्याय में हो चुका है। यहाँ गुणवाचक विशेषणों की पुनरुक्ति के कुछ विशेष अर्थ लिखे जाते हैं :

(1) भिन्नता–जैसे–'हरी हरी पुकारती हरी, हरी लतान में।' नए नए सुख, अनूठे अनूठे खेल।

(2) एकजातीयता–बड़े बड़े लोगों को कुरसी दी गई छोटे छोटे लड़के अलग बिठाए गए।

(3) अतिशयता–मीठे मीठे आम, अच्छे अच्छे कपड़े, ऊँचे ऊँचे घर, काले काले केश, फूले फूले चुन लिए (कबीर)।

(4) न्यूनता–फीका फीका स्वाद, तरकारी खट्टी खट्टी लगती है, छोटी छोटी आँखें, इत्यादि।

495. क्रिया की पुनरुक्ति से नीचे लिखे अर्थ सूचित होते हैं :

(1) हठ–मैं यह काम करूँगा, करूँगा और फिर करूँगा। वह आएगा, आएगा और फिर आएगा। तुम आओगे, आओगे और फिर आओगे।

(2) संशय–आप आएँगे आएँगे कहते हैं, पर आते नहीं। वह गया, गया, न गया, न गया। पिछले वाक्य में कुछ शब्दों का अध्याहार भी माना जा सकता है; जैसे–(जो) वह गया (तो) गया (और) न गया (तो) न गया।

(3) विधिकाल की द्विरुक्ति से आदर, उतावली, आग्रह और अनादर सूचित होता है; जैसे–आइए आइए, आज किधर भूल पड़े। देखो, देखो वह आदमी भाग रहा है। जाओ जाओ।

496. सहायक क्रियाओं का काम करनेवाले कृदंतों की भी पुनरुक्ति होती है और उनसे नीचे लिखे अर्थ पाए जाते हैं :

(1) पौन पुन्य–पत्ते बह-बहकर आते हैं; वह मेरे पास आ आकर बैठता है; घर में कौन छोटी लड़कियाँ न्योत न्योत लावेगी; मैं तुम्हारा घर पूछता पूछता यहाँ तक आया हूँ।

(2) अतिशयता–लड़का चलते चलते थक गया; इन्द्र रो रोकर कहने लगा; वह मारा मारा फिरता है।

(3) निरंतरता–हम बैठे बैठे क्या करें? श्रीकृष्ण को बँधे बँधे पूर्व जन्म की सुधि आई। पुस्तकें पढ़ते पढ़ते आयु बीत गई। लड़का सोते सोते चौंक पड़ा।

(4) अवधि–इस रीति से चले चले राजमंदिर में जा विराजे। आपके आते आते सभा विसर्जन हो गई। वहाँ पहुँचते पहुँचते रात हो जाएगी।

(5) 'होते-होते' का अर्थ 'धीरे-धीरे' है।

(6) कभी-कभी अपूर्ण क्रिया-द्योतक कृदंतों के बीच में 'न' का आगम होता है; जैसे–उनके आते न आते काम जो जाएगा।

497. अवधारण के अर्थ में कभी-कभी निषेधवाचक क्रिया के साथ उसी क्रिया से बना हुआ भूतकालिक अथवा पूर्वक्रियाद्योतक कृदंत आता है; जैसे–सो किसी भाँति मेटे न मिटेंगे; यह आदमी उठाए नहीं उठता; (धनुष) टरै न टारा; वह किसी का बचाया न बचेगा।

498. क्रिया-विशेषणों की पुनरुक्ति पौनःपुन्य, अतिशयता, आदि अर्थों में होती है; जैसे–धीरे धीरे, कभी कभी, जब जब, नीचे नीचे, ऊपर ऊपर, पास पास, आगे आगे, पीछे पीछे, साथ साथ, कहाँ कहाँ, कहीं कहीं, पहले पहले, अभी अभी।

(सू.–'पहले पहल' शब्द का अर्थ प्रथम बार है।)

(अ) जिन क्रिया-विशेषणों का उपयोग संबंधसूचकों के समान होता है, वे इस (दूसरे) अर्थ में भी पुनरुक्त होते हैं; जैसे–सड़क के पास पास, नौकर के साथ साथ, कपड़े के ऊपर ऊपर, पानी के नीचे नीचे।

499. विस्मयादिबोधक अव्ययों की पुनरुक्ति मनोविकारों का उत्कर्ष अथवा आवेग सूचित करने के लिए होती है; जैसे—हा हा! हाय हाय! छिः छिः! अरे अरे! राम राम!

(अ) कोई कोई विस्मयादिबोधक तीन बार प्रयुक्त होते हैं; जैसे—जय जय जय गिरिराज किशोरी। देख री माँ, देख री माँ, देख लिए जाय! फाड़ के दो-टूक किए, हाय हाय!

500. समुच्चयबोधक अव्ययों की पुनरुक्ति नहीं होती।

501. अतिशयता के अर्थ में कभी कभी शब्दों की पुनरुक्ति के साथ साथ उनके बीच में 'ही' का आगम होता है; जैसे—मन ही मन में, बातों ही बातों में, आगे ही आगे, साथ ही साथ, कला ही कला, दूध ही दूध। इस रचना से कभी-कभी निश्चय भी सूचित होता है।

502. कभी-कभी पुनरुक्त शब्दों के बीच में संबंधकारक की विभक्तियाँ आती हैं। इस प्रकार की पुनरुक्ति विशेषकर संज्ञाओं में होती है इसलिए इसका विवेचन कारक प्रकरण में किया जायगा। यहाँ केवल अव्ययों की पुनरुक्ति के अर्थों का विचार किया जाता है।

(1) अव्यय की और वाच्य अवस्थाओं को छोड़ केवल मूल दशा का स्वीकार, जैसे—सेना पीछे की पीछे रह गई। नौकर बाहर का बाहर लौट गया। कपड़े भीतर के भीतर खो गए। लड़का अभी का अभी कहाँ गया?

(2) दशांतर—गाड़ी कहाँ की कहाँ पहुँची। तुमने वह पुस्तक कहीं की कहीं रख दी। यह काम कब का कब हुआ।

(सू.—कभी-कभी दूसरा शब्द अवधारणबोधक रूप में (ही के साथ) आता है; जैसे—नीचे का नीचे ही, यहीं का यहीं, वहीं का वहीं।)

अपूर्ण पुनरुक्त शब्द

503. इन शब्दों का बहुत कुछ विचार द्वंद्व समास के विवेचन में हो चुका है। यहाँ इनके रूपों का विस्तृत विवेचन किया जाता है। ये शब्द आगे लिखी रीतियों से बनते हैं।

(अ) दो सार्थक शब्दों के मेल से, जिनमें दूसरा शब्द पहिले का समानुप्रास होता है; जैसे—

संज्ञाएँ—बीचबचाव, बालबच्चे, दालदलिया, झगड़ाझाँसा, कामकाज, धौलधप, जोरशोर, हलचल।

विशेषण—लूलालँगड़ा, ऐसावैसा, कालाकलूटा, फटाटूटा, चौड़ाचकरा, भरापूरा।

क्रिया—समझनाबूझना, लेनादेना, लड़नाभिड़ना, बोलनाचालना, सोचनाविचारना।

अव्यय—यहाँवहाँ, इधरउधर, जहाँतहाँ, दाएँबाएँ, आरपार, साँझसबेरे, जबतब, सदासर्वदा, जैसे-तैसे।

(सू.—ऊपर दिए हुए अव्यय के उदाहरणों में समूचे शब्द का अर्थ उसके अव्ययों के अर्थ से प्रायः भिन्न है; जैसे—जहाँतहाँ=सर्वत्र; जबतब=सदा; जैसे-तैसे=किसी न किसी प्रकार।)

(आ) एक सार्थक और एक निरर्थक शब्द के मेल से, जिनमें निरर्थक शब्द बहुधा सार्थक शब्द का समानुप्रास रहता है; जैसे—

संज्ञाएँ–टालमटोल, पूँछताछ, ढूँढ़ढाँढ़, झाड़झंखाड़ गालीगलौज, बातचीत, चालढाल, भीड़भाड़।

विशेषण–टेढ़ामेढ़ा, सीधासादा, भोलाभाला, ठीकठाक, ढीलाढाला, उलटापुलटा।

क्रिया–देखनाभालना, धोनाधाना, खींचनाखाँचना, होनाहवाना।

अव्यय–औनेपौने, आमनेसामने, आसपास।

(सू.–द्वंद्व समास के विवेचन में दी हुई रीति के अनुसार जो पुनरुक्त निरर्थक शब्द बनते हैं, उनका भी ऐसा ही उपयोग होता है; जैसे–पानीआनी, चिट्ठीइट्ठी।

(इ) दो निरर्थक शब्दों के मेल से, जो एक-दूसरे के समानुप्रास रहते हैं; जैसे–अटरसटर, अंटसंट, अगड़बगड़, टीमटाम, सटरपटर, हट्टाकट्टा।

(सू.–अपूर्ण पुनरुक्त शब्दों का प्रचार बोलचाल की भाषा में अधिक होता है और शिष्ट तथा शिक्षित लोग भी इनका उपयोग करते हैं। उपन्यासों तथा नाटक में बहुधा बोलचाल की भाषा लिखी जाने के कारण इन शब्दों के प्रयोग से एक प्रकार की स्वाभाविकता तथा सुंदरता आती है।)

अनुकरणवाचक

504. अनुकरणवाचक शब्दों का लक्षण पहले कह दिया गया है। (दे. अंक490) यहाँ उनके सब प्रकार के उदाहरण दिए जाते हैं।

(अ) संज्ञा–बड़बड़, भनभन, खटखट, चींचीं, गिटगिट, गड़बड़, झनझन, पटपट, बकबक इत्यादि।

(सू.–कई एक आहट प्रत्ययांत शब्द भी अनुकरणवाचक हैं; जैसे–गड़गड़ाहट, भरभराहट, सनसनाहट, गुड़गुड़ाहट।)

(आ) विशेषण–कुछ अनुकरणवाचक संज्ञाओं में 'इया' प्रत्यय जोड़ने से अनुकरणवाचक विशेषण बनते हैं; जैसे–गड़बड़िया, खटपटिया, भरभरिया।

(इ) क्रिया–हिनहिनाना, सनसनाना, बकबकाना, पटपटाना, झनझनाना, झिनझिनाना, गड़गड़ाना छरछराना।

(ई) क्रिया-विशेषण–ये शब्द बहुत प्रचलित हैं।

उदाहरण : झटपट, तड़तड़, पटपट, छमछम, थरथर, गटगट, लपझप, भदभद, खदखद, सड़सड़, दनादन, भड़ाभड़, कटाकट, धड़ाधड़, कड़ाकड़, छमाछम।

505. यहाँ तक जिन यौगिक शब्दों का विचार किया गया है, उनके सिवा एक और प्रकार के शब्द होते हैं, जिनसे कोई स्पष्ट अर्थ सूचित नहीं होता और जो अनियमित रूप से मनमाने रखे जा सकते हैं। इन शब्दों को अनर्गल शब्द कहते हैं।

उदाहरण : टाँयटाँयफिस, लबड़धौंधौं, लट्टूपाँडे जलकुकुड़ा, ढपोलशंख, अगड़ंबगड़ं।

(सू.–ये शब्द यथार्थ में अनुकरणवाचक शब्दों के अंतर्गत हैं; इसलिए इनका भेद मानने की आवश्यकता नहीं है। अपूर्ण पुनरुक्त और अनुकरणवाचक शब्दों के समान इनका प्रचार बोलचाल की भाषा में अधिक होता है, पर साहित्यिक भाषा में इनके प्रयोग से एक प्रकार की हीनता पाई जाती है।)

(टि.–हिंदी के प्रचलित व्याकरणों में पुनरुक्त शब्दों का विवेचन बहुत कम पाया जाता है। इसी कमी के कारण यह जान पड़ता है कि लेखक लोग कदाचित् ऐसे शब्दों को निरे साधारण मानते हैं और इनके आधार पर व्याकरण के (उच्च) नियमों की रचना करना अनावश्यक समझते हैं। इस उदासीनता का एक कारण यह भी हो सकता है कि वे लेखक इन शब्दों को अपनी मातृभाषा होने के कारण कदाचित् इतने कठिन न समझते हों कि इनके लिए नियम बनाने की आवश्यकता हो। जो हो, ये शब्द इस प्रकार के नहीं हैं कि व्याकरण में इनका संग्रह और विचार न किया जाए। पुनरुक्त शब्द हिंदी भाषा की एक विशेषता है और यह विशेषता भरतखंड की दूसरी आर्यभाषाओं में भी पाई जाती है। हमने इन शब्दों का जो विवेचन किया है, उसमें अपूर्णता, असंगति आदि दोष संभव हैं; तो भी यह अवश्य कहा जा सकता है कि इस पुस्तक में इनका पूर्ण विवेचन करने की चेष्टा की गई है और वह हिंदी की अन्य व्याकरण की पुस्तकों में नहीं पाई जाती।

पुनरुक्त शब्दों के संबंध में यह संदेह हो सकता है कि जब कई एक पुनरुक्त शब्द सामासिक शब्द भी हैं, तब उनका अलग वर्ग मानने की क्या आवश्यकता है। इस शंका का समाधान इसी अध्याय के आदि में किया गया है। इस विषय में यहाँ पर इतना और लिखा जाता है कि सभी पुनरुक्त शब्द सामासिक नहीं हैं, इसलिए उनका अलग वर्ग मानने की आवश्यकता है।)

तीसरा भाग

वाक्यविन्यास

पहला परिच्छेद

वाक्य रचना

पहला अध्याय

प्रस्तावना

506. व्याकरण का मुख्य उद्देश्य वाक्यार्थ का स्पष्टीकरण है और उस स्पष्टीकरण के लिए वाक्य के अवयवों का केवल रूपांतर और प्रयोग ही नहीं किंतु उनका परस्पर संबंध भी जानना आवश्यक है। यह विषय व्याकरण के उस भाग में आता है, जिसे वाक्यविन्यास कहते हैं। वाक्यविन्यास में शब्दों को उनके परस्पर संबंध के अनुसार यथाक्रम में रखने की और उनसे वाक्य बनाने की रीति का भी वर्णन किया जाता है।

वाक्य का लक्षण पहले लिखा जा चुका है (दे. अक89)।

(क) अर्थ के अनुसार वाक्य आठ प्रकार के होते हैं :

(1) **विधानार्थक**–जिससे किसी बात का होना पाया जाए; जैसे–इंदौर पहले एक गाँव था। मनुष्य अन्न खाता है।

(2) **निषेधवाचक**–जो किसी विषय का अभाव सूचित करता है; जैसे–बिना पानी के कोई जीवधारी नहीं जी सकता। आपका जाना उचित नहीं है।

(3) **आज्ञार्थक**–जिससे आज्ञा; विनती या उपदेश का अर्थ सूचित होता है; जैसे–यहाँ आओ। वहाँ मत जाना। माता पिता का कहना मानो।

(4) **प्रश्नार्थक**–जिससे प्रश्न का बोध होता है; जैसे–यह लड़का कौन है? यह काम कैसे किया जाएगा?

(5) **विस्मयादिबोधक**–जो आश्चर्य, विस्मय आदि भाव बताता है; जैसे–वह कैसा मूर्ख है! ऐं! घंटा बज गया!

(6) **इच्छाबोधक**–जिससे इच्छा व आशीष सूचित होती है, जैसे–ईश्वर सबका भला करे। तुम्हारी बढ़ती हो।

(7) **संदेहसूचक**–जो संदेह या संभावना प्रकट करता है; यथा, शायद आज पानी बरसे। यह काम उस लड़के ने किया होगा। गाड़ी आती होगी।

(8) **संकेतार्थ**–जिससे संकेत अर्थात् शर्त पाई जाती है; जैसे–आप कहें तो मैं जाऊँ। पानी न बरसता तो धान सूख जाता।

507. वाक्य में शब्दों का परस्पर ठीक-ठीक संबंध जानने के लिए उनका एक-दूसरे से अन्वय, एक-दूसरे पर उनका अधिकार और उनका क्रम जानने की आवश्यकता होती है; इसलिए वाक्यविन्यास में इन तीनों विषयों का विचार किया जाता है।

(क) दो शब्दों में लिंग, वचन, पुरुष, कारक अथवा काल की जो समानता रहती है उसे **अन्वय** कहते हैं; जैसे–छोटा लड़का रोता है। इसमें 'छोटा' शब्द का 'लड़का' शब्द से लिंग और वचन का अन्वय है, और 'रोता है' शब्द 'लड़का' शब्द से लिंग, वचन और पुरुष में अन्वित है।

(ख) **अधिकार** उस संबंध को कहते हैं, जिसके कारण किसी एक शब्द के प्रयोग से दूसरी संज्ञा या सर्वनाम किसी विशेष कारक में आती है; जैसे–लड़का बंदर से डरता है, इस वाक्य में डरना क्रिया के योग से 'बंदर' शब्द अपादान कारक में आया है।

(ग) शब्दों को, उनके अर्थ और संबंध की प्रधानता के अनुसार, वाक्य में यथास्थान रखना **क्रम** कहलाता है।

(सू.–इस पुस्तक में अन्वय, अधिकार और क्रम के नियम अलग-अलग लिखने का पूरा प्रयत्न नहीं किया गया है, क्योंकि ऐसा करने से प्रत्येक शब्दभेद के विषय में कई बार विचार करना पड़ता है और इन विषयों के अलग-अलग विभाग करने में कठिनाई होती है। इसलिए अधिकांश शब्द भेदों की वाक्यविन्यास संबंधी प्रायः सभी बातें एक शब्दभेद के साथ एक ही स्थान में लिखी गई हैं।)

508. वाक्य में शब्दों का परस्पर संबंध दो रीतियों से बतलाया जा सकता है : (1) शब्दों को उनके अर्थ और प्रयोग के अनुसार मिलाकर वाक्य बनाने से और (2) वाक्य के अवयवों को उनके अर्थ और प्रयोग के अनुसार अलग अलग करने से। पहली रीति को **वाक्यरचना** और दूसरी रीति को **वाक्यपृथक्करण** कहते हैं। यह पिछली रीति हिंदी में अँग्रेजी से आई है, और वाक्य के अर्थबोध में इससे बहुत सहायता मिलती है। इस पुस्तक में दोनों रीति का वर्णन किया जायगा।

509. वाक्य में मुख्य दो शब्द होते हैं : (1) उद्देश्य और (2) विधेय। वाक्य में जिस वस्तु के विषय में विधान किया जाता है, उसे सूचित करनेवाले शब्द को उद्देश्य कहते हैं और उद्देश्य के विषय में विधान करनेवाला शब्द विधेय कहलाता है। उदाहरण : 'पानी गिरा।' इस वाक्य में 'पानी' शब्द उद्देश्य और 'गिरा' विधेय है। जब वाक्य में दो ही शब्द रहते हैं, तब उद्देश्यों में संज्ञा अथवा सर्वनाम और विधेय में क्रिया आती है। उद्देश्य की संज्ञा बहुधा कर्ताकारक रहती है और क्रिया किसी एक काल, पुरुष, लिंग, वचन, बाध्य, अर्थ और प्रयोग में आती है। यदि क्रिया सकर्मक हो, तो इसके साथ कर्म भी आता है; जैसे–लड़का चित्र खींचता है। इस वाक्य में चित्र कर्म है। वाक्य के और भी खंड होते हैं; पर वे सब मुख्य दोनों खंडों के आश्रित रहते हैं। बिना इन दोनों अवयवों अर्थात् उद्देश्य और विधेय के वाक्य नहीं बन सकता और प्रत्येक वाक्य में एक संज्ञा और एक क्रिया अवश्य रहती है।

(सू.–उद्देश्य और विधेय का विशेष विवेचन इसी भाग के दूसरे परिच्छेद में किया जाएगा।)

दूसरा अध्याय

कारकों के अर्थ और प्रयोग

510. संज्ञाओं (और सर्वनामों) का दूसरे शब्दों के साथ, ठीक-ठीक संबंध जानने के लिए उनके कारकों के भिन्न-भिन्न अर्थ और प्रयोग जानना आवश्यक है।

(1) कर्ताकारक

511. हिंदी में कर्ताकारक के दो रूप हैं : (1) अप्रत्यय (प्रधान) और (2) सप्रत्यय (अप्रधान)।

अप्रत्यय कर्ताकारक नीचे लिखे अर्थों में आता है :

(क) प्रातिपदिक के अर्थ में (किसी वस्तु के उल्लेख मात्र में); जैसे–पुण्य, पाप, लड़का, वेद, सत्संग, कागज।

(सू.–शब्दकोशों और लेखों के शीर्षकों में संज्ञाएँ इसी रूप में आती हैं। इस पुस्तक में अलग-अलग अक्षरों और शब्दों के जो उदाहरण दिए गए हैं, ये सब इसी अर्थ में कर्ताकारक हैं।)

(ख) उद्देश्य में–पानी गिरा, नौकर काम पर भेजा जाएगा, हम तुम्हें बुलाते हैं।

(ग) उद्देश्य पूर्ति में–घोड़ा एक **जानवर** है, मंत्री **राजा** हो गया, साधु **चोर** निकला; सिपाही **सेनापति** बनाया गया।

(घ) स्वतंत्र कर्ता के अर्थ में इस भगवती की कृपा से सब **चिंताएँ** दूर होकर बुद्धि निर्मल हुई (शिव.); **रात** बीतकर आसमान के किनारों पर लाली दौड़ आई थी (गुटका.); इससे **आहार** पचकर उदर हलका हो जाता है (शकु.); **कोयला** जल भई राख; नौ **बजकर** दस मिनट हुए हैं; हमारे **मित्र**, जो काशी में रहते हैं, उनके लड़के का विवाह है; **मामला** अदालत के सामने पेश होकर, कई आदमी इलजाम में पकड़े गए (सर.)।

(सू.–जिस संज्ञा या सर्वनाम का वाक्य के किसी शब्द से संबंध नहीं रहता, अथवा जो केवल पूर्वकालिक अथवा अपूर्णक्रियाद्योतक कृदंत से संबंध रखता है और कर्ताकारक में आता है, उसे **स्वतंत्र कर्ता** कहते हैं। हिंदी में इस स्वतंत्र कर्ता का प्रयोग अधिक नहीं होता। कभी-कभी क्रियार्थक संज्ञा के साथ भी स्वतंत्र कर्ता आता है; जैसे–'मालवे पर गुजरातवालों का **अधिकार** होना सिद्ध है' (सर.)।)

(ङ) स्वतंत्र **उद्देश्यपूर्ति** में–मंत्री का राजा होना सबको बुरा लगा; **लड़के** का स्त्री बनना ठीक नहीं है।

512. कुछ कालवाचक संज्ञाएँ बहुवचन के विकृत रूप में ही कर्ताकारक में आती हैं; जैसे–मुझे परदेश में **बरसों** बीत **गए**; इस काम में **महीनों** लगते हैं।

513. नहाना, छींकना, खाँसना आदि कुछ शरीर-व्यापार-सूचक क्रियाओं के भूतकालिक कृदंत से बने हुए कालों को छोड़ शेष **अकर्मक** क्रियाओं के और बकना,

भूलना आदि कई एक **सकर्मक** क्रियाओं के सब कालों में अप्रत्यय कर्ताकारक आता है। उदाहरण : मैं जाता हूँ, **लड़का** आया, **स्त्री** सोती थी, वह **कुछ** नहीं बोला। (संयुक्त क्रियाओं के साथ इस कारक के प्रयोग के लिए 638वाँ अंक देखो।)

514. **सप्रत्यय कर्ताकारक** वाक्य में केवल उद्देश्य ही के अर्थ में आता है; जैसे–**लड़के** ने चिट्ठी लिखी, मैंने नौकर को बुलाया, **हमने** अभी नहाया है।

515. बोलना, भूलना, बकना, लाना, समझना, जानना आदि सकर्मक क्रियाओं को छोड़ शेष सकर्मक क्रियाओं के और नहाना, छींकना, खाँसना आदि अकर्मक क्रियाओं के भूतकालिक कृदंत से बने हुए कालों के साथ सप्रत्यय कर्ताकारक आता है; जैसे–**तुमने** क्यों छींका; **रानी** ने ब्राह्मण को दक्षिणा दी; **नौकर** ने कोठा झाड़ा होगा; मैंने उसे देखा होता तो मैं उसे अवश्य बुलाता।

516. सप्रत्यय कर्ताकारक केवल नीचे लिखी संयुक्त सकर्मक क्रियाओं के भूतकालिक कृदंत से बने हुए कालों के साथ आता है

(क) अनुमतिबोधक–उसने बोलने न दिया और न वहाँ रहने दिया।

(ख) इच्छाबोधक–हमने उसे देखा (देखना) चाहा, राजा ने क्या लेना चाहा।

(ग) अवकाशबोधक–(विकल्प से) जब वह पूर्णकालिक कृदंत के योग से बनती हैं; जैसे–मैंने उससे यह बात न कह पाई। (अथवा) मैं उसे यह बात न कह पाया (दे. अंक 637)।

(घ) अवधारणबोधक–जब उसका उत्तरार्द्ध सकर्मक होता है; जैसे–लड़के ने पाठ पढ़ लिया, उसने अपने साथी को मार दिया, नौकर ने चिट्ठी फाड़ डाली, हमने सो लिया इत्यादि।

517. प्राचीन हिंदी के पद्य में और बहुधा गद्य में भी सप्रत्यय कर्ताकारक का प्रयोग बहुत कम मिलता है; जैसे–'सीतहि चितै कही प्रभु बाता', 'संन्यासियन् मेरे बिल तें सब धन काढ़ि लियो' (राज.)।

(2) कर्मकारक

518. कर्मकारक का प्रयोग सकर्मक क्रिया के साथ होता है और कर्ताकारक के समान वह दो रूपों में आता है : (1) अप्रत्यय और (2) सप्रत्यय।

अप्रत्यय **कर्मकारक** से बहुधा नीचे लिखे अर्थ सूचित होते हैं :

(क) मुख्य कर्म–राजा ने ब्राह्मण को धन दिया; गुरु शिष्य को गणित पढ़ाता है; नट ने लोगों को खेल दिखाया।

(ख) कर्मपूर्ति–अहल्या ने गंगाधर को दीवान बनाया, मैंने चोर को साधु समझ लिया, राजा ब्राह्मण को गुरु मानता है।

(ग) सजातीय कर्म–(बहुधा अकर्मक क्रिया के साथ)–सिपाही कई लड़ाइयाँ लड़ा, सोओ सुखनिंदिया, प्यारे ललन, (नील.); किसान ने चोर को खूब मार मारी; वही यह नाच नाचते हैं (विचित्र.)।

(घ) अपरिचित व अनिश्चित कर्म–मैंने शेर देखा है; पानी लाओ; लड़का चिट्ठी लिखता है; हम एक नौकर खोजते हैं।

519. नामबोधक संयुक्त सकर्मक क्रियाओं का सहकारी शब्द अप्रत्यय कर्म कारक में आता है; जैसे–स्वीकार करना, नाश करना, त्याग करना, दिखाई देना, सुनाई देना।

520. **सप्रत्यय कर्मकारक** बहुधा नीचे लिखे अर्थों में आता है :

(क) निश्चित कर्म में–चोर ने **लड़के** को मारा; हमने शेर को देखा है; लड़का चिट्ठी को पढ़ता है; मालिक ने नौकर को निकाल दिया; चित्र को बनाओ।

(ख) व्यक्तिवाचक, अधिकारवाचक तथा संबंधवाचक कर्म में–जैसे–हम मोहन को जानते हैं; राजा ने ब्राह्मण को देखा; डाकू गाँव के मुखिया को खोजते थे; महाजन ने अपने भाई को अलग कर दिया; गुरु शिष्य को बुलावेंगे।

(ग) मनुष्यवाचक सार्वनामिक कर्म में–राजा ने उसे दिया, सिपाही **तुमको** पकड़ लेगा, लड़का किसी को देखता है, आप **किसी** को खोजते हैं?

(घ) करना, बनाना, समझना, मानना इत्यादि अपूर्ण क्रियाओं का कर्म, जब उसके साथ कर्मपूर्ति आती है; जैसे–ईश्वर राई को पर्वत करता है; अहल्या ने गंगाधर को दीवान बनाया।

(ङ) कर्मवाच्य के भावेप्रयोग के उद्देश्य में फिर उन्हें एक बहुमूल्य चादर पर लिटाया जाता (सर.)। भारत के प्रदर्शन में बालक कृष्णमूर्ति को उसका सिर और मिसेज एनी बेसेन्ट को उसका संरक्षक बनाया गया है (नागरी.)। कभी-कभी डॉक्टर **कैलाश बाबू** को तो सभा की ओर से निमंत्रित किया जाया करें। (शिव.) (दे. अंक 368)

521. जिन विशेषणों का प्रयोग संज्ञा के समान होता है, उसमें सप्रत्यय कर्म कारक आता है; जैसे–दीन को मत सताओ, अनाथों को पालो, धनवाले को सब चाहते हैं।

522. जब वाक्य में अपादान, संबंध अथवा अधिकरण कारक की विवक्षा नहीं होती, तब उनके बदले कर्मकारक आता है; जैसे–मैं गाय दुहता हूँ (अर्थात् गाय से दूध), थाली परोसो (अर्थात् थाली में भोजन), नौकर कोठा खोलेगा (अर्थात् कोठे के किवाड़)

523. बुलाना, पुकारना, कोसना, सुलाना, जगाना आदि कुछ रूढ़ और यौगिक क्रियाओं के साथ संप्रत्यय कर्म कारक आता है; जैसे–वह कुत्ते को बुलाता है; स्त्री बच्चे को सुलाती थी; नौकर ने मालिक को जगाया।

524. 'मरना' के साथ कर्म कारक के दोनों रूपों का प्रयोग होता है, पर उनके अर्थ में बहुत अंतर पड़ जाता है; जैसे–चोर ने लड़का मारा, चोर ने लड़के को मारा, चोर ने लड़के को पत्थर मारा।

525. निश्चित कालवाचक संज्ञा में और गतिवाचक क्रिया के साथ बहुधा अधिकरण के अर्थ में सप्रत्यय कर्म कारक आता है; जैसे–रात को पानी गिरा, सोमवार को सभा होगी, हम दोपहर को घर में थे, राम वन को गए, हस्तिनापुर को चलिए वह कचहरी को नहीं आया।

(कभी-कभी इस अर्थ में कर्म कारक की विभक्ति का लोप भी हो जाता है; जैसे–हम घर गए, वह गाँव में रात रहा, गत वर्ष खूब वर्षा हुई, इसी से हम तुमको स्वर्ग भेजेंगे (सत्य.)।

526. कविता में ऊपर लिखे नियमों का बहुधा व्यतिक्रम हो जाता है; जैसे–नारद देखा विकल जयंता। जगत जनायो जेहि सकल सो हरि जान्यो नाहिं (सत.)। किंतु कभी हतभाग्य नहीं सुख को पाता है (सर.)।

(3) करणकारक

527. करणकारक से नीचे लिखे अर्थ पाए जाते हैं–

(क) करण अर्थात् साधन–नाक से साँस लेते हैं; पैरों से चलते हैं, शिकारी ने शेर को बंदूक से मारा।

(ख) कारण–आपके दर्शन से लाभ हुआ, धन से प्रतिष्ठा बढ़ती है, वह किसी पाप से अजगर हुआ था।

(सू.–इस अर्थ में कारण, हेतु, इच्छा, विचार आदि शब्द भी करणकारक में आते हैं; जैसे–इस कारण से, इस हेतु से)

(ग) रीति–लड़के क्रम से बैठे हैं, मेरी बात ध्यान से सुनो, उसने उनकी ओर क्रोध से दृष्टि की, नौकर धीरज से काम करता है।

(सू.–(1) इस अर्थ में बहुधा रीति, प्रकार, विधि, भाँति, तरह, आदि शब्द करण कारक में आते हैं। (2) अनुकरणवाचक शब्दों में इस प्रकार के योग से क्रिया-विशेषण बनते हैं; जैसे–धर्म से, धूम से, धड़ाम से।

(घ) साहित्य–विवाह धूम से हुआ, आम खाने से काम या पेड़ गिनने से, सर्वसम्मति से निश्चय हुआ, सबसों राखो प्रेम, उनसे मेरा संबंध है, घी से रोटी खाना, हम यह बात धर्म से कहते हैं।

(ङ) विकार–हम क्या से क्या हो गए, वह आदमी शूद्र से क्षत्री बन गया, मनुष्य बालक से वृद्ध होता है।

(च) दशा–शरीर से हट्टाकट्टा, स्वभाव से क्रोधी, हृदय से दयालु।

(सू.–इस अर्थ में करणकारक का प्रयोग बहुधा विशेषण के साथ होता है।)

(छ) भाव और पलटा–गेहूँ किस भाव से बिकता है, तुमने ब्याज किस हिसाब से लिया, वे अनाज से घी बदलते हैं।

(ज) कर्मवाच्य, भाववाच्य और प्रेरणार्थक क्रियाओं का कर्ता मुझसे चला नहीं जाता, यह काम किसी से न किया जाएगा, राजा ने ब्राह्मण से यज्ञ करवाया, दासी से और कोई उपाय न बन पड़ा।

528. कहना, पूछना, बोलना, बकना, प्रार्थना करना, बात करना आदि क्रियाओं के साथ गौण कर्म के अर्थ में **करण** कारक आता है; जैसे–रानी ने दासी से सब हाल कहा, मैंने उससे लड़ाई का कारण पूछा, हम आपसे इस बात की प्रतिज्ञा करते हैं, साथी नीच तुम्हारे मुझसे जब तब अनुचित बकते हैं (हि. ग्रं.)।

(सू.–बताना क्रिया के साथ विकल्प से करण अथवा संप्रदान कारक आता है; जैसे–मैं तुमसे (तुमको) यह भेद बताता हूँ।

529. प्राचीन कविता में इन क्रियाओं के साथ बहुधा संप्रदान कारक आता है; जैसे–मोकहँ कहा कहब रघुनाथा (राम.)। चूम्भत यसुदहिं नंद डराई (व्रज.)।

530. **करणकारक** की विभक्ति का लोप हो जाने के कारण बल, भरोसे, सहारे, द्वारा, कारण, निमित्त आदि शब्दों का प्रयोग संबंधसूचक अव्यय के समान होता है (दे. अंक 238), जैसे–लड़का पेड़ के सहारे खड़ा है, डाक के द्वारा, धर्म के कारण।

531. भूख, प्यास, जाड़ा, हाथ, आँख, कान आदि शब्द इस कारक में बहुधा बहुवचन में आते हैं और इनके पश्चात् विभक्ति का लोप हो जाता है; जैसे–भूखों मरना, जाड़ों मरना, मैंने नौकर के हाथों रुपया भेजा, न आँखों देखा, न कानों सुना।

(4) संप्रदान कारक

532. संप्रदान कारक नीचे लिखे अर्थों में आता है–

(क) द्विकर्मक क्रिया के गौण कर्म में–राजा ने ब्राह्मण को धन दिया, गुरु शिष्य को व्याकरण सिखाता है, ढोरों को मैला पानी न पिलाना चाहिए, सौंपी गए मोंहि रघुबर थाती।

(ख) अपूर्ण सकर्मक क्रिया के मुख्य कर्म में–अहल्या ने गंगाधर को दीवान बनाया, मैंने चोर को साधु समझा, राम गोविंद को अपना भाई बताता है, वे तुम्हें मूर्ख कहते हैं, हम जीव को ईश्वर नहीं मानते, नृपहिं दास, दासहिं नृपति।

(सू.–'कहना' क्रिया कभी द्विकर्मक और कभी अपूर्ण सकर्मक होती है और दोनों अर्थों में, द्विकर्मक क्रियाओं के समान, इनके दो कर्म होते हैं; जैसे–मैं तुमसे समाचार कहता हूँ और मैं तुमसे (तुमको) भाई कहता हूँ। इन दोनों अर्थों में इस क्रिया के साथ जहाँ संप्रदान कारक आता है, वहाँ कभी-कभी विकल्प से करण कारक भी आता है, जैसा ऊपर के उदाहरणों में आया है। इस क्रिया के पिछले अर्थ के दोनों प्रयोगों का एक उदाहरण यह है देवता तें सुर और असुर कहे दानव तें, दाई को सुधाव, दाल पैतिये लहत हैं।)

(ग) फल व निमित्त–ईश्वर ने सुनने को दो कान दिए हैं, लड़के सैर को गए, राजा लोग इसे शोभा के लिए पालते हैं, वह धन के लिए मारा जाता है, हम अभी आश्रम के दर्शन को जाते हैं, लड़का विद्वान् होने को विद्या पढ़ता है।

(सू.–फल व निमित्त के अर्थ में बहुधा क्रियार्थक संज्ञा के संप्रदान कारक का प्रयोग होता है; जैसे–जा रहे हैं वीर लड़ने के लिए (हित.), मुझे कहीं रहने को ठौर बताइए (प्रेम.) तुम क्या मारने को लाए हो (चंद्र)। 'होना' क्रिया के साथ क्रियार्थक संज्ञा का संप्रदान कारक तत्परता अथवा शेष का अर्थ सूचित करता है; जैसे–गाड़ी आने को है, बरात चलने को हुई, अभी बहुत काम होने को है।)

(घ) प्राप्ति–मुझे बहुत काम रहता है, उसे भरपूर आदर मिलता है, लड़के को गाना आता है, लिखना मुझे न आता (सा.)।

(ङ) विनिमय व मूल्य–हमको तुम एक, अनेक तुम्हें हम, जैसे को तैसा मिले, यह पुस्तक चार आने की मिलती है।

(सू.–मूल्य के अर्थ में विकल्प से अधिकरण कारक भी आता; जैसे–वह पुस्तक चार आने में मिलती है (दे. अंक 546-घ-सू.)।

(च) मनोविकार–उसको देह की सुध न रही, तुमहि न सोच सोहाग बल, करुणाकर कों करुणा कछु आई। इस बात में किसी को शंका न होगी।

(छ) प्रयोजन मुझे उनसे कुछ नहीं कहना है, उसको इसमें कुछ लाभ नहीं, तुमको इसमें क्या करना है?

(ज) कर्तव्य, आवश्यकता और योग्यता—मुझे वहाँ जाना चाहिए, यह बात तुमको कब योग्य है (शकु.), ऐसा करना मनुष्य को उचित नहीं है, उनको वहाँ जाना था।

(झ) अवधारण के अर्थ में मुख्य क्रिया की क्रियार्थक संज्ञा के साथ संप्रदान कारक आता है; जैसे—जाने को तो मैं जा सकता हूँ, लिखने को तो यह चिट्ठी अभी लिखी जाएगी।

533. संबंध के अर्थ में कोई-कोई लेखक संप्रदान कारक का प्रयोग करते हैं; जैसे—राजा को नौ पुत्र थे (मुद्रा.), जमदग्नि को परशुराम हुए (सत्य.)। इस प्रकार की रचना बहुधा काशी और बिहार के लेखक करते हैं और भारतेंदु जी जान पड़ते हैं। मराठी में इस रचना का बहुत प्रचार है; जैसे—त्याला दोन भाऊ आहेत। हिंदी में यह रचना इसलिए अशुद्ध है कि इसका प्रयोग न तो पुरानी भाषा में पाया जाता है और न आधुनिक शिष्ट लेखक ही इसका अनुमोदन करते हैं। इस रचना के बदले हिंदी में स्वतंत्र संबंध कारक आता है; जैसे—

एक बार भूपति मन माहीं भई ग्लानि मोरे सुत नाहीं। (राम.)

मधुकर शाह नरेश के इतने भए कुमार। (कवि.)

चाहे साहुकार के संतान हो चाहे न हो। (शकु.)

इस अंतर में इनके एक लड़की और लड़का भी हो गया (गुटका.)

इस समय इनके केवल एक कन्या है (हिंदी को.)।

534. नीचे लिखे शब्दों के योग से बहुधा संप्रदान कारक आता है—

(क) लगना, रुचना, मिलना, दिखना, भासना, आना, पढ़ना, होना आदि अकर्मक क्रियाएँ; जैसे—क्या तुमको बुरा लगा, मुझे खटाई नहीं भाती, हमें ऐसा दिखता है, राजा को संकट पड़ा, तुमको क्या हुआ है, मोहि न बहुत प्रपंच सुहाहीं (राम.)।

(ख) प्रणाम, नमस्कार, धन्य, धन्यवाद, बधाई, धिक्कार आदि संज्ञाएँ; जैसे—गुरु को प्रणाम है, जगदीश्वर को धन्य है, इस कृपा के लिए आपको धन्यवाद है; तुलसी ऐसे पतित को बार-बार धिक्कार। संस्कृत उदाहरण—श्रीगणेशाय नमः।

(ग) चाहिए, उचित, योग्य, आवश्यक, सहज, कठिन आदि विशेषण जैसे—अंतहुँ उचित नृपहिं बनवासू मुझे उपदेश नहीं चाहिए, मेरे मित्र को कुछ धन आवश्यक है, सबहिं सुलभ।

535. नीचे लिखी संयुत क्रियाओं के साथ उद्देश्य बहुधा सम्प्रदान कारक में आता है—

(क) आवश्यकताबोधक क्रियाएँ; जैसे—मुझे वहाँ जाना पड़ा, तुमको यह काम करना होगा, उसे ऐसे नहीं कहना था।

(सू.—यदि इन क्रियाओं का उद्देश्य अप्राणिवाचक हो तो, वह अप्रत्यय कर्ताकारक में आता है; जैसे—घंटा बजना चाहिए, अभी बहुत काम होना है, चिट्ठी भेजी जानी थी)।

(ख) पड़ना और आना के योग से बनी हुई कुछ अवधारणबोधक क्रियाएँ जैसे—बहिन, तुम्हें भी देख पड़ेगी ये सब बातें आगे (सर.), रोगी को कुछ न सुन पड़ा, उसकी दशा देखकर मुझे रोना आया।

(ग) देना अथवा पड़ना के योग से बनी हुई नामबोधक क्रियाएँ जैसे—मुझे शब्द सुनाई पड़ा, उसे रात को दिखाई नहीं देता।

536. क्रिया की अवधि के अर्थ में कृदंत अव्यय का प्राणिवाचक कर्ता संप्रदान कारक में आता है; जैसे–मुझे सारी रात तलफते बीती, उनको गए एक साल हुआ, नौकर को लौटते रात हो जाएगी, तुम्हें यहाँ आए कई दिन हुए, महाराज को आए महीना होता है।

(5) अपादान कारक

537. अपादान कारक के अर्थ और प्रयोग नीचे लिखे अनुसार होते हैं–

(क) **काल तथा स्थान का आरंभ**–वह लखनऊ से आया है, मैं कल से बेकल हूँ, गंगा हिमालय से निकलती है।

(ख) **उत्पत्ति**–ब्राह्मण ब्रह्मा के मुख से उत्पन्न हुए हैं, दूध से दही बनता है, कोयला खदान से निकाला जाता है, ऊन से कपड़े बनाए जाते हैं, दीपक तें काजल, प्रकट कमल कीच ते होय।

(ग) **काल या स्थान का अंतर**–अटक से कटक तक, सबेरे से साँझ तक, नख से शिख तक इत्यादि।

(सू.–इस अर्थ में कभी-कभी 'लेकर' ('ले') पूर्वकालिक कृदंत का प्रयोग किया जाता है; जैसे–हिमालय से लेकर सेतुबंध रामेश्वर तक। बालक से लेकर बूढ़े तक।)

(घ) **भिन्नता**–यह कपड़ा उससे अलग है, आत्मा देह से भिन्न है, गोकुल से मथुरा न्यारी।

(ङ) **तुलना**–मुझसे बढ़कर पापी कौन होगा? कुलिश अस्थि तें, उपल तें लोह कराल कठोर, भारी से भारी वजन, छोटे से छोटा प्राणी।

(च) **वियोग**–वह मुझसे अलग रहता है, पेड़ से पत्ते गिरते हैं, मेरे हाथ से छड़ी छूट पड़ी।

(छ) **निर्धारण** (निश्चित करना)–इन कपड़ों में से आप कौन सा लेते हैं, हिंदुओं में से कई लोग विलायत को गए हैं।

(सू.–निर्धारण में बहुधा अधिकरण कारक भी आता है; जैसे–की तुम तीन देव महँ कोऊ। हिंदी के कवियों में तुलसीदास श्रेष्ठ हैं। अधिकरण और अपादान के मेल से कभी-कभी 'वहाँ होकर' का अर्थ निकलता है; जैसे–पानी नाली में से बहता है, रास्ता जंगल में से था, स्त्री कोठे पर से तमाशा देखती है, घोड़े पर से = घोड़े से।)

(ज) माँगना, लेना, लाना, बचना, नटना, रोकना, छूटना, डरना, छिपना आदि क्रियाओं का स्थान व कारण; जैसे–ब्राह्मण ने मुझसे राज्य माँग लिया, गाड़ी से बचकर चलो, मैं लोटे से जल लेता हूँ, तुम मुझे वहाँ जाने से क्यों रोकते हो?, लड़का बिल्ली से डरता है।

(सू.–'डरना' क्रिया के कारण के अर्थ में विकल्प से कर्मकारक भी आता है; जैसे–मैं शेर को नहीं डरता; अभय होय जो तुमहिं डराई।)

(झ) परे, बाहर, दूर भागे, हटकर आदि अव्ययों के साथ; जैसे–जाति से बाहर, दिल्ली से परे, घर से दूर, गाँव से आगे, सड़क से हटकर।

(सू.–परे, बाहर और आगे संबंध कारक के साथ भी आते हैं; जैसे–गाँव के बाहर, सड़क के आगे।)

(6) संबंध कारक

538. संबंध कारक से अनेक प्रकार के अर्थ सूचित होते हैं, जिनका पूरा-पूरा वर्गीकरण कठिन है; इसलिए यहाँ केवल मुख्य अर्थ लिखे जाते हैं :

(क) **स्वस्वामिभाव**[1]–देश का राजा, राजा का देश, मालिक का घर, घर का मालिक, मेरा कोठा।

(ख) **अंगांगि भाव**–लड़के का हाथ, स्त्री के केश, हाथ की अँगुलियाँ, दस पन्ने की पुस्तक, तीन खंड का मकान।

(ग) **जन्यजनक भाव**–राजा का बेटा, लड़के का बाप, तुम्हारी माता, ईश्वर की सृष्टि, जगत् का कर्ता।

(घ) **कर्तृ कर्म भाव**–तुलसीदास की रामायण, रविवर्मा के चित्र, पुस्तक का लेखक, नाटक का कवि, बिहारी की सतसई।

(ङ) **कार्यकारण**–सोने की अँगूठी, चाँदी का पलँग, मूर्ति का पत्थर, किवाड़ की लकड़ी, लकड़ी का किवाड़, मूठ की चाँदी।

(च) **आधाराधेयभाव**–नगर के लोग, ब्राह्मणों का पुरा, दूध का कटोरा, कटोरे का दूध, नहर का पानी, पानी की नहर।

(छ) **सेव्यसेवकभाव**–राजा की सेना, ईश्वर का भक्त, गाँव का जोगी, आन गाँव का सिद्ध।

(ज) **गुणगुणीभाव**–मनुष्य की बड़ाई, आम की खटाई, नौकर का विश्वास, भरोसे का नौकर, पढ़ाई का काम।

(झ) **वाह्यवाहकभाव**–घोड़े की गाड़ी, गाड़ी का घोड़ा, कोलू का बैल, बैल का छकड़ा, गधे का बोझ, सवारी क। ऊँट।

(ञ) **नाता**–राजा का भाई, लड़के का फूफा, स्त्री का पति, मेरा काका, वह तुम्हारा कौन है?

(ट) **प्रयोजन**–बैठने का कोठा, पीने का पानी, नहाने की जगह, तेल का बासन, दिए की बत्ती, खेती का बैल।

(ठ) **मोल का माल**–पैसे का गुड़, गुड का पैसा, सात सेर का चावल, रुपये के सात सेर चावल, रुपये की लकड़ी, लकड़ी का रुपया।

(ड) **परिमाण**–दो हाथ की लाठी, खेती एक हर की (गंगा.), दस बीघे का खेत, कम ऊँचाई की दीवाल, चार सेर की नाप।

(सू.–दस सेर आटा, एक तोला सोना, एक गज कपड़ा आदि वाक्यों में कोई-कोई वैयाकरण आटा, सोना, कपड़ा आदि शब्दों को संबंधकारक में समझकर दूसरे शब्दों के साथ उनका परिमाण का संबंध मानते हैं; जैसे–आटे के दस सेर, सोने का एक तोला, कपड़े का एक गज। परंतु ये सब शब्द किसी और कारक में भी आ सकते हैं; जैसे–दस सेर आटा में दो सेर घी मिलाओ। यहाँ 'आटा' शब्द अधिकरण कारक और घी शब्द

1. स्व=धन, संपत्ति

अप्रत्यय कर्मकारक है; इसलिए इन्हें केवल संबंध कारक मानना भूल है। ये शब्द यथार्थ में समानाधिकरण के उदाहरण हैं (दे. अंक 144)।

(ढ) **काल और वयस**–एक समय की बात, दो हजार वर्ष का इतिहास, दस बरस की लड़की, छह महीने का बच्चा, चार दिन की चाँदनी।

(ण) **अभेद किंवा जाति**–अषाढ़ का महीना, खजूर का पेड़, कर्म की फीस, चंदन की लकड़ी, प्लेग की बीमारी, क्या सौ रुपये की पूँजी, क्या एक बेटे की संतान, जय की ध्वनि, 'मारो मारो' का शब्द, जाति का शूद्र, जयपुर का राज्य, दिल्ली का शहर।

(त) **समस्तता**–इस अर्थ में किसी एक शब्द के संबंध कारक के पश्चात् उसी शब्द की पुनरुक्ति करते हैं; जैसे–गाँव का गाँव, घर का घर, मुहल्ला का मुहल्ला, कोठा का कोठा। 'यह वार्तिक, सारा का सारा, पद्यात्मक है' (सर.)।

(थ) **अविकार**–इस अर्थ में भी ऊपर की तरह रचना होती हैं; जैसे–मूर्ख का मूर्ख, दूध का दूध, पानी का पानी, जैसा का तैसा, जहाँ का तहाँ, ज्यों का त्यों, 'मनुष्य अंत में कोरा का कोरा बना रहे' (सर.), 'नलबल जल, ऊँचो चढ़े अंत नीच को नीच' (सत.)।

(द) **अवधारण**–आम के आम गुठलियों के दाम, बैल का बैल और डाँड़ का डाँड़, धन का धन गया और ऊपर से बदनामी हुई। घर के घर में लड़ाई होने लगी। बात की बात में तुरंत।

(सू.–उपर्युक्त तीनों प्रकार की रचना में आकारांत संज्ञा विभक्ति के योग से विकृत रूप में नहीं आती पर बहुवचन में और वाक्यांश के पश्चात् विभक्ति आने पर नियम के अनुसार आ के स्थान में ए हो जाता है; जैसे–लोग खड़े के खड़े रह गए, लड़के कोठे के कोठे में चले गए, समाज के समाज ऐसे पाए जाते हैं, सारे के सारे मुसाफिर (सर.)।

(सू.–'जैसा का तैसा' और 'जैसे का तैसा' इन वाक्यांशों में रूप और अर्थ का सूक्ष्म भेद है। पहले से अधिकार सूचित होता है, पर दूसरे में जन्यजनक अथवा कार्यकारण की समता पाई जाती है।)

(ध) **नियमितपन**–इस अर्थ में भी ऊपर लिखी रचना होती है, पर यह बहुधा विकृत कारकों में आती है और इसमें आकारांत शब्द एकारांत हो जाते हैं; जैसे–सोमवार के सोमवार मेला भरता है, महीने के महीने तनख्वाह मिलती है, दोपहर के दोपहर, होली के होली, दिवाली के दिवाली, दशहरे के दशहरे।

(न) **दशांतर**–राई का पर्वत, मंत्री का राजा होना, दिन की रात हो गई, बात का बतक्कड़, कुछ का कुछ, फिर राँगा का सोना हुआ (सर.)।

(प) **विषय**–कान का कच्चा, आँख का अंधा, गाँठ का पूरा, बात का पक्का, धन की इच्छा, 'शपथ तुम्हार भरत का आना' (राम.), गंगा की जय, नाम की भूख।

539. योग्यता अथवा निश्चय के अर्थ में क्रियार्थक संज्ञा का संबंध कारक बहुधा 'नहीं' के साथ आता है; जैसे–यह बात नहीं होने की (विचित्र.), जाने का नहीं हूँ, यह राज्य अब टिकने का नहीं है, रोगी मरने का नहीं, मेरा विचार जाने का नहीं था।

540. क्रियार्थक संज्ञा और भूतकालिक कृदंत विशेषण के योग से बहुधा संबंध कारक का प्रयोग होता है और उससे दूसरे कारकों का अर्थ पाया जाता है; जैसे–

कर्ता–मेरे जाने पर, कवि की लिखी हुई पुस्तक, भगवान् का दिया हुआ सब कुछ। कर्म–गाँव की लूट, कथा का सुनना, नौकर का भेजा जाना, ऊँट की चोरी।

करण–कमल का खिलना, भूख का मारा, कल का सिला हुआ, मोल को लीन्हों, चूने की छाप, दूध का जला।

अपादान–डाल का टूटा, जेल का भागा हुआ, बंबई का चला हुआ, दिसावर का आया हुआ।

(क) कई एक क्रियाओं और दूसरे शब्दों के साथ कालवाचक संज्ञाओं में अपादान के अर्थ में संबंधकारक आता है; जैसे–बेटा, मैं कब की पुकार रही हूँ, वह कभी का आ चुका, मैं यहाँ सबेरे का बैठा हूँ, जन्म का दरिद्री।

अधिकरण–ताँगे का बैठना, पहाड़ का चढ़ना, घर का बिगड़ा हुआ, गोद का खिलाया लड़का, खेत का उपजा हुआ अनाज।

541. क्रियाद्योतक और तत्कालबोधक कृदंत अव्ययों के साथ बहुधा कर्ता और कर्म के अर्थ में संबंध कारक की 'के' (स्वतंत्र) विभक्ति आती है; जैसे–सरकार अँग्रेजी के बनाए सब कुछ बन सकता है (शिव.)। मेरे रहते किसी का सामर्थ्य नहीं है, इनकी बात के सुनते ही हरि बोले (प्रेम.)। राजा के यह कहते ही सब शांत हो गए।

542. अधिकांश संबंधसूचकों के योग से संबंध कारक का प्रयोग होता है (दे. अंक 232)।

543. संबंध (दे. अंक 533)–स्वामित्व और संप्रदान के अर्थ में संबंध कारक का संबंध क्रिया के साथ होता है और उसकी 'के' विभक्ति आती है; जैसे–अब इनके कोई संतान नहीं है, मेरे एक बहिन न हुई (गुटका.), महाजन के बहुत धन है, जिनके आँखें न हों क्या जाने?, नाथ एक बड़ संशय मोरे (राम.), ब्राह्मण यजमानों के राखी बाँधते हैं, मैं आपके हाथ जोड़ता हूँ, हलकी के तमाचा इस जोर से लगा (सर.)।

(सू.–इस प्रकार की रचना का समाधान 'के' के पश्चात् 'पास', 'यहाँ' अथवा इसी अर्थ के किसी और शब्द का अध्याहार मानने से हो सकता है। किसी-किसी का मत है कि इन उदाहरणों में 'के' संबंध कारक की 'के' विभक्ति नहीं है, किंतु उससे भिन्न एक स्वतंत्र संबंधसूचक अव्यय है, जो भेद्य के लिंग, वचन के अनुसार नहीं बदलता।)

544. संबंधकारक को कभी-कभी (भेद्य के अध्याहार के कारण) आकारांत संज्ञा मानकर उसमें विभक्तियों का योग करते हैं (दे. अंक 377 अ); जैसे–राँड़के को बकने दीजिए (शकु.), एक बार सब घरकों ने महाभारत की कथा सुनी।

(अ) राजा की चोरी हो गई=राजा के धन की चोरी।

(आ) जेठ सुदी पंचमी=जेठ की सुदी पंचमी।

(सू.–भेद्य के अध्याहार के लिए 12वाँ अध्याय देखो।)

(7) अधिकरण कारक

545. अधिकरण कारक की मुख्य दो विभक्तियाँ हैं : मैं और पर। इन दोनों विभक्तियों के अर्थ और प्रयोग अलग-अलग हैं, इसलिए इनका विचार अलग-अलग किया जाएगा।

546. 'में' का प्रयोग नीचे लिखे अर्थों में होता है–

(क) अभिव्यापक आधार–दूध में मिठास, तिल में तिल, फूल में सुगंध, आत्मा सब में व्याप्त है।

(सू.–आधार को व्याकरण में अधिकरण कहते हैं और जो बहुधा तीन प्रकार का होता है। अभिव्यापक आधार वह है, जिसके प्रत्येक भाग में आधेय पाया जाए। इसे व्याप्ति आधार भी कहते हैं। औपश्लेषिक आधार वह कहलाता है जिसके किसी एक भाग में आधेय रहता है; जैसे–नौकर कोठे में सोता है, लड़का घोड़े पर बैठा है। इसे एकदेशाधार भी कहते हैं। तीसरा आधार वैषयिक कहलाता है और उससे विषय का बोध होता है, जैसे–धर्म में रुचि, विद्या में प्रेम। इसका नाम विषयाधार भी है।

(ख) औपश्लेषिक आधार–वह वन में रहता है, किसान नदी में नहाता है; मछलियाँ समुद्र में रहती हैं, पुस्तक कोठे में रखी है।

(ग) वैषयिक आधार–नौकर काम में है, विद्या में उसकी रुचि है; इस विषय में कोई मतभेद नहीं है, रूप में सुंदर, डील में ऊँचा, गुण में पूरा।

(घ) मोल–पुस्तक चार आने में मिली, उसने बीस रुपये में गाय ली, यह कपड़ा तुमने कितने में बेचा?

(सू.–मोल के अर्थ में संप्रदान, संबंध और अधिकरण आते हैं। इन तीनों प्रकार के अर्थों में यह अंतर जान पड़ता है कि संप्रदान कारक से कुछ अधिक दामों का अधिकरण कारक से कुछ कम दामों का और संबंध कारकों से उचित दामों का बोध होता है; जैसे–मैंने बीस रुपये की गाय ली, मैंने बीस रुपये में गाय ली और मैंने बीस रुपये को गाय ली।)

(ङ) मेल तथा अंतर–हममें तुममें कोई भेद नहीं, भाई भाई में प्रीति है, उन दोनों में अनबन है।

(च) कारण–व्यापार में उसे टोटा पड़ा, क्रोध में शरीर छीजता है, बातों में उड़ाना, ऐसा करो जिसमें (व जिससे) प्रयोजन सिद्ध हो जाए।

(छ) निर्धारण–देवताओं में कौन अधिक पूज्य है?, सती स्त्रियों में पद्मिनी प्रसिद्ध है, सबमें छोटा, अंधों में काने राजा, तिन महँ रावण कवन तुम? नव महँ जिनके एको होई। (दे. अंक 537 छ।)

(ज) स्थिति–सिपाही चिंता में है, उसका भाई युद्ध में मारा गया, रोगी होश में नहीं है, नौकर मुझे रास्ते में मिला, लड़के चैन में हैं।

(झ) निश्चित काल की स्थिति–वह एक घंटे में अच्छा हुआ, दूत कई दिनों में लौटा, संवत् 1953 में अकाल पड़ा था, प्राचीन समय में भोज नाम का एक प्रतापी राजा हो गया है।

547. भरना, समाना, घुसना, मिलना, मिलाना आदि कुछ क्रियाओं के साथ व्याप्ति के अर्थ में अधिकरण का चिह्न 'में' आता है; जैसे–घड़े में पानी भरो, लाल में नीला रंग मिल जाता है, पानी धरती में समा गया।

548. गत्यर्थ क्रियाओं के साथ निश्चित स्थान की वाचक संज्ञाओं में अधिकरणकारक का 'में' चिह्न लगाया जाता है; जैसे–लड़का कोठे में गया, नौकर घर में नहीं आता, वे रात के समय गाँव में पहुँचे, चोर जंगल में जाएगा।

(सू.–गत्यर्थ क्रियाओं के साथ और निश्चित कालवाचक संज्ञाओं में अधिकरण के अर्थ में कर्मकारक भी आता है (दे. अंक 225)। 'वह घर को गया' और 'वह घर में गया' इन दो वाक्यों में कारक के कारण अर्थ का कुछ अंतर है। पहले वाक्य से घर की सीमा तक जाने का बोध होता है, दूसरे से घर के भीतर जाने का अर्थ पाया जाता है।)

549. 'पर' नीचे लिखे अर्थ सूचित करता है–

(क) एकदेशाधार–सिपाही घोड़े पर बैठा है, लड़का खाट पर सोता है, गाड़ी सड़क पर जा रही है, पेड़ों पर चिड़ियाँ चहचहा रही हैं।

(सू.–'में' विभक्ति से भी यही अर्थ सूचित होता है। 'में' और 'पर' के अर्थों में यह अंतर है कि पहले से अंतस्थ और दूसरे से बाह्य स्पर्श का बोध होता है। यही विशेषता बहुधा दूसरे ग्रंथों में भी पाई जाती है।)

(ख) सामीप्याधार–मेरा घर सड़क पर है, लड़का द्वार पर खड़ा है, तालाब पर मंदिर है, फाटक पर सिपाही रहता है।

(ग) दूरता–एक कोस पर, एक-एक हाथ के अंतर पर, कुछ आगे जाने पर एक कोस की दूरी पर।

(घ) विषयाधार–नौकरों पर दया करो, राजा उस कन्या पर मोहित हो गए, आप पर मेरा विश्वास है, इस बात पर बड़ा विवाद हुआ, जाकर जेहि पर सत्य सनेहू जातिभेद पर कोई आक्षेप नहीं करता।

(ङ) कारण गोरे बोलने पर वह अप्रसन्न हो गया, इस बात पर सब झगड़ा मिट जाएगा, लेने-देने पर कहा-सुनी हो गई। अच्छे काम पर इनाम मिलता है, पानी के छोटे छीटों पर राजा को बटबीज की याद आई।

(च) अधिकता–इस अर्थ में संज्ञा की द्विरुक्ति होती है; जैसे–घर से चिट्ठियों पर चिट्ठियाँ आती हैं (सर.), दिन पर दिन भाव चढ़ रहा है, तगादे पर तगादा भेजा जा रहा है, लड़ाई में सिपाहियों पर सिपाही कट रहे हैं।

(छ) निश्चित काल–समय पर वर्षा नहीं हुई, नौकर ठीक समय पर गया, गाड़ी नौ बजकर पैंतालीस मिनट पर आती है, एक-एक घंटे पर दवा दी जावे।

(ज) नियमपालन–वह अपने जेठों की चाल पर चलता है, लड़के माँ-बाप के स्वभाव पर होते हैं, अंत में वह अपनी जाति पर गया, तुम अपनी बात पर नहीं रहते।

(झ) अनंतरता–भोजन करने पर पान खाना, बात पर बात निकलती है, आपका पत्र आने पर सब संबंध हो जाएगा।

(ञ) विरोध अथवा अनादर–इस अर्थ में 'पर' के पश्चात् बहुधा भी 'आता' है, जैसे–यह औषधि वात रोग पर भी चलती है, जले पर भी नोन लगाना, लड़का छोटा होने पर भी चतुर है, इतना होने पर भी कोई निश्चय न हुआ, मेरे कई बार समझाने पर भी वह दुष्कर्म नहीं छोड़ता।

550. जहाँ, कहाँ, यहाँ, वहाँ, ऊँचे, नीचे आदि कुछ स्थानवाचक क्रिया-विशेषण के साथ विकल्प से 'पर' आता है; जैसे–पहले जहाँ पर सभ्यता ही अंकुरित फूली फली (भारत.)। जहाँ अभी समुद्र है, वहाँ पर किसी समय जंगल था (सर.)। ऊपरवाला पत्थर 30 फुट से अधिक ऊँचे पर था (विचित्र.)।

551. चढ़ना, मरना, इच्छा करना, घटना, छोड़ना, वारना, निछावर, निर्भर आदि शब्दों के योग से बहुधा 'पर' का प्रयोग होता है; जैसे–पहाड़ पर चढ़ना, नाम पर मरना, आज का काम कल पर मत छोड़ो, मेरा जाना आपके आने पर निर्भर है, तो पर वारों उरबसी।

552. ब्रजभाषा में 'पर' का रूप 'पै' है, और यह कभी-कभी 'से' का पर्याय होकर करणकारक में आता है; जैसे–मो पै चल्यो नहीं जातु। कभी-कभी यह पास के अर्थ में प्रयुक्त होता है; जैसे–निज भावते पै अबही मोहि जाने (जगत.)। हमपै एक भी पैसा नहीं है। इस विभक्ति का प्रयोग बहुधा कविता में होता है।

553. कभी-कभी 'में' और 'पर' आपस में बदल जाते हैं; जैसे–क्या आप घर पर (घर में) मिलेंगे, नौकर दूकान पर (दुकान में) बैठा है, उसकी देह में (देह पर) कपड़ा नहीं है, जल में (जल पर) गाड़ी नाव पर, थल गाड़ी पर नाव।

554. अधिकरण कारक की विभक्ति के साथ कभी-कभी अपादान और संबंध कारकों की विभक्ति का योग होता है; और जिस शब्द के साथ ये विभक्तियाँ आती हैं, उससे दोनों विभक्तियों का अर्थ पाया जाता है; जैसे–वह घोड़े पर से गिर पड़ा, जहाज पर के यात्रियों ने आनंद मनाया; इस नगर में का कोई आदमी तुमको जानता है? हिंदुओं में से कई लोग विलायत को गए हैं; डोरी पर का नाच बहुत ही मुझे भाया (विचित्र.) (दे. अंक 537 छ)।[1]

555. कई एक कालवाचक और स्थानवाचक क्रिया-विशेषणों में और विशेषकर आकारांत संज्ञाओं में अधिकरण कारक की विभक्तियों का लोप हो जाता है; जैसे–इन दिनों हर एक चीज महँगी है, उस समय मेरी बुद्धि ठिकाने नहीं थी, मैं उनके दरवाजे कभी नहीं गया, छह बजे सूरज निकलता है, उस जगह बहुत भीड़ थी, हम आपके पाँव पड़ते हैं।

(अ) प्राचीन कविता में इन विभक्तियों का लोप बहुधा होता है; जैसे–पुत्रि, फिरिय बन बहुत कलेसू (राम.)। ठाढ़ी अजिर यशोदा रानी (ब्रज.)।

जो सिर धरि महिमा मही, लहियत राजा राव।
प्रगटत जड़ता आपनी, मुकुट सु पहिरत पाव॥ (सत.)

556. अधिकरण की विभक्तियों का नित्य लोप होने के कारण कई एक संज्ञाओं का प्रयोग संबंधसूचक के समान होने लगा है; जैसे–वश, किनारे, नाम, विषय, लेखे, पलटे (दे. अंक 239)।

---

1. एक विभक्ति के पश्चात् दूसरी विभक्ति का योग होना हिंदी भाषा की एक विशेषता है जिसके कारण कई एक वैयाकरण इस भाषा के विभक्ति प्रत्ययों को स्वतंत्र अव्यय अथवा उनके अपभ्रंश मानते हैं। संस्कृत में विभक्ति के पश्चात् कभी कभी दूसरा प्रत्यय हो जाता है; जैसे–अहंकार, ममत्व आदि में पर विभक्ति प्रत्यय नहीं आता।

557. कोई-कोई वैयाकरण 'तक', 'भर', 'बीच', 'तले' आदि कई एक अव्ययों को अधिकरण कारक की विभक्तियों में गिनते हैं पर ये शब्द बहुधा संबंधसूचक अथवा क्रिया-विशेषण के समान प्रयोग में आते हैं, इसलिए इन्हें विभक्तियों में गिनना भूल है। इनका विवेचन यथास्थान हो चुका है।

(8) संबोधन कारक

558. इस कारक का प्रयोग किसी को चिताने अथवा पुकारने में होता है; जैसे—भाई, तुम कहीं गए थे?, मित्रो, करो हमारी शीघ्र सहाय (सर.)।

559. संबोधन कारक के साथ (आगे या पीछे) बहुधा कोई एक विस्मयादिबोधक आता है, जो भूल से इस कारक की विभक्ति मान लिया जाता है; जैसे—तजो रे मन हरि बिमुखन को संग (सू.)। हे प्रभु, रक्षा करो हमारी। भैया हो, यहाँ तो आओ।

(क) कविता में कवि लोग बहुधा अपने नाम का प्रयोग करते हैं जिसे छाप कहते हैं और जिसका अर्थ कभी-कभी संबोधन कारक का होता है; जैसे—रहिमन निज मन की व्यथा। सूरदास, स्वामी करुणामय। यह शब्द अपने अर्थ के अनुसार और कारकों में आता है; जैसे—कहि गिरिधर कविराय। कलिकाल तुलसी से सठहि हठ राम सम्मुख करत को?

तीसरा अध्याय

सामासिक अधिकरण शब्द

560. जो शब्द या वाक्यांश किसी समानार्थी शब्द का अर्थ स्पष्ट करने के लिए वाक्य में आता है, उसे उस शब्द का समानाधिकरण कहते हैं; जैसे—दशरथ के पुत्र राम वन को गए; पिता-पुत्र दोनों वहाँ बैठे हैं, भूले हुओं को पथ दिखाना, यह हमारा कार्य था (भारत.)।

इन वाक्यों में राम, दोनों और यह क्रमशः पुत्र, पिता-पुत्र और पथ दिखाना के समानाधिकरण शब्द हैं।

561. हिंदी में समानाधिकरण शब्द अथवा वाक्यांश बहुधा नीचे लिखे अर्थ सूचित करते हैं :

(अ) नाम, पदवी, दशा अथवा जाति—जैसे—महाराणा प्रताप सिंह, नारद मुनि, गोसाई तुलसीदास, रमाशंकर त्रिपाठी, गोपाल नाम का लड़का, मुझ आफत को टालने के लिए।

(आ) परिमाण—दो सेर आटा, एकतोला सोना, दो बीघे जमीन, एकगज कपड़ा, दो हाथ चौड़ाई।

(इ) निश्चय—अच्छी तरह से पढ़ना, यह एक गुण है, पिता-पुत्र दोनों बैठे हैं, को यह चल्यो रुद्र सम आवत (सत्य.)।

(ई) समुदाय—सोना, चाँदी, ताँबा, आदि धातु कहलाते हैं, राजपाट धनधाम सब छूटा (सत्य.), सबके सब भाग गए (विचित्र.), धन धरती सबका सब हाथ से निकल गया (गुटका.)।

(उ) पृथकता–पोथीपत्रा, पूजापाठ–दान होमजप, कुछ भी काम न आया (सत्य.), विपत्ति में भाईबंधु, स्त्रीपुरुष, कुटुम्बपरिवार कोई साथी नहीं होता।

(ऊ) शब्दार्थ–जहाँ से नगर कोट (शहरपनाह) का फाटक सौ गज दूर था। (विचित्र.), संवत् 1143 (सन् 1086) में (नागरी.), किस दशा में इस हालत में, समाज के बनाए हुए नियम अर्थात् कायदे हर आदमी को मानना मुनासिब समझा जाएगा (स्वा.)।

(ऋ) भूलसंबोधन–इनका उपाय (उपयोग?) सीमा के बाहर हो जाता है (सर.), मैं उस समय कचहरी को नहीं बाजार को जा रहा था।

(ए) अवधारण–चंद्रहास मेरी संपत्ति अतुल संपत्ति का अधिकारी होगा (चंद्र.)। अच्छी शिक्षा पाए हुए मुसलमान और हिंदू भी विशेष करके मुसलमान फारसी के शब्दों का अधिक प्रयोग करते हैं (सर.)।

562. 'सब', 'कोई', 'दोनों' और 'यह' दूसरे शब्दों के समानाधिकरण होकर आते हैं; और 'आदि', 'नामक', 'अर्थात्', 'सरीखा', 'जैसे', 'बहुधा' दो समानाधिकरण शब्दों के बीच में आते हैं। इन सबके उदाहरण ऊपर आ चुके हैं।

563. समानाधिकरण शब्द जिस कारक में आता है, उसी में उसका मुख्य शब्द भी रहता है; जैसे–राजा जनक की पुत्री सीता के विवाह के लिए स्वयंवर रचा गया। इस वाक्य में मुख्य शब्द राजा और पुत्री संबंधकारक में आए हैं।

(अ) समानाधिकरण शब्द का अर्थ और कारक मूल शब्द के अर्थ और कारक से भिन्न न होना चाहिए। नीचे लिखे वाक्य इस नियम के विरुद्ध होने के कारण अशुद्ध हैं।

जब राजकुमार सिद्धार्थ (गौतम बुद्ध का पहला नाम) 26 वर्ष के हुए (सर.)। गत वर्ष का (सन् 1910) हिसाब।

(आ) कभी-कभी एक वाक्य भी समानाधिकरण होता है; जैसे–वह पूरा भरोसा रखता है कि मेरे श्रम का फल मुझे ही मिलेगा। इस वाक्य में 'कि' से आरंभ होनेवाला उपवाक्य 'भरोसा' शब्द का समानाधिकरण है।

(सू. वाक्यों का विशेष विचार इस भाग के दूसरे परिच्छेद में आगे किया जायगा।)

चौथा अध्याय

उद्देश्य, कर्म और क्रिया का अन्वय

(1) उद्देश्य और क्रिया का अन्वय

564. जब अप्रत्यय कर्ताकारक वाक्य का उद्देश्य होता है, तब उसके लिंग-वचन और पुरुष के अनुसार क्रिया के लिंग, वचन और पुरुष होते हैं; जैसे–लड़का जाता है, तुम कब आओगे, स्त्रियाँ गीत गाती थीं, नौकर गाँव को भेजा जाएगा, घंटी बजाई गई (दे. अंक 366, 367)।

(सू.–संभाव्य भविष्यत् तथा विधिकाल के कर्तृवाच्य में और स्थितिदर्शक 'होना' क्रिया के सामान्य वर्तमान काल में लिंग के कारण क्रिया का रूपांतर नहीं होता; जैसे–लड़का जावे, स्त्रियाँ गीत गावें, हम यहाँ हैं, लड़की तू जा।)

565. आदर के अर्थ में एकवचन उद्देश्य के साथ बहुवचन क्रिया आती है; जैसे–मेरे बड़े भाई आए हैं, बोले राम जोरि जुग पानी, महारानी दीन स्त्रियों पर दया करती थीं, राजकुमार सभा में बुलाए गए।

(क) कविता में कभी-कभी विधिकाल अथवा संभाव्य भविष्यत् का मध्यम पुरुष अन्य उद्देश्य के साथ आता है; जैसे–करहु सो मम उर धाम। जरौ सुसंपति सदन, सुख।

566. जब जातिवाचक संज्ञा के स्थान में कोई समुदायवाचक संज्ञा (एकवचन में) आती है, तब क्रिया का लिंग वचन समुदायवाचक संज्ञा के अनुसार होता है; जैसे–सिपाहियों का एक झुंड जा रहा है, उनके कोई संतान नहीं हुई, सभा में बहुत भीड़ थी।

567. यदि पूर्ण क्रिया की उद्देश्यपूर्ति के लिंग, वचन, पुरुष, उद्देश्य के लिंग, वचन, पुरुष से भिन्न हों, तो क्रिया के लिंग; वचन, पुरुष बहुधा उद्देश्य ही के अनुसार होते हैं; जैसे–वह टकसाल समझा जावेगा (सत्य.); बेटी किसी दिन पराए घर का धन होती है (शकु.), हम क्या से क्या हो गए (सर.); काले कपड़े शोक के चिह्न माने जाते हैं। दूर देश में बसनेवाली जाति वहाँ के असली रहनेवालों को नष्ट करने का कारण हुई (सर.)।

अप.–यदि उद्देश्यपूर्ति का अर्थ मुख्य हो अथवा उसमें उत्तम या मध्यम पुरुष सर्वनाम आवे, तो क्रिया के लिंग, वचन, पुरुष उद्देश्यपूर्ति के अनुसार होते हैं और उसके पूर्व संबंध कारक की विभक्ति बहुधा उसी के लिंग के अनुसार होती है; जैसे–हिज्जे और रूपांतर का प्रमाण हिंदी हो सकती है (सर.); उनकी एक रकाबी मेरा एक निवाला होता (विचित्र.); इन सब सभाओं का मुख्य उद्देश्य मैं ही था, उनकी आशा तुम्हीं हो, झूठ बोलना उसकी आदत हो गई है, इस घोर युद्ध का कारण प्रजा की संपत्ति थी।

(सू.–शिष्ट लेखक बहुधा इस बात का विचार रखते हैं कि उद्देश्यपूर्ति के लिंग, वचन, यथासंभव वही हो, जो उद्देश्य के होते हैं; जैसे–मोड़ी लिपि कैथी की भी काकी है (सर.); उसका कवि भी हम लोगों का एक जीवन है (सत्य.); हम लोगों के पूर्व पुरुष महाराज हरिश्चंद्र भी थे (तथा.); यह तुम्हारी सखी उनकी बेटी क्योंकर हुई (शकु.); महाराज उसके हाथ के खिलौने थे (विचित्र.)।

568. यदि संयोजक समुच्चयबोधक से जुड़ी हुई एक पुरुष और एक ही लिंग की एक से अधिक एकवचन प्राणिवाचक संज्ञाएँ अप्रत्यय कर्ताकारक में आकर उद्देश्य हों, तो उनके योग से क्रिया उसी पुरुष और उसी लिंग के बहुवचन में आएगी; जैसे–किसी वन में हिरन और कौआ रहते थे; मोहन और सोहन सड़क पर खेल रहे हैं; बहू और लड़की काम कर रही हैं; चांडाल के भेष में धर्म और सत्य आते हैं (सत्य.); नाई और ब्राह्मण टीका लेकर भेजे गए; घोड़ा और कुत्ता एक जगह बाँधे जाते थे; तितली और पंखी ऊँचे नहीं उड़ी।

अप.–उद्देश्यों की पृथकता के अर्थ में क्रिया बहुधा एकवचन में आती है; जैसे–बैल और घोड़ा अभी पहुँचा है; मेरे पास एक गाय और एक भैंस है; राजधानी में राजा और उसका मंत्री रहता है; वहाँ एक बुढ़िया और लड़की आई, कुटुंब का प्रत्येक बालक और वृद्ध इस बात का प्रयत्न करता है (सर.)।

569. संयोजक समुच्चयबोधक से जुड़ी एक ही पुरुष और लिंग की दो या अधिक अप्राणिवाचक अथवा भाववाचक संज्ञाएँ यदि एकवचन में आएँ तो क्रिया बहुधा एकवचन ही में रहती है; जैसे–लड़के की देह में केवल लोहू और मांस रह गया है; उसकी बुद्धि का बल और राज का अच्छा नियम इसी एक काम से मालूम हो जावेगा (गुटका.); मेरी बातें सुनकर महारानी को हर्ष तथा आश्चर्य हुआ, कुएँ में से घड़ा और लोटा निकला, कठोर संकीर्णता में क्या कभी बालकों को मानसिक पुष्टि, चित्त की विस्तृति और चरित्र की बलिष्ठता हो सकती है (सर.)।

(अ) ऐसे उदाहरणों में कोई-कोई लेखक बहुवचन की क्रिया लाते हैं; जैसे–मन और शरीर नष्ट-भ्रष्ट हो जाते हैं (सर.); माता के खानपान पर भी बच्चे की निरोगता और जीवन अवलंबित है (तथा.)।

570. यदि भिन्न-भिन्न लिंगों की दो (व अधिक) प्राणिवाचक संज्ञाएँ एकवचन में आवे तो क्रिया बहुधा पुल्लिंग बहुवचन में आती है; जैसे–राजा और रानी भी मूर्च्छित हो गए (सर.); राजपुत्र और मलयवती उद्यान को जा रहे हैं (तथा.); कश्यप और अदिति बातें करते हुए दिखाई दिए (शकु.); महाराजा और महारानी बहुत प्यार करते थे (विचित्र.); बैल और गाय चरते हैं।

(अ) कई एक द्वंद्व समासों का प्रयोग इसी प्रकार होता है; जैसे–स्त्री पुत्र भी अपने नहीं रहते (गुटका.); बेटा-बेटी सबके घर होते हैं, उनके माँ-बाप गरीब थे।

(सू.–इस नियम का सिद्धांत यह है कि पुल्लिंग बहुवचन क्रिया से भिन्न-भिन्न उद्देश्य की केवल संख्या ही सूचित करने की आवश्यकता है, उनकी जाति नहीं। यदि क्रिया स्त्रीलिंग बहुवचन में रखी जाएगी, तो यह अर्थ होगा कि स्त्री जाति के दो प्राणियों के विषय में कहा गया है, जो बात यथार्थ में नहीं है।)

571. यदि भिन्न-भिन्न लिंग, वचन की एक से अधिक संज्ञाएँ अप्रत्यय कर्ताकारक में आवे तो क्रिया के लिंग, वचन अंतिम कर्ता के अनुसार होते हैं, जैसे–महाराज और समूची सभा उसके दोषों को भलीभाँति जानती है (विचित्र.)। गर्मी और हवा के झकोरे और भी क्लेश देते थे (हित.); नदियों में रेत और फल फलियाँ खेतों में हैं (ठेठ.); इसके तीन नेत्र और चार भुजाएँ थीं, ईसा की जीवनी में उनके हिसाब का खाता तथा डायरी न मिलेगी (सर.); हास में मुँह, गाल और आँखें फूली हुई जान पड़ती हैं (नागरी.)।

572. भिन्न-भिन्न पुरुषों के कर्ताओं में यदि उत्तम पुरुष आवे, तो क्रिया उत्तम-पुरुष में होगी; और यदि मध्यम तथा अन्य पुरुष कर्ता हों, तो क्रिया मध्यम पुरुष रहेगी; जैसे–हम और तुम वहाँ चलेंगे; तू और वह कल आना; तुम और वे कब आओगे, वह और मैं साथ पढ़ती थी; हम और यूरप के सभ्य देश इस दोष से बचे हैं (विचित्र.)।

573. जब अनेक संज्ञाएँ कर्ताकारक में आकर किसी एक ही प्राणी व पदार्थ को सूचित करती हैं, तब उनकी क्रिया एकवचन में आती है; जैसे–यह प्रसिद्ध नाविक और प्रवासी सन् 1506 ई. में परलोक को सिधारा; उनके वंश में कोई नामलेवा और पानीदेवा नहीं रहा।

(अ) यही नियम पुस्तकों आदि के संयुक्त नामों में घटित होता है; जैसे–'पार्वती और यशोदा' इंडियन प्रेस से छपी है, 'यशोदा और श्रीकृष्ण' किसका लिखा हुआ है।

574. यदि कई कर्ता विभाजक समुच्चयबोधक के द्वारा जुड़े हों तो अंतिम कर्ता क्रिया से अन्वित होता है; जैसे—इस काम में कोई हानि अथवा लाभ नहीं हुआ, मैं या मेरा भाई जाएगा; माया मिली न राम; पोथियाँ या साहित्य किस चिड़िया का नाम है (विचित्र.) ये अथवा तुम वहाँ ठहर जाना।

575. यदि एक व अधिक उद्देश्यों का कोई समानाधिकरण शब्द हो तो क्रिया उसी के अनुसार होती है; जैसे—अष्टमहासिद्धि, नवनिधि, बारहों प्रयोग, आदि देवता आते हैं (सत्य.); मर्द, औरत सभी चौकोर चेहरे के होते हैं (सर.); धन धरती सबका सब हाथ निकल गया (गुटका.); स्त्री और पुत्र कोई साथ नहीं जाता, ऐसी पतिव्रता स्त्री, ऐसा आज्ञाकारी पुत्र, और ऐसे तुम आप—यह संयोग ऐसा हुआ मानो श्रद्धा और वित्त और विधि तीनों इकट्ठे हुए (शकु.); सुरा और सुंदरी दो ही तो प्राणियों को पागल बनाने की शक्ति रखती हैं (तिलो.)।

(सू.—'विचित्र विचरण' में 'ईमान और जान दोनों ही बची' यह वाक्य आया है। इसमें क्रिया पुल्लिंग में चाहिए, क्योंकि उद्देश्य की दोनों संज्ञाएँ भिन्न लिंग की हैं (दे. अंक 568 सू.) और उनके लिए जो समुदायवाचक शब्द आया है, वह भी दोनों का बोध करता है। संभव है कि 'बची' शब्द छापे की भूल हो।)

(2) कर्म और क्रिया का अन्वय

576. सकर्मक क्रियाओं के भूतकालिक कृदंत से बने हुए कालों के साथ जब सप्रत्यय कर्ताकारक और अप्रत्यय कर्मकारक आता है, तब कर्म के लिंग, वचन, पुरुष के अनुसार क्रिया के लिंगादि होते हैं (दे. अंक 518); जैसे—लड़के ने पुस्तक पढ़ी; हमने खेल देखा है; स्त्री ने चित्र बनाए थे; पंडित ने यह लिखा होगा।

577. कर्मकारक और क्रिया के अन्वय के अधिकांश नियम उद्देश्य और क्रिया के अन्वय के ही समान हैं, इसलिए हम उन्हें यहाँ संक्षेप में लिखकर उदाहरणों के द्वारा स्पष्ट करते हैं।

(अ) एक ही लिंग और एकवचन की अनेक प्राणिवाचक संज्ञाएँ अप्रत्यय कर्मकारक में आवे, तो क्रिया उसी लिंग के बहुवचन में आती है; जैसे—मैंने गाय और भैंस मोल ली; शिकारी ने भेड़िया और चीता देखे; महाजन ने वहाँ लड़का और भतीजा भेजे; हमने नाती-पोता देखे।

(सू.—अप्रत्यय कर्मकारक में उत्तम और मध्यम पुरुष नहीं आते।)

(आ) यदि अनेक संज्ञाओं से पृथकता का बोध हो, तो क्रिया एकवचन में आयेगी; जैसे—मैंने एक घोड़ा और एक बैल बेचा; महाजन ने अपना लड़का और भतीजा भेजा; किसान ने एक गाय और एक भैंस मोल ली; हमने नाती-पोता देखा। इ यदि एक ही लिंग की एकवचन अप्राणिवाचक अथवा भाववाचक संज्ञाएँ कर्म हों, तो क्रिया एकवचन में आयेगी; जैसे—मैंने कुएँ में से घड़ा और लोटा निकाला, उसने सूई और कंघी संदूक में रख दी, सिपाही ने युद्ध में साहस और धीरज दिखाया।

(ई) यदि भिन्न-भिन्न लिंगों की अनेक प्राणिवाचक संज्ञाएँ एकवचन में आवे, तो क्रिया बहुधा पुल्लिंग बहुवचन में आती है; जैसे—हमने लड़का और लड़की देखे, राजा ने दास और दासी भेजे, किसान ने बैल और गाय बेचे थे।

(उ) यदि भिन्न-भिन्न लिंग, वचन की एक से अधिक संज्ञाएँ अप्रत्यय कर्मकारक में आवे तो क्रिया अंतिम कर्म के अनुसार होगी; जैसे—उसने मेरे वास्ते सात कमीजें और कई कपड़े तैयार किए थे (विचित्र.); मैंने किश्ती में एक सौ मरे बैल; तीन सौ भेड़ें और खाने-पीने के लिए रोटियाँ और शराब भरपूर रख ली थीं (तथा.); उसने वहाँ देखरेख और प्रबंध किया।

(ऊ) जब अनेक संज्ञाएँ अप्रत्यय कर्मकारक में आकर किसी एक ही वस्तु को सूचित करती हैं, तब क्रिया एकवचन में आती है; जैसे—मैंने एक अच्छा पड़ोसी और मित्र पाया है, लड़की ने 'माता और कन्या' पढ़ी।

(ऋ) यदि कई कर्म विभाजक समुच्चयबोधक के द्वारा जुड़े हों, तो क्रिया अंतिम कर्म के अनुसार होती है; जैसे—तुमने टोपी या कुर्ता लिया होगा, लड़के ने पुस्तक, कागज अथवा पेंसिल पाई थी।

(ए) यदि कर्म या कर्मों का कोई समानाधिकरण शब्द हो, तो क्रिया इसी के अनुसार होती है; जैसे—उसने धन, संतान, आरोग्यता आदि सब कुछ पाया, हरिश्चंद्र ने राजपाट, पुत्र, स्त्री, घर, द्वार सब कुछ त्याग दिया।

(ऐ) यदि अपूर्ण सकर्मक क्रियाओं की पूर्ति (दे. अंक 195) लिंग, वचन से कर्म के लिंग, वचन भिन्न हों, तो क्रिया के लिंग, वचन पुरुष कर्म के अनुसार होते हैं; जैसे—उसने अपना शरीर मिट्टी कर लिया, हमने अपनी छाती पत्थर कर ली, क्या तुमने मेरा घर अपनी बपौती समझ लिया?

(ओ) यदि कर्मपूर्ति के अर्थ की प्रधानता हो तो कभी-कभी क्रिया के लिंग, वचन उसी के अनुसार होते हैं; जैसे—हृदय भी ईश्वर ने क्या ही वस्तु बनाई है (सत्य.)।

578. नीचे लिखी रचनाओं में क्रिया सदैव पुल्लिंग एकवचन और अन्य पुरुष में रहती है (दे. अंक 368)।

(क) यदि अकर्मक क्रिया का उद्देश्य अप्रत्यय हो; जैसे—मैंने नहीं नहाया, लड़की को जाना था, रोगी से बैठा नहीं जाता, यह बात सुनते ही उसे रोना आया।

(ख) यदि सकर्मक क्रिया का उद्देश्य और मुख्य कर्म, दोनों सप्रत्यय हों; जैसे—मैंने लड़की को देखा; उन्हें बहुमूल्य चादर पर लिटाया जाता (सर.); मिसेज एनीबेसेंट को उसका संरक्षक बनाया गया है (नागरी.); रानी ने सहेलियों को बुलाया; विधाता ने इसे दासी बनाया (सत्य.); साधु ने स्त्री को रानी समझा, मीर कासिम ने मुंगेर ही को अपनी राजधानी बनाया (सर.)।

(ग) जब वाक्य अथवा अकर्मक क्रियार्थक संज्ञा उद्देश्य हों; जैसे—मालूम होता है कि आज पानी गिरेगा; हो सकता है कि हम वहाँ से लौट आएँ, सबेरे उठना लाभकारी होता है।

(उ) जब सप्रत्यय उद्देश्य के साथ वाक्य अथवा क्रियार्थक संज्ञा कर्म हों; जैसे—लड़के ने कहा कि मैं आऊँगा; हमने नटों का बाँस पर नाचना देखा; तुमने बात करना न सीखा।

579. यदि दो व अधिक संयोजक समानाधिकरण वाक्य 'और' (संयोजक समुच्चयबोधक) से जुड़े हों और उनमें भिन्न-भिन्न रूपों के (सप्रत्यय तथा अप्रत्यय)

कर्ताकारक आवे तो बहुधा पिछले कर्ताकारक का अध्याहार हो जाता है; परंतु क्रिया के लिंग, वचन, पुरुष यथानियम (कर्ता, कर्म अथवा भाव के अनुसार) रहते हैं; जैसे—मैं बहुत देश-देशांतरों में घूम चुका हूँ, पर ऐसी आबादी कहीं नहीं देखी (विचित्र.); मैंने यह पद त्याग दिया और एक-दूसरे स्थान में जाकर धर्मग्रंथों का अध्ययन करने लगा (सर.)।

(सू. इस प्रकार की रचना से जान पड़ता है कि हिंदी में सप्रत्यय कर्ता कारक की सकर्मक क्रिया कर्मवाच्य नहीं मानी जाती और न सप्रत्यय कर्ता कारक माना जाता है, जैसा कि कोई-कोई वैयाकरण समझते हैं।)

पाँचवाँ अध्याय

सर्वनाम

580. सर्वनाम के अधिकांश अर्थ और प्रयोग तथा वर्गीकरण शब्दसाधन के प्रकरणों में लिखे जा चुके हैं। यहाँ उनके प्रयोगों का विचार दूसरे शब्दों के संबंध से किया जाता है।

581. पुरुषवाचक, निश्चयवाचक और संबंधवाचक सर्वनाम जिन संज्ञाओं के बदले में आते हैं, उनके लिंग और वचन सर्वनामों में पाए जाते हैं; परंतु संज्ञाओं का कारक सर्वनाम में होना आवश्यक नहीं हैं; जैसे—लड़के ने कहा कि मैं जाता हूँ; पिता ने पुत्रियों से पूछा कि तुम किसके भाग्य से खाती हो; जो न सुने तेहि का कहिये; लड़के बाहर खड़े हैं, उन्हें भीतर बुलाओ।

(क) यदि अप्रधान पुरुषवाचक सर्वनाम व्यापक अर्थ में उद्देश्य का अर्थ होकर आवे, तो क्रिया बहुधा पुल्लिंग रहती है; जैसे—कोई कुछ कहता है, कोई कुछ, सब अपनी बड़ाई चाहते हैं, क्या हुआ? उसने जो किया सो ठीक किया।

582. जब कोई लेखक व वक्ता दूसरे के भाषण को उद्‌धृत करता अथवा दुहराता है, तब मूल भाषण के सर्वनामों में नीचे लिखा परिवर्तन और अर्थभेद होता है—

(क) यदि मूल भाषण का दूरवर्ती अन्य पुरुष स्वयं उस भाषण का संवाददाता हो अथवा दुहराए जाने के समय उपस्थित हो, तो उसके लिए निकटवर्ती अन्य पुरुष का प्रयोग होगा; जैसे—(कृष्ण ने कहा कि) गोपाल (मेरे विषय में) कहता था कि यह (कृष्ण) बड़ा चतुर है; (हरि ने राम से कहा कि) गोपाल (तुम्हारे विषय में) कहता था कि यह (राम) बड़ा चतुर है।

(ख) पुनरुक्त भाषण में जो उत्तम पुरुष सर्वनाम आता है, उसका यथार्थ संकेत तो प्रसंग ही से जाना जाता है, पर संभाषण में जिस व्यक्ति की प्रधानता होती है, बहुधा उसी के लिए पुरुष का प्रयोग होता है; जैसे—(1) विश्वामित्र ने हरिश्चंद्र से पूछा कि क्या तू (मुझे) नहीं जानता कि मैं कौन हूँ? (2) वाल्मीकि ने राम से कहा कि तुमने मुझसे (अपने विषय में) पूछा कि मैं कहीं रहूँ (पर) मैं आपसे कहते सकुचाता हूँ।

(ग) किसी की ओर दूसरे का संदेशा सुनाने में संवाददाता दोनों के लिए विकल्प से क्रमशः अन्य पुरुष और मध्यम पुरुष का प्रयोग करता है; जैसे—बाबू साहब ने मुझसे आपसे यह लिखने के लिए कहा था कि हम (बाबू साहब) उनके (आपके) पत्र का

उत्तर कुछ विलंब से देंगे, (अथवा) बाबू साहब ने मुझसे आपको यह लिखने के लिए कहा था कि वे (बाबू साहब) आपके पत्र का उत्तर कुछ विलंब से देंगे।

(सू.–जहाँ सर्वनामों का अर्थ संदिग्ध रहता है, वहाँ जिस व्यक्ति के लिए सर्वनाम का प्रयोग किया गया है; उसका कुछ भी उल्लेख कर देने से संदिग्धता मिट जाती है; जैसे–क्या तुम (मेरे विषय में) समझते हो कि मैं मूर्ख हूँ? क्या तुम (अपने विषय में) सोचते हो कि मैं विद्वान् हूँ? गोपाल ने राम से कहा कि मैं तेरी नौकरी करूँगा।)

583. आदरसूचक 'आप' शब्द वाक्य में उद्देश्य हो, तो क्रिया अन्य पुरुष बहुवचन में आती है, और परोक्ष विधि में गांत रूप आता है; जैसे–आप क्या चाहते हैं, आप वहाँ अवश्य पधारिएगा।

अप.–देखिए, अंक-123 (ऊ)।

584. जब एक ही वाक्य में उद्देश्य की ओर संकेत करनेवाले सर्वनामों के संबंध कारक का प्रयोग, कर्ता को छोड़कर शेष कारकों में आनेवाली संज्ञाओं के साथ होता है, तब उसके बदले निजवाचक सर्वनाम का संबंधकारक लाया जाता है; जैसे–मैं अपने घर से आ रहा हूँ, आप अपने भाई के नौकर को क्यों नहीं बुलाते? घोड़े ने पूँछ से मक्खियाँ उड़ाई; कोई अपने दही को खट्टा नहीं कहता; लड़के से अपना काम नहीं किया जाता।

(अ) यदि वाक्य में दो अलग-अलग उद्देश्य हों और पहले उद्देश्य के संबंध से दूसरे उद्देश्य की संज्ञा का उल्लेख करना हो, तो निजवाचक के संबंधकारक का प्रयोग नहीं होता, किंतु पुरुषवाचक के संबंधकारक का प्रयोग होता है; जैसे–एक बुड्ढा मनुष्य और उसका लड़का बाजार को जाते थे। एक महाजन आया और उसके पीछे उसका नौकर आया।

(आ) जब कर्ता कारक को छोड़कर अन्य कारकों में आनेवाली संज्ञा (व सर्वनाम) के संबंध से किसी दूसरे संज्ञा का उल्लेख करना हो, तो विकल्प से निजवाचक अथवा पुरुषवाचक सर्वनाम का संबंधकारक आता है; जैसे–मैंने लड़के को अपने व (उसके) घर भेज दिया, तुम किसी से अपना (उसका) भेद मत पूछो; मालिक नौकर को अपनी (उसकी) माता के साथ नहीं रहने देता।

(इ) यदि 'अपना' का संकेत वाक्य के उद्देश्य के बदले विषय के उद्देश्य की ओर हो, तो उसका प्रयोग कर्ताकारक में आनेवाली संज्ञा के साथ हो सकता है; जैसे–अपनी बड़ाई सबको भाती है (शकु.); अपना दोष किसी को नहीं दिखाई देता।

(ई) सर्वसाधारण के उल्लेख में 'अपना' का प्रयोग स्वतंत्रता से होता है; जैसे–अपना हाथ जगन्नाथ; अपनी-अपनी डफली अपना-अपना राग; अपना दु:ख अपने साथ है।

(उ) बोलचाल में कभी-कभी 'अपना' का संकेत वक्ता की ओर होता है; जैसे–यह देखकर अपना (मेरा) भी चित चलायमान हो गया; इतने में अपने (हमारे) नौकर आ गए।

(ऊ) बहुधा बुंदेलखंड में (जहाँ 'हम लोग' के लिए मराठी 'आपण' के अनुकरण पर 'अपन' शब्द भी व्यवहृत होता है) 'हमारा' के प्रतिनिधि के अर्थ में 'अपना' का प्रयोग होता है; जैसे–यह चित्र अपने (हम लोगों के) महाराज का है, यह सब अपने देश में नहीं होता; प्राचीन और नवीन अपनी सब दशा आलोच्य है (भारत.)। आराम और खुशी से कटती है उम्र अपनी, बिरतानिया ने हमको हमलों से बचाया (सर.)।

(सू.–ऊपर (उ) और (ऊ) में दिए गए प्रयोग अनुकरणीय नहीं हैं, क्योंकि इनका प्रचार एकदेशीय है। ऐसे प्रयोगों में बहुधा अर्थ की अस्पष्टता पाई जाती है; जैसे–शत्रु ने अपने (हमारे अथवा निज के) सब सिपाही मार डाले।

(ऋ) कहीं-कहीं आदराधिक्य में 'आपका' के बदले 'अपना' आता है; जैसे–महाराज अपना (आपका) घर कहीं है। यह प्रयोग भी एकदेशीय है, अतएव अनुकरणीय नहीं है।

(ए) कभी-कभी अवधारण के लिए 'निज' के अर्थ में संज्ञा, अथवा सर्वनाम के संबंध कारक के साथ 'अपना' जोड़ दिया जाता है; जैसे–यह सम्मति मेरी अपनी (निज की) है।

छठा अध्याय

विशेषण और संबंध कारक

585. यदि विशेष्य विकृत रूप में आवे (दे. अंक 339), तो आकारांत विशेषणों में उसके लिंग, वचन, कारक के कारण विकार होता है; जैसे–छोटे लड़के, ऊँचे घर में, छोटी लड़की।

586. विशेष्य विशेषण और विशेष्य का अन्वय नीचे लिखे नियमों के अनुसार होता है–

(1) यदि अनेक विशेष्यों का एक ही विकारी विशेषण हो, तो वह प्रथम विशेष्य के लिंग वचनानुसार बदलता है; जैसे–वह कौन-सा जप-तप तीर्थयात्रा, होम, यज्ञ और प्रायश्चित है (गुटका.); आपने छोटी-छोटी रिकाबियाँ और प्याले रख दिए (विचित्र.); उसकी स्त्री और लड़के।

(2) यदि एक विशेष्य के पूर्व अनेक विशेषण हों तो सभी विशेषणों में विशेष्य के अनुसार विकार होगा; जैसे–एक लंबी, मोटी और गोल छड़ी लाओ, पैने और टेढ़े काँटे।

(3) काल, दूरता, माप, धन, दिशा और रीतिवाचक संज्ञाओं के पहले जब संख्यावाचक विशेषण आता है और संज्ञाओं से समुदाय का बोध नहीं होता है, तब वे विकृत कारकों में भी बहुधा एकवचन ही के रूप में आती हैं; जैसे–तीन दिन में दो कोस का अंतर, चार मन की गौन, दो हजार रुपये में, दो प्रकार से, तीन ओर से।

(अ) तीन दिन में, तीन दिनों में, तीनों दिन में और तीनों दिनों में, इन वाक्यांशों के अर्थ में सूक्ष्म अंतर है। पहले में साधारण गिनती है, दूसरे में अवधारण है और तीसरे तथा चौथे में समुदाय का अर्थ है।

(4) विशेषण बहुधा प्रत्ययांत संज्ञा की भी विशेषता बतलाता है और इसके अनुसार इसका रूपांतर होता है; जैसे–बड़ी आमदनी; काले घोड़ेवाली गाड़ी।

587. संबंधकारक में आकारांत विशेषण के समान विकार होता है। संबंधकारक को भेदक और उसके संबंधी शब्द को भेद्य कहते हैं (दे. अंक 306-4)। यदि भेद्य विकृत रूप में आवे तो भेदक में भी वैसा ही विकार होता है; जैसे–राजा के महल में, सिपाहियों के कपड़े; लड़के की छड़ी।

588. यदि अनेक भेद्यों का एक ही भेदक हो, तो यह प्रथम भेद्य से अन्वित होता है; जैसे–जाति के सर्वगुनसंपन्न बालक और बालिकाओं ही का विवाह होने देना चाहिए (सर.); जिसमें शब्दों के भेद, अवस्था और व्युत्पत्ति का वर्णन हो।

589. यदि भेद्य से केवल वस्तु की जाति का अर्थ इष्ट हो (संख्या का नहीं), तो भेदक बहुवचन होने पर भी भेद्य एकवचन रहता है; जैसे–साधुओं का चित्त कोमल है; साधुओं की नीति विलक्षण होती है, महात्माओं के उपदेश से हम लोग अपना आचरण सुधार सकते हैं।

(अ) यद्यपि भेदक में उसका मूल लिंग, वचन, रहता है तथापि उसमें भेद्य का लिंग, वचन माना जाता है; जैसे–लड़के ने कहा कि मेरी पुस्तकें खो गई। इस वाक्य में 'मेरी' शब्द 'लड़का' संज्ञा के अनुरोध से पुल्लिंग और एकवचन है, परंतु 'पुस्तकें' संज्ञा के योग से उसे स्त्रीलिंग और बहुवचन कहेंगे।

590. यदि विधेय विशेषण आकारांत हो, तो विभक्तिरहित कर्ता के साथ उसमें उद्देश्य विशेषण के समान विकार होता है; जैसे–सोना पीला होता है, घास हरी है, लड़की छोटी दीखती है, बात उलटी हो गई, मेरी बात पूरी होनी कठिन है।

(अ) यदि क्रियार्थक संज्ञा अथवा तात्कालिक कृदंत का कर्ता संबंध कारक में आवे, तो विधेयविशेषण उसके लिंग, वचन के अनुसार विकल्प से बदलता है; जैसे–इनका (दुर्वासा का) थोड़ा सीधा होना भी बहुत है (शकु.), आँख का तिरछा (तिरछी) होना अच्छा नहीं है, माता के न्यारे (न्यारी) होते ही सब काम बिगड़ने लगा, पत्तों के पीला (पीले) पड़ते ही पौधों को पानी देना चाहिए।

591. विधेय में आने वाले संबंध कारक में विधेयविशेषण के समान विकार होता है (दे. अंक 590); जैसे–यह छड़ी तुम्हारी दिखती है, वे घोड़े राजा के निकले, राजा को प्रजा के धर्म का होना आवश्यक है, आपका क्षत्रियकुल का (या क्षत्रियकुल के) बनना ठीक नहीं है, वह स्त्री यहाँ से जाने की नहीं।

(अ) यदि विधेय में आनेवाली संज्ञा उद्देश्य से भिन्न लिंग में आवे, तो उसके पूर्ववर्ती संबंध कारक का लिंग बहुधा उद्देश्य के अनुसार होता है; जैसे–सरकार प्रजा की माँ-बाप है, पुलिस प्रजा की सेवक है, रानी पतिव्रता स्त्रियों की मुकुट थी, तुम मेरे गले के (गले का) हार हो, मैं तुम्हारी जान की (जान का) जंजाल हो गई हूँ (दे, अंक 567)।

अप.–संतान घर का उजाला है, यह लड़का मेरे वंश की शोभा है।

592. विभक्ति रहित कर्म के पश्चात् आनेवाला अकारांत विधेयविशेषण उस कर्म के साथ लिंग, वचन में अन्वित होता है; जैसे–गाड़ी खड़ी करो, दरजी ने कपड़े ढीले बनाए, मैं तुम्हारी बात पक्की समझता हूँ।

(अ) यदि कर्म सप्रत्यय हो, तो विधेयविशेषण के लिंग, वचन, कर्म के अनुसार विकल्प से होते हैं; जैसे–छोड़, होने दो, तड़पकर अभी ठंडा हमको (हि. व्या.), रहो बात को अपनी करते बढ़ी तुम (तथा), जहाँ मुनि, ऋषि, देवताओं को बैठे पाता था (प्रेम.) इन्हें वन में अकेले मत छोड़ियो (तथा.) आप इस लड़की को अच्छा (अच्छी) कर सकते हैं।

(आ) कर्तृवाच्य के भावेप्रयोग में (दे. अंक 368-1) विधेयविशेषण के संबंध से तीन प्रकार की रचना पाई जाती है; जैसे–

(1) तुमने मुझ दासी को जंगल में अकेली छोड़ी (गुटका.)।

(2) आपने मुझ अबला को अकेली जंगल में छोड़ा (गुटका.)।

(3) (मैंने) इसको (लड़की को) इतना बड़ा बनाया (सर.)।

इस विषय के अन्य उदाहरण :

(1) तुमने मुझे वन में तजी अकेली (प्रेम.)।

(2) रघु ने नंदिनी को अपने सामने खड़ी देखा (रघु.)।

(3) मैंने (इन्हें) कुछ सीधे कर लिए (शकु.)।

(4) उसने सब गाड़ियों को खड़ा किया।

इन रचनाओं में विधेय, विशेषण और क्रिया का एक सा रूपांतरण कर्णमधुर जान पड़ता है; जैसे–रघु ने नंदिनी को अपने सामने खड़ी देखी अथवा रघु ने नंदिनी को अपने सामने खड़ा देखा। अनमिल विकार के लिए सिद्धांत का कोई आधार नहीं है।

(सू.–इस प्रकार के विशेषणों को कोई-कोई वैयाकरण क्रिया-विशेषण मानते हैं (दे. अंक 427-ई), क्योंकि इनसे कभी-कभी क्रिया की विशेषता सूचित होती है। जहाँ उनसे ऐसा अर्थ पाया जाता है, वहाँ इन्हें क्रिया-विशेषण मानना ठीक है; जैसे–पेड़ों को सीधे लगाओ।)

सातवाँ अध्याय

कालों के अर्थ और प्रयोग

(1) संभाव्य भविष्यत् काल

593. संभाव्य भविष्यत् काल नीचे लिखे अर्थों में आता है :

(अ) संभावना–आज (शायद) पानी बरसे, कहीं वह लौट न आवे, हो न हो, राम जाने।

इस अर्थ में संभाव्य भविष्यत् के साथ बहुधा 'शायद' कदाचित, 'कहीं' आदि आते हैं।

(आ) निराशा अथवा परामर्श–अब मैं क्या करूँ? हम यह लड़की किसको दें? यह अर्थ बहुधा प्रश्नवाचक वाक्यों में होता है।

(इ) इच्छा, आशीर्वाद, शाप–मैं यह बात राजा को सुनाऊँ, आपका भला हो; ईश्वर आपकी बढ़ती करे, मैं चाहता हूँ कि कोई मेरे मन की थाह लेवे (गुटका.) गाज परै उन लोगन पै।

(ई) कर्तव्य, आवश्यकता–तुमको कब योग्य है कि वन में बसों, इस काम के लिए कोई उपाय अवश्य किया जावे।

(उ) उद्देश्य हेतु–ऐसा करो जिसमें बात बन जाए; इस बात की चर्चा हमने इसलिए की है कि उसकी शंका दूर हो जाय।

(ऊ) विरोध–तुम हमें देखो न देखो, हम तुम्हें देखा करें, कोई कुछ भी कहे, चाहे जो हो, अनुभव ऐसे विरह का क्यों न करे बेहाल।

(ऋ) उत्प्रेक्षा (तुलना)–तुम ऐसी बात करते हो, मानो कहीं के राजा होओ। ऋषि ने तुम्हारे अपराध को भूल अपनी कन्या ऐसे भेज दी है, जैसे–कोई चोर के पास अपना

धन भेज दे, जैसे–किसी की रुचि छुहारों से हटकर इमली पर लगे, तैसे तुम रनिवास की स्त्रियों को छोड़ इस गँवारी पर आसक्त हुए हो (शकु.)।

(ए) अनिश्चय–जब मैं बोलूँ तब तुम तुरंत उठकर भागना, जो कोई यहाँ आवे उसे आने दो।

इस अर्थ में क्रिया के साथ बहुधा संबंधवाचक सर्वनाम अथवा क्रिया-विशेषण आता है।

(ऐ) सांकेतिक भावना–तुम चाहो तो अभी झगड़ा मिट जाय, आज्ञा हो तो हम घर जाएँ, जो तू एक बेर उसको देखे तो फिर ऐसी न कहे (शकु.)।

इस अर्थ में जो (अगर, यदि)–तो से मिले हुए वाक्य आते हैं।

594. कविता और कहावतों में संभाव्य भविष्यत् बहुधा सामान्य वर्तमान के अर्थ में आता है। कभी-कभी इसके भूतकाल से अभ्यास का बोध होता है उदाहरण : गढ़त बढत संपत्ति सलिल मन सरोज बढ़ि जायँ (सत.); उतर देत छाड़ौं बिनु मारे (राम.); बक्र चंद्रमहि ग्रसै न राहू (तथा.); देख न कोई सके खड़े हो इस प्रकार से (क.क.); नया नौकर हिरन मारे (कहा.); एक मास ऋतु आगे धावे (कहा.); सुखी उठूँ मैं रोज सवेरे (हि. ग्रं.); मुझे रहें सखिया नित घेरे (तथा.); सबके गृह गृह होत पुराना (राम.)।

(2) सामान्य भविष्यत् काल

595. इस काल में अनारंभ कार्य अथवा दशा के अतिरिक्त नीचे लिखे अर्थ सूचित होते हैं :

(अ) निश्चय की कल्पना–ऐसा वर और कहीं न मिलेगा; जहाँ तुम जाओगे वहाँ मैं भी जाऊँगा; उस ऋषि का हृदय बड़ा कठोर होगा।

(आ) प्रार्थना–प्रश्नवाचक वाक्य में यह अर्थ पाया जाता है: जैसे–क्या आप कल वहाँ चलेंगे? क्या तुम मेरा इतना काम कर दोगे? क्या वे मेरी बात सुनेंगे?

(इ) संभावना–वह मुझे कभी न कभी मिलेगा। किसी-किसी तरह यह हो जाएगा। कबहुँ तो दीनानाथ के भनक पड़ेगी कान।

(ई) संकेत–यदि रोगी की सेवा होगी तो वह अच्छा हो जाएगा। अगर हवा चलेगी तो गरमी कम हो जाएगी।

(उ) संदेह, उदासीनता–'होना' क्रिया का सामान्य भविष्यत् काल बहुधा इस अर्थ में आता है? जैसे–कृष्ण गोपाल का भाई होगा। नौकर इस समय बाजार में होगा। क्या उनके लड़की है? होगी? क्या वह आदमी पागल है? होगा, कौन जाने? अगर वह जायगा तो जायगा, नहीं, तो मैं जाऊँगा।

(3) प्रत्यक्ष विधि

596. इस काल के अर्थ ये हैं–

(अ) अनुमति, प्रश्न–उत्तम पुरुष के दोनों वचनों में किसी की अनुमति अथवा परामर्श ग्रहण करने में इस काल का उपयोग होता है; जैसे–क्या मैं जाऊँ? हम लोग यहाँ बैठें?

(आ) सम्मति—उत्तम पुरुष के दोनों वचनों में कभी-कभी इस काल से श्रोता की सम्मति का बोध होता है; जैसे—चलें, उस रोगी की परीक्षा करें। हम लोग मोहन को यहाँ बुलावें।

'देखना' क्रिया से इस प्रयोग में कभी-कभी धमकी सूचित होती है, जैसे—देखें तुम क्या करते हो। देखें, वह कहाँ जाता है।

(इ) आज्ञा और उपदेश—यहाँ बैठो, किसी को गाली मत दो। तजो रे मन हरि बिमुखन को संग (सूर.)। नौकर अभी यहाँ से जावे।

(ई) प्रार्थना—आप मुझ पर कृपा करें। नाथ, मेरी इतनी विनती मानिए (सत्य.)। नाथ करहु बालक पर छोहू (राम.)।

(उ) आग्रह—अब चलो, देर होती है। उठो, उठो, जनि सोवत रहहू।

(सू.—आग्रह के अर्थ में बहुधा 'तो सही' क्रिया-विशेषण वाक्यांश जोड़ दिया जाता है; जैसे—चलो तो सही, आप बैठिए तो सही, वह आवे तो सही।)

597. आदर के अर्थ में इस काल के अन्य पुरुष बहुवचन का, अथवा 'इए' प्रत्ययांत रूप का प्रयोग होता है; जैसे—महाराज इस मार्ग से आवे, आप यहाँ बैठिए; नाथ मेरी इतनी विनती मानिए। इन दोनों रूपों में पहला रूप अधिक शिष्टाचार सूचित करता है।

(अ) आदरसूचक विधिकाल का रूप कभी-कभी संभाव्य भविष्यत् के अर्थ में आता है; जैसे—मन में आती है कि सब छोड़छाड़ यहीं बैठ रहिए (शकु.); मनुष्य जाति की स्त्रियों में इतनी दमक कहाँ पाइए (तथा.); देखिये इसका फल क्या होता है? अगर दिये के आसपास गंधक और फिटकरी छिड़क दीजिए, तो (कैसी ही हवा चले) दिया न बुझेगा (दे. अंक 3863 इ)।

इन उदाहरणों में 'रहिए' भाववाच्य और 'पाइए', 'देखिए' तथा 'दीजिए' कर्मवाच्य हैं।

(आ) 'चाहिए' भी एक प्रकार का कर्मवाच्य संभाव्य भविष्यत् काल है, क्योंकि इसका उपयोग आदरसूचक विधि के अर्थ में कभी नहीं होता, किंतु इससे वर्तमानकाल की आवश्यकता ही का बोध होता है (दे.अंक 405)।

(इ) 'लेना' और 'चलना' क्रियाओं का प्रत्यक्ष विधिकाल बहुधा उदासीनता के अर्थ में विस्मयादिबोधक के समान प्रयुक्त होता है; जैसे—लो मैं जाता हूँ, लो मैं यह चला, मैंने कहा कि लो, अब कुछ देरी नहीं है, चलो, आपने यह काम कर लिया।

(4) परोक्ष विधि

598. परोक्ष विधि से आज्ञा, उपदेश, प्रार्थना आदि के साथ भविष्यत् काल का अर्थ पाया जाता है; जैसे—कल मेरे यहाँ आना, हमारी शीघ्र ही सुधि लीजियो (भारत.), कीजो सदा धर्म से शासन, स्वत्व प्रजा के मत हरियो (सर.)।

599. 'आप' के साथ परोक्ष विधि में गांत आदरसूचक विधि का प्रयोग है; जैसे—कल आप वहाँ जाइएगा। 'आप जाइयो' शुद्ध प्रयोग नहीं है।

600. निषेध के लिए विधिकालों में बहुधा न, नहीं और मत तीनों अव्ययों का प्रयोग होता है, पर 'आप' के साथ परोक्ष विधि में और उत्तम तथा अन्य पुरुषों में 'मत' नहीं

आता। 'न' से साधारण निषेध, 'मत' से कुछ अधिक और 'नहीं' से और भी अधिक निषेध सूचित होता है; जैसे—वहाँ न जाना, पुत्र (एकांत.); पुत्री, अब बहुत लाज मत कर (शकु.); ब्राह्मण देवता, बालकों के अपराध से नहीं रुष्ट होना (सत्य.)। आप वहाँ न जाइएगा (दे. अंक 342)।

(5) सामान्य संकेतार्थ काल

601. यह काल नीचे लिखे अर्थों में आता है—

(अ) क्रिया की असिद्धता का संकेत (तीनों कालों में); जैसे—मेरे एक भी भाई होता तो मुझे बड़ा सुख मिलता (भूत)। जो उसका काम न होता तो वह भी न आता (वर्तमान)। यदि कल आप मेरे साथ चलते तो वह काम अवश्य हो जाता (भविष्यत्)।

(सू.—सामान्य संकेतार्थ काल में बहुधा दो वाक्य 'यदि तो' से जुड़े हुए आते हैं और दोनों वाक्यों की क्रियाएँ एक ही काल में रहती हैं। कभी-कभी मुख्य वाक्य की क्रिया सामान्यभूत अथवा पूर्णाभूत में आती है; जैसे—जो तुम उसके पास जाते तो अच्छा था। यदि मेरा नौकर न आता तो मेरा काम हो गया था।)

(आ) असिद्ध इच्छा जैसे—हा! जगमोहनसिंह, आज तुम जीवित होते, कुछ दिन के पश्चात् नींद निज अंतिम सोते!

602. कभी-कभी सामान्य संकेतार्थ काल से, संभाव्य भविष्यत् काल के साथ में इच्छा सूचित होती है; जैसे—मैं चाहता हूँ कि वह मुझसे मिलता (मिले)। यदि आप कहते (कहें) तो मैं उसे बुलाता (बुलाऊँ)। इसके लिए यही उपाय है कि आप जल्दी आते।

603. भूतकाल की किसी घटना के विषय में संदेह का उत्तर देने के लिए सामान्य संकेतार्थ काल का उपयोग बहुधा प्रश्नवाचक और निषेधवाचक वाक्य में होता है; जैसे—अर्जुन की क्या सामर्थ्य थी कि हमारी बहिन को ले जाता; मैं इस पेड़ को क्यों न सींचती?

(6) सामान्य वर्तमान काल

604. इस काल के अर्थ ये हैं—

(अ) बोलने के समय की घटना—जैसे—अभी पानी बरसता है। गाड़ी आती है। वे आपको बुलाते हैं।

(आ) ऐतिहासिक वर्तमान—भूतकाल की घटना का इस प्रकार वर्णन करना मानो वह प्रत्यक्ष हो रही हो; जैसे—तुलसीदासजी ऐसा कहते हैं। राजा हरिश्चंद्र मंत्रियों सहित आते हैं। शोक विकल सब रोवहिं रानी (राम.)।

(इ) स्थिर सत्य—साधारण नियम किंवा सिद्धांत बताने में अर्थात् ऐसी बात कहने में जो सदैव और सत्य है, इस काल का प्रयोग किया जाता है; जैसे—सूर्य पूर्व में उदय होता है। पक्षी अंडे देते हैं। सोना पीला होता है। आत्मा अमर है। चिंता से सब आशा रोगी निज जीवन की खोता है (सर.) हबशी काले होते हैं।

(ई) वर्तमान काल की अपूर्णता—जैसे—पंडित जी स्नान करते हैं (कर रहे हैं)।

(उ) अभ्यास–जैसे–हम बड़े तड़के उठते हैं। सिपाही रात को पहरा देता है। गाड़ी दोपहर को आती है। दुखित दोष गुन गनहि न साधू (राम.)।

(ऊ) आसन्न भूत–आपको राजा सभा में बुलाते हैं। मैं अभी अयोध्या से आता हूँ (सत्य.)। क्या हम तेरी जाति पाँति पूछते हैं? (शकु.)

(ऋ) आसन्न भविष्यत्–मैं तुम्हें अभी देखता हूँ। अब तो वह मरता है। लो गाड़ी अब आती है।

(ए) संकेतवाचक वाक्यों में भी सामान्य वर्तमान का प्रयोग होता है–जैसे–चींटी की मौत आती है तो पर निकलते हैं। जो मैं उससे कुछ कहता हूँ तो वह अप्रसन्न हो जाता है।

(ऐ) बोलचाल की कविता में कभी-कभी संभाव्य भविष्यत् के आगे होना क्रिया के योग से बने हुए सामान्य वर्तमान काल का प्रयोग करते हैं–जैसे–कहाँ जलै है वह आगी (एकांत.)। यह रचना अब अप्रचलित हो रही है (दे. अंक 388, 3आ)।

(7) अपूर्ण भूतकाल

605. इस काल से नीचे लिखे अर्थ सूचित होते हैं–

(अ) भूतकाल की किसी क्रिया की अपूर्ण दशा–किसी जगह कथा होती थी। चिल्लाती थी वह रो रोकर।

(आ) भूतकाल की किसी अवधि में एक काम का बार-बार होना–जहाँ-जहाँ रामचंद्रजी जाते थे, वहाँ वहाँ आकाश में मेघ छाया करते थे। वह जो-जो कहता था, उसका उत्तर मैं देता था।

(इ) भूतकालिक अभ्यास–पहले यह बहुत सोता था। मैं उसे जितना पानी पिलाता था, उतना वह पीता था।

(ई) 'कब' के साथ इस काल से अयोग्यता सूचित होती है–जैसे–वह वहाँ कब रहता था? राजा की आँखें इस पर कब ठहर सकती थीं? वह राजपूत (उसे) कब छोड़ता था?

(उ) भूतकालीन उद्देश्य–मैं आपके पास आता था। वह कपड़े पहिनता ही था कि नौकर ने उसे पुकारा।

(सू.–इस अर्थ में क्रिया के साथ बहुधा 'ही' अव्यय का प्रयोग होता है।)

(ऊ) वर्तमान काल की किसी बात को दुहराने में इसका प्रयोग होता है–जैसे–हम चाहते थे (और फिर भी चाहते हैं) कि आप मेरे साथ चलें। आप कहते थे कि वे आनेवाले हैं।

(8) संभाव्य वर्तमान काल

606. इस काल के अर्थ ये हैं–

(अ) वर्तमान काल की (अपूर्ण) क्रिया की संभावना–कदाचित् इस गाड़ी में मेरा भाई आता हो। मुझे डर है कि कहीं कोई देखता न हो।

(सू.–आशंका सूचित करने के लिए इस काल के साथ बहुधा 'न' का प्रयोग करते हैं।)

(आ) अभ्यास (स्वभाव व धर्म)–ऐसा घोड़ा लाओ जो घंटे में दस मील जाता हो। हम ऐसा घर चाहते हैं, जिसमें धूप आती हो।

(इ) भूत अथवा भविष्यत् काल की अपूर्णता की संभावना–जब आप आएँ तब मैं भोजन करता होऊँ। अगर मैं लिखता होऊँ तो मुझे न बुलाना।

(ई) उत्प्रेक्षा–आप ऐसे बोलते हैं, मानो मुख से फूल झड़ते हों। ऐसा शब्द हो रहा था कि जैसे–मेघ गरजता हो।

(उ) सांकेतिक वाक्यों में भी बहुधा इस काल का प्रयोग होता है–जैसे–अगर वे आते हों, तो मैं उनके लिए रसोई का प्रबंध करूँ।

(सू.–उपर्युक्त वाक्यों में कभी-कभी सहायक क्रिया 'होना' भूतकाल के रूप में आती है; जैसे–अगर वह आता हुआ, तो क्या होगा?)

(9) संदिग्ध वर्तमान काल

607. यह काल नीचे लिखे अर्थों में आता है–

(अ) वर्तमानकाल की क्रिया का संदेह–गाड़ी आती होगी। वे मेरी सब कथा जानते होंगे। तेरे लिए गौतमी अकुलाती होगी।

(आ) तर्क–चाय पत्तियों से बनती होगी। यह तेल खदान से निकलता होगा। आप सबके साथ ऐसा ही व्यवहार करते होंगे।

(इ) भूतकाल की अपूर्णता का संदेह–उस समय मैं वह काम करता होऊँगा। जब आप उनके पास गए, तब वे चिट्ठी लिखते होंगे।

(ई) उदासीनता व तिरस्कार–यहाँ पंडित जी आते हैं? आते होंगे।

(10) अपूर्ण संकेतार्थ काल

608. इस काल से नीचे लिखे अर्थ सूचित होते हैं–

(अ) अपूर्ण क्रिया की असिद्धता का संकेत–अगर वह काम करता होता, तो अब तक चतुर हो जाता। अगर हम कमाते होते तो ये बातें क्यों सुननी पड़ती।

(आ) वर्तमान व भूतकाल की कोई असिद्ध इच्छा–मैं चाहता हूँ कि यह लड़का पढ़ता होता। उसकी इच्छा थी कि मेरा भाई मेरे साथ काम करता होता।

(इ) कभी-कभी पूर्ववाक्य का लोप कर दिया जाता है और केवल उत्तरवाक्य बोला जाता है–जैसे–इस समय वह लड़का पढ़ता होता (अगर वह जीता रहता तो पढ़ने में मन लगाता)।

(11) सामान्य भूतकाल

609. सामान्य भूतकाल नीचे लिखे अर्थ सूचित करता है–

(अ) बोलने व लिखने के पूर्व क्रिया की स्वतंत्र घटना–जैसे–विधना ने इस दु:ख पर भी वियोग दिया। गाड़ी सवेरे आई। अस कहि कुटिल भई उठि ठाढ़ी।

(आ) आसन्न भविष्यत्—आप चलिए, मैं अभी आया। अब यह बेमौत मरा।

(इ) सांकेतिक अथवा संबंधवाचक वाक्यों में इस काल से साधारण व निश्चित भविष्यत् का बोध होता है—जैसे—अगर तुम एक भी कदम बढ़े (बढ़ोगे) तो तुम्हारा बुरा हाल होगा। ज्योंही पानी रुका (रुकेगा), त्योंही हम भागे (भागेंगे), जहाँ मैंने कुछ कहा, वहाँ वह तुरंत उठकर चला।

(ई) अभ्यास, संबोधन अथवा स्थिर सत्य सूचित करने के लिए इस काल का उपयोग सामान्य वर्तमान के समान होता है—जैसे—ज्योंही वह उठा (उठता है) त्योंही उसने पानी माँगा (माँगता है)। लो, मैं यह चला। जिसने न पी (जो नहीं पीता है) गाँजे की कली, पड़ा जिन्होंने छंद प्रभाकर, काया पलट हुआ पद्माकर।

(सू.—(1) 'होना' क्रिया के सामान्य भूतकाल के निषेधवाचक रूप से वर्तमान काल की इच्छा सूचित होती है; जैसे—आज मेरे कोई बहिन न हुई, नहीं तो आज मैं भी उसके घर जाकर खाता (गुटका.)। मेरे पास तलवार न हुई, नहीं तो उन्हें अन्याय का स्वाद चखा देता।)

(2) होना, ठहरना, कहलाना के सामान्य भूतकाल से वर्तमान का निश्चय सूचित होता है; जैसे—आप लोग साधु हुए (ठहरे व कहलाए) आपको कोई कमी नहीं हो सकती।

(उ) 'आना' क्रिया के भूतकाल से कभी-कभी तिरस्कार के साथ वर्तमानकालिक अवस्था सूचित होती है—जैसे—ये आए दुनिया भर के होशियार। दाता को बिकवाकर छोड़ा आए विश्वामित्र बड़े (सर.)।

(ऊ) प्रश्न करने में समझना, देखना, आदि क्रियाओं के सामान्य भूत से वर्तमान काल का बोध होता है—जैसे—वह आपको वहाँ भेजता है समझे? देखा, कैसी बात कहता है?

(सू.—कल्पना में मानना क्रिया का सामान्य भूत वर्तमान काल सूचित करता है, जैसे—माना कि उसे स्वर्ग लेने की इच्छा न हो।)

(ऋ) संकेतार्थक वाक्यों में इस काल से बहुधा संभाव्य भविष्यत् काल का अर्थ सूचित होता है; जैसे—यदि मैं वहाँ गया भी, तो कोई लाभ नहीं है। यह काम चाहे उसने किया, चाहे, उसके भाई ने किया, पर वह पूरा न होगा।

(12) आसन्न भूतकाल (पूर्ण वर्तमान काल)

610. इस काल के अर्थ ये हैं—

(अ) किसी भूतकालिक क्रिया का वर्तमान काल में पूरा होना; जैसे—नगर में एक साधु आए हैं। उसने अभी नहाया है।

(आ) ऐसी भूतकालिक क्रिया की पूर्णता, जिसका प्रभाव वर्तमान काल में पाया जावे; जैसे—बिहारी कवि ने सतसई लिखी है। दयानंद सरस्वती ने ऋग्वेद का अनुवाद किया है। भारतवर्ष में अनेक दानी राजा हो गए हैं।

(इ) बैठना, लेटना, सोना, पड़ना, उठना, थकना, मरना आदि शरीर व्यापार अथवा शरीर-स्थिति-सूचक क्रियाओं के आसन्न भूतकाल के रूप से बहुधा वर्तमान स्थिति का बोध होता है; जैसे—राजा बैठे हैं (बैठे हुए हैं); मरा घोड़ा खेत में पड़ा है (पड़ा हुआ है); लड़का थका है।

(सू.–यथार्थ में ऊपर के वाक्यों में भूतकालिक कृदंत स्वतंत्र विशेषण हैं और उनका प्रयोग विधेय के साथ हुआ है। ऐसी अवस्था में उन्हें क्रिया के साथ मिलाकर आसन्नभूत काल मानना भूल है। इन क्रियाओं के आसन्नभूत काल के शुद्ध उच्चारण ये हैं राजा भी बैठे हैं (अर्थात् वे अब तक खड़े थे।) लड़का अभी सोया है।)

(ई) भूतकालिक क्रिया की आवृत्ति सूचित करने में बहुधा आसन्न भूतकाल आता है; जैसे–जब-जब अनावृष्टि हुई है, तब-तब अकाल पड़ा है। जब-जब वह मुझे मिला है तब-तब उसने धोखा दिया है।

(उ) किसी क्रिया का अभ्यास–जैसे–उसने बढ़ई का कार्य किया है। आपने कई पुस्तकें लिखी हैं।

(13) पूर्ण भूतकाल

611. इस काल का प्रयोग नीचे लिखे अर्थों में होता है–

(अ) बोलने व लिखने के बहुत ही पहिले की क्रिया–जैसे–सिकंदर ने हिंदुस्तान पर चढ़ाई की थी। लड़कपन में हमने अँग्रेजी सीखी थी। सं. 1956 में इस देश में अकाल पड़ा था। आज सबेरे मैं आपके यहाँ गया था।

(सू.–भूतकाल की निकटता व दूरता अपेक्षा और आशय से जानी जाती है। वक्ता की दृष्टि से एक ही समय कभी-कभी निकट और कभी-कभी दूर प्रतीत होता है। आठ बजे सबेरे आनेवाले किसी आदमी से, दिन के बारह बजे, दूसरा आदमी इस अवधि को दीर्घ मानकर यह कह सकता है कि तुम सवेरे आठ बजे आए थे; और फिर उस अवधि को अल्प मानकर वह यह कह सकता है कि तुम सवेरे आठ बजे आए हो।)

(आ) दो भूतकालिक घटनाओं की समकालीनता–वे थोड़े ही दूर गए थे कि एक और महाशय मिले। कथा पूरी न होने पाई थी कि सब लोग चले गए।

(इ) सांकेतिक वाक्यों में इस काल से असिद्ध संकेत सूचित होता है; जैसे–यदि नौकर एक हाथ और मारता, तो चोर मर ही गया था। जो तुमने मेरी सहायता न की होती, तो मेरा काम बिगड़ चुका था।

(ई) यह काल कभी-कभी आसन्नभूत के अर्थ में भी आता है; जैसे–अभी मैं आपसे यह कहने आया था कि मैं घर में रहूँगा (आया था=आया हूँ।) हमने आपको इसलिए बुलाया था कि आप मेरे प्रश्न का उत्तर देवें।

(14) संभाव्य भूतकाल

612. इस काल से नीचे लिखे अर्थ सूचित होते हैं :

(अ) भूतकाल की (पूर्ण) क्रिया की संभावना–जैसे–हो सकता है कि उसने यह बात सुनी हो। जो कुछ तुमने सोचा हो, उसे साफ-साफ कहो।

(आ) आशंका व संदेह–कहीं चोरों ने उसे मार न डाला हो। विवाह की बात सखी ने हँसी में न कही हो। पठवा बालि होइ मन मैला (राम.)।

(इ) भूतकालीन उत्प्रेक्षा–वह मुझे ऐसे दबाता है, मानो मैंने कोई भारी अपराध किया हो। वह ऐसी बातें बनाता है, मानो उसने कुछ भी न देखा हो।

(ई) सांकेतिक वाक्यों में भी इस काल का प्रयोग होता है–जैसे–यदि मुझसे कोई दोष हुआ हो, तो आप उसे क्षमा कीजिएगा। अगर तुमने मेरी किताब ली हो तो सच-सच क्यों नहीं कह देते।

(15) संदिग्ध भूतकाल

613. इस काल के अर्थ ये हैं–

(अ) भूतकालिक क्रिया का संदेह–जैसे–उसे हमारी चिट्ठी मिली होगी। तुम्हारी घड़ी नौकर ने कहीं रख दी होगी।

(आ) अनुमान–कहीं पानी बरसा होगा, क्योंकि ठंडी हवा चल रही है। रोहिताश्व भी अब इतना बड़ा हुआ होगा। लाट साहब कब उदयपुर पहुँचे होंगे।

(ई) जिज्ञासा–श्रीकृष्ण ने गोवर्धन कैसे उठाया होगा? कण्व मुनि ने क्या संदेश भेजा होगा?

(सू.–यह प्रयोग बहुधा प्रश्नवाचक वाक्यों में आता है।)

(ई) तिरस्कार व घृणा–पंडित जी ने एक पुस्तक लिखी है? लिखी होगी।

(उ) सांकेतिक वाक्यों में इस काल की संभावना की कुछ मात्रा सूचित होती हैं, जैसे–यदि मैंने आपकी बुराई की होगी, तो ईश्वर मुझे दंड देगा। अगर उसने मुझे बुलाया होगा, तो मुझसे उसका कुछ काम अवश्य होगा।

(16) पूर्ण संकेतार्थ काल

614. इस संकेतार्थ काल से नीचे लिखे अर्थ सूचित होते हैं और इसका उपयोग। बहुधा सांकेतिक वाक्यों में होता है–

(अ) पूर्ण क्रिया का असिद्ध संकेत–जैसे–जो मैंने अपनी लड़की न मारी होती, तो अच्छा था। यदि तूने भगवान् को इस मंदिर में बिठाया होता, तो यह अशुद्ध क्यों रहता।

(सू.–कभी-कभी पूर्ण संकेतार्थ काल दोनों सांकेतिक वाक्यों में आते हैं, और कभी-कभी केवल एक में।)

(आ) भूतकाल की असिद्ध इच्छा–जब वह तुम्हारे पास आए थे, तब तुमने उन्हें बिठलाया होता। तुमने अपना काम एक बार तो कर लिया होता।

(सू.–इस अर्थ में बहुधा अवधारणबोधक क्रिया-विशेषण 'तो' का प्रयोग होता है।)

आठवाँ अध्याय

क्रियार्थक संज्ञा

615. क्रियार्थक संज्ञा का प्रयोग साधारणतः भाववाचक संज्ञा के समान होता है, इसलिए इसका प्रयोग बहुवचन में नहीं होता; जैसे–कहना सहज है पर करना कठिन है।

(अ) इस संज्ञा का रूपांतर आकारांत संज्ञा के समान होता है; और जब इसका उपयोग विशेषण के समान होता है, तब इसमें कभी-कभी लिंग और वचन के कारण विकार होता है। यह संज्ञा बहुधा संबोधन कारक में नहीं आती (दे. अंक 372 अ) और (616)।

(आ) क्रियार्थक संज्ञा का उद्देश्य संबंध कारक में आता है; परंतु अप्राणिवाचक कर्ता की विभक्ति बहुधा लुप्त रहती है; जैसे–लड़के का जाना ठीक नहीं है। हिंदुओं को गाय का मारा जाना सहन नहीं होता। रात को पानी बरसना शुरू हुआ। पिछले उदाहरण में पानी का बरसना भी कह सकते हैं।

(सू.–दो भूतकालिक क्रियाओं की समकालीनता बताने के लिए पहली क्रिया 'था' के साथ क्रियार्थक संज्ञा के रूप में आती है; जैसे–उसका वहाँ पहुँचना था कि चिट्ठी आ गई।)

(इ) संज्ञा के समान क्रियार्थक संज्ञा के पूर्व विशेषण और पश्चात् संबंधसूचक अव्यय आ सकता है; सुंदर लिखने के लिए उसे इनाम मिला।

(ई) सकर्मक क्रियार्थक संज्ञा के साथ उसका कर्म और अपूर्ण क्रियार्थक संज्ञा के साथ उसकी पूर्ति आ सकती है और सब प्रकार की क्रियाओं से बनी क्रियार्थक संज्ञाओं के साथ क्रिया-विशेषण अथवा अन्य कारक आ सकते हैं; जैसे–यह काम जल्दी करने में लाभ है। मंत्री के अचानक राजा बन जाने से देश में गड़बड़ी मच गई। झूठ को सच कर दिखाना कोई हमसे सीख जाए। पत्नी का पति के साथ चिता में भस्म होना हिंदुओं में प्राचीन काल से चला आता है।

(उ) किसी-किसी क्रियार्थक संज्ञा का उपयोग जातिवाचक संज्ञा के समान होता है; जैसे–गाना (गीत), खाना (भोजन, मुसलमानों में) झरना (सोता)।

(ऊ) जब क्रियार्थक संज्ञा विधेय में आती है, तब उसका प्राणिवाचक उद्देश्य संप्रदान कारक में और अप्राणिवाचक उद्देश्य कर्ता कारक में रहता है; जैसे–मुझे जाना है। लड़के को अपना काम करना था। इस सगुन से क्या फल होना है। जो होना था सो हो लिया।

616. जब क्रियार्थक संज्ञा का उपयोग, विकल्प से, विशेषण के समान होता है, उस समय उसके लिंग, वचन, कर्ता अथवा कर्म के अनुसार होते हैं; जैसे–मुझे दवाई पीनी पड़ेगी। जो बात होनी थी, सो हो ली। मुझे सबके नाम लिखने होंगे। इन उदाहरणों में क्रमशः पीना, होना और लिखना भी शुद्ध है। होनी=भवनीया, पीनी=पानीया और लिखना=लेखनीया।

617. क्रियार्थक संज्ञा का संप्रदान कारक बहुधा निमित्त व प्रयोजन के अर्थ में आता है, पर कभी-कभी उसकी विभक्ति का लोप हो जाता है; जैसे–वे उन्हें लेने को गए हैं। मैं इसी लड़की के मारने को तलवार लाया हूँ (गुटका.)। आपसे कुछ माँगने को आए हैं।

(अ) बोलचाल में बहुधा वाक्य की मुख्य क्रिया से बनी हुई क्रियार्थक संज्ञा का संप्रदान कारक इच्छा व विशेषता अर्थ सूचित करता है, जैसे–जाने को तो मैं वहाँ जा सकता हूँ, कहने को तो वह यह लेख लिख सकता है।

(आ) 'कहना' क्रियार्थक संज्ञा का संप्रदान कारक अप्रत्यक्षता अथवा उदाहरण अर्थ में आता है; जैसे–कहने को तो उनके पास बहुत धन है, पर कर्ज भी बहुत है। उन्होंने कहने को मेरा काम कर दिया।

(इ) 'होना' क्रिया के साथ विधेय में क्रियार्थक संज्ञा का संप्रदान कारक तत्परता के अर्थ में आता है; जैसे–नौकर आने को है। वह जाने को हुआ।

618. निश्चय के अर्थ में क्रियार्थक संज्ञा विधेय में नहीं के साथ संबंध कारक में आती है, जैसे–वह वहाँ जाने की नहीं। मैं यहाँ से नहीं उठने का।

(सू.–इन उदाहरणों में मुख्य क्रिया का बहुधा लोप रहता है, और क्रियार्थक संज्ञा के लिंग, वचन उद्देश्य के अनुसार होते हैं।)

619. क्रियार्थक संज्ञाओं का उपयोग कई एक संयुक्त क्रियाओं में होता है, जिसका विवेचन यथास्थान हो चुका है (दे. अंक 505-506)।

(अ) क्रियार्थक संज्ञा का उपयोग परोक्ष विधि के अर्थ में भी किया जाता है। (दे. अंक. 386)।

(आ) दशा अथवा स्वभाव सूचित करने में बहुधा मुख्य वाक्य के साथ आने वाले निषेधवाचक वाक्यों में क्रियार्थक संज्ञा का उपयोग होता है, जैसे–कुँवरजी का अनूप रूप क्या कहूँ? कुछ कहने में नहीं आता। न खाना, न पीना, न किसी से कुछ कहना न सुनना। इन उदाहरणों में क्रियार्थक संज्ञा कर्ता कारक में मानी जा सकती है और उसके साथ 'अच्छा लगता है' क्रिया अध्याहृत समझी जा सकती है।

नवाँ अध्याय

कृदंत

620. क्रियार्थक संज्ञा के सिवा हिंदी में जो और कृदंत हैं वे रूपांतर के आधार पर दो प्रकार के होते हैं : (1) विकारी, (2) अविकारी। फिर इनमें से प्रत्येक के अर्थ के अनुसार कई भेद होते हैं; यथा

- (1) विकारी
  - (1) वर्तमानकालिक कृदंत
  - (2) भूतकालिक कृदंत
  - (3) कर्तृवाचक कृदंत
- (2) अविकारी
  - (1) अपूर्ण क्रियाद्योतक कृदंत
  - (2) पूर्ण क्रियाद्योतक कृदंत
  - (3) तात्कालिक कृदंत
  - (4) पूर्वकालिक कृदंत

(1) वर्तमानकालिक कृदंत

621. इस कृदंत का उपयोग विशेषण व संज्ञा के समान होता है और इसमें आकारांत शब्द की नाईं विकार होते हैं; जैसे–चलती चक्की देखकर, बहता पानी, मरतों के आगे, भागतों के पीछे, डूबते को तिनके का सहारा।

(अ) वर्तमानकालिक कृदंत विधेय में आकर कर्ता व कर्म की विशेषता (दशा) बतलाता है; जैसे–कोई शूद्र गाय को मारता हुआ आता है। सिपाही ने कई चोर भागते हुए देखे। दूसरा घोड़ा जीता हुआ लौटा आया। स्त्रियाँ गीत गाती हुई गईं। सड़क पर एक आदमी आता हुआ दिखाई देता है। मैं लड़के को दौड़ाता जाऊँगा।

(आ) जाते समय, लौटते वक्त, मरती बेरा, जीते जी, फिरती बार आदि उदाहरणों में वर्तमानकालिक कृदंत का प्रयोग विशेषण के समान हुआ है। आकार के स्थान में ए होने का कारण यह है कि उस विशेषण के विशेष्य में विभक्ति का संस्कार है। इन उदाहरणों में समय, वक्त, बेरा, जी इत्यादि संज्ञाएँ यथार्थ विशेष्य नहीं हैं; किंतु केवल एक प्रकार की लक्षणा[1] से विशेष्य माने जा सकते हैं। जाते=जाने के, लौटते=लौटने के। इस विचार से यहाँ जाते, लौटते, आदि संबंधकारक हैं और संबंध कारक विशेषण का एक रूपांतर ही है।

(इ) कभी-कभी वर्तमानकालिक कृदंत विशेषण विशेष्यनिष्ठ होने पर भी क्रिया की विशेषता बतलाता है; जैसे–हिरन चौकड़ी भरता हुआ भागा, हाथी झूमता हुआ चलता है, लड़की अटकती हुई बोलती है। इस अर्थ में वर्तमानकालिक कृदंत की द्विरुक्ति होती है, जैसे–यात्री अनेक देशों में घूमता घूमता लौटा, स्त्रियाँ रसोई करते-करते थक गईं।

(2) भूतकालिक कृदंत

622. अकर्मक क्रिया से बना हुआ भूतकालिक कृदंत कर्तृवाचक और सकर्मक क्रिया से बना हुआ कर्मवाचक होता है और दोनों का प्रयोग विशेषण के समान होता है; जैसे–मरा हुआ घोड़ा खेत में पड़ा है; एक आदमी जली हुई लकड़ियाँ बटोरता था; दूर से आया हुआ मुसाफिर।

(अ) यह कृदंत विधेयविशेषण होकर भी आता है; जैसे–वह मन में फूला नहीं समाता। एक पलंग बिछा हुआ था। आप तो मुझसे भी गए-बीते हैं। इसका सबसे ऊँचा भाग सदा बर्फ से ढँका रहता है। लड़के ने एक पेड़ में कुछ फल लगे हुए देखे। चोर घबराया हुआ भागा।

(आ) कभी-कभी सकर्मक भूतकालिक कृदंत का उपयोग कर्तृवाचक होता है और तब उसका विशेष्य उसका कर्म नहीं, किंतु कर्ता अथवा दूसरा शब्द होता है। कर्म विशेषण के पूर्व आकर विशेषण का अर्थ पूर्ण करता है; जैसे–काम सीखा हुआ नौकर, इनाम पाया हुआ लड़का, पर कटा हुआ गिद्ध (सत्य.); नीचे नाम दी हुई पुस्तकें (सर.); यह पिछला प्रयोग विशेष प्रचलित है।

(सू.–किसी-किसी की सम्मति में ये उदाहरण सामासिक शब्दों के हैं और इन्हें मिलाकर लिखना चाहिए; जैसे–इनाम पाया हुआ, नामदी हुई।)

(इ) भूतकालिक कृदंत का प्रयोग बहुधा संज्ञा के समान भी होता है और उसके साथ कभी-कभी 'बिना' का योग होता है; जैसे–किए का फल। जलने पर लोन। मरे को मारना। बिना बिचारे जो करै, सो पीछे पछताय। लड़के इसको बिना छेड़े न छोड़ते।

---

1. लक्षणा शब्द की वह वृत्ति (शक्ति) है, जिससे उसके किसी अर्थ से मिलता-जुलता हुआ अर्थ सूचित होता हे; जैसे–उसका हृदय पत्थर है।

(ई) भूतकालिक कृदंत बहुधा अपनी संबंधी संज्ञा के संबंध कारक के साथ आता है; जैसे—मेरी लिखी पुस्तकें, कपास का बना कपड़ा; घर का सिला कुरता (दे. अंक 540)।

(3) कर्तृवाचक कृदंत

623. इस कृदंत का उपयोग संज्ञा अथवा विशेषण के समान होता है और पिछले प्रयोग में इससे कभी-कभी आसन्नभविष्यत् का अर्थ सूचित होता है; जैसे—किसी लिखनेवाले को बुलाओ। झूठ बोलनेवाला मनुष्य आदर नहीं पाता। गाड़ी आनेवाली है।

(अ) और-और कृदंतों के समान सकर्मक क्रिया से बना हुआ यह कृदंत भी कर्म के साथ आता है और यदि वह अपूर्ण क्रिया से बना हो, तो इसके साथ इसकी पूर्ति आती है, जैसे—घड़ी बनानेवाला, झूठ को सच बतानेवाला, बड़ा होनेवाला।

(4) अपूर्ण क्रियाद्योतक कृदंत

624. यह कृदंत सदा अविकारी (एकारांत) रूप में रहता है और इसका प्रयोग क्रिया-विशेषण के समान होता है; जैसे—उसको वहाँ रहते (रहने में) दो महीने हो गए। सारी रात तड़पते बीती। यह कहते मुझे बड़ा हर्ष होता है।

(अ) अपूर्ण क्रियाद्योतक कृदंत का उपयोग बहुधा तब होता है, जब कृदंत और मुख्य क्रिया के उद्देश्य भिन्न-भिन्न होते हैं और कृदंत का उद्देश्य (कभी-कभी) लुप्त रहता है; जैसे—दिन रहते यह काम हो जाएगा। मेरे रहते कोई कुछ नहीं कर सकता। वहाँ से लौटते रात हो जाएगी। बात कहते दिन जाते हैं।

(आ) जब वाक्य में कर्ता और कर्म अपनी विभक्ति के साथ आते हैं, तब उनका वर्तमानकालिक कृदंत उनके पीछे अविकारी रूप में आता है और उसका उपयोग बहुधा क्रिया-विशेषण के समान होता है; जैसे—उसने चलते हुए मुझसे यह कहा था। मैंने उन स्त्रियों को लौटते हुए देखा। मैं नौकर को कुछ बड़बड़ाते हुए सुन रहा था।

(इ) अपूर्ण क्रियाद्योतक कृदंत की बहुधा द्विरुक्ति होती है, और उससे नित्यता का बोध होता है, जैसे—बात करते-करते उसकी बोली बंद हो गई, मैं डरते-डरते उसके पास गया, हँसते-हँसते प्रसन्नतापूर्वक देवता के चरणों में अपने सारे सुखों का बलिदान कर देना ही परम धर्म है, वह मरते-मरते बचा=वह लगभग मरने से बचा।

(ई) विरोध सूचित करने के लिए अपूर्ण क्रियाद्योतक कृदंत के पश्चात् 'भी' अव्यय का योग किया जाता है; जैसे—मंगलसाधन करते हुए भी जो विपत्ति आन पड़े तो संतोष करना चाहिए, वह धर्म करते हुए भी दैवयोग से धनहीन हो गया, नौकर मरते-मरते भी सच न बोला।

(उ) अपूर्ण क्रियाद्योतक कृदंत का कर्ता कभी-कभी कर्ता कारक में, कभी स्वतंत्र होकर, कभी संप्रदान कारक में और कभी संबंध कारक में आता है; जैसे—मुझे यह कहते आनंद होता है; दिन रहते यह काम हो जाएगा; आपके होते कोई कठिनाई न होगी; उसने चलते हुए यह कहा।

(ऊ) पुनरुक्त अपूर्ण क्रियाद्योतक कृदंत का कर्ता कभी-कभी लुप्त रहता है, तब यह कृदंत स्वतंत्र दशा में आता है; जैसे—होते-होते अपने-अपने पत्ते सबने खोले, चलते-चलते उन्हें एक गाँव मिला।

(ऋ) वर्तमानकालिक कृदंत और अपूर्ण क्रियाद्योतक कृदंत कभी-कभी समान अर्थ में आते हैं; जैसे–पार्वती को पढ़ते देखकर उसके शरीर में आग लग गई (सर.); तुम इस चक्रवर्ती की सेवायोग्य बालक और स्त्री को बिकता देखकर टुकड़े-टुकड़े क्यों नहीं हो जाते? (सत्य.)।

(सू.–वर्तमानकालिक कृदंत के पुल्लिंग बहुवचन का रूप अपूर्ण क्रियाद्योतक कृदंत के समान होता है, पर दोनों के अर्थ और प्रयोग भिन्न-भिन्न हैं; जैसे–सड़क पर शैव्या और बालक फिरते हुए दिखाई देते हैं (वर्तमानकालिक कृदंत)। (सत्य.) तन रहते उत्साह दिखाएगा यह जीवन (अपूर्ण क्रियाद्योतक कृदंत)।

(5) पूर्ण क्रियाद्योतक कृदंत

625. यह कृदंत भी सदा अविकारी रूप में रहता है और क्रिया-विशेषण के समान उपयोग में आता है; जैसे–राजा को मरे दो वर्ष हो गए। उनके कहे क्या होता है? सोना जानिए कैसे आदमी जानिए बसे।

(अ) इस कृदंत का उपयोग भी बहुधा तभी होता है, जब इसका कर्ता और मुख्य क्रिया का कर्ता भिन्न-भिन्न होते हैं; जैसे–पहर दिन चढ़े हम लोग बाहर निकले, कितने एक दिन बीते राजा फिर वन को गए।

(आ) सकर्मक पूर्ण क्रियाद्योतक कृदंत से क्रिया और उद्देश्य की दशा सूचित होती है, जैसे–एक कुत्ता मुँह में रोटी का टुकड़ा दबाए जा रहा था, तुम्हारी लड़की छाता लिये जाती थी। यह कौन महाभयंकर भेष, अंग में भभूत पोते, एड़ी तक जटा लटकाए त्रिशूल घुमाता चला आता है (सत्य.)। यह एक नौकर रखे हैं। साँप मुँह में मेंढक दबाए था।

(इ) नित्यता व अतिशयता के अर्थ में इस कृदंत की द्विरुक्ति होती है; जैसे–वह बुलाए-बुलाए नहीं आता; लड़की बैठे-बैठे उकता गई, बैठे-बिठाए यह आफत कहाँ से आई? सिर पर बोझ लादे-लादे वह बहुत दूर चला गया।

(ई) अपूर्ण और पूर्ण क्रियाद्योतक कृदंत बहुधा कर्ता से संबंध रखते हैं, पर कभी-कभी उनका संबंध कर्म से भी रहता है और यह बात उनके अर्थ और स्थानक्रम से सूचित होती है; जैसे–मैंने लड़के को खेलते हुए देखा, सिपाही ने चोर को माल लिये हुए पकड़ा, इन वाक्यों में कृदंतों का संबंध कर्म से है। उसने चलते हुए नौकर को बुलाया, मैंने सिर झुकाए हुए राजा को प्रणाम किया। ये वाक्य यद्यपि दुअर्थी जान पड़ते हैं तो भी इनमें कृदंतों का संबंध कर्ता से है।

(उ) पूर्ण क्रियाद्योतक कृदंत का कर्ता, अपूर्ण क्रियाद्योतक कृदंत के कर्ता के समान, अर्थ के अनुसार अलग-अलग कारकों में आता है; जैसे–इनके मरे न रोइए, मुझे घर छोड़े युग बीत गया। दस बजे गाड़ी आई।

(ऊ) कभी-कभी इस कृदंत का प्रयोग 'बिना' के साथ होता है; जैसे–बिना आपके आए हुए यह काम न होगा।

(ऋ) अपूर्ण और पूर्ण क्रियाद्योतक कृदंत बहुधा कर्मवाच्य में नहीं आते। यदि आवश्यकता हो तो कर्मवाच्य का अर्थ कर्तृवाच्य ही से लिया जाता है; जैसे–वह

बुलाए (बुलाए गए) बिना यहाँ न आएगा। गाते-गाते (गाए जाते-जाते) चुके नहीं वह (एकांत.)।

(6) तात्कालिक कृदंत

626. इस कृदंत से मुख्य क्रिया के समय के साथ ही होनेवाली घटना का बोध होता है; और यह अपूर्ण क्रियाद्योतक कृदंत के अंत में 'ही' जोड़ने से बनता है; जैसे—बाप के मरते ही लड़की ने बुरी आदतें सीखी, सूरज निकलते ही वे लोग भागे, इतना सुनते ही वह आगबबूला हो गया, लड़का मुझे देखते ही छिप जाता है।

(अ) इस कृदंत की पुनरुक्ति भी होती है और उससे काल की अवस्थिति का बोध होता है; जैसे—वह मूर्ति देखते ही देखते लोप हो गई, आपको लिखते ही लिखते कई घंटे लग जाते हैं।

(आ) इस कृदंत का कर्ता, अर्थ के अनुसार कभी-कभी मुख्य क्रिया का कर्ता और कभी-कभी स्वतंत्र होता है; जैसे—उसने आते ही उपद्रव मचाया, उसके आते ही उपद्रव मच गया।

(7) पूर्वकालिक कृदंत

627. पूर्वकालिक कृदंत बहुधा मुख्य क्रिया के उद्देश्य से संबंध रखता है, जो कर्ताकारक में आता है; जैसे—मुझे देखकर वह चला गया, काशी से कई बड़े पंडित यहाँ आकर ठहरे हैं, देव ने उस मनुष्य की सच्चाई पर प्रसन्न होकर वे तीनों कुल्हाड़ियाँ उसे दे दीं।

(अ) कभी-कभी पूर्वकालिक कृदंत कर्ताकारक को छोड़ अन्य कारकों से संबंध रखता है; जैसे—आगे चलकर उन्हें एक आदमी मिला, भाई को देखकर उसका मन शांत हुआ।

(आ) यदि मुख्य क्रिया कर्मवाच्य हो तो पूर्वकालिक कृदंत भी कर्मवाच्य होना चाहिए, पर व्यवहार में उसे कर्तृवाच्य ही रखते हैं; जैसे—धरती खोदकर एक सी कर दी गई (खोदकर=खोदी जाकर), उसका भाई मंसूर पकड़कर अकबर के दरबार में लाया गया (सर.); (पकड़कर=पकड़ा जाकर)।

[सू.—'कविताकलाप' में पूर्वकालिक क्रिया के कर्मवाच्य का यह उदाहरण आया है:

फिर निज परिचय पूछे जाकर
बोले यम यों उससे सादर।

इस वाक्य में 'पूछे जाकर' क्रिया का प्रयोग एक विशेष अर्थ (पूछना=परवाह करना) में व्याकरण से शुद्ध माना जा सकता है, पर उसके साथ 'परिचय' कर्म का प्रयोग अशुद्ध है, क्योंकि 'परिचय पूछे जाकर' न संयुक्त क्रिया ही है और न समास है। इसके सिवा वह कर्मवाच्य की रचना के विरुद्ध भी है।] (दे. अंक 356)।

(इ) कभी-कभी पूर्वकालिक कृदंत के साथ स्वतंत्र कर्ता आता है, जिसका मुख्य क्रिया से कोई संबंध नहीं रहता; जैसे—चार बजकर दस मिनट हुए, खर्च जाकर पाँच

रुपये की बचत होगी, आज अर्थी पेश होकर यह हुक्म हुआ। इस राग से परिश्रमी का दुःख मिटकर चित्त नया सा हो गया है, (शंकु.) हानि होकर यों हमारी दुर्दशा होती नहीं (भारत.) (दे. अंक 511–घ)।

(ई) कभी-कभी स्वतंत्र कर्ता लुप्त रहता है और पूर्वकालिक कृदंत स्वतंत्र दशा में आता है; जैसे–आगे जाकर एक गाँव दिखाई दिया। समय पाकर उसे गर्भ रहा। सब मिलाकर इस पुस्तक में कोई दो सौ पृष्ठ हैं।

(उ) कभी-कभी पूर्वोक्त क्रिया पूर्वकालिक कृदंत में दुहराई जाती है; जैसे–वह उठा और उठकर बाहर गया, अर्क बहकर बर्तन में जमा होता है और जमा होकर जम जाता है।

(ऊ) बढ़ना, करना, हटना और होना क्रियाओं के पूर्वकालिक कृदंत कुछ विशेष अर्थों में भी आते हैं; जैसे–चित्र से बढ़ कर चितेरे की बड़ाई कीजिए (सर.); (अधिक, विशेषण)।

किला सड़क से हटकर है, (दूर, क्रि.वि.)।

वे शास्त्री करके प्रसिद्ध हैं (नाम से, सं., सू.)।

तुम ब्राह्मण होकर संस्कृत नहीं जानते (होने पर भी)।

(वे) एक बार जंगल में होकर किसी गाँव को जाते थे (से)।

(ऋ) लेकर–यह पूर्वकालिक कृदंत काल, संख्या, अवस्था और स्थान का आरंभ सूचित करता है; जैसे–सबेरे से लेकर साँझ तक, पाँच से लेकर पचास तक, हिमालय से लेकर सेतुबंध रामेश्वर तक, राजा से लेकर रंक तक। इन सब अर्थों में इस कृदंत का प्रयोग स्वतंत्र होता है।

(सू.–बंगला 'लइया' के अनुकरण पर कभी-कभी हिंदी में 'लेकर' विवाद का कारण सूचित करता है; जैसे–आजकल धर्म को लेकर कई बखेड़े होते हैं। यह प्रयोग शिष्टसम्मत नहीं है।)

दसवाँ अध्याय

संयुक्त क्रियाएँ

628. जिन अवधारणबोधक संयुक्त क्रियाओं (बोलना, कहना, रोना, हँसना आदि) के साथ अचानकता के अर्थ में 'आना' क्रिया आती है उनके साथ बहुधा प्राणिवाचक कर्ता रहता है और वह संप्रदान कारक में आता है, जैसे–उसकी सुनकर मुझे रोना आया, क्रोध में मनुष्य को कुछ का कुछ कहना आता है।

629. आवश्यकताबोधक क्रियाओं का प्राणिवाचक उद्देश्य संप्रदान कारक में आता है और अप्राणिवाचक उद्देश्य कर्ताकारक में रहता है; जैसे–मुझको जाना है, आपको बैठना पड़ेगा, हमें वह काम करना चाहिए, अभी बहुत काम होना है, घंटा बजना चाहिए। 'पड़ना' क्रिया के साथ बहुधा प्राणिवाचक कर्ता आता है।

630. 'चाहिए' क्रिया में कर्ता व कर्म के पुरुष और लिंग के अनुसार कोई विकार नहीं होता, परंतु कर्म के अनुसार यह कभी-कभी बदल जाती है; जैसे–हमें सब काम करने चाहिए (परी.)। यह प्रयोग सार्वत्रिक नहीं है।

(अ) सामान्य भूतकाल में 'चाहिए' के साथ 'था' क्रिया आती है, जो कर्म के अनुसार विकल्प से बदलती है; जैसे–मुझे उनकी सेवा करना चाहिए था अथवा करना चाहिए थी। यहाँ 'करना' क्रियार्थक संज्ञा का भी रूपांतर हो सकता है (दे. अंक 405)।

631. देना अथवा पड़ना के योग से बनी हुई नामबोधक क्रियाओं का उद्देश्य संप्रदान कारक में आता है; जैसे–मुझे शब्द सुनाई दिया, लड़के को दिखाई नहीं देता, उसे कम सुनाई पड़ता है (दे. अंक 535)।

632. जिन सकर्मक अवधारणबोधक क्रियाओं के साथ अकर्मक सहकारी क्रियाएँ आती हैं, वे (कर्तृवाच्य में) सदैव कर्तरि प्रयोग में रहती हैं; जैसे–लड़का पुस्तक ले गया, सिपाही चोर को मार बैठा, दासी पानी ला रही है।

(अ) जिन सकर्मक क्रियाओं के साथ 'आना' क्रिया अचानकता के अर्थ में आती है उनमें अप्रत्यय कर्म के साथ कर्मणिप्रयोग और सप्रत्यय कर्म के साथ भावे प्रयोग होता है; जैसे–मुझे वह बात कह आई, उस नौकर को बुला आया। कह्यो चाहे कछु तो कछू कहि आवै (जगत्)।

(आ) अकर्मक क्रिया के साथ ऊपर लिखे अर्थ में 'आना' क्रिया सदैव भावेप्रयोग में रहती है; जैसे–बूढ़े को देखकर लड़के को हँस आया, लड़की को बात करने में रो आता है।

633. जिन अकर्मक साधारणबोधक क्रियाओं के साथ अकर्मक सहकारी क्रियाएँ आती हैं, उनके साथ अप्रत्यय कर्ताकारक रहता है और वे भावेप्रयोग में आती हैं; जैसे–लड़के ने सो लिया, दासी ने हँसा दिया, मेरी स्त्री और बहिन ने एक-दूसरे को देखकर मुस्करा दिया (सर.)।

अप.–(1) 'होना' के साथ 'लेना' क्रिया सदैव कर्तरिप्रयोग में आती है, जैसे–वे साधु हो लिए। जो बात होनी थी, सो हो ली। यहाँ 'लेना' क्रिया 'चुकना' के अर्थ में आई है। हो ली=हो चुकी।

अप.–(2) 'चलना' क्रिया के साथ 'देना' क्रिया विकल्प से कर्तरि व भावेप्रयोग में आती है; जैसे–वह मनुष्य तत्काल वहाँ से चल दिया (परी.)। उन्होंने उनकी आज्ञा से रथ पर सवार होकर चल दिया (रघु.)।

(अ) अप्राणिवाचक कर्ता के साथ बहुधा कर्तरिप्रयोग ही आता है; जैसे–गाड़ी चल दी।

634. आवश्यकताबोधक सकर्मक क्रियाएँ (कर्तृवाच्य में) विकल्प से कर्मणि व भावेप्रयोग में आती हैं, जैसे–मुझे ये दान ब्राह्मणों को देने हैं (शकु.)। कहाँ तक दस्तंदाजी करना चाहिए (स्वा.)। तुमको किताब लाना पड़ेगा व लाना पड़ेगी (अथवा लानी पड़ेगी)।

635. आवश्यकताबोधक अकर्मक क्रियाओं का कर्ता प्राणिवाचक हो, तो बहुधा भावेप्रयोग और अप्राणिवाचक हो तो बहुधा कर्तरिप्रयोग होता है; जैसे–आपको बैठना पड़ेगा, घंटी बजनी थी।

636. अनुमतिबोधक क्रिया सदा सकर्मक रहती है और यदि उनकी मुख्य क्रिया भी अकर्मक हो तो संयुक्त क्रिया द्विकर्मक रहती है, जैसे–उसे यहाँ बैठने दो, बाप ने लड़के को कच्चा फल न खाने दिया, हमने उसे चिट्ठी न लिखने दिया।

(अ) यदि अनुमतिबोधक संयुक्त क्रिया में मुख्य क्रिया द्विकर्मक हो, तो उसके कर्मों के सिवा, सहायक क्रिया का संप्रदान कारक भी वाक्य में आ सकता है; जैसे—मुझे यह बात बताने दीजिए। (लड़के को) अपने भाई को सहायता देने दो।

637. क्रियार्थक संज्ञा से बनी हुई अवकाशबोधक क्रियाएँ बहुधा कर्तरिप्रयोग में आती हैं; जैसे—बातें न होने पाईं। जल्दी के मारे मैं चिट्ठी न लिखने पाया। तात न देखन पायउँ तोही (राम.)।

(अ) पूर्वकालिक कृदंत के योग से बनी हुई सकर्मक अवकाशबोधक क्रियाएँ बहुधा कर्मणि अथवा भावेप्रयोग में आती हैं; जैसे—उसने अपना कथन पूरा न कर पाया था (सर.)। कुछ लोगों ने बड़ी कठिनाई से श्रीमान को एक दृष्टि देख पाया।

(आ) यदि ऊपर (अ में) लिखी क्रिया अकर्मक हो तो कर्तरिप्रयोग होता है; जैसे—बैकुंठ बाबू की बात पूरी न हो पाई थी (सर.)।

638. नीचे लिखी (सकर्मक व अकर्मक) संयुक्त क्रियाएँ (कर्तृवाच्य) में भूतकालिक कृदंत से बने हुए कालों में सदैव कर्तरिप्रयोग में आती हैं।

(1) आरंभबोधक—लड़का पढ़ने लगा। लड़कियाँ काम करने लगीं।

(2) नित्यताबोधक—हम बातें करते रहे। वह मुझे बुलाता रहा है।

(3) अभ्यासबोधक—यों वह दीन दुःखिनी बाला रोया की दुःख से उस रात (हि.ग्र.)। बारह बरस दिल्ली रहे पर भाड़ ही झोंका किए (भारत.)।

(4) शक्तिबोधक—लड़की काम न कर सकी। हम उसकी बात कठिनाई से समझ सके थे।

(5) पूर्णताबोधक—नौकर कोठा झाड़ चुका। स्त्री रसोई बना चुकी है।

(6) वे नामबोधक क्रियाएँ जो देना व पड़ना के योग से बनती हैं—जैसे—चोर थोड़ी दूर दिखाई दिया। वह शब्द ही ठीक-ठीक न सुनाई पड़ा।

ग्यारहवाँ अध्याय

अव्यय

639. संबंधवाचक क्रिया-विशेषण क्रिया की विशेषता बताने के सिवा वाक्यों को भी जोड़ते हैं; जैसे—जहाँ न जाए रवि, तहाँ जाए कवि, जब तक जीना तब तक सीना।

640. 'जब तक' क्रिया-विशेषण बहुधा संभाव्य भविष्यत् तथा दूसरे कालों के साथ आता है और क्रिया के पूर्व निषेधवाचक अव्यय लाया जाता है; जैसे—जब तक मैं न जाऊँ, तब तक तुम यहाँ ठहरना। जब तक मैंने रुपये की बात नहीं निकाली, तब तक वे मेरे यहाँ आते रहे।

641. जब 'जहाँ' का अर्थ काल व अवस्था का होता है, तब उसके साथ बहुधा अपूर्ण भूतकाल आता है; जैसे—इस काम में जहाँ पहले दिन लगते थे, वहाँ अब घंटे लगते हैं। जहाँ वह मुझसे सीखते थे, वहाँ अब मुझे सिखाते हैं।

642. न, नहीं, मत। 'न' सामान्य वर्तमान, अपूर्णभूत और आसन्नभूत (पूर्ण वर्तमान) कालों को छोड़कर बहुधा अन्य कालों में आता है। 'नहीं' संभाव्य भविष्यत्, क्रियार्थक संज्ञा तथा दूसरे कृदंत, विधि और संकेतार्थ कालों में बहुधा नहीं आता। 'मत' केवल विधिकाल में आता है। उदाहरण : लड़का वहाँ न गया, नौकर कभी न आवेगा, मेरे साथ कोई न रहे, हम कहीं ठहर नहीं सकते, बदला न लेना शत्रु से कैसा अधर्म अनर्थ है!' (के.क.) उसका धर्म मत छुड़ाओ (सत्य.)।

643. संयोजक समुच्चयबोधक समान शब्द भेद, संज्ञाओं के समान कारक और क्रियाओं के समान अर्थ और कालों को जोड़ते हैं; जैसे–आलू, गोभी और बैंगन की तरकारी और दाल-भात। हड़ताल वास्तव में, मजदूरों के हाथ में, एक बड़ा ही विकट और कर्म सिद्ध करनेवाला हथियार है। उन लोगों ने इसका खूब ही स्वागत किया होगा और बड़े चैन से दिन काटे होंगे।

(अ) यदि वाक्य की क्रियाओं का संबंध भिन्न-भिन्न कालों से हो, तो वे भिन्न-भिन्न कालों में रहकर भी संयोजक समुच्चयबोधक के द्वारा जोड़ी जा सकती हैं; जैसे–इस घर में रहा हूँ, रहता हूँ और रहूँगा, वह सवेरे आया था और शाम को चला जाएगा।

644. संकेतवाचक समुच्चयबोधक बहुधा संभावनार्थ और संकेतार्थ कालों में आते हैं, जैसे–जो मैं न आऊँ, तो तुम चले जाना। यदि समय पर पानी बरसता, तो फसल नष्ट न होती है।

645. 'चाहे चाहे' संभाव्य भविष्यत् काल के साथ और 'मानो' बहुधा संभाव्य वर्तमान के साथ आता है; जैसे–आप चाहे दरबार में रहें, चाहे मनमाना खर्च लेकर तीर्थयात्रा को जावें। वहाँ अचानक ऐसा शब्द हुआ मानो बादल गरजते हों।

646. जब 'न न' का अर्थ संकेतवाचक होता है, तब वह सामान्य संकेतार्थ अथवा भविष्यत् काल के साथ आता है; जैसे–न आप यह बात कहते न मैं आप से अप्रसन्न होता, न मुझे समय मिलेगा, न मैं आपसे मिल सकूँगा।

647. जब 'कि' का अर्थ कालवाचक होता है, तब भूतकाल की घटना सूचित करने में इसके पूर्व बहुधा पूर्ण भूतकाल आता है; जैसे–वे थोड़ी ही दूर गए थे कि एक महाशय मिले। बात पूरी भी न हो पाई थी कि वह बोल उठा।

(अ) इस अर्थ में कभी-कभी इसके पूर्व क्रियार्थक संज्ञा के साथ 'था' का प्रयोग होता है; जैसे–उसका बोलना था कि लोगों ने उसे पकड़ लिया। सिपाही का आना था कि सब लोग भाग गए।

648. 'यद्यपि, तथापि' के बदले कभी-कभी 'कितना' व 'कैसा' के साथ 'ही' का प्रयोग करके क्रिया के पूर्व 'क्यों न' क्रिया-विशेषण लाते हैं और क्रिया को संभावनार्थ के किसी एक काल में रखते हैं; जैसे–कोई कितना ही मूर्ख क्यों न हो विद्याभ्यास करने से उसमें कुछ बुद्धि आ ही जाती है। लड़के कैसे ही चतुर क्यों न हों पर माता-पिता उन्हें शिक्षा देते रहते हैं।

649. जब वाक्य में दो शब्दभेद संयोजक या विभाजक समुच्चयबोधकों के द्वारा जोड़े जाते हैं, तब ये अव्यय उन दो शब्दों के बीच में आते हैं, और जब जुड़े हुए शब्द दो से

अधिक होते हैं, तब समुच्चयबोधक अंतिम शब्द के पूर्व अथवा जोड़ से आए हुए शब्दों के मध्य में रखे जाते हैं; जैसे—युवक और युवती केवल एक-दूसरे की ओर देखने में मग्न थे। मैं लंडन, न्यूयार्क और टोकियो में भारतीय यात्रियों, विद्यार्थियों और व्यवसायियों के लिए भारतभवन बनवाऊँगा। दोनों मिलकर एक गीत गाओ या एक ही को गाने दो या दोनों मौन धारण करो, या आओ, तीनों मिलकर गावें।

650. संज्ञा और उसकी विभक्ति अथवा संबंधसूचक अव्यय के बीच में कोई वाक्य या क्रिया-विशेषण वाक्यांश नहीं आ सकता, क्योंकि इससे शब्दों का संबंध टूट जाता है और वाक्य में दुर्बोधता आ जाती है; जैसे—फौली साहब के बाग (जिसका वर्णन किसी दूसरे लेख में किया जाएगा) की झलक लेते पथिक आगे बढ़ता है (लक्ष्मी.)। मंदिर बालाजी बाजीराव (तृतीय पेशवा सन् 1740 से 1761 तक) ने बनवाया।

बारहवाँ अध्याय

अध्याहार

651. कभी-कभी वाक्य में संक्षेप अथवा गौरव लाने के लिए कुछ ऐसे शब्द छोड़ दिए जाते हैं, जो वाक्य के अर्थ पर से सहज ही जाने अथवा समझे जा सकते हैं। भाषा के इस व्यवहार को अध्याहार कहते हैं। उदाहरण : मैं तेरी एक भी ( ) न सुनूँगा। दूर के ढोल सुहावने ( )। कोई-कोई जंतु तैरते फिरते हैं; जैसे—मछलियाँ ( )।

652. अध्याहार दो प्रकार का होता हैं : (1) पूर्ण, (2) अपूर्ण।

(1) पूर्ण अध्याहार में छोड़ा हुआ शब्द पहले कभी नहीं आता; जैसे—हमारी और उनकी ( ) अच्छी निभी, मोरि ( ) सुधारहिं सो सब भाँती (राम.)।

(2) अपूर्ण अध्याहार में छोड़ा हुआ शब्द एक बार पहले आ चुकता है; जैसे—राम इतना चतुर नहीं है जितना श्याम ( )। गरमी से पानी फैलता ( ) और ( ) हलका होता है।

653. पूर्ण अध्याहार नीचे लिखे शब्दों में होता है—

(अ) देखना, कहना और सुनना क्रियाओं के सामान्य वर्तमान और आसन्न भूतकालों में कर्ता बहुधा लुप्त रहता है; जैसे—( ) देखते हैं कि युद्ध दिन-दिन बढ़ता जाता है। ( ) कहा भी है कि जैसी करनी वैसी भरनी। ( ) सुनते हैं कि वे आज आयेंगे।

(आ) विधि काल में कर्ता बहुधा लुप्त रहता है; जैसे—( ) आइए। ( ) वहाँ मत जाना।

(इ) यदि प्रसंग से अर्थ स्पष्ट हो सके तो बहुधा कर्ता और संबंध कारक का लोप कर देते; जैसे—उसका बाप बड़ा धनाढ्य था, ( ) घर के आगे सदा हाथी झूमा करता था, ( ) धन के मद में सबसे बैर विरोध रखता था, ( ) को वीर सिंह पाँच ही बरस का छोड़ के मर गया (गुटका.)।

(ई) संबंधवाचक क्रिया-विशेषण और संकेतवाचक समुच्चयबोधक के साथ 'होना', 'हो सकता', 'बन सकना' आदि क्रियाओं का उद्देश्य जैसे—जहाँ तक ( ) हो जल्दी आना,

जो मुझसे ( ) न हो सकता तो यह बात मुँह से क्यों निकालता; जैसे ( ) बना तैसे उन्हें प्रसन्न रखने का प्रयत्न आप सदैव करते रहें।

(उ) 'जानना' क्रिया के संभाव्य भविष्यत् काल में अन्य पुरुष कर्ता; जैसे–तुम्हारे मन में ( ) न जाने क्या सोच है, ( ) क्या जाने किसी के मन में क्या है।

(ऊ) छोटे-छोटे प्रश्नवाचक तथा अन्य वाक्यों में जब कर्ता का अनुमान क्रिया के रूप से हो सकता है, तब उसका लोप कर देते हैं, जैसे–क्या ( ) वहाँ जाते हो? हाँ, ( ) जाता हूँ। अब तो ( ) मरते हैं।

(ऋ) व्यापक अर्थवाली सकर्मक क्रियाओं का कर्म लुप्त रहता है; जैसे–बहिन तुम्हारी ( ) झाड़ रही है। लड़का ( ) पढ़ सकता है, पर ( ) लिख नहीं सकता। बहिरो ( ) सुनै गूँगा पुनि ( ) बोलै।

(ए) विशेषण अथवा संबंधकारक के पश्चात् 'बात', 'हाल', 'संगति' आदि अर्थवाले विशेष्य का लोप हो जाता है; जैसे–दूसरों की क्या ( ) चलाई, इसमें राजा भी कुछ नहीं कर सकता। जहाँ चारों इकट्ठी हों वहाँ का ( ) क्या कहना। सुधरी ( ) बिगरे वेगही, बिगरी ( ) फिर सुधरे न। हमारी और उनकी ( ) अच्छी निभी।

(ऐ) 'होना' क्रिया के वर्तमान काल के रूप बहुधा कहावतों में, निषेधवाचक विधेय में तथा उद्गार में लुप्त रहते हैं; जैसे–दूर के ढोल सुहावने ( )। मैं वहाँ जाने का नहीं ( )। महाराज की जय ( )। आपको प्रणाम ( )।

(ओ) कभी-कभी स्वरूपबोधक समुच्चयबोधक का लोप विकल्प से होता है; जैसे–नौकर बोला ( ) महाराज, पुरोहित जी आए हैं। क्या जाने ( ) किसी के मन में क्या भरा है। कविता में इसका लोप बहुधा होता है; जैसे–लषन, लखेउ, भा अनरथ आजू। तिह हँसिकै पिय सों कह्यो, लखौ दिठौना दीन्ह।

(औ) 'यदि' और 'यद्यपि' और उनके नित्यसंबंधी समुच्चयबोधकों का भी कभी-कभी लोप होता है; जैसे–( ) आप बुरा न मानें तो एक बात कहूँ। हम जो ऐसे दु:ख में हैं ( ) हमें कोई छुड़ानेवाला चाहिए।

(अं) 'और', 'इसलिए' आदि समुच्चयबोधक भी कभी-कभी लुप्त रहते हैं; जैसे–ताँबा खदान से निकलता है, ( ) इसका रंग लाल होता है। मेरे भक्तों पर भीड़ पड़ी है, इस समय चलकर उनकी चिंता मेटा चाहिए।

654. अपूर्ण अध्याहार नीचे लिखे स्थानों में होता है।

(अ) एक वाक्य में कर्ता का उल्लेख कर दूसरे वाक्य में बहुधा उसका अध्याहार कर देते हैं; जैसे–हम लोग रघुवंशी कन्या नहीं पालते, और ( ) कभी किसी के साले-ससुर नहीं कहलाते। आप अपने-अपने लड़कों को भेजें और ( ) व्यय आदि की कुछ चिंता न करें।

(आ) यदि एक वाक्य में सप्रत्यय कर्ता कारक आवे और दूसरे में अप्रत्यय, तो पिछले कर्ता का अध्याहार कर लिया जाता है; जैसे–मैं बहुत देशांतरों में घूम चुका हूँ पर ( ) ऐसी आबादी कहीं नहीं देखी (विचित्र.)। मैंने यह पद त्याग दिया और ( ) एक-दूसरे स्थान में जाकर धर्मग्रंथों का अध्ययन करने लगा (सर.)।

(इ) यदि अनेक विशेषणों का एक ही विशेष्य हो और उससे एकवचन का बोध हो, तो उसका एक ही बार उल्लेख होता है; जैसे–काली और नीली स्याही। गोल और सुंदर चेहरा।

(ई) यदि एक ही क्रिया का अन्वय कई उद्देश्यों के साथ हो, तो उसका उल्लेख केवल एक ही बार होता है; जैसे–राजा-रानी और राजकुमार राजधानी को लौट आए। पेड़ में फल और फूल दिखाई देते हैं।

(उ) अनेक मुख्य क्रियाओं की एक ही सहायक क्रिया हो, तो उसका उपयोग केवल एक बार अंतिम क्रिया के साथ होता है; जैसे–मित्रता हमारे आनंद को बढ़ाती और कष्ट को घटाती है। यहाँ मिट्टी के खिलौने बनाए और बेचे जाते हैं।

(ऊ) समतासूचक वाक्यों में उपमानवाले वाक्य के उद्देश्य को छोड़कर बहुधा और सब शब्दों का लोप कर देते हैं; जैसे–राजा ऐसे दीप्तिमान हैं, मानो सान का चढ़ा हीरा। कोई-कोई जंतु तैरते फिरते हैं; जैसे–मछलियाँ।

(ऋ) जब पक्षांतर के संबंध में प्रश्न करने के लिए 'या' के साथ 'नहीं' का उपयोग करते हैं, तब पहले वाक्य का लोप कर देते हैं; जैसे–तुम वहाँ जाओगे या नहीं? उसने तुम्हें बुलाया था या नहीं?

(ए) प्रश्नार्थक वाक्य के उत्तर में बहुधा वही एक शब्द रखा जाता है जिसके विषय में प्रश्न किया जाता है; जैसे–यह पुस्तक किसकी है? मेरी। क्या वह आता हैं? हाँ, आता है।

(ऐ) प्रश्नवाचक अव्यय 'क्या' का बहुधा लोप हो जाता है, तब लेख में प्रश्नचिह्न से और भाषण में स्वर के झटके से प्रश्न समझा जाता है; जैसे–तुम जाओगे? नौकर घर में है?

655. हिंदी में शब्दों के समान बहुधा प्रत्ययों का भी अध्याहार हो जाता है, और अन्यान्य प्रत्ययों की अपेक्षा विभक्ति प्रत्ययों का अध्याहार कुछ अधिक होता है।

(अ) यदि कई संज्ञाओं में एक ही विभक्ति का योग हो, तो उसका उपयोग केवल अंतिम शब्द के साथ होता है और शेष शब्द साधारण अथवा विकृत रूप में आते हैं; जैसे–इसके रंग, रूप, और गुण में भेद हो चला (नागरी.)। वे फर्श, कुर्सी और कोचों पर उठते-बैठते हैं (विद्या) गायों, भैंसों, बकरियों, भेड़ों आदि की नसल सुधारना (सर.)।

(आ) कर्म, करण और अधिकरण कारकों के प्रत्ययों का बहुधा लोप होता है; जैसे–पानी लाओ। यात्री वृक्ष के सहारे खड़ा हो गया। लड़का किस दिन आएगा?

(इ) सामान्य भविष्यत् काल का प्रत्यय कभी-कभी दो पास-पास आनेवाली क्रियाओं में से बहुधा पिछली क्रिया ही में जोड़ा जाता है; जैसे–वहाँ हम लोग कुछ खाए पिएँगे, क्या वहाँ कोई आज जाएगा नहीं?

(ई) कर, वाला, मय, पूर्वक, आदि प्रत्ययों का कभी-कभी अध्याहार होता है; जैसे–देख और सुनकर, आने और जानेवाले, जल अथवा थलमय प्रदेश, भक्ति तथा प्रेमपूर्वक।

(सू.–अध्याहार के अन्यान्य उदाहरण तत्संबंधी नियमों के साथ यथास्थान दिए गए हैं।)

तेरहवाँ अध्याय

पदक्रम

656. रूपांतरशील भाषाओं में पदक्रम पर अधिक ध्यान दिया जाता है, क्योंकि उनमें बहुधा शब्दों के रूपों ही से उनका अर्थ और संबंध सूचित हो जाता है। अल्पविकृत भाषाओं में पदक्रम का अधिक महत्त्व है। संस्कृत पहले प्रकार की और अँग्रेजी दूसरे प्रकार की भाषा है। हिंदी भाषा संस्कृत से निकली है, इसलिए इसमें पदक्रम का महत्त्व अँग्रेजी के समान नहीं है। तो भी वह इसमें एक प्रकार से स्वाभाविक और निश्चित है। विशेष प्रसंग पर (वक्तृता और कविता में) वक्ता और लेखक की इच्छा के अनुसार पदक्रम से जो अंतर पड़ता है, उसको आलंकारिक पदक्रम कहते हैं। इसके विरुद्ध दूसरा पदक्रम साधारण किंवा व्याकरणीय पदक्रम कहलाता है। आलंकारिक पदक्रम के नियम बताना बहुत कठिन है और यह नियम व्याकरण से भिन्न भी है, इसलिए यहाँ केवल साधारण पदक्रम के नियम लिखे जायेंगे।।

657. वाक्य में पदक्रम का सबसे साधारण नियम यह है कि पहले कर्ता या उद्देश्य, फिर कर्म व पूर्ति और अंत में क्रिया रखते हैं; जैसे–लड़का पुस्तक पढ़ता है। सिपाही सूबेदार बनाया गया। मोहन चतुर जान पड़ता है। हवा चली।

658. द्विकर्मक क्रियाओं में गौण कर्म पहले और मुख्य पीछे आता है; जैसे–हमने अपने मित्र को चिट्ठी भेजी। राजा ने सिपाही को सूबेदार बनाया।

659. इनके सिवा दूसरे कारकों में आनेवाले शब्द उन शब्दों के पूर्व आते हैं, जिनसे उनका संबंध रहता है; जैसे–मेरे मित्र की चिट्ठी कई दिन में आई। यह गाड़ी बंबई से कलकत्ते तक जाती है।

660. विशेषण संज्ञा के पहले और क्रिया-विशेषण (व क्रिया-विशेषण वाक्यांश) बहुधा क्रिया के पहले आते हैं, जैसे–एक भेड़िया किसी नदी में ऊपर की तरफ पानी पी रहा था, राजा आज नगर में आए हैं।

661. अवधारण के लिए ऊपर लिखे क्रम में बहुत कुछ अंतर पड़ जाता है; जैसे–(अ) कर्ता और कर्म का स्थानांतर लड़के को मैंने नहीं देखा। घड़ी कोई उठा ले गया।

(आ) संप्रदान का स्थानांतर तुम यह चिट्ठी मंत्री को देना। उसने अपना नाम मुझको नहीं बताया। ऐसा कहना तुझको उचित न था।

(इ) क्रिया का स्थानांतर–मैंने बुलाया एक को और आए दस। तुम्हारा पुण्य है बहुत और पाप है थोड़ा। धिक्कार है ऐसे जीने को। कपड़ा है तो सस्ता, पर मोटा है।

(ई) समानाधिकरण का स्थानांतरण–आज सवेरे पानी गिरा। किसी समय दो बटोही साथ-साथ जाते थे इत्यादि।

662. समानाधिकरण शब्द मुख्य शब्द के पीछे आता है और पिछले शब्द में विभक्ति का प्रयोग होता है; जैसे–कल्लू तेरा भाई, बाहर खड़ा है। भवानी, सुनार, को बुलाओ।

663. अवधारण के लिए भेदक और भेद्य के बीच में संज्ञा विशेषण और क्रिया-विशेषण आ सकते हैं, जैसे—मैं तेरा क्योंकर भरोसा करूँ, विधाता का भी तुम पर कुछ बस न चलेगा।

(अ) यदि भेद्य क्रियार्थक संज्ञा हो तो उसके संबंधी शब्द उसके और भेदक के बीच में आते हैं; जैसे—राम का वन को जाना स्थिर हुआ। आपका इस प्रकार बातें बनाना ठीक नहीं।

664. संबंधवाचक और उसके अनुसंबंधी सर्वनाम के कर्मादि कारक बहुधा वाक्य के आदि में आते हैं; जैसे—उसके पास एक पुस्तक है, जिनमें देवताओं के चित्र हैं। वह नौकर कहीं है, जिसे आपने मेरे पास भेजा था। जिससे आप घृणा करते हैं, उस पर दूसरे लोग प्रेम करते हैं।

665. प्रश्नवाचक क्रिया-विशेषण और सर्वनाम के अवधारण के लिए मुख्य क्रिया और सहायक क्रिया के बीच में भी आ सकते हैं; जैसे—वह जाता कब था? हम वहाँ जा कैसे सकेंगे? ऐसा कहना क्यों चाहिए? तू होता कौन है? वह चाहता क्या है?

(अ) प्रश्नवाचक अव्यय 'क्या' बहुधा वाक्य के आदि में और कभी-कभी बीच में अथवा अंत में आता है; जैसे—क्या गाड़ी आ गई? गाड़ी क्या आ गई? गाड़ी आ गई क्या?

(आ) प्रश्नवाचक अव्यय 'न' वाक्य के अंत में आता है; जैसे—आप वहाँ चलेंगे न? राजपुत्र तो कुशल से हैं न? भला देखेंगे न? (सत्य.)।

666. तो, भी, ही, भर, तक और मात्र वाक्यों में उन्हीं शब्दों के पश्चात् आते हैं, जिन पर इनके कारण अवधारण होता है; और इनके स्थानांतर से वाक्य में अर्थांतर हो जाता है; जैसे—हम भी गाँव को जाते हैं, हम तो गाँव को जाते हैं, हम गाँव को तो जाते हैं।

(अ) 'मात्र' को छोड़ दूसरे अव्यय मुख्य क्रिया और सहायक क्रिया के बीच में भी आ सकते हैं और 'भी' तथा 'तो' को छोड़ शेष अव्यय संज्ञा और विभक्ति के बीच में आ सकते हैं। 'ही' कर्तृवाचक कृदंत तथा सामान्य भविष्यत् काल में प्रत्यय के पहले भी आ जाता है; जैसे—हम वहाँ जाते ही हैं। लड़का अपने मित्र तक की बात नहीं मानता, अब उन्हें बुलाना भर है, यह काम आपही ने (अथवा आपने ही) किया है, ऐसा तो होवे ही गा, हम वहाँ जाने ही वाले थे।

(आ) 'केवल' संबंधी शब्द के पूर्व ही में आता है।

667. संबंधवाचक क्रिया-विशेषण जहाँ-तहाँ, जब-तब, जैसे-तैसे, आदि बहुधा वाक्य के आरंभ में आते हैं; जैसे—जब मैं बोलूँ! तब तुम तुरंत उठकर भागियो। जहाँ तेरे सींग समाएँ तहाँ जा।

668. निषेधवाचक अव्यय 'न', नहीं' और 'मत' बहुधा क्रिया के पूर्व आते हैं; जैसे—मैं न जाऊँगा, वह नहीं गया, तुम मत जाओ।

(अ) 'नहीं' और 'मत' क्रिया के पीछे भी आते हैं; जैसे—उसने आपको देखा नहीं। वह जाने का नहीं। उसे बुलाना मत।

(आ) यदि क्रिया संयुक्त हो अथवा संयुक्त काल में आवे, तो ये अव्यय मुख्य क्रिया और सहायक क्रिया के बीच में आते हैं; जैसे—मैं लिख नहीं सकता। वहाँ कोई किसी से बोलता न था। तब तक तुम खा मत लेना।

669. संबंधसूचक अव्यय जिस संज्ञा से संबंध रखते हैं, उनके पीछे आते हैं, पर, बारे, बिना, सिवा, आदि कुछ अव्यय उसके पूर्व भी आते हैं; जैसे–दरजी कपड़ों समेत तर हो गया। वह मारे चिंता के मरी जाती थी।

670. समुच्चयबोधक अव्यय जिन शब्दों को जोड़ते हैं, उनके बीच में आते हैं; जैसे–हम उन्हें सुख देंगे, क्योंकि उन्होंने हमारे लिए बड़ा तप किया है। ग्रह और उपग्रह सूर्य के आसपास घूमते हैं।

(अ) यदि संयोजक समुच्चयबोधक कई शब्दों या वाक्यों को जोड़ता हो, तो वह अंतिम शब्द व वाक्य के पूर्व आता है; जैसे–हास में मुँह, गाल और आँखें फूली हुई जान पड़ती हैं (नागरी.)। और-और पक्षियों के बच्चे चपल होते, तुरंत दौड़ने लगते और अपना भोजन भी आप खोज लेते हैं।

(आ) संकेतवाचक समुच्चबोधक, 'यदि–तो, यद्यपितथापि' बहुधा वाक्य के प्रारंभ में आते हैं; जैसे–जो यह प्रसंग चलता, तो मैं भी सुनता। यदि ठंड न लगे, तो यह हवा बहुत दूर तक चली जाती है।

यद्यपि यह समुझत ही नीके।
तदपि होत परितोष न जीके॥

671. विस्मयादिबोधक और संबोधन कारक बहुधा वाक्य के आरंभ में आते हैं; जैसे–अरे यह क्या हुआ? मित्र! तुम कहाँ थे?

672. वाक्य किसी भी अर्थ का हो (दे. अंक 506) उसके शब्दों का क्रम हिंदी में प्राय: एक ही सा रहता है; जैसे–

(1) विधानार्थक	राजा नगर में आए।
(2) निषेधवाचक	राजा नगर में नहीं आए।
(3) आज्ञार्थक	राजन्, नगर में आइए।
(4) प्रश्नार्थक	राजा नगर में आए?
(5) विस्मयादिबोधक	राजा नगर में आए!
(6) इच्छाबोधक	राजा नगर में आवे।
(7) संदेहसूचक	राजा नगर में आए होंगे।
(8) संकेतार्थक	राजा नगर में आते तो अच्छा होता।

(सू.–बोलचाल की भाषा में पदक्रम के संबंध में पूरी स्वतंत्रता पाई जाती है; जैसे–देखते हैं, अभी हम तुमको। दे चाहे जहाँ से सब दक्षिणा (सत्य.)।

चौदहवाँ अध्याय

पद–परिचय

673. वाक्य का अर्थ पूर्णतया समझने के लिए व्याकरण शब्द की सहायता अपेक्षित है, और यह सहायता वाक्यगत शब्दों के रूप और उनका परस्पर संबंध जताने में पड़ती

है। इस प्रक्रिया को 'पद-परिचय'[1] कहते हैं। यह पद-परिचय व्याकरण संबंधी ज्ञान की परीक्षा और उस विद्या के सिद्धांतों का व्यावहारिक उपयोग है।

674. प्रत्येक शब्दभेद की व्याख्या में जो वर्णन आवश्यक है वह नीचे लिखा जाता है :

(1) संज्ञा—प्रकार, लिंग, वचन, कारक, संबंध।

(2) सर्वनाम—प्रकार, प्रतिनिहित, संज्ञा, लिंग, वचन, कारक, संबंध।

(3) विशेषण—प्रकार, विशेष्य, लिंग, वचन, विकार (हो तो), संबंध।

(4) क्रिया—प्रकार, वाक्य, अर्थ, काल, पुरुष, लिंग, वचन, प्रयोग।

(5) क्रिया-विशेषण—प्रकार, विशेष्य, विकार (हो तो), संबंध।

(6) समुच्चयबोधक—प्रकार, अन्वित शब्द वाक्यांश अथवा वाक्य।

(7) संबंधसूचक—प्रकार, विकार (हो तो), संबंध।

(8) विस्मयादिबोधक—प्रकार, संबंध (हो तो)।

(सू.—शब्दों का प्रकार बताते समय उनके व्युत्पत्ति संबंधी भेद—रूढ़, यौगिक और योगरूढ़—भी बताना आवश्यक है।)

675. अब पद-परिचय के कई एक उदाहरण दिए जाते हैं। पहले सरल वाक्यरचना के फिर और कठिन वाक्यरचना के शब्दों की व्याख्या लिखी जाएगी।

(क) सरल वाक्यरचना के शब्द

(1) वाक्य—वाह! क्या ही आनंद का समय है।

वाह—रूढ़ विस्मयादिबोधक अव्यय, आश्चर्यबोधक।

क्या ही—यौगिक, विशेषण, अवधारणबोधक, प्रकारवाचक, सार्वनामिक विशेष्य 'आनंद' अविकारी शब्द।

आनंद का—यौगिक संज्ञा, भाववाचक, पुल्लिंग, एकवचन, संबंधकारक, संबंधी शब्द 'समय'।

समय—रूढ़ संज्ञा, भाववाचक, पुल्लिंग, एकवचन, प्रधान कर्ता कारक है, क्रिया से अन्वित।

है—मूल अकर्मकक्रिया, स्थितिबोधक कर्तृवाच्य, निश्चयार्थ व सामान्य वर्तमान काल, अन्य पुरुष, पुल्लिंग, एकवचन 'समय' कर्ताकार से अन्वित, कर्तरिप्रयोग।

(2) वाक्य—जो अपने वचन को नहीं पालता, वह विश्वास के योग्य नहीं है।

---

1. पद-परिचय को कोई-कोई 'पदनिर्देश' और कोई-कोई 'व्याख्या' कहते हैं। राजा शिवप्रसाद ने इसका नाम 'अन्वय' लिखा, और इसका वर्णन फारसी पद्धति पर किया है, जिसका उदाहरण यहाँ दिया जाता है।

'सनदबाद जहाजी की दूसरी यात्रा का वर्णन। सनदबाद विशेष्य। जहाजी विशेषण। विशेष्य विशेषण मिलकर संबंध। की संबंध का चिह्न। दूसरी विशेषण। यात्रा विशेष्य। विशेष्य विशेषण मिलकर संबंधवान्। संबंध संबंधवान् मिलकर संबंध। का संबंध का चिह्न। वर्णन संबंधवान्। संबंध संबंधवान् मिलकर कर्ता। होता है किया गुप्त।'

इस पद्धति में एक बड़ा दोष यह है कि इसमें शब्दों के रूपों का ठीक वर्णन नहीं होता।

जो–रूढ़ सर्वनाम, संबंधवाचक, 'मनुष्य' संज्ञा की ओर संकेत करता है, अन्य पुरुष, पुल्लिंग, एकवचन, प्रधान कर्ता कारक, 'पालता' क्रिया का कर्ता।

अपने–रूढ़ सर्वनाम, निजवाचक, 'जो' सर्वनाम की ओर संकेत करता है, अन्य पुरुष, पुल्लिंग, एकवचन, संबंध कारक, संबंधी शब्द 'वचन को' विभक्तियुक्त विशेष्य के कारण विकृत रूप।

(सू.–संज्ञा और सर्वनाम के संबंध कारक की व्याख्या में लिंग और वचन का निर्णय करना कुछ कठिन है, क्योंकि इसमें निज के लिंग, वचन के साथ-साथ भेद्य के लिंग, वचन के कारण रूपांतर होता है। ऐसी अवस्था में इनकी व्याख्या में दोनों रूपों का उल्लेख होना चाहिए (दे. अंक 589-अ)।

वचन को–यौगिक संज्ञा भाववाचक, पुल्लिंग, एकवचन, सप्रत्यय कर्म कारक 'पालता' सकर्मक क्रिया से अधिकृत।

नहीं–यौगिक क्रिया-विशेषण निषेधवाचक, विशेष्य 'पालता' क्रिया।

पालता–मूल क्रिया, सकर्मक, कर्तृवाच्य, निश्चयार्थ, सामान्य वर्तमान काल, अन्य पुरुष, पुल्लिंग, एकवचन, 'जो' कर्ता से अन्वित, 'वचन को' कर्म पर अधिकार कर्तरिप्रयोग, (नहीं के योग से 'है' सहायक क्रिया का लोप, दे. अंक 653 ए)।

वह–रूढ़ सर्वनाम, निश्चयवाचक, 'जो' सर्वनाम की ओर संकेत करता है, अन्य पुरुष, पुल्लिंग, एकवचन, प्रधान कर्ता कारक 'है' क्रिया का।

विश्वास के–यौगिक संज्ञा, भाववाचक, पुल्लिंग, एकवचन, संबंध कारक, संबंधी शब्द 'योग्य। इस विशेषण के योग से विकृत रूप।

योग्य–यौगिक विशेषण, गुणवाचक, विशेष्य 'वह' पुल्लिंग, एकवचन, विधेय विशेषण। इसका प्रयोग संबंधसूचक के समान है। (दे. अंक 239।

नहीं–यौगिक विशेषण, निषेधवाचक, विशेष्य 'है'।

है–मूल अपूर्ण क्रिया, स्थिति बोधक, अकर्मक, कर्तृवाच्य, निश्चयार्थ सामान्य वर्तमान काल, अन्य पुरुष, पुल्लिंग, एकवचन, 'वह' कर्ता से अन्वित, कर्तरिप्रयोग।

(3) वाक्य–यहाँ उन्होंने अपने खोए हुए राज्य को फेर लिया और फिर दमयंती को बेटा-बेटी समेत पास बुलाकर बहुत काल तक सुख-चैन से रहे।

यहाँ–यौगिक, क्रिया-विशेषण, स्थानवाचक, विशेष्य 'फेर लिया'।

उन्होंने–रूढ़ सर्वनाम, निश्चयवाचक, लुप्त 'नल' संज्ञा की ओर संकेत करता है, अन्य पुरुष, पुल्लिंग, आदरार्थ बहुवचन, अप्रधान कर्ताकारक 'फेर लिया' क्रिया का।

अपने–रूढ़ सर्वनाम, निजवाचक, 'उन्होंने' सर्वनाम की ओर संकेत करता है, अन्य पुरुष, पुल्लिंग, एकवचन, संबंध कारक, संबंधी शब्द 'राज्य को'। विभक्तियुक्त विशेष्य के कारण विकृत रूप।

खोए हुए–मूल सकर्मक भूतकालिक कृदंत विशेषण (कर्मवाच्य), विशेष्य 'राज्य को' पुल्लिंग, एकवचन। विभक्तियुक्त विशेष्य के कारण विकृत रूप।

राज्य को–यौगिक संज्ञा, जातिवाचक पुल्लिंग, एकवचन, सप्रत्यय कर्म कारक 'फेर लिया' सकर्मक क्रिया से अधिकृत।

फेर लिया–संयुक्त सकर्मक क्रिया, अवधारणबोधक, कर्तृवाच्य, निश्चयार्थ, सामान्य भूत काल, अन्य पुरुष, पुल्लिंग, एकवचन, इसका कर्ता 'उन्होंने' कम 'राज्य को' भावेप्रयोग।

और–रूढ़ संयोजक समुच्चय बोधक अव्यय, दो वाक्यों को मिलाता है।

(1) यहाँ उन्होंने...फेर लिया।

(2) फिर दमयंती को...रहे।

फिर–रूढ़ क्रिया-विशेषण अव्यय, कालवाचक, 'रहे' क्रिया की विशेषता बतलाता है।

दमयंती को–रूढ़ व्यक्तिवाचक संज्ञा, स्त्रीलिंग, एकवचन, सप्रत्यय कर्म कारक 'बुलाकर' पूर्वकालिक कृदंत से अधिकृत।

बेटा-बेटी–द्वंद्व समास, जातिवाचक संज्ञा, पुल्लिंग, बहुवचन, अविकृत रूप 'समेत' संबंधसूचक अव्यय से संबंध (दे. अंक 232 ख)।

समेत–यौगिक संबंधसूचक अव्यय, 'बेटा-बेटी' संज्ञा के अविकृत रूप के आगे आकर 'बुलाकर' पूर्वकालिक कृदंत से उसका संबंध मिलाता है।

पास–रूढ़ि क्रिया-विशेषण अव्यय, स्थानवाचक, 'बुलाकर' पूर्वकालिक कृदंत की विशेषता बतलाता है।

बुलाकर–यौगिक सकर्मक भूतकालिक कृदंत, कर्तृवाच्य, 'दमयंती को' कर्म पर अधिकार, मुख्य क्रिया 'रहे' की विशेषता बताता है।

बहुत–रूढ़ विशेषण, परिमाणवाचक, विशेष्य, 'काल' पुल्लिंग, एकवचन।

काल–रूढ़ संज्ञा, जातिवाचक, पुल्लिंग, एकवचन, अविकृत रूप, 'तक' संबंधसूचक अव्यय से संबंध।

तक–रूढ़ संबंधसूचक अव्यय, 'काल' संज्ञा के (अविकृत रूप के) आगे आकर रहे क्रिया से उसका संबंध मिलाता है।

(सू.–'काल तक' की व्याख्या एक साथ भी हो सकती है। तब इसे क्रिया-विशेषण वाक्यांश अथवा (किसी-किसी के मतानुसार) अवधिवाचक अधिकरण कारक कह सकते हैं?)

सुखचैन से–द्वंद्व समास, भाववाचक संज्ञा, पुल्लिंग, एकवचन, करणकारक, साहित्यार्थ, रहे क्रिया से संबंध।

रहे–मूल क्रिया, कर्तृवाच्य निश्चयार्थ, सामान्य भूतकाल, अन्य पुरुष, पुल्लिंग, आदरार्थ बहुवचन, इसका कर्ता 'वे' (लुप्त), कर्तरिप्रयोग।

(ख) कठिन वाक्यरचना के शब्द

(सू.) इन शब्दों के उदाहरणों में प्रत्येक शब्द का पद-परिचय न देकर केवल मुख्य-मुख्य शब्दों की व्याख्या दी जाएगी। किसी-किसी शब्द की व्याख्या में केवल मुख्य बातें ही कही जायेंगी।

(1) सिंह दिन को सोता है।

दिन को–अधिकरण के अर्थ में सप्रत्यय कर्मकारक (दिन को=दिन में, दे. अंक 525)।

(2) मुझे वहाँ जाना था।

मुझे–रूढ़ पुरुषवाचक सर्वनाम, वक्ता के नाम की ओर संकेत करता है, उत्तम पुरुष, उभय लिंग, एकवचन, कर्ता के अर्थ में संप्रदान कारक, 'जाना था' क्रिया से संबंध।

जाना था–संयुक्त क्रिया, आवश्यकताबोधक, अकर्मक कर्तृवाच्य, निश्चयार्थ, सामान्य भूतकाल, अन्य पुरुष, पुल्लिंग, एकवचन, कर्ता 'मुझे' भावेप्रयोग।

(सू.–किसी-किसी का मत यह है कि इस प्रकार के वाक्यों में क्रियार्थक संज्ञा 'जाना' कर्ता है और उसका अन्वय इकहरी क्रिया 'था' से है। इस मत के अनुसार प्रस्तुत वाक्य का अर्थ होगा कि मेरा वहाँ जाने का व्यवहार था जो अब नहीं है इस अर्थभेद के कारण 'जाना था' को संयुक्त क्रिया ही मानना ठीक है।)

(3) संवत् 1957 वि. में बड़ा अकाल पड़ा था।

संवत्–अधिकरणवाचक।

1957–कर्मधारय समास, क्रम संख्यावाचक, विशेष्य 'संवत्' पुल्लिंग, एकवचन।

वि.–(विक्रमी) यौगिक विशेषण, गुणवाचक, विशेष्य संवत्, पुल्लिंग, एकवचन।

(4) किसी की निंदा न करनी चाहिए।

करनी चाहिए–संयुक्त क्रिया, कर्तव्यबोधक सकर्मक कर्तृवाच्य निश्चयार्थ, संभाव्य भविष्यत् काल (अर्थ सामान्य वर्तमान), अन्य पुरुष, पुल्लिंग, एकवचन, कर्ता 'मनुष्य का' (लुप्त), कर्म निंदा, कर्मणि प्रयोग।

(5) उस समय एक बड़ी भयानक आँधी आई।

उस–सार्वनामिक निश्चयवाचक विशेषण, विशेष्य समय, पुल्लिंग, एकवचन, विशेष्य 'समय' विकृति कारक में होने के कारण, विशेषण का विकृत रूप।

समय–अधिकरण कारक, विभक्ति लुप्त है (दे. अंक 555)।

बड़े–परिमाणवाचक क्रिया-विशेषण, विशेष्य 'भयानक' विशेषण। मूल में आकारांत विशेषण होने के कारण विकृत रूप (स्त्रीलिंग)।

(6) यह लड़का गानेवाला है।

(क) गानेवाला–यौगिक कर्तृवाचक कृदंत, सकर्मक, संज्ञा जातिवाचक, कर्ताकारक 'लड़का' संज्ञा का 'समानाधिकरण' है, क्रिया की पूर्ति।

(ख) गानेवाला–भविष्यत् कालवाचक सकर्मक कृदंत, विशेषण, विशेष्य 'लड़का' विधेयविशेषण, पुल्लिंग, एकवचन। यह पद-परिचय अर्थांतर में है।

(7) रानी ने सहेलियों को बुलाया।

बुलाया–कर्तृवाच्य भावेप्रयोग।

(8) दुर्गंध के मारे यहाँ कैसे बैठा जाएगा।

मारे–यौगिक संबंधसूचक अव्यय, 'दुर्गंध' संज्ञा के संबंधकारक के साथ आकर उसका संबंध 'बैठा जाएगा' क्रिया से मिलाता है। (यह शब्द 'मारा' भूतकालिक कृदंत का विकृत रूप है)

बैठा जाएगा–अकर्मक क्रिया, भाववाच्य, निश्चयार्थ, सामान्य भविष्यत् काल, अन्य पुरुष, पुल्लिंग, एकवचन, इसका उद्देश्य (बैठना) क्रिया के अर्थ सम्मिलित है, भावेप्रयोग।

(9) गणित सीखा हुआ आदमी व्यापार में सफल होता है।

गणित–अप्रत्यय कर्मकारक, 'सीखा हुआ' सकर्मक भूतकालिक कृदंत विशेषण का कर्म।

सीखा हुआ–सकर्मक भूतकालिक कृदंत, इसका प्रयोग यहाँ कर्तृवाचक है, विशेष्य 'आदमी'।

आदमी–यौगिक संज्ञा।

(10) कहनेवाले को क्या कहे कोई।

क्या–प्रश्नवाचक सर्वनाम, (नाम) लुप्त संज्ञा की ओर संकेत करता है, अन्य पुरुष, पुल्लिंग, एकवचन, कर्मकारक, 'कहे' द्विकर्मक क्रिया की कर्मपूर्ति।

कहे–क्रिया द्विकर्मक, कर्तृवाच्य, संभाव्यनार्थ, संभाव्य भविष्यत् काल, अन्य पुरुष, उभय लिंग, एक वचन कर्ता 'कोई' से अन्वित, मुख्यकर्म 'कहनेवाले को' और कर्मपूर्ति 'क्या' पर अधिकार, कर्तरिप्रयोग।

(11) गाड़ी में माल लादा जा रहा है।

माल–कर्ताकारक 'लादा जाता है' क्रिया का कर्म उद्देश्य होकर आया है, क्योंकि क्रिया कर्मवाच्य है।

लादा जा रहा है–अवधारणबोधक संयुक्त क्रिया, सकर्मक, कर्मवाच्य निश्चयार्थ, अपूर्ण वर्तमान काल, अन्य पुरुष, पुल्लिंग, एकवचन, 'माल' अप्रत्यय कर्म (उद्देश्य) से अन्वित, कर्ता लुप्त, कर्मणिप्रयोग।

(12) फिर उन्हें एक बहुमूल्य चादर पर लिटाया जाता।

उन्हें–कर्मकारक 'लिटाया जाता' क्रिया का सप्रत्यय कर्म, उद्देश्य होकर आया है, क्योंकि क्रिया कर्मवाच्य है।

लिटाया जाता–क्रिया सकर्मक, कर्मवाच्य निश्चयार्थ, अपूर्ण भूतकाल सहकारी क्रिया 'था' का लोप, अन्य पुरुष, पुल्लिंग, एकवचन, 'उन्हें' सप्रत्यय कर्म का उद्देश्य कर्ता लुप्त, भावेप्रयोग।

(14) आठ बजकर दस मिनट हुए हैं।

आठ–संख्यावाचक विशेषण, यहाँ संज्ञा की नाईं आया है, जातिवाचक संज्ञा पुल्लिंग, बहुवचन, कर्ताकारक, 'बजकर' पूर्वकालिक कृदंत का स्वतंत्र कर्ता।

बजकर–अकर्मक, पूर्वकालिक कृदंत अव्यय, कर्तृवाच्य, इसका स्वतंत्र कर्ता 'आठ', यह मुख्य क्रिया हुए हैं, की विशेषता बताता है।

(14) यह सुनते ही माँ-बाप कुँवर के पास दौड़े आए।

सुनते ही–यौगिक तात्कालिक कृदंत अव्यय सकर्मक, कर्तृवाच्य, 'यह' कर्म पर अधिकार, 'आए' मुख्य क्रिया की विशेषता बतलाता है।

दौड़े–अकर्मक भूतकालिक कृदंत विशेषण, विशेष्य 'माँ-बाप', पुलिंग, बहुवचन।

(15) गिनते-गिनते नौ महीने पूरे हुए।

गिनते-गिनते–पुनरुक्त अपूर्ण क्रिया द्योतक कृदंत अव्यय, कर्तृवाच्य (अर्थ कर्मवाच्य); उद्देश्य 'महीने', कर्ता लुप्त, 'हुए' क्रिया की विशेषता बतलाता है।

(16) मुझको हँसते देख सब कोई हँस पड़े।

हँसते–अकर्मक वर्तमानकालिक कृदंत विशेषण, विशेष्य 'मुझको', विभक्तियुक्त विशेष्य के कारण अधिकारी रूप।

सब कोई–संयुक्त अनिश्चय वाचक सर्वनाम, 'लोग' (लुप्त) संज्ञा की ओर-संकेत करता है, अन्य पुरुष पुल्लिंग बहुवचन, कर्ताकारक 'हँस पड़े' क्रिया का।

हँस पड़े–संयुक्त अकर्मक क्रिया, अचानकता बोधक, सामान्य भूतकाल, कर्तरिप्रयोग।

(17) शिष्य को चाहिए कि गुरु की सेवा करे।

चाहिए–क्रियासकर्मक, कर्तृवाच्य, निश्चयार्थ संभाव्य भविष्यत्काल (अर्थ सामान्य वर्तमान काल), अन्य पुरुष, पुल्लिंग, एकवचन, कर्ता 'शिष्य को', कर्म दूसरा 'गुरु वाक्य...करे', भावेप्रयोग। 'चाहिए' अविकारी क्रिया है।

(18) किसान भी अशर्फियों की गठरी ले चलता हुआ।

भी–अवधारणबोधक अव्यय 'किसान' संज्ञा के विषय में अधिकता सूचित करता है। (यह क्रिया-विशेषण भी माना जा सकता है क्योंकि यह 'चलता हुआ' के विषय में भी अधिकता सूचित करता है।)

(सू.–कोई-कोई इसे संयोजक समुच्चयबोधक अव्यय समझकर ऐसा मानते हैं कि पहले कहे हुए किसी शब्द को प्रस्तुत वाक्य में निर्दिष्ट शब्द से मिलाता है। इस मत के अनुसार 'भी', 'किसान' संज्ञा को पहले कही हुई किसी संज्ञा से मिलाता है।)

चलता–वर्तमानकालिक कृदंत विशेषण, विशेष्य किसान।

'**चलता हुआ**' को निश्चयवाचक संयुक्त क्रिया भी मान सकते हैं।

(दें. अंक 407 उ)।

(19)

जो न होत जग जनम भरत को।
सकल धरमधुर धरणि धरत को॥

जो–संकेतवाचक समुच्चयबोधक अव्यय, दो वक्यों को जोड़ता है–...जो भरत को और सकल...धरत को।

होत–स्थितिवाचक अकर्मक क्रिया, कर्तृवाच्य, संकेतार्थ, सामान्य संकेतार्थकाल, अन्य पुरुष, पुल्लिंग, एकवचन, कर्ता, जनम, कर्तरिप्रयोग।

को (का)–संबंधकारक की विभक्ति।

धरत–सकर्मकक्रिया, कर्तृवाच्य, सामान्य संकेतार्थकाल, कर्ता को, कर्म 'धरमधुर', कर्तरिप्रयोग।

को–प्रश्नवाचक सर्वनाम, कर्ता कारक।

(20) उन्होंने चट मुझको मेज पर खड़ा कर दिया।

चट–कालवाचक क्रिया-विशेषण अव्यय, 'कर दिया' क्रिया की विशेषता बतलाता है।

खड़ा–विधेयविशेषण, विशेष्य 'मुझको', 'कर दिया' अपूर्ण सकर्मक क्रिया की पूर्ति।

(21) मेरे राम को तो सब साफ मालूम होता था।

मेरे राम को–(मुझको) संयुक्त पुरुषवाचक सर्वनाम, उत्तम पुरुष, 'संप्रदान कारक', 'होता था' क्रिया से संबंध।

तो–अवधारणबोधक अव्यय, 'मेरे राम को' सर्वनाम के अर्थ में निश्चय बतलाता है।

साफ–क्रिया-विशेषण, रीतिवाचक, 'होता था' क्रिया की विशेषता बतलाता है।

(22) धन, धरती, सब का सब हाथ से निकल गया।

सब का सब–सार्वनामिक वाक्यांश, 'धन, धरती' संज्ञाओं की ओर संकेत करता है कर्ता कारक, 'निकल गया' क्रिया से अन्वित, 'धन, धरती' का समानाधिकरण।

(23) जो अपने से बहुत बड़े हैं, उनसे घमंड क्या!

अपने से–निजवाचक सर्वनाम, 'मनुष्य' (लुप्त) संज्ञा की ओर संकेत करता है, अपादान कारक 'है' क्रिया से संबंध।

क्या–रीतिवाचक क्रिया-विशेषण, 'हो सकता है' (लुप्त) क्रिया की विशेषता बताता है। क्या = कैसे।

(24) क्या मनुष्य निरा पशु है?

क्या–प्रश्नवाचक अव्यय, 'है' क्रिया की विशेषता बताता है।

निरा–विशेषण, गुणवाचक, विशेष्य 'पशु', संज्ञा, पुल्लिंग, एकवचन।

(25) मुझे भी पूरी आशा थी कि कभी न कभी अवश्य छुटकारा होगा।

कभी न कभी–क्रिया-विशेषण वाक्यांश, कालवाचक।

(26) यह अपमान भला किससे सहा जाएगा?

भला–विस्मयादिबोधक, अनुमोदनसूचक।

(27) होनेवाली बात मानो पहले ही से मालूम हो गई थी।

मानो–(मूल में क्रिया) समुच्चयबोधक, समता सूचक, प्रस्तुत वाक्य को पहले वाक्य से मिलाता है।

पहले ही से–क्रिया-विशेषण वाक्यांश, कालवाचक।

मालूम–'बात' संज्ञा का विधेयविशेषण।

(28) अब के तीन बार जयध्वनि सुन पड़ी।

अबके–क्रिया-विशेषण।

तीन बार–क्रिया-विशेषण वाक्यांश।

(सू.–कोई-कोई 'तीन' और 'बार' शब्दों की अलग-अलग व्याख्या करते हैं। वे 'बार' के पश्चात् 'तक' संबंधसूचक अव्यय का अध्याहार मानकर 'बार' को संज्ञा कहते हैं।)

सुन पड़ी–संयुक्त सकर्मक क्रिया, अवधारणबोधक, कर्तृवाच्य (अर्थ कर्मवाच्य) निश्चयार्थ, सामान्य भूतकाल, अन्य पुरुष, स्त्रीलिंग, एकवचन, उद्देश्य 'जयध्वनि' कर्तरिप्रयोग।

(29) यह छह गज लंबा और कम से कम तीन गज मोटा था।

छह गज–परिमाणवाचक विशेषण, विशेष्य 'यह'।

(सू.–छह शब्द संख्यावाचक विशेषण है और गज शब्द जातिवाचक संज्ञा है; परंतु दोनों मिलकर 'यह' सर्वनाम के द्वारा किसी संज्ञा का परिणाम सूचित करते हैं। 'छह गज'

को परिमाणवाचक क्रिया-विशेषण भी मान सकते हैं; क्योंकि वह एक प्रकार से 'लंबा' विशेषण की विशेषता बताता है। किसी-किसी के विचार से छह और गज शब्दों की व्याख्या अलग-अलग होनी चाहिए। ऐसी अवस्था में गज शब्द को या तो संबंधकारक में (=छह गज का लंबा) मानना पड़ेगा, या उसे 'यह' का समानाधिकरण स्वीकार करना होगा)।

कम से कम–परिमाणवाचक क्रिया-विशेषण वाक्यांश, विशेष्य तीन अथवा 'तीन गज'।

(30) मैं अभी उसे देखता हूँ न?

न–अवधारणबोधक अव्यय (क्रिया-विशेषण), 'देखता हूँ' क्रिया के विषय में निश्चय सूचित करता है।

(31) क्या घर में क्या वन में ईश्वर सब जगह है।

क्या, क्या–संयोजक समुच्चयबोधक, 'घर में' और 'वन में' संज्ञाओं को जोड़ता है।

तीसरा भाग

वाक्यविन्यास

दूसरा परिच्छेद

वाक्यपृथक्करण

पहला अध्याय

विषयारंभ

676. वाक्यपृथक्करण[1] के द्वारा शब्दों तथा वाक्यों का परस्पर संबंध जाना जाता है और वाक्यार्थ के स्पष्टीकरण में सहायता मिलती है।

(टि.—यद्यपि इस प्रक्रिया के सूक्ष्म तत्त्व संस्कृत भाषा में पाए जाते हैं और वहाँ से हिंदी के कुछ व्याकरणों में लिए गए हैं, तथापि इसके विस्तृत विवेचन की उत्पत्ति अँग्रेजी भाषा के व्याकरण में है, जिसमें यह विषय न्यायशास्त्र से लिया गया है और व्याकरण के साथ इसकी संगति मिलाई गई है।)

(क) वाक्य के साथ, रूप की दृष्टि से, जैसा व्याकरण का निकट संबंध है वैसा ही, अर्थ के विचार से, न्यायशास्त्र का भी घना संबंध है। व्याकरण का मुख्य विषय वाक्य है : पर न्यायशास्त्र का मुख्य विषय वाक्य नहीं, किंतु अनुमान है, जिसके पूर्व उसमें, अर्थ की दृष्टि से, पदों और वाक्यों का विचार किया जाता है। न्यायशास्त्र के अनुसार प्रत्येक वाक्य में तीन बातें होनी चाहिए—दो पद और एक विधानचिह्न। न्याय में दोनों पदों को क्रमशः उद्देश्य और विधेय तथा विधानचिह्न को संयोजक कहते हैं वाच्य में जिसके विषय में विधान किया जाता है वह विधेय कहलाता है। उद्देश्य और विधेय में परस्पर जो संगति व विसंगति होती है, उसी के संबंध से वाक्य में यथार्थ विधान किया जाता है और इस विधान को संयोजक शब्द से सूचित करते हैं। साधारण बोलचाल में वाक्यों के ये तीन अवयव बहुधा अलग-अलग अथवा स्पष्ट नहीं रहते, इसलिए भाषा के प्रचलित वाक्य को न्यायशास्त्र में योग्य स्वरूप दिया जाता है, अर्थात् न्यायशास्त्र के स्वीकृत वाक्य उद्देश्य, विधेय और संयोजक स्पष्टता से रखे जाते हैं। उदाहरण के लिए 'घोड़ा दौड़ा' इस साधारण बोलचाल के वाक्य को न्यायशास्त्र में 'घोड़ा दौड़नेवाला था' कहेंगे। व्याकरण में इस प्रकार का रूपांतर संभव नहीं है, क्योंकि उसमें कर्ता, कर्म, क्रिया आदि का

1. कोई-कोई इसे वाक्यविश्लेषण कहते हैं।

निश्चय अधिकांश में शब्दों के रूपों की संगति पर अवलंबित है। न्यायशास्त्र में उद्देश्य और विधेय पर केवल अर्थ की दृष्टि से ध्यान दिया जाता है इसलिए व्याकरण के वाक्य को जैसा का तैसा रखकर, उसमें न्यायशास्त्र के उद्देश्य और विधेय का प्रयोग करते हैं। व्याकरण और न्यायशास्त्र के इसी मेल का नाम वाक्यपृथक्करण है। वाक्यपृथक्करण में केवल व्याकरण की दृष्टि से विचार नहीं कर सकते, और न केवल न्यायशास्त्र की ही दृष्टि से, किंतु दोनों के मेल पर दृष्टि रखनी पड़ती है।

साधारण बोलचाल के वाक्य में न्यायशास्त्र का संयोजक शब्द बहुधा मिला हुआ रहता है, और व्याकरण में उसे अलग बताने की आवश्यकता नहीं होती इसलिए वाक्यपृथक्करण की दृष्टि से वाक्य के केवल दो ही मुख्य भाग माने जाते हैं–उद्देश्य और विधेय। व्याकरण में कर्म को विधेय से भिन्न मानते हैं; परंतु न्यायशास्त्र में वह विधेय के अंतर्गत ही माना जाता है। यहाँ यह कह देना आवश्यक जान पड़ता है कि उद्देश्य और कर्ता तथा विधेय और क्रिया समानार्थक शब्द नहीं हैं, यद्यपि व्याकरण के कर्ता और क्रिया बहुधा न्यायशास्त्र के क्रमशः उद्देश्य और विधेय होते हैं।

दूसरा अध्याय

वाक्य और वाक्यों में भेद

677. एक विचार पूर्णता से प्रकट करनेवाले शब्दसमूह को वाक्य कहते हैं। (दे. अंक ४९ अ)।

678. वाक्य के मुख्य दो अवयव होते हैं : (1) उद्देश्य और (2) विधेय।

(अ) जिस वस्तु के विषय में कुछ कहा जाता है, उसे सूचित करने वाले शब्दों को उद्देश्य कहते हैं; जैसे–आत्मा अमर है, घोड़ा दौड़ रहा है, राम ने रावण को मारा, इन वाक्यों में आत्मा, घोड़ा और राम ने उद्देश्य हैं, क्योंकि इनके विषय में कुछ कहा गया है अर्थात् विधान किया गया है।

(आ) उद्देश्य के विषय में जो विधान किया जाता है, उसे सूचित करनेवाले शब्दों को विधेय कहते हैं; जैसे–ऊपर लिखे वाक्यों में आत्मा, घोड़ा, राम ने इन उद्देश्यों के विषय में क्रमशः अमर है, दौड़ रहा है, रावण को मारा, ये विधान किए गए हैं; इसलिए इन्हें विधेय कहते हैं।

679. उद्देश्य और विधेय प्रत्येक वाक्य में बहुधा स्पष्ट रहते हैं, परंतु भाववाच्य में उद्देश्य प्रायः क्रिया ही में सम्मिलित रहता है; जैसे–मुझसे चला नहीं जाता, लड़के से बोलते नहीं बनता, इन वाक्यों में क्रमशः चलना और बोलना उद्देश्य क्रिया ही के अर्थ में मिले हुए हैं।

680. रचना के अनुसार वाक्य तीन प्रकार के होते हैं : (1) साधारण, (2) मिश्र और (3) संयुक्त।

(क) जिस वाक्य में एक उद्देश्य और एक विधेय रहता है, उसे साधारण वाक्य कहते हैं; जैसे–आज बहुत पानी गिरा। बिजली चमकती है।

(ख) जिस वाक्य में मुख्य उद्देश्य और मुख्य विधेय के सिवा एक व अधिक समापिका क्रियाएँ रहती हैं; उसे मिश्र वाक्य कहते हैं; जैसे–वह कौन सा मनुष्य है, जिसने महाप्रतापी राजा भोज का नाम न सुना हो। जब लड़का पाँच बरस का हुआ, तब पिता ने उसे मदरसे को भेजा। वैदिक लोग कितना भी अच्छा लिखें, तो भी उनके अक्षर अच्छे नहीं बनते।

मिश्र वाक्य के मुख्य उद्देश्य और मुख्य विधेय से जो वाक्य बनता है, उसे उपवाक्य कहते हैं और दूसरे वाक्यों को आश्रित उपवाक्य कहते हैं। आश्रित उपवाक्य स्वयं सार्थक नहीं होते, पर मुख्य वाक्य के साथ आने से उनका अर्थ निकलता है। ऊपर के वाक्यों में 'वह कौन सा मनुष्य है', 'तब पिता ने उसे मदरसे को भेजा', 'तो भी उनके अक्षर अच्छे नहीं बनते' ये मुख्य उपवाक्य हैं और शेष उपवाक्य इनके आश्रित होने के कारण आश्रित उपवाक्य हैं।

(ग) जिस वाक्य में साधारण अथवा मिश्र वाक्यों का मेल रहता है, उसे संयुक्त वाक्य कहते हैं। संयुक्त वाक्य के मुख्य वाक्यों को समानाधिकरण उपवाक्य कहते हैं, क्योंकि वे एक-दूसरे के आश्रित नहीं रहते।

उदाहरण : सम्पूर्ण प्रजा अब शांतिपूर्वक एक-दूसरे से व्यवहार करती है और जातिद्वेष क्रमशः घटता जाता है। (दो साधारण वाक्य)।

सिंह में सूँघने की शक्ति नहीं होती; इसलिए जब कोई शिकार उसकी दृष्टि के बाहर हो जाता है, तब वह अपनी जगह को लौट आता है (एक साधारण और एक मिश्रवाक्य)।

जब भाप जमीन के पास इकट्ठी दिखाई देती है, तब उसे कुहरा कहते हैं, और जब वह हवा में ऊपर दीख पड़ती है, तब उसे मेघ व बादल कहते हैं। (दो मिश्र वाक्य।)

(सू.–मिश्र वाक्य में एक से अधिक आश्रित उपवाक्य एक-दूसरे के समानाधिकरण हों तो उन्हें आश्रित समानाधिकरण उपवाक्य कहते हैं। इसके विरुद्ध संयुक्त वाक्य के समानाधिकरण उपवाक्य मुख्य समानाधिकरण उपवाक्य कहलाते हैं।)

681. वाक्य और वाक्यांश में अर्थ और रूप दोनों का अंतर रहता है। (दे. अंक 88-89)। वाक्य में एक पूर्ण विचार रहता है; परंतु वाक्यांश में केवल एक व अधिक भावनाएँ रहती हैं। रूप के अनुसार दोनों में यह अंतर है कि वाक्य में एक क्रिया रहती है; परंतु वाक्यांश में बहुधा कृदंत व संबंधसूचक अव्यय रहता है; जैसे–काम करना, सवेरे जल्दी उठना, नदी के किनारे, दूर से आया हुआ।

तीसरा अध्याय

साधारण वाक्य

682. साधारण वाक्य में एक संज्ञा उद्देश्य और एक क्रिया विधेय होती है और उन्हें क्रमशः साधारण उद्देश्य और साधारण विधेय कहते हैं। उद्देश्य बहुधा कर्ताकारक में रहता है; पर कभी-कभी वह दूसरे कारकों में भी आता है। जैसे–

(1) प्रधान कर्ताकारक–लड़का दौड़ता है। स्त्री कपड़ा सीती है। बंदर पेड़ पर चढ़ रहे थे।

(2) अप्रधान कर्ताकारक–मैंने लड़के को बुलाया। सिपाही ने चोर को पकड़ा। हमने अभी नहाया है।

(3) अप्रत्यय कर्मकारक (कर्मवाच्य)–चिट्ठी लिखी जाएगी, दवाई बनाई गई है।

(4) सप्रत्यय कर्मकारक–नौकर को वहाँ भेजा जाएगा। शास्त्री जी को सभापति बनाया गया (दे. अंक 520 ङ)।

(5) करणकारक–(भाववाच्य) में, (किसी-किसी के मतानुसार) लड़के से चला नहीं जाता। मुझसे बोलते नहीं बनता (दे. अंक 679)।

(6) संप्रदान कारक–आपको ऐसा न कहना चाहिए था। मुझे वहाँ जाना था। काजी को यही हुक्म देते बना।

683. साधारण उद्देश्य में संज्ञा अथवा संज्ञा के समान उपयोग में आनेवाले दूसरे शब्द आते हैं; जैसे–

(अ) संज्ञा–हवा चलती है, लड़का आया।

(आ) सर्वनाम–तुम पढ़ते थे, वे जावेंगे।

(इ) विशेषण–विद्वान सब जगह पूजा जाता है, मरता क्या नहीं करता।

(ई) क्रिया-विशेषण (क्वचित्)–(जिनका) भीतर बाहर एक सा हो (सत्य.)।

(उ) वाक्यांश–वहाँ जाना अच्छा नहीं है। झूठ बोलना पाप है। खेत का खेत सूख गया।

(ऊ) संज्ञा के समान उपयोग में आनेवाले कोई भी शब्द, जैसे–'दौड़कर' पूर्वकालिक कृदंत है। 'क' व्यंजन है।

(सू.–एक वाक्य भी उद्देश्य हो सकता है, पर उस अवस्था में वह अकेला नहीं आता, किंतु मिश्र वाक्य का एक अवयव होकर आता है (दे. अंक-702)।)

684. वाक्य के साधारण उद्देश्य में विशेषणादि जोड़कर उसका विस्तार करते हैं। उद्देश्य की संख्या नीचे लिखे शब्दों के द्वारा बढ़ाई जा सकती है।

(क) विशेषण–अच्छा लड़का माता-पिता की आज्ञा मानता है। लाखों आदमी हैजे से मर जाते हैं।

(ख) संबंध कारक–दर्शकों की भीड़ बढ़ गई। भोजन की सब चीजें लाई गईं। इस द्वीप की स्त्रियाँ बड़ी चंचल होती हैं। जहाज पर के यात्रियों ने आनंद मनाया।

(ग) समानाधिकरण शब्द–परमहंस कृष्णस्वामी काशी को गए। उनके पिता जयसिंह यह बात नहीं चाहते थे।

(घ) वाक्यांश–दिन का थका हुआ आदमी रात को खूब सोता है। आकाश में गिरता हुआ चंद्रमा राहु से ग्रसा जाता है। काम सीखा हुआ नौकर कठिनाई से मिलता है।

(सू.–(क) का उद्देश्य का विस्तार करनेवाले शब्द स्वयं अपने गुणवाचक शब्दों के द्वारा बढ़ाए जा सकते हैं; जैसे–एक बहुत ही सुंदर लड़की कहीं जा रही थी। आपके बड़े लड़के का नाम क्या है? जहाज का सबसे ऊपर का हिस्सा पहले दिखाई देता है।

(ख) ऊपर लिखे एक अथवा अनेक शब्दों से उद्देश्य का विस्तार हो सकता है; जैसे–तेजी के साथ दौड़ती हुई छोटी सुनहरी मछलियाँ साफ दिखाई पड़ती थीं। घोड़ों की टापों की बढ़ती हुई आवाज दूर तक फैल रही थी। वाजिदअली के समय का ईंटों से बना हुआ एक पक्का मकान अभी तक खड़ा है।)

685. साधारण विधेय में केवल एक समापिका क्रिया रहती है, और वह किसी भी बाध्य, अर्थ, काल, पुरुष, लिंग, वचन और प्रयोग में आ सकती है।

'क्रिया' शब्द में संयुक्त क्रिया का भी समावेश होता है। उदाहरण : पानी गिरा। लड़का जाता है। पत्थर फेंका जाएगा। धीरे-धीरे उजाला होने लगा।

(क) साधारणतः अकर्मक क्रियाएँ अपना अर्थ स्वयं प्रकट करती हैं, परंतु कोई-कोई अकर्मक क्रियाएँ ऐसी हैं कि उनका अर्थ पूरा करने के लिए उनके साथ कोई शब्द लगाने की आवश्यकता होती है। वे क्रियाएँ ये हैं : बनना, दिखाना, निकलना, कहलाना, ठहराना, पड़ना, रहना।

इनकी अर्थ पूर्ति के लिए संज्ञा, विशेषण अथवा और कोई गुणवाचक शब्द लगाया जाता है, जैसे–वह आदमी पागल है। उसका लड़का चोर निकला। नौकर मालिक बन गया। वह पुस्तक राम की थी।

(ख) सकर्मक क्रिया का अर्थ कर्म के बिना पूरा नहीं होता और द्विकर्मक क्रियाओं में दो कर्म आते है जैसे–पक्षी घोंसले बनाते हैं, वह आदमी मुझे बुलाता है। राजा ने ब्राह्मण को दान दिया। यज्ञदत्त देवदत्त को व्याकरण पढ़ाता है।

(ग) करना, बनाना, समझना, पाना, रखना आदि सकर्मक क्रियाओं के कर्म वाच्य के रूप अपूर्ण होते हैं; जैसे–वह सिपाही सरदार बनाया गया। ऐसा आदमी चालाक समझा जाता है। उनका कहना झूठ पाया गया। उस लड़के का नाम शंकर रखा गया।

(घ) जब अपूर्ण क्रियाएँ अपना अर्थ आप ही प्रकट करती हैं, तब वे अकेले ही विधेय होती हैं; जैसे–ईश्वर है। सबेरा हुआ। चंद्रमा दिखता है। मेरी घड़ी बनाई जाएगी।

(ङ) 'होना' क्रिया के वर्तमानकाल के रूप कभी-कभी लुप्त रहते हैं; जैसे–मुझे इनसे क्या प्रयोजन (है)। वह अब आने का नहीं (है)।

686. कर्म के उद्देश्य के समान संज्ञा अथवा संज्ञा के समान उपयोग में आनेवाला कोई दूसरा शब्द आता है; जैसे–

(क) संज्ञा–माली फूल तोड़ता है। सौदागर ने घोड़े बेचे।

(ख) सर्वनाम–वह आदमी मुझे बुलाता है। मैंने उसको नहीं देखा।

(ग) विशेषण–दोनों को मत सताओ। उसने डूबते को बचाया।

(घ) क्रिया-विशेषण–(क्वचित्) वह रुपया पटाने में आजकल कर रहा है।

(ङ) वाक्यांश–वह खेत नापना सीखता है। मैं आपका इस तरह बात बनाना नहीं सुनूँगा। बकरियों ने खेत का खेत चर लिया।

(च) संज्ञा के समान उपयोग में आनेवाला कोई भी शब्द–तुलसीदास ने रामायण में 'कि' नहीं लिखी।

(सू.–मुख्य कर्म के स्थान में एक वाक्य भी आ सकता है; परंतु उसके कारण संपूर्ण वाक्य मिश्र हो जाता है; (दे. अंक 702)।

687. गौण कर्म में भी ऊपर लिखे शब्द पाए जाते हैं; जैसे–

(क) संज्ञा–यज्ञदत्त देवदत्त को व्याकरण पढ़ाता है।

(ख) सर्वनाम–उसे यह कपड़ा पहिनाओ।

(ग) विशेषण—वे भूखों को भोजन और नंगों को वस्त्र देते हैं।

(घ) क्रिया-विशेषण—क्वचित् यह बात आपने वहाँ (उनको) तो नहीं बताई?

(ङ) वाक्यांश—आपके ऐसा कहने को मैं कुछ भी मान नहीं देता।

(च) संज्ञा के समान उपयोग में आनेवाला कोई भी शब्द—उनकी 'हाँ' को मैं मान देता हूँ।

688. मुख्य कर्म अप्रत्यय कर्मकारक में रहता है और गौण कर्म बहुधा संप्रदानकारक में आता है, परंतु कहना, बोलना, पूछना द्विकर्मक क्रियाओं का गौण कर्म करणकारक में आता है। उदाहरण : तुम क्या चाहते हो? मैंने उसे कहानी सुनाई। बाप लड़के को गिनती सिखाता है। तुमसे यह किसने कहा?

689. कर्मवाच्य में द्विकर्मक क्रियाओं का मुख्य कर्म उद्देश्य हो जाता है और वह कर्ताकारक में आता है, परंतु गौण कर्म ज्यों का त्यों बना रहता है; जैसे—ब्राह्मण को दान दिया गया, मुझसे वह बात पूछी जाएगी।

690. करना, बनाना, समझना, मानना, पाना, कहना, ठहरना आदि सकर्मक क्रियाओं के कर्तृवाच्य में कर्म के साथ एक और शब्द आता है, जिसे कर्मपूर्ति कहते हैं; जैसे—ईश्वर राई को पर्वत करता है। मैंने मिट्टी को सोना बनाया।

कर्मपूर्ति में नीचे लिखे शब्द आते हैं :

(क) संज्ञा—अहल्या ने गंगाधर को दीवान बनाया।

(ख) विशेषण—मैंने उसे सावधान किया।

(ग) संबंध कारक—वे मुझे घर का समझते हैं।

(घ) कृदंत—अव्यय—उन्होंने उसे चोरी करते हुए पकड़ा।

691. कुछ अकर्मक क्रियाओं के साथ उन्हीं के धातु से बना हुआ कर्म आता है, जिसे सजातीय कर्म कहते हैं; जैसे—वह अच्छी चाल चलता है। योद्धा सिंह की बैठक बैठा। पापी कुत्ते की मौत मरेगा। इस कर्म में संज्ञा आती है। (दे. अंक. 197)।

692. उद्देश्य के समान पूर्ति और कर्म का भी विस्तार होता है; परंतु वाक्यपृथक्करण में उसे अलग बताने की आवश्यकता नहीं है। यहाँ केवल मुख्य कर्म को बतानेवाले शब्दों की सूची दी जाती है :

(क) विशेषण—मैंने एक घड़ी मोल ली। वह उड़ती हुई चिड़िया पहचानता है। तुम बुरी बातें छोड़ दो।

(ख) समानाधिकरण शब्द—आध सेर घी लाओ। मैं अपने मित्र, गोपाल को बुलाता हूँ।

(ग) संबंध कारक—उसने अपना हाथ बढ़ाया। आज का पाठ पढ़ लो। हाकिम ने गाँव के मुखिया को बुलाया।

(घ) वाक्यांश—मैंने नटों का बाँस पर चढ़ना देखा। लोग हरिश्चंद्र की बनाई किताबें प्रेम से पढ़ते हैं।

(सू.–उद्देश्य के समान कर्म में भी अनेक गुणवाचक शब्द एक साथ लगाए जा सकते हैं और ये गुणवाचक शब्द स्वयं अपने गुणवाचक शब्दों के द्वारा बढ़ाए जा सकते हैं।)

693. उद्देश्य की संज्ञा के समान, विधेय की क्रिया का भी विस्तार होता है। जिस प्रकार उद्देश्य के विस्तार से उद्देश्य के विषय में अधिक बातें जानी जाती हैं उसी प्रकार विधेय के विस्तार से विधेय के विषय में अधिक ज्ञान प्राप्त होता है। उद्देश्य का विस्तार बहुधा विशेषण के द्वारा होता है; परंतु विधेय क्रिया-विशेषण अथवा उसके समान उपयोग में आनेवाले शब्दों के द्वारा बढ़ाया जाता है।

694. विधेय का विस्तार नीचे लिखे शब्दों से होता है।

(क) संज्ञा या संज्ञा वाक्यांश–वह घर गया। सब दिन चले अढ़ाई कोस। एक समय बड़ा अकाल पड़ा। उसने कई वर्ष राज्य किया।

(ख) क्रिया-विशेषण के समान उपयोग में आनेवाला विशेषण–वह अच्छा लिखता है। स्त्री मधुर गाती है। मैं स्वस्थ बैठा हूँ।

(ग) विशेष्य के परे आनेवाला विशेषण–स्त्रियाँ उदास बैठी थीं। उसका लड़का भलाचंगा खड़ा है। मैं चुपचाप चला गया। कुत्ता भौंकता हुआ भागा। तुम मारे मारे फिरोगे।

(घ) पूर्ण तथा अपूर्ण क्रियाद्योतक कृदंत–कुत्ता पूँछ हिलाते हुए आया। स्त्री बकते-बकते चली गई। लड़का बैठे बैठे उकता गया। तुम्हारी लड़की छाता लिये जाती थी।

(ङ) पूर्वकालिक कृदंत–वह उठकर भागा। तुम दौड़कर चलते हो। वे नहाकर लौट आए।

(च) तत्कालबोधक कृदंत–उसने आते ही उपद्रव मचाया। स्त्री गिरते ही मर गई। वह लेटते ही सो गया।

(सू.–इन कृदंतों से बने हुए वाक्यांश भी उपयोग में आते हैं।)

(छ) स्वतंत्र वाक्यांश–इससे थकावट दूर होकर अच्छी नींद आती है। तुम इतनी रात गए क्यों आए। सूरज निकलते ही वे लोग भागे? दिन रहते यह काम हो जाएगा। दो बजे गाड़ी आती है। मुझे सारी रात तलफते बीती। उनको गए एक साल हो गया। लाश गड्ढा खोदकर गाड़ दी गई।

(ज) क्रिया-विशेषण व क्रिया-विशेषण वाक्यांश–गाड़ी जल्दी चलती है। राजा आज आए। वे मुझसे प्रेमपूर्वक बोले। चोर कहीं न कहीं छिपा है। पुस्तक हाथों-हाथ बिक गई। उसने जैसे-तैसे काम पूरा किया।

(झ) संबंधसूचकांत शब्द–चिड़िया धोती समेत उड़ गई। वह भूख के मारे मर गया। मैं उनके यहाँ रहता हूँ। अँग्रेजों ने कर्मनाशा तक उसका पीछा किया। मरने के सिवा और क्या होगा? यह काम तुम्हारी सहायता बिना न होगा।

(ञ) कर्ता, कर्म और संबंध कारकों को छोड़ शेष कारक–मैंने चाकू से फल काटा। वह नहाने को गया। वृक्ष से फल गिरा। मैं अपने किए पर पछताता हूँ।

(सू.–(1) संबोधन कारक बहुधा वाक्य से कोई संबंध नहीं रखता, इसलिए वाक्यपृथक्करण में उसका कोई स्थान नहीं है।

(2) एक वाक्य भी विधेयवर्द्धक हो सकता है; परंतु उसके योग से पूरा वाक्य मिश्र हो जाता है; (दे. अंक 706)।

695. एक से अधिक विधेयकवर्द्धक एक ही साथ उपयोग में आ सकते हैं; जैसे–इसके बाद, उसने तुरंत घर के स्वामी से कहकर, लड़के को पढ़ाने के लिए मदरसे को भेजा। मैं अपना काम पूरा करके, बाहर के कमरे में, अखबार पढ़ता हुआ बैठा था।

696. अर्थ के अनुसार विधेयवर्द्धक के नीचे लिखे भेद होते हैं :

(1) कालवाचक

(अ) निश्चित काल–मैं कल आया। बच्चा पैदा होते ही दूध पीने लगता है। आपके जाने के बाद नौकर आया। गाड़ी पाँच बजे जायगी।

(आ) अवधि–वह दो महीने बीमार रहा। हम दिन भर काम करते हैं। क्या तुम मेरे आने तक न ठहरोगे मेरे रहते यह काम हो जायगा।

(इ) पौनः पुन्य–उसने बार-बार यह कहा। बढ़ई संदूक बना-बनाकर बेचता है। वे रात-रात भर जागते हैं। पंडितजी कथा कहते समय बीच-बीच में चुटकुले सुनाते हैं। सिपाही बाण छोड़ते हुए आगे बड़े। काम करते करते अनुभव हो जाता है।

(2) स्थानवाचक

(अ) स्थिति–पंजाब में हाथियों का वन नहीं है। उसके एक लड़का है। हिंदुस्तान के उत्तर में हिमालय पर्वत है। प्रयाग गंगा के किनारे बसा है।

(आ) गति–(1) **आरंभ स्थान** ब्राह्मण ब्रह्मा के मुख से उत्पन्न हुए। गंगा हिमालय से निकलती है। वह घोड़े पर से गिर पड़ा।

(2) लक्ष्यस्थान–गाड़ी बंबई को गई। अँग्रेजों ने कर्मनाशा तक उसका पीछा किया। घोड़ा जंगल की तरफ भागा। आगे चले बहुरि रघुराई।

(3) रीतिवाचक

(अ) शुद्ध रीति–मोटी लकड़ी बड़ा बोझ अच्छी तरह सँभालती है। लड़का मन से पढ़ता है। घोड़ा लँगड़ाता हुआ भागा। सारी रात तलफते बीती।

(आ) साधन (अथवा कर्तृत्व) मंत्री के द्वारा–राजा से भेंट हुई। सिपाही ने तलवार से चीते को मारा। यह ताला किसी दूसरी कुंजी से नहीं खुलता। देवता राक्षसों से सताए गए। इस कलम से लिखते नहीं बनता।

(ई) साहित्य–मेरा भाई एक कपड़े से गया। राजा बड़ी सेना लेकर चढ़ आया। मैं तुम्हारे साथ रहूँगा। बिना पानी के कोई जीवधारी नहीं जी सकता।

(4) परिमाणवाचक

(अ) निश्चय–मैं दस मील चला। धन से विद्या श्रेष्ठ है। यह लड़का तुम्हारे बराबर काम नहीं कर सकता। स्त्री आठ-आठ आँसू रोती है। सिर से पैर तक आदमी की लंबाई छह फुट के लगभग होती है।

(आ) अनिश्चय–वह बहुत करके बीमार है। कदाचित् मैं न जा सकूँगा।

(सू.–नहीं (न, मत) को विधेयविस्तारक न मानकर साधारण विधेय का अंग मानना उचित है।)

(5) कार्य-कारण वाचक

(अ) हेतु का कारण–तुम्हारे आने से मेरा काम सफल होगा। धूप कड़ी होने के कारण वे पेड़ की छाया में ठहर गए। वह मारे डर के काँपने लगा।

(आ) कार्य व निमित्त–पीने को पानी लाओ। हम नाटक देखने को गए थे। वह मेरे लिए एक किताब लाया। आपको नमस्कार है।

(इ) द्रव्य (उपादान कारण)–गाय के चमड़े के जूते बनाए जाते हैं। शक्कर से मिठाई बनती है।

(ई) विरोध–भलाई करते बुराई होती है। मेरे देखते भेड़िया बच्चे को उठा ले गया। तूफान आने पर भी उसने जहाज चलाया। मेरे रहते किसी को इतनी सामर्थ्य नहीं है।

697. पूर्वोक्त विवेचन के अनुसार साधारण वाक्य के अवयव जिस क्रम से प्रदर्शित करना चाहिए, उसका विचार यहाँ किया जाता है–

(1) वाक्य का साधारण उद्देश्य लिखो।

(2) यदि उद्देश्य के कोई गुणवाचक शब्द हों तो उन्हें लिखो।

(3) साधारण विधेय बताओ, और यदि विधेय में अपूर्ण क्रिया हो, तो उसकी पूर्ति लिखो।

(4) यदि विधेय में सकर्मक क्रिया हो, तो उसका कर्म बताओ और यदि क्रिया द्विकर्मक अथवा अपूर्ण सकर्मक हो, तो क्रमशः उसका गौणकर्म व पूर्ति भी लिखो।

(5) विधेयपूरक के गुणवाचक शब्दों को विधेयपूरक के साथ ही लिखो।

(6) विधेयवर्द्धक बताओ।

इस सूची से नीचे लिखे दो कोष्ठक प्राप्त होते हैं:

<table>
<tr><th colspan="2">उद्देश्य</th><th colspan="4">विधेय</th></tr>
<tr><td rowspan="2">साधारण उद्देश्य</td><td rowspan="2">उद्देश्यवर्धक</td><td rowspan="2">साधारण विधेय</td><td colspan="2">विधेयपूरक</td><td rowspan="2">विधेयविस्तारक</td></tr>
<tr><td>कर्म</td><td>पूर्ति</td></tr>
</table>

उद्देश्य	{	साधारण उद्देश्य	... ...
		उद्देश्यवर्धक	... ...
विधेय	{	साधारण विधेय	... ...
		विधेयपूरक कर्म	... ...
		विधेयविस्तारक पूर्ति	... ...

(सू.—इन कोष्ठकों में से पहला अधिक प्रचलित है।)

698. पृथक्करण के कुछ उदाहरण—

(1) पानी बरसा।
(2) वह आदमी पागल हो गया।
(3) सभापति ने अपना भाषण पढ़ा।
(4) इसमें वह बेचारा क्या कर सकता था?
(5) सीढ़ी के सहारे मैं जहाज पर जा पहुँचा।
(6) एक सेर घी बस होगा।
(7) खेत का खेत सूख गया।
(8) यहाँ आए मुझे दो वर्ष हो गए।
(9) दुर्गंध के मारे वहाँ बैठा नहीं जाता था।
(10) यह अपमान, भला, किससे सहा जाएगा?
(11) नेपालवाले बहुत दिनों से अपना राज्य बढ़ाते चले आते थे।
(12) विद्वान् को सदा धर्म की चिंता करनी चाहिए।
(13) मुझे ये दान ब्राह्मणों को देने हैं।
(14) मीरकासिम ने मुंगेर ही को अपनी राजधानी बनाया।
(15) उसका कहना झूठ समझा गया।

उद्देश्य			**विधेय**			
वाक्य	**साधारण उद्देश्य**	**उद्देश्य वर्धक**	**साधारण विधेय**	**विधेयपूरक**		**विधेयविस्तारक**
				कर्म	**पूर्ति**	
(1)	पानी	0	गिरा	0	0	0
(2)	आदमी	वह	हो गया	0	पागल	0
(3)	सभापति ने	0	पढ़ा	अपना	0	0
				भाषण	0	
(4)	वह	बेचारा	कर सकता था	क्या		इसमें (स्थान)

(5)	मैं	०	जा पहुँचा	०	०	सीढ़ी के सहारे (साधन), जहाज पर (स्थान)
(6)	घी	एक सेर	होगा	०	बस	०
(7)	खेत का खेत	०	सूख गया	०	०	०
(8)	वर्ष	दो	हो गए	०	०	मुझे यहाँ आए (काल)
(9)	दीवार	दो फुट ऊँची	है	०	०	राजमंदिर से बीस फुट की दूरी पर (स्थान) चारों तरफ (स्थान)
(10)	बैठना (लुप्त) (क्रियांतर्गत) अथवा 'किसी से' लुप्त	०	बैठा नहीं जाता था	०	०	दुर्गंध के मारे (कारण), वहाँ (स्थान)
(11)	अपमान	यह	सहा जाएगा	०	०	किससे (द्वारा)
(12)	नेपालवाले	०	चले आते थे	०	०	अपना राज्य बढ़ाते (रीति) बहुत दिनों से (काल)
(13)	विद्वान् को	०	करनी चाहिए	धर्म की चिंता	०	सदा (काल)
(14)	मुझे	०	देने हैं	ये दान (मुख्य) ब्राह्मणों को (गौण)	०	०
(15)	मीर कासिम ने	०	बनाया	मुंगेर को	अपनी राजधानी	०
(16)	कहना	उसका	समझा गया	०	झूठ	०

चौथा अध्याय

मिश्र वाक्य

699. मिश्र वाक्य में मुख्य उपवाक्य एक ही रहता है, पर आश्रित उपवाक्य एक से अधिक आ सकते हैं। आश्रित उपवाक्य तीन प्रकार के होते हैं : संज्ञा उपवाक्य, विशेषण उपवाक्य और क्रिया-विशेषण उपवाक्य।

(क) मुख्य उपवाक्य की किसी संज्ञा या संज्ञा वाक्यांश के बदले जो उपवाक्य आता है, उसे संज्ञा उपवाक्य कहते हैं; जैसे—तुमको कब योग्य है कि वन में बसो इस वाक्य में 'वन में बसो' आश्रित उपवाक्य है और यह उपवाक्य मुख्य उपवाक्य के 'वन में बसना' संज्ञा वाक्यांश के बदले आया है। मुख्य उपवाक्य में इस संज्ञा उपवाक्य का उपयोग इस तरह होगा तुमको वन में बसना कब योग्य है? इसी तरह 'इस मेले का मुख्य उद्देश्य है कि व्यापार की वृद्धि हो' इस मिश्र वाक्य में 'व्यापार की वृद्धि हो' यह उपवाक्य मुख्य उपवाक्य की संज्ञा 'व्यापार की वृद्धि' के बदले आया है।

(ख) मुख्य उपवाक्य की किसी संज्ञा की विशेषता बतानेवाला उपवाक्य विशेषण उपवाक्य कहलाता है; जैसे—'जो मनुष्य धनवान् होता है, उसे सभी चाहते हैं।' इस वाक्य में 'जो' मनुष्य धनवान् होता है, यह आश्रित उपवाक्य मुख्य उपवाक्य के 'धनवान्' विशेषण के स्थान में प्रयुक्त हुआ है। मुख्य उपवाक्य में यह विशेषण इस तरह रखा जाएगा—धनवान् मनुष्य को सभी चाहते हैं; और यहाँ 'धनवान्' विशेषण 'मनुष्य' संज्ञा की विशेषता बतलाता है। इसी तरह 'यहाँ ऐसे कई लोग हैं, जो दूसरों की चिंता नहीं करते' यह उपवाक्य मुख्य उपवाक्य के 'दूसरों की चिंता न करनेवाले' विशेषण के बदले आया है, जो 'मनुष्य' संज्ञा की विशेषता बतलाता है।

(ग) क्रिया-विशेषण उपवाक्य मुख्य उपवाक्य की क्रिया को विशेषता बतलाता है; जैसे—'जब सबेरा हुआ, तब हम लोग बाहर गए।' इस मिश्र वाक्य में 'जब सबेरा हुआ' क्रिया-विशेषण उपवाक्य है। वह प्रमुख उपवाक्य के 'सबेरा' क्रिया-विशेषण के स्थान में आया है। मुख्य उपवाक्य में इस क्रिया-विशेषण का प्रयोग यों होगा 'सबेरे हम लोग बाहर गए'; और वहाँ यह क्रिया-विशेषण 'गए' क्रिया की विशेषता बतलाता है। इसी प्रकार 'मैं तुम्हें वहाँ भेजूँगा जहाँ कंस गया है' इस मिश्र वाक्य में 'जहाँ कंस गया है' यह आश्रित उपवाक्य मुख्य उपवाक्य के 'कंस के जाने के स्थान में' क्रिया-विशेषण वाक्यांश के बदले आया है जो 'भेजूँगा' की विशेषता बतलाता है।

(टि.—ऊपर के विवेचन से सिद्ध होता है कि आश्रित उपवाक्यों के स्थान में उनकी जाति के अनुरूप, उसी अर्थ की संज्ञा विशेषण अथवा क्रिया विशेषण रखने से मिश्र वाक्य साधारण वाक्य हो जाता है; और इसके विरुद्ध साधारण वाक्यों की संज्ञा विशेषण व क्रिया विशेषण के बदले, उनकी जाति के अनुरूप उसी अर्थ के संज्ञा उपवाक्य विशेषण उपवाक्य अथवा क्रिया-विशेषण उपवाक्य रखने से साधारण वाक्य मिश्र वाक्य बन जाता है।)

700. जिस प्रकार साधारण वाक्य में समानाधिकरण संज्ञाएँ, विशेषण व क्रिया-विशेषण आ सकते हैं, उसी प्रकार मिश्र वाक्य में दो व अधिक समानाधिकरण आश्रित उपवाक्य भी आ सकते हैं। उदाहरण : हम चाहते हैं कि लड़के निरोग रहें और विद्वान् हों। इस मिश्र वाक्य में 'हम चाहते हैं' मुख्य उपवाक्य है और 'लड़के निरोग रहें' और 'विद्वान् हों' ये दो आश्रित उपवाक्य हैं। ये दोनों उपवाक्य 'चाहते हैं' क्रिया के कर्म हैं, इसलिए दोनों समानाधिकरण संज्ञा उपवाक्य हैं। यदि इनके स्थान में संज्ञाएँ रखी जावें, तो ये दोनों समानाधिकरण होंगे; जैसे–'हम लड़कों का निरोगी रहना और उनका विद्वान् होना चाहते हैं' इस वाक्य में 'रहना' और 'होना' संज्ञाओं का 'चाहते हैं' क्रिया से ही एक प्रकार का कर्म का संबंध है, इसलिए ये दोनों संज्ञा समानाधिकरण हैं।

(क) मिश्र वाक्य में जिस प्रकार प्रधान उपवाक्य के संबंध से आश्रित उपवाक्य आते हैं; उसी प्रकार आश्रित उपवाक्यों के संबंध से भी आश्रित उपवाक्य आ सकते हैं; जैसे–नौकर ने कहा कि जिस दुकान में गया था, उसमें दवा नहीं मिली। इस वाक्य में 'मैं जिस दुकान में गया था' यह उपवाक्य 'उसमें दवा नहीं मिली' इस संज्ञा उपवाक्य का विशेषण उपवाक्य है। इस पूरे उपवाक्य में एक ही प्रधान उपवाक्य है; इसलिए यह समूचा वाक्य मिश्र ही है।

701. आश्रित उपवाक्यों के संज्ञा उपवाक्य, विशेषण उपवाक्य और क्रिया-विशेषण उपवाक्य ये तीन ही भेद होते हैं। उनके और अधिक भेद नहीं हो सकते, क्योंकि संज्ञाविशेषण और क्रिया-विशेषण के बदले तो दूसरे उपवाक्य आ सकते हैं; परंतु क्रिया का आशय दूसरे उपवाक्य से प्रकट नहीं किया जा सकता। इनको छोड़कर वाक्य में और कोई ऐसे अवयव नहीं होते, जिनके स्थान में वाक्य की योजना की जा सके।

संज्ञा उपवाक्य

702. संज्ञा उपवाक्य मुख्य वाक्य के संबंध से बहुधा नीचे लिखे किसी एक स्थान में आता है :

(क) उद्देश्य–इससे जान पड़ता है, कि 'बुरी संगति का फल बुरा होता है।' मालूम होता है, कि 'हिंदू लोग भी इसी घाटी से होकर हिंदुस्तान में आए थे।'

(ख) कर्म–वह जानती भी नहीं, कि 'धर्म किसे कहते हैं।' मैंने सुना है कि 'आपके देश में अच्छा राजप्रबंध है।'

(ग) पूर्ति–मेरा विचार है, कि 'हिंदी का एक साप्ताहिक पत्र निकालूँ।' उसकी इच्छा है, कि 'आपको मारकर दिलीप सिंह को गद्दी पर बैठावें।'

(घ) समानाधिकरण शब्द–इसका फल यह होता है, कि 'इनकी तादाद अधिक नहीं होने पाती।' यह विश्वास दिन पर दिन बढ़ता जाता है, कि 'मरे हुए मनुष्य इस संसार में लौट आते हैं।'

(सू.–संज्ञा उपवाक्य केवल मुख्य विधेय ही का कर्म नहीं होता, किंतु मुख्य उपवाक्य में आनेवाले कृदंत का भी कर्म हो सकता है; जैसे–आप यह सुनकर प्रसन्न

होंगे कि इस नगर में अब शांति है। चोर से यह कहना कि तू साहूकार है, वक्रोक्ति कहाती है।)

703. संज्ञा उपवाक्य बहुधा स्वरूपवाचक समुच्चयबोधक 'कि' से आरंभ होता है; जैसे–वह कहता है 'कि मैं कल जाऊँगा।' आपको कब योग्य है, 'कि वन में बसो।'

(क) पुरानी भाषा में तथा कहीं-कहीं आधुनिक भाषा में 'कि' के बदले 'जो' का प्रयोग पाया जाता है। यथा–बाबा से समझायकर कहो, 'जो वे मुझे ग्वालों के संग पठाय दें' (प्रेम.)। यही कारण है 'जो मर्म ही उनकी समझ में नहीं आता' (स्वा.)।

(ख) जब आश्रित उपवाक्य मुख्य उपवाक्य के पहले आता है, तब 'कि' का लोप हो जाता है और मुख्य उपवाक्य में 'यह' निश्चयवाचक सर्वनाम आश्रित उपवाक्य का समानाधिकरण होकर आता है; जैसे–'परमेश्वर एक है' यह धर्म की बात है। 'मैं आपको भूल जाऊँ' यह कैसे हो सकता है?

(ग) कर्म के स्थान में आनेवाले आश्रित उपवाक्य के पूर्व 'कि' का बहुधा लोप कर देते हैं; जैसे–पड़ोसिन ने कहा, मुझे दवाई की जरूरत नहीं। क्या जाने किसी के मन में क्या है।

(घ) कविता में 'कि' का प्रयोग बहुत कम करते हैं; जैसे–

लषन लखेउ भा अनरथ आजू।
सकल सुकृत कर फल सुत एहू।
राम-सीय-पद सहज सनेहू।।

(ङ) संज्ञा उपवाक्य कभी-कभी प्रश्नवाचक होते हैं, और मुख्य उपवाक्य में बहुधा 'यह', 'ऐसा' अथवा 'क्या' सर्वनाम का प्रयोग होता है। जैसे–राजा ने यह न जाना 'कि मैं क्या कह रहा हूँ, ऊषा क्या देखती है 'चारों ओर बिजली चमकने लगी'। एक दिन ऐसा हुआ, कि 'युद्ध के समय अचानक ग्रहण पड़ा।'

विशेषण उपवाक्य

704. विशेषण उपवाक्य मुख्य उपवाक्य की किसी संज्ञा की विशेषता बतलाता है, इसलिए वाक्य में जिन-जिन स्थानों में संज्ञा आती है, उन्हीं स्थानों में उसके साथ विशेषण उपवाक्य लगाया जा सकता है; जैसे–

(क) उद्देश्य के साथ–जो सोया उसने खोया। एक बड़ा बुद्धिमान डॉक्टर था जो राजनीति के तत्त्व को अच्छी तरह समझता था?

(ख) कर्म के साथ–वहाँ जो कुछ देखने योग्य था, मैंने सब देख लिया। यह ऐसी बातें कहता है, जिनसे सबको बुरा लगता है।

(ग) पूर्ति के साथ–वह कौन सा मनुष्य है, जिसने महाप्रतापी राजा भोज का नाम न सुना हो। राजा का घातक एक सिपाही निकला, जिसने एक समय उसके प्राण बचाए थे।

(घ) विधेयविस्तारक के साथ–आप उस अपकीर्ति पर ध्यान नहीं देते जो बालहत्या के कारण सारे संसार में होती है। उन्होंने जो कुछ दिया उसी से मुझे परम संतोष है।

(सू.–ऊपर जो चार मुख्य अवयव बताए गए हैं उनसे यह न समझना चाहिए कि विशेषण उपवाक्य मुख्य उपवाक्य की और किसी संज्ञा के साथ नहीं आता। यथार्थ में विशेषण उपवाक्य मुख्य उपवाक्य की किसी संज्ञा की विशेषता बतलाता है। उदाहरण : आपने इस अनित्य शरीर का, जो अल्प ही काल में नाश हो जाएगा, इतना मोह किया! इस वाक्य में विशेषण उपवाक्य 'जो अल्प ही काल में नाश हो जाएगा' उद्देश्यवर्धक संज्ञा 'शरीर' के साथ आया है।)

705. विशेषण उपवाक्य संबंधवाचक सर्वनाम 'जो' से आरंभ होता है और मुख्य उपवाक्य में उसका नित्यसंबंधी सो, वा 'वह' आता है। कभी-कभी जो और सो से बने हुए जैसा, जितना और वैसा, उतना भी आते हैं। इनमें से पहले दो विशेषण उपवाक्य में और पिछले दो मुख्य उपवाक्य में रहते हैं। उदाहरण : जिसकी लाठी उसकी भैंस। जैसा देश वैसा भेष।

(क) विशेषण उपवाक्य में कभी-कभी संबंधवाचक क्रिया-विशेषण जब जहाँ जैसे और जितने भी आते हैं, यथा वे उन देशों में पल सकते हैं, जहाँ उनकी जाति का पहले नाममात्र न था।

जैसे जाय मोह भ्रम भारी।
करहुसो यतन विवेक विचारी॥

इन उदाहरणों में जहाँ=जिस स्थान में; और जैसे=जिस उपाय से।

(सू.–इन संयोजक शब्दों के साथ कभी-कभी 'कि' अव्यय (फारसी रचना के अनुकरण पर) लगा दिया जाता है; जैसे–मैंने एक सपना देखा है कि जिसके आगे अब यह सारा खटराग सपना मालूम होता है (गुटका.)। ऐसी नहीं जैसी कि अब प्रतिकूलता है हाल में (भारत.)।)

(ख) कभी-कभी विशेषण उपवाक्य में एक से अधिक संबंधवाचक सर्वनाम (व विशेषण) आते हैं; और मुख्य उपवाक्य में उनमें से प्रत्येक के नित्यसंबंध शब्द आते हैं; जैसे–जो जैसी संगति करै सो तैसो फल पाय। जो जितना माँगता, उसको उतना दिया जाता।

(ग) कभी-कभी संबंधवाचक और नित्यसंबंधी शब्दों में से किसी एक प्रकार के शब्दों का (अथवा पूरे उपवाक्य का) लोप हो जाता है; जैसे–हुआ सो हुआ। जो आज्ञा। सच हो सो कह दो।

(घ) कभी-कभी संबंधवाचक सर्वनाम के स्थान में प्रश्नवाचक सर्वनाम आता है, परंतु नित्यसंबंधी सर्वनाम नियमानुसार रहता है; जैसे–अब शिक्षण क्या है, सो हम तुम्हें बताते हैं। फिर आगे क्या हुआ, सो किसी को न जान पड़ा।

(सू०—पहले (703-ड. में) कहा गया है कि संज्ञा उपवाक्य प्रश्नवाचक होते है; इसलिए प्रश्नवाचक संज्ञा-उपवाक्य और प्रश्नवाचक विशेषण उपवाक्य का अंतर समझना आवश्यक है। जब पहले प्रकार के उपवाक्य मुख्य उपवाक्य के पश्चात् आते हैं, तब उनकी पहचान में विशेष कठिनाई नहीं पड़ती, क्योंकि एक तो वे बहुधा 'कि' समुच्चयबोधक से आरंभ होते हैं, और दूसरे, वे मुख्य उपवाक्य के किसी लुप्त व प्रकट शब्द के समानाधिकरण होते हैं जैसे, मैं जानता हूँ कि तुम क्या कहनेवाले हो। इस मिश्र वाक्य में जो आश्रित उपवाक्य है वह मुख्य उपवाक्य के 'यह' (लुप्त) शब्द् का समानाधिकरण है और संज्ञा उपवाक्य है। अब यदि हम इस उपवाक्य को, मुख्य उपवाक्य के पूर्व रखकर इस तरह कहें कि 'तुम क्या कहनेवाले हो, यह में जानता हूँ' तो यह उपवाक्य भी संज्ञा-उपवाक्य है, क्योंकि यह मुख्य उपवाक्य में 'यह' शब्द का समानाधिकरण है। यथार्थ में 'यह' शब्द प्रश्नवाचक संज्ञा उपवाक्य के संबंध से मुख्य उपवाक्यों में सदैव आता है अथवा समझा जाता है। पर प्रश्नवाचक विशेषण वाक्यों के साथ मुख्य वाक्य में बहुधा नित्य संबंधी 'सा' अथवा 'वह' रहता है और उसका संबंध पूरे वाक्य में न रहकर केवल उसी शब्द से रहता है, जिसके साथ प्रश्नवाचक व संबंध वाचक सर्वनाम आता है; जैसे—फिर उसकी क्या दशा हुई सो (वह) मैं नहीं जानता। इस वाक्य में 'सो' अथवा 'वह' का संबंध आश्रित उपवाक्य की 'दशा' 'संज्ञा' से है और यह आश्रित उपवाक्य विशेषण उपवाक्य है।)

(ङ) कभी-कभी मुख्य उपवाक्य में संज्ञा और उसके सर्वनाम, दोनों आते हैं; जैसे—पानी जो बादलों से बरसता है वह मीठा रहता है। पहला कमरा जहाँ मैं गया, उसमें अंधे सिपाहियों को मर्दन अथवा मालिश। करने का काम सिखलाया जाता है (सर.)।

(सू.—इस प्रकार की रचना जिसमें पहली संज्ञा का उपयोग करके पश्चात् उसका संबंधवाचक सर्वनाम रखते हैं और फिर भी कभी-कभी उस संज्ञा के बदले निश्चयवाचक सर्वनाम भी लाते हैं, अंग्रेजी के सम्बन्धवाचक सर्वनाम की इस प्रकार की रचना के अनुकरण का फल जान पड़ता है।[1] यह रचना हिंदी में आजकल बढ़ रही है; परन्तु पिछले निश्चयवाचक सर्वनाम का उपयोग क्वचित् होता है; जैन, सर्वदर्शी सर्वशक्तिमान, जगदीश्वर का जो घट घट का अन्तर्यामी है, आपके मन में कुछ भी भय उत्पन्न न हुआ (गुटका.)। जम्बूद्वीप नाम का प्रदीप जो दीपक के समान मान को पाता है, प्रसिद्ध क्षेत्र है (श्यामा.)। कहीं-कहीं नदी की तली मोटी रेत से, जिसमें बहुधा बारीक रेत भी मिली होती है, ढँकी रहती है।)

1. प्रेमसागर में भी ऐसी रचाना पाई जाती है, जिससे प्रकट होता है कि या तो यह रचना हिंदी में बहुत पुरानी है और अँग्रेजी रचना से इसका कोई संबंध नहीं है, किंतु फारसी रचना से है, संस्कृत में ऐसी रचना नहीं) या लल्लू जी लाल पर भी अँग्रेजी का प्रभाव पड़ा है। प्रेमसागर का उदाहरण यह है यह पाप-रूप, काल-आवरण डरावनी मूरत जो आपके समुख खड़ा है, सो पाप है। प्राचीन कविता में इस रचना के उदाहरण नहीं मिलते।

(च) कभी-कभी विशेषण उपवाक्य विशेषण के समान मुख्य उपवाक्य की संज्ञा का अर्थ मर्यादित नहीं करता, किंतु उसके विषय में कुछ अधिक सूचना देता है; जैसे–उसने एक नेवला पाला था, जिस पर उसका बड़ा प्रेम था। इस वाक्य का यह अर्थ नहीं है कि उसने वही नेवला पाला था, जिस पर उसका बड़ा प्रेम था; किंतु इसका अर्थ यह कि उसने एक (कोई) नेवला पाला था और उस पर उसका प्रेम हो गया। इसी प्रकार इस (अगले) वाक्य में विशेषण उपवाक्य मर्यादित नहीं, किंतु समानाधिकरण है, इन कवियों की आमोदप्रियता और अपव्यय की अनेक कथाएँ सुनी जाती हैं, जिनका उल्लेख यहाँ आवश्यक है (सर.)। इस अर्थ के विशेषण उपवाक्य बहुधा मुख्य उपवाक्य के पश्चात् आते हैं और उनके संबंधवाचक सर्वनाम के बदले विकल्प से 'और' के साथ निश्चयवाचक सर्वनाम रखा जा सकता है। ऐसे उपवाक्य को विशेषण उपवाक्य न मानकर समानाधिकरण उपवाक्य मानना चाहिए।

(सू.–इस रचना के संबंध में भी बहुधा यह संदेह हो सकता है कि यह अँग्रेजी रचना का अनुकरण है; पर सबसे प्राचीन गद्य ग्रंथ प्रेमसागर में भी यह रचना है; जैसे–(वे) सब धर्मों से उत्तम धर्म कहेंगे, जिससे तू जन्म-मरण से छूट भवसागर पार होगा। प्राचीन कविता में भी इस रचना के उदाहरण पाए जाते हैं; जैसे–

रामनाम की कल्पतरु कलि कल्याण निवास।
जो सुमिरत भये भाग तें तुलसी तुलसीदास॥

इन उदाहरणों से सिद्ध होता है कि (अँग्रेजी के समान) हिंदी में विशेषण उपवाक्य दो अर्थों में आता है : मर्यादिक और समानाधिकरण; और पिछले अर्थ में उसे विशेषण उपवाक्य का नाम देना अशुद्ध है।

क्रिया-विशेषण उपवाक्य

706. क्रिया-विशेषण उपवाक्य मुख्य उपवाक्य की क्रिया की विशेषता बतलाता है। जिस प्रकार क्रिया-विशेषण विधेय को बढ़ाने में उनका काल, स्थान, रीति, परिमाण, कारक और फल प्रकाशित करता है उसी प्रकार क्रिया-विशेषण उपवाक्य मुख्य उपवाक्य के विधेय का अर्थ इन्हीं अवस्थाओं में बढ़ाता है। क्रिया-विशेषण के समान क्रिया-विशेषण उपवाक्य मुख्य उपवाक्य के विशेषण अथवा क्रिया-विशेषण की विशेषता बताता है; जैसे–

क्रिया की विशेषता–'जो आप आज्ञा देवें' हम जन्मभूमि देख आवे (आपके आज्ञा देने पर)।

विशेषण की विशेषता–'इन नदियों का पानी इतना ऊँचा पहुँच जाता है कि बड़े-बड़े पूर आ जाते है।' (=बड़े-बड़े पूर आने के योग्य।)

क्रिया-विशेषण की विशेषता–'गाड़ी इतने धीरे चली कि शहर के बाहर दिन निकल आया।' (=शहर के बाहर दिन निकलने के समय तक।)

(सू.–मिश्र वाक्यों में क्रिया-विशेषण उपवाक्यों की संख्या अन्य आश्रित उपवाक्यों की अपेक्षा अधिक रहती है।)

707. क्रिया-विशेषण उपवाक्य पाँच प्रकार के होते हैं : (1) कालवाचक, (2) स्थानवाचक, (3) रीतिवाचक, (4) परिमाणवाचक, (5) कार्य-कारणवाचक।

(1) कालवाचक क्रिया-विशेषण उपवाक्य

707. (क) कालवाचक क्रिया-विशेषण उपवाक्य से नीचे लिखे अर्थ सूचित होते हैं :

(क) निश्चित काल–'जब किसान यह फंदा खोलने को आवे, तब तुम साँस रोककर मुर्दे के समान पड़ जाना'। 'ज्योंही मैं आपको पत्र लिखने लगा, त्योंही आपका पत्र आ पहुँचा'।

(ख) काल व स्थिति–'जब तक हाथ से पुस्तकें लिखने की चाल रही', तब तक ग्रंथ बहुत ही संक्षेप में लिखे जाते थे। 'जब आँधी बड़े जोर से चल रही थी', वह एक टापू पर जा पहुँचा।

(ग) संयोग का पौनःपुन्य–'जब-जब मुझे काम पड़ा', तब-तब आपने सहायता दी। जब कभी कोई दीन-दुखी उसके द्वार पर आता, तब वह उसे अन्न और वस्त्र देता।

708. कालवाचक क्रिया-विशेषण उपवाक्य जब, ज्योंही, जब जब, जब तब, और जब कभी संबंधवाचक क्रिया-विशेषणों से आरंभ होते हैं; और मुख्य उपवाक्य में उनके नित्यसंबंधी तब, त्योंही, तब तब, तब तक आते हैं।

(2) स्थानवाचक क्रिया-विशेषण उपवाक्य

709. स्थानवाचक क्रिया-विशेषण उपवाक्य मुख्य उपवाक्य के संबंध से नीचे लिखी अवस्थाएँ सूचित करता है :

(क) स्थिति–जहाँ अभी समुद्र है, वहाँ किसी समय जंगल था, 'जहाँ सुमति तहँ संपति नाना।'

(ख) गति का आरंभ–वे लोग भी वहीं से आए, 'जहाँ से आर्य लोग आए थे'। 'जहाँ से शब्द आता था' वहाँ से एक सवार आता हुआ दिखाई दिया।

(ग) गति का अंत–'जहाँ तुम गए थे, वहाँ गणेश भी गया था'। 'मैं तुम्हें वहाँ भेजूँगा जहाँ कंस गया है'।

710. स्थानवाचक क्रिया-विशेषण उपवाक्य में जहाँ, जहाँ से, जिधर आते हैं और मुख्य उपवाक्य में उनके नित्यसंबंधी, तहाँ (वहाँ) वहाँ से और उधर रहते हैं।

(सू.–(1) 'जहाँ का अर्थ कभी-कभी कालवाचक होता है। जैसे–'यात्रा में जहाँ पहले दिन लगते थे', 'वहाँ अब घंटे लगते हैं'।)

(2) 'जहाँ तक' का अर्थ बहुधा परिमाणवाचक होता है; जैसे–'जहाँ तक हो सके टेढ़ी गलियाँ, सीधी कर दी जावें' (दे. अंक 713)।

(3) रीतिवाचक क्रिया-विशेषण उपवाक्य

711. रीतिवाचक क्रिया-विशेषण उपवाक्य से समता और विषमता का अर्थ पाया जाता है; जैसे–दोनों वीर ऐसे टूटे, जैसे–'हाथियों के यूथ पर सिंह टूटे।' जैसे–'प्राणी आहार से जीते हैं' वैसे ही पेड़ खाद से बढ़ते हैं। जैसे–'आप बोलते हैं' वैसे मैं नहीं बोल सकता

अस कहि कुटिल भई उठि ठाढ़ी।
मानहु रोष तरंगिनि बाढ़ी।।

712. रीतिवाचक क्रिया-विशेषण उपवाक्य, जैसे–ज्यों (कविता में) 'मानों' से आरंभ होते हैं और मुख्य उपवाक्य में उनके नित्संबंधी वैसे (ऐसे), कैसे, त्यों आते हैं।

(4) परिमाणवाचक क्रिया-विशेषण उपवाक्य

713. परिमाणवाचक क्रिया-विशेषण उपवाक्य से अधिकता, तुल्यता न्यूनता अनुपात आदि का बोध होता है; जैसे–'ज्यों-ज्यों भीजै कामरी', 'त्यों-त्यों भारी होय।' 'जैसे-जैसे आमदनी बढ़ती है' वैसे-वैसे खर्च भी बढ़ता जाता है। 'जहाँ तक हो सके' यह काम अवश्य करना। 'जितना दूर यह रहेगा' उतनी ही कार्यसिद्धि होगी।

714. परिमाणवाचक क्रिया-विशेषण उपवाक्य में ज्यों-ज्यों, जैसे-जैसे जहाँ तक, जितना कि, आते हैं और मुख्य उपवाक्य में उनके नित्यसंबंधी वैसे-वैसे (तैसे-तैसे), त्यों-त्यों, वहाँ तक, उतना, यहाँ तक रहते हैं।

715. ऊपर लिखे चार प्रकार के उपवाक्यों में जो संबंधवाचक क्रिया-विशेषण और उनके नित्यसंबंधी शब्द आते हैं, उनमें कभी-कभी किसी एक प्रकार के शब्दों का लोप हो जाता है; जैसे–जब तक मर्म न जाने, वैद्य औषधि नहीं दे सकता। कदाचित् जहाँ पहले महाद्वीप थे, अब समुद्र हों।

वर्षाहिं, जलद भूमि नियराये।
यथा नवाह बुध विद्या पाये।।

716. कभी-कभी संबंधवाचक क्रिया-विशेषणों के बदले संबंधवाचक विशेषण और संज्ञा से बने हुए वाक्यांश, और नित्यसंबंधी शब्दों के बदले निश्चयवाचक विशेषण और संज्ञा से बने हुए वाक्यांश आते हैं। ऐसी अवस्थाओं में आश्रित उपवाक्यों को विशेषण उपवाक्य मानना उचित है, क्योंकि यद्यपि ये वाक्यांश क्रिया-विशेषणों के पर्यायी हैं, तथापि इसमें संज्ञा की प्रधानता रहती है (दे. अंक 705), जैसे जिस काल श्रीकृष्ण हस्तिनापुर को चले, उस समय की शोभा कुछ बरनी नहीं जाती। जिस जगह से वह आता है, उसी जगह लौट जाता है। जिस प्रकार तहखानों का पता नहीं चलता, उसी प्रकार मनुष्य के मन का रहस्य नहीं मालूम होता।

(5) कार्यकारणवाचक क्रिया-विशेषण उपवाक्य

717. कार्यकारणवाचक क्रिया-विशेषण उपवाक्यों से नीचे लिखे अर्थ पाए जाते हैं।

(1) हेतु व कारण–हम उन्हें सुख देंगे, 'क्योंकि उन्होंने हमारे लिए बड़ा दुःख सहा है'। वह इसलिए नहाता है कि ग्रहण लगा है।

(2) संकेत–'जो यह प्रसंग चलता' तो मैं भी सुनता। 'यदि उनके मत के विरुद्ध कोई कुछ करता है' तो वे उस तरफ बहुत कम ध्यान देते हैं।

(3) विरोध–'यद्यपि इस समय मेरी चेतना शक्ति मूर्छित सी हो रही है' तो भी वह दृश्य आँखों के सामने घूम रहा है। सब काम वे अकेले नहीं कर सकते, 'चाहे वे कैसे ही होशियार क्यों न हो।'

(4) कार्य व निमित्त–इस बात की चर्चा हमने इसलिए की है 'कि उसकी शंका दूर हो जावे।', 'तपोवन वासियों के कार्य में विघ्न न हो' इसलिए रथ को यहीं रखिए।

(5) परिणाम व फल–'इन नदियों का पानी इतना ऊँचा पहुँच जाता है कि बड़े-बड़े पूर आ जाते हैं।' मुझे मारना नहीं 'जो मैं तेरा पक्ष करूँ।'

718. कार्यकारणवाचक क्रिया-विशेषण उपवाक्य व्यधिकरण समुच्चय-बोधकों से आरंभ होते हैं; जो बहुधा जोड़े से आते हैं। इसकी सूची नीचे दी जाती है।

आश्रित वाक्य में	**मुख्य वाक्य में**
कि	इसलिए, इतना
	ऐसा, यहाँ तक
क्योंकि	0
जो, यदि, अगर,	तो, तथापि, तो भी
यद्यपि	किंतु
चाहे कैसा, कितना।	
कितना क्यों	तो भी, पर
जो, जिससे, ताकि	0

719. इन दुहरे समुच्चयबोधकों में से कभी-कभी किसी एक का लोप हो जाता है; जैसे–बुरा न मानो तो एक बात कहूँ। वह कैसा ही कष्ट होता, सह लेता था।

720. अब कुछ मिश्र वाक्यों का पृथक्करण बताया जाता है। इसमें मुख्य और आश्रित उपवाक्यों का परस्पर संबंध बताकर साधारण वाक्यों के समान इनका पृथक्करण किया जाता है।

(1) बड़े संतोष की बात है कि ऐसे सहृदय सज्जनों के सामने हमें अभिनय दिखलाने का अवसर प्राप्त हुआ है।

यह समूचा वाक्य मिश्र वाक्य है। इसमें 'बड़े संतोष की बात है' मुख्य उपवाक्य है और दूसरा उपवाक्य संज्ञा उपवाक्य है। यह संज्ञा उपवाक्य मुख्य उपवाक्य की बात का समानाधिकरण है। इन दोनों उपवाक्यों का पृथक्करण अलग साधारण वाक्यों के समान करना चाहिए, यथा

वाक्य	प्रकार	उद्देश्य			विधेय				
		साधा. उद्देश्य	उद्देश्य वर्धक	साधा. विधेय	कर्म	पूर्ति	विधेय विस्तारक	संयोजक शब्द
बड़े संतोष की बात है	मुख्य उपवाक्य	बात	बड़े संतोष की	है	...	...	...	...
कि ऐसे सहृदय सज्जनों के सामने हमें अभिनय दिखलाने का अवसर प्राप्त हुआ है।	संज्ञा उपवाक्य, मुख्य उपवाक्य की 'बात' संज्ञा का समानाधिकरण	अवसर	ऐसे सहृदय सज्जनों के सामने अभिनय दिखलाने का	हुआ है	...	प्राप्त	हमें	कि

(2) स्वामी यहाँ कौन तुम्हारा बैरी है जिसके बधने को कोप कर कृपाण हाथ में ली है (मिश्र उपवाक्य)।

(क) स्वामी यहाँ कौन तुम्हारा बैरी है। (मुख्य उपवाक्य)

(ख) जिसके बधने को कोप कर कृपाण हाथ में ली है। (विशेषण उपवाक्य (क) का)

वाक्य	प्रकार	उद्देश्य			विधेय			
		साधा. उद्देश्य	उद्देश्य वर्धक	साधा. विधेय	कर्म	पूर्ति	विधेय विस्तारक	संयोजक शब्द
(क)	मुख्य उपवाक्य	कौन	...	है	...	तुम्हारा बैरी	यहाँ	...
(ख)	विशेषण उपवाक्य (क) का	तुमने (लुप्त)	...	ली है	कृपाण	...	जिसके बधने का कोप कर, हाथ में	...

(3) वेग चली आ जिससे सब एक संग क्षेमकुशल से कुटी में पहुँचे। (मिश्र वाक्य)

(क) वेग चली आ। (मुख्य उपवाक्य)

(ख) जिससे सब एकसंग क्षेमकुशल से कुटी में पहुँचें। (क्रिया-विशेषण उपवाक्य (क) का)

वाक्य	प्रकार	उद्देश्य			विधेय			वाक्य
		साधा. उद्देश्य	उद्देश्य वर्धक	साधा. विधेय	कर्म	पूर्ति	विधेय विस्तारक	संयोजक शब्द
(क)	मुख्य उपवाक्य	(तू) लुप्त	...	चली आ	...	...	वेग	...
(ख)	क्रिया विशेषण उपवाक्य (क) का कार्य	सब	...	पहुँचे	... ...	... ...	एक संग क्षेम-कुशल से कुटी में	जिससे

(4) जो आदमी जिस समाज का है, उसके व्यवहारों का कुछ न कुछ असर उसके द्वारा समाज पर जरूर ही पड़ता है। (मिश्र वाक्य)

(क) उसके व्यवहारों का कुछ न कुछ असर उसके द्वारा समाज पर जरूर ही पड़ता है। (मुख्य उपवाक्य)

(ख) जो आदमी जिस समाज का है। (विशेषण उपवाक्य (का) का)

वाक्य	प्रकार	उद्देश्य			विधेय			वाक्य
		साधा. उद्देश्य	उद्देश्य वर्धक	साधा. विधेय	कर्म	पूर्ति	विधेय विस्तारक	संयोजक शब्द
(क)	मुख्य उपवाक्य	आदमी	जो	है	...	जिस समाज का	...	...
(ख)	विशेषण उपवाक्य (क) का	असर	उसके व्यवहारों का, कुछ न कुछ	पड़ता है	....	....	उसके द्वारा समाज पर, जरूर ही।	...

(5) सुना है, इस बार दैत्यों में भी बड़ा उत्साह फैल रहा है। (मिश्रवाक्य)

(क) सुना है। (मुख्य उपवाक्य)

(ख) इस बार दैत्यों में भी बड़ा उत्साह फैल रहा है। (संज्ञा उपवाक्य (क) का कर्म।)

वाक्य	प्रकार	उद्देश्य			विधेय			वाक्य
		साधा. उद्देश्य	उद्देश्य वर्धक	साधा. विधेय	कर्म	पूर्ति	विधेय विस्तारक	संयोजक शब्द
(क)	मुख्य उपवाक्य	मैंने (लुप्त)	...	सुना है	(ख) वाच्य	...	...	...

(ख)	संज्ञा उपवाक्य (क) का कर्म	उत्साह	बड़ा	फैल रहा है	....	....	इस बार दैत्यों में भी	...

(6) जैसे–कोई किसी चीज को मोम से चिपकाता है, उसी तरह तूने अपने भुलाने की प्रशंसा पाने की इच्छा से यह फल इस पेड़ पर लगा लिए थे। (मिश्र वाक्य)

(क) उसी तरह तूने अपने भुलाने की प्रशंसा पाने की इच्छा से यह फल इस पेड़ पर लगा लिए थे। (मुख्य उपवाक्य)

ख) जैसे–कोई किसी चीज को मोम से चिपकाता है। (विशेषण उपवाक्य, (क) का; यहाँ जैसे=जिस तरह।)

वाक्य	प्रकार	उद्देश्य			विधेय			वाक्य
		साधा. उद्देश्य	उद्देश्य वर्धक	साधा. विधेय	कर्म	पूर्ति	विधेय विस्तारक	संयोजक शब्द
(क)	मुख्य उपवाक्य	तूने	...	लगा लिए थे	यह फल	...	अपने भुलाने की प्रशंसा पाने की इच्छा से, इस पेड़ पर, उसी तरह	...
(ख)	विशेषण उपवाक्य (क) का	कोई	...	चिपकाता है	किसी चीज को	....	मोम से,	...

(7) आज लोगों के मन में यही एक बात समा रही है कि जहाँ तक हो सके शीघ्र ही शत्रुओं से बदला लेना चाहिए। (मिश्र वाक्य)

(क) आज लोगों के मन में यही एक बात समा रही है। (मुख्य उपवाक्य)

(ख) शीघ्र ही शत्रुओं से बदला लेना चाहिए। (संज्ञा उपवाक्य (क) का, बात संज्ञा का समानाधिकरण।)

(ग) जहाँ तक हो सके। (क्रिया-विशेषण उपवाक्य, (ख) का परिणाम।)

वाक्य	प्रकार	उद्देश्य			विधेय			वाक्य
		साधा. उद्देश्य	उद्देश्य वर्धक	साधा. विधेय	कर्म	पूर्ति	विधेय विस्तारक	संयोजक शब्द
(क)	मुख्य उपवाक्य (ख) का	बात	यही एक	समा रही है है	...	...	आजकल लोगों के मन में	

(ख)	संज्ञा उपवाक्य (क) का, बात संज्ञा का समानाधिकरण	हमें (लुप्त)	...	लेना चाहिए	बदला	....	शीघ्र ही शत्रुओं से	कि
(ग)	क्रिया-विशेषण उपवाक्य (ख) का परिणाम	यह (लुप्त)	...	हो सके	...	...	जहाँ तक	

(8) शत्रु इसलिए नहीं मारे जा सकते कि उन्होंने वर ही ऐसा प्राप्त किया है, जिससे उन्हें कोई नहीं मार सकता।

(क) शत्रु इसलिए नहीं मारे जा सकते। (मुख्य उपवाक्य)

(ख) कि उन्होंने वर ही ऐसा प्राप्त किया (क्रिया-विशेषण उपवाक्य; (क) का कारण।)

(ग) जिससे उन्हें कोई नहीं मार सकता। (क्रिया-विशेषण उपवाक्य (ख) का परिणाम

वाक्य	**प्रकार**	**उद्देश्य**			**विधेय**			**वाक्य**
		साधा. उद्देश्य	उद्देश्य वर्धक	साधा. विधेय	कर्म	पूर्ति	विधेय विस्तारक	संयोजक शब्द
(क)	मुख्य उपवाक्य (ख) का	शत्रु	...	नहीं मारे जा सकते	...	...	इसलिए	...
(ख)	क्रिया-विशेषण उपवाक्य (क) का कारण	उन्होंने	...	किया है	वर ही ऐसा	प्राप्त	...	कि
(ग)	क्रिया-विशेषण उपवाक्य (ख) का परिणाम	कोई	...	नहीं मार सकता	उन्हें	...	...	जिससे

(9) समाज एक सूत्र में बद्ध करने के लिए न्याय यह है कि सबको अपना काम करने के लिए स्वतंत्रता मिले, ताकि किसी को शिकायत करने का मौका न रहे। (मिश्रवाक्य)

(क) समाज को एक सूत्र में बद्ध करने के लिए न्याय यह है। (मुख्य उपवाक्य)

(ख) कि सबको अपना काम करने के लिए स्वतंत्रता मिले। (संज्ञा उपवाक्य (क) का, 'यह' सर्वनाम का समानाधिकरण।)

(ग) ताकि किसी को शिकायत करने का मौका न रहे। (क्रिया-विशेषण उपवाक्य, (ख) का कार्य।)

वाक्य	प्रकार	उद्देश्य			विधेय			वाक्य
		साधा. उद्देश्य	उद्देश्य वर्धक	साधा. विधेय	कर्म	पूर्ति	विधेय विस्तारक	संयोजक शब्द
(क)	मुख्य उपवाक्य (ख) का	न्याय	...	है	...	यह	समाज को एक सूत्र में बद्ध करने के लिए	
(ख)	संज्ञा उपवाक्य (क) का, यह सर्वनाम का समानाधिकरण	स्वतयता	...	मिले	....	....	सबको अपना काम करने के लिए	कि
(ग)	क्रिया-विशेषण उपवाक्य (ख) का कार्य	मौका	शिकायत करने का	न रहे	...	...	किसी को	ताकि

(10) मैं नहीं जानता कि रघुवंशी राजपूतों में यह बुरी रीति लड़की मारने की क्यों कर चल गई और किसने चलाई। (मिश्र वाक्य)

(क) मैं नहीं जानता। (मुख्य उपवाक्य)

(ख) कि रघुवंशी राजपूतों में यह बुरी रीति लड़की मारने की क्यों कर चल गई। (संज्ञा उपवाक्य, (का) का कर्म)

(ग) और किसने चलाई (संज्ञा उपवाक्य), (क) का कर्म; (ख) का समानाधिकरण

वाक्य	प्रकार	उद्देश्य			विधेय			वाक्य
		साधा. उद्देश्य	उद्देश्य वर्धक	साधा. विधेय	कर्म	पूर्ति	विधेय विस्तारक	संयोजक शब्द
(क)	मुख्य उपवाक्य (ख) और (ग) का	मैं	...	नहीं जानता	ख और (ग) उपवाक्य	...	...	...
(ख)	संज्ञा का उपवाक्य (क) का कर्म	रीति	यह बुरी लड़की मारने की	चल गई	....	....	रघुवंशी राजपूतों में क्यों कर	कि
(ग)	संज्ञा उपवाक्य (क) का कर्म (ख) का समानाधिकरण	किसने	...	चलाई	रीति (लुप्त)	...	...	और

(11) यद्यपि स्वामी जी का चरित्र मुझे विशेष रूप से मालूम नहीं, तथापि जनश्रुतियों द्वारा जो सुना है और जो कुछ आँखों देखा है, उसे ही लिखता हूँ। (मिश्रवाक्य)

(क) तथापि उसे ही लिखता हूँ। (मुख्य उपवाक्य)

(ख) जनश्रुतियों द्वारा जो सुना है। (विशेषण उपवाक्य, (क) का।)

(ग) और जो कुछ आँखों देखा है। (विशेषण उपवाक्य, (क) का; (ख) का समानाधिकरण।)

(घ) यद्यपि स्वामी जी का चरित्र मुझे विशेष रूप से मालूम नहीं। (क्रिया-विशेषण उपवाक्य, (क) का विरोध।)

वाक्य	प्रकार	उद्देश्य			विधेय			वाक्य
		साधा. उद्देश्य	उद्देश्य वर्धक	साधा. विधेय	कर्म	पूर्ति	विधेय विस्तारक	सं. श.
(क)	मुख्य उपवाक्य	मैं (लुप्त)	...	लिखता हूँ	उसे	...	ही	यद्यपि
(ख)	विशेषण उपवाक्य (क) का	मैंने (लुप्त)	...	सुना है	जो	....	जन-श्रुतियों द्वारा	...
(ग)	विशेषण उपवाक्य (क) का (ख) का समानाधि करण	मैंने (लुप्त)	...	देखा है	जो कुछ	...	आँखों (से)	और
(घ)	क्रिया-विशेषण उपवाक्य (क) का विरोध	चरित	स्वामी जी का (लुप्त)	नहीं है	...	मालूम	मुझे विशेष रूप से	तथापि

पाँचवाँ अध्याय

संयुक्त वाक्य

721. संयुक्त वाक्य में एक से अधिक प्रधान उपवाक्य हैं और इन प्रधान उपवाक्यों के साथ बहुधा इनके आश्रित उपवाक्य भी रहते हैं।

(सू.-(दे. अंक 660 ग में) कहा गया है कि संयुक्त वाक्यों में जो प्रधान (समानाधिकरण) उपवाक्य रहते हैं, वे एक-दूसरे के आश्रित नहीं रहते, पर इससे यह न समझ लेना चाहिए कि उनमें परस्पर आश्रय कुछ भी नहीं होता। बात यह है कि आश्रित उपवाक्य प्रधान उपवाक्य पर जितना अवलंबित रहता है, उतना एक प्रधान उपवाक्य दूसरे प्रधान उपवाक्य पर नहीं रहता। यदि दोनों प्रधान उपवाक्य एक-दूसरे से स्वतंत्र रहें, तो उनमें अर्थसंगति कैसे उत्पन्न होगी? इसी तरह मिश्र वाक्य का प्रधान उपवाक्य भी अपने आश्रित उपवाक्य पर थोड़ा-बहुत अवलंबित रहता है।)

722. संयुक्त वाक्यों के समानाधिकरण उपवाक्यों में चार प्रकार का संबंध पाया जाता है-संयोजक, विभाजक, विरोधदर्शक और परिणामबोधक। यह संबंध बहुधा समानाधि करण समुच्चयबोधक अव्ययों के द्वारा सूचित होता है; जैसे-

(1) संयोजक–मैं आगे बढ़ गया, और वह पीछे रह गया। विद्या से ज्ञान बढ़ता है, विचारशक्ति प्राप्त होती और मान मिलता है। पेड़ के जीवन का आधार केवल पानी ही नहीं है, वरन् कई और पदार्थ भी हैं।

(2) विभाजक–मेरा भाई यहाँ आवेगा या मैं ही उसके पास जाऊँगा। उन्हें न नींद आती थी, न भूख-प्यास लगती थी। अब तू या छूट ही जाएगा, नहीं तो कुत्तों-गिद्धों का भक्षण बनेगा।

(3) विरोधदर्शक–ये लोग नए बसनेवालों से सदैव लड़ा करते थे; परंतु धीरे-धीरे जंगल पहाड़ों में भगा दिए गए। कामनाओं के प्रबल हो जाने से आदमी दुराचार नहीं करते, किंतु अंतःकरण के निर्बल हो जाने से वे वैसा करते हैं।

(4) परिणामबोधक–शाहजहाँ इस बेगम को बहुत चाहता था; इसलिए उसे इस रौजे के बनाने की बड़ी रुचि हुई। मुझे उन लोगों का भेद लेना था, सो मैं वहाँ ठहरकर उनकी बातें सुनने लगा।

723. कभी कभी समानाधिकरण उपवाक्य बिना ही समुच्चयबोधक के जोड़ दिए जाते हैं; अथवा जोड़े से आनेवाले अव्ययों में से किसी एक का लोप हो जाता है; जैसे–नौकर तो क्या उनके लाला भी जन्म भर यह बात न भूलेंगे। मेरे भक्तों पर भीड़ पड़ी है। इस समय चलकर उनकी चिंता मेटा चाहिए। इन्हें आने का हर्ष, न जाने का शोक।

724. जिस प्रकार संयुक्त वाक्य के प्रधान उपवाक्य समानाधिकरण समुच्चयबोधकों के द्वारा जोड़े जाते हैं, उसी प्रकार मिश्र वाक्य के आश्रित उपवाक्य भी इन अव्ययों के द्वारा जोड़े जा सकते हैं (दे. अंक 707); जैसे–क्या संसार में ऐसे मनुष्य नहीं दिखाई देते, जो करोड़पति तो हैं, पर जिनका सच्चा मान कुछ भी नहीं है। इस पूरे वाक्य में 'जिनका सच्चा मान कुछ भी नहीं है'; आश्रित उपवाक्य है और वह 'जो करोड़पति तो हैं' इस उपवाक्य का विरोधदर्शक समानाधिकरण है। तो भी इन उपवाक्यों के कारण पूरा वाक्य संयुक्त वाक्य नहीं हो सकता; क्योंकि इसमें केवल एक ही प्रधान उपवाक्य है।

संकुचित संयुक्त वाक्य

725. जब संयुक्त वाक्य के समानाधिकरण उपवाक्यों में एक ही उद्देश्य अथवा एक ही विधेय या दूसरा कोई एक ही भाग बार-बार आता है, तब उस भाग की पुनरुक्ति मिटाने के लिए उसे एक ही बार लिखकर संयुक्त वाक्य (दे.अंक 654) को संकुचित कर देते हैं चारों प्रकार के संयुक्त वाक्य संकुचित हो सकते हैं; जैसे–

(1) संयोजक–ग्रह और उपग्रह सूर्य के आसपास घूमते हैं = ग्रह सूर्य के आसपास घूमते हैं और उपग्रह सूर्य के आसपास घूमते हैं।

(2) विभाजक–न उसमें पत्ते न फूल थे = उसमें पत्ते थे न फूल थे।

(3) विरोधदर्शक–इस समय वह गौतम के नाम से नहीं, वरन् बुद्ध के नाम से प्रसिद्ध हुआ = इस समय वह गौतम के नाम से नहीं प्रसिद्ध हुआ वरन् बुद्ध के नाम से प्रसिद्ध हुआ।

(4) परिणामबोधक–पत्ते सूख रहे हैं; इसलिए पीले दिखाई देते हैं = पत्ते सूख रहे हैं, इसलिए वे पीले दिखाई देते हैं।

726. संकुचित संयुक्त वाक्य में :

(1) दो या अधिक उद्देश्यों का एक ही विधेय हो सकता है; जैसे–मनुष्य और कुत्ते सब जगह पाए जाते हैं। उन्हें आगे पढ़ने के लिए, न समय, न धन, न इच्छा होती है।

(2) एक उद्देश्य के दो या अधिक विधेय हो सकते हैं; जैसे–गर्मी से पदार्थ फैलते हैं और ठंड से सिकुड़ते हैं।

(3) एक विधेय के दो व अधिक कर्म हो सकते हैं, जैसे–पानी अपने साथ मिट्टी और पत्थर बहा ले जाता है।

(4) एक विधेय की दो व अधिक पूर्तियाँ हो सकती हैं: जैसे–सोना सुंदर और कीमती होता है।

(5) एक विधेय के दो व अधिक विधेयविस्तारक हो सकते हैं; जैसे–दुरात्मा के धर्मशास्त्र पढ़ने और वेद का अध्ययन करने से कुछ नहीं होता। वह ब्राह्मण अति संतुष्ट हो या आशीर्वाद दे, वहाँ से उठ राजा भीष्मक के पास गया।

(6) एक उद्देश्य से उद्देश्यवर्धक हो सकते हैं; जैसे–मेरा और भाई का विवाह एक घर में हुआ है।

(7) एक कर्म अथवा पूर्ति के अनेक गुणवाचक शब्द हो सकते हैं; जैसे–सतपुड़ा, नर्मदा और ताप्ती के पानी को जुदा करता है। घोड़ा उपयोगी और साहसी जानवर है।

727. ऊपर लिखे सभी प्रकार के संकुचित प्रयोगों के कारण साधारण वाक्यों को संयुक्त वाक्य मानना ठीक नहीं है, क्योंकि वाक्य के कुछ भाग मुख्य और कुछ गौण होते हैं। जिस वाक्य में एक उद्देश्य के अनेक विधेय हों या अनेक उद्देश्यों का एक विधेय हो अथवा अनेक उद्देश्यों के अनेक विधेय हों, उसी को संकुचित संयुक्त वाक्य मानना उचित है। यदि वाक्य के दूसरे भाग अनेक हों और वे समानाधिकरण समुच्चयबोधकों द्वारा भी जुड़े हों, तो भी उनके कारण साधारण वाक्य संयुक्त नहीं माना जा सकता, क्योंकि ऐसा करने से एक ही साधारण वाक्य के कई अनावश्यक उपवाक्य बनाने पड़ेंगे।

उदाहरण : 'रुक्मिणी उसी दिन से, रात-दिन, आठ पहर, चौंसठ घड़ी, सोते-जागते, बैठे-खड़े, चलते-फिरते, खाते-पीते, खेलते, उन्हीं का ध्यान किया करती थी और गुण गाया करती थी।' इस वाक्य में एक उद्देश्य के दो विधेय हैं और दोनों विधेयों के एकत्र आठ विधेयविस्तारक हैं। यदि हम इनमें से प्रत्येक विधेयविस्तारक को एक एक विधेय के साथ अलग-अलग लिखें, तो दो वाक्यों के बदले सोलह वाक्य बनाने पड़ेंगे। परंतु ऐसा करने के लिए कोई कारण नहीं है, क्योंकि एक तो ये सब विधेयविस्तारक किसी समुच्चयबोधक से नहीं जुड़े हैं और दूसरे इस प्रकार के शब्द व वाक्यांश के केवल गौण अवयव हैं।

728. कभी-कभी साधारण वाक्य में 'और' से जुड़ी हुई ऐसी दो संज्ञाएँ आती हैं, जो अलग-अलग वाक्यों में नहीं लिखी जा सकतीं अथवा जिनसे केवल एक ही व्यक्ति या वस्तु का बोध होता है; जैसे–दो और दो चार होते हैं। राम और कृष्ण मित्र हैं। आज उसने केवल रोटी और तरकारी खाई। इस प्रकार के वाक्यों को संयुक्त वाक्य नहीं मान सकते, क्योंकि इनमें आए हुए दूसरे शब्दों का क्रिया से अलग-अलग संबंध नहीं है। इन शब्दों को साधारण वाक्य का केवल संयुक्त भाग मानना चाहिए।

729. अब दो-एक उदाहरण संयुक्त वाक्य के पृथक्करण के दिए जाते हैं। इसमें शुद्ध संयुक्त वाक्य के प्रधान वाक्य के उपवाक्यों का परस्पर संबंध बताना पड़ता है, और संकुचित वाक्य के संयुक्त भागों को पूर्णता से प्रकट करने की आवश्यकता होती है। शेष बातें साधारण अथवा मिश्र वाक्यों के समान कही जाती है।

(1) दो-एक दिन आते हुए दासी ने उसको देखा था, किंतु वह संध्या के पीछे आता था, इससे वह उसे पहचान न सकी, और उसने यही जाना कि नौकर ही चुपचाप निकल जाता है। (संयुक्त वाक्य)

(क) दो-एक दिन आते हुए दासी ने उसको देखा था। (मुख्य उपवाक्य, ख, ग, घ का समानाधिकरण)।

(ख) किंतु वह संध्या के पीछे आता था। (मुख्य उपवाक्य ग, घ का समानाधिकरण, क का विरोधदर्शक।)

(ग) इससे वह उसे पहचान न सकी। (मुख्य उपवाक्य घ का समानाधिकरण, ख का परिणामबोधक।)

(घ) और उसने यही जाना। (मुख्य उपवाक्य ङ का, गा का संयोजक)

(ङ) कि नौकर ही चुपचाप निकल जाता है। (संज्ञा उपवाक्य, घ का कर्म)

(2) अन्य जातियों के प्राचीन इतिहास में विचारस्वातंत्र्य के कारण अनेक महात्मा पुरुष शूली पर चढ़ाए या आग में जलाए गए, परंतु यह आर्य जाति ही का गौरवान्वित प्राचीन इतिहास है, जिसमें स्वतंत्र विचार प्रकट करनेवाले पुरुषों को चाहे उनके विचार लोकमत के कितने ही प्रतिकूल क्यों न हों, अवतार और सिद्ध पुरुष मानने में जरा भी आनाकानी नहीं की गई। (संकुचित संयुक्त वाक्य)

(क) अन्य जातियों के प्राचीन इतिहास में विचारस्वातंत्र्य के कारण अनेक महात्मा पुरुष, शूली पर चढ़ाए गए। (मुख्य उपवाक्य ख, ग का समानाधिकरण)

(ख) या (अन्य जातियों के प्राचीन इतिहास में विचारस्वातंत्र्य के कारण अनेक महात्मा पुरुष) आग में जलाए गए। (मुख्य उपवाक्य ग का समानाधिकरण क का विभाजक।)

(सू.–इस वाक्य में विधेयविस्तारक और उद्देश्य का संकोच किया गया है।)

(ग) परंतु यह आर्य जाति ही का गौरवान्वित इतिहास है। (मुख्य उपवाक्य घ का; क, ख का विरोधदर्शक।)

(घ) जिसमें स्वतंत्र विचार प्रकट करनेवाले पुरुषों को अवतार और सिद्ध पुरुष मानने में जरा भी आनाकानी नहीं की गई। (विशेषण उपवाक्य ग का।)

(सू.–इस वाक्य के विधेयविस्तारक में सकर्मक क्रियार्थक संज्ञा की पूर्ति संयुक्त है; पर इसके कारण वाक्य के स्पष्टीकरण में विधेयविस्तारक को दुहराने की आवश्यकता नहीं है, क्योंकि पूर्ति के दोनों शब्दों से ही भावना सूचित होती है। यदि विधेयविस्तारक को दुहरावें, तो भी उससे वाक्य नहीं बनाए जा सकते, क्योंकि वह वाक्य का मुख्य अवयव नहीं है।)

(ङ) चाहे उनके विचार लोकमत के कितने ही प्रतिकूल क्यों न हों। (क्रिया-विशेषण उपवाक्य, घ का विरोधदर्शक)

छठा अध्याय

संक्षिप्त वाक्य

730. बहुधा वाक्यों में ऐसे शब्द, जो उसके अर्थ पर से सहज ही समझ में आ सकते हैं, संक्षेप और गौरव लाने के विचार से छोड़ दिए जाते हैं। इस प्रकार के वाक्यों को संक्षिप्त वाक्य कहते हैं। (दे. अंक 651, 654)। उदाहरण–सुना है। () कहते हैं। दूर के ढोल सुहावने ()। यह आप जैसे लोगों का काम है = यह ऐसे लोगों का काम है जैसे आप हैं। इन उदाहरणों के छूटे हुए शब्द वाक्यरचना में अत्यंत आवश्यक होने पर भी अपने अभाव से वाक्य के अर्थ में कोई हीनता उत्पन्न नहीं करते।

(सू.–संकुचित संयुक्त वाक्य भी एक प्रकार के संक्षिप्त वाक्य हैं; पर उनकी विशेषता के कारण उनका विवेचन अलग किया गया है। संक्षिप्त वाक्यों के वर्ग में केवल ऐसे वाक्यों का समावेश किया जाता है, जो साधारण तथा मिश्र होते हैं और जिनमें प्रायः ऐसे शब्दों का लोप किया जाता है, जो वाक्य में पहले कभी नहीं आते अथवा जिसके कारण वाक्य के अवयवों का संयोग नहीं होता। इस प्रकार के वाक्यों के अनेक उदाहरण अध्याहार के अध्याय में आ चुके हैं, इसलिए यहाँ उनके लिखने की आवश्यकता नहीं है।)

731. किसी-किसी विशेषण वाक्य के साथ पूरे मुख्य वाक्य का लोप हो जाता है; जैसे–जो हो, आज्ञा, जो आप समझें।

732. संक्षिप्त वाक्यों का पृथक्करण करते समय अध्याहार शब्दों को प्रकट करने की आवश्यकता होती है; पर इस बात का विचार रखना चाहिए कि इन वाक्यों की जाति में कोई हेरफेर न हो।

(टि.–वाक्य पृथक्करण का विस्तृत विवेचन हिंदी में अँग्रेजी भाषा के व्याकरण से लिया गया है, इसलिए हिंदी के अधिकांश वैयाकरणों ने इस विषय को ग्रहण नहीं किया है। कुछ पुस्तकों में इसका संक्षेप से वर्णन पाया जाता है, और कुछ में इसकी केवल दो-चार बातें लिखी गई हैं। ऐसी अवस्था में इन पुस्तकों में की हुई विवेचना का खंडन-मंडन अनावश्यक जान पड़ता है।)

सातवाँ अध्याय

विशेष प्रकार के वाक्य

733. अर्थ के अनुसार वाक्यों के जो आठ भेद होते हैं (दे. अंक 506) उनमें से संकेतार्थक वाक्य को छोड़कर, शेष सभी वाक्य तीनों प्रकार के हो सकते हैं। संकेतार्थक वाक्य मिश्र होते हैं। उदाहरण :

(1) विधानार्थक

साधारण–राजा नगर में आए। मिश्र–जब राजा नगर में आए, तब आनंद मनाया गया। संयुक्त–राजा नगर में आए और उनके लिए आनंद मनाया गया।

(2) निषेधवाचक

सा.–राजा नगर में नहीं आए। मि.–जिस देश में राजा नहीं रहता, वहाँ की प्रजा को शांति नहीं मिलती। सं.–राजा नगर में नहीं आए; इसलिए आनंद नहीं मनाया गया।

(3) आज्ञार्थक

सा.–अपना काम देखो। मि.–जो काम तुम्हें दिया गया है, उसे देखो। सं.–बातचीत बंद करो और अपना काम देखो।

(4) प्रश्नार्थक

सा.–वह आदमी आया है? मि.–क्या तुम जानते हो कि वह आदमी कब आया? सं.–वह कब आया और कब गया?

(5) विस्मयादिबोधक

सा.–तुमने तो बहुत अच्छा काम किया! मि.–जो काम तुमने किया है, वह तो बहुत अच्छा है! सं.–तुमने इतना अच्छा काम किया और मुझे उसकी खबर ही न दी।

(6) इच्छाबोधक

सा.–ईश्वर तुम्हें चिरायु करे। मि.–वह जहाँ रहे, वहाँ सुख से रहे। सं.–भगवान्, मैं सुखी रहूँ और मेरे समान दूसरे भी सुखी रहें।

(7) संदेशसूचक

सा.–यह चिट्ठी लड़के ने लिखी होगी। मि.–जो चिट्ठी मिली है वह उस लड़के ने लिखी होगी। सं.–नौकर वहाँ से चला होगा और सिपाही वहाँ पहुँचा होगा।

(8) संकेतार्थक

मि.–जो वह आज आवे, तो बहुत अच्छा हो। जो मैं आपको पहले जानता तो आपका विश्वास न करता।

(सू.–ऊपर वाक्यों के जो अर्थ बताए गए हैं, उनके लिए मिश्रवाक्य में यह आवश्यक नहीं है कि उसके उपवाक्य में भी वैसा ही अर्थ सूचित हो, जो मुख्य से सूचित होता है, पर संयुक्त वाक्य के उपवाक्य समानार्थी होने चाहिए।)

734. भिन्न-भिन्न अर्थवाले वाक्यों का पृथक्करण उसी रीति से किया जाता है, जो तीनों प्रकार के वाक्यों के लिए पहले लिखी जा चुकी है।

(अ) आज्ञार्थक वाक्य का उद्देश्य मध्यम पुरुष सर्वनाम रहता है; पर बहुधा इसका लोप कर दिया जाता है। कभी-कभी अन्य पुरुष सर्वनाम आज्ञार्थक वाक्य का उद्देश्य होता है; जैसे–वह कल से यहाँ न आवे, लड़के कुएँ के पास न जावें।

(आ) जब प्रश्नार्थक वाक्य में केवल क्रिया की घटना के विषय में प्रश्न किया जाता है, तब प्रश्नवाचक अव्यय 'क्या' का प्रयोग किया जाता है और वह बहुधा वाक्य के आरंभ अथवा अंत में आता है; परंतु वह वाक्य का कोई अवयव नहीं समझा जाता है।

आठवाँ अध्याय

विरामचिह्न

735. शब्दों और वाक्यों का परस्पर संबंध बताने तथा किसी विषय को भिन्न-भिन्न भागों में बाँटने और पढ़ने में ठहरने के लिए, लेखों में जिन चिह्नों का उपयोग किया जाता है, उन्हें विरामचिह्न कहते हैं।

(टि.—विरामचिह्नों का विवेचन अँग्रेजी भाषा के अधिकांश व्याकरणों का विषय है और हिंदी में यह वहाँ से ले लिया गया है। हमारी भाषा में इस प्रणाली का प्रचार अब इतना बढ़ गया है कि इसको ग्रहण करने में कोई सोच-विचार हो ही नहीं सकता, पर यह प्रश्न अवश्य उत्पन्न हो सकता है कि विरामचिह्न शुद्ध व्याकरण का विषय है या भाषारचना का? यथार्थ में यह विषय भाषारचना का है। क्योंकि लेखक व वक्ता अपने विचार स्पष्टता से प्रकट करने के लिए जिस प्रकार अभ्यास और अध्ययन के द्वारा शब्दों के अनेकार्थ, विचारों का संबंध, विषयविभाग, आशय की स्पष्टता, लाघव और विस्तार आदि बातें जान लेता है (जो व्याकरण के नियमों से नहीं जानी जा सकतीं), उसी प्रकार लेखक को इन विरामचिह्नों का उपयोग केवल भाषा के व्यवहार ही से ज्ञात हो सकता है। व्याकरण से इन विरामचिह्नों का केवल उतना ही संबंध है कि इनके नियम बहुधा वाक्यपृथक्करण पर स्थापित किए गए हैं, परंतु अधिकांश में इनका प्रयोग वाक्य के अर्थ पर ही अवलंबित है। विरामचिह्नों के उपयोग से, भाषा व्यवहार से संबंध रखनेवाला कोई सिद्धांत भी उत्पन्न नहीं होता, इसलिए इन्हें व्याकरण का अंग मानने में बाधा होती है। यथार्थ में व्याकरण से इन चिह्नों का केवल गौण संबंध है; परंतु इनकी उपयोगिता के कारण व्याकरण में इन्हें स्थान दिया जाता है। तो भी इस बात का स्मरण रखना चाहिए कि कोई एक चिह्नों के उपयोग में बड़ा मतभेद है, और जिस नियमशीलता से अँग्रेजी में इन चिह्नों का उपयोग होता है, वह हिंदी में आवश्यक नहीं समझी जाती।)

736. मुख्य विरामचिह्न ये हैं :

(1) अल्प विराम	,
(2) अर्ध विराम	;
(3) पूर्ण विराम	।
(4) प्रश्नचिह	?
(5) आश्चर्यचिह्न	!

(6) निर्देशक (डैश) –

(7) कोष्ठक ( )

(8) अवतरण चिह्न ' '

(सू.–अँग्रेजी में कोलन नामक एक और चिह्न (:) है, पर हिंदी में इससे विसर्ग का भ्रम होने के कारण इसका उपयोग नहीं किया जाता। पूर्ण विरामचिह्न का रूप (।) हिंदी का है, पर शेष चिह्नों के रूप अँग्रेजी ही के हैं।)

अल्पविराम

737. इस चिह्न का उपयोग बहुधा नीचे लिखे स्थानों में किया जाता है

(क) जब एक ही शब्द भेद के दो-दो शब्दों के बीच में समुच्चयबोधक न हो; जैसे–वहाँ पीले, हरे खेत दिखाई देते थे। वे नदी, नाले पार करते चले।

(ख) यदि समुच्चयबोधक से जुड़े हुए दो शब्दों पर विशेषण अवधारण देना हो; जैसे–यह पुस्तक उपयोगी, अतएव उपादेय है।

(ग) जब एक ही शब्दभेद के तीन या अधिक शब्द आवे और उनके बीच विकल्प में समुच्चयबोधक रहे, तब अंतिम शब्द को छोड़ शेष शब्दों के पश्चात्; जैसे–चातकचंचु, सीप का संपुट, मेरा घट भी भरता है।

(घ) जब कई शब्दभेद जोड़े से आते हैं, तब प्रत्येक जोड़े के पश्चात्; जैसे–ब्रह्मा ने दुख और सुख, पाप और पुण्य, दिन और रात, ये सब बनाए हैं।

(ङ) समानाधिकरण शब्दों के बीच में; जैसे–ईरान के बादशाह, नादिरशाह ने दिल्ली पर चढ़ाई की।

(च) यदि उद्देश्य बहुत लंबा हो, तो उसके पश्चात् जैसे–चारों तरफ चलनेवाले सवारों के घोड़ों की बढ़ती हुई आवाज, दूर-दूर तक फैल रही थी।

(छ) कई एक क्रिया-विशेषण वाक्यांशों के साथ; जैसे–बड़े महात्माओं ने, समय-समय पर, यह उपदेश दिया है। एक हब्शी लड़का मजबूत रस्सी का एक सिरा अपनी कमर में लपेट, दूसरे सिरे को लकड़ी के बड़े टुकड़े में बाँध, नदी में कूद पड़ा।

(ज) संबोधन कारक की संज्ञा और संबोधन शब्दों के पश्चात्; जैसे–घनश्याम, फिर भी तू सबकी इच्छा पूरी करता है। लो, मैं यह चला।

(झ) छंदों में बहुधा यति के पश्चात्; जैसे–

भणित मोर सब गुण रहित, विश्व विदित गुण एक।

(ञ) उदाहरणों में; जैसे–यथा, आदि शब्दों के पश्चात्।

(ट) संख्या के अंकों में सैकड़े से ऊपर इकहरे व दुहरे अंकों के पश्चात्; जैसे–1, 234, 33, 54, 212।

(ठ) संज्ञा वाक्य को छोड़ मिश्र वाक्य के शेष बड़े उपवाक्यों के बीच में; जैसे–हम उन्हें सुख देंगे, क्योंकि उन्होंने हमारे लिए दुख सहा है। आप एक ऐसे मनुष्य की खोज कराइए, जिसने कभी दुख का नाम न सुना हो।

(ड) जब संज्ञा वाक्य मुख्य वाक्य से किसी समुच्चयबोधक के द्वारा नहीं जोड़ा जाता; जैसे–लड़के ने कहा मैं अभी आता हूँ। परमेश्वर एक है, यह धर्म की मूल बात है।

(ढ) जब संयुक्त वाक्य के प्रधान उपवाक्यों में घना संबंध रहता है, तब उनके बीच में; जैसे–पहले मैंने बगीचा देखा, फिर मैं एक टीले पर चढ़ गया, और वहाँ से उतरकर सीधा इधर चला आया।

(ण) जब छोटे समानाधिकरण प्रधान वाक्यों के बीच में समुच्चयबोधक नहीं रहता, तब उनके बीच में; जैसे–पानी बरसा, हवा चली, ओले गिरे। सूरज निकला, हुआ सबेरा, पक्षी शोर मचाते हैं।

(2) अर्द्ध विराम

738. अर्द्ध विराम नीचे लिखी अवस्था में प्रयुक्त होता है :

(क) जब संयुक्त वाक्यों के प्रधान वाक्यों में परस्पर विशेष संबंध नहीं रहता, तब वे अर्द्ध विराम के द्वारा अलग किए जाते हैं; जैसे–नंदगाँव का पहाड़ कटवाकर उन्होंने विरक्त साधुओं को क्षुब्ध किया था, पर लोगों की प्रार्थना पर सरकार ने इस घटना को सीमाबद्ध कर दिया।

(ख) उन पूरे वाक्यों के बीच में जो विकल्प से अंतिम समुच्चयबोधक के द्वारा जोड़े जाते हैं, जैसे–सूर्य अस्त हुआ; आकाश लाल हुआ; बराह पोखरों से उठकर घूमने लगे; मोर अपने रहने के झगड़ों पर जा बैठे; हरिण हरियाली पर सोने लगे; मोर गाते-गाते घोंसलों की ओर उड़े, और जंगल में धीरे-धीरे अँधेरा फैलने लगा।

(ग) जब मुख्य वाक्य से कारणवाचक क्रिया-विशेषण का निकट संबंध नहीं रहता; जैसे–हवा के दबाव से साबुन का एक बुलबुला भी नहीं दब सकता; क्योंकि बाहरी हवा का दबाव भीतरी हवा के दबाव से कट जाता है।

(घ) किसी नियम के पश्चात् आनेवाले, उदाहरणसूचक 'जैसे' शब्द के पूर्व।

(ङ) उन कई आश्रित वाक्यों के बीच में, जो एक ही मुख्य वाक्य पर अवलंबित रहते हैं; जैसे–जब तक हमारे देश के पढ़े-लिखे लोग यह न जानने लगेंगे कि देश में क्या-क्या हो रहा है; शासन में क्या क्या त्रुटियाँ हैं, और किन-किन बातों की आवश्यकता है; और आवश्यक सुधार किए जाने के लिए आंदोलन न करने लगेंगे; तब तक देश की दशा सुधारना बहुत कठिन होगा।

(3) पूर्ण विराम

739. इसका उपयोग नीचे लिखे स्थानों में होता है :

(क) प्रत्येक पूर्ण वाक्य के अंत में; जैसे–इस नदी से हिंदुस्तान के दो सम विभाग होते हैं।

(ख) बहुधा शीर्षक और ऐसे शब्द के पश्चात् जो किसी वस्तु के उल्लेख मात्र के लिए आता है; जैसे–राम-वन-गमन। पराधीन सपनेहुँ सुख नाहीं। तुलसी

(ग) प्राचीन भाषा के पद्यों में अर्धाली के पश्चात्; जैसे–

जासु राज प्रिय प्रजा दुखारी। सो नृप अवसि नरक अधिकारी।।

(सू.–पूरे छंद के अंत में, दो खड़ी लकीरें लगाते हैं।)

(घ) कभी-कभी अर्थ की पूर्णता के कारण और, परंतु, अथवा, इसलिए आदि समुच्चयबोधक के पूर्व वाक्य के अंत में; जैसे–ऐसा एक भी मनुष्य नहीं जो संसार में कुछ न कुछ लाभकारी कार्य न कर सकता हो। और ऐसा भी कोई मनुष्य नहीं जिसके लिए संसार में एक न एक उचित स्थान हो।

(4) प्रश्नचिह्न

740. यह चिह्न प्रश्नवाचक वाक्य के अंत में लगाया जाता है; जैसे–क्या वह बैल तुम्हारा ही है? वह ऐसा क्यों कहता था कि हम वहाँ न जाएँगे?

(क) प्रश्न का चिह्न ऐसे वाक्यों में नहीं लगाया जाता, जिनमें प्रश्न आज्ञा के रूप में हो; जैसे–कलकत्ते की राजधानी बताओ।

(ख) जिन वाक्यों में प्रश्नवाचक शब्दों का अर्थ संबंधवाचक शब्दों का सा होता है, उनमें प्रश्नचिह्न नहीं लगाया जाता; जैसे–आपने क्या कहा, सो मैंने नहीं सुना। वह नहीं जानता कि मैं क्या चाहता हूँ।

(5) आश्चर्यचिह्न

741. यह चिह्न विस्मयादिबोधक अव्ययों और मनोविकारसूचक शब्दों, वाक्यांशों तथा वाक्यों के अंत में लगाया जाता है; जैसे–वाह! उसने तो तुम्हें अच्छा धोखा दिया!, राम राम! उस लड़के ने दीन पक्षी को मार डाला!

(क) तीव्र मनोविकारसूचक संबोधन पदों के अंत में भी आश्चर्यचिह्न आता है; जैसे–निश्चय दया दृष्टि से माधव! मेरी ओर निहारोगे।

(ख) मनोविकार सूचित करने में यदि प्रश्नवाचक शब्द आवे, तो भी आश्चर्यचिह्न लगाया जाता है; जैसे–क्यों री! क्या तू आँखों से अंधी है!

(ग) बढ़ता हुआ मनोविकार सूचित करने के लिए दो अथवा तीन आश्चर्य-चिह्नों का प्रयोग किया जाता है; जैसे–शोक!! महाशोक!!!

(सू.–वाक्य के अंत में प्रश्न व आश्चर्य का चिह्न आने पर पूर्ण विराम नहीं लगाया जाता है।)

(6) निर्देशक (डैश)

742. इस चिह्न का प्रयोग नीचे लिखे स्थानों में होता है–

(क) समानाधिकरण शब्दों, वाक्यांशों अथवा वाक्यों के बीच में; जैसे–दुनिया में नयापन–नूतनत्व–ऐसी चीज नहीं जो गली-गली मारी फिरती हो। जहाँ इन बातों से उसका संबंध न रहे–वह केवल मनोविनोद की सामग्री समझी जाए वहीं समझना चाहिए कि उसका उद्देश्य नष्ट हो गया उसका ढंग बिगड़ गया।

(ख) किसी वाक्य में भाव का अचानक परिवर्तन होने पर; जैसे–सबको सांत्वना देना, बिखरी हुई सेना को इकट्ठा करना, और–और क्या?

(ग) किसी विषय के साथ तत्संबंधी अन्य बातों की सूचना देने में; जैसे–इसी बीच में सबेरा हो गया कि हाय! इस वीरान में अब कैसे प्राण बचेंगे–न जाने, कौन मौत मरूँगा। इंग्लैंड के राजनीतिज्ञों के दो दल हैं–एक उदार, दूसरा अनुदार।

(घ) किसी के वाक्यों को उद्धृत करने के पूर्व; जैसे–मैं अच्छा यहाँ से जमीन कितनी दूरी पर होगी? कप्तान–कम से कम तीन सौ मील पर। हम लोगों को सुना-सुनाकर वह अपनी बोली में बकने लगा–तुम लोगों को पीठ से पीठ बाँधकर समुद्र में डुबा दूँगा। कहा है:

साँच बरोबर तप नहीं, झूठ बरोबर पाप।

(सू.–अंतिम उदाहरण में कोई-कोई लेखक कोलन और डैश लगाते हैं; पर हिंदी में कोलन का प्रचार नहीं है।)

(ङ)लेख के नीचे लेखक या पुस्तक के नाम के पूर्व; जैसे–

किते न औगुन जग करै; नय वय चढ़ती बार। –बिहारी

(च) कई एक परस्पर संबंधी शब्दों को साथ-साथ लिखकर वाक्य का संक्षेप करने में जैसे–प्रथम अध्याय–प्रारंभी वार्ता। मन–सेर–छटाँक। 6–1–1918।

(छ) बातचीत में रुकावट सूचित करने के लिए; जैसे–मैं अब चल नहीं सकता।

(ज) ऐसे शब्द या उपवाक्य के पूर्व, जिस पर अवधार की आवश्यकता है; जैसे–फिर क्या था–लगे सब मेरे सिर टपाटप गिरने! पुस्तक का नाम है–श्यामालता।

(झ) ऐसे विवरण के पूर्व जो यथास्थान न लिखा गया हो; जैसे–इस पुस्तकालय में कुछ पुस्तकें–हस्तलिखित–ऐसी भी है जो अन्यत्र नहीं हैं।

(7) कोष्ठक

743. कोष्ठक नीचे लिखे स्थानों में आता है :

(क) विषयविभाग में क्रमसूचक अक्षरों या अंकों के साथ; जैसे–(क) काल, (ख) स्थान, (ग) रीति, (घ) परिमाण। (1) शब्दालंकार, (2) अर्थालंकार, (3) उभयालंकार।

(ख) समानार्थी शब्द व वाक्यांश के साथ; जैसे–अफ्रीका के नीग्रो लोग (हब्शी) अधिकतर उन्हीं की संतान हैं। इसी कालेज में एक रईस किसान (बड़े जमींदार) का लड़का पढ़ता था।

(ग) ऐसे वाक्य के साथ जो मूल वाक्य के साथ आकर उससे रचना का कोई संबंध नहीं रखता; जैसे–रानी मेरी का सौंदर्य अद्वितीय था (जैसी वह सुरूपा थी, वैसी ही एलिजाबेथ कुरूपा थी।)

(घ) किसी रचना का रूपांतर करने में बाहर से लगाए गए शब्दों के साथ; जैसे–पराधीन (को) सपनेहु सुख नाहीं (है)।

(ङ) नाटकादि संवादमय लेखों में हावभाव सूचित करने के लिए; जैसे–इंद्र (आनंद से) अच्छा देवसेना सज्जित हो गई?

(च) भूल के संशोधन या संदेह में–जैसे–यह चिह्न आकार शब्द (वर्ण?) निर्भ्रांत रूप है।

(8) अवतरणचिह्न

744. इन चिह्नों का प्रयोग नीचे लिखे स्थानों में किया जाता है :

(क) किसी के महत्त्वपूर्ण वचन उद्धृत करने अथवा कहावतों में; जैसे–इसी प्रेम से प्रेरित होकर ऋषियों के मुख से यह परम पवित्र वाक्य निकला था–"जननी जन्मभूमिश्च स्वर्गादपि गरीयसी।" उस बालक के सुलक्षण देखकर सब लोग यही कहते थे कि "होनहार विरवान के होत चीकने पात।"

(ख) व्याकरण, तर्क, अलंकार आदि साहित्य विषयों के उदाहरणों में; जैसे–"मौर्यवंशी राजाओं के समय में भी भारतवासियों को अपने देश का लान था" यह साधारण वाक्य है। उपमा का उदाहरण :

"प्रभुहि देखि सब नृप हिय हारे।
जिमि राकेश उदय भये तारे॥"

(ग) कभी-कभी संज्ञा वाक्य के साथ, जो मुख्यवाक्य के पूर्व आता है; जैसे–"रबर काहे का बनता है" यह बात बहुतेरों को मालूम नहीं।

(घ) जब किसी अक्षर, शब्द या वाक्य का प्रयोग अक्षर या शब्द के अर्थ में होता है; जैसे–हिंदी में 'लृ' का उपयोग नहीं होता। 'शिक्षा' बहुत व्यापक शब्द है। चारों ओर से 'मारो', 'मारो' की आवाज सुनाई देती थी।

(ङ) अप्रचलित विदेशी शब्दों में, विशेष प्रचलित अथवा आक्षेपयोग्य शब्दों में और ऐसे शब्दों में जिनका धात्वर्थ बताना हो; जैसे–इन्होंने बी.ए. की परीक्षा बड़ी नामवरी के साथ 'पास' की। आप कलकत्ता विश्वविद्यालय के 'फेलो' थे। कहते अरबवाले अभी तक 'हिंदसा' ही अंक को। उनके 'सर' में चोट लगी है।

(च) पुस्तक, समाचारपत्र, लेख, मूर्ति और पदवी के नाम में तथा लेखक के उपनाम और वस्तु के व्यक्तिवाचक नाम में; जैसे–कालाकाँकर से 'सम्राट' नाम का जो साप्ताहिक पत्र निकलता था, उसका इन्होंने दो मास तक संपादन किया। इसके पुराने अंकों में 'परसन' नाम के एक लेखक के लेख बहुत ही हास्यपूर्ण होते थे। बंबई में 'सरदार गृह' नाम का एक बड़ा विश्रांति गृह है।

(सू.–(1) अक्षर, शब्द, वाक्यांश अथवा वाक्य अप्रधान हो या अवतरणचिह्नों से घिरे हुए वाक्य के भीतर इन चिह्नों का प्रयोजन हो, तो इकहरे अवतरणचिह्नों का उपयोग किया जाता है; जैसे–'इस पुस्तक का नाम हिंदी में 'आर्या समाचार' छपता है!', 'बच्चे माँ को 'माँ' और पानी को 'पा' आदि कहते हैं।'

(2) जब अवतरणचिह्नों का उपयोग ऐसे लेख में किया जाता है जो कई पैरों में विभक्त है, तब ये चिह्न प्रत्येक पैरे के आदि में और अनुच्छेद के अंत में लिखे जाते हैं।)

745. पूर्वोक्त चिह्नों के सिवा नीचे लिखे चिह्न भी भाषारचना में प्रयुक्त होते हैं :

(1) वर्गाकार कोष्ठक	[ ]
(2) सर्पाकार कोष्ठक	{ }
(3) रेखा	–––
(4) अपूर्ण सूचक	×××
(5) हंस पद	^
(6) टीकासूचक	*, +, ‡, ।
(7) संकेत	0
(8) पुनरुक्तिसूचक	"
(9) तूल्यतासूचक	=
(10) स्थानपूरक	...
(11) समाप्तिसूचक	–0–

(1) वर्गाकार कोष्ठक

746. यह चिह्न भूल सुधारने और त्रुटि की पूर्ति करने के लिए व्यवहृत होता है; जैसे–अनुवादित [अनूदित] ग्रंथ, वृ [ब्र] ज मोहन, कुटी [र]।

(क) कभी-कभी इसका प्रयोग दूसरे कोष्ठकों को घेरने में होता है; जैसे–अंक [4 (क)]। देखो। दरखास्तें [नमूना (क)] के मुताबिक हो सकती हैं।

(ख) अन्यान्य कोष्ठकों के रहते भिन्नता के लिए; जैसे–

(1) मातृभूमि (कविता) [लेखक, बाबू मैथिलीशरण गुप्त]

(2) सर्पाकार कोष्ठक

747. इसका उपयोग एक वाक्य के ऐसे शब्दों को मिलाने में होता है जो अलग पंक्तियों में लिखे जाते हैं और जिन सबका संबंध किसी एक साधारण पद से होता है; जैसे–

आर्द्रपन }
} गीलापन
आर्द्रभाव }

चंद्रशेखर मिश्र }
शिक्षक, राजस्कूल, दरभंगा। }
(बिहार और उड़ीसा) }

(3) रेखा

748. जिन शब्दों पर विशेष अवधारण देने की आवश्यकता होती है, उनके नीचे बहुधा रेखा कर देते हैं; जैसे–जो रुपया लड़ाई के कर्ज में दिया जायगा, उसमें का हर एक रुपया यानी वह सबका सब मुल्क हिंद में खर्च किया जायगा। आप कुछ न कुछ रुपया बचा सकते हैं, चाहे वह थोड़ा ही हो और एक रुपये से भी कुछ न कुछ काम चलता है।

(क) भिन्न-भिन्न विषयों के अलग-अलग लिखे हुए लेखों व अनुच्छेदों के अंत में भी; जैसे–

आजकल शिमले में हैजे का प्रकोप है।

आगामी बड़ी व्यवस्थापक सभा की बैठक कई कारणों से नियत तिथि पर न हो सकेगी, क्योंकि अनेक सदस्यों को और सभा समितियों में सम्मिलित होना है।

(सू.–लेखों के अंत में इस चिह्न के उदाहरण समाचारपत्रों अथवा मासिक पुस्तकों में मिलते हैं।)

(4) अपूर्ण सूचक चिह्न

749. किसी लेख में से जब कोई आवश्यक अंश छोड़ दिया जाता है, तब उसके स्थान में यह चिह्न लगा देते हैं; जैसे–

× × ×

पराधीन सपनेहु सुख नाहीं।

(क) जब वाक्य का कोई अंश छोड़ दिया जाता है, तब वह चिह्न (...) लगाते हैं; जैसे–तुम समझते हो कि यह निरा बालक है, पर...।

(5) हंसपद

750. लिखने में जब कोई शब्द मूल से छूट जाता है, तब उसे पंक्ति के ऊपर अथवा हाशिए पर लिख देते हैं और उसके मुख्य स्थान के नीचे ^ यह चिह्न कर देते हैं; जैसे–

शक्ति यहाँ

राम दास की रचना ^ स्वाभाविक है। किसी दिन हम भी आपके ^ आवेंगे।

(6) टीकासूचक चिह्न

751. पृष्ठ के नीचे अथवा हाशिए में कोई सूचना देने के लिए तत्संबंधी शब्द के साथ कोई एक चिह्न, अंक अथवा अक्षर लिख देते हैं; जैसे–उस समय मेवाड़ में राना उदयसिंह[1] राज करते थे।

(7) संकेत

752. समय की बचत अथवा पुनरुक्ति के निवारण के लिए किसी संज्ञा को संक्षेप में लिखने के निमित्त इस चिह्न का उपयोग करते हैं; जैसे–डा.घ.। जि.। सर.। श्री.। रा. सा.।

(क) अँग्रेजों के कई एक संक्षिप्त नाम हिंदी में भी संक्षिप्त मान लिए गए हैं, यद्यपि इस भाषा में उनका पूर्ण रूप प्रचलित नहीं है; जैसे–बी.ए.। सी.आई.ई.। सीपी.। जी.आई.पी.आर.।

(8) पुनरुक्तिसूचक चिह्न

1. ये वही उदयसिंह थे, जिसकी प्राण रक्षा पन्नादाई ने की थी।

753. किसी शब्द या शब्दों को बार-बार प्रत्येक पंक्ति में लिखने की अड़चन मिटाने के लिए सूची आदि में इस चिह्न का प्रयोग करते हैं; जैसे–"श्रीमान् माननीय पं. मदनमोहन मालवीय, प्रयाग"

"बाबू सी. वाई. चिंतामणि",

(9) तुल्यतासूचक चिह्न

754. शब्दार्थ अथवा गणित की तुल्यता सूचित करने के लिए इस चिह्न का प्रयोग किया जाता है; जैसे–शिक्षित=पढ़ा-लिखा। दो और दो=4; अ=ब।

(10) स्थानपूरक चिह्न

755. यह चिह्न सूचियों में खाली स्थान भरने के काम आता है; जैसे–खेल कविता. ...बाबू मैथिलीशरण गुप्त...176।

(11) समाप्तिसूचक चिह्न

756. इस चिह्न का उपयोग बहुधा लेख अथवा पुस्तक के अंत में करते हैं; जैसे–

●

परिशिष्ट (क)

कविता की भाषा

1. हिंदी कविता प्राय: तीन प्रकार की उपभाषाओं में होती है : ब्रजभाषा, अवधी और खड़ी बोली। हमारी अधिकांश प्राचीन कविता में ब्रजभाषा पाई जाती है और उसका बहुत कुछ प्रभाव अन्य दोनों भाषाओं पर भी पड़ा है। स्वयं ब्रजभाषा ही में कभी-कभी बुंदेलखंडी तथा दूसरी दो भाषाओं का थोड़ा-बहुत मेल पाया जाता है। जिससे यह कहा जा सकता है कि शुद्ध ब्रजभाषा की कविता प्राय: बहुत कम मिलती है। अवधी में तुलसीदास तथा अन्य दो-चार श्रेष्ठ कवियों ने कविता की है; परंतु शेष प्राचीन तथा कई एक अर्वाचीन कवियों ने मिश्रित ब्रजभाषा में अपनी कविता लिखी है। आजकल कुछ वर्षों से खड़ी बोली अर्थात् बोलचाल की भाषा में कविता होने लगी है। यह भाषा प्राय: गद्य ही की भाषा है।

2. इस परिशिष्ट में हिंदी कविता की प्राचीन भाषाओं के शब्दसाधन के कई नियम संक्षेप[1] में देने का प्रयत्न किया जाता है। इस विषय में ब्रजभाषा की ही प्रधानता रहेगी, तो भी कविता की दूसरी प्राचीन भाषाओं की रूपावली भी, जो हिंदी में पाई जाती है, ब्रजभाषा की रूपावली के साथ यथासंभव दी जाएगी; पर प्रत्येक रूपांतर के साथ यह बताना कठिन होगा कि वह किस विशेष उपभाषा का है। ऐसी अवस्था में एक प्रकरण के भिन्न-भिन्न रूपांतरों का उल्लेख एक ही साथ किया जाएगा। यहाँ यह कह देना आवश्यक है कि जितने रूपों का संग्रह इस परिशिष्ट में किया गया है उनके सिवा और भी कुछ अधिक रूप यत्र-तत्र पाए जाते हैं।

3. गद्य और पद्य के शब्दों के वर्णविन्यास में बहुधा यह अंतर पाया जाता है कि गद्य के ड, य, ल, व, श और क्ष के बदले पद्य में क्रमश: र, ज, र, ब, स, और छ (अथवा ख) आते हैं; और संयुक्त वर्णों के अवयव अलग-अलग लिखे जाते हैं;

---

1. इस विषय को संक्षेप में लिखने का कारण यह है कि व्याकरण के नियम गद्य ही की भाषा पर रचे जाते हैं और उनमें पद्य के प्रचलित शब्दों का विचार केवल प्रसंगवश किया जाता है। यद्यपि आधुनिक हिंदी का ब्रजभाषा से घनिष्ठ संबंध है तथापि व्याकरण की दृष्टि से दोनों भाषाओं में ब्रजभाषा ही की प्रधानता रहेगी तो भी कविता की दूसरी प्राचीन भाषाओं में बहुत कुछ अंतर है। यदि केवल इतना ही अंतर पूर्णतया प्रकट करने का प्रयत्न किया जावे, तो भी ब्रजभाषा का एक छोटा-मोटा व्याकरण लिखने की आवश्यकता होगी, और इतना करना भी प्रस्तुत व्याकरण के उद्देश्य के बाहर है। इस पुस्तक में कविता के प्रयोगों का थोड़ा बहुत विचार यथास्थान हो चुका है, यहाँ वह कुछ अधिक नियमित रूप से, पर संक्षेप में किया जाएगा। हिंदी कविता की भाषाओं का पूर्ण विवेचन करने के लिए एक स्वतंत्र पुस्तक की आवश्यकता है।

जैसे—पड़ा=परा, यज्ञ=जज्ञ, पीपल=पीपर, वन=बन, शील=सील, रक्षा=रच्छा, साक्षी=साखी, यत्न=जतन, धर्म=धरम।

4. गद्य और पद्य की भाषाओं की रूपावली में एक साधारण अंतर यह है कि गद्य के अधिकांश आकारांत पुल्लिंग शब्द पद्य में ओकारांत रूप में पाए जाते हैं जैसे—

संज्ञा—सोना=सोनो, चेरा=चेरो, हिया=हियो, नाता=नातो, बसेरा=बसेरो, सपना=सपनो, बहाना=बहानो (उर्दू), मायका=मायको।

सर्वनाम—मेरा=मेरो, अपना=अपनो, पराया=परायो, जैसा=जैसो, जितना=जितनो।

विशेषण—काला=कारो, पीला=पीरो, ऊँचा=ऊँचो, नया=नयो, बड़ा=बड़ो, सीधा=सीधो, तिरछ=तिरछो।

क्रिया—गया=गयो, देखा=देख्यो, जाऊँगा=जाऊँगो, करता=करतो, जाना=जान्यो।

लिंग

5. इस विषय में गद्य और पद्य की भाषाओं में विशेष अंतर नहीं है। स्त्रीलिंग बनाने में 'ई' और 'इनि' प्रत्ययों का उपयोग अन्यान्य प्रत्ययों की अपेक्षा अधिक किया जाता है; जैसे—वर दुलहिनि सकुचाहिं। दुलही सिय सुंदर। भूलि हू न कीजै ठकुराइनी इतेक हठ। भिल्लिनि जनु छाँड़न चहत।

वचन

6. बहुत्व सूचित करने के लिए कविता में गद्य की अपेक्षा कम रूपांतर होते हैं और प्रत्ययों की अपेक्षा शब्दों का अधिक काम लिया जाता है। रामचरितमानस में बहुधा समूहवाची नामों (गन, वृंद, यूथ, निकर आदि) का विशेष प्रयोग पाया जाता है, उदाहरण

जमुना तट **कुंज कदंब के पुंज** तरे तिनके तवनीर झिरैं। लपटी **लतिका तरु जालन सों कुसुमावलि** तें मकरंद गिरै।

इन उदाहरणों में मोटे अक्षरों में दिए हुए शब्द अर्थ में बहुवचन है, पर उनके रूप दूसरे ही हैं।

(क) अविकृत कारकों के बहुवचन में संज्ञा का रूप बहुधा जैसा का तैसा रहता है, पर कहीं-कहीं उनमें भी विकृत कारकों का रूपांतर दिखाई देता है। अकारांत स्त्रीलिंग शब्दों के बहुवचन में 'ए' के बदले बहुधा 'एँ' पाया जाता है।

उदाहरण : भौंरा ये दिन कठिन हैं। विलोकत ही कुछ भौंर की भीरन। सिगरे दिन ये ही सुहाति हैं बातें।

(ख) विकृत कारकों के बहुवचन में बहुधा 'न' न्ह' अथवा 'नि' आती है; जैसे—पूछेसि लोगन्ह काह उछाहू। ज्यों आँखिन सब देखिए। दै रहो अँगुरी दोऊ कानन में।

कारक

7. पद्य में संज्ञाओं के साथ भिन्न-भिन्न कारकों में नीचे लिखी विभक्तियों का प्रयोग होता है :

कर्ता—ने (क्वचित्)। रामचरितमानस में इसका प्रयोग नहीं हुआ है।

कर्म— हिं, कौं, कहँ

कारण–ते, सों

संप्रदान–हिं, कौं, कहँ

अपादान–तें, सों

संबंध–कौं, कर, केरा, केरो। भेद्य के लिंग और वचन के अनुसार कौ, केरा और केरो में विकार होता है।

अधिकरण–में, माँ, माहिं, माँझ, महँ।

सर्वनामों की कारकरचना

8. संज्ञाओं की अपेक्षा सर्वनामों में अधिक रूपांतर होता है; इसलिए इनके कुछ कारकों के रूप यहाँ दिए जाते हैं।

उत्तम पुरुष सर्वनाम

कारक	एकवचन	बहुवचन
कर्ता	मैं, हौं	हम
विकृत रूप	मो	हम
कर्म	मोकौं, मोहिं	हमकौ, हमहिं
	मोकहँ (अव.)	हमहँ
संबंध	मेरो, मोर, मोरा	हमरो, हमार
	मम. (सं.)	

मध्यम पुरुष सर्वनाम

कर्ता	तू, तैं	तुम
विकृत रूप	तो	तुम
कर्म	तोकौं, तोहिं	तुमकौं, तुमहिं
	तोकहँ	तुमकहँ
संबंध	तेरो, तोर, तोरा	तुम्हारो, तुम्हार
	तव (सं.)	तिहारो, तिहार

अन्य पुरुष सर्वनाम
(निकटवर्ती)

कारक	एकवचन	बहुवचन
कर्ता	यह, एहि	ये
विकृत रूप	या, एहि	इन
कर्म	याकौं	इनकों, इनहिं
	याहि, एहिकहैं	इनकहँ
संबंध	याकौ, एहिकर	इनको, इनकर

(दूरवर्ती)

कर्ता	वोह, ओ, सो	वे, ते
विकृत रूप	वा, ता, तेहि	उन, तिन
कर्म	वाकौं, ताहि ताकहँ	उनकौं, उनहिं तिनकों, तिनहिं
संबंध	वाकौं, ताकौ तासु (सं,-तस्य) ताकर, तेहिकर	तिनकौ, तिनकर उनकौ, उनकर

निजवाचक सर्वनाम

कारक	एकवचन	बहुवचन
कर्ता	आपु	एकवचन के समान
विकृत रूप	आपु	
कर्म	आपुकौं	
संबंध	आपुन, अपुनौ	

संबंधवाचक सर्वनाम

कर्ता	जो, जौन	जे
विकृत रूप	जा	जिन
कर्म	जाकौं, जेहि जाहि, जाकहँ	जिनकौं जिनहि, जिनकहँ
संबंध	जाकौ, जाकर (सं. तस्य) जेहिकर, जासु	जिनकौ, जिनकर

प्रश्नवाचक सर्वनाम (कौन)

कारक	एकवचन	बहुवचन
कर्ता	कौन, को, कवन	कौन, को
विकृत रूप	का	किन
कर्म	काकौ, काहि केहि	किनकौ, किनहिं
संबंध	काकौ, काकर	किनकौ, किनकर

(क्या)

कर्ता	का, कहा	का, कहा
विकृत रूप	काहे	काहे
कर्म	काहे कौं	काहे कौं
संबंध	काहे कौं	काहे कौं

अनिश्चयवाचक सर्वनाम (कोई)

कर्ता	कोऊ, कोय	कोऊ, कोय
विकृत रूप	काहू	काहू
कर्म	काहू को, काहुहिं	काहू कौं, काहुहिं
संबंध	काहू कौ	काहू कौ

(कुछ)

कर्ता	कछु	कछु
विकृत रूप	कछु	कछु
कर्म } संबंध	ये रूप नहीं पाए जाते।	

क्रियाओं की कालरचना

कर्तृवाच्य

9. धातु प्रत्यय अलग-अलग सुभीता नहीं है; इसलिए भिन्न-भिन्न कालों में कुछ धातुओं के रूप लिखे जाते हैं।

होना क्रिया (स्थितिदर्शक)

क्रियार्थक संज्ञा	होनौ, होइबो
कर्तृवाचक संज्ञा	होनहार, होनेहारा
वर्तमानकालिक कृदंत	होत
भूतकालिक कृदंत	भयो
पूर्वकालिक कृदंत	होइ, ह्वै, ह्वैके होयकै
तात्कालिक कृदंत	होत ही

सामान्य वर्तमानकाल

कर्तापुल्लिंग व स्त्रीलिंग

पुरुष	एकवचन	बहुवचन
1	हौं, अहौ	हैं, अहैं
2	है, हसि	हौ, अहौ
3	है, अहै, अहहि	हैं, अहैं, अहहिं

सामान्य भूतकाल

कर्तापुल्लिंग

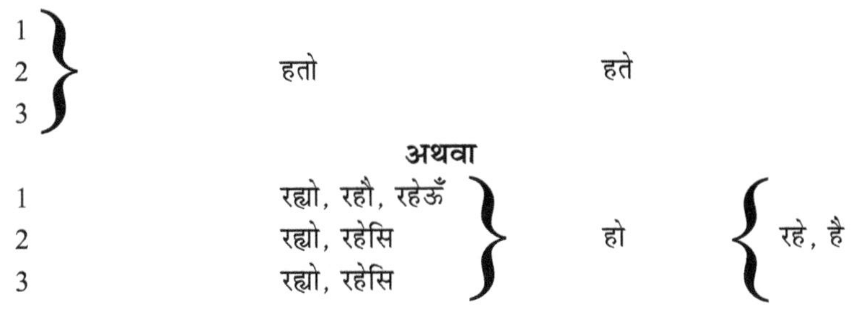

पुरुष	एकवचन	बहुवचन	
1, 2, 3	हतो	हते	

अथवा

पुरुष	एकवचन		बहुवचन
1	रह्यो, रहौ, रहेऊँ	हो	रहे, है
2	रह्यो, रहेसि		
3	रह्यो, रहेसि		

कर्तास्त्रीलिंग

1–3 रही, हौ	1–3 रहीं, हीं

(सू.–इस क्रिया के शेष काल विकारदर्शक 'होना' क्रिया के रूपों के समान होते हैं।)

होना (विकारदर्शक)

संभाव्य भविष्यत् (अथवा सामान्य वर्तमान)

कर्तापुल्लिंग व स्त्रीलिंग

पुरुष	एकवचन	पुरुष	बहुवचन
1	होऊँ	1–3	होयँ
2–3	होय, होवे, होहिं	2	हो

विधिकाल (प्रत्यक्ष)

कर्तापुल्लिंग व स्त्रीलिंग

1	होऊँ	1–3	होयँ
2–3	होय, होवे, होहिं	2	हो, होहु

विधिकाल (परोक्ष)

कर्तापुल्लिंग व स्त्रीलिंग

2	होइयो	होइयो, होहू

सामान्य भविष्यत्

कर्तापुल्लिंग व स्त्रीलिंग

1	होइहौं, ह्वैहों	1–3	होइहैं, ह्वैहैं
2–3	होइहै, ह्वै है	2	होइहौं, ह्वैहो

अथवा

कर्तापुल्लिंग

1	होऊँगो	1–2	होयँगे
2–3	होयगो	2	होयँगे

कर्तास्त्रीलिंग

1	होऊँगी	1–3	होयँगी
3–3	होयँगी	2	होगी

सामान्य संकेतार्थकाल

कर्तापुल्लिंग

पुरुष	एकवचन		बहुवचन
1	होतो, होतेउँ	1–3	होते
2	होतो, होतेउ, होतु	2	होते, होतेउ
3	होतो, होतु		

कर्तास्त्रीलिंग

1	होती होतिऊँ }	होती
2–3	होत, होती	

सामान्य वर्तमानकाल

कर्तापुल्लिंग व स्त्रीलिंग

1	होतु हौं, होत हौं	1–2	होतु हैं, होत हैं
2–3	होतु है, होत है	2	होतु हौ, होत हो

अपूर्ण भूतकाल

कर्तापुल्लिंग

1	होत रह्यो रहेऊँ }	होत रहे
2–3	होत रह्यो	

कर्तास्त्रीलिंग

1–3	होत रही, रहेऊँ	होत रहीं

सामान्य भूतकाल

कर्तापुल्लिंग

1	भयौ, भयऊँ	1–3	भए
2	भयौ, भयेसि		
3	भयौ, भयऊ, भयेसि		

कर्तास्त्रीलिंग

पुरुष	एकवचन	बहुवचन
1–3	भई	भई

आसन्न भूतकाल

कर्तापुल्लिंग

1	भयौ हौ	1–2	भए हैं
2–3	भयौ है	2	भए हौं

कर्तास्त्रीलिंग

1	भई हौ	भई हैं
2–3	भई है	

(सू.–अवशिष्ट रूपों का प्रचार बहुत कम है और वे ऊपर लिखे रूपों की सहायता से बनाए जा सकते हैं।)

व्यंजनांत धातु

चलना (अकर्मक क्रिया)

क्रियार्थक संज्ञा	चलना, चलनौ, चलिबौ
कर्तृवाचक संज्ञा	चलनहार
वर्तमानकालिक कृदंत	चलत, चलतु
भूतकालिक कृदंत	चल्यौ
पूर्वकालिक कृदंत	चलि, चलिकै
तात्कालिक कृदंत	चलतही
अपूर्ण क्रियाद्योतक कृदंत	चलत, चलतु
पूर्ण क्रियाद्योतक कृदंत	चले

संभाव्य भविष्यत् (अथवा सामान्य वर्तमान)

कर्तापुल्लिंग व स्त्रीलिंग

पुरुष	एकवचन	पुरुष	बहुवचन
1	चलौ; चलऊँ	1–3	चलें, चलहिं
2	चलैं, चलसि	2	चलौं, चलहु
3	चलै, चलइ, चलहि		

विधिकाल (प्रत्यक्ष)

कर्तापुल्लिंग व स्त्रीलिंग

1	चलौं, चलऊँ	1–3	चलैं, चलहिं
2	चल, चले, चलही	1	चलौ, चलहु

विधिकाल (परोक्ष)

कर्तापुल्लिंग व स्त्रीलिंग

2	चलियो		चलियो

आदरसूचक विधि

2–2	चलिए		चलिए

सामान्य भविष्यत्

कर्तापुल्लिंग व स्त्रीलिंग

1	चलिहौं	1–3	चलिहैं
2–3	चलिहै	2	चलिहौं

कर्तापुल्लिंग

1	चलौंगो	1–3	चलैंगे
2–3	चलैंगो	2	चलौगे

कर्तास्त्रीलिंग

1	चलौंगी	1–3	चलैंगी
2–3	चलैंगी	2	चलौंगी

सामान्य संकेतार्थ

2	चलतो, चलत	1–3	चलते
	चलतेउँ	2	चलतेउँ
2	चलतो, चलत		
	चलतेउ		
6	चलतो, चलत		

कर्तास्त्रीलिंग

पुरुष	एकवचन	पुरुष	बहुवचन
1	चलती, चलतिउ }		चलती
2–3	चलती; चलत }		

सामान्य वर्तमान काल

कर्तापुल्लिंग व स्त्रीलिंग

1	चलत हौं	1–3	चलत हौं
2–3	चलत हैं	2	चलत हौ

अथवा

कर्तास्त्रीलिंग

1	चलति हौं	1–3	चलति हैं
2–3	चलति हैं	2	चलति हौ

2 अपूर्ण भूतकाल

कर्तापुल्लिंग

1	चलत रह्यौ,–रहेऊँ	1–3	चलत रहे
2–3	चलत रह्यों	2	रहे–रह्यौ

कर्तास्त्रीलिंग

1–3	चलत रही	1–3	चलत रहीं
2	चलत रही, हती		

सामान्य भूतकाल

कर्तापुल्लिंग

1–3	चल्यौ	1–3	चले

कर्तास्त्रीलिंग

1–3	चली		चलीं

आसन्न भूतकाल

कर्तापुल्लिंग

पुरुष	एकवचन	पुरुष	बहुवचन
1	चल्यो हौं	1–3	चले हैं
2–3	चल्यौ हैं	2	चले हौ

कर्तास्त्रीलिंग

1	चली हौं	1–3	चली है
2–3	चली हैं	2	चलौ हौ

पूर्ण भूतकाल

कर्तापुल्लिंग

1–3	चल्यो, रह्यो, हो	1–3	चले रहे, हे
		2	चले रहे, रहौ, हे

कर्तास्त्रीलिंग

1	चली रही, ही	1–3	चली रहीं, ही

स्वरांत धातु

पाना (सकर्मक)

क्रियार्थक संज्ञा	पाना, पावनौ, पाइबो
कर्तृवाचक	पावनहार
वर्तमानकालिक कृदंत	पावन
भूतकालिक कृदंत	पायौ
पूर्वकालिक कृदंत	पाय, पाइ, पायकै, पाइकै
तात्कालिक कृदंत	पावही
अपूर्ण क्रियाद्योतक	पावत
पूर्ण क्रियाद्योतक	पाये

संभाव्य भविष्यत् काल

(अथवा सामान्य वर्तमान काल)

कर्तापुंल्लिंग व स्त्रीलिंग

पुरुष	एकवचन	पुरुष	बहुवचन
1	पावौं, पावउँ	1–3	पावहिं, पावें
2	पावै, पावसि	2	पावौ, पावहु
3	पावै, पावइ, पावहि		

विधिकाल (प्रत्यक्ष)

कर्तापुल्लिंग या स्त्रीलिंग

1	पावौं, पावउँ	1–2	पावैं, पावहि
3	पाउ, पावै, पावहि	2	पावौ, पावउ

विधिकाल (परोक्ष)

2	पाइयो	2	पाइयो

आदरसूचक विधि

2	पाइये	2	पाइये

सामान्य भविष्यत् काल

1	पाइहौं	1–3	पाइहैं
3–3		2	पाइहौं

अथवा

कर्तापुल्लिंग

1	पाउँगो, पावहुँगो	1–3	पायँगे, पावहिंगे
2–2	पायगो, पावहिगो	2	पाऔगे, पावहुगे

कर्तास्त्रीलिंग

1	पाऊँगी, पावौंगी	1–3	पावैंगी
2–3	पावैंगी	2	पावौंगी

सामान्य संकेतार्थकाल

कर्तापुल्लिंग

पुरुष	एकवचन	पुरुष	बहुवचन
1–3	पावतो	1–3	पावते

कर्तास्त्रीलिंग

1–3	पावती	2–3	पावती

सामान्य वर्तमान काल

कर्तापुल्लिंग

1	पावत हौं	1–3	पावत हैं
2–3	पावत हैं	2	पावत हौं

कर्तास्त्रीलिंग

1	पावति हौं	1–3	पावति हैं
2–2	पावति है	2	पावति हौं

अपूर्ण भूतकाल

कर्तापुल्लिंग

1	पावत रह्यौ	1–3	पावत रहे
2–3	पावति रह्यौ	2	पावत रहे-रहौ

कर्तास्त्रीलिंग

1–3	पावत रही	1–3	पावत रहीं

सामान्य भूतकाल

कर्तापुल्लिंग

1–3	पायौ	1–3	पाये

कर्तास्त्रीलिंग

1–3	पाई	1–3	पाई

(सू.–सामान्य भूतकाल तथा इस वर्ग के अन्य कालों में सकर्मक क्रिया की कालरचना अकर्मक क्रिया के समान होती है। अवशिष्ट काल ऊपर के आदर्श पर बन सकते हैं।)

अव्यय

10. अव्ययों की वाक्यरचना में गद्य और पद्य की भाषाओं में विशेष अंतर नहीं है, पर पिछली भाषा में इन शब्दों के प्रांतिक रूपों का ही प्रचार होता है, जिसके कुछ उदाहरण ये हैं :

क्रिया-विशेषण

स्थानवाचक–इहाँ, इत, इतै, ह्याँ, तहाँ, तित, तितै, उहाँ, तहँ, तहवाँ, कहाँ, कित, कितै, कहँ, कहँवा, जहाँ, जित, जितै, जई, जहँवा।

कालवाचक–अब, अबै, अबहिं (अभी), तब, तबै, तबहिं (तभी), कब, कबै, कच्चे, कबहुँ (कभी), जब, जबै, जबहिं (जभी)।

रीतिवाचक–ऐसे, अस, यों, इमि, तैसे, तस, त्यों, तिमि, वैसे, कैसे, कस, क्यों; किमि, जैसे–जस, ज्यों, जिमि।

परिमाणवाचक–बहुत, बड़, केवल, निपट, अतिशय, अति।

संबंधसूचक

निकट, नेरे, ढिग, बिन, मध्य, सम्मुख, तरे, और, बिनु, लौं, लगि, नाई, अनुरूप, समान, करि, जान, हेतु, सरिस, इव, लागे, सहित इत्यादि।

समुच्चयबोधक

संयोजक–औं, अरु, फिर, पुनि, तथा, तहँ-कहँ।

विभाजक–नतरु, नाहिंत; न-न, कै-कै वरु, मकु (राम.) धौ, की, अथवा किंवा, चाहै-चाहै, का-का।

विरोधदर्शकपै–तदपि, यदपि–तदपि।

परिणाम–दर्शक–यातें, यासों, इहि हेतु, जातें।

स्वरूपबोधक–कै, जो।

संकेतदर्शक–जो-तो, जोपैं–तो।

विस्मयादिबोधक

हे, रे, हा, हाय, हा–हा, अहह, धिक्, जय, वाहि, पाहि एरे।

परिशिष्ट (ख)

काव्यस्वतंत्रता

11. कविता की दोनों प्रकार की भाषाओं में अलग-अलग प्रकार की काव्यस्वतंत्रता पाई जाती है, इसके लिए इसका विचार दोनों के संबंध में अलग-अलग किया जाएगा।

(अ) प्राचीन भाषा की काव्यस्वतंत्रता

12. विभक्तियों का लोप–

(क) कर्ता–**इन** नाहीं कछु काज बिगारा। नारद देखा विकल जयंता (राम.)। जगत जनायो **जिहिं** सकल–(सत.)।

(ख) कर्म–भूप **भरत** पुनि लिए बुलाई (राम.)। पापी **अजामिल** पार किया ('जगत्)।

(ग) करण–ज्यों **आँखिन** सब देखिये (सत.)। लागि अगम आपनि **कहराई** (राम.।

(घ) संप्रदान–**जामवंत नीलादि सब**, पहिराये रघुनाथ (राम.)। सुरन धीरज देत यह नव नीर गुण संचार (क. क.)।

(ङ) अपादान–हानि कुसंग सुसंगति लाहू। लोकहु वेद विदित सब काहू (अति)। विकृत भयंकर के डरन जो कछू चित अकुलात (जगत.)।

(च) संबंध–**भूप रूप** तब राम दुरावा (राम.)। पावस घन अँधियार में (सत.)।

(छ) अधिकरण–**भानुवंश भे भूप** घनेरे (राम.)। एक पाय भीत एक मीत काँधे धरे (जगत्.)।

13. सत्तावाचक और सहकारी क्रियाओं का लोप–

(क) अब जो कहै सो झूठी(कबीर.)। धनि रहीम वे लोग(रहीम)।

(ख) अति विकराल न **जाता** ( ) बतायो (ब्रज.)। कपि **कह** ( ) धर्मशीलता तोरी। हमहुँ सुनी **कृत** पर तिय चोरी (राम.)।

14. संबंधी शब्दों में से किसी एक शब्द का लोप अथवा विपर्यय–जो जनत्यों बन बंधु बिछोहू। ( ) पिता वचन नहिं मनत्यों ओहू।। (राम.)।

कोटि जतन कोऊ करै परै न प्रकृतिहिं बीच।
( ) नल बल जल ऊँचो चढ़ै, अंत नीच को नीच।। (सत.)
जाको राखै साइयाँ, ( ) मारि न सकिहैं कोय। (कबीर.)
तौ लगि या मन सदन महँ, हरि आवहिं केहि बाट।
निपट बिकट जो लौं जुटे, खुलहिं न कपट कपाट।। (सत.)

तब लगि मोहिं परखियहु भाई।
जब लगि आवहुँ सीतहि देखी।। (राम.)
15. प्रचलित शब्दों का अपभ्रंश–
काज–काजा (राम.)।
सपना–सापना (जगत्.)।
एकत्र–एकत (सत.)।
संस्कृत–संसकिरत (कबीर.)
16. नामधातुओं की बहुतायत–
प्रमाण–प्रमानियत(सत.)
विरुद्ध–विरुद्धिए (कुंड.)
गवन–गवनहु (राम.)।
अनुराग–अनुरागत (नीति.)।
17. अर्थ के अनुसार नामांतर
मेघना–घननाद (राम.)।
हिरण्याक्ष–हाटकलोचन (तत्रैव.)।
कुंभज–घटव (तत्रैव)।

(आ) खड़ीबोली की काव्यस्वतंत्रता

18. यद्यपि खड़ीबोली की कविता में शब्दों की इतनी तोड़मरोड़ नहीं होती जितनी प्राचीन भाषा की कविता में होती है, तथापि उसमें भी कवि लोग बहुत कुछ स्वतंत्रता से काम लेते हैं। खड़ीबोली की काव्यस्वतंत्रता में नीचे लिखे विषय पाए जाते हैं :

(क) शब्ददोष

19. कहीं-कहीं प्राचीन शब्दों का प्रयोग–
नेक न जीवनकाल बिताना (सर.)।
पल भर में **तज के** ममता सब (हिं. ब्रं.)।
सुध्वनित पिक लौं जो वाटिका था बनता (प्रिय.)।
20. कठिन संस्कृत शब्दों का अधिक प्रयोग–
भाता है, जो **स्वयमपि** वही रूप होता वरिष्ठ (प्रिय.)।
स्वकुल जलज का है, जो समुत्फुल्लकारी (प्रिय.)।
21. संस्कृत शब्दों का अपभ्रंश–
मार्ग=मारग (सर.)।
हरिश्चद्र=हरिचंद (क.क.)।
यद्यपि=यदपि (हिं., ग्रं.)।
परमार्थ=परमारथ (सर.)।
22. नामधातुओं का प्रयोग–
न तो भी मुझे लोग सम्मानते हैं (सर.)।

देख युवा का भी मन लोभा (क. क.)।

23. लंबे समास

दुख-जलनिधि-डूबी का सहारा कहाँ है (प्रिय.)।

अगणित-कमल-अमल-जनपूरित (क. क.)।

शैलेंद्र-तीर-सरिता-जल (सर.)।

24. फारसी अरबी शब्दों का अनमिल प्रयोग–

अफसोस! अब तक भी बने हैं पात्र जो संताप के (सर.)।

शिरोरोग का अंतः एक दिन लिए बहाना। (तत्रैव.)

25. शब्दों की तोड़मरोड़–

आधार=अधारा (प्रिय.)।

तूही=तुही (सर.)।

चाहता=चहता (तत्रैव)

नहीं=नहिं (एकांत.)।

26. संस्कृत की वर्णगुरुता–

किंतु श्रमी लोग उसी सबेरे (हि. ग्रं.)।

मुझपर मत लाना दोष कोई कदापि (सर.)।

उशीनर क्षितीश ने स्वमांस दान भी किया (सर.)।

27. पादपूरक शब्द–

है सु कोकिल समान कलवैनी (सर.)।

न होगी अहो पुष्ट जौलों स्वभाषा (तत्रैव)।

28. विषम तुकांत–

रत्नखचित सिंहासन ऊपर जो सदैव ही रहते थे।
नृपमुकुटों के सुमन रजःकण जिनका भूषित करते थे।

(सर.)

जब तक तुम पय पान करोगे, नित निरोग शरीर रहोगे।
फूलोगे नित नए फलोगे, पुत्र कभी मदपान न करना।

(सूक्ति.)

(ख) व्याकरणदोष

29. संकर समास–

वन-बाग (सर.)।

रण-खेत (तत्रैव)।

लोक-चख (तत्रैव)।

मंजु-दिल (तत्रैव)।

भारत-बाजी (तत्रैव)।

30. शब्दों के प्राचीन रूप–

कीजिए=करिए (सर.)।

हूजियो=हूजो (तत्रैव)।

देओगे=दोगे (तत्रैव)।

जलती है=जलै है (एकांत)।

सरलपन=सरलपना (प्रिय.)।

31. शब्दभेदों का प्रयोगांतर–

(क) अकर्मक क्रिया का प्रयोग सकर्मक क्रिया के समान और सकर्मक का अकर्मक के समान

(1) प्रेमसिंधु में स्वजन वर्ग को शीघ्र नहा दो (सर.)।

(2) व्यापक न ऐसी एक भाषा और दिखलाती यहाँ (सर.)।

(ख) विशेषण को क्रिया-विशेषण बनाना–जीवन सुखद बिताते थे (सर.)

32. अप्राणिवाचक कर्म के साथ अनावश्यक चिह्न–

सहसा उसने पकड़ लिया कृष्ण के कर को (सर.)।

पाकर उचित सत्कार को (तत्रैव)।

33. 'नहीं' के बदले 'न' का प्रयोग–

शुक! न हो सकते फलों से वे कदापि रसाल हैं (सर.)।

लिखना मुझे न आता है (तत्रैव)।

34. भूतकाल का प्राचीन रूप–

रति भी जिसको देख **लजानी** (क. क.)।

मोह महाराज की पताका **फहरानी है** (तत्रैव)।

35. कर्मणि प्रयोग की भूल–

तद्विषय एक रसकेलि आप **निर्धारि** (सर.)।

स्वपद भ्रष्ट किये जिसने हमें (क. क.)।

36. विभक्तियों का लोप–

(जो) मम **सदन** बहाता स्वर्ग मंदाकिनी था (प्रिय.)।

सुरपुर बैठी हुई (सर.)।

37. सहकारी क्रिया का लोप–

किंतु उच्च पद में मद रहता (सर.)।

हाय! आज ब्रज में क्यों फिरते, जाओ तुम सरसी के तीर (तत्रैव)।

38. संबंधी शब्दों में से किसी एक का लोप अथवा विपर्यय–प्रबल जो तुममें पुरुषार्थ हो–

() सुलभ कौन तुम्हें न पदार्थ हो (पद्य.)।

निकला वही दंड यम का जब,

() कर आगे अनुमान (सर.)।

कहो न मुझसे ज्ञानी बनकर, ( ) जगजीवन है स्वप्न समान
(जीवन.)

जब तक तुम पयपान करोगे। ( ) नित नीरोग शरीर रहोगे

(सूक्ति.)

लख मुख जिसका मैं आज लौं जी सकी हूँ।
वह हृदय हमारा **नैनतारा** कहीं है?

(प्रिय.)

परिशिष्ट (ग)

उदाहृत ग्रंथों के नामों के संकेत

1. अध.अधखिला फूल (पं. अयोध्यासिंह उपाध्याय)
2. आदर्श.आदर्श जीवन (पं. रामचंद्र शुक्ल)
3. आरा.आराध्य पुष्पांजलि (पं. श्रीधर पाठक)
4. इंग.इंगलैंड का इतिहास (पं. श्यामबिहारी मिश्र)
5. इति.इतिहासतिमिर नाशक, भा. 1–3 (राजा शिवप्रसाद)
6. एकांत.एकांतवासी योगी (पं. श्रीधर पाठक)
7. एक्ट-एक्ट काश्तकारी, मध्यप्रदेश (रा. सा. बाबू मथुराप्रसाद)
8. क.क.कविता कलाप (पं. महावीरप्रसाद द्विवेदी)
9. कवि.कविप्रिया (केशवदास कवि)
10. कर्पूर. कर्पूर मंजरी (भारतेंदु बाबू हरिश्चंद्र)
11. कबीर.कबीर साहब के ग्रंथ
12. कहा.कहावत (प्रचलित)
13. कुंड.कुंडलियाँ (गिरिधर कविराय)
14. गो.गोदान (बाबू प्रेमचंद)
15. गंगा.गंगा लहरी (पद्माकर कवि)
16. गुटका.गुटका, भाग. 1–2 (राजा शिवप्रसाद)
17. चंद्र.चंद्रहास (बाबू मैथिलीशरण गुप्त)
18. चंद्रप्र.चंद्रप्रभा और पूर्ण प्रकाश (भारतेंदु बाबू हरिश्चंद्र)
19. चौ.पु.चौथी पुस्तक (पं. गणपतिराय चौबे)
20. जगत्.जगद्विनोद (पद्माकर कवि)
21. जीवन.जीवनोद्देश्य (रा. सा. पं. रघुवरप्रसाद द्विवेदी)
22. जीविका.जीविका परिपाटी (पं. अयोध्यासिंह उपाध्याय)
23. ठेठ.ठेठ हिंदी का ठाठ (पं. अयोध्यासिंह उपाध्याय)
24. तिलो.तिलोत्तमा (बाबू मैथिलीशरण गुप्त)
25. तु.सं.तुलसी सतसई (गो. तुलसीदास)
26. नागरी.नागरी प्रचारिणी पत्रिका (काशी ना. प्र. सभा)

27. नीति.नीति शतक (महाराज प्रतापसिंह)
28. नील.नील देवी (भारतेंदु बाबू हरिश्चंद्र)
29. निबंध.निबंधचंद्रिका (पं. रामनारायण चतुर्वेदी)
30. पद्य प्रबंध (बाबू मैथिलीशराण गुप्त)
31. परी.परीक्षा गुरु (लाला श्रीनिवासदास)
32. प्रणयि.प्रणयिमाधव (पं. गंगाप्रसाद अग्निहोत्री)
33. प्रिय.प्रियप्रवास (पं. अयोध्यासिंह उपाध्याय)
34. पीयूष.पीयूषधारा टीका (पं. रामेश्वर भट्ट)
35. प्रेम.प्रेमसागर (पं. लल्लूजी लाल कवि)
36. भा.दु.भारत दुर्दशा (भारतेंदु बाबू हरिश्चंद्र)
37. भाषासार.भासाषार संग्रह (नागरी प्रचारिणी सभा)
38. भारत.भारत भारती (बाबू मैथिलीशण गुप्त)
39. मुद्रा.मुद्राराक्षस (भारतेंदु बाबू हरिश्चंद्र)
40. रघु.रघुवंश (पं. महावीरप्रसाद द्विवेदी)
41. रत्ना.रत्नावली (बाबू बालमुकुंद गुप्त)
42. रहीम.रहिमन शतक (रहीम कवि)
43. राज.राजनीति (पं. लल्लूजी लाल कवि)
44. राम.रामचरितमानस (गो. तुलसीदास)
45. ल.लक्ष्मी (लाला भगवानदीन)
46. विद्या.विद्यार्थी (पं. रामजीलाल शर्मा)
47. विद्यांकुर.विद्यांकुर (राजा शिवप्रसाद)
48. विभक्ति.विचित्र विचरण (पं. जगन्नाथप्रसाद चतुर्वेदी)
49. विभक्ति.विभक्ति विचार (पं. गोविंदनारायण मिश्र)
50. वी.वीणा (कालिकाप्रसाद दीक्षित)
51. ब्रज.ब्रजविलास (व्रजवासी दासी कवि)
52. शकु.शकुंतला (राजा लक्ष्मण सिंह)
53. शिक्षा.शिक्षा (पं. सकलनारायण पांडेय)
54. शिव.शिवशंभु का चिट्ठा (बाबू बालमुकुंद गुप्त)
55. श्यामा.श्यामाल स्वप्न (ठाकुर जगमोहन सिंह)
56. सत.सतसई (बिहारीलाल कवि)
57. सत्य.सत्य हरिश्चंद्र (भारतेंदु बाबू हरिश्चंद्र)
58. सद.सद्‌गुणी बालक (संतराम)
59. सर.सरस्वती (पं. महावीरप्रसाद द्विवेदी)
60. सरो.सरोजिनी (बाबू रामकृष्ण वर्मा)
61. साखी.साखी (कबीर साहब)
62. साके.साकेत (मैथिलीशरण गुप्त)

63. सुंदरी.सुंदरीतिलक (भारतेंदु बाबू हरिश्चंद्र)
64. सूक्ति.सूक्ति मुक्तावली (पं. रामचरित उपाध्याय)
65. सू.सूरसागर (सूरदास कवि)
66. स्वा.स्वाधीनता (पं. महावीरप्रसाद द्विवेदी)
67. स्कंद.स्कंदगुप्त (बाबू जयशंकर प्रसाद)
68. हि.हितकारिणी (रा. सा. पं. रघुवरप्रसाद द्विवेदी)।
69. हिं.को.हिंदी कोविद् रत्नमाला (रा. सा. बाबू श्यामसुंदरदास)
70. हिं.ग्रं.हिंदी ग्रंथमाला (पं. माधवराव सप्रे)

भाषाओं के नामों के संकेत

अ.अरबी
प्रा.प्राकृत
अं.अँग्रेजी
सं.संस्कृत
हिं.हिंदी

अन्य संकेत

अं.अंक
कहा.कहावत
सू.सूचना
प्रेरणा.प्रेरणार्थक
टी.टीका
उदा.उदाहरण

हिंदी व्याकरण की सर्वमान्य पुस्तकें (कालक्रम के अनुसार)

1. हिंदी व्याकरण–पादरी आदम साहिब।
2. भाषा तत्त्वबोधिनी–पं. रामजसन।
3. भाषा चंद्रोदय–पं. श्रीलाल।
4. नवीन चंद्रोदय–बाबू नवीनचंद्र राय।
5. भाषा तत्त्व दीपिका–पं. हरिगोपाल पाध्ये।
6. हिंदी व्याकरण–राजा शिवप्रसाद।
7. भाषा भास्कर–पादरी एथरिंगटन साहिब।
8. भाषाप्रभाकर–ठाकुर रामचरणसिंह।
9. हिंदी व्याकरण–पं. केशवराम भट्ट।
10. बालबोध व्याकरण–पं. माधवप्रसाद शुक्ला।
11. भाषा तत्त्वप्रकाश–पं. विश्वेश्वरदत्त शर्मा।
12. प्रवेशिका हिंदी व्याकरण–पं. रामदहिन मिश्र।

अँग्रेजी में लिखी हुई हिंदी व्याकरण की पुस्तकें

1. कैलाग कृत—हिंदी व्याकरण।
2. एथरिंगटन कृत—हिंदी व्याकरण।
3. हार्नली कृत—पूर्वी हिंदी का व्याकरण।
4. डॉ. ग्रियर्सन कृत—बिहारी भाषाओं का व्याकरण।
5. पिंकाट कृत—हिंदी मैनुएल।
6. एडविन ग्रीब्ज कृत—रामायणीय व्याकरण।
7. एडविन ग्रीब्ज कृत—हिंदी व्याकरण।
8. रेवरेंड शोलवर्ग—हिंदी व्याकरण।

परिशिष्ट (घ)

व्याकरण संशोधन समिति की सम्मति

श्रीयुत् मंत्री,

नागरीप्रचारिणी सभा, काशी।

महाशय,

सभा के निश्चय के अनुसार व्याकरण संशोधन समिति का कार्य वृहस्पतिवार आश्विन शुक्ल, 3, संवत् 1977 (ता. 14 अक्टूबर,1920) को सभाभवन में यथासमय आरम्भ हुआ। हम लोगों ने व्याकरण के मुख्य-मुख्य सभी अंगों पर विचार किया। हमारी सम्मति है कि सभा ने जो व्याकरण विचार के लिए छपवाकर प्रस्तुत किया है, वह आज तक प्रकाशित व्याकरणों से सभी बातों में उत्तम है। वह बड़े विस्तार से लिखा गया है। प्रायः कोई अंश छूटने नहीं पाया है। इसमें संदेह नहीं कि व्याकरण बड़ी गवेषणा से लिखा गया है। हम इस व्याकरण को प्रकाशन योग्य समझते हैं और अपने सहयोगी पंडित कामताप्रसाद जी गुरु को साधुवाद देते हैं। उन्होंने ऐसे अच्छे व्याकरण का प्रणयन करके हिंदी साहित्य के एक महत्त्वपूर्ण अंश की पूर्ति कर दी।

जहाँ-जहाँ परिवर्तन करना आवश्यक है, उसके विषय में हम लोगों ने सिद्धांत स्थिर कर दिए हैं। उनके अनुसार सुधार करके पुस्तक छपवाने का भार निम्नलिखित महाशयों को दिया गया है :

(1) पं. कामताप्रसाद गुरु
असिस्टेंट मास्टर, माडल हाई स्कूल, जबलपुर।

(2) पंडित महावीरप्रसाद द्विवेदी,
जुहीकलाँ, कानपुर।

(3) पंडित चंद्रधर शर्मा गुलेरी, बी.ए.,
जयपुर भवन, मेयो कॉलेज, अजमेर।

निवेदनकर्ता
महावीरप्रसाद द्विवेदी
रामावतार शर्मा, लज्जाशंकर झा
रामनारायण मिश्र, जगन्नाथदास
चंद्रधर शर्मा, रामचंद्र शुक्ल
श्यामसुंदरदास
कामताप्रसाद गुरु

●●●

नोट्स

नोट्स

नोट्स

www.ingramcontent.com/pod-product-compliance
Ingram Content Group UK Ltd.
Pitfield, Milton Keynes, MK11 3LW, UK
UKHW041632190726
13854UKWH00006B/2452